경주 옥산서원의 문화유산
玉山書院 所藏 古書 目錄과 解題

본 저서는 2016년 대한민국 교육부와 한국연구재단의 지원을 받아 수행된 연구결과임.
(NRF-2016S1A5A2A03925653)

경희대학교 글로벌 인문학술원 동아시아 서지문헌 연구소 서지문헌 연구총서 02

경주 옥산서원의 문화유산
玉山書院 所藏 古書 目錄과 解題

閔寬東
朴鍾宇 共著
鄭榮豪

學古房

연구제목	국내 고전문헌의 목록화와 복원
과제번호	NRF-2016S1A5A2A03925653
일반공동연구지원사업 연구진(2016.11.01.~2019.10.31.)	

책임연구원 : 閔寬東
공동연구원 : 鄭榮豪, 朴鍾宇
전임연구원 : 劉僖俊, 劉承炫
연구보조원 : 裵玕桯, 玉珠

본서는 한국연구재단 일반공동연구지원사업 과제인 『국내 고전문헌의 목록화와 복원』(2016년 11월 01일~2019년 10월 31일 / 3년 과제)의 일환으로 나온 책이다. 본 연구 프로젝트는 크게 발굴부분과 복원부분으로 나누어 연구되었다.

• 발굴 작업

국내의 국립도서관이나 대학의 중앙도서관에 소장된 문·사·철 古書들은 대부분 정리되어 목록화 되었으며 일부 사찰이나 서원 및 개별 문중 古書들은 지방 자치단체의 후원에 힘입어 상당수는 목록화하여 출간되었다. 그러나 個人所藏家나 개별 門中 및 一部 書院의 古書들은 목록화 작업은 물론 해제작업은 더더욱 요원한 상황이다.

본 연구팀은 이러한 곳 가운데 비교적 많은 고문헌을 소장하고 있는 안동의 군자마을(광산 김씨 예안파, 후조당), 봉화의 닭실마을(안동 권씨 충정공파, 충재박물관), 경주의 옥산서원을 선정하여 그 古書들을 목록화하고 古書에 대한 해제집을 발간하는 작업을 계획하였다.

```
* 안동 군자마을(광산 김씨) 古書目錄 및 解題 (1년차)
* 봉화 닭실마을(안동 권씨) 古書目錄 및 解題 (2년차)
* 경주 옥산서원 古書目錄 및 解題 (3년차)
```

이러한 작업으로 만들어진 책자는 각 문중이나 서원에서 서지문헌에 대한 연구는 물론 홍보자료로 활용할 수 있기에 이에 따른 시너지 효과도 기대할 수 있다.

• 복원 작업

조선시대 출판본 가운데는 현재 중국에 남아 있는 판본보다 더 오래전에 간행되었거나 서지문헌학적 가치가 높은 희귀본 판본들이 상당수 있다. 본 연구팀은 이러한 조선출판본을 위주로 복원 대상을 선정하였다. 이러한 작업이 완료되면 국내의 학술연구에 많은 기여가 될 뿐만 아니라 중국과 일본 등지에서도 우리 古書에 대한 연구가 활발히 진행될 것으로 사료된다. 복원 작품의 목록은 다음과 같다.

1) 劉向『新序』
2) 劉向『說苑』
3) 段成式『酉陽雜俎』
4) 陳霆『兩山墨談』,
5) 何良俊『世說新語補』
6) 李紹文『皇明世說新語』
7) 朝鮮編輯出版本 :『世說新語姓彙韻分』

이러한 판본들의 복원을 통하여 당시 조선에서 어떤 판본들을 간행의 底本으로 사용했는지 또 원래의 중국 판본과도 비교 연구할 수 있는 단초를 제공해 준다. 또한 이러한 토대제공을 통하여 중국이나 일본 등지에서 서지문헌에 대한 비교연구가 활발히 진행될 것으로 기대한다.

본 프로젝트의 또 하나의 결실이 바로『경주 옥산서원의 문화유산 - 옥산서원 소장 고서목록과 해제』이다. 본서는 총 3부로 구성하였다.

제1부 경주 옥산서원의 역사와 전통에 대하여 집중적으로 소개하였다. 특히 회재 이언적 선생의 업적과 서원에 소장하고 있는 문화재를 집중 조명하였다. 회재의 업적은 문집『회재집』과 성리학 관련 개발 저작들을 위주로 소개하였다. 문화재는 구인당, 동재 및 서재, 체인묘 등 서원 내의 건물과 서원 인근의 독락당을 포함한 건축물들을 위주로 정리하였다.

제2부 옥산서원이 소장하고 있는 국보 또는 보물 등으로 지정된 소장 유물과 전적들을 위주로 소개하였다. 아울러 이번 조사 연구 과정에서 새로 발굴한 조선간본『몽계필담』의 서지적 가치를 조명한 논문을 첨부하여 서원 소장 문헌에 대한 학계의 관심을 제고하고 후속 연구의 기초 자료를 제공하고자 하였다.

제3부 옥산서원이 소장하고 있는 고서들을 목록화하고 서지정보 및 해제를 달았다. 이러한

연구는 한국 고전문헌 연구자뿐만 아니라 기타 서지문헌학 연구자들에게 연구 기반을 조성하고 연구영역과 시각을 확장하는 데에도 도움이 되도록 하였다.

또한 본 연구팀이 주도하는 프로젝트는 단순한 판본 복원작업이 아니라 해제까지 곁들여 분석하는 작업이기에 이러한 작업이 완료되면, 우리의 고전문헌 연구에 상당히 寄與가 있을 것이라 확신하며 아울러 국문학, 한문학, 중문학자들의 비교문학적 연구에도 귀중한 자료가 될 것이라 사료된다. 동시에 이 책은 古書에 대한 총 목록 및 해제를 일목요연하게 볼 수 있는 것은 물론 기타 문화유산을 소개하는 홍보자료로도 그 일익을 담당할 것으로 예견된다.

공교롭게도 경주 옥산서원은 2019년 세계문화유산으로 등재된 서원(함양 남계서원, 안동 도산서원·병산서원, 경주 옥산서원, 영주 소수서원, 달성 도동서원, 논산 돈암서원, 정읍 무성서원, 장성 필암서원 등 9곳)으로 세계적인 주목을 받고 있을 즈음 본서가 출간되는 영광을 함께 할 수 있어 기쁘기 그지없다. 이번 연구에 흔쾌히 협조를 해주신 옥산서원 이원석 옥산서원 유사 겸 운영위원장님과 현지 자료 조사에 함께 하여 적극적으로 협력해주신 이현목 선생님께 감사를 드리며, 출간에 협조해 주신 하운근 학고방 사장님을 비롯한 전 직원 여러분께도 감사를 드린다. 마지막으로 원고정리 및 교정에 도움을 준 제자 배우정과 옥주 학생에게 감사의 뜻을 전한다.

2019년 8월 8일
민관동·박종우·정영호

█ 일러두기

1. 경주 옥산서원에 소장된 유물과 전적들은 대부분 '옥산서원유물전시관'에 보관되어 있기에, 경희대학교 비교문화연구소와 경주 옥산서원이 연구 협약(MOU)을 맺은 후 서원 측 담당자의 입회 하에 자료를 열람하고 조사 내용을 정리하였다.

2. 사진은 전시관에 소장된 전적을 연구원이 직접 찍은 사진과 옥산서원 간행 자료의 사진 및 공공누리의 자료를 사용하였고 출처 정보를 병기하였다.

3. 옥산서원의 역사와 문화를 소개하는 부분에서는 다음의 자료를 참조하였다.
   - 위덕대학교 양동문화연구소, 『회재선생과 옥산서원』, 옥산서원, 2017.
   - 이병훈, 「경주 옥산서원의 장서 수집 및 관리 실태를 통해 본 도서관적 기능」, 『한국민족문화』 58, 2016.
   - 서원총람 편찬위원회, 『한국서원총람』(상·하), 한국서원연합회, 2011.
   - 영남대학교 민족문화연구소, 『2004년 일반동산문화재 다량소장처 실태조사 학술용역 보고서』, 문화재청, 2004.

4. 모든 전적에 대한 해제는 '한국고전적종합목록시스템'의 정보를 많이 참고하였다.

5. 제3부에서 다룬 옥산서원에 소장된 전적은 1910년 이전에 간행된 서적 위주로 정리하였다. 단, 문서류 전적이나, 서지 정보를 확인하기 어려운 문헌은 제외하였다.

6. 본 프로젝트는 한국연구재단 일반공동연구지원사업 과제인 『국내 고전문헌의 목록화와 복원』(안동 군자마을 문화유산 後彫堂 所藏 古書 目錄과 解題 (1년차), 봉화 닭실마을의 문화유산 冲齋博物館 所藏 古書 目錄과 解題 (2년차), 경주 옥산서원의 문화유산 玉山書院 所藏 古書 目錄과 解題 (3년차)순으로 출간)으로 목록과 해제에서 일부 일치되는 부분은 공동으로 인용하여 활용하였다.

█목차

第三部 옥산서원 소장 문헌의 서지와 해제

경주 옥산서원 조감도

第一部
경주 옥산서원의 역사와 전통

1. 玉山書院의 歷史와 環境

옥산서원은 조선시대의 대표적인 성리학자인 晦齋 李彦迪(1491~1553) 선생을 제향하고 후진을 교육하기 위해 1572년(선조 5)에 설립되었으며, 이듬해에 임금이 서원 이름을 하사하였다고 전한다. 이 서원은 조선 말기 대원군의 서원 철폐령에 제외된 47개의 서원 중 하나이다. 특히, 2019년 7월 6일 아세르바이잔의 바쿠에서 개최된 제43차 유네스코 세계유산위원회 회의에서 경북 영주 소수서원을 비롯해 경북 안동의 도산서원과 병산서원, 도동서원(대구 달성), 남계서원(경남 함양), 필암서원(전남 장성), 무성서원(전북 정읍), 돈암서원(충남 논산) 등과 함께 서원 9곳이 유네스코 세계유산목록에 등재가 확정되어 문화적 가치를 국제적으로 인정받았다.

옥산서원에서 북쪽으로 700m 떨어진 곳에 회재의 별장이자 書齋였던 獨樂堂(보물 제413호)이 있다. 회재 선생이 벼슬길을 그만두고 낙향하여 지은 주택이다.

일제강점기 옥산서원 정면 사진, 국립중앙박물관 소장. ⓒ공공누리

1) 玉山書院 略史

옥산은 신라 때부터 玉川이라고 부르기도 하였지만 회재 이언적이 이곳에 정착하면서 옥산이라고 부르게 되었다고 전한다. 현재 경북 경주시 안강읍 옥산서원길 216-27번지(구 : 경북 경주시 안강읍 옥산리 7 옥산서원)에 위치하고 있는 옥산서원은, 조선말기 흥선대원군의 서원 훼철시에도 존속한 47개 서원 중 하나로 도산서원과 더불어 영남지역의 首院 역할을 해왔다.

회재 이언적의 학통을 계승하기 위하여 1572년에 회재의 평소 藏修之地였던 紫玉山 아래에 서원을 건립하게 되었다. 이곳은 회재가 別業을 짓고 학문에 힘썼던 곳으로서 회재 사후 내외손, 향촌사림(權德麟 외 13인), 지방관(府尹 李齊閔, 朴承任)의 상호 협조 하에 건립되었다. 이때 경주부윤 이제민은 서원 인근의 定惠寺와 斗德寺 및 沙器, 水鐵, 冶鐵 各 店을 서원에 소속시켜 그 경제적 기반을 마련하였다. 1573년 2월 서악서원에 봉안되어 있던 회재의 위판을 이안하고, 같은 해 12월 監司 金繼輝의 啓達로 賜額을 받았다. 또한 주향자인 회재가 1610년 東方 5賢의 한 분으로 文廟에 종사되자 그 영향력은 더욱 커졌다.

옥산서원은 엄격한 기준으로 유생을 선발하여 교육활동뿐만 아니라 경주지역 유림들의 공부를 위한 도서관적 역할 및 유생교육 교재·문집 등 서적을 직접 출판하기도 하여 지방출판문화의 중심지로서 기여하였다. 이러한 기능은 1577년과 1590년에 四書六經과 性理書를 宣賜받음으로써 가능하였다. 또한 서원 측에서는 서책출판을 담당하는 刊所를 별도로 설치·운영하였다.

또 옥산서원은 경주유림들의 근거지로서 유생들을 조직하고 동원하는 등의 역할뿐만 아니라 그들의 개별, 집단적 정치·사회적 활동에 구체적인 물질적 지원을 담당하기도 했다. 즉, 옥산서원은 동서·남북 분당이후 이언적이 이황과 함께 남인의 정신적 지주로 자리 잡으면서 퇴계를 배향하는 도산서원과 함께 영남남인을 대표하는 서원으로 인식되었다.

현재 옥산서원은 1967년 사적 제154호로 지정되었으며, 서원에 보관 중인『三國史記』(9책)는 보물 제525호로 지정되었다. 주변에는 회재의 별장이자 서재였던 獨樂堂(보물 제413호)과 屬寺였던 정혜사의 터가 남아있는데, 독락당 어서각의『續大學或問』(1책)·『李彦迪 手稿本 一括』(13책)은 보물 제586호로 지정되어 있다.

옥산서원의 구조는 공부하는 장소인 求仁堂이 앞에 있고, 제사를 지내는 體仁廟가 뒤에 위치한 前學後廟의 형식이다. 체인묘는 앞면 3칸·옆면 2칸으로, 지붕 옆면이 人자 모양을 하고 있는 맞배집이다. 안에는 이언적의 위패를 모셔 놓았다. 구인당은 앞면 5칸·옆면 2칸의 맞배지붕 건물로 1839년에 화재로 사라졌다가 다시 지어진 건물로 '玉山書院' 현판은 이산해와 김정희가 각기 썼다. 그 외에도 정문인 亦樂門을 지나면, 2층 누각인 無邊樓가 나오는데 그 현판은 한호가 쓴 것이다. 또 학생들의 기숙사인 동·서재인 敏求齋와 闇修齋가 있다. 강당과 묘우 사이에는 회재의 神道碑(경상북도 유형문화재 제376-1호)가 있는 비각이 있으며, 이외에도 經閣(御書閣), 文集版閣, 典祀廳, 庫直舍, 庖舍, 마구간 등의 건물이 있다. 서원 동남쪽에 1972년 후손들이 세운 유물전시관인 '淸芬閣'이 있었지만, 2010년에 〈玉山書院遺物展示館〉을 지으면서 헐어버리고 모든 유물을 신축한 유물전시관에 보관하고 있다.

2) 書院 建築의 構成과 特徵

옥산서원 경내에는 사당인 體仁廟, 강당인 求仁堂, 기숙사인 東齋(敏求齋)와 西齋(闇修齋), 無邊樓, 亦樂門, 御書閣 장서각인 淸芬閣과 회재 선생의 神道碑가 있다. 건물 곳곳에는 鵝溪 李山海, 石峯 韓濩, 秋史 金正喜 등의 당대의 명필이 쓴 현판들이 있다.

(1) 亦樂門

역락문은 『論語』「學而」편에 나오는 "벗이 멀리서 찾아오니, 이 또한 즐겁지 아니한가(有朋而自遠方來, 不亦樂乎!)"라는 글에서 취한 것이다. 학문의 즐거움을 아는 사람이 출입하는 문이라는 의미이다. 역락문의 이름은 중종때 영의정을 지낸 蘇齋 盧守愼(1515~1590)이 명명하고, 현판 글씨는 石峯 韓濩(1543~1605)가 썼다.

(2) 無邊樓

무변루의 본래 명칭은 '納淸樓'였는데, 소재 노수신이 이언적의 유적으로서는 마땅치 않은 이름이라 하여 바꾸었다고 전한다. '무변'이란 중국 북송의 유학자 周敦頤의 '風月無邊'에서 유래한 것으로, 말 그대로 서원 밖 계곡과 산이 한눈에 들어오게 하여 그 경계를 없애는 곳을 의미한다. 이 현판은 누마루 서쪽 벽 가운데 칸 윗부분에 걸려 있으며, 石峯 韓濩의 글씨이다.

무변루 누마루 서쪽 벽 왼쪽(남쪽)칸 윗부분에「玉山書院記」가 있는데, 이 기문은 草堂 許曄(1517~1580)이 1573년에 회재의 문인인 龜峰 權德麟의 부탁을 받고 지었다고 전한다. 그 내용은 이언적 사후 경주 유림들이 공의로 경주부윤과 경상감사에게 서원의 건립을 요청하게 된 本末을 적고 있다. 또한 서원 건립을 계기로 경주가 鄒魯之鄕이 되어 국가에 필요한 인재를 배출하기를 바라는 소망도 담겨 있다. '國忌'가 같이 있는데, 太祖부터 正祖까지 역대 왕과 왕비의 忌日을 적은 것이다.

(3) 玉山書院

서원 강당인 구인당(求仁堂)은 정면 5칸, 측면 3칸이며, 팔작지붕에 초익공양식이다. 전면에 원기둥을 사용하였으며, 겹처마로 처마 끝에 활주를 세웠다. 5량가 가구구조이며, 평면배치는 양쪽에 방을 두고 가운데 3칸은 마루를 설치하였다. 기단은 장대석을 쌓아올려 만들었으며, 초석을 원형이 아닌 치석된 각형을 사용하였다.

강당 대청 뒷벽의 가운데 윗부분에 현판이 걸려 있다. 이 편액은 석봉 한호의 글씨이다. 구인당의 '求仁'은 이언적이 쓴 『求仁錄』에서 따온 것으로 성현의 학문이 오로지 仁을 求하는데 있다는 이언적의 성리학의 핵심사상을 의미한다.

대청 뒷벽 왼쪽(남쪽) 윗부분에 「白鹿洞規」 현판이 걸려 있다. 주자의 白鹿洞書院 學規를 그대로 옮겨 적은 것이다. 학규는 五敎之目, 爲學之書, 修身之要, 處事之要, 接物之要의 다섯 조목에 각각의 세목이 있다.

강당 뒷벽 오른쪽(북쪽) 윗부분에 '傳敎謄書' 현판이 걸려 있다. 1676년(숙종 2) 10월 10일에 숙종이 밤에 신하를 불러 경연을 베푸는 야대(夜對) 때 서원에 내려진 인력들이 흩어져 선비들이 학문에 전념할 수 없음을 염려하는 논의가 있었다. 이에 모든 서원에 특전을 줄 수는 없기에 교화에 정도가 큰 서원에 먼저 조치를 취할 것을 傳敎한 내용을 등서한 것이다. 원래의 전교는 강당 화재 때에 영조조의 備忘記板, 정조조의 御製祭文板 등과 함께 소실되었다.

강당 중앙 윗부분에 '御製祭文' 현판이 걸려 있다. 정조가 이언적의 학문을 특별히 존숭하여 옥산서원에 내린 치제문이다. 원본은 강당 화재시에 소실되었다. 이언적이 스스로 깨달아 얻은 성리학적 세계와 그의 忠을 기리는 내용을 담아 정조가 지은 제문을 새긴 것이다. 1792년에 정조가 제물과 제문을 보내 致祭한 일과 1839년(헌종 5)에 강당에 불이 난 일, 그리고 중건과 함께 다시 사액을 내린 일에 대한 전말이 적혀 있다.

구인당 내 남쪽방(동방)의 출입문 위에 '兩進齋'라고 쓴 현판이 걸려 있다. 양진재의 '兩進'은 '明(도덕을 밝힌다)'과 '誠(의지를 성실하게 한다)'을 갖추어 전진함을 말하는 것이다. 『중용』에 '명은 선을 밝게 앎이요, 성은 진실하고 망령됨이 없음이니, 천리의 본연이다(誠者眞實無妄之謂, 天理之本然也.).'라는 뜻이다. 이는 가르치는 이가 明善을 거쳐 誠實함을 이루어야 함을 말한다. 借立齋라고 쓴 현판이 옆에 걸려 있는데, '借立'은 '敬義借立', 즉 '경건한 마음가짐과 신의로써 사물에 대처한다.'는 뜻에서 취한 것이다. 敬義와 明誠은 성리학의 으뜸이 되는 뜻이다. 程子는 『주역』에서 "군자는 경을 주장해 안을 곧게 하고, 의를 지켜 밖을 방정하게 해서, 경과 의를 확립하면 덕이 성해진다(君子敬以直內, 義以方外, 敬義立而德不孤.)."고 하였다.

강당 건물 앞면에 있는 '玉山書院' 편액은 구인당 화재 이후 1839년(헌종 5)에 다시 받은 편액이다. 秋史 金正喜(1786~1856)가 쓴 글이다. 현판의 좌측에 "萬曆甲戌 賜額後二百六十六年 己亥失火改書 宣賜"라 적혀 있다. 강당 대청 앞면에 있는 '玉山書院' 편액은 1574년(선조 7) 사액 당시의 鵝溪 李山海(1539~1609)의 글씨를 모각한 것이다. 흔히 '舊額'이라 한다. 현판의 좌측면에 '舊額摹揭'라 적혀 있다.

(4) 講修齋

敏求齋는 구인당 앞 마당의 남쪽에 있다. 東齋 혹은 南齋라고도 한다. 민구재의 敏求는 『論語』「述而」편에 공자가 스스로를 가리켜 "나는 옛 것을 좋아하여 부지런히 찾아서 배운 사람(好古敏以求之)"이라고 했던 글에서 따온 것이다.

闇修齋는 구인당 앞 마당의 북쪽에 있다. 西齋 혹은 北齋라고도 한다. 암수재의 闇修는 朱子가 스스로의 학문에 대해 '드러나지 않는 가운데 나날이 새롭고 밝게 학문을 펼쳐 나간다(闇然自修)'고 한 말에서 취한 것이다.

(5) 體仁廟

사당인 체인묘(體仁廟)는 강당의 후면에 위치한 내삼문을 지나 자리잡고 있다. 맞배지붕에 초익공양식을 취하고 있으며, 측면에 풍판을 달았다. 규모는 정면 3칸, 측면 2칸으로 전면에 원기둥을 사용하였다. 3량가 가구구조이며, 겹처마로 지붕을 마감하였고, 문은 전부 판문을 사용하였다.

구인당 뒤에 內三門인 體仁門이 있고, 그 뒤 담으로 둘러싸인 공간에 사당인 體仁廟와 典祀廳이 있다. '體仁'은 어질고 착한 일을 실천에 옮긴다는 말로 성리학에서 제일 중요하게 여기는 부분이다. 이언적의 일생은 자기완성인 成己를 바탕으로 백성의 완성인 成物을 이루는 데 있었다. 성물의 근본이 되는 성기는 仁을 體得함으로써 얻는 것이기에 이언적을 모신 묘우의 이름을 體仁이라 하였다.

(6) 御書閣

원래 經閣을 御書閣이라 했었는데, 內賜本과 회재수필, 퇴계수필 외에 기타 귀중도서와 각종 서원 문서를 보관하였다. 1972년 유물전시관인 청분각을 지으면서 어서각 현판도 청분각에 걸게 되었다. 현재는 2010년에 신축한 유물전시관 내 수장고에 보관중이다. 그리고 「書院書冊不出院門」이라고 쓴 현판이 있었는데 庚子年(1840?) 仲春에 쓴 것이고, 어서각(경각) 문 위에 걸어두었지만, 1972년 청분각을 지으면서 청분각 문루에 옮겨 걸었다. 현재에는 옥산서원유물전시관을 신축하면서 전시관내 수장고에 있다. 이 현판은 "서원의 책을 서원 문밖으로 내지 않는다."는 원규 중 하나를 적어 놓은 것이다. 일찍이 퇴계 이황이 정해서 서원의 책을 보존했고, 이후 300년이 지나 정조 또한 이 일을 가상히 여긴다는 綸音이 있었다. 이에 사림들이 이를 기억하기 위해 일의 전말을 기록해서 걸었다.

(7) 神道碑閣

이 신도비는 1577년(선조 10)에 회재의 업적을 기리기 위해 후학들이 뜻을 모아 건립하였다. 奇大升이 신도비문을 지었고, 1577년에 李山海가 글을 썼다. 이언적의 신도비는 이후 1586년에 기대승의 신도비명을 良洞 출신의 孫曄이 다시 써서 포항에 있는 회재의 묘소 앞에 건립되었다. 사당 담 밖 북쪽으로는 碑閣이 있으며, 비각 내에 神道碑가 있다.

(8) 藏板閣

서원 영역 남쪽에 '文集板閣'이라고 쓴 현판이 걸린 곳이 장판각이다. 『회재집』 판목을 비롯한 서원에서 출간한 서적의 판목을 보관하고 있었다. 현재 신축한 유물전시관내 수장고에 판목을 보관하고 있다.

(9) 遺物展示館

1972년에 건립된 서원 영역 남쪽에 위치한 유물전시관으로, '淸芬閣'이라고 쓴 현판이 있다. 2010년 옥산서원유물전시관이 신축되면서 청분각은 허물어지고 현판은 전시관내 수장고에 있다. 淸芬은 깨끗하고 맑은 향기이니 상대방의 인품이나 덕행을 칭송하는 말이다. 서고를 '청분'

이라 명명한 것은 책이 머금고 있는 단아한 향기를 표현한 것이다.

(10) 其他

碑閣과 옥산서원 앞 계류의 洗心臺로 이어지는 통로의 문 위에 '洗心門'이라고 쓴 현판이 걸려 있다. 문의 이름은 세심대로 통하는 문이란 뜻이다.

3) 獨樂堂과 周邊 景觀

독락당은 회재 선생이 정치를 접고 낙향하여 지은 집의 당호로, 옥산서원의 안쪽 계곡에 자리잡고 있는 고택 사랑채이다. 이 사랑채로 사용하던 곳은 '玉山精舍'로 명명하고 있다. 독락당과 주변 경관은 무엇보다 한옥과 자연의 만남, 그 합일의 궁극을 보여주는 건축물로 평가된다. 북쪽에서 남쪽으로 흐르는 개울을 동쪽에 낀 넓은 대지에 서남향으로, 삼문, 一자형 행랑채, 口자형 안채, 一자형 사랑채, 계정(溪亭), 어서각(御書閣), 공수간, 사당 등을 세운 제택(第宅)이다. 사랑채 정면에는 '독락당'(獨樂堂) 편액이 걸려 있다.

또한 문집에 수록된 「晦齋先生年譜」에 독락당과 주변 경관에 대한 기록이 전하는 데 다음과 같다. "바로 양좌동(良佐洞)에서 서쪽으로 20리 되는 곳이니, 선생의 고정(考亭)이다. 선생이 젊어서부터 자옥산의 산과 골짝이 아름답고 시내와 못이 맑은 것을 사랑하였는데, 이때와서 비로소 시냇가에 수십 칸의 집을 짓기 시작하였다. 그러나 가난해서 비용을 마련하지 못하였으므로 오랜 뒤에야 완성하고, 독락당이라고 이름을 붙였다. 다섯 개의 대(臺)가 있으니, 탁영대(濯纓臺), 징심대(澄心臺), 관어대(觀魚臺), 영귀대(詠歸臺), 세심대(洗心臺)가 그것이다. 또 관어대 위에 작은 정자를 세웠으니, 첫째 칸이 정관재(靜觀齋)이고 둘째 칸이 계정(溪亭)이다. 정자 앞뒤에 소나무와 대나무와 화훼를 더 심고 날마다 그 속에서 읊조리고 노닐고 낚시하면서 분잡한 세상일을 사절하고, 한 방 안에 단정히 앉아 좌우의 도서를 정밀히 연구하고 깊이 사색하니, 고요한 가운데서 이룬 공부가 이전에 비해서 더욱 깊고 전일하였다."

1531년(중종 26)에 회재 선생이 옥산정사(玉山精舍), 독락당(獨樂堂) 주변 경승(景勝) 10곳을 명명(命名)하여 四山五臺와 龍湫라 하였는데 이들 중 남아 있는 것은 자옥산(紫玉山), 용추(龍湫), 관어대(觀魚臺), 세심대(洗心臺), 탁영대(濯纓臺), 징심대(澄心臺), 영귀대(詠歸臺) 등 7곳의 명칭만 대자(大字)로 써서 축장(軸裝)한 것들로 회재 이언적의 아들 잠계 전인(潛溪 全

仁)이 이황(李滉)에게 부탁하여 1517년 회재가 27세 때 지은 원조오잠(元朝五箴)과 1562년에 함께 쓴 것으로 전한다.

四山五臺는 정리하면 다음과 같다.

〈四山〉
화계산(花界山) : 옥산서원 동쪽의 산
자옥산(紫玉山) : 옥산서원 서쪽의 산
무학산(舞鶴山) : 옥산서원 남쪽의 산
도덕산(道德山) : 옥산서원 북쪽의 산

〈五臺〉
징심대(澄心臺), 탁영대(濯纓臺), 관어대(觀魚臺), 영귀대(詠歸臺), 세심대(洗心臺)

일제강점기 독락당 정면 사진. 국립중앙박물관 소장. ⓒ공공누리

(1) 獨樂堂

독락당은 이언적이 1532년 관직을 그만두고 돌아와 6년간 성리학 연구에 전념하였던 서재 겸 사랑채였다. '獨樂堂'은 말 그대로 '홀로 즐겁다는 뜻이다'. 송나라 司馬光이 왕안석의 개혁 정치를 거부하고 낙향하여 향촌에 '獨樂園'을 경영하고 은거생활에 들어갔던 것에서 유래한다. '독락당' 현판은 鵝溪 李山海의 글씨이다.

독락당 정면 처마 아래의 '玉山精舍' 현판은 退溪 李滉의 글씨이다. 옥산정사는 독락당 건물 마당 둘레의 담으로 형성된 마당과 함께 극히 개인적이고 숨겨져 있는듯하면서도 자연 속에 스며들어간 듯 땅에 낮게 깔려 자연과 함께 하는 배치와 구성을 하고 있어서, 선비가 계곡에 묻혀 학문을 하며 은자의 생활을 한 精舍의 면모를 잘 보여준다. 이에 紫玉山 자락에 있는 精舍라는 의미로 '玉山精舍'라 명명하였다.

대청내 서쪽면 우측 상단에 玉山精舍記이라고 쓴 기문이 걸려 있다. 이 기문은 1802년 8월 下澣에 경상도 관찰사 金陵 南公轍(1760~1840)이 경주 일대를 순회하던 중 독락당을 들렀다가 후손들의 청으로 지은 글이다. 독락당의 정취에 대하여 적고 있다.

(2) 御書閣

마당을 중심으로 서쪽에 御書閣이 위치해 있다. 이언적의 서자 李全仁이 1554년 안채를 중수하고, 御書閣과 사당을 건립하였다. 어서각에는 이언적의 手筆稿本과 생전에 사용하던 유품·서적, 인종이 세자시절 안동부사로 나아간 스승 회재에게 멀리 떨어진 아쉬움을 표현한 친필 서찰 등을 보관하고 있다.

어서각 내 어서각 현판 아래에 '書冊不出門外'라고 쓴 현판이 걸려 있다. 이언적의 서자 李全仁이 1554년 御書閣을 건립한 이후, 회재가 사용하였던 서적과 수필고본 및 인종의 세자시절 친필 서찰을 보관하여 왔다. 그러나 회재 사후에 회재의 서적 보관을 둘러싼 많은 논의가 있었다. 이에 회재의 옥산파 후손들은 경상도 관찰사, 즉 공권력을 빌어 어서각 내의 문적 유출을 영구히 막음으로써 그들의 사회적 지위를 유지 내지 높이는 한편, 정통성을 유지하기 위한 수단으로 사용하였다. 이에 관찰사의 어서각 서책의 반출을 금한다는 명을 편액에 새겨 걸어 놓은 것이다.

(3) 溪亭

마당을 중심으로 동쪽에 계정이 있다. 마루 남쪽 벽면 위에 '溪亭'이라고 쓴 현판이 걸려 있다. 계정은 동쪽 마루가 계정이고, 북쪽은 창고와 방 2개인데 서쪽 방은 양진암이고, 동쪽 방이 인지헌이다. 이언적은 1532년 낙향한 이후 안채와 사랑채인 독락당을 지었고, 1533년 선친 李蕃이 지었던 亦樂齋를 개수하여 '溪亭'으로 이름을 고쳤다. 지금의 건물은 1629년 경 소실된 것을 1650년에 다시 지은 것이다. '계정'이란 현판은 韓濩의 글씨이다.

지금의 溪亭, 양진암과 仁智軒 자리는 1515년 초려삼간이 있던 자리이다. 안채를 지금의 자리로 확장 신축하고 양진암을 들인 것은 평소 회재와 이곳에서 수학하며 공양하던 정혜사 주지 상재가 떠나지 않고 회재를 시중하니, 회재는 상재의 도움으로 초려삼간을 헐어 계정에 방 한 칸을 들여 머물게 하였고, 그 방을 '養眞菴'이라 하였다. '양진'이란 유가와 불가의 진리 속의 양진을 뜻한다. 또한 유학자의 공부방인 '齋'가 아닌 불가의 암자와 같은 '菴'을 사용함으로써 승려가 편안히 머물 수 있도록 배려한 것으로 보인다. '양진암'이란 현판은 退溪의 글씨이다.

양진암 옆 계정 마루와 연결된 방이 '仁智軒'이다. 인지헌은 『論語』에 "어진 자는 산을 좋아하고, 지혜로운 자는 물을 좋아한다(仁者樂山, 智者樂水.)."라는 말을 계정 경관에 부합되게 한 의미로 회재가 1550년에 지은 『求仁錄』에 仁을 구하는 방법인 仁道之天에도 부합된다.

(4) 敬淸齋

경청재는 숨방채라고도 불리었다. 행랑채로 사용되는 건물로 대문의 정면에 있다. 현판은 방문 위에 걸려 있다. 이 건물은 1601년 3월 12일에 회재의 서손자 李浚, 李淳 형제가 옥산별업을 奉守하기 위하여 和議文을 작성하면서 세운 것이다. 회재는 1538년 3월에 淸白吏에 加資 되었는데, 청백은 恭敬之心에서 나온다 하여 후손들이 이 건물을 敬淸齋라 이름하였다. 1900년 이후 머슴들이 사용하기도 하였다.

2. 晦齋 李彦迪과 文獻 資料

1) 晦齋 李彦迪의 生涯와 業績

회재 이언적은 조선 중기의 학자로 본관은 驪州. 자는 復古, 호는 晦齋·紫溪翁이다. 참군 壽會의 손자로, 생원 蕃의 아들이며, 어머니는 慶州孫氏로 鷄川君 昭의 딸이다. 초명은 迪이었으나 중종의 명으로 彦자를 더하였다고 전한다. 24세에 문과에 급제해 벼슬길에 나갔다.

이조정랑·사헌부장령·밀양부사를 거쳐 1530년(중종 25) 사간이 되었다. 이때 金安老의 등용을 반대하다가 관직에서 쫓겨나 경주의 자옥산에 들어가서 성리학 연구에 전념하였다.

1537년 김안로 일당이 몰락한 뒤에 종부시첨정으로 불려나와 홍문관교리·응교·직제학이 되었고, 전주부윤에 나가 선정을 베풀어서 송덕비가 세워졌다. 이때 조정에「一綱十目疏」를 올려 정치의 도리를 논하였다. 이조·예조·형조의 판서를 거쳐 1545년(명종 즉위년)에 좌찬성이 되었다. 이때 尹元衡 등이 선비를 축출하는 을사사화를 일으켰을 때 推官이 되어 선비들을 심문하는 일을 맡았지만 자신도 관직에서 물러났다. 1547년 윤원형 일당이 조작한 良才驛壁書事件에 무고하게 연루되어 강계로 유배되었고, 그곳에서 많은 저술을 남겼으나 63세로 세상을 떠났다.

이언적은 조선조 유학, 곧 성리학의 정립에 선구적인 인물로서 유학의 방향과 성격을 밝히는 데 중요한 구실을 하였다. 그것은 朱熹의 主理論的 입장을 정통으로 확립하는 것이다. 그의 학문은 스승으로부터 계승받은 것이 아니라, 독자적으로 수립한 것이다. 다만 그의 호를 '회재'라 한 것은 晦菴(주희의 호)의 학문을 따른다는 견해를 보여주는 것이다. 그는 27세 때 당시 영남지방의 선배학자인 孫叔暾과 曹漢輔 사이에 토론되었던 성리학의 기본 쟁점인 無極太極論爭에 뛰어들어 주희의 주리론적 견해에서 손숙돈과 조한보의 견해를 모두 비판해 자신의 학문적 견해를 밝혔다.

물론, 이언적은 이 논쟁에서 理氣論의 주리론적 견해로서 理先氣後說과 理氣不相雜說을 강조하였다. 이러한 理優位說의 견해는 退溪 李滉에게로 계승되는 영남학파의 성리설에 선구가 된다. 여기에서 그가 벌인 태극의 개념에 관한 논쟁은 조선조 성리학사에서 최초의 본격적인 개념 논쟁이라고 할 수 있다. 그는 사화가 거듭되는 사림의 시련기에 살았던 선비로서 을사사화 때는 그 자신이 좌찬성·판의금부사의 중요한 직책으로 사림과 권력층 간신 사이에서 억울한 사림의 희생을 막으려고 노력하다가 마침내 자신이 사화의 희생물이 되고 말았다. 栗谷 李珥는 그가 을사사화에 곧은 말로 항거해 절개를 지키지 못했다고 비판하였다. 그러나 그는 불의와 타협하지 않으면서도 온건한 해결책을 추구하였던 인물이다. 그는 조선조 도학의 학문과 실천에 모범이 되는 우뚝한 봉우리였다. 1610년(광해군 2)에 문묘에 종사되었고, 경주의 玉山書院 등에 배향되고 있다. 시호는 文元이다.

2) 晦齋의 主要 著作

회재의 저작은 문집인『晦齋集』에 대부분 수록되어 있다. 이 문집은 모두 6개의 판본이 있다. 그 가운데 초간본은 아들 이전인(李全仁)이 집에 보관하던 초고를 바탕으로 관련 자료를 더 모아서 원집(原集)과 습유(拾遺)로 나눈 다음 1565년(명종 20) 무렵 이황에게 검토받아 두었던 것을, 1574년(선조 7) 손자 이준(李浚)이 다시 유희춘(柳希春)의 교정을 받고, 경주 부윤 이제민(李齊閔)과 경상감사 노진(盧禛)의 도움을 얻어 경주에서 목판본으로 간행한 것이다. 그 뒤 1600년 습유를 별집으로 편차한 판본이 다시 간행되었고, 1624년에는 별집을 원집에 포함시킨 세 번째 판본이 옥산서원에서 나왔다. 그리고 1631년 별집을 습유로 고치고 권4에 기존 간행본의 별집 1권을 붙였으며, 새로 권11~13을 편성하고 여기에 별집 권2~4를 각각 수록하면서 권11에 묘비명 1편과 부록에 「회재이선생묘지(晦齋李先生墓誌)」 등 4편을 덧붙여 모두 13권 5책으로 옥산서원에서 간행한 것이 네 번째 판본이다. 그 뒤로도 정조 때 간행된 보각본(補刻本)과 1926년 간행된 간본이 있다.

문집의 구성은 권1부터 권4까지가 시문(詩文)이고, 권5에는 부(賦)·잡저(雜著) 등이 실려 있다. 특히 잡저에 실린 「서망재망기당무극태극설후(書忘齋忘機堂無極太極說後)」와 망기당(忘機堂) 조한보(曺漢輔)에게 보낸 4편의 편지는 태극 논쟁의 전모를 살필 수 있는 중요한 자료이다. 권6에는 「원조 오잠(元朝五箴)」을 비롯하여 명(銘), 기(記), 「인종대왕 행장(仁宗大王行狀)」, 제문(祭文) 등이 실려 있고, 권7에는 「일강십목소(一綱十目疏)」가 있으며, 권8에는 「진수팔규(進修八規)」가 있다. 권9와 권10에는 상소문에 해당하는 장차(狀箚)가 실려 있고, 권11에는 이언적이 지은 「대학장구보유서(大學章句補遺序)」·「중용구경연의서(中庸九經衍義序)」·「구인록서(求仁錄序)」·「봉선잡의서(奉先雜儀序)」와 「사벌국전(沙伐國傳)」, 김안국(金安國)을 위한 제문을 비롯한 여러 제문과 묘비명(墓碑銘)이 있으며, 권12에는 「홍문관상소」가 있고, 권13은 습유(拾遺)로 임금에게 올린 사(辭), 장(狀), 차(箚), 계(啓)가 있다. 그리고 그 뒤에 유희춘과 허엽의 발문(跋文)과 세계도(世系圖), 연보(年譜)가 있으며, 연보 끝에는 노수신의 연보후서(年譜後敍)가 붙어 있다. 그리고 그 뒤에 이황이 쓴 행장(行狀), 기대승(奇大升)이 쓴 신도비명과 이항복(李恒福)이 쓴 묘지(墓誌), 허엽의 「옥산서원기(玉山書院記)」와 박승임(朴承任)의 「강계부사묘기(江界府祠廟記)」, 유성룡이 쓴 「공서어찰답관학제생소후(恭書御札答館學諸生疏後)」가 있다.

그리고 회재는 문집 이외에 만년에 유배 생활을 하는 동안 큰 업적이 되는 중요한 저술들을 여러 편을 남겼다. 『求仁錄』(1550)·『大學章句補遺』(1549)·『中庸九經衍義』(1553)·『奉先雜儀』(1550) 등이다. 『구인록』(4권)은 유교 경전의 핵심 개념으로서 인(仁)에 대한 그의 집중적인 관심을 보여주고 있다. 그는 유교의 여러 경전과 송대 도학자들의 설에 인의 본체와 실현 방법에 관한 유학의 근본 정신을 확인하고자 하였다.

『대학장구보유』(1권)와 『속대학혹문』(1권)은 주희의 『대학장구』나 『대학혹문』의 범위를 넘어서려는 그의 독자적인 학문세계를 제시하고 있다. 이 점에서 그는 뒤따르는 도학자들보다 훨씬 자율적인 학문 태도를 가졌다. 곧, 주희가 『대학장구』에서 제시한 체계를 개편했던 것이다. 특히, 주희가 역점을 두었던 格物致知補亡章을 그는 인정하지 않고, 『대학장구』의 경1장에 들어 있는 두 구절을 격물치지장으로 옮겼으며, 이런 개편에 대해서 주희가 다시 나오더라도 이것을 따를 것이라는 확신을 보여주고 있다. 이러한 그의 태도는 주희의 한 글자 한 구절을 금과옥조로 삼아 존숭하는 후기의 학문 태도에 비해 매우 창의적인 학문 정신을 보여준다.

『중용구경연의』(29권)는 그의 미완성 절필이다. 이 저술도 주희의 『중용장구』나 『중용혹문』의 체계를 훨씬 벗어나서 천하국가를 통치하는 방법의 九經(修身·尊賢·親親·敬大臣·體群臣·子庶民·來百工·柔遠人·懷諸侯)을 중심으로 중용 정신을 밝히려는 독창적인 저술이다. 이 저술은 眞德秀의 『대학연의』가 대학 체계를 통치 원리의 구체적 실현 방법에 응용했던 것에 상응한 저술이요, 뒷날 李玄逸이 『洪範衍義』를 저술한 것에 선행한다고 할 수 있다. 그는 주희가 『대학』과 『중용』을 표출시킨 의도를 계승하면서도 『대학』과 『중용』의 정신을 修己와 治人의 양면으로 파악함으로써 도학의 통치 원리를 선명하게 제시하는 창의적 견해를 가졌다고 하겠다.

『봉선잡의』(2권)는 도학의 실천적 규범인 예서를 제시한 것으로서 조선조 후기 예학파의 선구가 되고 있다. 주희의 『家禮』가 조선조 사회에 미친 영향을 주목한다면, 이언적의 예학 저술은 그의 학문적 관심이 얼마나 광범위했는지를 보여 준다.

그가 임금에게 올렸던 상소문인 「일강십목소」와 「進修八規」는 군주 사회의 통치 원리를 제시한 것이다. 하늘의 도리, 곧 천도에 순응하고 백성의 마음, 곧 인심을 바로잡으며 나라의 근본을 배양해야 한다는 왕도정치의 기본 이념을 추구했으며, 도학적 경세론의 압축된 체계를 제시하고 있다. 「일강십목소」에서 근본의 일강령은 '임금의 마음씀(人主之心術)'으로 규정하고, 10조목으로는 가정 법도의 엄숙, 국가 근본의 배양, 조정 기강의 정대, 인재 취사의 신중, 하늘 도리에 순응, 언로를 넓힘, 사치 욕심의 경계, 군자의 길을 닦음, 일의 기미를 살핌을 도모하도록 요구하였다.

또한 27세에 지은 「五箴」에서도 하늘을 두려워함(畏天), 마음을 배양함(養心), 공경하는 마음(敬心), 허물을 고침(改過), 의지를 독실하게 함(篤志)을 들고 있다. 그는 하늘(天道·天心)과 백성 (人心)에 순응하며, 마음을 다스리는 수양(養心·敬心)에 힘쓸 것을 중요시하는 도학적 수양론을 경세의 근본으로 삼고 있다.

3) 晦齋先生 年譜

이하의 내용은 문집 『晦齋集』에 수록된 「文元公晦齋先生年譜」를 주로 참고하여 작성하였다. 이 연보는 회재의 손자 이준(李浚)의 요청으로 1574년에 본집의 「행장(行狀)」과 집안에 간직된 습유(拾遺) 등을 자료로 하여 노수신(盧守愼)이 작성한 것이다.

• 홍치(弘治) 4년 성종 22년 신해(1491) 선생 1세
  11월 25일 무술 경주부(慶州府) 양좌촌(良佐村)의 집에서 태어났다. 경주부에서 북쪽으로 40리 되는 곳에 있다. 선생의 선대(先代)는 여주(驪州) 사람인데, 찬성공(贊成公)이 처음 이곳에 정착하였다.

• 홍치 13년 경신(1500, 연산군 6) 선생 10세
  2월 14일 찬성공의 상을 당하였다.

• 홍치 15년 임술(1502, 연산군 8) 선생 12세
  2월에 탈상하였다. 외숙인 사재(四宰) 손중돈(孫仲暾) 공에게 수학(受學)하였다. 외숙을 따라 양산(梁山), 김해(金海) 등 임지(任地)로 가서 배우게 하였다.

• 홍치 17년 갑자(1504, 연산군 10) 선생 14세
  성현(聖賢)의 학문에 뜻을 두었다. 항상 산사(山寺)에 머물며 독서하고 학문을 연마하였다.

• 정덕 3년 무진(1508, 중종 3) 선생 18세
  부인 박씨(朴氏, 朴崇阜의 女)를 맞아들였다.

• 정덕 6년 신미(1511, 중종 6) 선생 21세
  「문진부(問津賦)」가 있다.

• 정덕 8년 계유(1513, 중종 8) 선생 23세
  생원시(生員試)에 합격하였다. 「편고부(鞭賈賦)」와 「이구복방가부(利口覆邦家賦)」 등의 부가 있다.

• 정덕 9년 갑술(1514, 중종 9) 선생 24세
  급제(及第)하여 벼슬길에 올랐다. 별시(別試)이고 박세희(朴世熹)가 주시관(主試官)이었다. 이때 모재(慕齋) 김안국(金安國)이 고관(考官)이 되어 그 책문(策文)을 보고는 "왕을 보필할

재상감이다."라고 감탄하였다. 권지 교서관부정자(權知校書館副正字)가 되었다. 「서정시(西征詩)」135운(韻)이 있다.

- 정덕 10년 을해(1515, 중종 10) 선생 25세
  경주 주학(州學)의 교관(教官)에 차임(差任)되었다.

- 정덕 11년 병자(1516, 중종 11) 선생 26세
  「차주문공오곡(次朱文公五曲)」,「도가(櫂歌)」,「남언행록주전(覽言行錄朱傳)」,「권학자(勸學者)」절구 3수가 있다.

- 정덕 12년 정축(1517, 중종 12) 선생 27세
  원일(元日)에 「오잠(五箴)」을 지어 스스로 경계하였다.
  「서망재망기당무극태극설후(書忘齋忘機堂無極太極說後)」를 지었다.
  4월에 지은 「향정혜사음록즉경(向定慧寺吟錄卽景)」시 40운(韻)과 「차조용수(次曺容叟)」절구 2수가 있다.
  7월에 조정에 들어가 부정자(副正字)가 되었다.
  10월에 정자(正字)로 승진하였다.

- 정덕 13년 무인(1518, 중종 13) 선생 28세
  망기당(忘機堂)의 편지에 답하였다. 편지는 모두 4편이다.
  「차망기당운(次忘機堂韻)」5수가 있다.
  5월(1월로 된 곳도 있다)에 저작(著作)으로 승진하였다.
  가을에 지은 「상락노상즉사(上洛路上卽事)」4운(韻)이 있다.
  12월 정축에 판서공(判書公)의 상을 당했다.

- 정덕 14년 기묘(1519, 중종 14) 선생 29세
  3월 4일 정유에 판서공을 경주부 치소 동쪽 아배야동(阿倍耶洞) 명활산(明活山)의 조비(祖妣) 묘소 우측에 장사 지냈다.

- 정덕 15년 경진(1520, 중종 15) 선생 30세
  12월에 탈상하였다. 제석(除夕)에 「입잠(立箴)」을 지었다.

- 정덕 16년 신사(1521, 중종 16) 선생 31세
  2월 19일 임인에 찬성공(贊成公)을 개장(改葬)하였다.
  제문(祭文)이 있다.

4월에 삼성암(三聖庵)에 있었다. 「산창즉사(山窓卽事)」, 「몽각유감(夢覺有感)」, 「희청(喜晴)」, 「감흥(感興)」 등 시가 있다.

8월에 교서관 박사로 승진하였다. 「서정음(西征吟)」 절구 20수가 있다.

얼마 있지 않아 홍문관 박사에 선발되고, 경연 사경(經筵司經)과 춘추관 기사관(春秋館記事官)을 겸임하였다.

상이 선생의 이름에 '언(彦)' 자를 더하도록 명하였다. 당시 선생과 성명이 같은 단성(丹城) 사람 이 계유년(1513) 과거에 합격하였으므로 같은 이름을 피해야 했고, 또 선정(先正)의 휘를 범하는 것이 편치 않아서 그런 것이다.

「이윤오취탕론(伊尹五就湯論)」이 있다.

• 가정(嘉靖) 원년 중종 17년 임오(1522) 선생 32세
2월에 세자시강원 설서에 제수되었다. 차자(箚子)를 올려 세자를 보양(輔養)하는 방도를 논하였다.

• 가정 2년 계미(1523, 중종 18) 선생 33세
체차되어 성균관 전적이 되었다.
3월에 지은 「도조령음기사제(到鳥嶺吟寄舍弟)」 시 4운이 있다.
4월에 천거(薦擧)로 병조 좌랑에 제수되었다.
12월에 천거로 이조 좌랑에 제수되었다.

• 가정 3년 갑신(1524, 중종 19) 선생 34세
6월에 모친의 봉양을 위해 외직(外職)으로 나가기를 청하여 인동 현감(仁同縣監)에 제수되고, 춘추관 기사관(春秋館記事官)을 겸하였다.

• 가정 5년 병술(1526, 중종 21) 선생 36세
7월에 사헌부 지평으로 소환되었다.
8월에 병조 정랑으로서 경상도 어사가 되었다.
10월에 이조 정랑에 제수되었다.

• 가정 6년 정해(1527, 중종 22) 선생 37세
7월에 시강원 문학에 제수되었다.
8월에 사헌부 장령에 제수되고, 승문원 교감(承文院校勘)을 겸하였다. 이때 이항(李沆)이 대간(臺諫)에게 조광조(趙光祖)의 여습(餘習)이 있다고 논하고 엄금하기를 청하였는데, 선생이 차자를 올려 그 그릇됨을 극렬히 말하였다. 또 양사(兩司)에서 올린 차자가 있다.

• 가정 7년 무자(1528, 중종 23) 선생 38세

2월에 봉상시 첨정(奉常寺僉正)에서 내자시 부정(內資寺副正)으로 승진하였다.

6월에 성균관 사성(成均館司成)에 제수되었다.

「송원전한계채서(送元典翰繼蔡序)」가 있다.

8월에 경상도 어사에 차임되었다.

11월에 모친을 봉양할 수 있게 해 달라고 청하여 밀양 부사(密陽府使)에 제수되었다.

• 가정 8년 기축(1529, 중종 24) 선생 39세

외숙인 사재(四宰) 손공(孫公)을 곡하였다.

공이 4월에 한양에서 별세하였다.

제문이 있다.

• 가정 9년 경인(1530, 중종 25) 선생 40세

11월에 소명(召命)을 받고 들어가 사간원 사간이 되었다.

• 가정 10년 신묘(1531, 중종 26) 선생 41세

1월에 성균관 사예로 좌천되었다. 곧이어 탄핵을 받고 파직되어 전리(田里)로 돌아갔다. 「직미원(直薇垣)」 절구 1수, 「기사제자용(寄舍弟子容)」 4운이 있다.

「징심대즉경(澄心臺卽景)」, 「차어자유운(次魚子游韻)」 등 시가 있다.

• 가정 11년 임진(1532, 중종 27) 선생 42세

자옥산(紫玉山)에 독락당(獨樂堂)을 지었다.

「조춘유산(早春遊山)」, 「우음(偶吟)」 등 시가 있다.

• 가정 12년 계사(1533, 중종 28) 선생 43세

봄에 지은 「수모생신(壽母生辰)」, 「산당문금(山堂聞琴)」, 「차왕학사곡문승상(次王學士哭文丞相)」 등 시가 있다.

• 가정 13년 갑오(1534, 중종 29) 선생 44세

봄에 지은 「산정즉경(山亭卽景)」, 「천상화주선생운(川上和朱先生韻)」 등 시가 있다.

• 가정 14년 을미(1535, 중종 30) 선생 45세

「임거십오영(林居十五詠)」, 「병중서회기용수(病中書懷寄容叟)」, 「기몽(記夢)」 등 시가 있다.

• 가정 15년 병신(1536, 중종 31) 선생 46세

「지비음(知非吟)」 시가 있다.

- 가정 16년 정유(1537, 중종 32) 선생 47세

 「족연구(足聯句)」시가 있다.

 11월에 김안로(金安老)가 패사(敗死)하였다. 중묘(中廟)께서 선생의 충직함을 생각하시어 가장 먼저 서용(敍用)하여 복직시킬 것을 명하고, 장악원 첨정에 제수하였다. 종부시 첨정을 거쳐 홍문관부교리 지제교 겸 경연시독관 춘추관기주관에 제수되었다가 교리로 전보되었다. 「상락증향우(上洛贈鄕友)」시가 있다.

 12월에 홍문관응교 지제교 겸 경연시강관 춘추관편수관으로 천전(遷轉)되었다.

- 가정 17년 무술(1538, 중종 33) 선생 48세

 2월에 천거로 의정부 검상(議政府檢詳)에 제수되었다.

 3월에 청백리(淸白吏)로서 가자(加資)되고, 의정부 좌사인(議政府左舍人)에 발탁되었다. 얼마 있지 않아서 군기시 정에 제수되었다.

 5월에 홍문관직제학 지제교 겸 경연시강관 춘추관편수관으로 천전되고, 품계가 올라 병조참지가 되었다. 「옥당입직차송미수운(玉堂入直次宋眉叟韻)」시가 있다.

 10월에 모친을 봉양하게 해 주기를 청하여 전주 부윤(全州府尹)으로 나갔다.

- 가정 18년 기해(1539, 중종 34) 선생 49세

 전주 경내가 크게 다스려지니 백성들이 송덕비(頌德碑)를 세웠다.

 「기사제자용(寄舍弟子容)」시가 있다.

 10월에 선생이 수천 글자의 응지 상소(應旨上疏)를 올렸는데, 상이 가상히 여겨 표리(表裏) 1습(襲)을 하사하였다. 이어 특별히 가선대부(嘉善大夫)로 자급을 올리도록 명하고, 칭찬하는 내용의 교지를 내렸다.

 11월에 전(箋)을 올려 간곡히 사양하였으나 윤허하지 않았다.

 12월 9일에 병조참판 겸 세자우부빈객에 제수되었다. 전지를 내려 재촉하여 불렀으므로 선생이 즉시 대궐로 나아갔다.

- 가정 19년 경자(1540, 중종 35) 선생 50세

 2월에 지은 「여주로기사제(驪州路寄舍弟)」시가 있다.

 4월에 예조 참판에 제수되었다.

 「오월십구일야반로립즉사(五月十九日夜半露立卽事)」시가 있다.

 6월에 성균관 대사성에 제수되었다.

 11월에 사헌부 대사헌에 제수되었다.

• 가정 20년 신축(1541, 중종 36) 선생 51세

3월에 좌부빈객으로 승진되었다가 홍문관부제학 지제교 겸 경연참찬관 춘추관수찬관으로 고쳐 제수되었다.

상소하여 한 가지 강령과 아홉 가지 조목으로 성학(聖學)의 본말과 시정(時政)의 득실을 극력 진달하였다.

6월에 더위를 먹어 정장(呈狀)하여 사직을 청하였는데, 전지를 내려 유시하였다.

7월에 귀향하여 모친을 봉양하게 해 주기를 청하였으나 윤허하지 않았다.

8월에 정세를 진달하였으나 윤허하지 않았다.

다시 외직(外職)으로 나가기를 청하여 김해 부사(金海府使)에 제수되었으나, 대간이 외직(外職)으로 내보내는 것을 만류하였다.

9월에 한성부 판윤으로 승진되었는데, 세 차례 사양하였으나 윤허하지 않았다. 얼마 지나지 않아 정헌대부(正憲大夫)로 가자하고, 의정부우참찬 겸 동지성균관사에 제수하였다. 두 차례 사양하였으나 윤허하지 않고, 모친을 모시고 한양으로 오라고 명하였다. 「선군휘일재락기사제(先君諱日在洛寄舍弟)」, 「몽견망질원경(夢見亡姪元慶)」, 「차기사제(次寄舍弟)」, 「별사제(別舍弟)」 등 시가 있다. 가을에 지은 「송이계아안영남(送李季雅按嶺南)」 시 2수가 있다.

• 가정 21년 임인(1542, 중종 37) 선생 52세

1월에 이조 판서에 제수되었다.

4월에 체차되어 지중추부사가 되었다. 재차 정세를 아뢰고 외직으로 나가 모친을 봉양하게 해 주기를 청하였으나 윤허하지 않았다.

5월에 의정부 우참찬에 제수되었으나 사직하였다.

8월에 특별히 사헌부 대사헌에 제수하였다. 차자를 올려 지성(至誠)으로 하늘을 감동시키는 도리에 대해 진달하였다.

9월에 형조 판서에 제수되었으나 극력 사직하였다.

10월에 예조 판서에 제수되었으나 또 사직하였다.

11월에 의정부 좌참찬에 제수되었다.

12월에 대궐로 나아가 두 차례 정세를 아뢰고 물러나게 해 주기를 간절히 청하니, 조정에서 어쩔 수 없이 안동 부사(安東府使)에 제수하였다. 부임하기에 앞서 동궁에게 규간(規諫)하는 글을 올렸다. 곧이어 간관(諫官)이 외직으로 내보내는 것을 만류하였다. 「재락기사제(在洛寄舍弟)」 2수, 「증별사제(贈別舍弟)」 3수, 「낙중득사제서(洛中得舍弟書)」 3수가 있다.

• 가정 22년 계묘(1543, 중종 38) 선생 53세

1월에 홍문관 제학과 동지성균관사를 겸하였다.

3월에 모친의 병을 이유로 사직하였다. 「해월루기(海月樓記)」가 있다.

4월에 교지를 내려 유시하였다.

7월에 본도 관찰사에 제수하고, 교지를 내려 유시하였다.

「차사제(次舍弟)」, 「증사제(贈舍弟)」, 「별사제(別舍弟)」, 「차문경소헌국경운(次聞慶小軒國
卿韻)」, 「중원방장길불우(中原訪長吉不遇)」 등 시가 있다.

• 가정 23년 갑진(1544, 중종 39) 선생 54세

봄에 이때 전라도 관찰사로 있었던 송규암(宋圭庵)과 백장사(白場寺)에서 만났다. 수창(酬
唱)한 시 8수가 있다.

4월에 병으로 사직하였다.

5월에 완강히 사직하였다.

7월에 한성부 판윤에 제수되었다. 두 차례 소명(召命)을 내렸으나 힘껏 사직하였다.

8월에 지중추부사 겸 세자좌부빈객에 제수하고 소명을 내렸으나 또 사직하였다. 「산중차자
용운(山中次子容韻)」 3수가 있다. 병이 조금 나아 길을 떠나려던 차에 다시 심해져서 정장하
여 사직하였다.

9월에 소명을 내렸으나 사직하였다.

11월에 또 사직하였다. 중종이 승하하고 인묘(仁廟)가 즉위하였는데, 대궐로 달려가지 못하
자 근심과 슬픔으로 병이 더욱 심해졌다. 정장(呈狀)하여 대죄(待罪)하니, 상이 위유(慰諭)하
는 글을 내리고, 감사에게 명하여 별도로 구료하게 하였다.

「세모음(歲暮吟)」 절구 1수가 있다.

• 가정 24년 인종 원년 을사(1545) 선생 55세

1월에 사장(辭狀)을 올려 대죄하였다. 교지를 내려 불렀으나 병으로 사직하였다. 곧이어 특
별히 품계를 올리고 의정부 우찬성으로 불렀으나 두 차례 사직하였다. 특별히 교지를 내려
돈유(敦諭)하였다.

윤1월에 의정부 좌찬성으로 전보되었다. 차자를 올려 상이 산릉(山陵)에 행차하는 문제에
대한 의견을 진달하였다.

2월에 병든 몸을 이끌고 산릉(山陵)에 참석하러 가다가 영천(永川)에 이르러서 병이 악화되
어 가지 못했다.

영천 객사에서 지은 4운시가 있고, 또 「차사제(次舍弟)」 시가 있다.

3월에 연이어 사직하였다.

초여름에 병이 조금 차도를 보여 비로소 조정으로 나갈 수 있었다. 지경연춘추관사를 겸임하였다.

7월에 인묘가 승하하고 명묘(明廟)가 즉위하였는데, 선생이 수렴청정(垂簾聽政)하는 논의를 정하였다.

8월에 판의금부사를 겸임하고 충순당(忠順堂)의 인견에 참어하었다. 「인송대왕 행장」을 지었으며, 만장(挽章) 4운이 있다.

12월에 사장(辭狀)을 올리고 근친(覲親)하였다.

• 가정 25년 명종 원년 병오(1546) 선생 56세

봄에 차자를 올려 군덕(君德)의 성취를 경연관에게 책임 지우는 뜻에 대해서 말하였다.

3월에 정사(呈辭)하고 근친하였다. 본도 감사에게 명하여 노친에게 식물(食物)을 지급하게 하였다. 귀향한 뒤에 세 차례 사직하는 글을 올렸다.

7월에 체차되어 판중추부사가 되었다. 차자를 올려 당저(當宁)에 발을 드리우는 것이 잘못된 일임을 논하였다.

이때 예관(禮官)이 당저에도 발을 드리우기를 청하였으므로 선생이 듣고 차자를 올렸다.

9월에 이기(李芑)와 윤원형(尹元衡)이 아뢰어 선생의 훈작(勳爵)을 삭탈(削奪)하였다.

• 가정 26년 정미(1547, 명종 2) 선생 57세

윤9월에 강계부(江界府)에 안치(安置)되었다.

7월에 지은 「기몽(記夢)」 시가 있고, 윤9월에 관서(關西)를 향해 가면서 지은 시가 있다.

• 가정 27년 무신(1548, 명종 3) 선생 58세

6월 18일 신유에 대부인이 별세하였다.

7월에 부음이 이르러 유의(遺衣)를 써서 신위(神位)를 설치하고 조석으로 슬피 곡하였다.

10월에 제문을 짓고 제수(祭需)를 갖추어 조카 이순인(李純仁)을 보내 치제(致祭)하였다.

• 가정 28년 기유(1549, 명종 4) 선생 59세

2월 경신에 대부인을 찬성공의 묘소 뒤쪽에 부장(附葬)하였다.

선생이 묘갈명을 지었다.

10월에 『대학장구보유(大學章句補遺)』가 완성되었다.

• 가정 29년 경술(1550, 명종 5) 선생 60세

6월에 탈상하였다.

8월에 『봉선잡의(奉先雜儀)』가 완성되었다.

10월에 『구인록(求仁錄)』이 완성되었다. 「진수팔규(進修八規)」가 완성되었다.

• 가정 32년 계축(1553, 명종 8) 선생 63세

4월에 제문을 짓고 제수를 갖추어 사자(嗣子)로 종제(從弟) 응인(應仁)으로 하여금 죽은 아우 언괄(彦适)에게 제사 지내게 하였다.

『중용구경연의(中庸九經衍義)』를 저술하다가 미처 완성하지 못한 채 11월 23일 을축에 병으로 별세하였다.

12월 12일에 아들 전인(全仁)이 관(棺)을 수레에 싣고 출발하였다.

• 가정 33년 갑인(1554, 명종 9)

2월에 상여가 고향에 다다랐다.

11월 갑진에 찬성공의 묘역 아래에 장사 지냈다.

• 가정 45년 병인(1566, 명종 21)

8월에 이전인이 상소를 갖추어 「진수팔규(進修八規)」를 올리니, 상이 깨닫고 마침내 관작을 회복하도록 명하였다.

• 융경(隆慶) 원년 정묘(1567, 명종 22)

6월에 명종이 승하하고 선조(宣祖)가 즉위하였다.

11월에 전지를 내려 유서(遺書)를 찾아내게 하였다.

• 융경 2년 금상 원년 무진(1568, 선조 1)

2월에 대광보국숭록대부 의정부영의정겸영경연홍문관예문관춘추관관상감사(議政府領議政兼領經筵弘文館藝文館春秋館觀象監事)를 증직하고, 부인에게 해마다 쌀을 지급하라고 명하였다.

3월에 예조 정랑 이경명(李景明)을 보내어 치제(致祭)하게 하였다.

• 융경 3년 기사(1569, 선조 2)

8월에 문원(文元)으로 증시(贈諡)하고 명종의 묘정(廟廷)에 배향(配享)하였다. 諡法에 따르면 도덕을 갖추고 학문이 넓은 것을 문(文)이라 하고, 의(義)를 주로 하고 덕을 행한 것을 원(元)이라 한다.

• 융경 6년 임신(1572, 선조 5)

고을 사람들이 독락당(獨樂堂) 아래에 서원을 세웠다.

이 산의 별업(別業)은 이전인이 지키고 있다.

- 만력(萬曆) 원년 계유(1573, 선조 6)
  2월 정묘에 서악(西岳)에 있는 향현사(鄕賢祠)의 위판(位版)을 모셔 내어 서원에 안치하였다.
  12월 3일에 옥산서원(玉山書院)이라는 편액(扁額)을 하사하였다.

- 만력 38년 경술(1610, 광해군 ?)
  8월에 예조 정랑 남이준(南以俊)을 보내어 가묘(家廟)에 사제(賜祭)하게 하였다.
  9월에 문묘(文廟)에 종사(從祀)하였다.

第二部
옥산서원 소장 주요 문화재

1. 槪觀

옥산서원은 도산서원과 더불어 현재까지 가장 많은 전적을 보유하고 있는 서원 중 하나이다. 옥산서원 장서는 문집류가 300여 종으로 전체의 60%를 차지하고 있으며, 나머지는 經書·歷史·傳記·儒家類로 이 중에서도 傳記類가 70여 책으로 제일 많다. 아울러 우리나라 현존 서원문고 중 그 보존이 가장 잘 되었으며, 임란왜란 때에도 별 피해를 입지 않았던 곳이다. 오히려 옥산서원은 1599년 임진왜란의 피해를 입은 弘文館에 四書五經, 『朱子大全』, 『國朝儒先錄』, 『小學諺解』, 四書諺解本 등의 내사본을 올려 보낸 기록이 전한다.

1960년대 소장 문헌의 조사 자료에 따르면, 옥산서원은 총 503종 2,847책을 소장하고 있었는데, 2004년의 조사 자료에서는 943종 3,977책으로 나타난다. 이는 1972년 청분각 건립 후 독락당에 소장된 고서들의 일부가 옥산서원으로 옮겨오면서 고서의 책 수가 증가한 것으로 보고되었다.

옥산서원 소장 문헌 자료는 다양한 경로를 통해 수집되었다. 우선, 옥산서원이 조정에서 사액될 때 내린 문헌인 '內賜本'이 있다. 이것이 현재 옥산서원 소장 전적의 중심을 이루고 있다. 이후 1577년, 1590년 등에 귀중한 문헌들의 내사가 있었다. 서원에 소장된 『서책도록』과 『전여기』 등을 통해 확인되는데 대표적인 문헌의 목록은 다음과 같다.

- 經書類 : 『中庸俱解』, 『論語』, 『論語諺解』, 『孟子大文』, 『孟子俱解』, 『周易』, 『詩傳』, 『書傳』, 『禮記』, 『春秋』 등
- 性理書類 : 『性理大全』, 『朱子大全』, 『朱子語類』 등
- 御製書類 : 『御定春秋四傳』, 『御定朱書百選』, 『御定奎章全韻』, 『御定五經百編』, 『御製雅頌』, 『御製大學續或問』 등
- 其他 : 『鄕禮合編』, 『國朝儒先錄』 등

다음으로, 지방관아와 감영에서 도서를 간행하여 보낸 문헌으로 관아에서 간행했거나 비축하고 있던 도서를 보낸 것이다. 대표적인 문헌 목록은 다음과 같다.

- 慶州府 : 『東萊先生音註唐鑑』 등
- 慶尙監營 : 『孟子諺解』, 『孟子集註大全』, 『書傳大全』, 『二倫行實圖』 등

그리고, 서원 자체 간행 문헌과 인근의 서원이나 문중에서 간행하여 보낸 문헌도 일부 있다. 서원 자체 간행 문헌은 주로 성리서와 회재 선생의 저작을 직접 간행하였고, 19세기 이후부터는 후손들의 문집을 주로 간행하였다. 인근의 서원에서 보낸 문헌으로 『帝王曆年通攷』가 있는데, 이 책은 서악서원에서 간행하여 보낸 것으로 주기되어 있다. 이외에도 많은 도서가 교환이나 기증 형식으로 소장되었을 것으로 보인다. 개인이 기증한 도서로는 회재 선생이 內賜로 받은 『二倫行實圖』, 『埤雅』, 『皇華集』 등이 서원 장서목록에 수록되어 있으며, 이외에는 대부분 문집이나 傳記類의 도서로서 후손들로부터 기증되었다. 이외에도 향교나 사찰에서 기증한 것도 일부 남아있다. 대표적인 문헌의 목록은 다음과 같다.

  - 성리서(학)류 : 『太極圖說』, 『近思錄』 등
  - 회재 저작류 : 『續大學或問』, 『大學章句補遺』, 『晦齋先生集』, 『中庸九經衍義』, 『晦齋所製退溪所書十六詠及元朝五箴』, 『求仁錄』, 『奉先雜儀』 등
  - 기타 : 『漢史列傳抄』, 『晦齋先生年譜』, 『晦齋年譜』 등
  - 후손 문집류 : 『無忝堂文集』, 『龜峯先生遺集』, 『蒙庵先生文集』, 『晦齋別集』 등
  - 회재 기증서류 : 『二倫行實圖』, 『埤雅』, 『皇華集』 등

끝으로 서원에서 자체적으로 간행하거나 구입한 전적들이다. 구입한 문헌은 주로 교육을 위해 기본적으로 필요한 小學, 四書五經 등이 대부분이며, 그 외 史書와 詩文의 도서가 일부 있다.

2. 重要 文獻 資料

1) 古書類

옥산서원 고서 중 주목되는 것은 보물 525호로 지정되었다가 2018년 2월에 국보 제322-1호로 승격된 『삼국사기』이다. 이 책은 1573년 경주부에서 인출해서 옥산서원에 보내준 것으로, 1512년에 개각한 판과 고려시대의 원판이 혼합된 것이 특징이다. 그리고 총 9책의 완질본으로 인출 당시의 원형을 거의 그대로 유지하고 있으며, 고려 말기에서 조선 초기의 학술 동향과 목판 인쇄 상황을 파악할 수 있는 매우 중요한 자료로 평가된다.

　　이외에도 조선전기 대종을 이루던 금속활자로 인쇄된 책들이 있는데『晉書』,『埤雅』,『唐柳先生集』,『漢書』등의 갑인자본과『大廣益會玉篇』,『飜譯小學』,『小學集說』,『朱子大全』등의 을해자본이 그것이다. 또한,『주자대전』(95책)과『朱子語類』(丙子字本, 75책)는 1577년에 內賜된 것으로 完帙이 보관중인데, 이 문헌은 도산서원과 옥산서원에만 볼 수 있다. 이외에도 귀중본으로 분류될 만한 전적이 많이 있는데, 희귀, 귀중본 목록은 다음과 같다.

서명	간행연도	활자	구성	기타
『三國史記』	1573	금속활자	50권 9책	보물 525호에서 국보 제322-1호로 승격
『續大學或問』	1794	필사본	1책	정조친필, 書頭 奎章之印
『經史證類大全本草』	1302		영본 7책	중간본, 獨樂堂印
『古今韻會擧要』	세종년간		영본 1책	번각본
『國朝儒先錄』	1570	乙亥字混入補字本	4권 4책	內賜本
『唐柳先生集』	1440	初鑄甲寅字本	영본 6책	
『唐詩彙選』	1615	訓鍊都監字本	10권 10책	
『大廣益會玉篇』		乙亥字本(補木活字)	영본 1책	
『大學章句大全』	중종~선조년간	목판본	1책	
『大學章句大全』	明版飜刻本		1책	1579년 內賜本
『東國李相國全集』	16세기	木版本混入補刻板本	영본 4책	
『東萊先生南史詳節』	15세기 후반	甲寅字本	25권 5책	
『東萊先生唐書詳節』		甲辰字本 (初鑄甲寅字 混用)	영본 13책	
『東萊先生東漢詳節』		甲辰字本 (初鑄甲寅字 混用)	30권 9책	
『東萊先生北史詳節』		甲辰字本 (初鑄甲寅字 混用)	영본 6책	
『東萊先生史記詳節』		甲辰字(本文), 初鑄甲寅字(序文)	영본 3책	
『東萊先生三國志詳節』		甲辰字本 (初鑄甲寅字 混用)	영본 4책	
『東萊先生西漢詳節』		甲辰字本 (初鑄甲寅字 混用)	영본 10책	
『東萊先生隋書詳節』		甲辰字本 (初鑄甲寅字 混用)	20권 5책	

『東萊先生五代史詳節』		甲辰字(本文), 初鑄甲寅字(後序)	10권 3책	
『東萊先生音註唐鑑』	1562	목판본		경주부 刊
『東萊先生晉書詳節』	16세기	甲辰字	30권 6책	
『飜譯小學』	16세기	乙亥字飜刻本	영본 1책	玉山書院 印
『飜譯小學』	16세기말	乙亥字飜刻本	영본 2책	藏書記 : 玉山書院
『埤雅』	16세기초	初鑄甲寅字本	20권 5책	內賜本
『西涯擬古樂府』	16세기말	再鑄甲寅字本	3권 3책	
『說文解字韻譜(蒙韻譜)』	16세기	木版本	영본 2책	
『聖學十圖』	1570	목판본	1책	경남 하동 刊
『小學集說』	15세기	乙亥字本	영본 2책	
『續蒙求分註』	1568	목판본	4권 4책	
『心經附註』	1492	목판본	4권 2책	
『兩山墨談』	1539	목판본	18권 4책	
『五朝名臣言行錄』	1502	庚子字飜刻本	영본 19책	청도부 간행
『音註全文春秋括例始末左傳句讀直解』	16세기말	癸未字飜刻本	70권 23책	全州 간행, 獨樂堂 印
『音註全文春秋括例始末左傳句讀直解』	16세기말	癸未字飜刻本	70권 23책	玉山書院 印
『音註全文春秋括例始末左傳句讀直解』	16세기	初鑄甲寅字本	영본 1책	獨樂堂 印
『資治通鑑綱目』	16세기 중엽	初鑄甲寅字本	영본 137책	
『資治通鑑綱目』	16세기 후반	再鑄甲寅字本	영본 64책	
『佔畢齋集』	16세기	목판본	영본 2책	
『朱子大全』	1543	乙亥字本	95권 95책	內賜本
『朱子語類』	16세기초	丙子字本	140권 75책	內賜本
『增續會通韻府羣玉』		訓鍊都監字本	21권 21책	
『晉書』	16세기초	初鑄甲寅字本	영본 24책	
『眞西山讀書記乙集上大學衍義』	16세기초	乙亥字本	영본 15책	獨樂堂 印
『太平廣記詳節』	16세기	初鑄甲寅字飜刻本	영본 3책	
『漢書』		初鑄甲寅字(補木活字)	영본 50책	晦齋 印, 手澤本
『皇朝道學名臣言行外錄』	16세기	庚子字飜刻本	17권 4책	
『晦庵先生朱文公詩集』	16세기	목판본	영본 1책	藏書記 : 冊主智山家藏
『晦庵先生朱文公詩集』	16세기	목판본	영본 3책	藏書記 : 冊主溪亭李氏

2) 古文書類

옥산서원에 소장되어 있는 고문서는 그 형태 서지에 따라 성책류(필사원본)와 고문서(낱장)로 나눌 수 있다. 이들 자료는 조선중기 이후 서원 내지 향촌사회의 구체적인 실상을 보여주는 일차적인 자료로서 사료적 가치가 매우 높다. 그러나 이들 고문서류는 1993년『옥산서원지』를 편찬하기 전까지 그 내용과 수량이 공개되지 않았었다. 이 시원지에서도 문서의 종류와 수량은 파악되었지만, 일부 문서만을 발췌·수록하고 개별 문서에 대한 설명이 없는 관계로 이용에 제한이 있었다. 하지만, 옥산서원 고문서 자료에 대한 최초의 종합적 정리서라는 점에서 의의가 크다. 이후 문화재청에서 2004년에 옥산서원 전체 유물을 조사하여 필사본 700여 책과 고문서 600여 건에 대한 간략한 서지와 해제를 보고서로 발간하여 일정 부분 참고가 된다. 단, 당시 조사에서는 일제강점기 시대의 고문서 자료는 제외하였다.

(1) 성책류(필사본)

옥산서원 소장 성책류(필사본)는 대부분 18세기 이후의 것이다. 종류는 크게 서원의 인적구성과 조직 및 운영체제를 파악할 수 있는 것과 서원 경제 관계 및 기타 일기, 부조책 등으로 구분할 수 있다. 이 중 서원 경제 관계 자료가 비교적 잘 보관되어 있다는 점이 특징적이다. 경제 관련 자료인『會計錄』·『都錄』등은 수적으로도 가장 많은 부분을 차지하고 있다.

그리고 역사적으로 중요한 문헌으로는 방명록인『尋院錄』을 꼽을 수 있다. 이 책은 서원 내방 인사가 자필 서명한 일종의 방명록으로, 기재순서는 직위(본관), 인명, 거주지, 내방일 순으로 되어있으며 17세기 이후에는 본관이 중요시되면서 거주지가 기재되지 않는 경우가 많았다.『심원록』은 원임안과 함께 각 서원마다 가장 중요시 여기는 책으로 그 등재 여부도 엄격히 규정하고 있어 여기에 기재된 인사는 당시 서원과 일정한 관련성을 가진다고 볼 수 있다. 따라서 이를 통하여 당시 옥산서원의 인적 교류의 범위를 짐작할 수 있다. 옥산서원은『심원록』을 他官·本鄕으로 구분하여 기재하였으며 전자는 千字文 순으로 기재되어 있는데 玄·宇·荒·陽·爲·師 등이 缺秩이며 일부는 뒷부분이 탈락된 경우도 있지만, 설립 년에서부터 20세기 초까지 비교적 잘 보관되어 총 103책이 현존한다. 이상 옥산서원 소장 성책류(필사본)을 정리하면 다음과 같다.

- 書院 關聯 :『考往錄』(1책),『呈書謄錄』(1책),『首副任案』(7책),『院規』,『入院錄』(양동
  종손댁 소장),『笏記』(2책),『執事記』(30책),『尋院錄』(103책),『本鄕尋院錄』등

- 謄錄 및 完議類 :『呈書謄錄』(1588~1623),『謄錄』,『山堂居接謄錄』, 完議, 重修所別辦
  完議 등
- 土地 및 奴婢文書類 :『土地案』(1694과 1795년, 2책),『奴婢(推刷)案』(7책),『秋收記』,
  『打作記』 등
- 院屬案類 : 該邑『院屬案』, 他邑(영일, 흥해, 장기, 영천)『院屬案』,『院(儒)生案』(43책),
  『(都色·齋直)良下典案』(53책),『御書閣守直軍案』(29책) 등
- 帳簿類 :『會計錄』,『都錄』,『傳與記』 등
- 日記類 :『求仁堂重建日記』,『講堂重建時鄉中出物置簿』,『重修錢冊』,『重修錢捧上記』,
  『鄉中錢入記』,『道內錢入記』,『賜祭時都廳下記』,『揭額時都廳下記』,『額板祗延時都廳
  下記』,『重修米下』,『大庫重修都錄』,『書院重修日記』,『廚舍重修記』,『院宇修理時用下
  秩』,『御書失變時下記』,『旁目』,『道會時到記』,『役費日記』,『鄉里約法』,『會校錄』,『淸
  道執禾記』,『享會錄 到記』 등
- 其他 :『西岳書院攷往錄謄草』,『西岳書院院儒時用案謄錄』,『西岳書院講儒付案錄』,『西
  岳書院講案』 등

(2) 고문서

문서의 경우 모든 기록이 일률적이지는 않지만, 대개 대궤에는『정서등록』과 노비·토지매
매문서, 통문, 전답안, 노비추쇄안, 定惠寺 및 각 店所관련 문서 등 주로 서원의 재정(경제)
및 사회활동과 관련된 문건을 보관하고, 중궤에는 執事記, 笏記, 入院錄, 傳與記 등 서원 제향
및 임원, 인수인계 관련 문서를 보관하였다. 그 외의 명문, 완문, 관문, 통문, 추수기, 관문,
각종 회계록 등은 잡문서로 묶어 보관하였다. 또한 유사한 문건은 여러 장을 1권으로 묶어
기록했기 때문에 정확한 문서의 수를 파악하기는 불가능하다. 유형별로는 戶口單子, 明文, 薦
(講)案, 上書·所志·書目·稟目 등 所志類, 通文, 回文 등이 있고, 그 외 單子와 賭租預賣秩,
簡札類, 계약서, 영수증, 위임증, 証書 등이 있다.

3) 版木類

서원 소장 판목은 2004년 문화재청과 2007년 한국국학진흥원에서 일괄 조사하여 목록집을
발간하였다. 이들 자료를 참고하면, 옥산서원에는 제향자 이언적의 문집인『晦齋先生集』외에

도『求仁錄』, 『大學章句』, 『奉先雜儀』, 『太極問辨』, 『中庸九經衍義』, 『近思錄』, 『琴坡集』, 『林居十五詠』 등 총 19종 1,121장이 책판이 소장되어 있다. 이외에도 『無忝堂文集』, 『龜峯先生遺集』, 『蒙庵先生文集』, 『太極圖說』, 『漢史列傳抄』 등의 책판이 있었음을 문헌과 판본으로 확인할 수 있지만, 아쉽게도 이들 책판은 남아있지 않다. 또한 현전하는 책판들도 결락이 많다.

책판은 서원 내 문집판각과 정혜사에 분장되어 있었는데, 조사 당시에는 서원 내 세 곳에 분산 보관되어 있었다. 문집판가에는 『회재선생집』, 『구인록』, 『대학장구』, 『봉선잡의』 등을 비롯해 12종 487장이 소장되어 있었고, 경각에는 『구경연의』, 『구경연의별집』, 『금파집』, 『근사록』, 『천자문』을 비롯한 5종 609장이 소장되어 있었다. 한편 서원 옆에 유물각인 청분각 내 별실에는 『元朝五箴』과 『임거십오영』의 2종 25장이 소장되어 있었다. 이 모든 판목들은 현재 옥산서원유물전시관 내의 수장고에 보관되고 있다.

3. 所藏 文獻의 價値와 意味

옥산서원에 소장된 문헌의 가치는 무엇보다 자료 보존 상태가 매우 양호하다는 점을 들 수 있다. 장서 관리에 특별히 신경을 썼기에 오늘날 많은 서적이 온전한 상태로 전승될 수 있었다. 그리고 다행히도 전쟁의 피해를 거의 입지 않은 점도 주요 요인으로 볼 수 있다.

다음으로 소장된 문헌 자료의 방대한 수량을 들 수 있다. 옥산서원은 도산서원과 더불어 현존 우리나라 서원 소장 문고 중 가장 많은 자료를 수장하고 있다. 국보급 문헌을 포함한 약 4,000책에 이르는 방대한 고서와 1,100점의 목판, 약 1,500여 건의 고문서를 보존 전승하고 있다.

또한 서원 운영 관련 고문서류가 대부분 보존되어 있다는 점도 의미가 크다. 서원 개원 초기부터 18세기까지 자료들이 많이 남아 있다. 이들 자료는 옥산서원의 교육, 출판 및 제향 의식과 정치·사회 활동의 상황을 구체적으로 확인할 수 있다는 점에서 중요하다. 이들 자료는 조선중기 이후 서원 운영 내지 향촌사회사 연구에 귀중한 사료로 평가된다.

끝으로 현판류 자료도 문화사적 의미가 큰 자료로 들 수 있다. 옥산서원과 회재 선생의 별업인 독락당의 현판 자료는 1839년에 있었던 구인당의 화재로 소진된 것도 다수 있었지만, 다른 건물의 현판은 대체로 잘 보존되어 전하고 있다. 이 현판들은 서원의 유래와 각 건물의 의미를 담고 있어 역사적 가치가 크고, 당대를 대표하는 학자 내지 명필의 작품이라는 점에서 예술적 가치도 함께 가지고 있다. 아울러 각 당호에는 회재 이언적의 삶과 학문이 연관되어 있다는 점에서 무엇보다 중요한 의미를 갖는다.

부록 : 연구논문

'玉山書院 소장 조선간본 『夢溪筆談』의 간행과 서지학적 가치'[1]

1) 서론

이 연구는 玉山書院 소장 문헌의 조사 및 목록화 작업의 일환으로 수행된 서지학적 가치가 높은 조선간본 『夢溪筆談』에 대한 조사 보고이다.[2]

근래 국내에서 발굴된 고전 문헌 중에는 이양재 소장본 『三國志通俗演義』나 奎章閣의 『型世言』, 한국학중앙연구원의 『홍루몽』 완역본 등은 세계 유일본으로 학술적 가치가 매우 높은 판본들이다. 그 외에도 1492년 국내에서 출판된 『酉陽雜俎』・『新序』・『說苑』과 그 외 『兩山墨談』・『刪補文苑楂橘』・『鍾離葫蘆』 등 희귀본들이 국내에서 속속 발굴되고 있다. 이렇게 발굴된 작품들은 중국에 남아있는 판본보다도 보존 상태가 양호하고, 때로는 현재 중국에 없는 판본도 있기에 중국과 일본 등 세계 학자들의 주목을 받고 있다. 이러한 漢學關係 문헌자료 가운데 특히 중국 고전 분야는 국내의 중국 고전 연구자들뿐만 아니라 중국 내 연구자들의 관심을 끌고 있는 분야이다. 따라서 국내에서 발굴된 희귀본 고전 문헌들을 국내외 학계에 보고하고 또 자료를 함께 공유하여 연구에 도움을 주고받아야 할 필요성은 충분하다고 판단된다.[3]

이번에 조사한 옥산서원 조선간본 『몽계필담』은 희귀한 초기 판본이면서 보존 상태가 양호한 완질이라는 점에서 중요한 서지적 가치가 있다. 주지하듯이 옥산서원은 현존하는 국내의

---

1) 여기에 수록한 논문은 『고전과 해석』 제26집(고전문학한문학연구학회, 2018)에 게재된 논문을 일부 수정・보완한 것이다. 이 논문은 2016년 대한민국 교육부와 한국연구재단의 지원을 받아 수행된 연구결과임 (NRF-2016S1A5A2A03925653) 주저자 : 朴鍾宇. 교신저자 : 閔寬東.

2) 귀중한 자료의 열람을 적극 협조해주신 이원석 옥산서원 유사 겸 운영위원장님과 이현목 선생님께 이 자리를 빌어 깊은 감사의 말씀을 드린다.

3) 이와 관련하여 최근 제출된 주요 연구 성과로는 김민호, 「타자의 시선으로 바라 본 중국 강남(江南) 이미지 −연행록(燕行錄)과 표해록(漂海錄)의 기록을 중심으로−」(『중국어문논총』 43권, 중국어문연구회, 2009), 민관동, 「유향(劉向) 문학작품(文學作品)의 국내 유입과 수용」(『중국학보』 76권, 한국중국학회, 2016), 민관동・유희준・박계화 공저, 『國內 所藏 稀貴本 中國文言小說의 紹介와 研究』(學古房, 2014) 등이 있다.

서원 문고 가운데 가장 많은 고문서·필사본·고서를 소장하고 있는 곳 중 하나로 고문서와 필사본 원본을 포함하여 1,156건, 고서가 943종 3,977책이 수장되어 있다.[4] 이밖에도 보물 이상급 유물 및 현판 등이 24건이 있으며, 책판은 총 1,123판으로 文集版閣(497판)과 經閣(609판), 御書閣(17판)에 나뉘어 보관되고 있다. 이 중에 특히, 중요한 문헌으로는 金富軾이 쓴 『三國史記』(보물 제525호, 국보 지정 예고)를 비롯해 『東國李相國全集』, 『飜譯小說』, 『埤雅』, 『佔畢齋集』, 『古今韻會擧要』, 『唐柳先生集』등 다수의 귀중본이 있다. 그밖에 四書類나 文集類도 많이 남아 있다. 그밖에 고문서로는 17세기 호구단자, 명문 일부와 18~19세기의 통문, 명문 등이 주종을 이루고 있다. 필사본으로는 대표적으로 『尋院錄』이 있는데, 옥산서원 건립시(16세기)부터 19세기에 이르기까지의 방문한 인물의 手蹟 기록이 잘 보존되어 있다. 아울러 귀중한 책판도 다수 남아 전하는데 『晦齋先生文集』, 『求仁錄』, 『太極問辯』, 『九經衍義』, 『大學』등이 있다. 이 외에 18~19세기의 자료가 많으며, 院(儒)生案, 院屬案, 都錄 등 서원 경제와 관련된 자료도 많이 남아있다.

　　본고는 우선 이상의 문헌 자료 중에서 학계에 아직 잘 알려지지 않은 조선간본 『몽계필담』을 대상으로 하여 국내 유입, 간행 경위, 서지적 가치 등을 살펴보고자 한다. 이 책이 판본의 희귀성과 더불어 후대에 조선 지식인 사회에 미친 영향력이 상당히 컸다는 점[5]에 주목한 것이다.

2) 『몽계필담』의 체재와 판본의 현황

(1) 심괄과 『몽계필담』

　　중국 北宋의 학자이자 정치가인 沈括(1031~1095)의 자는 存中, 호는 夢溪翁이고 지금의 저장성[浙江省]에서 출생하였다. 그는 당대의 유능한 정치가였을 뿐만 아니라, 박학하여 다양한 학문과 기술에 상당한 식견을 가지고 있었던 인물로 전한다. 주요 경력을 살펴보면, 司天監으로 있을 때 천체관측법·역법 등을 창안하였고, 王安石의 新法黨에 속했기 때문에 좌천되기도 하였으며, 지방관이 되어 여러 차례 변경지방을 시찰한 경험도 있었다고 한다. 당시 송나라는 북쪽 요나라의 압박을 받았는데, 1075년 이때 요나라에 파견되어 국경선 설정에 대해 공을

세웠으며 상세한 지도를 작성했다는 기록도 남아있다. 그의 저서는 현재 대부분 일실되었으나, 대표 저작인 『몽계필담』(26권)에는 풍부한 그의 학식과 경험이 집대성되어 전해지고 있다.

『몽계필담』은 심괄의 경험과 학문의 총체라고 할 수 있는 저서이다. 심괄 스스로는 이 저술의 창작이 '남의 이해에 매이지 않은 것(不系人之利害者)'이라고 한 바 있고, '산속 나무 그늘에서 생각이 가는 대로 우스갯거리를 만들어(山間木蔭, 率意談噱)' 낸 것이라고 하여 가벼운 내용을 다룬 것으로 말한 바 있다. 하지만 문학·예술·역사·행정·수학·물리·동식물·약학·기술·천문학 등 당시 학문과 기술의 사실상 전 분야가 망라되어 오늘날까지도 학술적 가치를 인정받고 있다. 아울러 출간 이후 우리나라는 물론 동아시아 여러 나라에서 전하여 끼친 영향도 매우 크다. 현전하는 판본은 故事, 辯證, 樂律, 象數, 人事, 官政, 權智, 藝文, 書畫, 技藝, 器用, 神奇, 異事, 謬誤, 譏謔, 雜誌 등 총 26권으로 구성되어 있으며, 이후 『補筆談』 2권, 『續筆談』 1권이 추가되어 전한다.

(2) 『몽계필담』 판본의 현황

현전하는 중국간본 『몽계필담』 판본에는 26권 507조, 『補筆談』 2권 91조, 『續筆談』 1권 11조로 총 609조의 기사가 실려 있다. 이 책의 작성 시기는 정확하지 않으나 대체로 11세기 말이며 일반적으로 1086년에서 1093년 사이에 완성된 것으로 보는 것이 통설이다. 서명은 심괄이 만년에 은퇴한 후 潤州(지금의 鎭江)에 마련하였던 卜居處 '夢溪園'에서 따온 것이라고 한다.

『몽계필담』 宋本 祖刻本은 일찍부터 산일되었는데, 流傳本의 考訂을 통해 最初刻本은 30권이며 내용도 현재 판본보다 많았을 것으로 추정된다. 北宋代에 나온 揚州刻本과 南宋 孝宗 乾道 2年(1166)에 다시 重刻한 것이 있었는데 역시 전하지 않는다. 현전하는 最古版本은 中國 國家圖書館에 收藏된 1305년(원나라 大德 9년) 陳仁子의 東山書院刻本이다. 이 판본은 南宋 乾道本의 重刊으로서 宋本의 형태를 짐작하게 한다. 版框이 매우 작고, 장정이 당시 유행한 蝴蝶裝으로 元代刻本의 특색을 갖고 있다. 元 大德刊本의 卷首에는 '東宮書府', '文淵閣'의 兩方朱文方印이 찍혀 있고, 卷內 還鈐에 '汪土鍾印', '平陽汪氏藏書印', '臣文琛印', '甲子丙寅 韓德均錢潤文夫婦兩度攜書避難記' 등의 날인이 확인된다고 한다. 이 판본은 玉海堂에서 민국 5년(1916)에 영인되었고, 함분루에서 민국 23년(1934)에 영인되었는데, 나중에 『사부총간속편(四部叢刊續編)』에 편입되었다.6) 글자의 출입으로 볼 때 조선간본 『몽계필담』과 가장 가까

운 판본으로 보인다.7)

〈명대 주요 간본〉

그림 1 徐珏 刊本
(현재 중국 上海圖書館 소장)

그림 2 沈儆炌 刊本
(현재 중국 上海圖書館 소장)

그림 3 商濬의 稗海本

명대 간본에는 1495년(弘治 乙卯)에 나온 徐珏 刊本(현재 중국 上海圖書館 소장)이 가장 이른 판본이고, 1602년(萬曆 壬寅)에 나온 沈儆炌 刊本(현재 중국 上海圖書館 소장)과 商濬의 『稗海』本 등이 대표적인 판본이다. 이 계열의 판본에는 『續筆談』과 『補筆談』이 아직 들어가지 않았고, 이후 영인된 『稗海』8)에 모두 편입된다. 청대 간본에는 1805년(嘉慶 10)에 나온 海虞 張海鵬 『學津討原』本과 1906년(光緒 30)에 나온 番禺 陶福祥本이 있는데, 이 陶福祥本이 현행 판본 중 가장 내용이 충실하고 오탈자가 적은 善本으로 통용되고 있다.9)

---

6) 이상 판본에 대한 내용은 沈括 撰, 胡道靜 校證, 『夢溪筆談校證』(上·下), 台北 : 世界書局, 民國54(1965). 〈校例〉와 謝雲飛, 「夢溪筆談之篇卷與版本」, 台北 : 『書目季刊』 6卷 1期, 華藝線上圖書館, 1971. 14~15면 참조.

7) 이 판본의 원본을 직접 구하지는 못하였으나 이 판본과 여러 이본을 비교하여 글자와 내용의 차이를 기록한 자료를 바탕으로 비교해본 결과 虛辭의 차이 등 미세한 사례를 제외하고는 조선간본 『몽계필담』과 가장 가까운 판본임을 확인할 수 있다. 판본의 차이에 대한 구체적인 내용은 별도의 논문에서 다루고자 한다. 판본의 비교에 사용한 자료는 胡道靜이 校證한 『夢溪筆談校證』(上·下)[台北 : 世界書局, 民國 54(1965)]이다.

8) 『稗海』는 叢書의 하나로 중국 明代 商濬이 모아 간행하였다. 총 7집, 70종으로 구성되어 있으며, 唐宋 양대의 野史, 筆記, 掌故 등의 저작을 다수 수록하였다. 정확한 간행 시기는 확인하기 어려운데, 시대별로 판본이 流傳하여 전하며 淸代 順治·康熙·乾隆 연간에 重印한 판본이 있다. 『大辞海』(2009, 上海辞书出版社) 『稗海』조 참조.

9) 근대에 나온 주석서와 번역서는 모두 이 판본을 기준으로 하고 있다. 대표적인 것으로 다음의 자료를 참조할 수 있다. 沈括 撰, 胡道靜 校證, 『夢溪筆談校證』(上·下), 世界書局, 民國54(1965); 夢溪筆談選注注釋組 編, 『夢溪筆談選注』, 上海古籍出版社, 1978; 沈括 著, 胡道靜·金良年·胡小靜 共譯注. 『夢溪筆談全譯』(上·下), 貴州人民出版社, 1998.

3) 『몽계필담』의 국내 출간과 관련 분야의 기록

(1) 『몽계필담』의 국내 출간 경위

경주 옥산서원에 소장된 『몽계필담』에 관한 최초의 기록은 魚叔權의 『攷事撮要』[10]이다. 이 책에 수록된 책판목록에는 각 지역별 간행 서책의 개황이 소개되어 있다. '慶州'條를 살펴보면, 四書와 『尙書』 등의 유가 경전류, 『莊子』 등의 제자서류, 『慵齋叢話』와 『酉陽雜俎』 등의 잡록류와 함께 『필담』이라는 명칭으로 『몽계필담』의 간행이 기록되어 있다. 이 기록이 담긴 『攷事撮要』가 조선 명종 9년(1554)에 찬술된 것임을 감안하면, 경주부 간행 『몽계필담』은 아무리 늦어도 16세기 중엽 이전에 간행된 것임을 짐작할 수 있다.[11] 이밖에 『嶺南各邑校院書冊錄』 '옥산서원'조에 『필담』 2권이 수장된 기록[12]이 남아 전한다.

그리고 또 하나 흥미로운 것은 『淸芬室書目』[13]에 있는 기록이다. 『청분실서목』은 1944년 李仁榮이 편찬한 해제 서목으로 편자가 1937년부터 1944년까지 수집한 고서중에서 평양 청분실에 소장하였던 전적[14]을 골라 540종 3,097권 1,444책, 2축, 25첩을 9권 1책에 담아 수록한 것이다. 조사된 항목의 서술은 대체로 서명, 권·책수, 간행시기·간행지·간행처, 활자명, 저자 사항, 匡郭의 종류, 界의 유무, 行字, 광곽의 크기, 黑口, 魚尾, 지질, 각수명, 避諱, 印記, 책값, 구입처, 인용, 按 등으로 되어 판본 식별과 간년(발행연도)의 추정에 역점을 둔 것[15]이 특징이다. 이 서목의 '필담'조를 보면 2책 중 1책만이 남은 零本이지만, 서지정보가 옥산서원 소장본

---

10) 이 책은 김치우의 『攷事撮要의 冊板目錄 硏究』(民族文化, 1983)에 부록으로 영인되어 있다.

11) 『攷事撮要』에 있는 옥산서원에 소장된 경주부 간행 『몽계필담』의 기록은 다음을 참조. 김치우, 앞의 책, 105면. 김치우, 『고사촬요 책판목록과 그 수록 간본 연구』, 아세아문화사, 2007, 113면.

12) 『嶺南各邑校院書冊錄』은 조선 후기에 편찬된 서목(書目)으로 1책의 필사본이다. 편찬년도는 자세하지 않으나 수록된 목록의 서적으로 볼 때 대략 18세기 말에서 19세기 초 무렵으로 생각된다. 경주를 비롯한 영남 각지의 향교·서원·사당(祠堂)·서재(書齋) 등에 소장되어 있던 장서의 목록이다. 편성순서에 따른 수록 내용은 경주부가 향교 79종, 서악서원(西岳書院) 95종, 옥산서원(玉山書院) 213종, 숭렬사(崇烈祠) 39종, 합 426종이다. 안동부(安東府)는 삼계서원(三溪書院) 15종, 호계서원(虎溪書院) 6종, 사빈서원(泗濱書院) 7종, 합 28종이다. 이 서목에 수록된 『몽계필담』의 기록은 張伯偉의 『朝鮮時代書目叢刊』(中華書局, 2004) 2,298면에 보인다.

13) 이 서목은 張伯偉의 앞의 책에 수록된 영인본을 참조하였다.

14) 권1·2는 조선인이 찬술한 임진왜란 이전의 刻本과 抄本, 권3·4는 외국인 찬술의 임진왜란 이전의 각본과 초본, 권5는 조선인 찬술의 임진왜란 이전의 활자본, 권6·7은 외국인 찬술의 임진왜란 이전의 활자본, 권8·9는 조선인 찬술의 임진왜란 이후의 각본 및 초본으로 되어 있다.

15) 이 서목에 수록된 전적은 1222년부터 1900년까지 약 700년 동안에 간행된 것으로, 시간의 흐름에 따른 판형·판식·자체·지질 등의 변화를 이해하는 데 도움을 준다.

과 대체로 일치하고 있다.16)

경주 옥산서원에 소장된『몽계필담』이전 다른 판본이 간행된 민간 문헌의 기록은 현재 확인하기 어렵다. 다만 官撰 문헌에서 1445년(세종 27)에 李純之가 왕명으로 편찬한『諸家曆象集』에『몽계필담』을 직접 인용한 부분이 보이는데 다른 사례를 찾기는 어렵다. 따라서 처음『몽계필담』이 국내에 유입된 후에 바로 궁중 도서로 수장되어 국가적 사업을 위한 참고 자료 이외에 일반 열람은 거의 없었을 것으로 추정된다. 姜希孟의「발문」에 따르면, 중국본『몽계필담』은 선친의 개인적 관심에 의해 필사되어 家藏한 것이고, 외부에 알려지지 않았음을 알 수 있다. 강희맹은 조선간본『몽계필담』의 간행사업을 주도한 인물로 중요한 의미를 갖는다.

강희맹(1424~1483)은 조선 전기의 문신으로 본관은 晉州. 자는 景醇, 호는 私淑齋, 시호는 文良이다. 고려 말 조선 초의 문신 姜蓍의 증손으로, 조부는 東北面巡撫使 姜淮伯, 부친은 知敦寧府事 姜碩德, 모친은 영의정 沈溫의 딸이다. 형이 仁順府尹이자 화가로 유명한 姜希顔이며, 이모부가 世宗이다. 24세에 급제하여 이후 청요직을 역임하면서 순탄한 관력을 가지고 있다.17) 인물평으로는 인품이 겸손하고 치밀해 맡은 일을 잘 처리했으며, 또 經史와 典故에 통달했던 당대의 뛰어난 문장가였다고 전한다. 할아버지와 아버지, 형의 시집인『晉山世稿』를 편찬했으며, 개인 저서로는 성종의 명에 따라 徐居正이 편찬한『私淑齋集』17권 이외에『衿陽雜錄』·『村談解頤』등이 전하고 있다.

여기서 주목할 만한 점은 그가 조선 전기 서적 간행에 핵심 인물로 참여하고 있다는 것이다. 그가 참여한 주요 문헌을 보면, 세조 때『新撰國朝寶鑑』·『경국대전』의 편찬과 사서삼경의 언해, 성종 때는『세조실록』·『예종실록』·『동문선』·『동국여지승람』·『국조오례의』·『국조오례의서례』등의 편찬에 참여했다. 조선간본『몽계필담』의 간행 사업은 바로 이러한 간행 경험

---

16) "宋沈括撰. 存卷一之十二, 首有筆談序, 次筆談目錄. 木板, 四周雙邊, 有界, 十一行二十字, 匡郭長二十.五里, 匡一五.0糎, 黑口或白口, 黑口則補板. 安隆慶乙亥字本攷事撮要, 慶州藏此書冊板."

17) 그가 역임한 주요 관직을 살펴보면, 1447년(세종 29) 24세로 친시 문과에 장원급제한 뒤 宗簿寺 主簿가 첫 관직이었다. 1450년 예조좌랑과 돈녕판관을 역임하고, 1453년(단종 1) 예조정랑이 되었다. 1455년(세조 1)에 원종공신 2등에 책봉되었고, 그 뒤 예조참의·이조참의를 거쳐, 1463년 중추원부사로서 進獻副使가 되어 명나라에 다녀왔다. 이듬해 부윤으로서 御製求賢才試에 2등으로 합격하고, 1466년 拔英試에 3등, 登俊試에 2등으로 급제했다. 세조의 총애를 받아 세자빈객이 되었으며, 예조판서를 거쳐 1467년에는 형조판서로 특배되었다. 1468년(예종 즉위년)에 南怡의 옥사를 다스린 공으로 翊戴功臣 3등에 책봉되어 晉山君에 봉해지고, 1471년(성종 2)에는 佐理功臣 3등에 책봉되었다. 그해에 지춘추관사로서 申叔舟 등과 함께『세조실록』·『예종실록』의 편찬에 참여했다. 1473년에는 병조판서가 되고, 이어서 판중추부사·이조판서·판돈녕부사·우찬성을 지낸 뒤, 1482년에 좌찬성에 이르렀다. 대체로 문관의 청직을 두루 역임하였음을 알 수 있다.

에서 나온 결과의 하나라고 할 수 있다.

　그의 발문에 따르면 『몽계필담』 간행은 부친 戴愍公 姜碩德의 사적인 관심에 의해 시작된 것이다. 평소 독서와 학문을 좋아한 부친이 우연히 궁중에 비장된 『몽계필담』을 보았고, 내용이 좋아 院吏를 시켜 필사하여 집안에 소장하였다고 한다. 하지만 오류가 많아 부친이 손수 교정했지만, 원본 자체의 탈루도 있어서 교정의 마무리가 이루어지지 못했음을 밝히고 있다.[18]

　그러다가 族姪인 福昌君 金壽寧이 唐本(중국본) 한 질을 갖고 와서 다시 수정 작업을 계속하였고, 친분이 있던 鄭孝常이 경상도 관찰사로 부임하면서 간행을 부탁하게 된다. 결국 慶州府에서 간행을 하게 되었으며 선대가 이루지 못한 사업을 자신이 마무리한 것으로 적고 있다.[19] 발문의 끝에 '龍集[藏次] 己亥 仲春에 季院 晋山 姜希孟 景醇은 삼가 발문을 쓴다.'[20]라고 하였는데, 여기서 기해년은 1479년(성종 10)으로 강희맹의 나이 56세 때이다. 당시 간행하는 해에 서발문을 쓰는 관행으로 볼 때 1479년이 조선간본 『몽계필담』이 출간된 해로 일단 판단된다. 모든 문헌이 반드시 이러한 관행이 적용되는 것이 아니라는 점을 감안하더라도 1478~1479년 사이에 간행된 사실은 분명하다.

(2) 조선간본 『몽계필담』의 판본과 체재

　조선간본 『몽계필담』은 木版本이며 총 26권 2책으로 『續筆談』과 『補筆談』이 추가되지 않은 판본이다. 책의 크기는 28.9×19.4cm이고, 四周雙邊에 半匡이 19×14cm이며, 有界로 11行 20字이다. 大黑口와 上下內向黑魚尾이 전형적인 조선 전기 판본의 특징을 보이고 있으며, 일반적인 線裝에 楮紙로 표지를 만들었다. 일부 인쇄 자체가 누락된 장이 있으나 전체적으로 볼 때 字體나 판형이 비교적 선명한 편에 속하고 표지나 제본 등 보존 상태가 매우 양호한 선본임을 확인할 수 있다.

　겉표지에는 각각 '筆談 上'과 '筆談 下'라고 필사되어 있고, 수록 편명이 함께 병기되어 있다. 그리고 상책의 1면 우측 여백에는 藏書記로서 '萬曆 元年 八月日 玉山書院上'이라고 墨書되

---

18) "右沈存中筆談一書, 藏在祕府, 世莫得見, 先君戴愍公, 好學不倦, 於諸書, 靡不搜覽, 嘗在銀臺, 見此書而悅之, 令院吏謄寫家藏, 字多訛誤, 先君手加校正, 然元本亦多脫漏, 未易就正."

19) "族姪福昌君金侯壽寧, 袖唐本一帙, 付予以補卷次. 書得其正者, 太牟矣. 雞林鄭相國孝常, 觀察慶尙, 諗李吾所懷者, 鄭相樂應, 遂刊于慶州府."

20) "龍集己亥仲春, 季院晋山姜希孟景醇, 謹跋."

어 있어서 서원에 들어와 수장된 시기가 1573년임을 알 수 있고, 하책의 끝부분에는 '晋山姜希孟景醇謹跋'이라고 된 「跋文」이 있어 1478~1479년(성종 10)에 간행된 경위를 대략 확인할 수 있다. 이상의 내용을 정리하면 다음과 같다.

書名	出版事項	版式狀況	一般事項	所藏番號
筆談	15세기	朝鮮木版本, 26卷 2冊, 30×20cm 四周雙邊, 半匡：19×14cm, 有界, 11行 20字, 大黑口, 上下內向黑魚尾, 線裝, 楮紙	跋：…晋山姜希孟景醇謹跋, 藏書記：萬歷元年八月日玉山書院上(墨書)	001-0638~0639

이 책의 체재와 구성은, 먼저 권수에 편찬자 沈括의 서문인 「필담서(筆談序)」가 있고, 이어 「筆談目錄」을 두었다. 한 가지 특이한 점은 「필담서」의 판형은 8행 16자인데 비해, 「필담목록」부터는 11행 20자인 점이다. 아마도 각각 따로 찍고 제본 시에 하나로 합친 것이 아닌가 여겨진다.

목록을 순서대로 보면 卷第一 故事一, 卷第二 故事二, 卷第三 辯證一, 卷第四 辯證二, 卷第五 樂律一, 卷第六 樂律二, 卷第七 象數一, 卷第八 象數二, 卷第九 人事一, 卷第十 人事二, 卷第十一 官政一, 卷第十二 官政二, 卷第十三 權智, 卷第十四 藝文一, 卷第十五 藝文二, 卷第十六 藝文三, 卷第十七 書畫, 卷第十八 技藝, 卷第十九 器用, 卷第二十 神奇, 卷第二十一 異事, 卷第二十二 謬誤, 卷第二十三 譏謔, 卷第二十四 雜誌一, 卷第二十五 雜誌二, 卷第二十六 藥議로 총 26권이다.

이 중 卷第一 故事一에서 卷第十一 官政一까지가 상책에 수록되어 있고, 卷第十二 官政二에서 卷第二十六 藥議까지가 하책에 수록되어 있다. 권말에 강희맹의 발문이 붙어 있다. 이 발문도 「필담서」의 판형과 동일하게 8행 16자이다. 그리고 일부 인쇄가 누락된 부분이 있는데 卷第一 故事一의 5~6면, 卷第九 人事一의 1~2면, 卷第十六 藝文三의 1~2면 등이다. 판형은 남아 있고 글자만 없는 것으로 보아 인쇄의 누락일 가능성이 크다고 여겨진다. 이외에도 일부 글자가 빠진 부분이 있으나 전체적으로 양호한 상태이다.

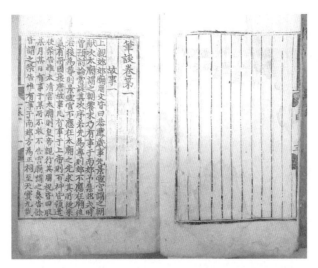

그림 4 조선간본 『필담』(경주 옥산서원 소장) 권1의 첫째 면 사진

(3) 『몽계필담』의 국내 관련 기록

조선간본 『몽계필담』이 출간된 이후 『몽계필담』이 전거로 사용된 사례는 다수 확인된다. 여기서는 분야별로 문학, 역사, 예술, 사상, 기술, 과학 등의 정보를 다룬 문헌에 보이는 사례를 중심으로 살펴보기로 한다.

① 문학 관련 기록

양적현(陽翟縣)에 두생(杜生)이란 자가 있는데, 그 이름은 알 수 없고 다만 읍인(邑人)들이 그를 두오랑(杜五郎)이라 부를 뿐이었다. 현(縣) 35리(里) 밖에 사는데 집이라고는 두 칸뿐이고 집 앞에 10자(尺) 정도의 공지(空地)가 있는데, 두생이 이문(籬門)을 나가지 않은 지가 벌써 30년이었다. 여양위(黎陽尉)가 일찍이 그를 방문하여 문밖을 나가지 않는 이유를 물으니, 그는 문 앞의 뽕나무 한 그루를 가리키며 말하기를, "15년 전에 저 뽕나무 밑에서 더위를 피한 적이 있었으되, 단지 일이 없어 우연히 나가지 않았을 뿐입니다."하였다. 또 생활은 어떻게 하느냐고 물으니, 두생이 대답하기를, "남에게 택일(擇日)도 해주고 약(藥)도 팔아 싸라기죽으로 연명하였는데, 자식이 커서 농사짓고부터는 식량이 넉넉해져서 택일과 매약(賣藥)을 일체 하지 않습니다."하였다. 또 평상시(平常時)에 무엇을 하느냐고 물으니, 그는 대답하기를, "단정히 앉아 있을 뿐입니다."하였다. 또 책을 보느냐고 물으니, "20년 전에 일찍이 『정명경(淨名經)』을 보고 그 의론을 좋아한 적이 있었으나 지금은 잊었고, 그 책마저 어디에 있는지 알지 못한 지가 오래되었습니다."하였다. 그는 기품(氣品)이 한광(閒曠)하고 언사(言詞)가 청간(淸簡)하니, 도가 있는 선비이다. 한추위인데도 베옷에 짚신을 신고 방안에는 의자 하나만이 있을 뿐이었다. 『필담(筆談)』[21]

이 글은 허균이 은둔의 인물 자료를 수집 정리하면서 杜五郎이라는 인물의 『필담(筆談)』의 기록을 인용한 것이다. 원문을 조선간본 『몽계필담』과 대조해볼 때 원문 전체를 직접 인용한 것이 아니라 중요한 부분을 선택하여 가감하는 방식이었음을 확인할 수 있다. 따라서 허균이 본 판본이 조선간본인지는 분명하게 확정하기는 어렵다. 그리고 끝부분에 인용한 출전 서명이 『필담(筆談)』이라고 되어 있는데, 경주 간본에 사용된 서명과 일치하기는 하나 중국의 후대 판본도 두 가지 서명을 혼용하고 있어 역시 정확한 근거가 되기는 어렵다.

② 역사 관련 기록

선비가 씨족(氏族)을 가지고 서로 자랑한 것은 예부터 있어 왔으나 일찍이 심하지는 않았다. 그리고 위(魏) 나라에서 인재를 전형하면서 씨족을 가지고 서로 다투었으나 또한 일찍이 문벌에만 매이지는 않았다. 오직 사이(四夷)들이 순전히 씨족을 가지고 귀천을 삼았으니, 이를테면 천축(天竺, 인도)같은 곳에서는 찰제리(剎帝利)와 바라문(婆羅門)의 두 성씨만이 귀한 종족이고 그 나머지는 서성(庶姓)으로 비사(毗舍)나 수타(首陀) 같은 것이 그것이고, 그 아래 또 빈사성(貧四姓)이 있으니 공교(工巧)·순타(純陀) 같은 것이 그것이다. 기타 여러 나라도 역시 이러해서 임금과 대신(大臣)에 각기 종족(種族)의 성(姓)이 있어, 진실로 귀한 전통의 성(姓)이 아니면 나라 백성들도 즐겨 따르려 않고, 서성(庶姓)은 비록 공로와 재능이 있어도 스스로 큰 성씨 아래 있기를 달게 여기니, 지금까지도 그러하고 있다.[22]

---

21) "陽翟縣有杜生者, 不知其名, 邑人, 但謂之杜五郎. 所居去縣三十五里, 惟屋兩間, 其前空地丈餘, 杜生不出籬門, 已三十年矣. 黎陽尉曾訪之, 問其不出門之由, 其人指門前一桑曰 : '十五季前, 亦曾此下納涼, 但無事于時, 偶不出耳.' 問其爲生, 曰 : '吾唯與人擇日, 及賣一藥, 以供饘粥, 後子能耕, 自此食足, 擇日賣藥, 一切不爲.' 又問 : '常日何所爲?' 曰 : '端坐耳.' 問 : '頗觀書否?' 曰 : '二十年前, 亦曾觀書.' 問 : '觀何書?' 曰 : '曾觀『淨名經』, 愛其議論, 今已忘之, 幷書亦不知所在久矣.' 氣韻閒曠, 言詞淸簡, 有道之士也. 盛寒, 布袍草履. 室中枵然, 一榻而已. 筆談."(許筠, 『惺所覆瓿藁』「한정록」제1권, '隱遁'조) 許筠 著, 민족문화추진회 譯, 『惺所覆瓿藁』Ⅳ, 민족문화추진회, 1967, 58~59면. 원문 번역은 오탈자 수정 후 인용하였다. 이하 인용은 동일한 방식으로 한다.
22) "士人以氏族相高. 雖從古有之. 然未嘗著盛. 自魏氏銓揔人物. 以氏族相高. 亦未嘗專在門地. 惟四夷. 則全以氏族爲貴賤. 如天竺以利利婆羅門二姓爲貴種. 自餘爲庶姓. 如毗舍首陀是也. 其下又有貧四姓. 如工巧純陀是也. 其他諸國. 亦如是. 國主大臣. 各有種姓. 苟非貴種. 國人莫肯歸之. 庶姓雖有勞能. 亦自甘居

이 글은 여러 민족의 姓氏에 관한 내용을 인용한 것이다. 원문을 조선간본『몽계필담』과 대조해볼 때 원문 전체를 직접 인용하였으며, 글자 출입도 거의 없이 일치함을 확인할 수 있다. 이 부분은 판본과의 차이가 거의 없어서 조선간본을 직접 인용하였는지는 확정할 수 없다. 다만『몽계필담』의 내용을 참고용 부록으로 둔 것으로 볼 때 저자인 유수원이 이 책의 내용에 대해 상당한 신뢰를 가지고 있었다는 점은 분명해 보인다. 아울러『몽계필담』의 談이 譚으로 되어있는데 자형은 다르지만 '말'이나 '문구'의 의미일 때는 서로 통용되는 글자로 큰 차이로 보기는 어렵다.

　　가우(嘉祐 송나라 인종(仁宗)의 연호) 연간에 소주(蘇州) 곤산현(崑山縣) 상해(上海)에 어떤 배 한 척이 표류하여 와서 해안에 닿았다. 배 안에 어떤 사람이 있었는데, 의관은 중국 사람과 같았으며, 말은 알아들을 수가 없었다. 시험 삼아 글자를 써 보게 하였으나 읽을 수가 없었다. 그 사람이 서찰 하나를 내보였는데, 바로 당나라 천우(天祐 애제(哀帝)의 연호) 살펴보건대, 천우(天祐)가『사문유취(事文類聚)』에는 천수(天授)로 되어 있는데, 이는 천우를 잘못 쓴 것이다. 『문헌비고(文獻備考)』에서는 이를 인하여 고려 태조의 연호라고 하였는데, 이는 틀린 것이다. 연간에 둔라도(屯羅島)의 살펴보건대, 둔라도는 탁라도(乇羅島)가 잘못된 것이다. 수령(首領)에 게 배융부위(陪戎副尉)를 제수하였음을 고하는 것이었다. 또 하나의 글이 있었는데, 바로 고려에 올리는 표문(表文)으로, 역시 둔라도라고 칭하였으며, 모두 한자(漢字)를 써서 기록하였다. 이는 대개 동이로서 고려에 신하로 소속된 자이다. 『몽계필담(夢溪筆談)』23)

이 글은『몽계필담』중에 수록된 우리나라에 관련한 내용을 인용한 것이다. 원문을 조선간 본『몽계필담』과 대조해볼 때 원문 전체를 직접 인용한 것이 아니라 중요한 부분을 선택하여 가감하는 방식이었음을 확인할 수 있다. 따라서 한치윤이 본 판본이 조선간본인지는 분명하게 확정하기는 어렵다. 이 부분은 이본의 차이가 거의 없는 부분이어서 역시 가감한 부분이 판본 에 차이라고 보기 어렵다.

大姓之下. 至今如此."(柳壽垣, 『迂書』제9권, 「附宋沈括夢溪筆譚所論」) 柳壽垣 著, 민족문화추진회 譯, 『迂書』Ⅱ, 민족문화추진회, 1982, 169~170면.

23) "嘉祐中, 蘇州昆山縣海上, 有一船[桅折], 風飄抵岸, 船中有[三十餘]人, 衣冠如唐人, [系紅鞓角帶, 短皂布 衫, 見人皆慟哭], 語[方]不可曉. 試令書字, 字亦不可讀. [行則相綴如雁行. 久之], 自出一書示人, 乃唐天祐 中告授屯羅島首領陪戎副尉[制]; 又有一書, 乃是上高麗表, 亦稱屯羅島, 皆用漢字. 蓋東夷之臣屬高麗 者."(韓致奫, 『海東繹史』제16권, 「世紀」16, '諸小國') 韓致奫 著, 민족문화추진회 譯, 『海東繹史』2, 1996, 136면. 원문의 '[ ]'표는 조선간본『몽계필담』의 글자이다.

③ 예술 관련 기록

포구락(抛毬樂)은, 심존중(沈存中)의 『몽계필담(夢溪筆談)』에 "해주(海州) 선비 이신언(李愼言)이 꿈 속에 어느 수궁(水宮)에 들어가 궁녀들이 포구(抛毬)하는 것을 구경하였고, 산양(山陽) 사람 채순(蔡純)이 전기(傳記)를 지어 그 사실을 소상히 서술하였으며, 포구곡(抛毬曲) 10여 곡(曲)까지 첨부되어 있다." 했는데, 가사가 모두 청신(淸新)하였다.24)

이 글은 궁중 악곡인 '抛毬樂'에 대한 인용이다. 『몽계필담』의 직접 인용과 함께 편자인 이익이 평을 덧붙인 것이다. 원문을 조선간본 『몽계필담』과 대조해볼 때 원문 전체를 직접 인용하였으며, 글자 출입도 거의 없이 일치함을 확인할 수 있다. 포구락은 중국 송나라에서 전래한 唐樂呈才 중의 하나로, 『高麗史』 樂志에 의하면 "1073년(문종 27) 11월에 八關會를 차리고, 왕이 神鳳樓에 나아가 가무를 보았는데, 敎坊女弟子 楚英이 새로 전래한 <抛毬樂>과 <九張機別伎>를 연주하였다."는 기록이 전한다. 이 춤과 음악은 고려 문종 때 들어와 조선시대를 통하여 가장 많이 상연되었고, 900년이 지난 오늘날까지 전승되어온 중요한 문화 예술이다. 이러한 다양한 내용을 담은 백과사전식 저술에 『몽계필담』이 사용된 사례이다. 이 사례처럼 대체로 원전을 인용하고 편자의 간략한 평을 붙이는 경우가 많다.

심씨(沈氏)의 『몽계필담(夢溪筆談)』에서는 당(唐)나라 사람의 『비파록(琵琶錄)』에 의거하여 이렇게 말하였다. "금을 조율하는 법은 반드시 먼저 관악기의 음에 합치하는 소리[管色合字]로 궁현(宮絃)을 정해야 한다. 이에 궁현으로 치를 하생하고, 치로 상을 상생하며, 이처럼 상생 하생하여 소상(少商)에서 끝난다. 하생한 것은 모두 2현(絃)을 격(隔)하고, 상생한 것은 모두 1현을 격하여 취한다. 모든 사성(絲聲)이 마땅히 이와 같아야 하는데, 지금 사람들은 구차하게 간략하여[苟簡], 다시 관악기를 써서 소리를 정하지 않는다. 그러므로 그 음의 높낮이에 법도가 없고 그때그때 상황에 따라 정한다."

생각건대, 심씨(沈氏)의 이 말은 구차하게 간략한 것만을 추구하는 유속(流俗)의 폐단을 구제할만하다. 세상에서 금을 말하는 사람들은 그저 손가락을 두루 움직여 소리를 내는 기교에만 힘써서, 소리가 뛰어나다고 하는 것도 그저 애처롭고 화려하고 느긋하고 멀리 가는[蕭散開遠] 소리를 높이 여길 뿐이니, 예악(禮樂)이 정미(精微)하던 때에 그 법도가 이처럼 엄밀하여 구차하게 될 수 없었음을 어찌 알 수 있겠는가?25)

---

24) "抛毬樂者, 攄沈存中筆談, '海州士人李愼言, 夢至一處水殿中, 觀宮女戲毬, 山陽蔡純為之傳, 叙其事甚詳, 有抛毬曲十餘闋.', 詞皆淸麗."(李瀷, 『星湖僿說』 제15권, 「人事門」, '抛毬樂') 李瀷 著, 민족문화추진회 譯, 『星湖僿說』 VI, 민족문화추진회, 1978, 32~33면.

25) "沈氏『筆談』, 据唐人『琵琶錄』以爲調琴之法, 須先以管色合字定宮絃. 乃以宮絃下生祉, 祉上生商, 上下相生, 終於少商. 凡下生者隔二絃, 上生者隔一絃取之. 凡絲聲皆當如此, 今人苟簡, 不復以管定聲. 故其高下

이 글은 저자가 定律, 즉 琴을 조율하는 법에 대해 『몽계필담』을 인용한 것이다. 원문을 조선간본 『몽계필담』과 대조해볼 때 원문 전체를 직접 인용하였으며, 글자 출입도 거의 없이 일치함을 확인할 수 있다. 먼저 원전을 인용하고 편자의 간략한 평을 붙이는 방식을 취하고 있다. 저자 유중교는 이 책의 내용을 근거로 당대 음악계의 폐단을 비판하고 있다. 개인 문집에서 『몽계필담』을 신뢰도가 높은 전거 자료로 활용한 사례이다.

④ 사상 관련 기록

이 법은 음양가의 여러 책에 나타나 있다. 이제 『참동계(參同契)』와 『필담(筆談)』·『역수(易髓)』·『복서원귀(卜筮元龜)』에 나타난 여러 도설에서 가져다가 간혹 나의 의견을 넣어서 다음과 같이 해석한다.[26]

이 글은 陰陽과 太極 및 八卦의 상호 연관 관계에 대한 도식을 인용하는 중에 『몽계필담』이 활용된 사례이다. 개인 문집에서 사용한 사례이며, 직접 인용은 없으나 『몽계필담』이 내용을 가져다가 자신의 학설을 입증하는 중요한 전거 자료의 하나로 참고할 만한 정도로 신뢰도가 높았던 문헌임을 알 수 있다.

『몽계필담(夢溪筆談)』에는 "영주(郢州)에 사는 어부(漁夫) 한 사람이 한수(漢水)에 그물을 던져 고기를 잡다가 어느 깊은 곳에 이르러 그물을 들어내면서 무거움을 느꼈다. 어부는 마침내 한 석함(石函)을 얻었는데 한 자 남짓한 길이에 둥글고 곧아 마치 부러진 서까래처럼 생겼다. 어부가 그걸 세밀히 관찰해 보니, 수많은 조개들이 고기 비늘처럼 즐비하게 붙어 있어 매우 단단하였으므로 칼 따위로 그 한쪽을 도려내어 책 한 권을 입수하였는데, 바로 당(唐) 나라 천보(天寶, 唐 玄宗의 연호) 연간에 만들어진 『금강경(金剛經)』으로서, 제지(題誌)도 매우 상세하고 자법(字法)도 기특하였으며, 그 끝에는 의박사 섭비양현령(醫博士攝比陽縣令) 주균(朱均)이 시주(施主)했다 하였다. 비양현은 바로 당주(唐州)의 속읍(屬邑)이지만, 이 『금강경』이 어느 연대에 물 속에 떨어졌는지는 알 수 없다. 그러나 『금강경』은 앞뒤가 조금도 물에 젖지 아니하였다. 마침내 『금강경』은 영주 지방의 호족 이효원(李孝源)이 입수하였다. 이효원은 평소부터 불교를 신봉한 터라, 입수한 『금강경』을 보물처럼 여기어 조개통[蛤筩]에 간직, 다시 물 속에 넣고 공양

無法, 出於臨時.' 按沈氏此言, 可救流俗苟簡之弊. 世之言琴者, 徒務布爪, 取聲之巧, 其韻勝者, 乃能以蕭散開遠爲高耳, 豈復知禮樂精微之際, 其爲法之嚴密, 乃如此而不可苟哉？"(柳重教, 『省齋集』, 「定律」) 柳重教, 『省齋集』 Ⅱ, 『韓國文集叢刊』 324, 民族文化推進會, 2004, 538면.

26) "法見陰陽家諸書, 今取參同契及筆談, 易髓, 卜筮元龜諸書圖說, 間以愚見, 訂解如左云."(李滉, 『退溪集』, 「啓蒙傳疑」, '朱氏董氏二說不同圖') 李滉 著, 민족문화추진회 譯, 『退溪集』 Ⅱ, 민족문화추진회, 1968, 131면.

(供養)하면서 길러, 손님이 찾아와 보려고 하면 꺼내어 보여주곤 하였다. 그 뒤 이효원은 『금강경』을 조개가 감싸고 있던 기이한 일에 느낀 바 있어 집안 돈 만여 관(貫)을 시주하여 『금강경』 한 질을 베껴 영주 흥양사(興陽寺)에 보존시켰는데, 특별히 장엄하고 화려했다." 하였다.27)

이 글은 영주 흥양사(興陽寺)에 『금강경』이 수장되는 경위를 기록한 것이다. 내용으로 볼 때 다소 설화적인 요소를 갖는 내용인데, 이를 인용하고 변증의 근거로 삼은 사례이다. 원문을 조선간본 『몽계필담』과 대조해볼 때 원문 전체를 직접 인용하였으며, 약간의 글자 출입은 있으나 내용은 거의 일치함을 확인할 수 있다.

⑤ 기술 관련 기록

『수경(水經)』주(注)에는 "고노(高奴)의 유수(洧水)는 기름기가 많아서 불을 붙일 수 있다." 하였고, 『몽계필담(夢溪筆談)』에는 "부연(鄜延)에서 석유(石油)가 나는 것은 곧 고노현(高奴縣)의 지수(脂水)를 이르는 것이다. 물가 사석(沙石) 틈에서 나와 샘물과 서로 섞여 망망(惘惘)히 흘러나오는데 그 고장 사람들이 꿩의 꽁지 털을 묶어서 그 기름을 채취하여 항아리에 담는다." 하였다.28)

이 글은 石油에 관한 내용은 인용한 것이다. 중국의 특정 지역에 나는 자원인 석유와 그 채취 및 보관 방법에 대해 기록한 것이다. 세부적인 기술을 다루는 내용인데, 편자 이규경이 이를 인용하고 변증의 근거로 삼은 사례이다. 원문을 조선간본 『몽계필담』과 대조해볼 때 원문 전체를 직접 인용하였으며, 약간의 글자 출입은 있으나 내용은 거의 일치함을 확인할 수 있다.

---

27) "夢溪筆談, '郢州漁人 擲網於漢水, 至一潭底, 舉之覺重. 得一石, 七[長]尺餘, 圓直如斷椽, 細視之, 乃群小蛤, 鱗次相比, 綢繆鞏固. 以物試扶其一端, 得一書卷, 乃唐天寶年所造『金剛經』, 題誌[志]甚詳, 字法奇古, 其末云：醫博士攝比陽縣令朱均施. 此陽乃唐州屬邑. 不知何年墜水中, 首尾略無露[露]漬. 爲土豪李孝源[所得], 孝源素奉佛, 寶藏[佛]其書, 蛤筒復養之水中. 客至欲見, 則出以視之. 孝源因感經像之勝異, 旋家財萬餘繕[緝], 寫佛經一藏於郢州興陽寺, 特爲嚴麗.'"(李圭景, 『五洲衍文長箋散稿』, 「法華金剛兩經辨證說」) 李圭景 著, 민족문화추진회 譯, 『五洲衍文長箋散稿』 18, 민족문화추진회, 1979, 360~361면. 이 면수는 원문의 면수이다.

28) "水經注, 高奴洧水肥可燃 夢溪筆談曰：'鄜、延出石油 即高奴縣脂水也. 生于[於]水際, 沙 與泉水相雜, 惘惘而出, 土人以雉尾□[毿]之, 可采入缶中.'"(李圭景, 『五洲衍文長箋散稿』, 「物理外紀辨證說」) 李圭景 著, 민족문화추진회 譯, 『五洲衍文長箋散稿』 19, 민족문화추진회, 1980, 89~90면. 이 면수는 원문의 면수이며, '□'표는 식별이 어려운 자를 나타낸 것이다.

옛날 심괄(沈括)의 『몽계필담(夢溪筆談)』에 보면 '송(宋) 나라 경력(慶歷, 宋 仁宗의 연호) 연간에 필승(畢昇)이라는 사람이 활판(活版)을 만들었는데 교니(膠泥, 三合土를 말한다)를 구어 서 만들었다.' 하였고, 육심(陸深)의 『금대기문(金臺紀聞)』에 보면 '곤릉(昆陵) 사람이 처음으로 연자(鉛字)를 사용하였는데, 판목(版木)으로 인쇄하는 것에 비해 더욱 공교하고도 편리했다.' 하 였으니, 이것이 모두 활판의 시초이다.29)

이 글은 중국의 활판과 활자의 기원에 대한 기록이다. 武英殿 聚珍版이 나오기까지의 과정 을 정리하면서 『몽계필담』의 기록을 근거로 삼은 것이다. 조선간본 『몽계필담』과 글자의 출입 은 거의 없으나 다른 이본들도 이 부분의 차이가 없어서 어느 판본을 사용했는지는 분명하지 않다. 여기서 인용된 武英殿 聚珍版은 중국 청(淸)나라 때 김간(金簡)30)이 만든 목활자이다. 25만 3500자로 字體가 매우 미려한 활자로 알려져 있다. 조선에서 1792년(정조 7)에 이 활자판 을 字本으로 하여 箕營木活字·銅字聚珍活字 등을 주조하였다. 앞의 사례와 마찬가지로 세부 적인 기술을 다루는 내용인데, 편자 이덕무가 이를 인용하고 서술의 근거로 삼은 사례이다.

⑥ 과학 관련 기록

『몽계필담(夢溪筆談)』

천체의 일에 대해서 '진(辰)'으로 이름을 붙인 것은 많은데, 모두가 진사(辰巳)의 진(辰)에서 나온 것이다. 지금 몇 가지 사례를 대략 거론하면, 십이지(十二支)는 십이진(十二辰)이라고 하 고, 일시(一時)는 일신(一辰), 일일(一日)은 일진(一辰), 해·달·별은 삼신(三辰)이라고 하고, 북 극(北極)은 북신(北辰)이라고 하고, 대화(大火)는 대신(大辰)이라고 하고, 오성(五星) 가운데는 진성(辰星)이 있으니, 모두 '진(辰 혹은 신)'이라고 이름을 붙였다. 지금 자(子)·축(丑)에서부터 술(戌)·해(亥)까지를 십이진(十二辰)이라고 한 것을 살펴보면, 『춘추좌씨전(春秋左氏傳)』에 "해와 달이 만나는 것을 '진(辰)'이라고 한다."라고 하였다.31)

---

29) "考昔沈括筆談記. 宋慶歷中. 有畢昇爲活版. 以膠泥燒成. 而陸深金臺紀聞則云. 昆陵人初用鉛字. 視版印 尤巧便. 斯皆活版之權輿."(李德懋, 『靑莊館全書』 제32권, 「淸脾錄」 一, '武英殿聚珍版') 李德懋 著, 민족 문화추진회 譯, 『靑莊館全書』 VII, 민족문화추진회, 1980, 56~58면.

30) 김간은 조선인의 자손으로, 청나라에 귀화하여 銅字活字를 사용하는 계기를 만들어 주었고, 당시 인쇄 및 제책을 맡은 궁정 관서인 武英殿의 수장으로 재직하면서 6개월 동안 25만 3500자의 목활자 조각을 완성하 였다. 1774년 청나라 고종(高宗)은 이를 활자판(活字版)이라 명명하고, '무영전취진판'이라고 부르게 하였 다고 전한다.

31) "事以辰名者爲多, 皆本于辰巳之辰. 今略擧數事 : 十二支謂之十二辰, 一時謂之一辰, 一日謂之一辰, 日月 星謂之三辰, 北極謂之北辰, 大火謂之大辰, 五星中有辰星, 皆謂之辰. 今考子丑至于戌亥謂之十二辰者, 左 傳云 : "日月之會是謂辰."(『諸家曆象集』 제1권, 「天文」, 『夢溪筆談』) 이순지 편찬, 남종진 역주, 『諸家曆

이 글은『몽계필담(夢溪筆談)』에 수록된 천문 기록 중 '진(辰)'에 대한 내용으로, 개인 문집이 아니라 관찬 문헌인『諸家曆象集』에 수록된 기사이다. 이 책32)은 이순지(李純之)가 편찬한 천문서로서 당시 중국에 전하여 내려오는 천문·역법·의상 등에 관한 지식을 간단하게 정리하여 쉽게 이해할 수 있도록 만든 것이다.『몽계필담(夢溪筆談)』이 국가 문헌에 활용된 사례로서 의미가 있다. 원문을 조선간본『몽계필담』과 대조해볼 때 원문 전체를 직접 인용하였으며, 약간의 글자 출입은 있으나 내용은 거의 일치함을 확인할 수 있다.

『몽계필담(夢溪筆談)』

『당서(唐書)』에 이르기를, "낙하굉(落下閎)은 역법을 만들고 스스로 말하기를, '8백 년 이후에 1도의 오차가 생길 것이다.'라고 하였는데, 당(唐)나라의 일행(一行)이 나와서 그것을 바로잡았다."라고 하였다. 이것은 망령된 말이다. 낙하굉이 만든 역법은 아주 허술하였다. 당시에는 아마도 정밀하다고 여겼겠지만, 그 가운데는 결함이 무척 많은데, 두 가지를 예로 들어 말해 보겠다. 한(漢)나라 때에는 아직 황도(黃道)의 세차(歲差)를 몰랐는데, 북제(北齊)의 상자신(向子信 장자신(張子信))에 이르러 비로소 세차를 관측하여 알게 되었다. 지금 고금의 역법을 이용하여 살펴보면, 대략 80여 년마다 1도씩 오차가 생기니, 낙하굉의 역법은 이미 80년마다 1도씩 오차가 생기고 게다가 여분(餘分)이 엉성하여, 그의 방법에 따라서 기삭(氣朔)과 오성(五星)을 추보하면, 당시에도 사용할 수 없었으니, 80년을 기다릴 수도 없었다. 그런데도 8백 년에 1도의 오차가 생긴다고 하였으니, 너무도 터무니가 없다.33)

이 글은『몽계필담(夢溪筆談)』에 수록된 천문 기록 중 역법에 대한 내용으로, 앞의 예시와 같이『諸家曆象集』에 수록된 기사이다. 마찬가지로『몽계필담(夢溪筆談)』이 국가 문헌에 적극적으로 활용된 사례로서 의미가 있다. 원문을 조선간본『몽계필담』과 대조해볼 때 원문 전체를 직접 인용하였으며, 약간의 글자 출입은 있으나 내용은 거의 일치함을 확인할 수 있다.

象集』1, 세종대왕기념사업회, 2013, 149면.

32) 4권 4책의 활자본으로 간행된 이 책은 세종이 書雲觀의 제도와 기구를 정비하고 曆法을 정리하여『칠정산』을 편찬하게 하고 나서, 다시 이순지에게 명하여 고금의 천문·역법·儀象·晷漏에 관한 개요를 편찬하도록 한 것이다.

33) "唐書云:'洛下閎造曆, 自言後八百年當差一算, 至唐一行出而正之.' 此妄說也. 洛下閎曆法極踈. 蓋當時以爲密耳, 其間闕略甚多, 且擧二事言之. 漢世尙未知黃道歲差, 至北齊向子信, 方候知歲差. 今以今古曆校之, 凡八十餘年差一度, 則閎之曆八十年自已差一度, 兼餘分踈闊, 據其法推氣朔五星, 當時便不可用, 不待八十年. 乃曰八百年差一算, 太欺誕也."(『諸家曆象集』제2권,「曆法」,『夢溪筆談』) 이순지 편찬, 남종진 역주,『諸家曆象集』2, 세종대왕기념사업회, 2013, 26면. 이 면수는 원문의 면수이다.

4) 조선간본 『몽계필담』 간행의 역사적 의미와 서지학적 가치

조선간본 『몽계필담』의 간행이 가지는 첫 번째 역사적 의미는 무엇보다도 최초의 국내 유통본이라는 점이다. 앞서 살펴본 바대로 이 책이 처음 국내 유입된 이후 궁중 서고에 보관되고 매우 제한적인 열람만이 이루어졌으며 일반 유통은 거의 이루어지지 않았다. 그런데 우연히 이 책에 관심을 가진 사람이 강희맹의 부친 姜碩德이었다. 평소 독서에 관심이 많았던 터에 이 책이 눈에 띠자 바로 필사하여 집안에 보관하게 되고, 이후 친지의 도움으로 새로운 판본을 제공받아 교정 및 교열을 거친 후 강희맹에 의해 경주에서 최초로 간행된다. 중국본 『몽계필담』의 작성 시기를 일반적으로 1086년에서 1093년 사이에 완성된 것으로 보고 있고, 조선간본 『몽계필담』은 발문을 참고로 할 때 1479년 전후로 보면 약 400년 만에 처음으로 국내 간행이 이루어진 셈이다.

두 번째는 중국 송대의 선진 학술과 문화가 국내에 도입·확산되었다는 점이다. 주지하듯이 『몽계필담』은 문학·예술·역사·행정 분야는 물론, 수학·물리·동식물·약학·기술·천문학 등 당시 송대 이전까지의 학문과 기술의 사실상 전 분야가 망라되어 오늘날까지도 학술적 가치를 인정받는 정보가 많다. 그런데 조선간본 『몽계필담』이 간행되기 이전, 즉 15세기 후반까지 이 책을 열람한 개인 문헌의 기록이 거의 발견 되지 않고 있다. 다만 왕명으로 찬술된 관찬 문헌인 『諸家曆象集』에서 전거로 사용한 기록이 보이기는 하지만, 강희맹이 발문에서 말한 바대로 국내 유입 이후에도 극히 제한적인 열람만이 이루어진 것은 분명해 보인다. 그러다가 『몽계필담』이 경주에서 간행되어 보급되면서 새로운 지식과 정보를 열망하는 조선 지식인의 관심을 끄는 계기를 마련한 것이다.

세 번째는 유사한 형태의 백과사전식 저술이 촉발되는 계기가 되었다는 점이다. 『몽계필담』의 보급으로 17세기 이후 개인 문집은 물론 類書類 저술에 빈번하게 인용된다. 인용의 방식이 작문용 典故 활용이나 好事的 관심의 차원이 아니라 진지한 학술 연구의 차원이라는 점이 의미가 크다. 개인이 찬술한 문집으로 이황의 『퇴계집』, 허균의 『성소부부고』, 이덕무의 『청장관전서』 등이 있고, 역사서인 한치윤의 『해동역사』와 관찬 편저인 『諸家曆象集』에서도 『몽계필담』 중요 전거로 사용되었다. 그리고 유서로 이익의 『성호사설』, 유수원의 『우서』, 이규경의 『오주연문장전산고』 등에 이 책은 빈번하게 활용되었다. 이러한 현상이 조선간본 『몽계필담』의 간행이 직접적 원인이라고 단언하기는 어렵겠지만, 적어도 인용의 빈도와 정보의 활용을 볼 때 중요한 계기가 되었음은 분명하다.

그리고 서지학적 가치로는, 첫째, 『몽계필담』의 최초의 국내 간본이라는 점이다. 중국에서

『몽계필담』이 간행된 이후 약 400년 만에 우리나라에서 나온 간행본으로 最古本이다. 그 사이 왜 간행이 없었는지는 확인하기 어려우나, 국내 유입된 수량이 매우 적어 인지도가 낮았던 점이 주요 원인이 아닌가 여겨진다.

둘째, 15세기 전반의 문헌으로서 보존 상태가 양호한 완질의 판본이라는 점이다. 현재 국내 주요 도서관에도 이 판본의 완질은 확인되지 않는다. 경주라는 지방 간행이기도 했지만, 간행 수량도 많지 않았기 때문으로 판단된다. 근대의 고서 장서가인 이인영의 『청분실서목』에도 2책 중 1책만이 영본으로 기록되어 있어 현재 전하는 완질은 매우 희귀하다. 따라서 옥산서원 에 수장된 조선간본 『몽계필담』은 열람의 흔적이 적고 손상이 거의 없이 보존되어 있어 매우 중요한 서지적 가치를 갖는다고 할 수 있다.

셋째, 조선 전기 지방 간본 문헌의 서지와 형태를 온전히 확인할 수 있는 자료라는 점이다. 조선간본 『몽계필담』은 어숙권의 『고사촬요』의 책판목록에서 소개된 경주부 간행 기록에서 신뢰할 수 있는 실물의 문헌이다.

5) 결론

지금까지 옥산서원 소장 조선간본 『몽계필담』을 대상으로 하여 간행 경위, 역사적 의미, 서지학적 가치에 대해 살펴보았다.

조선간본 『몽계필담』 하책의 끝부분에 姜希孟의 「跋文」이 있고 작성시기가 기록되어 있어 서, 대략 1478~1479년(성종 10)에 간행된 판본임을 확인하였다. 그리고 상책의 1면 우측 여백 에 藏書記가 있어서 경주 옥산서원에 들어와 수장된 시기가 1573년임을 알 수 있다.

『몽계필담』 간행은 姜希孟의 발문에 따르면 부친 姜碩德의 개인 관심에 의해 시작된 것이 었다. 평소 문헌에 관심이 많았던 부친이 우연히 궁중 서고에서 『몽계필담』을 보았고, 내용이 좋아 필사하여 집안에 소장하였다고 한다. 하지만 당시 오류가 너무 많아 부친이 손수 교정했 지만 원본 자체의 탈루도 있어서 결국 교정 작업의 마무리를 못했고 간행에도 이르지 못했음 을 밝히고 있다. 그러다가 친지가 강희맹에게 중국본 한 질을 갖고 와서 다시 수정 작업을 계속하였고, 친분이 있던 鄭孝常이 경상도관찰사로 부임하면서 간행을 부탁하게 되었다. 그리 하여 慶州府에서 간행을 하게 되었으며 선대가 이루지 못한 간행을 자신이 마무리한 것으로 적고 있다.

조선간본 『몽계필담』의 간행이 가지는 역사적 의미는 세 가지로 나누어 보았다. 첫째는 무

엇보다도 최초의 국내 유통본이라는 점이다. 두 번째는 중국 송대의 선진 학술과 문화가 국내
에 도입·확산되었다는 점이다. 세 번째는 유사한 형태의 백과사전식 저술이 촉발되는 계기가
되었다는 점이다.

서지학적 가치로는 첫째,『몽계필담』의 최초의 국내 간본이라는 점이다. 둘째, 15세기 전반
의 문헌으로서 보존 상태가 양호한 완질의 판본이라는 점이다. 셋째, 조선 전기 지방 간본 문
헌의 서지와 형태를 온전히 확인할 수 있는 자료라는 점이다.

최근 국내에서 출판된 중국본 문헌의 희귀본들이 국내에서 계속 발굴되어 학계에 보고되고
있다. 현재 중국 판본보다 양호하거나 중국에서 일실된 판본도 있어서 더욱 중요한 가치를
갖는다. 따라서 국내에서 발굴된 희귀본 중국 고전 문헌들을 지속적으로 조사하고 연구하는
일은 매우 시급한 과제라고 판단된다. 그동안 우리나라의 저작이 아니어서 중요도에 비해 주
목받지 못한 중국 고전 문헌 자료들에 대한 연구자의 관심이 필요하다고 하겠다.

참고문헌

〈원전 자료〉

許筠 著, 민족문화추진회 譯,『惺所覆瓿藁』Ⅳ, 민족문화추진회, 1967, 58~59면.

李滉 著, 민족문화추진회 譯,『退溪集』Ⅱ, 민족문화추진회, 1968, 131면.

李瀷 著, 민족문화추진회 譯,『星湖僿說』Ⅵ, 민족문화추진회, 1978, 32~33면.

李圭景 著, 민족문화추진회 譯,『五洲衍文長箋散稿』18, 민족문화추진회, 1979, 360~361면.

李圭景 著, 민족문화추진회 譯,『五洲衍文長箋散稿』19, 민족문화추진회, 1980, 89~90면.

李德懋 著, 민족문화추진회 譯,『青莊館全書』Ⅶ, 민족문화추진회, 1980, 56~58면.

柳壽垣 著, 민족문화추진회 譯,『迂書』Ⅱ, 민족문화추진회, 1982, 169~170면.

韓致奫 著, 민족문화추진회 譯,『海東繹史』2, 1996, 136면.

柳重敎,『省齋集』Ⅱ,『韓國文集叢刊』324, 民族文化推進會, 2004, 538면.

이순지 편찬, 남종진 역주,『諸家曆象集』1, 세종대왕기념사업회, 2013, 149면.

이순지 편찬, 남종진 역주,『諸家曆象集』2, 세종대왕기념사업회, 2013, 26면.

〈단행본〉

沈括 撰, 胡道靜 校證,『夢溪筆談校證』(上·下), 世界書局, 1965, 1~1218면.

夢溪筆談選注注釋組 編,『夢溪筆談選注』, 上海古籍出版社, 1978, 1~308면.

沈括 著, 胡道靜·金良年·胡小靜 共譯注.『夢溪筆談全譯』(上·下), 貴州人民出版社, 1998, 1~1081면.

張伯偉 編, 『朝鮮時代書目叢刊』, 中華書局, 2004, 1~5300면.

김치우, 『攷事撮要의 冊板目錄 硏究』, 서울 : 民族文化, 1983, 105면.

문화재청 편, 『2004년 일반동산문화재 다량소장처 실태조사 학술용역보고서』(Ⅰ), 문화재청, 2004, 127~128면.

김치우, 『고사촬요 책판목록과 그 수록 간본 연구』, 서울 : 아세아문화사, 2007, 113면.

민관동·유희준·박계화 공저, 『國內 所藏 稀貴本 中國文言小說의 紹介와 硏究』, 學古房, 2014, 13~14면.

심괄 지음, 최병규 옮김, 『몽계필담』(상), 범우사, 2002, 7~305면.

심괄 지음, 최병규 옮김, 『몽계필담』(하), 범우사, 2002, 7~290면.

〈연구 논문〉

謝雲飛, 「夢溪筆談之篇卷與版本」, 台北 : 『書目季刊』 6卷 1期, 華藝線上圖書館, 1971, 14~16면.

中田伸一, 「沈括の『夢溪筆談』について」, 日本 : 『小山工業高等專門學校硏究紀要』 제33호, 2001, 144면.

蔣湘伶, 『沈括著述考』, 碩士論文, 中國文化大學, 2011, 32~39면.

王詩家, 『沈括及其『夢溪筆談』硏究』, 碩士論文, 臺北市立敎育大學, 2013, 92~98면.

김민호, 「타자의 시선으로 바라 본 중국 강남(江南) 이미지 - 연행록(燕行錄)과 표해록(漂海錄)의 기록을 중심으로 -」, 『중국어문논총』 43권, 중국어문연구회, 2009, 380~381면.

민관동, 「유향(劉向) 문학작품(文學作品)의 국내 유입과 수용」, 『중국학보』 76권, 한국중국학회, 2016, 138~139면.

第三部

옥산서원 소장 문헌의
서지와 해제

1. 문집류

1) 중국 문헌

(1) 곤지기(困知記)

書名	出版事項	版式狀況	一般事項	所藏番號
困知記	羅欽順 撰	朝鮮木版本, 2卷 2冊, 34.5×22.7cm, 四周雙邊, 半匡 : 26×17.9cm, 有界, 11行 20字, 上下內向 魚尾不定	序 : …嘉靖癸巳秋八月 壬申… 黃芳撰	01-0808 ~0809

● 槪要

중국 명나라 시기의 학자 羅欽順이 초학자를 위하여 格物과 致知를 중심으로 유학의 정도를 기록한 것이다. '困知'란 노력으로 알게 되었다는 뜻인데, 만년에 벼슬을 사양하고 귀향하여 학문에 몰두한 과정에서 스스로 치열하게 공부하여 깨우친 바를 기록한 것이다.

● 編纂과 刊行

『困知記』는 가정 7년(1528)에 편찬되었고, 『困知記續』은 가정 12년(1533), 『困知記三續』과 『困知記四續』은 가정 25년(1546)에 완성되었다. 이후 여러 차례 간행되었는데, 국내에는 만력 20년(1592) 간본과 동치 8년(1869) 중간의 『羅整庵先生困知記』, 강희 47년(1708) 張伯行의 榕城 正誼堂 간본, 원광대학교의 복주 正誼書局의 동치 5년(1866) 간본 등 여러 판본이 전래되었다. 조선간본은 늦어도 명종 8년(1553)에 전래되어 명종 15년(1560)에 처음 간행된 것으로 전한다. 다만 주자학에 경도된 학자들의 배척을 받아서 이후에는 그다지 간행되지 못한 것으로 보인다.

● 著者 및 編者

羅欽順(1465~1547)은 泰和(江西省) 출신이며, 자는 允昇, 호는 整菴, 시호는 文莊이다. 홍치 6년(1493) 진사가 된 이후 翰林院編修, 남경의 國子司業, 吏部尙書, 禮部尙書 등을 역임했다. 사후에 太子太保에 증직되고, 文莊이란 시호가 내려졌다. 저서에 『困知記』(5권), 『續困知記』(20권), 『整菴存稿』가 있다. 『正誼堂全書』에는 『羅整菴集』(2권)이 수록되어 있다.

● 版本構成

2卷 2冊으로, 卷上 81장, 續卷上 80장, 卷下 75장, 續卷下 33장과 부록으로 구성되어 있다.

• 所藏處

서울대학교 규장각, 전북대학교 도서관, 원광대학교 도서관 등에 소장되어 있다. 그리고 우리나라 필사본으로 일본 宮內省에 보존되었다가 복사한 것이 반환문화재로 국립중앙도서관에 소장되어 있다.

(2) 당대가류류주문초(唐大家柳柳州文抄)

書名	出版事項	版式狀況	一般事項	所藏番號
唐大家柳柳州文抄	矛坤 撰	朝鮮木版本, 12卷 3冊, 26.3×16.3cm, 四周單邊, 半匡 : 19×13.5cm, 有界, 10行 24字, 上下向黑魚尾, 線裝, 楮紙	題簽 : 柳柳州, 表題 : 八大家文抄	01-0365 ~0367

• 槪要

중국 당나라의 문인 柳宗元(773~819)의 산문을 명나라 문인 茅坤이 批評하여 편집한 책이다.

• 編纂과 刊行

이 책의 원저인 『唐宋八大家文抄』는 明 萬曆 연간에 杭州에서 初刊되었고, 이어 그의 조카인 茅著가 崇禎 연간(1631년 跋)에 訂正한 重刊本이 전한다. 이 책에서 별도로 만든 『唐大家柳柳州文抄』의 조선 간본은 1690年에 顯宗實錄字로 간행한 것이 초간으로 추정된다.

• 著者 및 編者

원저자인 유종원은 唐代의 文人으로 자는 子厚이며 河東 解州(지금의 山西省 運城) 사람이므로 '柳河東'이라고도 한다. 일찍이 유우석 등과 함께 王叔文의 혁신운동에 참가했으나 실패하여 永州司馬로 좌천되었고 후에 柳州刺史를 지내 柳柳州라고도 칭해진다. 韓愈와 함께 古文運動을 제창하였고 唐宋八大家에 꼽히며 흔히 '韓柳'로 병칭되기도 한다.

• 版本構成

卷1 書, 卷2 書, 卷3 書, 卷4 書·啓, 卷5 序, 卷6 記, 卷7 記, 卷8 論·議·辨, 卷9 說·贊·雜著, 卷10 雜著, 卷11 碑, 卷12 墓版·碣·誄·表·狀·祭文 등으로 구성되어 있다.

● 所藏處

국립중앙도서관, 영남대학교 도서관, 계명대학교 도서관 등에 소장되어 있다.

(3) 당대가한문공문초(唐大家韓文公文抄)

書名	出版事項	版式狀況	一般事項	所藏番號
唐大家韓文公文抄	茅坤 撰	朝鮮木版本, 16卷 5冊, 26.2×16.3cm, 四周單邊, 半匡 : 18.9×13.3cm, 有界, 10行 24字, 上下向黑魚尾, 線裝, 楮紙	表題 : 八大家文抄, 序 : 萬曆 己卯 仲春歸安鹿門茅坤撰, 跋 : 歲在辛未仲秋之望茅著…	01-0384 ~0388

● 槪要

중국 당나라의 문인 韓愈(768~842)의 산문을 명나라 문인 茅坤이 批評하여 편집한 책이다.

● 編纂과 刊行

이 책의 원저인 『唐宋八大家文抄』는 明 萬曆 연간에 杭州에서 初刊되었고, 이어 그의 조카인 茅著가 崇禎 연간(1631년 跋)에 訂正한 重刊本이 전한다. 이 책에서 별도로 만든 『唐大家韓文公文抄』의 조선 간본은 壬辰倭亂 以前에 활자본에 간행한 것이 초간으로 추정된다.

● 著者 및 編者

저자 한유는 唐代의 문장가로, 字는 退之이고, 河陽人(지금의 河南省 孟縣)이다. 스스로 郡望을 昌黎라고 불렀기 때문에 세칭 韓昌黎라고 한다. 3세 때에 부모를 여의고 형수의 손에 의해 길러졌으나, 학문을 좋아하여 六經百家의 學에 두루 정통하였다. 貞元 8년(792)에 進士가 되었고, 汴州 觀察推官, 四門博士, 監察御史 등의 관직을 맡았다. 關中에 큰 가뭄이 났을 때 요역과 세금을 감면할 것을 상소했다가 권신귀족들의 미움을 받아 陽山令으로 좌천되었다. 憲宗 때에 國子博士가 되었다가 比部郎中, 史官修撰으로 승진하였다. 나중에 재상 裵度를 좇아 淮西 吳元濟를 평정하고 다시 刑部侍郎으로 승진하였다. 석가의 유골을 궁전으로 맞아들이는 것을 반대하는 상서를 올렸다가 憲宗의 분노를 사서 거의 죽음을 당할 뻔했다가 潮州刺史로 폄적되었다가, 다시 袁州刺史가 되었다. 穆宗 때에 兵部侍郎이 되었다가 京兆尹으로 옮겨 御史大夫를 겸하였다. 관직은 吏部侍郎에 이르렀다. 57세에 죽었는데, 文이라는 시호를 받아 후세에 韓文公이라고 부르기도 한다. 그는 藩鎭의 할거를 반대하고 唐王朝의 통일을 옹호하였고, 佛老의 學을 배척하고 孔孟의 道統을 고취하고 性三品說을 주장하였으며, 王叔文의 개혁에 반대하였다. 문학에서는 柳宗元과 함께 古文運動의 창도자로, 唐宋 8大家의 한 사람이다. 그의 산문으로 지금 전해지는 것은 雜著, 書信, 序文, 碑誌 등을 포함하여 3백여 편이 되는데, 내용이 풍부하고 형식이 다양하며, 議論, 敍事, 抒情 모두에 자신만의 특색을 지니고 있다. 저서에는 『昌黎先生集』이 있다.

편자 茅坤은 자는 順甫, 호는 鹿門, 浙江省 歸安 출생이다. 1538년 진사에 급제하고, 靑陽·丹徒縣의 지사에서 시작하여 吏部稽勳司, 廣平通判, 廣西近備僉事 등을 역임하였다. 猺族의 반란을 진압하였고, 胡宗憲의 휘하에서 왜구 평정을 도왔다. 擬古派 풍조가 성할 때 『唐宋八大家文鈔』(144권)를 편집한 것으로 유명하다. 저서에 『玉芝山房稿』·『海寇後編』·『徐海本末』 등이 있다.

● 版本構成

表, 狀 9수(1권), 書 30수(2~4권), 書, 啓, 狀 16수(5권), 序 33수(6~7권), 記, 傳 12수(8권), 原, 論, 議 10수(9권), 辯, 解, 說, 頌, 雜著 22수(10권), 碑 8수(11권), 墓誌銘 34수(12~15권), 哀辭, 祭文, 行狀 8수(16권) 등으로 구성되어 있다.

● 所藏處

국립중앙도서관, 서울대학교 규장각 등에 소장되어 있다.

(4) 당류선생집(唐柳先生集) / 당류선생외집(唐柳先生外集)

書名	出版事項	版式狀況	一般事項	所藏番號
唐柳先生集	柳宗元(唐) 著	朝鮮木版本, 零本 5冊, 32.4×20.1cm, 四周單邊, 半匡 : 23.2×16.9cm, 有界, 10行 18字, 上下內向四瓣花紋黑魚尾, 線裝, 楮紙	表題 : 柳文, 所藏 : 卷3~7, 8~11, 15~19, 35~38, 39~41	01-1044 ~1048
唐柳先生集	柳宗元(唐) 著	朝鮮木版本, 43卷 15冊, 34×21.3cm, 四周雙邊, 半匡 : 25.5×17.3cm, 有界, 10行 18字, 註雙行, 上下白口 上下內向六瓣花紋黑魚尾, 線裝, 楮紙	所藏 : 卷1~43	01-2478 ~2492
唐柳先生集	柳宗元(唐) 著	初鑄甲寅字本, 零本 6冊, 35.2×21.3cm, 四周雙邊, 半匡 : 26.3×16.8cm, 有界, 10行 18字, 上下內向細六瓣花紋黑魚尾, 線裝, 楮紙,	所藏 : 卷1~2, 8~11, 42~43, 外集, 外集上, 別集(全13冊 中)	01-1050 ~1055
唐柳先生外集	柳宗元(唐) 著	朝鮮木版本(初鑄甲寅字飜刻), 零本 1冊, 32.4×20.5cm, 四周單邊, 半匡 : 24.9×16.9cm, 有界, 10行 18字, 上下下向黑魚尾, 線裝, 楮紙	所藏 : 卷3~7	01-1049

• 槪要

중국 唐나라 문인 劉禹錫(772~842)이 편집한 柳宗元(773~819)의 詩文에 대해 宋代 여러 문인들이 주해작업을 덧붙인 주석본이다.

• 編纂과 刊行

원저자인 유종원은 819년(元和 14) 유주에서 사망했는데, 劉禹錫은「京本唐柳先生文集序」에서 병세가 악화되어 謫所에서 죽게 되어 草稿를 보낸다는 유종원의 편지를 받고 編次하여 총 45권의 문집을 만들어 간행했다는 경위를 서술하였다. 국내 간본으로는 世宗年間인 1439년과 1440년에『唐柳先生外集』과『唐柳先生集』이 출간되었다가 대략 肅宗年間(1684)부터『柳柳州文集』계열이 널리 출간된 것이 전한다. 後印도 상당수 있으며 또 영천 해주 등 지방 監營에서도 활발히 출간되었다. 또 1690年에 顯宗實錄字로 나온『唐大家柳柳州文抄』도 있다.

• 著者 및 編者

유종원은 唐代의 文人으로 자는 子厚이며 河東 解州(지금의 山西省 運城) 사람이므로 '柳河東'이라고도 한다. 일찍이 유우석 등과 함께 王叔文의 혁신운동에 참가했으나 실패하여 永州司馬로 좌천되었고 후에 柳州刺史를 지내 柳柳州라고도 칭해진다. 韓愈와 함께 古文運動을 제창하였고 唐宋八大家에 꼽히며 흔히 '韓柳'로 병칭되기도 한다.

• 版本構成

본문의 체제는 총 43권의 詩文과 別集 上·下, 外集 上·下, 新編外集, 別錄, 附錄으로 이루어져 있다. 권1에 雅詩歌曲 5편, 권2에 賦 9편, 권3에 論 8편, 권4에 議辯 10편, 권5~7에 碑銘 20편, 권8에 行狀 3편, 권9에 表銘碣誄10편, 권10~11에 誌碣誄20(편, 권12~13에 墓表誌19편, 권14에 對5편, 권15에 問答 3편, 권16에 說 11편, 권17에 傳7편, 권18에 騷10편, 권19에 弔贊箴戒 15편, 권20에 銘雜題 12편, 권21~25에 題序57편 권26~29에 記36편 권30~34에 書35편, 권35~36에 啓21편, 권37~38에 表49편, 권39에 奏狀22편, 권40~41에 祭文30편, 권42에 古今詩 70편, 권43에 古今詩 68편을 수록하였다.

• 所藏處

국립중앙도서관, 계명대학교 동산도서관 등에 소장되어 있다.

(5) 분류두공부시[언해](分類杜工部詩[諺解])

書名	出版事項	版式狀況	一般事項	所藏番號
分類杜工部詩[諺解]	杜甫(唐) 著, 17世紀重刊	朝鮮木版本, 25卷 17冊, 32.1×19.6cm, 四周雙邊, 半匡：20.8×14.4cm, 有界, 8行 17字, 上下內向四瓣花紋黑魚尾, 線裝, 楮紙	表題：杜詩, 序文：崇禎壬申三月上旬…世子左副賓客張維序, 卷1은 筆寫本임	01-0589 ~0605
分類杜工部詩[諺解]	杜甫(唐) 著	朝鮮木版本, 零本 22冊, 27.8×19.2cm, 四周雙邊, 半匡：20.4×14.2cm, 有界, 8行 17字, 上下內向四瓣花紋黑魚尾, 線裝, 楮紙	印：驪江后人, 李守天藏, 藏書記：冊主溪亭宅(墨書), 所藏：卷2~4, 6~16, 18~25(25卷25冊 中)	01-0932 ~0953

• 概要

　조선 초기의 문인 曺偉(1454~1503)가 당나라의 유명한 시인 杜甫(712~770)의 시를 분류해서 편차하고, 유윤겸(柳允謙) 등의 문신들과 승려 의침(義砧)이 한글로 번역한 책이다.

• 編纂과 刊行

　이 책의 초간본은 1481년(성종 12)에 간행되었는데, 옥산서원 소장본인 중간본은 목판본으로서 초간본 발간 이후 150여년 뒤인 1632년(인조 10)에 간행되었다.

• 著者 및 編者

　원저자인 두보는 자가 子美, 호가 少陵이다. 尙書工部員外郞을 역임하여 杜工部라고도 불린다. 李白과 함께 중국 최고의 시인으로 일컬어지며, 근체시인 오언율시와 칠언율시 형식의 완성자이다.

　편자인 조위는 조선 초기의 문신으로 자는 太虛, 호는 梅溪, 시호는 문장(文莊)이다. 成宗 때 도승지, 호조참판, 충청도관찰사, 동지중추부사를 역임하였다. 무오사화가 일어나 김종직(金宗直)의 詩稿를 수찬한 이유로 유배되어 사망하였다.

• 版本構成

　25卷 17冊으로, 두보의 시 全篇인 1,647편과 다른 사람의 시 16편을 기행·술회·회고·雨雪·산악·江河·문장·서화·음악·송별·慶賀 등 총 52부로 분류하였다.

• 所藏處

　서울대학교 규장각, 서강대학교 도서관 등에 소장되어 있다.

(6) 분류보주이태백시(分類補註李太白詩)

書名	出版事項	版式狀況	一般事項	所藏番號
分類補註李太白詩	李白(唐) 著	朝鮮木版本, 零本 1冊, 34×20.3cm, 四周雙邊, 半匡 : 23.1×16cm, 有界, 9行 17字, 註雙行, 上下白口 上下內向六瓣花紋黑魚尾, 線裝, 楮紙	版心題 : 李白詩, 表題 : 分類補註李太白詩, 所藏 : 卷2	01-2759

• 槪要

중국 당나라의 시인 李白(701~762)의 시를 문체별로 분류해서 주석한 책으로 전후집 30권 가운데 일부이다. 송나라 문인 楊齊賢이 집주하고 원나라 문인 蕭士贇이 보주한 시선집이다.

• 編纂과 刊行

이 책은 중종 후기에서 명종 초에 인출된 갑인자 인본인데, 우리나라에서는 이백 문집의 주석서로 이 판본이 가장 널리 읽혔다.

• 著者 및 編者

저자 이백(701~762)은 四川 사람이며, 자는 太白, 호는 酒仙翁·海上釣客·靑蓮居士이다. 杜甫와 함께 중국 최고의 시인으로 칭송받고 있다. 젊어서 四川, 吳, 越 등지로 여행하며 많은 문인들과 교류했다. 또한 道敎에 심취하였던 것으로 유명하다. '안사의 난'이 일어난 이듬해 천보 15년(756) 숙종의 동생 永王 李璘의 반군에 가담했으나 반란이 진압되어 巫山으로 피신했다가, 사면을 받아 金陵과 宣城 일대를 방랑하였다. 이후 빈곤과 질병으로 고생하는데, 친척 李陽冰의 도움을 받고 살다가 병으로 죽은 것으로 전한다.

• 版本構成

전집 25권에 古賦, 樂府, 歌詩가 수록되었고, 후집 5권에는 雜著가 수록되었다. 주제는 古賦, 古風, 樂府, 歌吟, 贈, 寄, 留別, 送, 訓答, 遊宴, 登覽, 行役, 懷古, 紀閑適, 懷思, 感遇, 思懷, 詠物, 題詠, 雜詠, 閨情, 哀傷 등의 총 22주제로 분류되어 수록되었다.

• 所藏處

한국학중앙연구원 도서관, 계명대학교 동산도서관, 동아대학교 등에 소장되어 있다.

(7) 서애의고악부(西涯擬古樂府)

書名	出版事項	版式狀況	一般事項	所藏番號
西涯擬古樂府	李東陽 著	朝鮮再鑄甲寅字本, 3卷 3冊, 34.5×21.6cm, 四周單邊, 半匡 : 24.7×17cm, 10行 16字, 註雙行, 上下內向黑魚尾	表題 : 西涯樂府	
西涯擬古樂府	李東陽 著, 17世紀初刊	朝鮮木版本(初鑄甲寅字飜刻), 3卷 3冊, 33.6×22.6cm, 四周單邊, 半匡 : 24×17cm, 有界, 10行 17字, 註雙行, 上下白口 上下內向黑魚尾(混入有紋魚尾), 線裝, 楮紙	表題 : 西涯樂府, 序 : 子嘗觀漢槐間樂府歌…弘治甲子正月三日西涯李東陽書, 印記 : 玉山書院(朱印), 所藏 : 卷1~3	01-3307~3309

• 槪要

중국 明나라의 문인 李東陽(1447~1516)의 樂府詩集이다.

• 編纂과 刊行

李東陽의 擬古樂府는 중국 明代에 이미 淮陰章氏 淮洲草堂刊本『擬古樂府』, 沁陽葛登名刊本『擬古樂府』, 魏椿刻本『西涯擬古樂府』 등으로 간행된 바 있고, 淸代에는 1699년(康熙 38) 嶺南刻本『西涯先生擬古樂府』, 1767년(乾隆 32) 長沙刻本『擬古樂府注』 등으로 간행된 바 있다. 우리나라에 있는『西涯擬古樂府』는 활자, 紙質, 책의 형태로 볼 때 조선에서 간행된 것인데, 정확한 간행 연대를 알 수 없으나 조선 중기 이후에 간행된 것으로 보인다.

• 著者 및 編者

李東陽은 자가 賓之, 호는 西涯이다. 후난성[湖南省] 차링[茶陵] 출생으로 약 40년 동안 조정의 요직을 역임하였다. 盛唐의 시풍을 추구하는 唐詩 부흥운동의 선구적 존재가 알려져 있다.

• 版本構成

제1책에 申生怨 이하 38수의 擬古樂府詩가 들어 있고, 제2책에 南風歌 이하 30수, 제3책에 司農笏 이하 32수의 작품이 있다. 내용은 모두가 역사상의 故事를 노래한 것이며, 작품마다 앞뒤로 自序와 自註가 붙어 있다.

• 所藏處

고려대학교 도서관, 원광대학교 도서관 등에 소장되어 있다.

(8) 설문청공독서록(薛文淸公讀書錄)

書名	出版事項	版式狀況	一般事項	所藏番號
薛文淸公讀書錄	薛瑄(明) 撰	朝鮮木版本, 2卷 1冊, 31.7×19.6cm(改裝本), 四周雙邊, 半匡：21.8×15cm, 有界, 10行 20字, 上下大黑口 上下內向黑魚尾, 線裝, 楮紙	版心題：讀書錄	01-2043
薛文淸公讀書錄	薛瑄(明) 撰, 吳廷擧 篇	朝鮮木版本, 1冊, 29.7×18.4cm, 四周單邊, 半匡：21×14.6cm, 有界, 9行 17字, 上下內向六瓣花紋魚尾, 線裝, 楮紙	版心題：薛子錄,　表題：讀書錄, 序：觀薛鄉若有意於…正德十有六年夏四月丁未纘宗識, 跋：可泉胡子刻讀書錄…嘉靖甲申八月望日後學肅世賢謹識	01-2044

• 槪要

薛瑄의 『薛文淸公讀書錄』 중에서 吳廷擧가 要語만을 발췌하여 정리한 책으로 『薛文淸公讀書錄要語』라고도 한다.

• 編纂과 刊行

원저인 『讀書錄』은 本錄 10권 3책과 續錄 6권 2책, 총 16권 5책본으로 엮어서 간행한 것인데. 吳廷擧가 『薛文淸公讀書錄要語』라는 명칭으로 정리하여 1501년(弘治 14)에 간행한 것이다. 국내 판본은 鄭逑(1543~1620)의 永嘉本 이후 續選이 포함된 판본이 일반적이다. 이 판본은 정구가 壬亂으로 소실된 川谷書院本을 복각하면서 자신이 새로 續選을 增入한 것이다. '萬曆丁未中夏下澣, 安東大都護府開刊'이란 간기가 있어 1607년(선조 40) 경북 안동에서 간행한 것임을 알 수 있다. 서원 소장본은 이 책으로 보인다. 이후 여러 차례 간행한 판본이 전한다.

• 著者 및 編者

저자인 薛瑄(1392~1464)은 명나라의 유학자로 자는 德溫이고 호는 敬軒이며 山西의 河津 출생이다. 魏希文과 范汝舟의 문하에서 공부하였으며 程朱學을 바탕으로 공부하였다. 1420년에 河南 鄕試에 일등을 하여 진사가 되었다. 正統 연간(1435~1449)초에 山東提學僉事가 되어 백록동학규를 걸어놓고 여러 사람들에게 강론하였는데 학자들이 보두 薛夫子라 불렀다고 전한다. 英宗이 예부우시랑겸한림원학사에 제수하여 기무에 참여하도록 하였다. 명대 초기 河東學派를 개창하였는데 이는 양명의 姚江學派와 더불어 명대의 양대 顯學이 되었다 諡號는 文淸이며 隆慶 5년(1571)에 문묘에 배향되었다. 저서에 『讀書錄』·『讀書續錄』·『薛

文淸集』 등이 남아 있다.

편자 吳廷擧는 梧州 사람으로 자는 獻臣, 시호는 淸惠이다 成化 연간(1465~1487)에 진사를 지냈고 벼슬은 順德縣知縣使와 右都御使를 지냈다.

● 版本構成

기본 체제는 상중하 3권으로 구성되어 있는데, 1冊으로 『역』·『서』·『시』·『춘추』·『예기』의 오경과 『태극도설』, 『통서』, 『서명』을 비롯한 성리제서에 대한 설선의 이해 및 노장, 불교 등의 이단과 이기, 음양, 존양, 성찰, 치란, 왕패, 군자, 소인 등의 성리학적 개념 등을 수록하고 있다.

● 所藏處

국립중앙도서관, 서울대학교 규장각, 성균관대학교 존경각, 성암고서박물관자료실 등에 소장되어 있다.

(9) 송대가구양문충공문초(宋大家歐陽文忠公文抄)

書名	出版事項	版式狀況	一般事項	所藏番號
宋大家歐陽文忠公文抄		朝鮮木版本, 32卷 8冊, 26×16.3cm, 四周單邊, 半匡 : 19.5×14cm, 有界, 10行 24字, 上下向黑魚尾, 線裝, 楮紙	題簽 : 歐陽文忠公, 表題 : 八大家文抄	01-0354 ~0361

● 槪要

중국 명나라 문인 茅坤이 批評하여 편집한 『唐宋八大家文抄』에서 송나라의 문인 歐陽脩의 산문을 별도로 만든 책이다.

● 編纂과 刊行

이 책의 원저인 『唐宋八大家文抄』는 明 萬曆 연간에 杭州에서 初刊되었고, 이어 그의 조카인 茅著가 崇禎 연간(1631년 跋)에 訂正한 重刊本이 전한다, 이 책에서 별도로 만든 『宋大家歐陽文忠公文抄』의 조선 간본은 1530年(中宗)에 간행한 것이 초간으로 확인된다.

● 著者 및 編者

저자 歐陽脩의 자는 永叔, 호는 醉翁, 六逸居士이고, 江西省 吉安 출생이다. 1027년 진사

시험에 합격, 參知政事에까지 승진했으나 왕안석의 혁신 정치에 반대하여 퇴관하였다. 古文을 부흥하는 데 노력하였고, 唐代의 화려한 시풍에 반대하여 신시풍을 열었으며, 시문 양방면에 송대 문학의 기초를 확립했다. 당송 8대가 중 한 사람이다. 저서에 『구양문충공집』·『신당서(新唐書)』·『五代史記』 등이 있다.

편자 茅坤은 자는 順甫, 호는 鹿門, 浙江省 歸安 출생이다. 1538년 진사에 급제하고, 靑陽·丹徒縣의 지사에서 시작하여 吏部稽勳司, 廣平通判, 廣西近備僉事 등을 역임히였다. 猺族의 반란을 진압하였고, 胡宗憲의 휘하에서 왜구 평정을 도왔다. 擬古派 풍조가 성할 때 『唐宋八大家文鈔』(144권)를 편집한 것으로 유명하다. 저서에 『玉芝山房稿』·『海寇後編』·『徐海本末』 등이 있다.

● 版本構成

『唐宋八大家文鈔』의 일부로 32卷 8冊이며, 각 책에 卷1~3, 卷4~8, 卷9~12, 卷13~17, 卷18~21, 卷22~24, 卷25~28, 卷29~32로 나누어 수록되어 있다.

● 所藏處

국립중앙도서관, 동국대학교 중앙도서관, 충남대학교 도서관, 안동대학교 도서관 등에 소장되어 있다.

(10) 송대가류취(宋大家類聚)[表題]

書名	出版事項	版式狀況	一般事項	所藏番號
宋大家類聚 (表題)		朝鮮筆寫本, 1冊, 31.7×20cm, 線裝, 楮紙	表題 : 宋大家類聚	01-2005

● 槪要

당송팔대가 중 송나라 시기 문인의 글을 발췌하여 필사한 책이다.

● 編纂과 刊行

편찬과 간행을 확인하기는 어려우나 『唐宋八大家文鈔』의 영향을 받아 작성된 것으로 보아 16세기 중반 이후 이후로 추정된다.

● 著者 및 編者

원저자는 중국 송나라의 문인 歐陽修, 蘇洵, 蘇軾, 蘇轍, 曾鞏, 王安石 등이나 編者 및 필사자는 모두 미상이다.

● 版本構成

필사본 1책으로 당송팔대가 중 송나라 시기 문인의 글을 발췌하여 필사한 것이다.

● 所藏處

옥산서원 이외 소장처는 확인되지 않는다.

(11) 송대가소문공초(宋大家蘇文公抄)

書名	出版事項	版式狀況	一般事項	所藏番號
宋大家蘇文公抄		朝鮮木版本, 10卷 2冊, 26.3×16.2cm, 四周單邊, 半匡 : 18.4×13.5cm, 有界, 10行 24字, 上下向黑魚尾, 線裝, 楮紙	題簽 : 蘇文公, 表題 : 八大家文抄	01-0368 ~0369

● 概要

중국 송나라의 문인 蘇洵의 산문을 명나라 문인 茅坤이 批評하여 편집한 책이다.

● 編纂과 刊行

이 책의 원저인 『唐宋八大家文抄』는 明 萬曆 연간에 杭州에서 初刊되었고, 이어 그의 조카인 茅著가 崇禎 연간(1631년 跋)에 訂正한 重刊本이 전한다. 이 책에서 별도로 만든 『宋大家蘇文定公文抄』의 조선 간본은 정확한 시기는 확인하기 어렵다.

● 著者 및 編者

저자 소순의 자는 明允, 호는 老泉으로 眉山 사람이다. 唐宋八大家의 한 사람으로 문장이 힘차고 웅장하여 모방하는 이들이 많았다. 아들인 蘇軾, 蘇轍과 함께 三蘇라 일컬어진다. 저서로 문집 『嘉祐集』(20권)·『諡法』(4권) 등이 있다.

편자 茅坤은 자는 順甫, 호는 鹿門, 浙江省 歸安 출생이다. 1538년 진사에 급제하고, 靑陽·丹徒현의 지사에서 시작하여 吏部稽勳司, 廣平通判, 廣西近備僉事 등을 역임하였다. 猺族

의 반란을 진압하였고, 胡宗憲의 휘하에서 왜구 평정을 도왔다. 擬古派 풍조가 성할 때 『唐宋八大家文鈔』(144권)를 편집한 것으로 유명하다. 저서에 『玉芝山房稿』·『海寇後編』·『徐海本末』 등이 있다.

• 版本構成

『唐宋八大家文鈔』의 일부로 10卷 2冊이며, 卷1 上書·狀, 卷2 書, 卷3 書, 卷4 論, 卷5 論, 卷6 論, 卷7 權書, 卷8 衡論, 卷9 衡論, 卷10 記·說·引·敍 등으로 나누어 수록되어 있다.

• 所藏處

국립중앙도서관, 동국대학교 중앙도서관, 충남대학교 도서관, 안동대학교 도서관 등에 소장되어 있다.

(12) 송대가소문정공문초(宋大家蘇文定公文抄)

書名	出版事項	版式狀況	一般事項	所藏番號
宋大家蘇文定公文抄		朝鮮木版本, 零本 4冊, 26.2×16.3cm, 四周單邊, 半匡 : 18.9×13.3cm, 有界, 10行 24字, 上下向黑魚尾, 線裝, 楮紙	表題 : 八大家文抄, 所藏 : 卷5~8	01-0389 ~0390, 0390~1~2

• 槪要

중국 송나라의 문인 蘇轍의 산문을 명나라 문인 茅坤이 批評하여 편집한 책이다.

• 編纂과 刊行

이 책의 원저인 『唐宋八大家文抄』는 明 萬曆 연간에 杭州에서 初刊되었고, 이어 그의 조인 茅著가 崇禎 연간(1631년 跋)에 訂正한 重刊本이 전한다, 이 책에서 별도로 만든 『宋大家蘇文定公文抄』의 조선 간본은 肅宗 年間에 간행한 것이 초간으로 확인된다.

• 著者 및 編者

저자 蘇轍의 자는 子由, 호는 欒城이고, 四川 眉山縣 출생이다. 蘇洵의 아들로 19세 때 형 蘇軾과 함께 진사 시험에 급제하여, 정계로 들어갔으나, 王安石의 新法에 반대하여 지방관리로 좌천되었다. 右司諫, 尙書右丞을 거쳐 門下侍郞이 되었다. 신법당에 의하여 廣東省

雷州로 귀양갔고, 사면된 후 河南省의 穎昌으로 은퇴하였다. 당송팔대가의 한 사람이며, 시문 외에도 많은 고전의 주석서와 『欒城集』(84권), 『欒城應詔集』 등의 저서가 있다.

편자 茅坤은 자는 順甫, 호는 鹿門, 浙江省 歸安 출생이다. 1538년 진사에 급제하고, 靑陽·丹徒縣의 지사에서 시작하여 吏部稽勳司, 廣平通判, 廣西近備僉事 등을 역임하였다. 猺族의 반란을 진압하였고, 胡宗憲의 휘하에서 왜구 평정을 도왔다. 擬古派 풍조가 성할 때 『唐宋八大家文鈔』(144권)를 편집한 것으로 유명하다. 저서에 『玉芝山房稿』·『海寇後編』·『徐海本末』 등이 있다.

● 版本構成

『唐宋八大家文鈔』의 일부로 옥산서원 소장본은 卷5~8만이 남아 零本 4冊이나, 전체는 卷1 上書, 卷2 上書·箚子, 卷3 箚子, 卷4 狀, 卷5 書·啓, 卷6 論, 卷7 論, 卷8 歷代論, 卷9 歷代論, 卷10 歷代論, 卷11 古史論, 卷12 論, 卷13 策, 卷14 策, 卷15 策, 卷16 策, 卷17 策, 卷18 序·引·傳, 卷19 記 등으로 구성되어 있다.

● 所藏處

국립중앙도서관, 동국대학교 중앙도서관, 충남대학교 도서관, 안동대학교 도서관 등에 소장되어 있다.

(13) 송대가소문충공문초(宋大家蘇文忠公文抄)

書名	出版事項	版式狀況	一般事項	所藏番號
宋大家蘇文忠公文抄		朝鮮木版本, 28卷 9冊, 26.2×16.3cm, 四周單邊, 半匡 : 18.9×13.3cm, 有界, 10行 24字, 上下向黑魚尾, 線裝, 楮紙	表題 : 八大家文抄	01-0370 ~0378

● 槪要

중국 송나라의 문인 蘇軾의 산문을 명나라 문인 茅坤이 批評하여 편집한 책이다.

● 編纂과 刊行

이 책의 원저인 『唐宋八大家文抄』는 明 萬曆 연간에 杭州에서 初刊되었고, 이어 그의 조카인 茅著가 崇禎 연간(1631년 跋)에 訂正한 重刊本이 전한다. 이 책에서 별도로 만든 『宋大家

蘇文忠公文抄』의 조선 간본은 肅宗~英祖 年間에 간행한 것이 초간으로 확인된다.

● 著者 및 編者

저자 蘇軾의 자는 子瞻, 호는 東坡居士·坡仙 등이며, 四川省 眉山 출생이다. 동생 蘇轍과 비교하여 大蘇라고도 불리었다. 부친 蘇洵은 송나라에서 이름난 문장가였다. 부친, 동생과 더불어 唐宋八大家에 속한다. 1057년 진사 시험에 합격하고 1061년 制科에 합격했다. 그러나 신법파의 모함으로 그는 일생의 대부분을 유배 생활과 각지의 지방관 생활로 보내다가 1101년 병으로 사망하였다. 산문 외에 「赤壁賦」로 잘 알려져 있다.

편자 茅坤은 자는 順甫, 호는 鹿門, 浙江省 歸安 출생이다. 1538년 진사에 급제하고, 靑陽·丹徒縣의 지사에서 시작하여 吏部稽勳司, 廣平通判, 廣西近備僉事 등을 역임하였다. 猺族의 반란을 진압하였고, 胡宗憲의 휘하에서 왜구 평정을 도왔다. 擬古派 풍조가 성할 때『唐宋八大家文鈔』(144권)를 편집한 것으로 유명하다. 저서에『玉芝山房稿』·『海寇後編』·『徐海本末』 등이 있다.

● 版本構成

『唐宋八大家文鈔』의 일부로 28卷 9冊이며, 卷1 制策, 卷2 上書, 卷3 上書, 卷4 箚子, 卷5 箚子, 卷6 狀, 卷7 狀, 卷8 表·啓, 卷9 書, 卷10 書, 卷11 論, 卷12 論, 卷13 論, 卷14 論, 卷15 論, 卷16 論, 卷17 試論, 卷18 論解, 卷19 策, 卷20 策, 卷21 策, 卷22 策, 卷23 序·傳, 卷24 記, 卷25 記, 卷26 碑, 卷27 銘·贊·頌 卷28 說·賦·祭文·雜著 등으로 나누어 수록되어 있다.

● 所藏處

국립중앙도서관, 동국대학교 중앙도서관, 충남대학교 도서관, 안동대학교 도서관 등에 소장되어 있다.

(14) 송대가왕문공문초(宋大家王文公文抄)

書名	出版事項	版式狀況	一般事項	所藏番號
宋大家王文公文抄		朝鮮木版本, 16卷 3冊, 26.2×16.4cm, 四周單邊, 半匡: 18.5×13.4cm, 有界, 10行 24字, 上下向黑魚尾, 線裝 楮紙	題簽:王文公, 表題:八大家文抄	01-0382 ~0383

宋大家王文公文抄	茅坤 批評	顯宗實錄字本, 16卷 6冊, 32.2×20cm, 四周雙邊, 半匡 : 23.5×15.5cm, 有界, 10行 18字, 註雙行, 上下白口 上下內向四瓣花紋黑魚尾, 線裝, 楮紙	版心題 : 王文, 表題 : 王文	01-2410 ~2415

• 槪要

중국 송나라의 문인 王安石의 산문을 명나라 문인 茅坤이 批評하여 편집한 책이다.

• 編纂과 刊行

이 책의 원저인 『唐宋八大家文抄』는 明 萬曆 연간에 杭州에서 初刊되었고, 이어 그의 조카인 茅著가 崇禎 연간(1631년 跋)에 訂正한 重刊本이 전한다. 이 책에서 별도로 만든 『宋大家王文公文抄』의 조선 간본은 成宗 年間에 간행한 甲寅字本이 초간으로 확인된다.

• 著者 및 編者

저자 왕안석은 중국 송대의 정치가이자 학자로, 자는 介甫, 호는 半山, 江西省 臨川 출생이다. 神宗의 時參知政事가 되어 당시 재정적 위기를 헤쳐보려고 新法을 만들어 부국강병책을 썼다. 그 후 相이 되어 荊國公으로 봉하여졌다. 집정한 지 9년 만에 보수파의 반대로 하야했다. 시문에도 능하여 당송팔대가의 한 사람으로 알려졌다. 저서에 『王臨川文集』・『臨川集拾遺』 등이 전해진다.

편자 茅坤은 자는 順甫, 호는 鹿門, 浙江省 歸安 출생이다. 1538년 진사에 급제하고, 靑陽・丹徒縣의 지사에서 시작하여 吏部稽勳司, 廣平通判, 廣西近備僉事 등을 역임하였다. 猺族의 반란을 진압하였고, 胡宗憲의 휘하에서 왜구 평정을 도왔다. 擬古派 풍조가 성할 때 『唐宋八大家文鈔』(144권)를 편집한 것으로 유명하다. 저서에 『玉芝山房稿』・『海寇後編』・『徐海本末』 등이 있다.

• 版本構成

『唐宋八大家文鈔』의 일부로 16卷 3冊이며, 卷1 上書, 卷2 箚子・疏・狀, 卷3 表・啓, 卷4 書, 卷5 書, 卷6 序, 卷7 記, 卷8 記, 卷9 論, 卷10 論・原・說・解・雜類, 卷11 碑・狀, 卷12 墓誌銘, 卷13 墓誌銘, 卷14 墓誌銘, 卷15 墓誌銘, 卷16 墓表・祭文 등으로 나누어 수록되어 있다.

• 所藏處

국립중앙도서관, 동국대학교 중앙도서관, 충남대학교 도서관, 안동대학교 도서관 등에 소장되어 있다.

(15) 송대가증문정공문초(宋大家曾文定公文抄)

書名	出版事項	版式狀況	一般事項	所藏番號
宋大家曾文定公文抄		朝鮮木版本, 10卷 2冊, 26.2×16.3cm, 四周單邊, 半匡 : 18.5×13.4cm, 有界, 10行 24字, 上下向黑魚尾, 線裝, 楮紙	題簽 : 曾文定抄, 表題 : 八大家文抄	01-0379 ~0380
宋大家曾文定公文抄	18世紀末	顯宗實錄字本, 10卷 4冊, 32.5×20cm, 四周雙邊, 半匡 : 23.3×15.6cm, 有界, 10行 18字, 上下內向四瓣花紋黑魚尾	表題 : 曾文	01-0504 ~0507

• 概要

중국 송나라의 문인 曾鞏의 산문을 명나라 문인 茅坤이 批評하여 편집한 책이다.

• 編纂과 刊行

이 책의 원저인 『唐宋八大家文鈔』는 明 萬曆 연간에 杭州에서 初刊되었고, 이어 그의 조카인 茅著가 崇禎 연간(1631년 跋)에 訂正한 重刊本이 전한다. 이 책에서 별도로 만든 『宋大家曾文定公文抄』의 조선 간본은 成宗 年間에 간행한 것이 초간으로 확인된다.

• 著者 및 編者

저자 曾鞏의 자는 子固이고, 江西省 南豊 출생으로 南豊先生이라 불린다. 唐宋八大家의 한 사람으로, 蘇東坡와 같은 해에 39세에 진사 시험에 합격하였다. 오랜 지방관 생활 끝에 60세가 지나서 중앙의 관직인 史館修撰·中書舍人 등에 올랐다. 저서에는 고금의 篆刻을 모은 『金石錄』(500권)과 시문집 『元豊遺藁』가 있다.

편자 茅坤은 자는 順甫, 호는 鹿門, 浙江省 歸安 출생이다. 1538년 진사에 급제하고, 靑陽·丹徒縣의 지사에서 시작하여 吏部稽勳司, 廣平通判, 廣西兵備僉事 등을 역임하였다. 猺族의 반란을 진압하였고, 胡宗憲의 휘하에서 왜구 평정을 도왔다. 擬古派 풍조가 성할 때 『唐宋八大家文鈔』(144권)를 편집한 것으로 유명하다. 저서에 『玉芝山房稿』·『海寇後編』·『徐海本末』 등이 있다.

● 版本構成

『唐宋八大家文鈔』의 일부로 10卷 2冊이며, 卷1 疏·箚·狀, 卷2 書, 卷3 書, 卷4 序, 卷5 序, 卷6 序, 卷7 記, 卷8 記, 卷9 記·傳, 卷10 論·議·雜著 등으로 나누어 수록되어 있다.

● 所藏處

국립중앙도서관, 동국대학교 중앙도서관, 충남대학교 도서관, 안동대학교 도서관 등에 소장되어 있다.

(16) 수계선생평점간재시집(須溪先生評點簡齋詩集)

書名	出版事項	版式狀況	一般事項	所藏番號
須溪先生評點簡齋詩集	陳與義(宋) 著, 15世紀末刊	朝鮮木版本, 零本 1冊, 27.2×15.7cm, 四周單邊, 半匡 : 16.8×11.7cm, 有界, 10行 19字, 上下內向黑魚尾, 線裝(改裝), 楮紙	題簽 : 點簡齋詩集, 所藏 : 卷10~13, 13卷末 落張	01-1002

● 槪要

중국 송나라의 시인 陳與義(1090~1139)의 시집을 劉辰翁(1232~1297)이 평점한 책이다.

● 編纂과 刊行

1책의 영본으로 간행 시기를 확인할 정보가 없다. 다만 갑진자 간본이므로 성종 연간 이후에서 중종 연간 사이일 것으로 추정된다.

● 著者 및 編者

저자 陳與義의 자는 去非, 호는 簡齋이며, 洛陽 사람이다. 송나라 휘종 정화 3년(1113)에 上舍甲科에 급제하여 開德府教授를 거쳐 兵部員外郎, 參知政事 등을 역임하였다. 저서에 『簡齋集)』이 있다.

평점을 한 劉辰翁은 송나라 말의 문학가로 자는 會孟, 호는 須溪이고, 江西省 吉安 사람이다. 어려서 태학생에 보해졌고, 당시의 권신 賈似道의 비위를 거슬렀으므로 이종 경정 3년(1262)에 廷試 對策에서 丙等을 받았다. 그는 濂溪書院의 山長을 자청하였고, 江萬里, 陳宜中 등이 史館에 머물도록 추천하였으므로 太學博士가 제수되었으나 사양하였다. 송이 망한 후 벼슬에 나가지 않고 일생을 마쳤다. 저서에 『수계집(須溪集)』『수계사경시(須溪四景詩)』

가 있다.

• 版本構成

원저인 『簡齋集』의 판본은 元刊本, 明刊 15권본, 활자본, 四部叢刊에 영인된 元代 사본 등이 있으며, 箋注本으로 胡穉의 『增廣箋注簡齋詩集』 등이 있다. 옥산서원 소장본은 정미한 갑진자로 간행된 전 5책의 영본으로 추정된다.

• 所藏處

국립중앙도서관, 서울대학교 규장각 등에 소장되어 있다.

(17) 염락풍아(濂洛風雅)

書名	出版事項	版式狀況	一般事項	所藏番號
濂洛風雅		朝鮮筆寫本, 1冊, 30×23cm, 無界, 無魚尾, 線裝, 楮紙		

• 槪要

중국 元나라 문인 金履祥이 송나라 周敦頤에서 시작해서 주자학 계열의 주요 인물 48명의 시문을 가려 뽑아 엮은 『濂洛風雅』에서 가려 뽑아 필사한 책이다.

• 編纂과 刊行

정확한 서지 정보는 확인하기 어려우나 17세기 朴世采가 『염락풍아』를 저본으로 만든 『增刪濂洛風雅』에서 선별하여 필사한 것으로 추정된다.

• 著者 및 編者

편자 김이상은 송말원초 때 浙江 蘭溪 사람으로 자는 吉父, 호는 次農, 시호는 文安이다. 王柏과 何基의 문하에서 수학하였다. 원나라가 들어서자 벼슬하지 않고 仁山에 은거하여 仁山先生이라 불렸다. 周敦頤와 程顥의 학문을 조종으로 삼아 義理를 궁구했다. 저서에 『尙書注』와 『尙書表注』·『論語孟子集注考證』·『大學章句疏義』·『中庸標注』·『資治通鑑前編』 등이 있다.

● 版本構成

옥산서원 소장본은 筆寫本 1冊이나, 원서인 『염락풍아』는 총 6권으로 詩, 銘, 箴, 誠, 贊, 詠 등으로 나누어 실었고, 朴世采가 『염락풍아』를 저본으로 증보한 『增刪濂洛風雅』는 7권 2책이다.

● 所藏處

옥산서원 이외 소장처는 현재 확인되지 않는다.

(18) 왕공의공박고(王恭毅公駁稿)

書名	出版事項	版式狀況	一般事項	所藏番號
王恭毅公駁稿		乙刻字本(補字本), 上下 2冊, 33×21.4cm, 四周單邊, 半匡 : 23.6×16.4cm, 有界, 10行 18字, 大黑口, 註雙行, 上下內向黑魚尾, 線裝, 楮紙	序 : ①歲壬子春三月三日文華殿講讀官·宜谿居士男臣謹序 ②弘治五年歲次壬子春三月日戊寅…高銓謹書, 印 : 宣賜之記	01-1428 ~1429

● 槪要

중국 명나라 문인 王槩(1418~1474)의 문집이다.

● 編纂과 刊行

中宗 18년(1523)에 乙刻字本 上·下 2冊으로 간행되었다. 같은 권수의 판본이 續修四庫全書 子部 974에 수록되어 있다.

● 著者 및 編者

왕개는 명나라 때 정치가로 자는 同節이고, 江西 吉安府 盧陵縣 출신이다. 正統 7년(1442)에 會試에 합격하였고, 大理寺卿, 刑部尚書 등을 역임하였다. 시호는 恭毅이고, 저서에 『王恭毅公駁稿』가 전한다.

● 版本構成

上·下 2卷 2冊으로 구성되어 있다. 권1에 式 등의 公文 성격의 글이 주로 수록되어 있고, 권2에도 謀殺 등 같은 성격의 글이 주로 수록되어 있다.

• 所藏處

동일한 판본이 성균관대학교 존경각에 소장되어 있다.

(19) 주자대전(朱子大全)

書名	出版事項	版式狀況	一般事項	所藏番號
朱子大全	朱熹(宋) 著	朝鮮乙刻字本, 95卷 95冊(本集 100, 續集 11, 合 121卷), 34.2×21.8cm, 四周雙邊, 半匡 : 23.4×16.5cm, 有界, 10行 18字, 註雙行, 上下內向細六瓣花紋黑魚尾, 線裝, 楮紙	重刊序 : 淳祐五正月日後學王遂序, 跋 : 建寧府推官吉胡序, 卷末 : 玉山書院宣賜(朱印), 表題 : 朱子大全, 藏書記 : 玉山書院上(墨書), 印記 : 玉山書院(朱印)	01-0091 ~0185

• 槪要

朱熹가 일생을 두고 저작한 모든 학설 위주로 여러 학자들의 質疑에 대해 회답한 편지들과 詩·記·銘·碑文·墓誌 등 문예에 관한 저작들을 함께 모은 방대한 저작이다.

• 編纂과 刊行

朱熹 사후 그의 門人들이 편찬하였는데, 100권은 보존되어 오던 것을 모은 것이고, 별집 11권은 그의 문인 餘思魯가 모은 것이며, 속집 10권은 누가 정리했는지 미정이다. 宋 度宗 咸淳 元年(1265)이며 저자의 후손 玉이 교정하여 『朱子大全集』이라는 이름으로 간행하였다. 이후에는 천순본(1460), 성화본(1483), 가정본(1532), 만력본(1605)으로 간행되었다.

국내에서는 『朱子大全』은 建安書院版의 간본인 天版(1460)을 본으로 1543년 교서제조 金安國의 주도로 乙亥字混入補字本이 교서관에서 처음 간행되었다. 이후 柳希春(1575)이 교서제조가 되어 유림의 요청을 받아 金安國 판본의 오류를 바로 잡고 수요에 부응하고자 국왕의 윤허를 받아 체계적인 교정을 거친 보주을해자본이 교서관에서 인출되었다. 조선 후기는 전주에서 각각 元斗杓(1635)와 洪啟禧(1771)가 주도하여 활자본이 아닌 목판본으로 간행되었다.

• 著者 및 編者

朱熹의 자는 元晦, 仲晦, 호는 晦庵·晦翁·雲谷山人·滄洲病叟·遯翁 등이다. 1130년 福建 출생으로 18세에 지방의 과거 예비시험 解試에 합격하였고, 이듬해 수도 임안에서 본시험에 합격하였다. 1151년 22세 때 吏部 임관시험에 합격하여 종9품 좌적공랑이 되어 천주 동안현 주부 등으로 임명되었다. 송대 성리학의 개창자이다. 저서로는『論語要義』·『論語訓蒙口義』·『困學恐聞編』·『程氏遺書』·『論孟精義』·『資治通鑑綱目』·『八朝名臣言行錄』·『西銘解義』·『太極圖說解』·『通書解』·『程氏外書』·『伊洛淵源錄』·『古今家祭禮』·『近思錄』·『四書章句集注』·『周易本義』·『詩集傳』·『楚辭集注』등이 있다.

● 版本構成

총 95卷 95冊으로 본서의 별집 다음에 있는 遺集 2권은 1771년(영조 47) 본서를 간행할 때 저자의 시문 중 흩어져 있는 것들을 모아 국내에서 추가한 것이다. 附錄 12권에 道通源流, 世系源流, 父師遺言, 遺像, 宋史本傳, 門人敍述, 祭文, 行狀, 年譜原本, 年譜別本, 宅祠書院亭坊, 祠院記題, 諸編序跋, 編著書目, 墨蹟類記, 題名錄, 黨禁錄, 辯誣錄 등 저자에 관한 후인들의 문장을 수록하였다.

● 所藏處

국립중앙도서관, 한국학중앙연구원, 건국대학교, 고려대학교, 숙명여자대학교, 사우당종택, 미국 하버드대학옌칭도서관 등에 소장되어 있다.

(20) 주자어류(朱子語類)

書名	出版事項	版式狀況	一般事項	所藏番號
朱子語類	黎靖德(宋)類編	朝鮮丙子字本, 140卷 75冊, 36.5×23cm, 四周單邊, 半匡 : 25.2×18cm, 有界, 13行 22字, 註雙行, 上下內向細六瓣花紋黑魚尾, 線裝, 楮紙	序 : …成化九年…後學安城彭時謹序, 朱印 : 玉山書院宣賜	01-0187~0261

● 概要

중국 송나라의 名儒 朱熹(1130~1200)가 자신이 편찬한 四書集注 등 성리학서와 노장 및 석가 등에 대해 피력한 어록을 모아 문인 黎靖德 등이 편찬한 어록집이다.

● 編纂과 刊行

옥산서원 소장본은 병자자본으로 1575년에 '襄三盆'에게 하사한 內賜記가 묵서되어 있어 16세기 중엽으로 간행시기를 추정할 수 있다. 이후로 숙종 연간에 戊申字로 간행한 활자본이 있으며, 영조 연간에 洪啓禧에 의해 전면적으로 다시 교정된 改正本을 경상감영에서 목판으로 간행한 판본이 널리 유포되어 있다.

• 著者 및 編者

저자인 朱憙의 자는 元晦, 仲晦, 호는 晦庵, 晦翁, 雲谷山人, 滄洲病叟, 遯翁 등이다. 1130년 福建 출생으로 18세에 지방의 과거 예비시험 解試에 합격하였고, 이듬해 수도 임안에서 본시험에 합격하였다. 1151년 22세 때 吏部 임관시험에 합격하여 종9품 좌적공랑이 되어 천주 동안현 주부 등으로 임명되었다. 송대 성리학의 개창자이다. 저서로는 『論語要義』・『論語訓蒙口義』・『困學恐聞編』・『程氏遺書』・『論孟精義』・『資治通鑑綱目』・『八朝名臣言行錄』・『西銘解義』・『太極圖說解』・『通書解』・『程氏外書』・『伊洛淵源錄』・『古今家祭禮』・『近思錄』・『四書章句集注』・『周易本義』・『詩集傳』・『楚辭集注』 등이 있다.

편자인 黎靖德은 생몰년이 자세하지 않으며, 永嘉縣 사람으로 전한다. 嘉祐 年間에 沙縣主簿로 임명되었고 문장에 능하였다. 문집은 따로 전하지 않으며 『朱子語類』(140권)이 편저로 잘 알려져 있다.

• 版本構成

모두 140권 50책으로 나누어 편찬한 것이다. 제1책 錄者姓名・理氣篇, 제2책 鬼神・性理1~2, 제3책 性理3・學問1~4, 제4책 學問5~7, 제5~6책 大學1~4, 제7책 大學5(或問)・論語1~2, 제8책 論語3~5 : 學而, 제9책 論語6~7 : 爲政, 제10책 論語8~9 : 爲政~八佾, 제11책 論語10~12 : 里仁, 제12책 論語13~15 : 公冶, 제13책 論語16 : 雍也, 제14책 論語17~18 : 雍也~述而, 제15책 論語19~22 : 泰伯~子罕, 제16책 論語23~25 : 顔淵~子路, 제17책 論語26~27 : 憲問~衛靈公, 제18책 論語28~32 : 季氏~堯曰・孟子1 : 梁惠王, 제19책 孟子2 : 公孫丑 上, 제20책 孟子3~8 : 公孫丑 下~萬章, 제21책 孟子9~10 : 告子~盡心 上, 제22책 孟子11 : 盡心 下・中庸1, 제23책 中庸2~3, 제24책 周易1~3, 제25책, 周易4~5, 제26책, 周易6~7, 제27책 周易8~9, 제28책 周易10~12, 제29책 周易13・尙書1, 제30책 尙書2・詩1, 제31책 詩2・孝經・春秋, 제32책 禮1~3, 제33책 禮4~6, 제34책 禮7~8・樂, 제35책 孔孟周程張子・周子書, 제36책 程子書1~2, 제37책 程子書3・張子書1~2・邵子書, 제38책 程子門人・楊氏門人・羅氏門人, 제39~44책 朱子1~17, 제45책 朱子18・呂伯恭・陳葉・陸象山, 제46책 老莊・釋迦・本朝1, 제47~48책 本朝2~7・歷代1, 제49책 歷代2~3・戰國漢唐諸子, 제50책 雜類・作文 등으로 구성되어 있다.

• 所藏處

국립중앙도서관, 고려대학교 도서관 등에 소장되어 있다.

(21) 주문공교창려선생문집(朱文公校昌黎先生文集)

書名	出版事項	版式狀況	一般事項	所藏番號
朱文公校昌黎先生文集	韓愈 著	朝鮮木版本, 零本 23冊, 35.6×22.2cm, 四周雙邊, 半匡 : 25.2×17.9cm, 有界, 10行 17字, 上下白口 上下內向六瓣花紋黑魚尾, 線裝, 楮紙	序 : 南安韓文出…或疑有所疑而不都偏有所發也, 所藏 : 本集 20冊, 外集 3冊	01-1440 ~1462

• 槪要

중국 당나라 문장가 韓愈(768~824)의 시문을 李漢이 편집하고 朱熹(1130~1200)가 교정한 책이다.

• 編纂과 刊行

李恒福 등 6인에 의해 萬曆 38년(1610, 光海 2) 8월에 50卷 19冊으로 간행되었다.

• 著者 및 編者

저자 한유의 자는 退之, 시호는 文公, 河南省 懷州 修武縣 출생이다. 792년 진사에 등과, 지방 절도사의 속관을 거쳐 803년 監察御使가 되었고, 刑部侍郎, 吏部侍郎 등을 역임하였다. 柳宗元 등과 함께 古文 운동을 창도하였다. 저서에 『昌黎先生集』(40권), 『外集』(10권), 『遺文』(1권) 등이 있다.

편자인 李漢은 정보가 자세하지 않으나 주희의 문인으로 보인다. 교정자인 朱熹의 자는 元晦·仲晦, 호는 晦庵·晦翁·雲谷山人·滄洲病曳·遯翁 등이다. 1130년 福建 출생으로 18세에 지방의 과거 예비시험 解試에 합격하였고, 이듬해 수도 임안에서 본시험에 합격하였다. 1151년 22세 때 吏部 임관시험에 합격하여 종9품 좌적공랑이 되어 천주 동안현 주부 등으로 임명되었다. 송대 성리학의 개창자이다. 저서로는 『論語要義』·『論語訓蒙口義』·『困學恐聞編』·『程氏遺書』·『論孟精義』·『資治通鑑綱目』·『八朝名臣言行錄』·『西銘解義』·『太極圖說解』·『通書解』·『程氏外書』·『伊洛淵源錄』·『古今家祭禮』·『近思錄』·『四書章句集注』·『周易本義』·『詩集傳』·『楚辭集注』 등이 있다.

• **版本構成**

전체 규모는 本集 40卷 17冊, 外集 10卷 2冊으로 총 50卷 19冊이 完帙인데, 옥산서원 소장본은 本集 20冊, 外集 3冊만이 영본으로 전하고 있다.

• **所藏處**

국립중앙도서관, 서울대학교 규장각 한국학연구원, 성균관대학교 존경각 등에 소장되어 있다.

(22) 증간교정왕장원집주분류동파선생시(增刊校正王狀元集註分類東坡先生詩)

書名	出版事項	版式狀況	一般事項	所藏番號
增刊校正王狀元集註分類東坡先生詩	蘇軾 著, 劉辰翁 批點, 16世紀刊	朝鮮木版本(初篤甲寅字飜刻), 零本 7冊, 33.2×21.4cm, 四周單邊, 半匡 : 17.5×23.3cm, 有界, 9行 17字, 上下內向黑魚尾混入大黑口	版心題 : 坡詩, 表題 : 東坡, 所藏 : 卷1~2, 3~4, 5~6, 7~8, 9~10, 17~18, 19	01-1148 ~1154
增刊校正王狀元集註分類東坡先生詩	蘇軾(宋) 撰; 愈辰翁 批點	朝鮮木版本, 25卷 20冊, 32.4×21.5cm, 四周單邊, 半匡 : 23.8×15.6cm, 有界, 9行 17字, 上下內向四瓣花紋黑魚尾	版心題 : 坡詩, 表題 : 東坡	01-0522 ~0541

• **槪要**

중국 송나라 문인 蘇軾의 시에 劉辰翁이 批點을 붙인 책이다.

• **編纂과 刊行**

간행 시기는 자세하지 않으나 甲寅字 飜刻으로 보아 光海君 年間(1609~1622)에 간행된 것으로 추정된다.

• **著者 및 編者**

저자 蘇軾의 자는 子瞻, 호는 東坡居士·坡仙 등이며, 四川省 眉山 출생이다. 동생 蘇轍과 비교하여 大蘇라고도 불리었다. 부친 蘇洵은 송나라에서 이름난 문장가였다. 부친, 동생과 더불어 唐宋八大家에 속한다. 1057년 진사 시험에 합격하고 1061년 制科에 합격했다. 그러나 신법파의 모함으로 그는 일생의 대부분을 유배 생활과 각지의 지방관 생활로 보내다가 1101년 병으로 사망하였다. 산문 외에 「赤壁賦」로 잘 알려져 있다.

평점을 한 劉辰翁은 송나라 말의 문학가로 자는 會孟, 호는 須溪이고, 江西省 吉安 사람이다. 어려서 태학생에 보해졌고, 당시의 권신 賈似道의 비위를 거슬렀으므로 이종 경정 3년 (1262)에 廷試 對策에서 丙等을 받았다. 그는 濂溪書院의 山長을 자청하였고, 江萬里, 陳宜中 등이 史館에 머물도록 추천하였으므로 太學博)가 제수되었으나 사양하였다. 송이 망한 후 벼슬에 나가지 않고 일생을 마쳤다. 저서에 『須溪集』·『須溪四景詩』가 있다.

• 版本構成

25卷 20冊으로 권1에 紀行(92수), 권2에 述懷(6수)·懷古(2수)·古跡(37수)·時事(2수), 권3에 宮殿(17수)·省宇(8수)·陵廟(4수)·墳塋(3수)·居室(14수)·堂宇(41수)가 실려 있다. 권4는 城郭(2수)·壁塢(2수)·田圃(8수)·宗族(5수)·婦女(11수)·仙道(16수)·釋老上(40수)을 실었고, 권5는 釋老下(16수)·寺觀(59수), 권6은 塔(4수)·節序(43수)·夢(10수)·月(17수)을 기재하였다. 권7에는 雨雪(46수)·風雷(8수)·山岳(36수)이 실려 있으며, 권8은 江河(10수)·湖(26수)·泉石(31수)·溪潭(10수)을 수록하였다. 권9에는 池沼(3수)·舟楫(2수)·橋梁(3수)·樓閣(27수)·亭榭(45수)가 수록되었고, 권10에는 園林(57수)·果實(9수)·燕飮上(27수)이 실려 있다. 권11은 燕飮下(17수)·試選(8수)·書畵上(63수)이 기재되어 있다. 권12는 書畵下(51수)·硯(8수)·音樂(11수)을 수록하였고, 권13은 器用(10수)·燈燭(3수)·食物(5수)·酒(12수)·茶(12수)·禽鳥(13수)·獸(4수)·蟲(2수)·魚(6수)·竹(3수)·木(11수)를 실었다. 권14에는 花(79수)·菜(5수)·菌蕈(1수)이 실려 있고, 권15에는 投贈(27수)·戲贈(32수)이 수록되었다. 권16은 簡寄(59수)·懷舊上(23수)을 실었다. 권17은 懷舊下(13수)·尋訪(17수)·酬答上(59수)을 기재하였다. 권18에는 酬答中(91수)이 실려 있다. 권19는 酬答下(143수)를 실었다. 권20에는 惠貺(35수)·送別上(39수)이 수록되었다. 권21은 送別中(75수)를 실었다. 권22에는 送別下(56수)·留別(14수)·慶賀(15수)가 실려 있다. 권23은 遊賞(56수)·射獵(5수)·題詠上(32수)을 수록하였다. 권24에는 題詠下(42수)·醫藥(3수)·卜相(2수)·傷悼(49수)·絶句(12수)·歌(10수)·行(5수)이 실려 있다. 권25는 雜賦(94수)를 실었다.

• 所藏處

국립중앙도서관, 서울대학교 규장각, 성균관대학교 존경각 등에 소장되어 있다.

(23) 집천가주두공부시집(集千家註杜工部詩集)

書名	出版事項	版式狀況	一般事項	所藏番號
集千家註杜工部詩集	杜甫(唐) 撰, 嘉靖15年(1536)刊	中國木版本, 12冊(詩集 20卷 11冊, 文集 1冊), 28.4×18.7cm, 四周雙邊, 半匡 : 21.5×13.1cm, 有界, 8行 17字, 上下向黑魚尾, 線裝	表題 : 杜詩, 卷末 : 杜工部文集, 刊記 : 嘉靖丙申(1536)玉凡山人板刻, 序 : …宗嘉泰天開甲子正月穀旦建安三峯東塾蔡要傳柳謹識	01-0466 ~0477

• 槪要

중국 당나라 시인 杜甫(712~770)의 詩文集에 許自昌이 주석한 책이다.

• 編纂과 刊行

中國 木板本으로 간행 시기가 자세하진 않으나 대략 16세기 이후 明版本으로 추정된다.

• 著者 및 編者

원저자인 두보는 호북성 襄陽 사람으로, 자는 子美, 호는 少陵이다. 조부 審言도 시인이었다. 소년 시절부터 시를 잘 지었으나 과거에는 급제하지 못하였고, 각지를 방랑하여 李白, 高適 등과 교유하였다. 천보 10년(751)에 집현원 대제, 천보 14년(755)에 右衛率府冑曹參軍에 임명되었다. 동년말 安祿山의 난 이후 방랑을 계속하였는데, 배 안에서 병을 얻어 洞庭湖에서 59세에 병사한 것으로 전한다. 저서에 시집 60권이 있었으나 일찍이 실전되었고, 송 보원 2년(1039)에 王洙가 『杜工部集』(20권)을 편찬한 후 王琪와 丁修의 교정을 거쳐 蘇州에서 간행한 것이 최초의 정본이다.

편집자인 許自昌은 생몰년 미상으로 자세한 정보를 확인하기 어렵다.

• 版本構成

총 12冊으로 詩集 20卷 11冊과 文集 1冊으로 구성되어 있다.

• 所藏處

국립중앙도서관, 서울대학교 규장각 등에 소장되어 있다.

(24) 찬주분류두시(纂註分類杜詩)

書名	出版事項	版式狀況	一般事項	所藏番號
纂註分類杜詩	杜甫(唐) 著	朝鮮木版本, 零本 2冊, 31×20cm, 四周雙邊, 半匡 : 24.2×16.8cm, 有界, 9行 17字, 上下內向魚尾不定, 線裝, 楮紙	表題 : 杜詩, 印 : 玉山書院, 所藏 : 卷1~8, 10~24(25卷 12冊 中)	01-0977~0978

• 槪要

중국 당나라의 시인 杜甫(712~770)의 시를 주제별로 분류하고 역대 제가의 주석을 모아 편찬한 책이다.

• 編纂과 刊行

이 책은 세종 16년(1434)에 갑인자(甲寅字)로, 성종 16년(1485)에 갑진자(甲辰字)로, 중종 11년(1516)에 병자자(丙子字)로, 광해군 7년(1615)에 훈련도감자(訓鍊都監字)로 인출하였고, 효종년간에는 목판으로 간행하였다. 옥산서원 소장본은 2책의 영본으로 간행 정보를 자세히 확인하기 어려우나, 병자자본으로 중종 11년에 간행된 것으로 추정된다.

• 著者 및 編者

두보는 호북성 襄陽 사람으로, 자는 子美, 호는 少陵이다. 조부 審言도 시인이었다. 소년시절부터 시를 잘 지었으나 과거에는 급제하지 못하였고, 각지를 방랑하여 李白, 高適 등과 교유하였다. 천보 10년(751)에 집현원 대제, 천보 14년(755)에 右衛率府冑曹參軍에 임명되었다. 동년말 安祿山의 난 이후 방랑을 계속하였는데, 배 안에서 병을 얻어 洞庭湖에서 59세에 병사한 것으로 전한다. 저서에 시집 60권이 있었으나 일찍이 실전되었고, 송 보원 2년(1039)에 王洙가 『杜工部集』(20권)을 편찬한 후 王琪와 丁修의 교정을 거쳐 蘇州에서 간행한 것이 최초의 정본이다.

• 版本構成

옥산서원 소장본은 권1~8, 권10~24 2책이다. 전체 구성은 다음과 같다.

권1 기행상(紀行上, 古詩 40首), 권2 기행하(紀行下, 律詩 36수), 술회상(述懷上, 고시 24수), 권3 술회하(述懷下, 율시 52수), 질병(疾病, 고시 2수, 율시 2수), 회고(懷古, 고시 13수, 율시 5수), 고적(古跡, 고시 2수, 율시 2수), 권4 시사상(時事上, 고시 31수), 권5 시사하(時事下,

율시 45수), 변새(邊塞, 고시 17수), 장수(將帥, 고시 4수, 율시 6수), 군여(軍旅, 고시 2수, 율시 7수), 권6 궁전(宮殿, 고시 2수, 율시 6수), 궁사(宮詞, 율시 9수), 성우(省宇, 율시 5수), 능묘(陵廟, 고시 2수, 율시 14수), 거실상(居室上, 고시 11수), 권7 거실하(居室下, 율시 39수), 인리(隣里, 율시 4수), 제인거벽(題人居壁, 고시 5수, 율시 7수), 전원(田園, 고시 2수, 율시 5수), 권8 황족(皇族, 고시 3수, 율시 9수), 세주(世주, 고시 4수, 율시 2수), 종족(宗族, 고시 6수, 율시 32수), 외족(外族, 고시 3수, 율시 6수), 혼인(婚姻, 고시 2수, 율시 1수), 卷9 선도(仙道, 고시3수, 율시 1수), 은일(隱逸, 고시 2수, 율시 4수), 석로(釋老, 고시 8수, 율시 8수), 사관(寺觀, 고시 4수, 율시 15수), 권10 사시(四時) - 춘(春, 고시 1수, 율시 39수), 하(夏, 고시 3수, 율시 4수), 추(秋, 고시 5수, 율시 20수), 동(冬, 고시 4수, 율시 9수), 권11 절서(節序, 고시, 율시 共50수), 주야(晝夜, 고시 2수, 율시 21수), 몽(夢, 고시 2수, 율시 2수), 권12 월(月, 율시 20수), 우설(雨雪, 고시 14수, 율시 36수), 운뢰(雲雷, 고시 1수, 율시 2수), 권13 산악(山嶽, 고시 3수, 율시 3수), 강하(江河, 고시 9수, 율시 15수), 도읍(都邑, 고시 2수, 율시 35수), 권14 누각(樓閣, 고시 4수, 율시 35수), 조망(眺望, 율시 9수), 정사(亭사, 고시 3수, 율시 8수), 권15 원림(園林, 고시 3수, 율시 24수), 과실(果實, 고시 1수, 율시 11수), 지소(池沼, 율시 9수), 주즙(舟즙, 율시 12수), 교량(橋梁, 율시 3수), 연음(宴飮, 고시 7수, 율수 20수), 권16 문장(文章, 고시 2수, 율시 14수), 서화(書畵, 고시 18수, 율시 6수), 음악(音樂, 고시 3수, 율시 5수), 기용(器用, 고시 4수, 율시 3수), 식물(食物, 고시 8수, 율시 4수), 권17 조(鳥, 고시 11수, 율시 25수), 수(獸, 고시 8수, 율시 7수), 충(蟲, 율시 3수), 어(魚, 율시 2수), 권18 화(花, 고시 3수, 율시 13수), 초(草, 고시 1수, 율시 2수), 죽(竹, 율시 3수), 목(木, 고시 7수, 율시 7수), 권19 투증(投贈, 고시 1수, 율시 6수), 기간상(寄簡上, 고시 17수), 권20 기간중(寄簡中, 율기 13수), 권21 기간하(寄簡下, 율시 52수), 회구(懷舊, 고시 3수, 율시 9수), 권22 심방(尋訪, 고시 3수, 율시 13수), 수기(酬寄, 율시 9수), 혜황(惠황, 고시 1수, 율시 3수), 송별상(送別上, 고시 19수), 권23 송별하(送別下, 율시 80수), 권24 경하(慶賀, 고시 1수, 율시 4수), 상도(傷悼, 고시 8수, 율시 22수), 권25 잡부(雜賦, 고시 13수, 율시 6수, 絶句 27수, 歌 9수, 行 17수).

- **所藏處**

국립중앙도서관, 한국학중앙연구원 도서관, 동국대학교 중앙도서관 등에 소장되어 있다.

(25) 회암선생주문공시집(晦庵先生朱文公詩集)

書名	出版事項	版式狀況	一般事項	所藏番號
晦庵先生朱文公詩集*	朱熹 撰	朝鮮木版本, 零本 1冊, 30.1×19.8cm 上下單邊, 左右雙邊, 半匡 : 21.1×14.5cm, 有界, 10行 18字, 大黑口, 上下內向黑魚尾	表題 : 晦庵詩集, 藏書記 : 冊主智山家藏, 所藏 : 卷6~7	001-0854
晦庵先生朱文公詩集*	朱熹 著	朝鮮木版本, 零本 3冊, 33.9×20.1cm, 四周單邊, 半匡 : 22.4×16cm, 有界, 10行 18字, 大黑口, 註雙行, 上下下向黑魚尾, 線裝, 楮紙	表題 : 朱晦庵集, 印 : 龍齋, 子容, 藏書記 : 冊主溪亭李氏(墨書), 所藏 : 卷3~5, 6~7, 8~10	001-1025~1027

● 槪要

중국 송나라 학자 朱熹가 저작한 글 중에서 詩만을 따로 모은 책이다.

● 編纂과 刊行

영본으로 남아 간행 정보가 정확하지 않은데, 『朱子大全』 간행 이후 시만을 뽑아 재편집한 것으로 보아 올려 잡아도 17세기 이전은 어려워 보인다.

● 著者 및 編者

朱熹의 자는 元晦·仲晦, 호는 晦庵·晦翁·雲谷山人·滄洲病曳·遯翁 등이다. 1130년 福建 출생으로 18세에 지방의 과거 예비시험 解試에 합격하였고, 이듬해 수도 임안에서 본시험에 합격하였다. 1151년 22세 때 吏部 임관시험에 합격하여 종9품 좌적공랑이 되어 천주 동안현 주부 등으로 임명되었다. 송대 성리학의 개창자이다. 저서로는 『論語要義』·『論語訓蒙口義』·『困學恐聞編』·『程氏遺書』·『論孟精義』·『資治通鑑綱目』·『八朝名臣言行錄』·『西銘解義』·『太極圖說解』·『通書解』·『程氏外書』·『伊洛淵源錄』·『古今家祭禮』·『近思錄』·『四書章句集注』·『周易本義』·『詩集傳』·『楚辭集注』 등이 있다.

● 版本構成

전체 규모는 자세히 확인하기 어려우나 다른 소장처의 판본을 참조하면 총 10卷으로 된 것으로 추정된다.

● 所藏處

국립중앙도서관, 영남대학교 도서관, 계명대학교 도서관 등에 소장되어 있다.

2) 국내 문헌

(1) 근시재선생문집(近始齋先生文集)

書名	出版事項	版式狀況	一般事項	所藏番號
近始齋先生文集	金垓 著	朝鮮木版本, 4卷 2冊, 31.2×20.3cm, 四周雙邊, 半匡 : 19×15.2cm, 有界, 10行 19字, 註雙行, 上下白口 上下內向四瓣花紋黑魚尾, 線裝, 楮紙	序 : 近始齋先生文集…上之三十四年戊子(1708)趙德鄰序, 跋 : …上之七年通政大夫…丁範祖, 所藏 : 卷1~4	01-2188 ~2189

• 概要

金垓(1555~1593)의 詩文集이다.

• 編纂과 刊行

증손 金錫胤이 家藏되어 오던 초고를 바탕으로 수집 편차하여 不分卷 1冊의 형태로 李簠에게 跋을 받고 1708년에 趙德鄰에게 서문을 받았다. 그러나 간행이 된 것은 70여 년 뒤인 1783년경으로, 후손인 金墊과 金瑩 등이 주축이 되어 金錫胤이 정리한 유고를 4권 2책으로 재편하고 다시 丁範祖에게 跋을 받아 목판으로 간행하였다.

• 著者 및 編者

저자 金垓(1555~1593)는 퇴계 이황의 문인인 金富弼, 金富儀 형제의 조카이자 아들이다. 직접 이황에게 師事받지는 못했지만 그 학맥을 계승하여 私淑하였으며, 임진왜란 때 의병장으로 활동하였다. 저자는 의병 활동을 하면서 『鄕兵日記』2卷, 『西征錄』, 『行軍須知』 등의 작품을 남겼지만 兵禍로 일실되어 전하지 않는다.

• 版本構成

권1은 辭와 詩, 권2와 권3 앞부분은 書(37), 권3의 뒷부분은 雜著로 說(1), 辨(1), 題後(1), 祭文(2), 表(1), 箋(1), 啓(1), 遺事(2), 墓誌(2), 권4는 부록으로 행장, 묘갈명 등이 수록되었다.

• 所藏處

국립중앙도서관, 서울대학교 규장각, 한국학중앙연구원 장서각 등에 소장되어 있다.

(2) 금계선생문집(錦溪先生文集)

書名	出版事項	版式狀況	一般事項	所藏番號
錦溪先生文集	黃俊良 著, [跋 1755]刊	朝鮮木版本, 9卷 5冊, 30.1×19.3cm, 四周雙邊, 半匡 : 19.8×15cm, 有界, 10行 20字, 註雙行, 上下白口 上下內向四瓣花紋黑魚尾, 線裝, 楮紙	跋 : 錦溪先生文集十二卷 元集四卷…上之三十一年 乙亥仲夏溪學平原李光庭謹識, 所藏 : 卷1~9	01-1920 ~1924

● 槪要

錦溪 黃俊良(1517~1563)의 시문집이다.

● 編纂과 刊行

『錦溪先生文集』은 내집과 외집이 각각 다른 시기에 간행되었는데, 먼저 내집은 黃俊良의 아우 黃秀良 등이 주축이 되어 李滉으로부터 編帙에 대해 교정을 받고, 李山海로부터 발문을 받아 1584년(선조 17)에 丹山에서 간행하였다. 외집은 내집에 비해 복잡한 경위를 거쳐 간행되는데, 먼저 鄭述가 安東에서 재임하던 시절에 丹山本에서 누락된 내용을 중심으로 유고를 편집하였다. 그러나 鄭述가 이 일을 마치기 전에 관직에서 물러나, 이 때 정리된 유고는 黃俊良의 후손에게 전해졌다. 그 뒤 거듭된 兵亂으로 기왕에 간행되었던 丹山本마저 남아 있는 것이 얼마 되지 않자, 후손 黃尙鏵를 중심으로 간행을 재추진하였는데 일이 끝나기 전에 黃尙鏵가 사망하여, 간행은 친지들과 同鄕 사림들의 마무리 작업을 거쳐 1755년(영조 31)에 이루어졌다.

● 著者 및 編者

저자 黃俊良의 자는 仲擧, 호는 錦溪, 본관은 平海, 부친은 黃𤩴이다. 李滉의 문인으로, 어려서부터 文名이 자자하였다. 1537년(중종 32) 생원시에 합격하고, 1540년(중종 35) 식년문과에서 급제하여 권지성균관학유로 임명된 뒤, 성균관박사·춘추관기사관·단양군수·성주목사 등을 역임하였다. 『中宗實錄』·『仁宗實錄』 편찬에 참여하였으며, 외임으로 나가 있는 동안에는 주로 고을의 재정을 건실하게 하고, 진휼을 효율적으로 시행하였으며, 학교와 교육의 진흥에 힘썼는데, 신녕에서는 白鶴書院을 신설하고, 단양에서는 迎鳳書院을 증수하였다. 자식이 없어 아우 黃遂良의 아들로 양자를 삼았다. 풍기의 遇谷書院과 신녕의 白鶴書院에 제향되었다. 저서에 『錦溪先生文集』(內外集, 13권 5책)이 전한다.

● 版本構成

內集 권1에는 詩 82수(嚴川村 외) 등이, 권2에는 詩 89수(丁巳二月與金箕報 외) 등이, 권3에는 詩 32수(次扶餘懷古 외) 등이, 권4에는 雜著－丹陽鄕校重創記, 玄風客舍重修記, 與迎鳳書院諸生書, 上退溪書, 與迎鳳諸賢書, 答吳正字子强書, 祭聾巖相公文, 請革兩宗疏, 四皓有無辨, 上退溪書, 與鹿峯精舍諸生書, 答寄澕姪書, 寄澕姪瑛兒書, 尙州風詠樓上樑文, 上周愼齋論竹溪志書, 上退溪書, 晦菴書節要跋 등이, 권5에는 跋(李山海 撰) 등이 수록되어 있다. 外集 권1에는 詩 59수(遊頭流山紀行篇 외) 등이, 권2에는 114수(靈芝精舍次安挺然 외) 등이, 권3에는 詩 83수(紫陽洞書堂 외) 등이, 권4에는 詩 76수(次八月三五夜見月吟 외) 등이, 권5에는 詩 123수(丁巳二月初七) 등이, 권6에는 詩 115수(林川試院次壁上韻 외) 등이, 권7에는 疏 2편(丹陽陳弊疏 외), 箋 3편(禮曹請撰東國通鑑 외), 書 19편(上退溪先生書 외) 등이, 권8에는 雜著－議 2편(均田議 외), 辨 1편(桃源辨), 論(釋晃反喪服論 외), 說 1편(五月五日獻鏡說), 後 5편(書尊堯集後 외), 紫陽書堂記, 遣韓愈宣諭王廷奏詒, 樂毅伐齊檄, 范仲淹答歐陽脩, 頌 2편(屢豊年頌 외), 守在四夷賦, 策問, 銘 4편(蜂王臺銘 외), 居官四箴, 唐憲宗屛風贊, 赤城鄕校上樑文, 祭文 2편(祭周愼齋景遊文 외), 墓誌 1편(聾巖先生墓誌銘), 對策 2편(史才 외) 등이 수록되어 있다.

● 所藏處

국립중앙도서관, 서울대학교 규장각, 한국학중앙연구원 장서각, 성균관대학교 존경각, 한국국학진흥원 도서관 등에 소장되어 있다.

(3) 금석집(錦石集)

書名	出版事項	版式狀況	一般事項	所藏番號
錦石集	朴準源 著, 敦巖, 丙子(1816)印	朝鮮全史字本, 12卷 5冊, 32.5×20.7cm, 四周雙邊, 半匡：21.6×14.9cm, 有界, 10行 20字, 上下向黑魚尾, 線裝, 楮紙	刊記：丙子孟夏敦巖活印, 序：…兪漢雋序, 印：玉山書院(朱印)	01-0816 ~0820
錦石集	朴準源 著	朝鮮全史字本, 零本 4冊, 32.3×20.3cm, 四周雙邊, 半匡：21.5×14.8cm, 有界, 10行 20字, 上下白口 上下向黑魚尾, 線裝, 楮紙	序：無擬矣紀溪兪漢雋序, 跋：謀訓納于繼官於千萬把淸習, 所藏：卷1~2, 5~12	01-3244

● 槪要

錦石 朴準源(1739~1807)의 遺稿集이다.

• 編纂과 刊行

　全史字本으로 1816년(純祖 16) 그의 아들 宗輔에 의해 편집 간행되었다. 卷首에 兪漢雋이 쓴 序文이 있고 標題紙에 '丙子孟夏 敦岩活印'이란 刊記가 기재되었다.

• 著者 및 編者

　저지 朴準源의 자는 平叔, 호는 錦石, 본관은 潘南이다. 金亮行의 門人으로 1736년(英祖 12) 司馬試에 합격. 蔭補로 主簿가 되고 이듬해 딸이 후궁으로 들어가 綏嬪이 되자 健陵參奉을 거쳐 兵曹佐郎에 올랐다. 1790년(正祖 14) 綏嬪이 純祖를 낳자 계속 궁중에서 純祖를 보도, 1800년(純祖 元年) 순조가 즉위한 뒤에는 工曹 判書를 거쳐 刑曹判書 禁衛大將 등 要職을 두루 역임했다. 어려서부터 詩賦를 전공, 누구나 大器임을 예측했다고 한다. 孝友에도 지극했다고 하며, 시호는 忠獻이다.

• 版本構成

　권1~4 : 賦 詩, 권5,6 : 書, 권7~9 : 書, 序, 등, 권10~12 : 墓表, 墓誌銘, 行狀, 附錄 등으로 구성되어 있다.

• 所藏處

　국립중앙도서관, 서울대학교 규장각, 영남대학교 도서관 등에 소장되어 있다.

(4) 기암선생문집(弃嵒先生文集)

書名	出版事項	版式狀況	一般事項	所藏番號
弃嵒先生文集	金應楗 著	朝鮮木版本, 4卷 2冊, 31×20.7cm, 四周雙邊, 半匡 : 18.2×15.5cm, 有界, 10行 18字, 上下白口 上下內向四瓣花紋黑魚尾, 線裝, 楮紙	表題 : 弃嵒集	01-2230 ~2231

• 槪要

　金應楗(1808~1885)의 시문집이다.

• 編纂과 刊行

　이 책은 1898년에 발행되었고, 4권 2책, 목판본이다.

• 著者 및 編者

저자 김응건의 자는 景以, 호는 弇嵒이다. 행적은 자세하지 않으나 성리학적 논거와 역학에 밝았던 도학자로 전한다.

• 版本構成

권1에 시 163수, 권2~3에 書 53편, 잡저 4편, 권4에 序 2편, 애사 2편, 제문 15편, 告由文 2편, 상량문 1편, 부록으로 행장 1편, 묘갈명 1편, 행록 등으로 구성되어 있다.

• 所藏處

국립중앙도서관, 부산대학교 도서관, 경상대학교 도서관 등에 소장되어 있다.

(5) 기양세고(岐陽世稿)

書名	出版事項	版式狀況	一般事項	所藏番號
岐陽世稿	柳長源 編	朝鮮木版本, 4卷 2冊, 32.2×21.4cm, 四周雙邊, 半匡 : 19.9×16.2cm, 有界, 10行 18字, 註雙行, 上下白口 上下內向四瓣花紋黑魚尾, 線裝, 楮紙	印記 : 玉山書院(朱印), 序 : 行而… 鄭宗魯序, 合綴 : 卷1 檜軒先生逸稿 / 柳義孫, 卷2 岐峯先生逸稿 / 柳復起, 卷3~4 陶軒先生逸稿 / 柳友潛	01-2507 ~2508

• 槪要

柳義孫, 柳復起, 柳友潛 등 全州 柳씨 3대의 詩文集이다.

• 編纂과 刊行

후손 柳東巖이 1813년(純祖 13)에 편찬한 것이다.

• 著者 및 編者

저자인 檜軒 柳義孫(1398~1450)의 字는 孝叔, 號는 檜軒・聾巖이다. 1426년(世宗 8) 式年 文科에 합격, 直提學, 都承旨, 吏曹參判 등을 지냈다. 문장으로 알려진 학자이며, 岐陽書院 에 祭享되었다.

• 版本構成

乾坤 2책으로 분류되어 있는데, 乾에는 檜軒先生逸稿(柳義孫)와 岐峯先生逸稿(柳復起)가,

坤에는 陶軒先生逸稿(柳友潛)가 각각 수록되어 있다. 앞에 黃龍漢의 序가 있다. 檜軒先生逸稿：詩 29首(匪懈堂蕭湘八景詩에 대한 河演, 金宗瑞, 鄭麟趾, 成三問, 申叔舟, 朴彭年 등의 附帖中諸詩 17首 및 河演의 原韻에 대한 附和韻 9首 등), 教書 1(誡酒文), 序 2(資治通鑑綱目訓義序, 無寃錄序), 記 2(平海郡風月樓記, 承政院顯名記), 碑銘 1(吏曹參判釣隱崔公墓碑銘幷序), 拾遺, 遺事, 榜目, 遺墨 등. 岐峯先生逸稿：詩 2首, 書 2首(與柳承旨永詢書, 上鶴峯先生), 雜著 1(鶴峯先生行蹟), 輓詞 12, 祭 文 6, 墓表, 墓誌, 墓碣銘, 行狀, 遺事 등. 陶軒先生逸稿上·下：上卷에는 詩 138首, 下卷에는 書 2(答金施達光澍, 上大人書), 祭文 3(祭寒岡鄭先生文, 祭金雲川文, 蠹石樓祭叔父守門將公文), 雜著 3(岐陽書齋上樑文, 門中完議序, 體相入府時陳弊條目), 輓詞 14, 祭文 10(柳友潛에 관한 祭文), 墓誌, 墓碣銘, 行狀, 遺事 등이 수록되어 있다.

• 所藏處

국립중앙도서관, 한국학중앙연구원 장서각, 성균관대학교 존경각 등에 소장되어 있다.

(6) 내재집(耐齋集)

書名	出版事項	版式狀況	一般事項	所藏番號
耐齋集	洪泰猷 著, [跋：1730年] 刊	朝鮮木版本, 6卷 3册, 26.9×18cm, 四周雙邊, 半匡：19.7×13.7cm, 有界, 10行 20字, 上下白口, 上下向白魚尾, 線裝, 楮紙	序：庚戌仲夏…李德壽序, 序：庚戌六月上澣旣仁李宣顯序, 跋：崇禎紀元後三己亥(1779)玄不育孤嘉善大夫司諫院大司諫翼三泣血謹跋	01-3173 ~3175

• 槪要

耐齋 洪泰猷(1672~1715)의 詩文集이다.

• 編纂과 刊行

1730년(英祖 6)에 아들 胤益, 宗益, 大益 3형제가 金昌翕과 李一源에게 편집을 위촉하여 원고 중 3분의 1 정도를 간추려 간행했다.

• 著者 및 編者

저자인 洪泰猷의 字는 伯亨, 號는 耐齋, 本貫은 南陽, 主簿 致祥의 아들이다. 1689년(肅宗

15) 己巳換局에 아버지가 禍를 입자 벼슬할 뜻을 버리고 일생동안 학문에 정진했다. 그의 文章은 한유와 유종원의 문장을 본받았다고 李德壽는 序文에서 밝히고 있다. 특히 三淵 金昌翕이 그를 크게 칭찬할 정도로 洪泰猷는 詩와 文章에 뛰어났다. 英祖 때 持平에 追贈되었다.

● 版本構成

卷首에 序文, 卷1：詩 139首. 卷2：各體의 詩 120여 首. 卷3：書 7편, 序 9편. 卷4：記 4편, 題後 3편, 雜著 11편. 卷5：論 3편, 墓誌 2편, 行狀 1편, 哀辭 1편, 祭文 5편 등이 수록되어 있다. 附錄으로 「遺事」, 「行狀」, 「墓碣銘」, 「墓誌銘」 등이 수록되어 있다.

● 所藏處

국립중앙도서관, 서울대학교 규장각, 국민대학교 도서관 등에 소장되어 있다.

(7) 노계선생문집(蘆溪先生文集)

書名	出版事項	版式狀況	一般事項	所藏番號
蘆溪先生文集	朴仁老 著	朝鮮木版本, 3卷 1冊, 28×19.5cm, 四周雙邊, 半匡：20×15.6cm, 有界, 10行 20字, 註雙行, 上下白口 上下內向四瓣花紋黑魚尾, 線裝, 楮紙		01-3195 ~3196
蘆溪先生文集	朴仁老 著, 1904印出	朝鮮木版本, 3卷 2冊, 28×19.4cm, 四周雙邊, 半匡：20×15.6cm, 有界, 10行 20字, 註雙行, 上下白口 上下內向四瓣花紋黑魚尾, 線裝, 楮紙	表題：蘆溪集, 國漢文混用, 刊記：正宗庚申刊光武甲辰印, 序：春秋館修撰官知制敎 金裕謹序, 跋：月城崔鑾謹序	01-3555 ~3556

● 概要

蘆溪 朴仁老(1561~1642)의 詩文集이다.

● 編纂과 刊行

後孫 希柱가 上·下篇을 合刊한 것이나 刊年은 미상이다.

● 著者 및 編者

저자인 朴仁老의 字는 德翁, 號는 蘆溪 또는 無何翁, 본관은 安東이다. 어려서부터 총명하여 글자를 가르치지 않아도 스스로 능통하였으며 13세 때 漢詩 「戴勝吟」을 지어 사람들을 놀라게 했다. 임진왜란이 일어나자 義兵將 鄭世雅의 휘하에서 왜적과 싸웠으며, 그 후 成允文에게 발탁되어 종군하였다. 1598년(宣祖 31) 왜군이 물러날 때 士卒들의 노고를 위로하기 위하여 「太平詞」를 지었다. 이듬해 武科에 급제하여 守門將, 宣傳官을 지내고 助羅浦水軍萬戶를 지낼 때 善政을 베풀어 善政碑가 세워졌다. 후에 사직하고 고향에 은거하여 詩作에 몰두하여 많은 걸작을 남겼다. 鄭逑, 曺好益, 張顯光 등 선배학자들에게 가르침을 받았고, 李德馨과 교유하기도 했다. 道學과 祖國愛, 自然愛를 바탕으로 전쟁 중에도 詩情과 憂國愛가 넘치는 작품을 썼으며 웅혼하고 신선한 독창적 시풍을 이룩했다. 松江 鄭澈의 뒤를 이어 歌辭文學을 일으키는 데 공헌했다.

• **版本構成**

卷1 : 世系圖, 中庸誠圖, 大學敬圖, 小學忠孝圖, 自敬目 등의 圖와 賦 1수(문足賦), 詩로 五言絶句 9수(題德淵亭, 病中詠懷 등), 五言律詩 3수(鍊玉亭 등), 七言絶句 71수(戴勝吟, 耕田歌 등), 七言律詩 5수(奉呈細谷亭主人 등), 七言古詩 2 수(安分吟 등)와 傳 1편(無何翁傳), 記 1편(夢見周公記)이 있다. 卷2 : 附錄으로 山字五絶韻奉呈蘆溪朴公(鄭好信), 鄕儒請褒賞呈文 등과 續附로 次詠竹韻(鄭好義), 次山字韻, 次人字韻, 兼致景仰之思(鄭夏源) 등이 있다. 卷3 : 歌라는 題下에 한글로 된 가사와 시조를 싣고 있다. 가사는 太平詞, 莎堤曲, 陋巷詞, 船上歎, 獨樂堂, 嶺南歌, 蘆溪歌이고, 시조는 早紅柿歌, 五倫歌, 辛酉秋與寒岡浴于蔚山椒井, 立巖歌, 思親, 慕賢, 蘆洲幽居, 自敬 등 60수가 실려 있고 國漢文混用體로 되어 있다.

• **所藏處**

국립중앙도서관, 서울대학교 규장각, 전남대학교 도서관 등에 소장되어 있다.

(8) 농재선생일고(聾齋先生逸稿)

書名	出版事項	版式狀況	一般事項	所藏番號
聾齋先生逸稿	李彦适 著	朝鮮木版本, 2卷 1冊, 31.5×20.5cm, 四周雙邊, 半匡 : 19.8×16.5cm, 有界, 10行 17字, 註雙行, 上下白口, 上下內向四瓣花紋黑魚尾, 線裝, 楮紙	表題 : 聾齋逸稿, 版心題 : 聾齋先生逸稿, 序 : 公文元晦齋李先生…左承旨陽川許傳序, 跋 : 嗚呼此吾叔…十一代孫通政大夫成均館大司成能燮書	01-1955

聾齋先生逸稿	李彦适 著	朝鮮木版本, 2卷 1冊, 32.1×20.8cm, 四周雙邊, 半匡 : 20.8×17cm, 有界, 10行 18字, 註雙行, 上下白口, 上下內向四瓣花紋黑魚尾, 線裝, 楮紙	表題 : 聾齋集, 序 : ①公文元晦齋李先生之弟也…輔國崇綠大夫行判中樞府事趙斗淳謹書 ②孟子曰…通政大夫前承政院左承旨陽川許傳序, 跋 : 嗚呼此吾叔…十一代孫通政大夫成均館大司成能燮書	01-2083

● 槪要

李彦适(1494~1553)의 시문집이다.

● 編纂과 刊行

1853년(철종 4) 11대 방손인 能燮에 의하여 편집되어 2卷 1冊으로 간행되었다. 권두에 趙斗淳·許傳의 서문과 권말에 이능섭의 後識가 실려 있다.

● 著者 및 編者

이언괄의 자는 子容, 호는 聾齋, 본관은 驪州, 慶州 출신이다. 영의정에 증직된 蕃의 아들이며 어머니는 경주 손씨로 鷄川君 김의 딸이다. 대학자인 형 彦迪에게 글을 배웠고 시끄러운 세상에 뜻을 두지 말고 귀먹은 듯 살아가라는 현인의 뜻에 따라 聾齋라 자호했다. 효성이 지극하고 학문으로 이름이 높았다고 전한다. 1545년(인종 1) 학행으로 추천되어 경기전 참봉에 임명되고, 이듬해 주부로 승진되었으나 부임하지 않았다. 1547년(명종 2) 察訪이 되어, 관할 역민의 부역을 경감하고 세금을 공정하게 징수하는 등 선정을 베풀어 주민들이 송덕비를 세워 덕을 기렸다. 1547년(명종 2)에 형인 晦齋 李彦迪이 尹元衡 일파에 몰려 북청에 유배되자 그의 억울함을 호소하는 상소문을 지어 윤원형의 전횡을 규탄하였다. 성리학과 경전에 밝았고, 후진 교육에 힘을 기울였다. 사헌부 지평에 추증되고 경주의 德溪祠와 德淵祠에 제향되었다.

● 版本構成

권1은 詩·疏·書·雜識, 권2는 부록으로 행장·묘지명·묘갈명·유사·雲泉廟宇上樑文·奉安祝文·德淵祠奉安文·改題祝文·淵淵樓記 등이 실려 있다.

● 所藏處

국립중앙도서관, 서울대학교 규장각, 한국국학진흥원 도서관 등에 소장되어 있다.

(9) 농포집(農圃集)

書名	出版事項	版式狀況	一般事項	所藏番號
農圃集	鄭文孚 著	朝鮮木版本, 5卷 5冊, 19.8×13.1cm, 四周雙邊, 半匡 : 19.7×12.9cm, 有界, 9行 19字, 註雙行, 上下白口, 上下內向四瓣花紋黑魚尾, 線裝, 楮紙	序 : 農圃鄭公遺集合附錄爲著… 崇禎紀元後二十三年, 庚午仲春 驪興殿遇洙敍, 跋 : 右農圃鄭先生遺集二卷附錄…歲甲子春完山後人李建易謹跋	01-2327 ~2331

● 槪要

鄭文孚(1565~1624)의 詩文集이다.

● 編纂과 刊行

현손 鄭相點이 지은 발문에 의하면, 鄭構가 戊子年(1708)에 통제사로 있는 吳重周에게 부탁하여 목판으로 간행하게 하였다고 한다. 그러나 초간본은 현재 전해지고 있지 않다. 이후 격문과 서, 발, 諡狀을 첨가하여 英祖 34년(1758)에 2권 2책으로 追刻이 이뤄진다. 重刊본은 부록을 증보하고 연보를 첨가하여 高宗 27년(1890)에 진주에 있는 佳谷에서 7권 4책 목활자로 간행되었다. 이 책도 이때 간행된 판본이다. 이후 1897년에 속집이 5권 5책의 목판본으로 간행되고 1898년에 6권 5책으로 後刻이 이뤄진다.

● 著者 및 編者

저자 정문부의 본관은 海州로, 자는 子虛이고 호는 農圃, 시호는 忠毅이다. 明宗 20년(1565)에 서울 南部 盤松坊의 南小洞에서 鄭愼과 金興禮의 딸 사이에서 둘째 아들로 태어났다. 14살에 「月明花落又黃昏」이란 시로 陞補試에 장원하였고 宣祖 18년(1885)에 생원진사시에 합격하였다. 3년 뒤에는 식년문과(式年文科)에 갑과(甲科)로 합격하여 한성부 참군(漢城府參軍)이 되었다. 宣祖 25년(1592) 북평사(北評事)로 재직하고 있을 당시 임진왜란이 일어났는데, 이때 경성(鏡城)에서는 국세필(鞠世弼)의 주도하에 반란이 일어났다. 정문부는 의병을 일으켰지만 반역자인 국세필과의 전투에서 패배하였다. 그 이후 세(勢)를 규합하여 다시 의병을 일으켜 국세필을 제거하고 길주(吉州)에 있던 왜군을 격파하였으며 그 공으로 이듬해 통정계(通政階)에 올랐다. 宣祖 26년(1593)부터 영흥부사(永興府使), 온성부사(穩城府使), 길주부사(吉州牧使), 안변부사(安邊府使), 공주목사(公州牧使) 등을 차례로 역임하고 光海君 2년(1610)에는 사은부사(謝恩副詞)로 명나라를 다녀왔다. 이괄의 난이 일어나자 인조가 부총관으로 임명하였으나 병으로 나아가지 못하고 박래장(朴來章)의 역모에 연루되어 교살(絞殺)당하였다. 그 후 顯宗 7년(1666)에 숭정대부의정부우찬성(崇政大夫議政府右贊成)으로 추증되었으며 肅宗 39년(1713)에 충의(忠毅)라는 시호를 받았다.

• 版本構成

권1은 오언고시(五言古詩) 6편, 칠언고시(七言古詩) 14편, 오언절구(五言絶句) 39편, 칠언절구(七言絶句) 138편로 분류하였고 권2는 오언율시(五言律詩) 24편, 칠언율시(七言律詩) 117편, 칠언배율(七言排律) 4편으로 분류하여 시를 싣고 있고 부(賦)는 「급류용태부(急流勇退賦)」 1편만 수록되어 있다. 권3은 전문(箋文), 격문(檄文), 여문(儷文), 장계(狀啓)가 있는데, 권4~7은 부록인데 권4는 이단하(李端夏)와 민정중(閔鼎重)이 저자와 관련하여 주고받은 편지글들을 비롯하여 증손 정삼(鄭杉)이 시호(諡號)를 청하는 상소(上疏) 등 다양한 종류의 글들이 수록되어 있다. 권5는 서성(徐渻)이 지은 「가자교서(加資敎書)」를 비롯하여 창렬사(彰烈祠)·현충사(顯忠祠)의 사액치제문(賜額致祭文), 이식(李植)이 지은 「기임진거의사(記壬辰擧義事)」, 민진후(閔鎭厚)가 지은 「시장(諡狀)」, 황경원(黃景源)이 지은 「신도비명(神道碑銘)」, 북관대첩비명(北關大捷碑銘) 등을 수록하고 있다. 권6은 「국승기략(國乘紀略)」, 저자와 관련된 내용이 나오는 책들의 내용을 기록한 「제가기술(諸家記述)」, 여러 사람들과 창수(唱酬)한 시를 모은 「제현창주(諸賢唱酬)」가 수록되어 있다. 권7은 연보(年譜) 등이 수록되어 있다. 마지막에 저자의 현손 정상점(鄭相點)의 지(識)와 9대손 정혁교(鄭奕敎)의 지, 송병선(宋秉璿)의 발문이 수록되어 있다.

• 所藏處

국립중앙도서관, 서울대학교 규장각, 한국학중앙연구원 장서각, 성균관대학교 존경각, 한국국학진흥원 도서관 등에 소장되어 있다.

(10) 눌은선생문집(訥隱先生文集)

書名	出版事項	版式狀況	一般事項	所藏番號
訥隱先生文集	李光庭 著	朝鮮木版本, 22卷 11冊, 32.7×21.7cm, 四周雙邊, 半匡 : 20.1×16.3cm, 有界, 11行 22字, 上下內向四瓣花紋黑魚尾	跋 : 英廟丙子先生…後學通政大夫…金翰東謹跋	01-0431~0449

* 概要

李光庭(1674~1756)의 詩文集이다.

* 編纂과 刊行

그의 장례에 모인 鄕中 士林이 발기하여 遺文을 편집하고 각기 醵出하여 1808년(純祖8)에 간행했다.

* 著者 및 編者

저자 李光庭의 字는 天祥, 號는 訥隱, 本貫은 原州, 通德郞 李後龍의 아들로서 贈戶曹參判 李先龍에게 出系했다. 1699년(肅宗 25)에 進士試에 合格, 太白山에 은거하여 修身行律하며 독서와 문장에 전심했다. 1735년(英祖 11) 趙顯命과 金在魯의 천거로 厚陵參奉을 除援 받았으나 곧 병을 빙자하여 사퇴했다. 이어 莊陵參奉을 역임했으나 다시 丹陽으로 돌아갔다. 그 후 繕工監役, 翊衛司洗馬, 僉知中樞府事, 同知中樞府事 등 여러 직에 임명되었으나 나이 많은 것을 핑계로 太白山에 들어가 평생을 수양, 학문에 전심했다.

* 版本構成

卷1~3 : 辭, 賦, 詩가 있다. 卷4, 5 : 疏와 書가 있다. 卷6, 7 : 雜著와 序가 있다. 卷8 : 記와 跋이 있다. 卷9 : 識 , 銘, 箴, 贊, 誄辭, 哀辭 등이 있다. 卷10~19 : 祝文, 祭文, 碑銘, 墓表, 墓碣 等이 있다. 卷20 : 遺事와 傳이 있다. 卷21 : 亡羊錄과 折翼論 등이 있다. 또한 大山 李象靖이 쓴 遺稿後序가 있다. 卷22 : 부록에는 大山 李象靖이 지은 行狀, 漢城判尹 李獻慶이 지은 墓誌銘 등이 있다.

* 所藏處

국립중앙도서관, 서울대학교 규장각, 영남대학교 도서관 등에 소장되어 있다.

(11) 담암선생일집(淡庵先生逸集)

書名	出版事項	版式狀況	一般事項	所藏番號
淡庵先生逸集	白文寶 著	朝鮮木版本, 4卷 1冊, 30.7×20.8cm, 四周雙邊, 半匡 : 20.3×16.1cm, 有界, 10行 18字, 註雙行, 上下白口, 上下內向四瓣花紋黑魚尾, 線裝, 楮紙	表題 : 淡庵集, 跋 : 通政大夫前行承政院同副承旨兼經筵參贊官春秋館修撰官眞城李晚壽謹書, 印記 : 玉山書院(朱印), 玉山書院上(墨書)	01-3540

● 概要

고려 말의 문신 白文寶(?~1374)의 문집이다.

● 編纂과 刊行

편자나 간년은 미상이다. 권말에 고종 때 의금부도사를 지낸 金道和의 後敍와 行承政院副承
旨를 역임한 李晚燾의 발문의 내용으로 보아, 구한말에 후손이 그의 시문을 수습하여 엮은
것으로 추정되나 간행 연도는 알 수 없다.

● 著者 및 編者

저자인 백문보의 본관은 稷山, 字는 和夫, 號는 淡庵이며, 부사 堅의 아들이다. 忠肅王 때
문과에 급제, 春秋檢閱을 거쳐 右相侍에 이르렀다. 李齊賢, 李達衷과 함께 고려의 국사를
찬하는 임무를 맡았다. 김도화의 후서에는 백문보가 朴忠佐, 李齊賢, 李穀 등과 더불어 白頤
正을 좇아 程朱의 학문을 배워 동방을 밝혔다고 하였고, 이만도의 발에서는 백문보가 權溥의
문인으로 安裕를 사숙하여 儒學을 신봉하였으며 충렬왕부터 공민왕에 이르기까지 6조 사이
에 일심으로 왕실을 섬겼다고 하였다.

● 版本構成

권1에는 「送奉使稼亭李中父(穀)還朝」, 「次矗石樓韻」, 「次鏡浦臺韻」, 「伏次拱北樓應製詩
韻」, 「朴淵瀑布行」 등 시 11수가 수록되었다. 권2에는 文을 수록하였는데, 「斥佛疏」, 「論選
法箚子」 및 「論時政箚子」 8편의 疏箚와 序로는 「及庵集序」, 「懶翁語錄序」, 「判三司事一直
孫公賜杖詩序」가 있다. 記로는 「暎湖樓金榜記」, 「尹氏墳廟記」가 있고, 說로는 「栗亭說」,
「惕若齋說」이 있으며, 「文憲公彛齋先生行狀」과 「南陽侯陽坡洪文正公神道碑銘」이 있다.
附錄上의 「贈遺諸篇」에는 李穀, 鄭誧 李崇仁, 朴愚, 李達衷 등이 백문보에게 준 詩文 7편을
실었다. 附錄下에는 尹紹宗의 挽辭와 7대손 見龍이 찬한 行狀이 있다. 또 『歷朝榜目』·『權
菊齋文人錄』·『白彛齋實記』 등의 서적에서 가려 뽑은 백문보의 행적과 관련된 기록을 모은
「史傳撮集」이 있다. 다음의 「編年」은 백문보의 일생을 연대순으로 기록한 것이며, 아울러
金宏이 쓴 「雲山書院奉安文」 및 「雲山書堂重建上樑文」과 「同門錄」 「門人錄」이 함께 실려
있다.

● 所藏處

국립중앙도서관, 서울대학교 규장각, 성균관대학교 존경각 등에 소장되어 있다.

(12) 대산선생문집(大山先生文集)

書名	出版事項	版式狀況	一般事項	所藏番號
大山先生文集	李象靖 著	朝鮮木版本, 52卷 27冊, 31.8×21cm, 四周雙邊, 半匡：21.5×16.5cm, 有界, 10行 18字, 上下內向四瓣花紋黑魚尾, 線裝, 楮紙	表題：大山集	01-0302 ~0328

● 概要

李象靖(1710~1781)의 詩文集이다.

● 編纂과 刊行

序, 跋, 附錄 등이 없어서 編纂과 刊行 시기를 확인하기 어렵다.

● 著者 및 編者

저자인 李象靖의 字는 景山, 號는 大山, 韓山人이다. 그의 外祖 密菴 李栽의 門에서 受業하였다. 1735년(英祖 14) 進士試를 거쳐 同年에 文科에 擢第, 벼슬이 刑曹參議에 이르렀다. 象靖이 安東에서 講學하자 學人이 많이 모여들었다. 大夕山下에 卜居하여, '大山書堂'이라는 扁額을 걸었다. 이리하여 그는 大山先生이라 불리게 되었다. 性理學을 研鑽하여 退溪의 嫡傳을 繼承하였다고까지 稱仰되었다.

● 版本構成

卷1：詩(擬古 등 137首) 卷2：詩(旅枕偶得絶句 등 157首) 卷3：詩(步上孤雲途中口 占 등 166首) 卷4：疏(辭兵曹參知疏 등 6편) 卷5：書(與李懶拙齋 등 17편) 卷6：書(與金霽山 등 17편) 卷7：書(與李仲久 등 23편) 卷8：書(答李公燮 등 27편) 卷9：書(答崔汝浩 등 44편) 卷10：書(10편) 卷11：書(答金退甫 등 13편) 卷12：書(與金退甫論四端 등 13편) 卷13：書(答朴孝有 등 24편) 卷14：(書答李萬甫 등 26편) 卷15：書(答崔進叔 등 30편) 卷16：書(答李澤仲 등 33편) 卷17：書(答柳叔亨 叔文叔遠 등 13편) 卷18：書(答柳叔遠 등 17편) 卷19：書(答權景晦 등 8편) 卷20：書(答權景晦 등 14편) 卷21：書(答李學甫 등 25편) 卷22：書(答李學甫問目 등 24편) 卷23：書(答李學甫 등 24편) 卷24：書(答金道彦 등 6편) 卷25：書(答金道彦 등 22편) 卷26：書(答金道彦 등 19편) 卷27：書(答徐尙甫 등 17편) 卷28：書(答黃景初 등 23편) 卷29：書(答曰子長 등 23편) 卷30：書(答金直甫 등 12편) 卷31：書(答李穉輝 등 22편) 卷32：書(答鄭士仰 등 27편) 卷33：書(答金子野 등 19편) 卷34：書(答金景蘊

등 24편) 卷35 : 書(答金弘輔問目 등 13편) 卷36 : 書(答柳天瑞龜瑞 등 36편) 卷37 : 書(答安瓚如 등 22편) 卷38 : 書(上家嚴등 64편) 卷39 : 雜著(率性之謂道說 등 11편) 卷40 : 雜著(中庸戒愼不睹恐懼不聞疑義 등 8편) 卷41 : 雜著(讀權江左中庸疑 義 등 5편) 卷42 : 雜著(科擧私議 등 9편) 卷43 : 序(聖賢遺像卷序 등 23편) 卷44 : 序(東籬金公遺卷序 등 9편) 記(報本齋記 등 11편) 卷45 : 跋(書李秀才遺事後 등 45편) 卷46 : 箴(冬至五箴) 銘(屛銘八帖등 3편) 贊(知中樞懶拙齋李公畫像贊) 上樑文(柏湖書 堂上樑文 등 3편) 哀辭(金章仲哀辭 등 3편) 祝文(大土巖祈雨文 능 21편) 祭文(祭外大 父密庵先生文 등 22편) 卷47 : 碑(右贊成岺軒李公墓碑銘 등 6편) 墓誌銘(世子師南坡洪 公墓誌銘 등 12편) 卷48 : 墓碣銘(耕隱李先生墓碣銘 등 19편) 卷49 : 行狀(石贊成琴軒 李公行狀 등 7편) 卷50 : 行狀(6편) 卷51 : 行狀(二樂堂周公行狀 등 10편) 卷52 : 行狀(三山柳公行狀 등 8편).

• 所藏處

국립중앙도서관, 서울대학교 규장각, 성균관대학교 존경각 등에 소장되어 있다.

(13) 대해선생문집(大海先生文集)

書名	出版事項	版式狀況	一般事項	所藏番號
大海先生文集	黃應淸 著	朝鮮木版本, 1冊, 30.1×20.1cm, 四周雙邊, 半匡 : 19×15.5cm, 有界, 10行 20字, 註雙行, 上下白口 上下內向四瓣花紋黑魚尾, 線裝, 楮紙	表題 : 大海集, 序 : 大司憲眞城李世澤謹序	01-3116

• 槪要

黃應淸(1524~1605)의 시문집이다.

• 編纂과 刊行

문집 첫 부분에 李世澤(1716~1777)이 찬한 서문이 수록되어 있는데, 서문의 작성 연대를 고려할 때 본 문집은 1776년(영조 52) 무렵에 간행되었음을 짐작할 수 있다.

• 著者 및 編者

저자인 황응청은 자가 淸之, 호가 大海, 본관은 平海이며, 부친은 星州牧使 塤, 모친은 淑人金氏이다. 1552년(명종 7)에 사마시에 합격하였으나, 과거에 뜻을 두지 않고 獨善之學에 전념하였다. 1584년(선조 14)에 學行으로 천거되어 禮賓寺參奉, 開城 延恩殿參奉을 제수받았다. 1594년(선조 27)에는 掌苑署 別提에 임명되어 선조에게 上疏를 올려 時弊 4條를 논하여 받아들여졌다. 이를 계기로 眞寶縣監에 제수되었으나 2년이 못되어 그만두고, 正明里에 돌아왔다. 그 후 수차례 遺逸로 천거되었으나 끝내 나가지 않고 후진 양성에 여생을 마쳤다. 효성과 우애가 지극하여 1638년(인조 16)에 旌閭되었다. 교유한 인물로는 趙穆, 朴惺, 李山海 등이 있다. 서문에서는 황응청의 道學과 학문을 칭송하며, 뛰어난 재능과 식견에도 불구하고 끝내 포부를 펴지 못하고 동해의 궁벽진 곳에서 묻혀 지낸 것을 안타까워하였다. 아울러 著述文字가 적지 않은데, 세월이 오래되어 거의 散佚되고, 나머지 약간 편을 모아 편집하였음을 밝히며, 비록 적은 분량이지만 그의 講明道義之實을 짐작하기에는 부족함이 없을 것이라 하였다.

● 版本構成

권1에는 詩 54수(端午旣望次姪子汝一韻 등), 賦 4편(東海無潮汐, 不誠無物, 天地間至尊者道, 大丈夫), 疏 1편(陳弊疏), 書 3편(與趙士敬書, 答趙士敬書, 答趙士敬書), 雜著에는 序 1편(箕城鄕憲序), 謠 1편(上洪相國渾謠), 祭文 1편(仙淵祈雨祭文)이 수록되어 있다. 부록에는 李時明이 撰한 行狀, 金應祖가 撰한 有鮮徵士大海堂先生黃公行狀, 李象靖이 撰한 大海先生墓碣銘幷序, 姪子 汝一의 祭文, 門人 李涵과 白見龍의 挽詞 2편, 李時明의 鄕社奉安文과 常享祝文, 曹廷融의 明溪書院奉安文, 金應祖의 常享祝文, 鄭玉의 明溪書院廟宇移建奉安文, 尹時衡의 鄕社奉安時記序, 作者不傳인 鄕社上樑文, 姜錫圭의 明溪書院廟宇上樑文, 鄭玉의 明溪書院廟宇移建上樑文, 李栽의 旌閭碑陰記, 李山海의 正明村記 등이 수록되어 있다.

● 所藏處

국립중앙도서관, 서울대학교 규장각, 한국국학진흥원 도서관 등에 소장되어 있다.

(14) 덕봉선생문집(德峯先生文集)

書名	出版事項	版式狀況	一般事項	所藏番號
德峯先生文集	李鎭宅 著	朝鮮木版本, 6卷 3冊, 32.4×21.4cm, 四周雙邊, 半匡 : 19.5×15.5cm, 有界, 10行 18字, 註雙行, 上下白口, 上下內向四瓣花紋黑魚尾, 線裝, 楮紙	序 : 昔益齋李先生當…上之三十九年壬寅四月下澣眞城李晩壽謹序, 跋 : 昔朱夫子敍雲龍李公…壬寅天中節前義禁府都事聞韶金道和謹書	01-2139 ~2141

• 槪要

李鎭宅(1738~1805)의 詩文集이다.

• 編纂과 刊行

1902년에 後孫 圭一이 6卷 3冊으로 간행했다.

• 著者 및 編者

李鎭宅(1738~1805)의 詩文集으로 1902년 後孫 圭一이 간행했다. 李鎭宅의 字는 養重, 號는 德峯. 本貫은 慶州, 雲培의 아들이다. 1780년(正祖 4) 文科에 及第, 承文院 副正字를 거쳐 成均典籍, 齋陵令, 禮曹正郎, 司憲府監察, 兵曹佐郎, 司憲府指平, 掌令을 역임하였으나 官運이 좋지 않았던 것으로 알려졌다. 그는 臺官으로 있으면서 三政 丞에게 抗章하는가 하면 寺奴婢革罷에 대한 上疏를 올려 正祖가 그 疏를 大臣에게 命하여 각 道臣에게 謄寫해 보내는 榮光을 차지하기도 하였다.

• 版本構成

권1에는 詩 101수가 있다. 권2에는 疏 3수(辭臺職兼陳寺奴革罷疏, 義理疏, 再疏), 啓 6수(輪對入侍啓附禮曹啓附禮曹判書李在簡, 謝掌令新啓, 賓廳請討逆啓, 姜鳳瑞施以刊削啓, 論朴長高誣陷徐有防啓, 應旨進農務冊子五條). 권3에는 書 48수(與李大憲公宅鼎揆등). 권4에는 雜著로 論 1수(命龍於末論 : 殿試) 四六 1수(仁者樂山智者樂水), 記夢 1수(記夢詩), 賦 1수(庶民惟星賦), 金剛山遊錄, 日錄, 北征日記, 拾遺, 識 2수(貞武公崔先生實紀後識, 先祖益齋先生墓山識), 祝文 1수(家宅移建開基祝), 祭文 7수(祭南厓李先生文, 祭樊岩蔡文肅公濟恭文 등), 碑文 1수(先祖益齋先生遺墟碑文), 行狀 1수(求忠堂李公行狀), 傳 1수(彰信校尉李公傳), 上樑文 1수(蘇奇居第新建上樑文). 권5는 附錄으로 輓詞와 祭文 28수가 수록되어 있다. 권6도 역시 附錄으로 그의 遺事(曾孫 祐榮書), 行狀(全義 李種祀 撰), 墓碣銘(驪江 李鼎秉撰), 墓誌銘(領中樞府事 李裕元 撰), 墓誌銘(慶尙北道觀察使李裕寅撰), 上言(言頭 趙命基, 製言 權玉淵), 內部回啓(李乾夏), 上言(請加贈賜諡, 言頭 鄭會圭, 製言 權玉淵), 焚黃告由文(校理 權玉淵撰), 墓表陰記(贈秘書丞後)과 奎章閣原任直閣 達城 徐相祖의 識, 玄孫 圭一의 遺事後小識, 前義禁府都事 聞韶 金道和의 跋文(1902)이 수록되어 있다. 卷末에는 1792년 5月에 만든「疏會錄」이 添付되어 있다.

● 所藏處

국립중앙도서관, 서울대학교 규장각, 안동대학교 도서관 등에 소장되어 있다.

(15) 덕양유고(德陽遺稿)

書名	出版事項	版式狀況	一般事項	所藏番號
德陽遺稿	奇遵 著	朝鮮木版本, 3卷 1冊, 37×22.6cm, 四周雙邊, 半匡 : 24.8×17.5cm, 有界, 11行 23字, 註雙行, 上下白口 上下內向六瓣花紋黑魚尾, 線裝, 楮紙	序 : 嘉靖二十三年甲辰秋朴忠原書于寧城書院, 跋 : 萬曆三十三年(1605)八月…世子左副賓客吳億齡令跋	01-3561

● 概要

奇遵의 시문집이다.

● 編纂과 刊行

저자의 시문집은 1541년 門生 朴忠元이 영월군수로 부임하자 저자의 아들 奇大恒이 家藏草稿를 가져와 출간을 부탁하여 朴忠元이 1544년에 序文을 지었다. 이후 유포되어 제가들이 열람한 기록이 있으나, 현존본이 남아있지 않아서 간행 여부는 불분명하다. 그리고 許篈이 저자의 立朝時 疏箚를 간행하려 했으나 뜻을 이루지 못하였다. 그 후 1606년 저자의 증손 奇自獻이 '德陽遺稿'라고 題名하여 목판본 3권 2책으로 간행하였다. 이는 일찍이 奇大恒이 수집·편차한 定稿本에 對策·疏章·祭文 각 1편과 贈行詩 10수, 啓辭·簡札 각 3편을 모아 補遺로 만들고, 제가의 記錄에서 저자와 관련된 기록과 文人韻士들이 추모하여 諷詠한 글을 모아 附錄으로 만들어 合編한 것이다. 그 후 1899년 방손 奇宇萬이 초간본의 권차를 재편하고 '服齋先生文集'으로 제목을 바꾸어 6권 2책의 목활자로 간행하였다.

● 著者 및 編者

저자인 奇遵은 1513년(중종 8) 사마시에 합격하고 이듬해 별시문과에 급제하여, 史官을 거쳐 홍문관정자로 抄啓文臣이 되었으며, 박사를 역임한 뒤 賜暇讀書하였다. 스승 趙光祖의 노선을 견지하였으며, 司經으로 있을 때에는 임금에게 孝悌의 도리를 다할 것을 건의하였다. 1516년 著作으로 天文肄習官을 겸임하였으며, 檢討官·修撰·檢詳·掌令·侍講官 등을 두루 역임하였고, 李誠彦이 임금을 속이고 부정을 저질렀다 하여 이를 탄핵하는 상소를 올리는 한편, 당시 臺閣이 이를 묵인하였음을 논박하여 勳舊派인 南袞·沈貞 등으로부터 질시의 대상이 되었다. 1519년 응교가 되어 마침 기묘사화가 일어나자 조광조를 위시하여 金湜·金淨 등과 함께 하옥되고, 이어 아산으로 정배되었다가 이듬해 죄가 가중되어 다시 온성으로 이배되었다. 모친상을 당하여 고향에 돌아갔다가 1521년 宋祀連의 무고로 辛巳誣獄이 터져 다시 유배지에 가서 교살되었다. 시에도 능하여 『海東詩選』·『大東韻府群玉』 등에 시가 수록되어 있다. 온성의 忠谷書院, 아산의 牙山書院, 고양의 文峯書院 등에 제향되었다. 저서로는 『服齋集』·『戊寅紀聞』·『德陽日記』 등이 있다. 己卯名賢의 한 사람으로 1545년(인종 1) 신원되어 이조판서에 추증되었다. 시호는 文愍이다.

● 版本構成

권1·2는 詩 475수, 권 3은 策 1편, 疏 1편, 筵說 2편, 권4는 書 3편, 잡저 8편, 銘 61편, 부록 권1은 撮錄으로 李滉·金正國·康惟善·盧守愼·許篈·李好閔·申欽·李廷龜·柳成龍 등의 저자에 대한 기록, 부록 권2는 행장·謚狀·碑記 등으로 구성되어 있다.

● 所藏處

국립중앙도서관, 서울대학교 규장각, 연세대학교 도서관 등에 소장되어 있다.

(16) 동강선생문집(東岡先生文集)

書名	出版事項	版式狀況	一般事項	所藏番號
東岡先生文集	金宇顒 著	朝鮮木版本, 22卷 9冊, 31×21cm, 四周雙邊, 半匡 : 19.7×15.8cm, 有界, 10行 21字, 註雙行, 上下白口 上下內向四瓣花紋黑魚尾, 線裝, 楮紙	序 : 古人有言… 上之八年…下浣後學陽川許惺序, 所藏 : 卷 1~22, 年譜 卷1~3	01-2428~2436
東岡先生文集	金宇顒 著	朝鮮木版本, 17卷 8冊, 30.5×20.5cm, 四周雙邊, 半匡 : 19.8×16.3cm, 有界, 10行 21字, 註雙行, 上下白口 上下內向四瓣花紋黑魚尾, 線裝, 楮紙	表題 : 東岡先生集	01-2463~2470

● 概要

東岡 金宇顒(1540~1603)의 시문집이다.

● 編纂과 刊行

文集은 1755년(영조 31) 晴川書院(경남 진해시 소재)에서 처음으로 간행되었다. 그러나 문집의 편집은 훨씬 이전부터 추진되고 있었던 것으로 추정된다. 그와 같은 추정의 근거는 우선적으로 저자의 年譜 가운데 '辛丑年(1661) 文集成'이라는 기사가 눈에 띄고, 또한 許穆이 지은 서문의 작성 시점이 1667년(현종 8)이라는 점이다. 1755년에 간행된 초간본의 경우도 '乙亥(1755) 中秋 晴川書院刊補'라는 刊記가 수록되어 있는 것으로 보아, 1755년 이전에 문집이 간행되었을 가능성도 배제할 수 없다. 중간본은 1906년(광무 10)에 재편집하여 간행되는데, 간행과 관련해서는 구체적인 언급이 없다.

● 著者 및 編者

저자인 김우옹(1540~1603)의 자는 肅夫, 호는 東岡·直峰布衣, 본관은 義城, 시호는 文貞이다. 南冥 曺植의 문인으로 1558년(명종 13) 진사시에 합격하고 1567년(명종 22) 식년문과에 병과로 급제한 뒤, 1573년(선조 6) 홍문관정자를 시작으로 수찬·이조좌랑·사인 등을 거쳐 성균관대사성·전라도관찰사·대사헌·예조참판 등의 요직을 두루 역임하였다. 한편 1579년(선조 12)에는 賜暇讀書하도록 되었으나 소를 올려 사양하였다. 경연을 통해 학문적 문제와 정치에 시책을 진언하여 宣祖로부터 두터운 신임을 얻었다. 왕명에 응하여 定志·講學·敬身·克己·親君子·遠小人 등을 내용으로 하는 「聖學六箴」을 지어 올렸으며, 宋代 학자 張栻과 明代 학자 薛瑄의 문집 간행을 요청하여 실현을 보았다. 성균관 대사성 재직시에는 學令·讀法·置經行齋·擇師儒·選生徒·貢士·取士 등으로 구성된 「學制七條」를 짓기도 했다. 또한 선학을 존경하여 李滉에게 시호를 내릴 것을 청하였으며, 趙光祖를 제향한 양주의 道峰書院에 사액을 내릴 것도 청하였다. 柳成龍·金誠一 등과 가까워 정치적으로도 이들과 입장을 같이하는 東人으로 활동하였고, 西人 鄭澈·李景憟 등이 쟁단을 일으키려 한다 하여 파직을 주장하기도 하였으나, 李珥에 대하여만은 존경하는 태도를 취하였다. 사후 이조판서에 추증되고, 청주의 鳳溪書院, 성주의 檜淵書院·晴川書院, 회령의 鄕祠 등에 제향되었다.

● 版本構成

권1은 詩 25題가 대략 연도순으로 편차되어 있고, 권2~17은 疏箚와 啓辭, 書, 經筵講義, 祭文, 行狀 등이며, 권18은 補遺로 詩, 紀行, 跋, 疏箚, 七峯先生遺事 등이고, 권19는 附錄으로 祭文, 挽章, 祝文, 謚狀 등이다. 그리고 별책의 부록에 世系圖, 年譜, 致祭文, 祭文과 行狀 등이 있다.

• 所藏處

국립중앙도서관, 서울대학교 규장각, 성균관대학교 존경각, 한국국학진흥원 도서관 등에 소
장되어 있다.

(17) 동계선생문집(桐溪先生文集)

書名	出版事項	版式狀況	一般事項	所藏番號
桐溪先生文集	鄭蘊 著	朝鮮木版本(初鑄甲寅字飜刻), 4卷 5冊, 29.3×20.2cm, 四周雙邊, 半匡 : 17.8×15.1cm, 有界, 10行 19字, 註雙行, 上下白口 上下內向四瓣花紋黑魚尾, 線裝, 楮紙	序 : 桐溪鄭先生…葳老人極峯居士趙絅稿, 所藏 : 卷1~4, 附錄 卷1~2	01-2134 ~2438

• 槪要

桐溪 鄭蘊의 시문집이다.

• 編纂과 刊行

초간본과 중간본 두 가지 판본이 현존하는데, 초간본은 저자의 親孫인 岐壽가 省峴(경북 청
도군) 察訪으로 있으면서 간행을 주관, 趙絅과 許穆으로부터 서문과 발문을 받아 1660년(현
종 1)에 간행하였다. 중간본은 초간본에서 누락된 遺文과 그 밖의 글들을 續集 3권과 附錄
2권, 그리고 年譜 등으로 편집하여 1852년(철종 3)에 간행하였다.

• 著者 및 編者

저자인 정온(1569~1641)의 자는 輝遠, 호는 桐溪·鼓鼓子, 본관은 草溪, 진사 惟明의 아들이
다. 鄭仁弘의 문인으로 1601년(선조 39)에 진사가 되고 1610년(광해군 2) 별시문과에 을과로
급제한 뒤, 사간·이조참의·대사간·대제학·이조참판 등의 요직을 두루 역임하였다. 임해군
옥사 사건 당시 全恩說을 주장하였고, 영창대군이 강화부사 鄭沆에 의해서 피살되자 격렬한
상소를 올려 정항의 처벌과 당시 일어나고 있던 폐모론의 부당함을 제기하다가, 제주도에
유배되어 圍籬安置되었다. 그 뒤 인조반정 때까지 10년 동안 유배지에서 중국 옛 성현들의
명언을 모은 『德辨錄』을 지었다. 인조반정 후에는 광해군 때 절의를 지킨 인물로 지목되어
淸要職을 두루 역임하였는데, 반정공신들의 비리와 병권 장악 등을 비판하였다. 정묘호란으
로 강화도가 함락되고 항복이 결정되자 오랑캐에게 항복하는 수치를 참을 수 없다고 하며
칼로 자결하였으나 목숨이 끊어지지 않았다. 그 뒤 관직을 단념하고 덕유산에 들어가 생계를

자급하다가 죽었다. 肅宗 때 그의 굳은 절의를 높이 평가하여 영의정에 추증하고, 廣州의 顯節祠, 제주의 橘林書院, 함양의 藍溪書院에 제향되었다. 시호는 文簡이다.

● 版本構成

권1에는 약 370여 수의 詩가 詩體別로 편차되어 있으며 권말에 補遺로 五言排律 등 6수의 시가 더 실려 있다. 권2에는 序, 書, 記, 論 등의 文 외에 跋까지 모두 41편의 文이 실려 있으며, 권3은 疏箚와 啓辭 30편에 補遺로 啓辭 1편, 先考妣의 행장과 姜翼의 행장 3편이 실려 있다. 권4에는 碑銘, 墓誌 21편과 補遺로 郭訒의 墓碣銘이 실려 있다. 附錄으로는 권1에 行狀(許穆)과 諡狀(趙絅), 권2에 敎書, 祭文, 奉安文, 挽詩 등이 실려 있다.

● 所藏處

국립중앙도서관, 서울대학교 규장각, 연세대학교 도서관 등에 소장되어 있다.

(18) 동고선생문집(東皐先生文集)

書名	出版事項	版式狀況	一般事項	所藏番號
東皐先生文集	徐思選 著	朝鮮木版本, 6卷 3冊, 32.9×21.8cm, 四周雙邊, 半匡 : 20.4×16.9cm, 有界, 10行 18字, 註雙行, 上下白口 上下內向四瓣花紋黑魚尾, 線裝, 楮紙	序 : 君子有遺世獨得不來人…上之三十三年春三月夏瀕豊山柳㙮春序, 跋 : 嗚呼吾先祖東皐先生之道學…庚戌四月八日八代孫炳奎謹錄	01-2262 ~2264

● 槪要

徐思選(1579~1651)의 시문집이다.

● 編纂과 刊行

1850년에 木版本으로 初刊되었으나 널리 퍼지지 않았으므로, 1936년에 李彙寧이 지은 「陞院告由文」을 부록의 篇末에 덧붙여 다시 간행하였다.

● 著者 및 編者

저자인 徐思選은 南澗 徐渥의 아들로 일곱 살 때부터 從兄 樂齋 徐思遠에게 학문을 배웠다. 1595년에는 寒岡 鄭逑를 찾아가 가르침을 청했다. 또 旅軒 張顯光에게도 從遊하였다. 1624

년 李适이 반란을 일으켰을 때에는 성균관에 있다가 급히 鄭經世를 따라 영남으로 내려가 그곳의 선비들을 규합하여 의병을 일으켜 장정 100여 명과 군량 50석을 얻었는데, 난이 이미 평정되었다는 말을 듣고 해산하였다. 그런데 이때의 일과 관련하여 誣告를 당하기도 했는데, 그 경위는 권4에 실린 「自明疏」와 「該曹回啓」에 자세하다. 이후 1636년에는 遺逸로 천거되어 禮賓寺參奉에 제수되기도 하였는데, 서울로 올라가 한번 肅拜하고 내려왔을 뿐, 중앙 정계에 진출하지 않았으며, 향촌에 살면서 후학들을 지도하다가 세상을 떠난 것으로 보인다.

● 版本構成

본 문집은 5권과 追錄으로 구성되었는데, 권1~3 시, 권4 축문 및 제문 외 산문, 권5 부록, 追錄이다.

● 所藏處

국립중앙도서관, 서울대학교 규장각, 계명대학교 동산도서관 등에 소장되어 있다.

(19) 동국이상국전집(東國李相國全集)

書名	出版事項	版式狀況	一般事項	所藏番號
東國李相國全集	李奎報 著	朝鮮木版本混入補刻板本, 零本, 4冊, 28.4×21.1cm, 四周雙邊, 半匡 : 22.2×16.9cm, 有界, 10行 17字, 大黑口, 上下內向黑魚尾, 線裝, 楮紙	表題·版心題 : 李相國集, 所藏 : 卷4~7, 24~27, 35~37, 38~41	01-0695~0698

● 槪要

李奎報(1168~1241)의 시문집이다.

● 編纂과 刊行

이 전집의 고려 판본은 현재 2종이 알려지고 있다. 그 중 初刊이 고종 28년(1241)에 이루어졌다. 重刊은 고종 38년(1251)에 칙명을 받들어 판각한 高麗國分司大藏都監版이다. 조선조에 들어와서는 여러 차례 飜刻되고 결락장이 補刻 유통되었다. 전국의 冊版을 조사하여 선조 원년(1568)에 乙亥字로 찍은 『攷事撮要』의 책판목록에 등재된 임진왜란 이전의 책판판본이 宜寧과 尙州의 두 곳에 보인다. 그 뒤 조선 후기에도 몇 군데서 번각되고 결락장이 보각 유통되었는데, 대개 분사도감판의 번각 계통이다.

● 著者 및 編者

저자의 이규보의 첫 이름은 仁氐, 고친 이름은 奎報, 자는 春卿, 호는 白雲居士, 止軒, 三酷
好先生, 시호는 文順公이며, 본향은 黃驪縣(現 驪州)이다. 戶部郎中 允綏의 아들로, 어린
시절부터 글을 잘하여 神童이라 일컫기도 하였다. 14세에 文憲公徒 誠明齋에서 수학하고
16세에 사마시에 응하였는데 세 차례나 낙방하다 明宗 19년(1189)에 장원급제하여 이듬해
진사에 뽑혔다. 그러나 당시는 武臣執權의 시기여서 官路의 진출을 단념하고 天磨山에 우거
하여 호를 白雲居士 또는 詩·琴·酒를 매우 즐겨 三酷好先生이라 스스로 일컬었다고 전한
다. 그의 나이 32세인 神宗 2년(1199) 6월에 비로소 등용되어 全州牧司錄兼 掌書記에 보임
되었으나, 참소를 입어 이듬해 12월에 그만두고 京師로 돌아 왔다. 이후 고종 7년(1220)에
다시 禮部郎中起居注知制誥로 소명되고 이어 寶文閣待制, 太僕少卿, 國子監祭酒, 翰林侍
講學士, 判衛尉事, 秘書省事寶文閣學士 등의 차례로 제수되었다. 고종 23년(1236)에 이어
이듬해에 걸쳐 거듭 乞退表를 올렸는데, 그것이 그해 12월에 허락되어 守太保門下侍郎平章
事修文殿太學士 監修國史判禮部事翰林院事太子太保로 致仕하였다. 문집 외에『白雲居士
語錄』과『白雲居士傳』등을 저술하였다.

● 版本構成

권1~18에 古詩, 권19~20에 雜著인 上樑文), 口號, 頌 등, 권21에 說, 序, 跋, 권22에 잡문인
論, 議 등, 권23~25에 記, 牓 등, 권26~32에 書, 啓 등, 권 33~34에 敎書, 批答 등, 권35~36에
碑銘, 墓誌銘 등, 권37에 哀詞, 祭文 등, 권38에 道場齋醮疏祭文, 권39에 佛道疏, 醮疏, 권
40~41에 釋道疏, 祭祝 등을 수록하고 있다.

● 所藏處

국립중앙도서관, 서울대학교 규장각, 고려대학교 도서관 등에 소장되어 있다.

(20) 동리선생문집(東籬先生文集)

書名	出版事項	版式狀況	一般事項	所藏番號
東籬先生文集	金允安 著	朝鮮木版本, 5卷 3冊, 31.8×21cm, 四周雙邊, 半匡 : 19.2×16.5cm, 有界, 10行 20字, 註雙行, 上下白口 上下內向四瓣花紋黑魚尾, 線裝, 楮紙	表題 : 東籬集, 序 : 晋陶淵明…歲癸巳三月上院韓山李象靖序, 跋 : 右東籬先生遺集三冊…歲辛未臘月日後學聞詔金竤謹跋	01-1968 ~1970

● 槪要

金允安(1562~1620)의 문집이다.

● 編纂과 刊行

그의 손자 金如萬이 行狀을 지으면서 일차적으로 정리되었고, 그 후 5대손 槃이 遺稿 약간 편을 수습하여 1773년에 李象靖(1711~1781)에게 편집을 부탁하여 서문을 받아 문집의 골격이 완성되었으나 뜻을 이루지 못하였다. 결국 7대손 金㙍奎·世瑜가 교정하고 金墧(1739~1816)에게 1811년 발문을 받아 간행되었다. 김굉의 발문에 따르면 김윤안의 후손 箕山公(생몰년 미상)의 집이 불이 나서 소실되고 일부분만 남게 되었다고 한다.

● 著者 및 編者

저자인 金允安의 본관은 順天. 자는 而靜, 호는 東籬이다. 할아버지는 효행으로 천거되어 사헌부감찰을 지낸 金自順, 아버지는 建功將軍에 추증된 金博, 어머니는 眞城李氏로 退溪 李滉의 셋째 형인 李瀗의 딸이다. 1588년(선조 21) 생원과 진사 양시에 동시에 합격하여 스승인 류성룡의 뒤를 이을 재목임이 널리 알려지게 되었다. 1605년 召村道察訪을 제수받아 임진왜란으로 황폐해진 驛路와 해이해진 역졸들의 기강을 회복시키는 데 전력하였다. 1611년(광해군 3) 내섬시직장을 제수받았다가 곧 嘉禮郎廳으로 개배되었다. 다음 해 53세의 나이로 문과에 급제하여 조정으로부터 司宰監直長을 제수받고 품계가 당상관인 정3품 통정대부로 승진하였다. 1613년에 大丘府使를 제수받아 탐학한 관기를 바로 잡고 백성을 교화하는 데 힘썼다.

● 版本構成

모두 3책으로 구성되어 있는데, 제1책에는 序, 世系圖, 年譜 및 권1(詩 90수), 제2책에는 권2(詩 104수) 권3(疏 3건), 제3책에는 권4(書 18, 記 2, 祭文 11, 雜著 3)와 권5(行狀, 墓碣銘, 祭文, 輓詩, 花川追享奉安文, 발문 등)가 수록되어 있다.

● 所藏處

국립중앙도서관, 서울대학교 규장각, 성균관대학교 존경각, 계명대학교 동산도서관 등에 소장되어 있다.

(21) 동명선생문집(東溟先生文集)

書名	出版事項	版式狀況	一般事項	所藏番號
東溟先生文集	黃中允 著	朝鮮木版本, 8卷 5冊, 31.6×20.2cm, 四周雙邊, 半匡 : 18.6×15.6cm, 有界, 10行 20字, 註雙行, 上下白口 上下內向四瓣花紋黑魚尾, 線裝, 楮紙	序 : 鄭穀米…李晩燾謹序, 跋 : 東溟先生黃公…如右乙巳陽復月眞城李中轍謹書	01-3168~3172

• 槪要

東溟 黃中允(1577~1648)의 시문집이다.

• 編纂과 刊行

8대손 洙가 유문을 수집·정리하여 1905년(광무 9)에 목판으로 간행하였다. 李晩燾(1842~1910)가 서문을 짓고, 李中轍이 발문을 지었다.

• 著者 및 編者

저자인 황중윤의 자는 道先, 호는 東溟, 본관은 平海, 아버지는 공조참의 汝一(1556~?)이며, 어머니는 朴愰(1597~1648)의 딸이다. 1605년(선조 38) 생원·진사 양시에 모두 합격하였는데, 생원시에서는 장원을 차지하였다. 1612년(광해군 4) 증광문과에 갑과로 급제하여, 정언·헌납·낭청·사서 등의 관직을 지냈다. 1616년(광해군 8) 申景禧(?~1615)의 옥사에 연루되어 추고당하였고, 1618년(광해군 10) 다시 사서에 기용되었다. 이 해 명나라에서 요동순무를 위해 병마 7,000을 요청해 왔는데, 조정에서 징병에 관한 의논이 있을 때 이에 반대하는 의견을 개진하였다. 이어 병조좌랑에 올랐으나 입직하다가 교대를 기다리지 않고 나간 것이 문제가 되어 체직되었다. 이듬해 사헌부지평에 임명되어 무과시험 시 관원들이 뇌물을 받은 것을 고발하였다. 1620년(광해군 12) 주문사로 임명되어 表文을 가지고 燕京에 다녀온 뒤, 동부승지·우부승지·좌부승지 등 승지로서 왕을 수행하였다. 1623년(인조 1) 인조반정으로 정권이 교체되자, 李爾瞻(1560~1623)의 심복으로 광해군의 뜻에 영합하였으며, 또 중국과의 외교를 단절하고 오랑캐와의 통호를 주장하였다는 죄목으로 兩司의 탄핵을 받아 변방에 위리안치되었다. 이듬해 내지로 量移되었고, 1633년(인조 11) 유배에서 풀려나 시골로 돌아갔다.

• 版本構成

모두 8권 5책으로 구성되어 있는데, 먼저 권1~4에는 賦 1편(天淵臺賦)과 詩 670여 수(鵠臺吟

奉鵝溪李相公山海, 海南卽事, 寄尹栗齋約而善道, 寄麟城用晦庵韻 외) 등이, 권5에는 疏 5
편(申辨晦齋退溪兩先生被誣再疏 외), 啓 1편(政院啓辭), 書 18편(上寒岡先生問目, 與金以
志光繼以道光輔 외), 雜著 6편(戒酒文 외) 등이, 권6에는 雜著 2편(西征日錄, 南遷日錄) 등
이, 권7에는 序 1편(天君紀序) · 記 1편(仙巖寺記) · 上樑文 2편(茅巢上樑文 외) · 祭文 3편(祭
大庵先生文 외) · 墓誌銘 3편(金堤郡守贈兵曹參判鄭公墓誌 외) · 行狀 1편(贈嘉善大夫兵曹
參判兼同知義禁府事行通訓大夫金堤郡守鄭公行狀) 등이 수록되어 있고, 권8은 附錄으로
行狀 · 家狀後敍 · 墓碣銘 · 墓誌銘 · 跋 등이 실려 있다.

● 所藏處

국립중앙도서관, 서울대학교 규장각, 영남대학교 도서관 등에 소장되어 있다.

(22) 동호선생문집(東湖先生文集)

書名	出版事項	版式狀況	一般事項	所藏番號
東湖先生文集	李潡 著	朝鮮木版本, 3卷 1冊, 31.6×21.6cm, 四周雙邊, 半匡 : 21.2×16.7cm, 有界, 10行 20字, 註雙行, 上下白口 上下內向四瓣花紋黑魚尾, 線裝, 楮紙	表題 : 東湖集, 序 : 愚嘗病夫世之…英發明夾者云	01-2520~2521

● 槪要

李潡(1566~1651)의 시문집이다.

● 編纂과 刊行

編纂과 刊行 시기는 자세히 확인하기 어려우나, 조선조 말기에 간행된 것으로 보인다. 권두
에 立齋 鄭宗魯(1738~1816)와 定齋 柳致明(1777~1861)이 쓴 서가 실려 있다.

● 著者 및 編者

저자인 이서는 조선 중기의 문신이자 학자로, 본관은 광주, 거주지는 경산이다. 그의 자는
以直, 호는 東湖이다. 아버지는 진천현감을 지낸 弘宇, 어머니는 진주 강씨로 동부 참봉 溭
의 딸이다. 경산 加利縣 孤邨里에서 태어났다. 그는 寒岡 鄭逑의 문하에서 수학하였고, 선조
38년(1605)에 진사시에 2등으로 합격하고 황산찰방에 재직하였다. 그 뒤에 스승인 정구가
權臣의 배척을 받아 향리로 돌아가자, 그 또한 벼슬을 버리고 성주로 돌아가서 함께 학문을

강론하면서 송대 유학자들의 禮說을 담은 『五先生禮說』을 편집하였다. 광해군 12년(1620) 스승인 정구가 죽자 心喪 3년을 마치고 檜淵書院과 비각을 세웠으며, 스승의 문집인 『寒岡集』을 간행하였다. 인조 5년(1627) 정묘호란이 일어났을 때 임금을 호위한 공로로 6품에 승진하였고, 얼마 뒤 활인서별제와 의금부도사 등에 임명되었으나 나아가지 않았다. 만년에는 고향에서 후진들의 교육에 힘쓰면서 『寒岡言行錄』을 편집했다. 죽은 뒤에 문인들이 '德燿先生'이라 불렀으며 스승인 정구, 자신의 부친 등과 함께 성주의 회연서원에 배향되었다.

● 版本構成

권1에 시 39제, 소 1편, 書 15편, 축문 1편, 제문 10편이 실려 있고, 권2에 갈문 2편, 묘표 1편, 묘지명 1편, 잡저 3편이 실려 있고, 권 3은 附錄, 師友尺牘 등으로 구성되어 있다.

● 所藏處

국립중앙도서관, 서울대학교 규장각, 한국국학진흥원 도서관 등에 소장되어 있다.

(23) 둔옹선생문집(遁翁先生文集)

書名	出版事項	版式狀況	一般事項	所藏番號
遁翁先生文集	韓汝愈 著	朝鮮木版本, 9卷 4冊, 34.7×23cm, 四周雙邊, 半匡 : 20.4×16.8cm, 有界, 10行 22字, 上下內向四瓣花紋黑魚尾	表題 : 遁翁集, 序 : …丙子陽月下澣唐城洪眞弼序, 跋 : …庚寅閏月日驪江李鼎儼謹書	01-0450 ~0453
遁翁先生文集	韓汝愈 著	朝鮮木版本, 9卷 4冊, 34.7×23.3cm, 四周單邊, 半匡 : 21.5×17cm, 有界, 10行 21字, 上下內向四瓣花紋黑魚尾, 線裝, 楮紙	表題・版心題 : 遁翁集, 序 : …丙子陽月下澣唐城洪眞弼序, 跋 : …庚寅閏月日驪江李鼎儼謹書	01-0685 ~0688

● 槪要

韓汝愈(1642~1709)의 詩文集이다.

● 編纂과 刊行

後孫 弼悌, 文健 등이 1816년(純祖 16)에 간행했다.

● 著者 및 編者

저자 韓汝愈의 字는 尙甫, 號는 遁翁, 본관은 慶州, 俊亨의 아들. 慶州 杜陵에 隱居하여

性理學 특히 周易에 전념했다. 1748년(英祖 24) 好學多聞, 事親至孝로 持平에 追贈되었다. 象數兵陣 聲律에도 밝았으며 著書에 『先後天圖說』·『乾坤辨』·『三十六宮解』·『王魯齋造化論說』·『中庸或問後說』·『大學絜矩章論』·『周禮職方氏議』등이 있다.

• 版本構成

卷1 : 詩 17수(七言絶句 10, 七言四韻 7), 箴 5수(元朝立心箴, 悔過 自警箴, 和朱生尙煥壁上箴韻, 勿字箴, 物欲伐良心箴), 銘 1수(斗銘), 附贈韻 3수. 卷2 : 雜著 6수(題晦齋先生改正大學後, 題大學補遺後 등), 義 2首(聖人感人心而天下和平, 方相氏義). 卷3 : 經史記疑 5수(詩經記疑, 論語記疑 등). 卷4 : 雜圖辨解 19수(智愚圖 居敬圖, 天地化生萬物之圖 등). 卷5 : 與鄭篪叟論易學啓蒙別紙第一, 附鄭篪叟答別紙幷 圖, 與鄭篪叟別紙第二(上一說圖下一說圖, 玉齋圖, 河圖中五數含六十四卦之圖, 伏羲則 河圖畵橫圖八卦之圖). 附鄭虎更答別紙, 與鄭篪叟別紙第三(河洛配數之圖, 洛書後天八卦 配數之圖), 附鄭篪叟答別紙. 卷6 : 題 1수(題中庸或問後). 卷7 : 論 9수(通鑑始於威烈 王二十三年, 陽節潘氏資治通鑑總論, 儒老釋三敎辨 등). 卷8 : 世系圖, 年譜幷敍 등. 그리고 附錄에 輓詞 10수, 士林呈文, 閔相公狀草, 輿地勝覽新增人物門, 邑志人物門, 褒贈焚黃 賀詩 37수, 墓碣銘, 輔仁堂記, 廟宇上樑文, 奉安祝文, 常享祝文, 行狀 등이 있다.

• 所藏處

국립중앙도서관, 서울대학교 규장각, 한국학중앙연구원 장서각, 계명대학교 동산도서관 등에 소장되어 있다.

(24) 만문유고(晚聞遺稿)

書名	出版事項	版式狀況	一般事項	所藏番號
晚聞遺稿	林萬彙 著	朝鮮木版本, 3卷 1冊, 33.5×22.7cm, 四周雙邊, 半匡 : 18.4×17cm, 有界, 10行 18字, 上下白口 上下內向四瓣花紋黑魚尾, 線裝, 楮紙	序 : 昔南嶽李先生講道錦水之…壬寅七月金道和, 識 : 於乎此吾曾王考晚李遺稿也…壬寅兼斗泣血	01-1821
晚聞遺稿	林萬彙 著	朝鮮木版本, 3卷 1冊, 32.7×21.7cm, 四周雙邊, 半匡 : 16.6×15.8cm, 有界, 10行 18字, 上下白口 上下內向四瓣花紋黑魚尾, 線裝, 楮紙	序 : 壬寅七月日前行通訓大夫義禁府都事聞韶金道和序, 跋 : 於乎此…壬寅臘月日不肖曾孫秉斗泣血謹識	01-3167

• 槪要

林萬彙(1783~1834)의 시문집이다.

• 編纂과 刊行

아들 應聲이 편집, 1902년 증손 秉斗가 간행했다. 책머리에 金道和의 서문과 목록이 있으며 책 끝에 저자의 아들 林應聲의 識와 柳廷鎬, 李壽岳, 증손 林秉斗 등의 跋文이 있다.

• 著者 및 編者

저자인 임만휘의 자는 茹一, 호는 晚聞, 본관은 醴泉이며 興大의 아들이다. 재기가 뛰어나 문장에 능하며 명성이 높았다. 장성하여 柳鼎文과 金會運에게 朱子書·退溪集·心經·近思錄 등을 배웠다. 李玄逸을 위해 단을 모아 존봉하고 서당을 세워 후진을 교육한 것으로 전한다.

• 版本構成

권1 시, 권2 書 외 산문, 권3 부록 만사, 제문, 행장 등으로 구성되어 있다.

• 所藏處

국립중앙도서관, 서울대학교 규장각, 영남대학교 도서관 등에 소장되어 있다.

(25) 만회집(晚悔集)

書名	出版事項	版式狀況	一般事項	所藏番號
晚悔集	權得己 著	朝鮮木版本, 10冊, 30.3×19.9cm, 四周雙邊, 半匡: 20.7×15.4cm, 有界, 10行 22字, 上下內向四瓣花紋黑魚尾, 線裝, 楮紙	跋: …崇禎壬辰後八十五年壬辰權以鎭	01-0726 ~0735

• 槪要

權得己(1570~1622)의 詩文集이다.

• 編纂과 刊行

1712년(肅宗 38)에 증손이자 宋時烈의 외손인 戶曹判書를 지낸 權以鎭이 생전의 詩文과 拾遺行狀 등을 엮어 간행하였다.

• 著者 및 編者

저자인 權得己는 文臣으로 본관은 安東, 호는 晩悔. 그가 禮曹佐郎으로 재직 시에 仁穆大妃의 폐비 논의가 일자, 벼슬에 뜻을 잃고 일시 낙향하였고, 다른 관직이 제수되었지만, 받지 않았다. 그가 高山察訪으로 재직 시 仁穆大妃가 폐위되자, 극력 간하는 상소를 올렸으나 從兄의 제지로 주달되지 않았고, 그 후 경향의 촉망을 받았다. 만년에 儒城 海曲에 은거 중 별세, 이조참판에 追贈되었다.

• 版本構成

卷1 : 詩로 「村居卽事」 등 36수, 卷2 : 雜著(記·論·題·上疏 등)로 愛閑亭後記, 自可堂記 등 20종, 卷3 : 誌, 行狀으로 亡室李氏墓誌銘 등 3종, 卷4 : 雜著와 書 5종, 卷5 : 書와 與朴潛冶論僭疑中說 등 15종, 卷6 : 說로 與朴仁之格物論辨說이 수록되어 있다. 이외 附編으로, 拾遺엔 琢玉齋記, 鹽商遊百祥樓說 등이, 附錄엔 行狀, 碣銘, 誌銘 등이 수록되어 있다. 끝에는 權以鎭의 跋이 있다.

• 所藏處

국립중앙도서관, 서울대학교 규장각, 안동대학교 도서관 등에 소장되어 있다.

(26) 몽암선생문집(蒙庵先生文集)

書名	出版事項	版式狀況	一般事項	所藏番號
蒙庵先生文集	李埰 著	朝鮮木版本, 6卷 3冊, 32.6×21.7cm, 四周雙邊, 半匡 : 21.1×15.3cm, 有界, 10行 20字, 註雙行, 上下白口 上下內向四瓣花紋黑魚尾, 線裝, 楮紙	序 : 德行與文藝固有本末先後…上之三十一年二月下浣豊山柳尋春謹序, 跋 : 先輩有言玉山李先生…歲壬辰流火節族玄孫鼎基跋	01-1981~1983
蒙庵先生文集	李埰 著, [識 : 宣祖32年(1832)]刊	朝鮮木版本, 6卷 3冊, 31.6×20.2cm, 四周雙邊, 半匡 : 20.6×15.7cm, 有界, 10行 20字, 註雙行, 上下白口 上下內向四瓣花紋黑魚尾, 線裝, 楮紙	表題 : 蒙庵集, 序 : 德行學文藝固有…上之三十二年二月下浣豊山柳壽春謹序, 跋 : 先輩有言玉山李先生一生…歲任地流火節族玄孫鼎基謹跋, 識 : 大賢之後難爲…上之三十二年壬辰端陽節韓山李秉遠謹書, 所藏 : 卷1~6, 附錄	01-3301~3303

• 槪要

李埰(1616~1684)의 詩文集이다.

● 編纂과 刊行

1832년(純祖 32)에 후손 윤상(潤祥) 등에 의해 刊行되었다.

● 著者 및 編者

저자인 李埰는 晦齋 李彦迪의 玄孫으로 8·9세에 從祖 宜活에게 수학하였다. 누차 향시에 응하였으나 1665년(현종 6)에 비로소 합격하였다. 1676년(숙종 2)에 泮薦으로 영릉참봉에 제수되었으나 나아가지 않았으며, 1677년에 수고별검에 등용되었으나 역시 부임하지 않았다. 그는 일생 관직을 가져 보지 않았던 士人이었는데, 文章과 德行은 高邁한 바가 있었고, 특히 孝行은 祖父 때부터 유명한 바가 있어서 『東京志』가운데 이미 三世 事蹟이 收錄되었다고 한다. 그리고 그 자신은 遺逸로 英陵參奉, 調氷庫別檢 등에 천거된 일이 있었으나, 모두 나가지 아니하고 오직 圖書, 花卉로 自娛하다가 일생을 마친 것으로 전한다.

● 版本構成

卷1 : 詩 116수(五言, 七言 등). 卷2 : 詩 143수(浩浩亭次李白 洲小詩近體 등). 卷3 : 詩가 대부분이고 末尾에 詞, 疏가 약간 들어 있다. 卷4 : 答朴子潤書 등 書 5수. 遊道德山錄, 鵲鳩兩巢篇 등 雜著 6수, 族譜序 등 序 3수, 仁山館移建記, 文廟享祀志跋 등. 卷5 : 白鶴書院二先奉安文 등 祝文 7수, 祭沙西金先生文 등 祭文 10수, 安溪草堂上梁文 등 上梁文 3수. 기타 墓誌銘 5수, 行狀 2수, 箴銘 5수(次元朝五箴 등). 卷6 : 附錄으로 李埰의 行狀, 墓誌銘, 挽詞, 祭文 등이다. 끝에 李秉遠과 玄孫 鼎基의 跋이 있다.

● 所藏處

국립중앙도서관, 서울대학교 규장각, 한국학중앙연구원 장서각 등에 소장되어 있다.

(27) 무계선생문집(舞溪先生文集)

書名	出版事項	版式狀況	一般事項	所藏番號
舞溪先生文集	朴敏樹 著, [跋 : 1872]刊	朝鮮木版本, 零本 1冊, 30.5×21cm, 四周雙邊, 半匡 : 18.2×15.1cm, 有界, 10行 18字, 註雙行, 上下白口 上下內向四瓣花紋黑魚尾, 線裝, 楮紙	表題 : 舞溪集, 跋 : ①聖上九年壬申(1872)…韓山李敦禹撰 ②念明之初…慶州金熙永謹識, 缺藏 : 卷3~4	01-2170

舞溪集	朴海樹 著, [跋 : 1872]刊	朝鮮木版本, 零本 1冊, 19.2×15.2cm, 四周雙邊, 半匡 : 30.8×20.9cm, 有界, 10行 18字, 註雙行, 上下白口 上下內向四瓣花紋黑魚尾, 線裝, 楮紙	序 : 人有五常之性而…李彙寧 謹序, 所藏 : 卷1~2	01-3214

● 槪要

舞溪 朴敏樹(1501~1557)의 시문집이다.

● 編纂과 刊行

후손 頤壽·瀚祺 등이 선조의 유고가 간행되지 못한 채 집안에 묵혀 있고, 또 시간이 흐를수록 조금씩 유실되는 것을 안타까워한 나머지, 유문을 수습·정리하고 李彙寧·柳厚祚·李敦禹·金熙永 등으로부터 서문과 발문을 받아 1872년(고종 9)에 목판으로 간행하였다.

● 著者 및 編者

저자인 박민수의 자는 德載, 호는 舞溪, 본관은 慶州, 아버지는 厚陵(定宗과 妣 定安王后 金氏)參奉 亨孫이며, 어머니는 一善 金氏 學生 戒智의 딸이다. 金聖鐸(1684~1747)이 지은 행장에 따르면, 박민수는 일생을 향촌에 은거하면서 학문과 수신에 정진한 사람으로, 특히 그의 孝行은 많은 사람들로부터 칭송을 받을 만한 것이었다고 한다. 舞川이라는 호는 저자의 洞里(義興 高山里)에 있는 시내의 이름을 딴 것이다. 사후 조정에서 그의 효행을 높이 평가하여 工曹參議를 증직하였다.

● 版本構成

모두 4권 2책으로 구성되어 있는데, 권1에는 詩 80여수(嗚乎歌, 舞川春咏 외), 권2에는 雜著 13편(人心道心辨, 上智不能無人心說, 道學道統辨 외), 家訓 17편(立心, 持身 외) 등이, 권3에는 雜著 1편(喪禮疑義), 記 3편(蓮亭記, 雙亭記 외), 箴 7편(浩氣箴, 求放心箴 외), 銘 8편(心性銘, 四端銘 외), 贊 1편(卦象贊) 등이 수록되어 있고, 권4에는 附錄으로 行狀·遺事·墓誌銘·墓碣銘·昭勉祠創建記·奉安文·羅溪書院移建記·羅溪書院上樑文·道岡書院奉安文·常享祝文·後識·跋 등이 실려 있다.

● 所藏處

국립중앙도서관, 서울대학교 규장각, 한국학중앙연구원 장서각 등에 소장되어 있다.

(28) 무릉잡고(武陵雜稿)

書名	出版事項	版式狀況	一般事項	所藏番號
武陵雜稿	周世鵬 著[跋 : 1581 年]刊	朝鮮木版本, 零本 3冊, 32.3×20.4cm, 四周雙邊, 半匡 : 21.9×16.4cm, 有界, 11行 21字, 註雙行, 上下黑口 上下下向細六瓣花紋黑魚尾, 線裝, 楮紙	印記 : 玉山書院(墨印), 所藏 : 卷1~2, 5~6	01-2524 ~2526
武陵雜稿 別集	周世鵬 著[跋 : 1581 年]刊	朝鮮木版本, 6卷, 4冊, 32.6×20.4cm, 四周雙邊, 半匡 : 21.8×16.4cm, 有界, 10行 21字, 註雙行, 上下黑口 上下下向細六瓣花紋黑魚尾, 線裝, 楮紙	表題 : 武陵集, 印記 : 玉山書院(墨印), 表紙 : 歲癸丑八月日改裝(卷首墨書)	01-2527 ~2530
武陵雜稿 附錄	周世鵬 著	朝鮮木版本, 零本 2冊, 29.6×20.2cm, 四周雙邊, 半匡 : 20.1×15cm, 有界, 10行 20字, 註雙行, 上下白口 上下向四瓣花紋黑魚尾, 線裝, 楮紙	版心題 : 武陵集稿, 表題 : 武陵雜稿, 跋 : 右武陵周先生…著沼灘季秋節後學仁州張錫英謹, 跋 : 右武陵周先生…著沼灘季秋節後學仁州張錫英謹跋, 所藏 : 卷1~4, 7~10, 11~13	01-2058 ~2059
武陵雜稿 附錄	周世鵬 著, 19世紀末	朝鮮木版本, 4卷 2冊, 29.4×20.2cm, 四周雙邊, 半匡 : 19.8×15.1cm, 有界, 10行 18字, 註雙行, 上下白口 上下向四瓣花紋黑魚尾, 線裝, 楮紙	跋 : 右武陵周先生年譜附錄…著維沼灘季秋節後學仁州張 錫英謹跋, 印記 : 玉山書院	01-2325 ~2326

• 概要

조선 중기의 문신 周世鵬의 시문집이다.

• 編纂과 刊行

저자의 양자 周博이 李滉의 교정을 받아 초간본을 出刊하였으나 전란으로 版本이 유실되었다. 중간본은 哲宗代에 후손 周秉恒과 周相炫 등이 陶山書院과 紹修書院에 보존되었던 印本과 문중에 전해지던 필사본을 토대로 1859년(철종 10)에 德淵書院에서 목판본으로 간행하였다. 18권 9책으로 간행하였다. 그 후에도 1904년과 1908년에 4권 1책의 續集과 4권 2책의 附錄이 각각 추가되었다.

• 著者

저자인 周世鵬(1495~1554)은 본관은 尙州이고, 자는 景游이며 호는 愼齋・南皋・武陵道人・巽翁이다. 1522년(중종 17) 생원시에 합격하고, 같은 해 별시문과에 을과로 급제하여 승문원권지부정자로 관직을 시작하였다. 1541년(중종 36) 풍기 군수가 되어 1543년(중종 38)에 조선 서원의 시초인 白雲洞書院(紹修書院)을 건립하였다. 1545년(명종 즉위년) 내직으로 들어와 성균관사성에 임명되고, 홍문관의 응교·전한·직제학·도승지를 역임했으며, 1548년 호조참판이 되었다. 1549년 황해도관찰사가 되어 백운동서원의 예와 같이 해주에 首陽書院을 건립하였다. 이후 대사성·동지중추부사를 역임하다 병으로 사직을 요청하였으나 동지성균관사에 체임되었다.

● 版本構成

原集권1 : 賦·辭·詩, 권2~4 : 詩, 권5 : 封事·書, 권6 : 雜著, 권7 : 雜著·序·記, 권8 : 跋·箴·銘·贊·祝文·墓誌·行狀 等. 別集권1 : 賦·辭·詩, 권2~5 : 詩, 권6 : 封事·書·雜著·書·記·跋, 권7 : 祝文·祭文·墓誌, 권8 : 賦·歌辭·書·雜著·記·遺事 等. 권8(附錄) : 行狀·賜祭文·初刊跋(李滉·周博)·重刊跋(柳致明·周相炫).

● 所藏處

국립중앙도서관, 서울대학교 규장각, 한국학중앙연구원 장서각, 한국국학진흥원 도서관 등에 소장되어 있다.

(29) 무첨당선생문집(無忝堂先生文集)

書名	出版事項	版式狀況	一般事項	所藏番號
無忝堂先生文集	李宜潤 著	朝鮮木版本, 2卷 1冊, 32.5×21cm, 四周雙邊, 半匡 : 20×15.5cm, 有界, 10行 18字, 上下白口 上下內向四瓣花紋黑魚尾, 線裝, 楮紙	表題 : 無忝堂集, 序 : 晦齋先生二十七作元朝五哉日…其一二唔敬也夫後學眞城李彙載謹書, 跋 : 此凡吾無忝堂公先生遺集…思而篇末有冬官之缺故姑末入刊容竢後日云鍾祥又謹書	01-2513
無忝堂先生文集	李宜潤 著, 19世紀刊	朝鮮木版本, 2卷 1冊, 32.5×21cm, 四周雙邊, 半匡 : 20×15.5cm, 有界, 10行 18字, 上下白口 上下內向四瓣花紋黑魚尾, 線裝, 楮紙	表題 : 無忝堂集, 序 : 晦齋先生二十七作元朝五哉日…其一二唔敬也夫後學眞城李彙載謹書, 跋 : 此凡吾無忝堂公先生遺集…思而篇末有冬官之缺故姑末入刊容竢後日云鍾祥又謹書	01-3500
無忝堂先生文集	李宜潤 著	朝鮮木版本, 2卷 1冊, 32.2×21.2cm, 四周雙邊, 半匡 : 20×15.5cm, 有界, 10行 18字, 上下白口 上下內向四瓣花紋黑魚尾, 線裝, 楮紙	序 : 其一二呼可敬也夫後學眞城李彙載謹書, 識 : 官之缺故姑末八刑容竢後日云鍾祥又謹書.	01-3164

• 槪要

李宜潤(1564~1597)의 詩文集이다.

• 編纂과 刊行

編纂과 刊行 年代는 미상이다.

• 著者 및 編者

저자인 李宜潤은 晦齋 李彦迪의 손자, 判官 應仁의 아들로 일찍이 寒岡 鄭逑의 門人이 되어 자못 그 推獎을 받았던 인물이다. 그의 文集은 분량이 상당히 많았으나 불과 34세에 요절을 했던 까닭에 대부분이 없어져 버렸다고 한다. 그는 관직을 가져 본 일 없이 다만 讀書와 孝行으로 짧은 人生을 보냈던 인물로, 本集에 실려 있는 行狀 등에는 이와 같은 孝行의 모습이 매우 상세하게 敍述되었다. 그리하여 士林에서 그를 追思하여 祠院을 세워 歆享하였다고 전한다.

• 版本構成

卷1 : 詩 18首(寒岡先生以朱子詩日用無飮功相看俱努力命分韻得日字, 謝日本使者 등), 賦 2수(止謗莫如自修賦, 不塞不流賦 등), 論 1首(諸葛亮殺馬謖論), 箴 2首(不愧屋漏箴, 讀元朝五箴), 雜著 2首(昏禮質疑 등), 祭文 1首(祭舍弟宜證文). 卷2 : 附錄. 行狀, 墓誌銘, 墓碣銘, 家狀, 聞見錄, 暴山奉安文常享祝文, 講堂上樑文 등이며, 卷首, 卷末에 각각 序(李彙載序), 跋 (鍾祥謹跋) 1首가 수록되어 있다.

• 所藏處

국립중앙도서관, 서울대학교 규장각, 계명대학교 동산도서관 등에 소장되어 있다.

(30) 반간선생문집(槃澗先生文集)

書名	出版事項	版式狀況	一般事項	所藏番號
槃澗先生文集	黃紐 著	朝鮮木版本, 2卷 1冊, 32.5×21cm, 四周雙邊, 半匡 : 19.2×15.3cm, 有界, 10行 20字, 註雙行, 上下白口 上下內向四瓣花紋黑魚尾, 線裝, 楮紙	版心題 : 槃澗集, 表題 : 槃澗集, 序 : 甲午韓山李象靖謹序 識 : 癸酉…鄭宗魯跋, 印記 : 玉山書院, 所藏 : 卷1~2	01-3161 ~3162

● 槪要

　黃紐(1578~1626)의 시문집이다.

● 編纂과 刊行

　1774년(英祖 50)에 4세손 湛의 주선으로 간행되었다.

● 著者 및 編者

　黃紐는 蓄翁 黃孝獻의 증손으로, 대대로 경상도 尙州에 세거하며 愚伏 鄭經世에게 학문을
수학하는 등 文翰과의 접촉이 많은 人物이었다. 그러나 所經 官職은 典籍, 持平 이외에 별로
두드러진 것이 없고, 다만 그가 下鄕에 묻혀 있으면서 書冊을 벗 삼아 소요하던 모습만이
전한다.

● 版本構成

　권1·2에 시 121수, 賦 1편, 권3에 書 3편, 잡저 4편, 序 1편, 記 3편, 제문 2편, 상량문·銘
·잡록 각 1편, 권4는 부록으로 행장 1편, 묘갈명 1편, 제문 6편, 만사 31수, 봉안문 1편, 축문
1편 등으로 구성되어 있다.

● 所藏處

　국립중앙도서관, 서울대학교 규장각, 성암고서박물관자료실 등에 소장되어 있다.

(31) 반계선생문집(磻溪先生文集)

書名	出版事項	版式狀況	一般事項	所藏番號
磻溪先生文集	李養吾 著	朝鮮木版本, 7卷 3冊, 29.2×21cm, 四周雙邊, 半匡 : 21.2×17cm, 有界, 10行 20字, 註單行, 上下白口, 上下內向黑魚尾, 線裝, 楮紙	表題 : 磻溪集, 序 : 國家昇平右文之…講院彌善安東金楷憲謹序, 跋 : 鶴城李磻溪先生…乙巳端陽月下瀞驪江李能烈謹撰	01-1854 ~1856

● 槪要

　李養吾(1737~1811)의 시문집이다.

● 編纂과 刊行

1905년에 현손 錫仁 등이 편집, 간행하였다.

● 著者 및 編者

저자인 이양오(1737~1811)는 1737년(영조 13) 울산 울주군 온산읍 덕신리에서 태어났다. 어려서부터 부모에 대한 효성이 지극하였고 학업을 익히면서 특별한 재능을 보였다. 家學을 바탕으로 유가 경전을 공부하면서 秦漢古文과 唐宋八大家의 문장을 본받았다. 언양향교의 중수기문을 비롯해 울산 지역의 많은 건축물과 경승에 작품을 남겼다. 특히 한시는 매우 다양한 형식을 보여주고 있는데, 이는 이양오의 문학적 실험 정신과 성취 정도를 알 수 있게 해 주는 대목이다. 癡庵 南景羲를 비롯한 경주의 인사들과 널리 교유하면서 당대는 물론 후대에까지 명성이 있었다. 울산 최초 대과 급제자인 竹塢 李覲吾를 가르쳤다고 전한다.

● 版本構成

권1~3에 부(賦) 1편, 시 294수, 권4에 전(箋) 1편, 서(書) 40편, 서(序) 9편, 기(記) 7편, 발(跋) 12편, 권5에 잡저 11편, 잠(箴) 2편, 축문 7편, 권6에 제문 17편, 뇌(誄) 1편, 상량문 4편, 묘지명 1편, 행장 4편, 유사(遺事) 2편, 권7은 부록으로 행장·묘갈명·발·후지 각 1편씩으로 구성되어 있다.

● 所藏處

국립중앙도서관, 서울대학교 규장각, 영남대학교 도서관 등에 소장되어 있다.

(32) 백사선생문집(白沙先生文集)

書名	出版事項	版式狀況	一般事項	所藏番號
白沙先生文集	李恒福 著, [重刊跋 : 1635] 刊 17世紀	朝鮮木版本, 10卷 10冊, 28.8×18.9cm, 四周雙邊, 半匡 : 19.5×14.9cm, 有界, 10行20字, 上下白口 上下內向有紋四瓣花紋黑魚尾, 線裝, 楮紙	序 : 崇禎紀元之二年(1629) 歲在乙巳閏四月下旬…張維謹序, 重刊白沙集跋 : 崇禎乙亥(1635)孟夏德水張維謹跋, 印記 : 玉山書院, 所藏 : 本集 卷1~6, 別集 卷1~4, 附錄	01-3520 ~3529

| 白沙先生集 | 李恒福 著 | 朝鮮木版本, 零本 2冊, 29.1×20.6cm, 四周雙邊, 半匡 : 19×14.9cm, 有界, 10行 20字, 上下內向四瓣花紋黑魚尾, 線裝, 楮紙 | 所藏 : 卷3, 5 | 01-0636~0637 |
| 白沙先生集 | 李恒福 著, 18世紀刊 | 朝鮮木版本, 零本 8冊, 30×21.3cm, 四周雙邊, 半匡 : 20.1×16cm, 有界, 11行 18字, 上下內向四瓣花紋黑魚尾, 線裝, 楮紙 | 序 : …世子右副賓客新豊君 張維序, 所藏 : 卷1~3, 5~9 | 01-1008~1015 |

• 槪要

李恒福(1556~1618)의 시문집이다.

• 編纂과 刊行

저자의 시문은 壬辰亂 이후 저자 자신에 의하여 일차적으로 정리되었다. 이렇게 家藏되어 있던 遺文은 門人들의 주도로 1629년 江陵에서 처음 간행되었다. 門人인 강원도 관찰사 李顯英이 同門인 강릉 부사 李命俊과 함께 저자의 유고를 모아서 原集 6권, 別集 6권, 附錄 합 10책을 목판으로 간행한 것이 초간본이다. 1635년에 慶尙右兵使 錦南 鄭忠臣이 晉州에서 본집을 原集 6권, 別集 4권, 附錄과 補遺 합 8책으로 재편차하여 다시 간행하였는데, 이것이 중간본이다. 江陵本에 당시 西人 및 그 영수인 鄭澈에 대한 불리한 사실이 들어가 있자 이 판본을 없애는 한편 적극적으로 문헌을 조작하여 새롭게 판각한 것이 晉州本이다. 嶺營 新刊本은 이러한 문제를 불식시키기 위해 만들어진 것이다. 1726년(영조 2) 嶺南 監營에서 간행된 嶺營本은 저자의 5대손 李宗城이 原集 23권, 附錄 7권 합 15책으로 편찬하여 목판으로 간행하였다.

• 著者 및 編者

저자인 李恒福은 본관이 慶州이며 자는 子常, 호는 白沙이다. 1580년(선조 13)에 알성문과에 급제하였으며 예문관검열·우승지·호조참의 등을 역임하였다. 임진왜란 중에는 선조를 의주까지 호종하였고 명에 구원병으로 요청하는 과정에서 뛰어난 외교 능력을 발휘하여 왜란을 극복하는데 큰 공을 세웠다. 전란 후 영의정에 임명되었으며 扈從一等功臣에 녹훈되었다. 1617년(광해군 9)에 정인홍 등의 폐모 논의에 반대하다 탄핵을 받아 1618년에 삭탈관직되고 북청으로 유배되어 그 곳에서 사망하였다. 저서로는 『白沙集』·『奏疏啓議』·『魯史零言』 등이 있다.

• 版本構成

卷頭에는 1629년 張維가 쓴 序가 실려 있고 이어서 작품 수를 기록한 總目이 수록되어 있다.

原集의 권1은 모두 詩이다. 권2는 箋·銘·紋·記·跋·題後·書·雜著·墓誌 등이 수록되어 있다. 권3에는 墓誌·墓表·墓碣·碑銘이, 권4 上에는 碑銘이, 下에는 遺事와 行狀이 수록되어 있다. 권5와 권6은 모두 箚子이다. 別集의 권1과 권2는 100여 편의 啓辭이다. 권3은 모두 獻議로 약 90여 편이다. 권4는 雜記라는 하나의 제목에 저자가 겪은 여러 가지 일화를 기록한 것이다. 권5는 上·下 두 권으로 되어 있는데 모두 朝天錄이다. 권6은 簡牘이다. 마지막으로 附錄에는 張維가 찬한 行狀과 申欽이 찬한 神道碑銘이 수록되어 있다.

● 所藏處

국립중앙도서관, 서울대학교 규장각, 한국학중앙연구원 장서각 등에 소장되어 있다.

(33) 별동선생집(別洞先生集)

書名	出版事項	版式狀況	一般事項	所藏番號
別洞先生集	尹祥 著, 英祖25年 (1749)刊	朝鮮木版本, 3卷 1冊, 29.3×19cm, 四周雙邊, 半匡: 17.5×14cm, 有界, 10行 20字, 註雙行, 上下內向四瓣花紋黑魚尾	表題·版心題: 別洞集, 刊記: 崇禎紀元後百二十二季己巳二月, 序: 成化二十有三季蒼龍丁未夏四月日…金宗直季昷序, 識: 上之二十一年乙丑九月丁亥平原李光庭謹識, 印: 玉山書院	01-0767

● 槪要

尹祥(1373~1455)의 詩文集이다.

● 編纂과 刊行

아들 軍威縣監 秀殷이 逸稿를 收拾하여 遺集 一冊을 만들고 그의 同年進士인 金宗直에게 序文을 부탁하여 간행한 것이 初刊本이다. 그 후 1745년(英祖 21)에 10代孫 三徵 등이 再印 刊한 판본이 전한다.

● 著者 및 編者

저자인 尹祥의 初名은 哲, 字는 實夫, 號는 別洞, 醴泉尹氏인 善의 아들이다. 1393년(太祖 2)에 進士試와 계속 生員試·文科에 合格하여 善山·安東·尙州·西部敎授官을 거쳐 成均館直講·司藝·司成·大司成 등 成均敎官職을 전후 50年 동안 역임하였다. 그동안 그는 많은 弟

子를 양성하였으며 1448년(世宗 30)에는 藝文館 提學으로서 世孫(端宗)의 成均館 入學禮를 擧行할 때 博士가 된 바 있었다. 이와 같이 그는 일생을 교육계에서 활약하여 學統을 陽村 權近으로부터 金宗直, 金宏弼, 鄭汝昌에게 전하고 그가 高齡으로서 隱退·歸鄕하였을 때 文宗은 그에게 食物을 下賜 하였다. 尹祥의 榮達은 오직 그의 끈기 있는 노력의 결과였으며 그가 일개 郡吏로서 一代의 文章大官이 되었던 것은 고려말까지의 鄕吏의 兩班化를 설명해 주는 좋은 경우이다. 醴泉 尹氏는 마지막으로 양반화한 家門이고 그 계기가 尹祥에게 있었다. 따라서 그의 祖上 三代의 追贈도 尹祥의 顯達 때문이었다. 尹祥은 文章에 능할 뿐 아니라 統術에도 通達하였다. 尹祥은 陽村 權近의 弟子였으므로 文章을 重視하는 풍이 있었다. 그의 文章은 平易簡潔하였으며 그러한 文章은 그의 풍부한 經學 지식에서 우러나왔다고 전한다.

● 版本構成

권1에는 賦 1편과 詩 82題, 表箋 12편이 실려 있다. 詩는 시체별로 편차되어 있으며 5언절구 6제, 5언율시 7제, 7언절구 33제, 7언율 27제 및 오·칠언 장편시가 각각 1제이다. 권2에는 疏·陳言 4편, 書 1편, 序 2편, 記 2편, 제문 7편, 策 4편, 拾遺 2편, 歌謠 6편이 실려 있다. 권3은 부록으로서 연보·묘갈명 및 聞見錄·奉安文·常享祝文이 실려 있다. 이어 '崇禎紀元後百二十二年己巳二月日岋山齋舍開刊'이란 刊記가 있고, 권미에는 1745년에 쓴 李光庭의 後敍가 실려 있다. 「續集」에는 目錄에 이어 권1에 17제의 시와 9편의 表箋이 실려 있다. 시는 詩體別로 5언율시 4제, 7언절구 6제, 7언율시 7제가 실려 있으며, 表箋은 冬至·誕日·正朝 등에 대한 축하 箋文이다. 권2는 附錄으로 1867년 柳厚祚가 지은 行狀, 朴周鍾이 지은 行錄, 李中麟이 지은 神道碑銘, 그리고 聞見錄과 上言으로 이루어져 있다. 권미에는 1900년 속집 발간 당시에 쓴 柳道獻의 발문이 있다.

● 所藏處

국립중앙도서관, 서울대학교 규장각, 성균관대학교 존경각 등에 소장되어 있다.

(34) 북애선생문집(北厓先生文集)

書名	出版事項	版式狀況	一般事項	所藏番號
北厓先生文集	金圻 著	朝鮮木活字本, 4卷 2冊, 31.5×20.4cm, 四周雙邊, 半匡 : 19×15.2cm, 有界, 10行 18字, 註雙行, 上下白口 上下內向四瓣花紋黑魚尾, 線裝, 楮紙	版心題 : 北厓先生文集, 序 : 聖賢之道…晋陽鄭宗魯謹書, 跋 : 聖上二十有八年龍集著雄困敦玄駒黃下浣門裔是贊拜手敬書	01-2221~2222

● 概要

16세기의 학자 北厓 金圻(1547~1603)의 시문집이다.

● 編纂과 刊行

『北厓先生文集』은 6대손 礬 등이, 선조의 유고가 간행되지 못한 채 집안에 묵혀 있고, 또 시간이 지날수록 조금씩 흩어지는 것을 안타까워한 나머지, 유고를 수습·정리하고 鄭宗魯 (1738~1816)·李野淳(1755~1831)·金是瓚 등에게 서문과 발문을 받아 1788년(정조 12)에 목활자본으로 간행하였다.

● 著者 및 編者

김기의 자는 止叔, 호는 北厓, 본관은 光山, 禮安의 烏川村에서 태어났다. 아버지는 병사 富仁이며, 어머니는 영천 이씨 賢輔의 딸이다. 이황의 문인으로 천성이 지극히 효성스러워 부모의 상에 각각 3년 간 여묘를 살았다. 임진왜란 때에는 그의 從弟 圻와 함께 고을 사람들을 모아 의병을 일으키고, 整齊將兼召募事가 되어 많은 군량을 모았다. 또, 경주의 集慶殿에 있던 태조의 御眞이 예안의 柏洞書堂에 移安되었을 때, 임시로 수호하는 임무를 맡았다. 정유재란 때에는 안동의 27의사와 함께 火旺山城에 들어가 목숨을 다하여 싸워 공을 세웠다. 1598년(선조 31) 도산서원의 山長이 되어 『退溪全書』의 간행에 힘을 쏟아 그 일을 끝냈다. 1602년(선조 35) 순릉참봉에 제수되었으나 곧 사임하고, 고향에 돌아와 이황이 남긴 학문을 강론하면서 후진양성에 전념하였다. 또한, 고을의 풍속교화에도 힘써 『呂氏鄕約』을 본떠 향규를 만들어 향인들을 교도하였다. 『中庸』을 깊이 연구하였으며, 理氣에 대해서도 깊은 식견이 있었다. 사후 임진왜란 때의 宣武原從功臣으로 사헌부감찰에 추증되었다.

● 版本構成

『北厓先生文集』은 4권 2책으로 구성되어 있는데, 먼저 권1·2에 辭 1편(用秋風辭韻送安東皐霽歸覲), 賦 1편(次別知賦韻贈同志), 詩 183수(詠竹菊一盆, 寄鄭困齋義伯介淸 외) 등이, 권3에 書 5편(與廬江書院士林書 외), 祭文 3편(祭舅氏碧梧李公文樑文 외), 家狀 1편(先考折衝將軍守慶尙左道兵馬節度使府君家狀), 傳 1편(宗弟達遠傳), 雜著 2편(諭鄕人募粟文, 鄕約) 등이 수록되어 있고, 권4는 附錄으로 行狀·墓碣銘·墓誌銘·祭文·輓詞·奉安文·祝文 등으로 구성되어 있다.

• 所藏處

국립중앙도서관, 서울대학교 규장각, 한국학중앙연구원 장서각 등에 소장되어 있다.

(35) 서애선생문집(西厓先生文集)

書名	出版事項	版式狀況	一般事項	所藏番號
西厓先生文集	柳成龍 著, 17世紀末刊	朝鮮木版本, 20卷 10冊, 32×22cm, 四周雙邊, 半匡 : 19.6×15.3cm, 有界, 11行 21字, 註雙行, 上下內向有紋 - 四瓣花紋黑魚尾, 線裝, 楮紙	跋 : ①崇禎六年癸酉暮春玉山後人張顯光跋 ②崇禎壬申九月, 李埈謹跋, 印 : 玉山書院(朱印)	01-0754 ~0763

• 槪要

西厓 柳成龍(1542~1607)의 詩文集이다.

• 編纂과 刊行

1633년(仁祖 11)에 아들 袗이 陜川郡守로 있으면서 편집, 간행한 것이다. 1631년 柳袗이 陜川 郡守로 나가게 되면서 문집 간행을 도모하여 이듬해 착수, 鄭經世와 李埈으로부터 編次에 조언을 받고 廬江書院 원생들이 淨寫를 담당해 주어 海印寺에서 판각, 인쇄하여 1633년 原集 20권, 別集 4권의 목판본을 내었다. 그 후 후손들이 原集과 別集에 增補된 年譜를 合編하여 河回의 玉淵精舍에서 목판으로 중간하였다. 原集 권20 끝에 '甲午季秋玉淵重刊'이라는 刊記가 있는데, 여기서 甲午는 1894년(고종 31)으로 추정된다.

• 著者 및 編者

저자인 柳成龍의 자는 而見, 호는 西厓, 본관은 豊山이다. 退溪 李滉의 門人으로 1564년(明宗 19) 司馬試를 거쳐 1566년 別試 文科에 丙科로 及第하여 承文院權知副正字가 되고 이듬해 檢閱이 되었다. 1569년(宣祖 2) 聖節使의 書狀官으로 明나라에 다녀와 監察, 典籍, 工曹佐郞, 正言, 應敎, 直提學, 大司諫, 都承旨, 禮曹判書, 兩館大提學, 右議政, 左議政 領議政을 지냈다. 1604년 扈聖功臣 2등이 되고 豊原府院君에 봉해졌다. 道學과 文章과 德行을 兼했다 하여 특히 儒生들의 추앙을 받았다. 諡號는 文忠, 安東의 虎溪書院, 屛山書院 등에 제향되었다.

• 版本構成

본집은 原集 20권, 別集 4권, 年譜 3권 합 14책으로 되어 있다. 原集은 맨 앞에 目錄이 있다. 초간본에는 李敏求의 序(1633)가 있었으나 무슨 이유인지 중간본에서는 빠져 있다. 권1~2는 詩이다. 권3~5는 奏文(4), 疏(12), 箚(15)이다. 권6~9는 書狀(25), 啓辭(24), 呈文(5), 書(10)이다. 권10~12도 書이다. 권13~16은 雜著이다. 권17~18은 序(6), 記(3), 論(3), 跋(35), 箋(1), 銘(2)이다. 序는 許筬 朝天記의 序, 저자의 저술인 愼終錄, 永慕錄의 序 등이고, 記는 저자가 세운 遠志精舍와 玉淵書堂 등에 대한 記文이다. 跋은 저작 연대순으로 편차되어 있는데,「睡軒集跋」에는 戊午黨籍이 添附되어 있고, 기타「精忠錄」,「牧隱集」,「陽明集」,「益齋集」등의 跋文이 실려 있다. 권19~20은 祭文(10), 碑碣(10), 墓誌(9), 行狀(3)이다. 祭文은 廬江書院의 退溪先生 奉安文 외에 具鳳齡, 친족 등에 대한 제문이다. 碑碣은 吉再에 대한「砥柱中流碑」, 高麗太師 權幸, 裵三益 등에 대한 墓碣인데, 柳景深에 대한 碣銘의 경우 초간본에는 실려 있지 않았다. 墓誌는 先考 仲郢, 先妣, 형 柳雲龍, 아들 柳袽 등 주로 친족에 대한 글이고, 行狀도 先考, 先妣, 아들 柳袽에 대한 것이다. 초간본에는 柳景深에 대한 행장이 들어 있었다. 맨 끝에 張顯光의 跋(1633), 李埈의 跋(1632)이 있다. 別集의 체제는 原集과 비슷하다. 卷首에 目錄이 있다. 권1은 詩 150여 題이다. 권2는 疏(3), 箚(4), 啓辭(1), 杏文(1), 呈文(5)이다. 권3은 書이다. 권4는 雜著(34), 跋(3), 銘(1), 祭文(7)이다. 年譜는 世系圖와 3권으로 구성되어 있다. 권1~2는 저자의 이력을 담은 年譜이고, 권3은 年譜附錄으로 鄭經世가 지은 行狀, 教書, 賜祭文, 鄭述 등이 지은 祭文, 屛山書院 등에의 奉安文, 李恒福 등이 지은 挽詞이다. 그리고 鄭經世가 지은 행장의 뒤에 李埈이 지은 행장의 總論이 첨부되어 있고, 諸賢들의 기술도 함께 수록되어 있다. 賜祭文은 宣祖, 正祖, 純祖, 高宗 등의 致祭 때 내려진 제문이다.

• 所藏處

국립중앙도서관, 서울대학교 규장각, 고려대학교 도서관 등에 소장되어 있다.

(36) 성암문집(惺巖文集)

書名	出版事項	版式狀況	一般事項	所藏番號
惺巖文集	崔世鶴 著, [序 : 1901年]	朝鮮木版本, 8卷 4冊, 29.5×19.4cm, 四周雙邊, 半匡 : 18.8×16.3cm, 有界, 10行 20字, 註雙行, 上下白口 上下內向四瓣花紋黑魚尾, 線裝, 楮紙	表題 : 惺巖集, 序 : 昔楊豊城… 崇禎 後 二百七十三年 庚子 (1901), 安東權周都謹撰, 識 : 右四卷冊…云再從姪翊壽盥手謹識	01-3145 ~3148

• 槪要

崔世鶴(1822~1889)의 시문집이다.

• 編纂과 刊行

1901년(고종 38) 최세학의 재종질인 崔翊壽 등이 편집·간행하였다. 권두에 權周郁의 서문이 있고, 권말에 최익수의 小識가 있다.

• 著者 및 編者

저자인 崔世鶴(1822~1889)의 본관은 경주, 자는 羽錫, 호는 惺巖이다. 행적은 자세하지 않다. 저서에 『惺巖集』이 있다.

• 版本構成

권1에 시 134수, 권2·3에 書 54편, 권4·5에 雜著 26편, 권6에 序 7편, 記 10편, 銘 1편, 箴 1편, 跋 2편, 祝文 2편, 上樑文 2편, 권7에 祭文 25편, 誄文 3편, 哀詞 4편, 墓碣銘 4편, 墓誌銘 1편, 권8에 傳 1편, 行狀 8편, 부록으로 행장 1편 등이 실려 있다.

• 所藏處

국립중앙도서관과 성균관대학교 도서관 등에 소장되어 있다.

(37) 성오당선생문집(省吾堂先生文集)

書名	出版事項	版式狀況	一般事項	所藏番號
省吾堂先生文集	李介立 著	朝鮮木版本, 2卷 1冊, 29.8×19.2cm, 四周雙邊, 半匡 : 20.2×14.7cm, 有界, 10行 19字, 註雙行, 上下白口 上下內向四瓣花紋黑魚尾, 線裝, 楮紙	序 : 也者其爲仁之本興亥人之…歲乙未仲冬下浣韓山李象靖謹序	01-1935

• 槪要

조선 중기의 의병장 省吾堂 李介立(1546~1625)의 시문집이다.

• 編纂과 刊行

1700년대 초에 후손인 葛坡公 등이 저자의 유문을 수집하여 간행하려고 하다가 미처 실행에 옮기지는 못하였다. 그 후 후손 龜鏡 등이 다시 힘을 모아 저자와 왕래한 사람들의 집안에 소장되어 있는 유문을 일부 발굴하였는데, 趙普陽·張泰祺 등이 義山書院에서 문집의 편차를 정하고, 大山 李象靖(1711~1781)은 서문을 지었다. 1776년(영조 52) 목판으로 간행하였다.

• 著者 및 編者

저자인 이개립의 자는 大中, 호는 省吾臺, 본관은 慶州, 禦侮將軍 竣의 아들이다. 鶴峰 金誠一(1538~1593)의 문인으로, 1567년(명종 22) 진사시에 합격하였다. 1586년(선조 19)에 효행으로 천거되어 참봉에 임명되었으나 어버이를 봉양하기 위하여 사퇴하고, 1591년(선조 24) 旅軒 張顯光(1554~1637)과 함께 遺逸로 천거되어 참봉에 제수되었다. 이듬해 임진왜란이 일어나자 의병을 일으켜 활약하였는데 부족한 식량과 군량의 조달에 공이 컸다. 이러한 공에 의하여 수령을 감당할 인재 30명이 천거된 중에 포함되어 1594년 自如察訪에 임명되고, 다음해에 狼川縣監에 임명되었으나 부임하지 않았다. 1596년 山隱縣監에 임명되고, 정유재란을 당하여 體察使從事官이었던 海月軒 黃汝一(1556~?)의 천거로 鄕兵大將이 되었으나, 병마절도사 金景瑞(1564~1624)가 의병을 자기 휘하에 속하게 하지 않은 데에 사감을 품자 고향에 돌아가 오로지 후진양성에 전념하였다.

• 版本構成

모두 3권 2책으로 구성되어 있는데, 먼저 권1에는 五言絶句 32수(白雲洞翠寒臺卽事, 次姜德曳韻 외), 五言四韻 44수(在渚谷阻雨口號, 次謝鄭淸風子允穆 외), 七言絶句 56수(萬曆庚辰冬陪嘯皐先生遊凝石寺伏次詩 외) 등이, 권2에는 七言四韻 24수(留別朴景一惺同年詩 외), 賦 4편(神明舍 외), 書 14편(上天將李如松書 외) 등이, 권3에는 雜著 2편(伯氏遺事 외), 序 1편(贈別鄭子靜序), 祭文 1편(祭伯氏文), 遺墨, 補遺로 書 1편(上巡察使鶴峰金先生誠一書) 등이 수록되어 있고, 그 뒤에 附錄으로 상권에 行狀·墓碣銘·墓誌銘·師友錄·祭文·奉安文 등이, 하권에 輓詞·省五堂入詠·養拙堂序·養拙堂八景·敬呈省五堂·跋 등이 실려 있다.

• 所藏處

국립중앙도서관, 서울대학교 규장각, 안동대학교 도서관 등에 소장되어 있다.

(38) 소산선생문집(小山先生文集)

書名	出版事項	版式狀況	一般事項	所藏番號
小山先生文集	李光靖 著	朝鮮木版本, 13卷 7冊, 31.7×21.3cm, 四周雙邊, 半匡 : 19.3×16cm, 有界, 10行 18字, 上下內向四瓣花紋黑魚尾, 線裝, 楮紙	表題 : 小山集, 跋 : …辛丑十二月除夕前一日李弟光靖泣書, 印 : 玉山書院	01-0627~0633

• 槪要

18세기의 학자 小山 李光靖(1714~1789)의 시문집이다.

• 編纂과 刊行

서문과 발문 등이 없어 편찬 및 간행 시기를 확인하기 어렵다.

• 著者 및 編者

저자인 이광정의 자는 休文, 호는 小山, 본관은 韓山, 아버지는 泰和이고, 어머니는 載寧李氏로 葛庵 李玄逸의 아들인 栽(1657~1730)의 딸이며, 大山 李象靖(1711~1781)은 그의 형이다. 1728년(영조 4) 金一鏡(1662~1724, 본관 光山)의 餘黨인 李麟佐(?~1728, 본관 全州) 등이 密豊君 坦(?~1729)을 추대하고 난을 일으키자, 아버지와 從叔들이 의병을 모아 병영으로 쳐들어갈 때 겨우 15세의 어린 나이로 종군하였다. 이때 營將이 나이가 어리다고 돌려보내려 하였으나, 당태종이 16세에 군영에 들어간 고사를 인용하며 종군할 것을 주장하여 허락을 받았다. 어려서부터 李滉의 학풍을 추모한 나머지 형 象靖의 지도를 받아 성리학을 공부하였는데, 특히 사단칠정의 이치를 강구하는 데 힘썼으며, 『近思錄』의 천리와 인욕의 同行異情한 이치를 터득하였다. 또 그 지방의 석학인 趙命天·李平仲·趙聖與 등과 교유하면서 『心經』을 강론하였고, 崔汝浩·崔進淑·崔立夫·金熙周 등과도 서신을 통해 성리학을 강마하였다. 한편 당시 학자에 따라 구구하던 禮說을 총정리 하였는데, 그가 정리한 예설은 당시 안동지방의 표준으로 시행되었다.

• 版本構成

모두 13권 7책으로 구성되어 있는데, 먼저 권1에는 詩 123수(葛蘿山, 伏次外王父密菴先生見贈韻附原韻 외) 등이, 권2에는 狀 3편(辭免溫陵參奉呈吏曹狀 외), 書 18편(上外王父密菴先生 외) 등이, 권3~7에는 書 136편(與崔汝浩興遠, 答李學甫宗洙, 答金道彦宗德, 答金公穆熙

周, 答三兄大山先生 외), 雜著 8편(天理人欲同行異情辨 외) 등이, 권8에는 序 20편(竺山全氏族譜序, 錦江張公文集序 외) 등이, 권9에는 記 6편(小山齋記 외), 跋 22편(三先生往復書後跋, 春秋傳後跋 외), 銘 1편(書案銘), 上樑文 2편(蔚馬書塾上樑文 외) 등이, 권10에는 祝文 28편(榮川雲谷書社錦江張公常享祝文, 奉化文溪里社琴英烈公奉安文 외), 祭文 5편(祭外舅竹所金公文 외), 墓誌銘 8편(處士黃公墓誌銘, 通政大夫僉知中樞府事金公墓誌銘 외) 등이, 권11에는 墓碣銘·墓表 19편(通訓大夫儀賓府都事盧公墓碣銘, 拙菴金公墓表 외) 등이, 권12에는 行狀 7편(三兄大山先生行狀 외) 등이, 권13에는 行狀 10편(正憲大夫知中樞府事懶拙齋李先生行狀 외) 등이 수록되어 있다.

● 所藏處

국립중앙도서관, 서울대학교 규장각, 한국국학진흥원 도서관 등에 소장되어 있다.

(39) 소암문집(小庵文集)

書名	出版事項	版式狀況	一般事項	所藏番號
小庵文集	朴時戊 著	朝鮮木版本, 4卷 2冊, 30.7×20.5cm, 四周單邊, 半匡 : 19.1×15.5cm, 有界, 10行 18字, 上下內向四瓣花紋黑魚尾, 線裝, 楮紙	跋 : …云爾門人靈川朴鍾河盥手謹識, 朱印 : 玉山書院	01-0642 ~0643

● 概要

19세기의 학자 小庵 朴時戊(1828~1879)의 문집이다.

● 編纂과 刊行

편찬 및 간년은 모두 미상이다.

● 著者 및 編者

저자인 박시무의 본관은 密陽, 字는 奎應이다. 아버지는 朴昌復(1803~1843)이고, 어머니 文化柳氏는 柳煥斗의 딸이다. 8살 때 族祖에게 나아가 학문을 배웠고, 당시 詞賦에 뛰어났던 芝堂 朴禹賢에게 그 재능을 인정받았다. 과거에는 뜻을 두지 않고 평생 학문에만 전념하였는데 『小學』을 모든 행동의 지침으로 삼았다. 또한 만년에는 道山에 은거하여 『心經』·『近思錄』과 함께 朱子와 退溪의 저술을 탐독하였다. 定軒 李鍾祥(1799~1870)에게 학문의 요체를 배웠고, 三東 李在鏻·艮宇 李仁中(1825~1896)과 교분이 깊었다. 부인 驪州李氏와의 사이에 台鎭과 喬鎭의 2男을 두었다.

● 版本構成

卷首에는 전체의 目錄이 있다. 권1에 詩 130여 수가 있다. 권2에 書簡文 18편, 雜著 4편, 序文 2편, 記文 6편이 있다. 권3에는 跋文 4편, 箋 2편, 上梁文 1편, 祈雨文 1편, 祭文 10편, 墓誌銘 7편, 傳 2편 등이 있다. 권4는 附錄으로 挽詞 13편, 行狀 등이 있다. 卷末에 「後敍」와 朴鍾河가 지은 跋文이 있다.

● 所藏處

국립중앙도서관, 서울대학교 규장각, 안동대학교 도서관 등에 소장되어 있다.

(40) 소암선생집(疎庵先生集)

書名	出版事項	版式狀況	一般事項	所藏番號
疎庵先生集	任叔英 著	朝鮮木版本, 6卷 3冊, 28.7×20.1cm, 四周雙邊, 半国 : 20×15.6cm, 有界, 11行 22字, 註雙行, 上下白口 上下內向四瓣花紋黑魚尾, 線裝, 楮紙	表題 : 疎庵集, 序 : 始余讀易至節之甘苦歎日…崇禎乙亥仲春德水張維序, 跋 : 疎庵任公文集五偏…歲在癸卯十月上院德水李秉模書	01-1984 ~1986

● 槪要

조선 중기의 문신 소암(疎庵) 임숙영(任叔英, 1576~1623)의 시문을 모아놓은 문집이다.

● 編纂과 刊行

인조 13년(1635) 충원현감(忠原縣監) 이배원(李培元, 1575~1653)과 저자의 문인(門人)인 연원찰방(連原察訪) 강여재(姜與載, 1601~1658)가 충주에서 간행한 6권 2책의 목판본이다. 누차 追刻이 이루어진 것으로 추정되며, 6권 3책인 판본이 전한다.

● 著者 및 編者

저자 임숙영은 선조 9년(1576)에 태어나 인조 1년(1623)까지 살았으며 본관은 풍천(豊川)이며 초명은 상(湘)이고 자는 무숙(茂淑), 호는 소암(疎庵)이다. 한성부판윤(漢城府判尹) 임열

(任說)의 증손으로, 할아버지는 창락찰방 임숭로(任崇老)이고, 아버지는 감역 임기(任奇)이며, 어머니는 승지 정유일(鄭惟一)의 딸이다.

어려서부터 시를 잘 지었고 기억력이 뛰어났다 한다. 선조 34년(1601) 진사가 되고, 성균관에 10년 동안 수학(修學)하였다. 논의가 과감하였으며 전후 유소(儒疏)가 그의 손에서 나왔다. 광해군 3년(1611) 별시문과의 대책(對策)에서 주어진 이외의 제목으로 척족의 횡포와 이이첨(李爾瞻)이 왕의 환심을 살 목적으로 존호를 올리려는 것을 심하게 비난하였다. 이를 시관 심희수(沈喜壽)가 적극 취하여 병과로 급제시켰는데 광해군이 대책문을 보고 크게 노하여 이름을 삭제하도록 하였다. 몇 달간의 삼사의 간쟁과 이항복(李恒福) 등의 주장으로 무마, 다시 급제되었다. 그 뒤 승문원정자·박사를 거쳐 주서가 되었다. 1613년에 영창대군(永昌大君)의 무옥(誣獄)이 일어나자 다리가 아프다는 핑계를 대고 정청(庭請)에 참가하지 않았다. 곧 파직되어 집에서 지내다가 외방으로 쫓겨나 광주(廣州)에서 은둔하였다. 인조반정 초에 복직되어 예문관검열에 등용되고 사관을 겸하였다. 이어 홍문관정자, 박사, 부수찬, 검토관, 지제교 겸 춘추관 기주관을 역임, 이해 사가독서(賜暇讀書)를 하고 지평(持平)이 되었다. 문장이 뛰어나고 경사(經史)에 밝았다. 고문(古文)에 힘썼으며, 중국 육조(六朝)의 사륙문(四六文)에 뛰어났다. 그가 지은 「통군정서(統軍亭序)」는 중국학자들로부터 크게 칭찬을 받았다 한다. 사후에 부제학에 추종되고 광주 구암서원(龜巖書院)에 배향되었다. 저서는 『소암선생집』이 있다.

• 版本構成

권1~2는 시(詩) 110여 수가 실려 있다. 권3은 책(策), 소(疏), 잡저(雜著) 등이고, 권4는 기(記), 서(序), 서(書), 비지(碑誌), 제문, 부(賦)이고, 권5는 표(表), 계(啓), 전(箋), 서(序), 상량문(上樑文), 인(引) 등이며 권말에 이민구(李敏求)의 수서각서(手書刻序)가 달려있다. 권5 뒤에 첨부된 습유는 권수제가 '소암선생집습유(疏菴先生集拾遺)'이며 판심제는 '소암집 권육(疏菴集 卷六)'으로 되어 있고, 권수제 아래 "이 편(編)은 수습(收拾)이 늦어 정편(正編)에 들어가지 못하고 권말(卷末)에 첨부한다."라는 주석이 달려 있다. 추각(追刻)하여 합부한 이 권6은 기(記), 서(序), 갈(碣), 계(啓), 칠언절구 등이다.

• 所藏處

국립중앙도서관, 서울대학교 규장각, 연세대학교 중앙도서관, 간송미술관 등에 소장되어 있다.

(41) 소재선생문집(蘇齋先生文集)

書名	出版事項	版式狀況	一般事項	所藏番號
蘇齋先生文集	盧守愼 著	朝鮮木版本, 10卷 8冊, 33.5×21cm, 四周雙邊, 半匡 : 22.6×16.4cm, 有界, 10行 22字, 註雙行, 上下白口 上下內向四瓣花紋黑魚尾, 線裝, 楮紙	表題 : 蘇齋集, 序 : 上之六年嘉平日後學漢陽趙絅謹敍, 所藏 : 卷1~10, 附錄	01-2662 ~2669

● 槪要

盧守愼(1515~1590)의 시문집이다.

● 編纂과 刊行

1652년(孝宗 3)에 趙絅이 쓴 後序에, 初刊本은 불타 없어지고 아들 復城이 重刊한 것을 손자 景命이 內外集으로 간행했다. 蘇齋先生文集의 제1차 간행은 1602년 峻命의 伯祖가 木板大字로 간행하여 판본을 속리산에 두었다가 1615년(光海君 7) 火燼되었고, 다시 조부가 鑄字重印한 바 있었는데 曾孫인 峻命이 妹壻 沈大孚와 같이 加校釐正하여 峻命의 弟 景命이 이를 간행했다.

● 著者 및 編者

저자인 노수신은 본관이 해양(海陽 : 光州)으로 자가 과회(寡悔)이고, 호가 소재(蘇齋)·이재(伊齋)·암실(暗室)·여봉노인(茹峰老人)이다. 중종 26년(1531)에 이연경(李延慶)의 사위가 되어 수학하였고, 중종 38년(1543) 문과에 장원 급제한 뒤 1544년 시강원사서(侍講院司書)가 되었다. 대윤(大尹)의 편에 섰다가 소윤(小尹) 윤원형(尹元衡)이 주도한 을사사화(乙巳士禍) 때 파직되어 순천으로 유배되었으며, 양재역(良才驛) 벽서사건(壁書事件) 때 진도(珍島)로 이배되어 무려 19년 동안 유배생활을 하였다.

이 기간 동안 이황(李滉)·김인후(金麟厚) 등과 서신을 교환하면서 학문을 토론하였고, 진백(陳柏)의 『숙흥야매잠(夙興夜寐箴)』·『대학장구(大學章句)』·『동몽수지(童蒙須知)』 등을 주석하는 등 학문적 완성을 보았다. 1565년에 괴산으로 옮겨 유배생활을 하다가 1567년 선조가 즉위한 뒤에 교리에 기용되어 대사간·부제학·대사헌·이조판서·대제학을 거쳐 선조 6년(1573)에 우의정을 시작으로 1585년에는 영의정, 1588년에는 영중추부사(領中樞府事)까지 올랐다.

- 版本構成

내용 구성은 조경(趙絅, 1586~1669)의 후서(後敍)에 이어 제1·2·3책의 권1부터 권6까지는 부(賦) 3편을 비롯하여 5언과 7언의 한시 작품이 실려 있고, 제4책의 권7과 권8에는 잠(箴)·찬(贊)·축(祝)·교서(敎書)·서(序)·발(跋)·기(記)·책(策)·논(論)·소(疏)·차(箚) 등이 실려 있으며, 제5책의 권9와 권10에는 행장(行狀)·묘표(墓表)·묘지(墓誌)·비명(碑銘) 등과 노수신이 선조 19년(1586) 11월 15일에 직접 쓴 암실선생자명(暗室先生自銘)이 실려 있는데 증손 노준명(盧峻命)이 효종 3년(1652)에 쓴 발문이 붙어 있다. 제6책과 제7책의『소재선생 내집』상·하에는 경연에서 강의한 시강록(侍講錄)을 비롯하여 초창록(草創錄)·구색록(懼塞錄)·문답록(問答錄)·양정록(養正錄)·서기록(庶幾錄) 등이 실려 있는데 대부분 성리학에 관한 기술과 문답 등이다. 이 가운데서도 특히 양정록에 실려 있는「동몽수지소의(童蒙須知疏義)」와 구색록에 실려 있는「숙흥야매잠」의 주해가 주목된다. 마지막으로 제8책에는 세계(世系)·연보·연보부록·행장과 속록(續錄)·부록 등이 실려 있는데, 속록에는 본래 7편이던 일시(逸詩) 6편, 부록에는 인조 11년(1633) 8월에 이준(李埈)이 쓴 발문인「발양선생서첩(跋兩先生書帖)」과 숙종 20년(1694)에 예조정랑 이만근을 보내 치제(致祭)한 지제교(知製敎) 민창도(閔昌道)가 지은「사제문(賜祭文)」과 대사헌 허목(許穆)이 쓴「신도비명(神道碑銘)」, 이만부(李萬敷)가 쓴「봉산서원봉안문(鳳山書院奉安文)」등이 있으며, 영조 47년(1771) 10월에 이상정(李象靖, 1710~1781)이 쓴 발문이 붙어 있다.

- 所藏處

국립중앙도서관, 서울대학교 규장각, 한국학중앙연구원 장서각 등에 소장되어 있다.

(42) 송은선생문집(松隱先生文集)

書名	出版事項	版式狀況	一般事項	所藏番號
松隱先生文集	藏待書院, 1740刊	朝鮮木版本, 2卷 1冊, 30 ×18.8cm, 四周雙邊, 半匡 : 18.2×13.8cm, 有界, 10行 18字, 註雙行, 上下白口 上下下向四瓣花紋黑魚尾, 線裝, 楮紙	表題 : 松隱集, 刊記 : 崇禎紀元後再庚申仲春藏待書院開刊, 序 : 上之十五季四月旣望平原後人李光庭謹書	01-2098
松隱先生文集	朴翊 著	朝鮮木版本, 4卷 1冊, 31.2×20.2cm, 四周雙邊, 半匡 : 20.4×15.3cm, 有界, 10行 20字, 註雙行, 上下白口 上下內向四瓣花紋黑魚尾, 楮紙	序 : 不佞嘗關一資憲大夫一洪命周謹序	01-3139

● 概要

高麗末의 節臣 松隱 朴翊(1332~1398)의 시문집이다.

● 編纂과 刊行

序文 등을 볼 때, 世臣 등이 주관하여 1839년(헌종 5) 이후에 初刊한 것으로 추정된다. 크게 두 가지 판본으로 나뉘는데, 하나는 박익의 글을 비롯해 그의 아들 4인(朴融·朴昭·朴調·朴聰)의 유고가 함께 수록된 판본이고, 다른 하나는 박익의 글만 수록된 판본이다. 4형제의 글이 수록된 판본은 현재 刊本이 발견되지 않고 稿本 형태로만 남아 있는데, 실제로 간행이 이루어졌는지 의문이다. 그러나 박익의 글만을 수록하고 있는 판본 말미에는 '文集舊本序'가 실려 있어 간행의 가능성도 전혀 배제할 수 없다. 한편『松隱先生文集』의 판본 가운데에는 '新溪書院 影幀奉安文' 등이 추가된 1862년(철종 13) 판본도 전하고 있다.

● 著者 및 編者

저자인 박익(1332~1398)의 초명은 天翊, 자는 太始, 호는 松隱, 본관은 密陽, 版圖判書 永均의 아들이며, 어머니는 綾州 具氏로 左政丞 褘의 딸이다. 고려왕조에서 예부시랑·중서령·세자이사 등의 벼슬을 지냈으나, 조선이 개국되자 杜門洞의 歸隱第로 들어가 은거하였다. 1395년(태조 4) 공조판서·형조판서·예조판서·이조판서 등에 제수되었으나 모두 거절하고 나가지 않았고, 이듬해에 다시 좌의정에 임명되었지만 부임하지 않았다. 사후 좌의정에 추증되고 忠肅이라는 시호가 내렸으며, 밀양의 德南書院과 新溪書院, 龍岡祠에 제향되었다.

● 版本構成

2권과 4권의 권차의 차이는 있으나 1책으로 구성되어, 시에는「贈圃隱韻」등의 오언시와「戲贈上人」등의 칠언시,「戲贈道欽」등의 칠언율시, 李穡·吉再·卞季良 등과 和酬한 시가 있으며, 金孟誠·鄭道傳·趙浚에 대한 輓詩도 있다. 산문에는「立志箴」·「持身箴」등과 遺書가 수록되어 있다.

● 所藏處

국립중앙도서관, 서울대학교 규장각, 계명대학교 동산도서관 등에 소장되어 있다.

(43) 수암선생문집(修巖先生文集)

書名	出版事項	版式狀況	一般事項	所藏番號
修巖先生文集	柳袗 著	朝鮮木版本, 零本 1冊, 31×20cm, 四周雙邊, 半匡 : 20.6×14.6cm, 有界, 10行 20字, 註雙行, 上下白口 上下內向四瓣花紋黑魚尾, 線裝, 楮紙	表題 : 修巖集 所藏 : 卷1~2	01-2324

● 槪要

조선 중기의 문신 修巖 柳袗(1582~1635)의 시문집이다.

● 編纂과 刊行

玉川 趙德隣(1658~1737)이 작성한 서문에 따르면, 후손 緯河·聖和 등이 유문을 정리하여 1734년(영조 10)에 2권 2책의 목판으로 간행하였다.

● 著者 및 編者

저자인 유진의 자는 季華, 호는 修巖, 본관은 豊山, 아버지는 영의정 成龍이다. 아버지에게서 글을 배우고 1610년(광해군 2) 사마시에 합격하였으나, 1612년 해서지방에서 金直哉의 誣獄이 일어났을 때 무고에 연루되어 5개월 간 옥고를 치렀다. 1616년(광해군 8)에 遺逸로 천거되어 세자익위사세마에 제수되었으나 사양하였다. 1623년(인조 1) 인조반정 뒤 다시 학행으로 천거되어 봉화현감에 임명되었다. 수령으로 있으면서 田畝와 부세를 바로잡았다. 이 듬해 형조정랑이 되었는데, 오랫동안 해결하지 못한 冤獄을 해결하여 판서 李曙(1580~1637, 호 月峰)의 경탄을 샀다. 1627년(인조 5)에 청도군수가 되었는데, 이듬해 收布匠人에 대한 보고에 허위가 있다 하여 파직당하였다. 1634년(인조 12) 지평으로 있을 때 장령 姜鶴年(1585~1647, 호 復泉)이 당시 서인 정권의 정책을 크게 비판하여 심한 논란이 일어났는데, 이때 그를 두둔하여 대간들로부터 공격을 받았다. 사후 이조참판에 추증되었고, 안동 屛山書院에 제향되었다.

● 版本構成

권1에는 詩 38수(次五友堂金性之韻 외), 疏 2편(辭奉化縣監疏 외), 啓辭 1편(避嫌啓辭), 誌銘 1편(宜人宋氏墓誌), 行狀 1편(折衝將軍龍驤衛副護軍權公行狀), 記 1편(庭前枯竹記), 雜著 6편(諭淸道儒生文 외), 祭文 6편(祭伯兄察訪公改葬文 외), 書 20편(答鄭愚伏 외) 등이,

권2에는 書 20(答宣城士友別紙 외)편을 비롯해 附錄으로 行狀·遺事·挽章·祭文·從享文 등이 수록되어 있다.

• 所藏處

국립중앙도서관, 서울대학교 규장각, 한국학중앙연구원 장서각 등에 소장되어 있다.

(44) 순암집(醇庵集)

書名	出版事項	版式狀況	一般事項	所藏番號
醇庵集	吳載純 著, 純祖 8年(1808)印	丁酉字本, 10卷 5冊, 34.5×22.3cm, 四周雙邊, 半匡 : 24.9×17cm, 有界, 10行 18字, 上下白口 上下向四瓣花紋黑魚尾, 線裝, 楮紙	跋 : 我伯文靖公府君小喜文…戊辰首春不肖從子熙泣血謹識	01-2245~2249

• 槪要

吳載純(1727~1792)의 詩文集이다.

• 編纂과 刊行

저자 死後 正祖가 그의 遺稿를 親披하고, 奎章閣에 간행을 命하였으나 1808년(純祖 8)에 이르러 醇庵의 次子인 熙常이 이를 간행하였다. 本性이 謙虛하여 항상 자신의 저술을 드러내지 않았기 때문에 그의 저술의 태반이 산일되었다고 전한다.

• 著者 및 編者

저자인 吳載純의 字는 文卿, 號는 醇庵·愚不及齋, 本貫은 海州이다. 1752년(英祖 28) 蔭仕로 翼陵參奉에 임명되었으나 이를 사퇴하고 학문에 專心, 특히 詩와 文에 能하여 正祖는 '醇庵의 文章은 格調가 深沈重厚하다'고 評한 바 있다. 當時의 大文章家였던 雷淵 南有容은 '文統의 醇正性과 文體의 雅潔함은 少年文士中의 으뜸'이라고 歎賞을 아끼지 않았다. 1772년에 비로소 官界에 뜻을 두어 別試文科에 丙科로 及第, 1776년(正祖 1)에 弘文館 副提學에 올랐다. 1783년에 問安副使로 淸나라에 다녀와서 이듬해에 奎章閣 提學이 되었다. 1790년에는 다시 吏曹判書를 거쳐 判中樞府事에 이르는 등 屢次의 淸官要職을 역임한 바 있다. 그러나 德儀 忠信 醇直 謙虛가 生活目標였던 그는 벼슬을 重視하지 않았으므로 奎章閣職을 제외한 기타 관업에는 出入이 별로 없었다. 少時에는 文詞에 치중하였으나 중년 이후부터는 특히 易學에 전심, 그는 百家의 易說을 종합, 수 10년의 力究를 계속한 나머지 鬚髮마저 早白하기에 이르렀고, 그 결과 만년엔 大易과 默契하는 境地에 到達, 謙虛를 平生의 信條로 하였으나 卦爻의 義를 定立하는 데 있어서는 聖人이 다시 나온다 할지라도 내 말을 버리지 않을 것이라고 自負한 바 있었다 한다. 死後에는 正祖의 親製祭文 및 親製諡祭文과 賜祭가 있었다.

● 版本構成

卷1~2 : 賦(感離, □離), 詩(鍾巖別業 이하 289首). 卷3 : 疏箚 14편(辭大司憲兼陳戒疏, 因吳光運論狀陳情疏, 因蔡濟恭箚自引疏 등), 應製錄 11편(英宗大王追上尊號玉冊文, 文孝世子冊封竹冊文, 英宗大王廟庭領議政金在魯配享敎書, 社稷祈穀親祭祭文, 璿源譜略跋 등). 卷4 : 書 6편(上雷淵南公, 答沈一之, 與金丈儒文 등), 序 13편(送持卿之任珍山序, 送趙翰林景瑞曬史江華序, 賀太學士雷淵南公致仕序 등). 卷5 : 記 22편(海山日記, 獨臨石記, 平康山水記 등). 卷6 : 題跋 8편(書三勝道路辨後, 書北關高氏所藏帖後, 省齋零稿跋 등), 銘贊 6편(文王鼎銘幷序, 方木筒銘, 耻畏銘幷序 등), 祭文 11편(祭修齋先生文, 平康祭神文 등), 哀辭 3편(招務稼子魂辭幷序 등). 卷7 : 碑 3편(四忠書院廟庭碑, 三道統制使吳公神道碑銘 등), 墓碣銘 4편(禮賓寺直長吳公墓碣 銘幷序 등), 墓表 4편(處士金公墓表 등). 卷8 : 墓誌銘 12편(持卿墓誌銘), 行狀 3편(修齋先生行狀, 持卿行狀 등), 諡狀 2편(吏曹判書朴公諡狀 등). 卷9 : 雜著, 卷10 : 雜識로 구성되어 있다.

● 所藏處

국립중앙도서관, 서울대학교 규장각, 한국국학진흥원 도서관, 계명대학교 동산도서관 등에 소장되어 있다.

(45) 시암선생문집(是庵先生文集)

書名	出版事項	版式狀況	一般事項	所藏番號
是庵先生文集	任華世 著	朝鮮木版本, 4卷 2冊, 32×22cm, 四周雙邊, 半匡 : 20×17cm, 有界, 10行14字, 註雙行, 上下白口 上下內向四瓣花紋黑魚尾, 線裝, 楮紙	序 : 文章言之精者也言者心之… 仲夏下浣英陽南景義序, 跋 : 此吾外高王考是庵先生任公遺集… 如此云外玄孫 驪江李在穆謹識	01-1811 ~1812
是庵先生文集	任華世 著	朝鮮木版本, 4卷 2冊, 31.1×21.4cm, 四周雙邊, 半匡 : 18.2×15.7cm, 有界, 10行 18字, 註雙行, 上下白口 上下內向四瓣花紋黑魚尾, 線裝, 楮紙	表題 : 是庵集, 序 : 文章記精者也…龍集屠維大荒落仲夏下浣英陽南景義, 跋 : 此吾外高王考… 外玄孫驪江李在穆謹識	01-1966 ~1967

● 槪要

조선 후기의 문신 是庵 任華世(1675~1731)의 시문집이다.

● 編纂과 刊行

후손 萬濟·箕鍾 등이 선조의 유고가 간행되지 못한 채 집안에 묵혀 있는 것을 안타까워한 나머지, 유문을 수집·정리하여 1869년(고종 6) 목판본으로 간행하였다.

● 著者 및 編者

저자인 임화세(1675~1731)의 자는 實兮, 호는 是翁, 본관은 豊川이다, 아버지는 진사 仁重이며, 어머니는 平山 申氏로 학생 克允의 딸이다. 1699년(숙종 25) 식년문과에 병과로 급제하였는데, 아직 결혼을 하지 않은 상태였다. 그 때에 鄕宰 尹慶邑이라는 사람이 임화세를 사위로 맞아들이려 사람을 통해 의중을 전달하였는데, '仕宦의 운은 정해진 緣이 있는 것으로, 궁벽한 곳 출신으로서 嶺中(嶺南)의 법도가 있는 家門 정도면 만족하며, 유력 가문에 의탁하여 영리를 꾀하지 않겠다'는 의사를 밝혀 거절하였다. 이에 윤경읍이 해치려는 마음을 가졌는데, 후에 여러 가지로 어려움이 많았다고 전한다. 1710년(숙종 36) 성균관전적·사헌부감찰에 제수되고, 1712년(숙종 38) 성균관직강에 임명되었다. 이때에 국가의 경사로 인한 庭試에서 임화세는 收券을 담당하는 일을 맡아보았는데, 마침 비가 너무 많이 와 거두어들인 卷軸이 千을 넘지 않았다. 이에 考官이 시한을 넘겨 받아들이려 하자 이를 적극 제지하였고, 擧子輩들이 항의하는 사건이 일어나 職을 잃었다. 1726년(영조 2) 다시 성균관전적에 임명되어 上京하였고, 얼마 후 예조정랑에 제수되었다. 이듬해 봄 모친이 사망하였는데, 어머니를 위해 다시 벼슬길에 올라 지방관직을 얻으려다가 임종을 지키지 못했다는 자책감에 괴로워하였고, 급기야 이것이 병이 되어 1731년(영조 7)에 운명하였다. 風儀가 준엄하고 지조가 굳어 권세가의 출입이 없었고, 또한 시문에 능하고 필법에 조예가 있었다고 한다.

● 版本構成

모두 4권 2책으로 구성되어 있는데, 권1·2에는 詩 138수(次昌黎南山詩述懷, 盤龜亭次孫素軒玄叟丈德升韻), 권3에는 記 2편(夢義堂上梁小記 외), 祭文 3편(祭金掌憲休伯始鑌文 외), 哀辭 1편(豊山洪君哀辭), 行狀(曾王考儒士府君鵄谷公家狀草 외) 등이 실려 있고, 권4는 附錄으로 行狀·遺事·墓碣銘·墓誌銘·輓·誄·祭文·奉安文·常享文·上樑文·記·跋 등이 수록되어 있다.

• **所藏處**

국립중앙도서관, 서울대학교 규장각, 한국국학진흥원 도서관, 영남대학교 도서관 등에 소장
되어 있다.

(46) 시와유고(是窩遺稿)

書名	出版事項	版式狀況	一般事項	所藏番號
시와유고 是窩遺稿	韓泰東 著	朝鮮木版本, 8卷 3冊, 30.2×19.6cm, 四周雙邊, 半匡 : 19.6×14.3cm, 有界, 10行 20字, 註雙行, 上下白口 上下 內向四瓣花紋黑魚尾, 線裝, 楮紙	表題 : 是窩集	01-2504 ~2506

• **概要**

韓泰東(1646~1687)의 詩文集이다.

• **編纂과 刊行**

후손 韓德弼이 1739년(英祖 15)에 간행했다. 刊本은 8卷 2冊과 8卷 3冊의 2種이나 내용은
같다.

• **著者 및 編者**

是窩 韓泰東의 字는 魯瞻, 본관은 淸州이다. 1669년(顯宗 10) 庭試文科에 장원으로 급제하
고, 正言, 執義, 司諫등을 역임하였다. 1682년(肅宗 8) 校理로서 西人의 과격파 金益勳, 金錫
胄 등이 南人을 발본색원하기 위해 南人逆謀說을 조작하자 같은 西人으로서 趙持謙 등 소
장파와 함께 그 흉계를 폭로하고 처형을 주장했다가 이듬해 파직되었다. 특히 淸白剛直하고
論議가 정직하며 權豪에 굽히지 않아 자주 배척받았다. 趙持謙과 함께 少論의 거두였다.

• **版本構成**

卷1 : 賦 1수(至日賦), 各體 詩 122首. 卷2, 3 : 疏 21首가 수록되어 있다. 卷4 : 序 1首(送柳
集仲赴自如察訪序), 記 4首(怪石記 등), 題跋 5首(書法言抄後 등), 雜著 2首(客問, 雜記),
敎書 2首(敎平安道觀察使申翼相書 등), 祭文 2首(掃墳祭文, 祭亡弟斗東文), 祈雨祭文 8首
등이 수록되어 있다. 卷5 : 策問 3首, 上 樑文 2首, 行狀 2首(姊氏行狀 등). 卷6~7 : 科體 5首.
卷8 : 祭文 7首, 挽詞 32首 등으로 구성되어 있다.

● 所藏處

국립중앙도서관, 서울대학교 규장각, 한국국학진흥원 도서관 등에 소장되어 있다.

(47) 약남선생문집(藥南先生文集)

書名	出版事項	版式狀況	一般事項	所藏番號
藥南先生文集	李憲洛 著	朝鮮木版本, 7卷 3冊, 31.3×20.4cm, 四周雙邊, 半匡: 19.4×14.8cm, 有界, 10行 20字, 註雙行, 上下白口 上下內向四瓣花紋黑魚尾, 線裝, 楮紙	表題 : 藥南集	01-2167 ~2169

● 槪要

조선 후기의 학자 李憲洛(1718~1791)의 시문집이다.

● 編纂과 刊行

1850년 후손 景義가 편집·간행하였다.

● 著者 및 編者

저자인 이헌락의 자는 景淳, 호는 藥南, 본관은 驪興이다. 아버지는 수직으로 첨지중추부사를 지낸 愼中이며, 어머니는 慶州崔氏로 德基의 딸이며, 경주에서 태어났다. 權僖의 문하에서 학문을 배웠다. 1748년(영조 24) 학행으로 천거되어 강릉참봉이 되었고, 이어서 평양봉사를 거쳐 의금부도사와 사포서별제를 지냈다. 1766년 하양현감을 지내고, 1776년 익위사익위를 거쳐 상의원주부·함창현감 등을 역임하였다.

● 版本構成

권1 詩, 권2 詩, 권3 詩 및 書 등, 권4 雜著 및 序 등, 권5 祝文 및 祭文 등, 권6 墓碣銘 및 墓誌銘 외, 부록으로 구성되어 있다.

● 所藏處

국립중앙도서관, 서울대학교 규장각, 성균관대학교 존경각 등에 소장되어 있다.

(48) 여헌선생문집(旅軒先生文集)

書名	出版事項	版式狀況	一般事項	所藏番號
旅軒先生 文集	張顯光 著	朝鮮木版本, 11卷 6冊, 33×22.3cm, 四周雙邊, 半匡 : 22.7×17.6cm, 有界, 11行 22字, 註雙行, 上下內向六 瓣花紋黑魚尾, 線裝, 楮紙	版心題 : 性理說	01-0838 ~0843
旅軒先生 續集	張顯光 著	朝鮮木版本, 10卷 5冊, 31.8×22cm, 四周雙邊, 半匡 : 21×16.9cm, 有界, 10行 20字, 註雙行, 上下白口 上下 內向四瓣花紋黑魚尾, 線裝, 楮紙	所藏 : 卷1~10	01-1928 ~1932

● 槪要

旅軒 張顯光(1554~1637)의 詩文集이다.

● 編纂과 刊行

序跋이 없으며, 편찬 및 刊年은 미상이다. 뒤에 나온 續集에는 그의 遺文을 더 수집하였고 附錄이 붙어 있다. 原續集의 合刊本도 전해진다.

● 著者 및 編者

저자인 張顯光의 자는 德晦, 호는 旅軒, 시호는 文康이며 尙州 출신이다. 23세 때에 才士로 추천되었으며 柳成龍의 천거로 1595년(宣祖 28) 報恩 縣監을 지냈다. 光海君 때 吏曹參判 大司憲등에 임명되었으나 모두 사퇴, 仁祖가 즉위하여서는 工曹判書 右參贊 知中樞府事 등에 임명되었으나 역시 사퇴, 벼슬길에 나가지 않았다. 1637년 丙子胡亂 때 淸에 항복했다 는 소식을 듣고 立嵒山에 들어가 죽었다. 1658년(孝宗 9) 領議政에 추증되었다. 일찍이 성리 학 연구에 힘써 大學者로서 이름을 떨쳤던 인물로 전한다.

● 版本構成

권1 : 詞 1편(謁圃隱先生遺像), 賦 5편(治隱竹 日食 觀物 등), 권2~3 : 疏 25편(擬辭義城縣令 疏, 辭工曹參議疏, 國葬未赴疏, 謝賜藥物疏 등). 권4 : 書 47편(與鄭君燮答屛山士友別紙, 答問目, 答寒岡先生葬時間, 答鄭憲世 등). 권5 : 雜著 10편(學部名目會通旨訣, 事物論, 人 心道心說, 文說 등). 권6 : 雜著 13편(孔聖, 道統說, 書院說, 旅軒說, 皮佾說, 同塵錄 등). 권7 : 序 4편(雜述序, 族契重修序 등), 記 7편(不知岩精舍記, 鄕射堂記, 似醉不醉鄕記 등). 권8 : 跋 13편(五先生禮說跋, 治隱先生文集跋, 書東岡先生行狀後, 奇高峯文集跋, 題苞山鄕

約冊後, 西厓先生文集跋 등). 奇大升, 柳成龍, 金宇顒 등의 文集跋文들이 있다. 권9：論 2 편(孔子不得位, 文武一體), 銘 2편(草扇銘 등), 上樑文 4편 (吳山書院重建祠宇上樑文 등), 祝文 16편(告寒暄先生文, 告寒岡先生文 등), 祭文 18편(祭寒岡鄭先生文, 祭大谷成先生文 등). 권10：碑銘·墓碣·墓誌 18편(寒暄堂金先生神道碑銘 등). 권11：行狀 2편(寒岡鄭先生行狀, 大庵朴公行狀).

● 所藏處

국립중앙도서관, 서울대학교 규장각, 한국국학진흥원 도서관 등에 소장되어 있다.

(49) 역옹패설(櫟翁稗說)

書名	出版事項	版式狀況	一般事項	所藏番號
櫟翁稗說	李齊賢 著, 雞林府, 宣祖 33年(1600)刊	朝鮮木版本, 4卷 1冊, 32.1×20.8cm, 四周雙邊, 半匡：21.2×15.9cm, 有界, 10行 18字, 註雙行, 上下內向細六瓣花紋黑魚尾, 線裝, 楮紙	木記：萬曆庚子雞林府刊, 識：…萬曆庚子仲秋…慶州府尹時癸謹跋, 印：玉山書院(朱印)	01-0750

● 槪要

고려말기의 문인 李齊賢(1287~1367)이 지은 詩話·雜錄集이다.

● 編纂과 刊行

前集의 권수에 '至正 壬午(1342)'라고 쓴 저자 자신의 서문이 있어 간행 시기를 추정할 수 있다. 체제는 前集·後集으로 나뉘고, 각 집은 1, 2권으로 되어 있다.

● 著者 및 編者

저자인 이제현의 본관은 경주로, 檢校政丞을 지낸 李瑱의 둘째 아들이다. 초명은 之公, 자는 仲思, 호는 益齋 또는 櫟翁이다. 忠烈王 27년(1301)에 성균관에 장원하고, 곧이어 丙科에 급제하였다. 그 해에 白頤正의 제자인 權溥의 사위가 되어 程朱學에 대한 관심을 확장한다. 나이 28세인 충숙왕 1년(1314)에 당시 燕京에 있던 忠宣王이 萬卷堂을 세워 불렀는데, 이 때 그는 원나라의 대학자인 姚燧·趙孟頫 등과 교유하는 계기를 갖는다. 33세인 충숙왕 6년(1319)에는 충선왕을 호종하여 江南 지방을 여행하였고, 그 공로로 端誠翊贊功臣이 되었다.

충숙왕 10년(1323)에는 원나라가 고려에 정동성을 두어 원의 행정구역으로 편입하려 하자 원에 가서 도당에 글을 올려 이를 중지시키기도 했다. 이후 密直司事, 政堂文學, 領藝文館事 등을 역임한다. 충숙왕 복위 8년(1339)에 충혜왕을 따라 원에 가서 曺頔 등을 죽인 사실에 대해 변호를 하고, 충혜왕 복위 1년(1340)에 다시 고려에 돌아온다. 그렇지만 조정이 어지러워 자취를 숨기고 벼슬길에서 물러나 한가로이 있으면서 지은 책이 바로『역옹패설』이다. 이후 충목왕, 충정왕, 공민왕) 등을 모시다가, 공민왕 16년(1367) 7월 81세의 일기로 졸한다. 文忠이라는 시호를 받았다. 저서에『益齋集』이 전한다.

● 版本構成

前集 2권, 後集 2권, 拾遺로 구성되어 있다. 전집에는 총 62칙이 실려 있다. 그 중 50칙까지는 記事類가 중심이며, 그 이후인 12칙은 골계의 내용을 담은 설화류가 중심이다. 후집에는 57칙이 실려 있는데, 그 중 한두 칙을 제외하고는 모두 시화류에 해당한다.

● 所藏處

국립중앙도서관, 서울대학교 규장각, 한국국학진흥원 도서관 등에 소장되어 있다.

(50) 오리선생문집(梧里先生文集)

書名	出版事項	版式狀況	一般事項	所藏番號
梧里先生文集	李元翼 著	朝鮮木版本, 16卷 6冊, 32.3×20.6cm, 四周雙邊, 半匡 : 22.2×15.4cm, 有界, 10行 20字, 註雙行, 上下白口 上下內向四瓣花紋黑魚尾, 線裝, 楮紙	表題 : 梧里集, 序 : 相國聲名功業著於一世…上十三年孟夏上浣門人陽川許穆敬序, 所藏 : 原集 6卷 2冊, 別集 2卷 1冊, 續集 2卷 1冊, 附錄 4卷1冊	01-1975 ~1980

● 槪要

梧里 李元翼(1547~1634)의 문집이다.

● 編纂과 刊行

原集 2권 1책, 續集 2권, 別集 2권, 附錄 2권, 합3책이다. 原集은 1691년(숙종 17)에 간행되었고, 續集은 1705년(숙종 31)에 간행되었다. 원집은 증손 象賢이 許穆과 權愈의 서문을 받아 함경도관찰사 李瑞雨의 협조로 간행된 것이다. 총4책으로 간행된 것 가운데 일부인 제3책에 해당하는 것으로 年譜, 墓誌, 逸事狀, 諡狀, 遺事 등이 수록되어 있다. 속집은 현손인 李存道가 이서우의 서문과 姜楏의 발문을 첨부하여 간행한 것이다. 이후 1722년(경종 2) 저자의 5대손 李仁復이 안동부사로 있을 때 쓴 발문이 있는 판본이 있다.

● 著者 및 編者

저자인 이원익은 한성부 楡洞 泉達坊 출신으로. 태종의 아들 益寧君의 4세손이다. 15세에 東學에서 수학, 1564년(명종 19)에 사마시에 합격, 1569년(선조 2) 별시 문과에 병과로 급제하여 그 이듬해 승문원 권지부정자로 관직 생활을 시작하였다. 1575년 가을 정언이 되어 중앙관으로 올라온 뒤, 지평·헌납·장령·수찬·교리·경연강독관·응교·동부승지 등을 역임하였다. 1587년 이조참판 權克禮의 추천으로 안주목사에 기용되었다. 1595년 우의정 겸 4도체찰사로 임명되었다. 1600년에 다시 좌의정을 거쳐 도체찰사에 임명되어 영남지방과 서북지방을 순무하고 돌아왔다. 1604년에 扈聖功臣에 녹훈되고 完平府院君에 봉해졌다. 광해군 즉위 후에 다시 영의정이 되었다. 1624년 李适의 난 때에는 80세에 가까운 노구로 공주까지 왕을 호종하였으며, 1627년 정묘호란 때에는 도체찰사로 세자를 호위하여 전주로 갔다가 강화도로 와서 왕을 호위하였으며, 서울로 환도하여 훈련도감제조에 제수되었다. 저서로는『梧里集』·『梧里日記』 등이 있으며, 가사로 「雇貢答主人歌」가 있다. 인조의 廟庭에 배향되었고, 忠賢書院, 沂川書院 등에 제향되었다.

● 版本構成

권1은 詩, 祭文, 雜著, 對策, 表인데 시는 詩體에 관계없이 대략 연도순으로 편차되어 있다. 권2부터 권6까지는 「辨丁應泰誣奏文」 1편을 제외하고는 모두 疏箚이다. 권3은 광해군이 즉위한 1608년부터 영의정에서 체직된 직후 1610년(광해군 2)까지 올린 疏箚이며, 권4는 1611년 다시 영의정에 제수된 이후부터 1615년(광해군 7) 廢母論을 반대하여 洪川에 付處될 때까지 올린 疏箚이다. 권5와 권6은 仁祖反正 이후 1624년(인조 2)부터 1632년(인조 10)까지 올린 疏箚이다. 부록은 모두 5권이다. 권1은 許穆이 지은 年譜와 李埈이 찬한 墓誌 및 逸事狀이 실려 있다. 권2는 趙絅이 찬한 諡狀과 許穆이 찬한 遺事가 수록되어 있으며, 권3에는 저자에게 내린 敎諭書가, 그리고 권4는 1623년 9월 几杖宴에 酬唱한 詩帖이 수록되어 있다. 권5는 平壤에 있는 著者의 生祠堂 祭文과 衿川의 三賢祠, 忠賢書院의 賜額祭文, 그리고 寒泉祠의 상량문이 수록되어 있다. 補遺는 부록 뒤에 첨부되어 있다. 대부분 雜著로 이루어져 있다. 續集은 세 부분으로 구성되어 있는데, 續集의 原集에 해당되는 2권의 疏箚 등과

別集으로 편차한 引見奏事 2권, 그리고 연보를 포함한 부록으로 되어 있다.

• 所藏處

국립중앙도서관, 서울대학교 규장각, 고려대학교 도서관 등에 소장되어 있다.

(51) 오봉선생문집(梧峯先生文集)

書名	出版事項	版式狀況	一般事項	所藏番號
梧峯先生文集	申之悌 著, 藏待書院, 庚申	朝鮮木版本, 零本 2冊, 28.9×18.5cm, 四周雙邊, 半匡：18.3×13.6cm, 有界, 10行 18字, 註雙行, 上下白口 上下內向六瓣花紋黑魚尾, 線裝, 楮紙	刊記：庚申仲春藏待書院開刊, 序：上之十五年己未…李光庭, 跋：崇禎紀元後己未…權相一 謹跋, 所藏：卷4,7, 附錄 上~下	01-2437 ~2438
梧峯先生文集	申之梯 著, [序：1739年]	朝鮮木版本, 零本 2冊, 28.8×18.5cm, 四周雙邊, 半匡：17.9×13.8cm ,有界, 10行 18字, 註雙行, 上下白口 上下內向四瓣花紋黑魚尾, 線裝, 楮紙	表題：梧峯集, 序：上之十五年己未(1739)暮春後學平原李光庭 謹敍, 所藏：卷1~2, 5~6	01-3219 ~8220

• 槪要

梧峯 申之悌(1562~1624)의 詩文集이다.

• 編纂과 刊行

玄孫 震龜가 편찬하여 1740년(英祖 16) 義城 藏待書院에서 開刊하였다.

• 著者 및 編者

저자인 申之悌의 字는 順夫, 號는 梧峯, 梧齋, 本貫은 鵝州, 贈左承旨 申夢得의 아들이다. 1589년(宣祖 22) 增廣文科 甲科에 합격하여 司贍寺直長, 監察, 禮安縣監, 禮曹佐郎, 持平, 江界判官, 工曹正郎, 昌原府使 등을 역임하였다. 昌原府使로 있을 때 府民을 괴롭히던 도적을 討平하고 민심을 안정시켜 그 공으로 通政大夫에 올랐고 그 후 同副承旨가 되었다. 義城의 藏待書院에 祭享되었다.

• 版本構成

卷頭에는 1739년에 쓴 李光庭의 序文이 있다. 卷1：詩 48수. 卷2：檜山雜詠(上)이란 題名으

로 詩 90수. 卷3 : 檜山雜詠(中)으로 詩 53수. 卷4 : 檜山雜詠(下)로 詩 146수가 각각 수록되어 있다. 卷5 : 龜堂漫錄이라는 題名으로 詩 171수가 있다. 卷6 : 宣城郡守로 있을 때 지은 遊淸凉山錄과 檜山雜詠序가 수록되어 있다. 卷7 : 憲府箚子, 敎宣武功臣李光岳書, 敎扈聖功臣高曦書, 祭鶴峯金先生誠一文, 祈雨祭文 및 金察訪春龍墓誌, 與屛山守某書 등 20여 편을 실었다. 補遺로 輓惟一齋金公, 海上遇故人, 祭城隱宗丈文 등이 수록되어 있다. 附錄上에는 梧峯行狀(李民宬 撰), 梧峯先生行狀後逸事識(李光庭), 梧峯墓碣銘幷序(李光庭), 附錄下에는 祭文 4편, 輓詞 19수, 藏待書院上樑文(李堂 撰), 奉安文, 常享祝文(李惟樟 撰)과 玄孫 震龜의 文集後記, 權相一의 跋文이 수록되어 있다.

• 所藏處

국립중앙도서관, 서울대학교 규장각, 한국학중앙연구원 장서각 등에 소장되어 있다.

(52) 오한선생문집(聱漢先生文集)

書名	出版事項	版式狀況	一般事項	所藏番號
聱漢先生文集	孫起陽 著	朝鮮木版本, 零本 3冊, 31.8×21cm, 四周雙邊, 半匡 : 22×15.8cm, 有界, 10行 20字, 註雙行, 上下白口 上下內向四瓣花紋黑魚尾, 線裝, 楮紙	表題 : 聱漢集, 序 : 君子言行…學拜康蔡濟恭謹書, 跋 : 右聱漢先生孫公文集…上之十五年二月下澣後學豊山柳壽春謹書, 所藏 : 卷4, 附錄, 年譜	01-2416 ~2418

• 概要

조선 중기의 문신 孫起陽(1559~1617)의 시문집이다.

• 編纂과 刊行

서발문을 볼 때 1825년(순조 25) 간행된 것으로 보인다. 원래 유고는 시집인 『排悶錄』 2권과 『輟釣錄』 4권으로 되어 있었는데, 이 중 『철조록』 3권은 불에 타 없어지고 나머지만이 수록되어 있다.

• 著者 및 編者

저자인 손기양의 자는 景徵, 호는 聱漢, 본관은 密陽이다. 1588년 문과에 급제하고 典籍,

蔚州判官, 永川郡守, 昌原府使 등을 역임하였다. 1612년(광해군 4) 정치가 어지러워지자 벼슬을 버리고 낙향했다. 뒤에 司憲府·尙州牧使 등에 임명되었으나 모두 사퇴하고, 학문으로 여생을 보냈다. 성리학자로서 鄭逑·鄭經世·曺好益 등 영남의 명유들과 교유하고 만년에는 易學에 전심한 것으로 전한다.

● 版本構成

권1 詩, 권2 詩, 권3 疏 및 書 등, 권4 雜著, 부록으로 구성되어 있다.

● 所藏處

국립중앙도서관, 서울대학교 규장각, 계명대학교 동산도서관 등에 소장되어 있다.

(53) 온계선생일고(溫溪先生逸稿)

書名	出版事項	版式狀況	一般事項	所藏番號
溫溪先生逸稿	李瀣 著	朝鮮木版本, 4卷 3冊, 30.8×19.2cm, 四周雙邊, 半匡 : 20.1×14.8cm, 有界, 10行 18字, 註雙行, 上下白口 上下內向四瓣花紋黑魚尾, 線裝, 楮紙	序 : 天之生剛大俊偉非…壬辰三月戊子韓山李象靖謹序, 跋 : 國朝士禍自己卯乙巳至丁未庚戌而極矣…經筵參贊官春秋館修撰官知製 敎世澤謹書	01-1875 ~1877

● 槪要

溫溪 李瀣(1496~1550)의 시문집이다.

● 編纂과 刊行

간행 경위는 4권 말미에 수록된 7세손 李世澤의 발문에 의하면, 이해의 유고는 병란 중에 대부분 유실되었는데, 6세손 芝軒公 始克이 士友傳誦 및 古家를 탐방하여 시 100여 수를 수집하고, 여기에 당시 諸賢들의 贈別唱酬, 墓誌, 墓碣銘, 行狀을 부록으로 합하여 편집하여 보관하다가, 一鄕士林들이 뜻을 모아 1772년(영조 48) 도산서원에서 이를 문집으로 간행하였다고 한다. 그 과정에서 7세손 持憲君 級이 대대로 전해오며 소장하고 있던 誥牒日錄 및 文籍 단편들을 토대로 年譜 1권을 작성하여, 문집과 함께 4卷 3冊으로 간행하였다.

• 著者 및 編者

저자인 이해의 자는 景明, 호는 溫溪, 본관은 眞城이다. 할아버지는 진사 繼陽, 아버지는 진사 埴, 어머니는 司正 朴緇의 딸이며, 李滉의 형이다. 어려서 작은아버지에게 글을 배워 1525년(중종 20)에 진사시, 1528년 식년문과에 병과로 급제한 후, 사간·정언·직제학·慶尙道 賑恤敬差官·좌승지·도승지·대사헌·대사간·예조 참판 등을 역임하였다. 1544년에 다시 대사헌이 되어, 인종이 즉위한 뒤에도 계속 대사헌으로 있으면서 권신 李咬를 탄핵하였다. 그러나 명종이 즉위하면서 소윤이 실권을 장악하자 이기의 심복인 사간 李無彊의 단핵을 받아 무고사건에 연좌된 具壽聃의 일파로 몰렸다. 외직 또한 두루 역임하여 1545년(명종 즉위년) 강원도 관찰사, 1547년에 황해도 관찰사, 1549년에 청홍도 관찰사를 거쳐 1550년에는 한성부 우윤이 되었다.

• 版本構成

모두 4권 3책으로 구성되어 있다. 1책의 권두에 1772년에 李象靖이 찬한 溫溪先生逸稿序와 目錄이 있고, 그 뒤의 권1에 詩 75題(偶閱牀上見景浩三絕句各有所寓之意因以其意次之, 送書狀官黃敬甫赴燕, 送黃彦規赴京二首 등), 권2는 拾遺로 賦 3편(爲君難賦, 敧枕看兒戲賦, 登單于臺賦), 詩 6題(白鹿洞詩, 詠雪四首, 逸題 등)과 遺墨 7題(和寄舍弟景浩, 李仲望赴京與許南仲李景容同行, 次周武陵贈別韻, 次, 有懷, 次, 送曹吳兩郎與瀅輩讀書淸涼山)가 수록되어 있다. 2책은 附錄으로 권3에 李滉이 찬한 墓誌 및 墓碣, 朝天別章 6題(李滉의 奉送同知兄聖節使朝京, 安珽의 奉別溫溪公赴燕 2수, 申光漢, 宋麟壽의 送景明公赴燕 2수, 黃孝恭, 李天啓 奉送李同知先生朝天), 海西贈遺 5題(南應龍의 贈黃海觀察相公硏右 3수, 洪暹의 謝呈海西令公 2수, 李滉의 宿忠州可興倉奉次監司兄江陰助邑倉見寄韻, 安珽의 上海西相公 4수, 任楗의 次助邑倉韻), 湖西贈遺 6題(朴忠元의 奉別景明令公赴湖西, 洪暹의 贈湖西令公, 鄭士龍의 景明寅長報政西海未數月又按湖西奉此識別, 李滉의 期會丹山已而因事不果往呈監司兄侍史, 述懷一絕寄呈, 趙士秀의 景明公按湖西歌以贈之 4수), 李滉이 찬한 貞夫人墓誌 및 貞夫人墓碣, 貞夫人挽詞 3首(李滉, 具鳳齡, 朴承任) 등이 실려 있고, 권4에 李光庭이 찬한 行狀, 遺事撫錄, 金應祖가 찬한 三峰書院奉安文, 常享祝文, 李達意가 찬한 贈官後位版改題告辭, 還安祝文, 金應祖가 찬한 淸溪書院奉安文, 李惟樟이 찬한 贈官後位版改題告辭, 金應祖가 찬한 三峰書院上梁文, 7세손 李世澤이 1771년에 찬한 溫溪先生集跋 등이 실려 있고, 3책은 표제가 溫溪先生年譜로 되어 있으며 世系圖, 年譜, 7세손 李級이 찬한 年譜後識가 수록되어 있다.

• 所藏處

국립중앙도서관, 서울대학교 규장각, 한국국학진흥원 도서관 등에 소장되어 있다.

(54) 외와집(畏窩集)

書名	出版事項	版式狀況	一般事項	所藏番號
畏窩集	崔琳 著	朝鮮木版本, 14卷 7冊, 30.8×20.6cm, 四周雙邊, 半匡 : 20×15.7cm, 有界, 10行 20字, 上下內向四瓣花紋黑魚尾, 線裝, 楮紙	序 : 時屠維大淵獻…下澣恩準宋秉璿序	01-0674 ~0680
畏窩集	崔琳 著	朝鮮木版本, 14卷 7冊, 28.2×20cm, 四周雙邊, 半匡 : 20×16.7cm, 有界, 10行 20字, 註雙行, 上下白口 上下內向四瓣花紋黑魚尾, 線裝, 楮紙	序 : 屠維大淵獻(己亥1899)…宋秉璿序, 藏書記 : 玉院上, 印 : 玉山書院, 所藏 : 卷1~14	01-2119 ~2125

• 槪要

畏窩 崔琳(1779·1841)의 시문집이다.

• 編纂과 刊行

曾孫 崔任壽가 編하고 간행을 보지 못하고 죽자 族孫 崔瑠壽 등의 周旋으로 1866년(光武 3) 14卷 7冊으로 刊行하였다.

• 著者 및 編者

崔琳의 初名은 瀅, 字는 贊夫, 號는 畏窩, 本貫은 慶州이다. 道臣의 推薦으로 繕工監監役이 제수되었으나 받지 않고 오직 학문에 정진했다. 經書에 정통하고 兵書·醫書·諸子書를 두루 섭렵하였으며, 늘그막에 雲門의 孔巖에 살 때 많은 弟子들이 모여들었다는 기록이 전한다.

• 版本構成

卷1 : 詩, 西山感懷 등 51편과 哀辭. 卷2,3 : 書. 卷4 : 序, 記, 跋, 箋, 上樑文, 祭文 등. 卷5~13 : 雜著. 卷14 : 附錄으로 구성되어 있다.

• 所藏處

국립중앙도서관, 서울대학교 규장각, 영남대학교 도서관 등에 소장되어 있다.

(55) 외재선생문집(畏齋先生文集)

書名	出版事項	版式狀況	一般事項	所藏番號
畏齋先生文集	李厚慶 著, [序 : 英祖20年(1744)]刊	朝鮮木版本, 4卷 3冊, 32×21cm, 四周雙邊, 半匡 : 21.7×16cm, 有界, 10行20字, 註雙行, 上下白口 上下內向白魚尾, 線裝, 楮紙	表題 : 畏齋集, 序 : 上之二十年甲子十月戊午後學平原李光廷謹序, 跋 : 上之二十年甲子孟冬辛亥後學前騎曹郎未嘉權萬跋	01-3433 ~3435

• 概要

조선 중기의 학자 畏齋 李厚慶(1558~1630)의 시문집이다.

• 編纂과 刊行

외손 郭鳴世 등이 1709년(숙종 35)에 유고를 모아 편집해놓은 것을, 저자의 현손 渾然·郁然 등이 다시 사업을 추진하여 李光庭, 郭壽龜, 權萬 등으로부터 서문과 발문을 받아 1744년(영조 20)에 4卷 3冊을 목판으로 간행하였다.

• 著者 및 編者

저자인 이후경의 자는 汝懋, 호는 畏齋, 본관은 碧珍, 아버지는 儼이다. 鄭逑의 문인으로 학행이 높아 영남지방의 名儒로 추앙받았다. 光海君 때 李時發·金宇顒 등으로부터 천거를 받아 세자익위사 세마에 임명되었으나 사퇴하였다. 1627년(인조 5) 정묘호란이 일어나자 그해 가을 강화도에 왕을 호종하였고, 그 공으로 후에 음성현감을 지냈다. 죽은 뒤 병조참의에 추증되고, 경상남도 영산의 德峯書院에 제향되었다.

• 版本構成

권1에는 世系圖·目錄·年譜, 詩 18수, 書 4편, 祭文 10편 등이, 권2·3에는 行狀 5편, 墓表 2편 등이 수록되어 있고, 권4는 附錄으로 挽·行狀·祭文·祭墓道文·墓碣銘·奉安文·祝文·上樑文 등이 실려 있다. 아울러 권말에는 저자의 아들 道輔의 문집인 『益庵遺稿』가 합록되어 있다.

• 所藏處

국립중앙도서관, 서울대학교 규장각, 성균관대학교 존경각 등에 소장되어 있다.

(56) 용천연고(龍川聯稿)

書名	出版事項	版式狀況	一般事項	所藏番號
龍川聯稿		朝鮮木版本, 3卷 1冊, 31×20.4cm, 四周雙邊, 半匡 : 19.5×15.6cm, 有界, 10行 18字, 註雙行, 上下白口 上下內向四瓣花紋黑魚尾, 線裝, 楮紙	表題 : 龍川聯稿, 序 : 敦禹嘗侍筆…李敦禹謹書, 所藏 : 卷1~3	01-2049

• 槪要

權舜經(1676~1744), 權舜紀(1679~1746), 權憸(1710~1748) 등 세 사람의 遺稿를 모아 엮은 책이다.

• 編纂과 刊行

3권 1책 88장의 木版本으로, 序文 기록인 '聖上十四年癸亥年(1863)…'을 통해 1863년(철종 14) 경에 간행된 것으로 추정된다.

• 著者 및 編者

자세한 내용은 확인하기 어려우나, 행장에 의하면 이들의 본관은 安東이며 권순경과 권흡은 부자지간이다. 권순기와 권순경은 아버지가 각각 權是昌(생몰년 미상)과 權是亮(생몰년 미상)이므로 사촌간일 것으로 추정된다.

• 版本構成

권1은 권순경의 『無窩稿』, 권2는 권순기의 『樂溪稿』, 권3은 권흡의 『梧軒稿』으로 되어 있다. 권순경의 유고는 詩 11편, 書 6편, 祝文 9편, 祭文, 雜著, 附錄이 있고 권순기의 글에는 詩 7편, 雜著 5편, 祭文, 附錄, 권흡의 글에는 詩 13편, 祭文, 雜著, 附錄이 수록되어 있다. 附錄에서는 주로 行狀과 墓碣銘을 다루고 있다.

• 所藏處

국립중앙도서관, 서울대학교 규장각, 계명대학교 동산도서관 등에 소장되어 있다.

(57) 우고문집(雨皐文集)

書名	出版事項	版式狀況	一般事項	所藏番號
雨皐文集	金道行 著	朝鮮木版本, 8卷 4冊, 32.3×21cm, 四周雙邊, 半匡 : 20.5×16.5cm, 有界, 10行 19字, 註雙行, 上下白口 上下內向四瓣花紋黑魚尾, 騍裝, 楮紙		01-3124 ~3127

• 槪要

조선 후기의 학자 金道行(1728~1812)의 시문집이다.

• 編纂과 刊行

서문과 발문이 없어서 정확한 간행 경위는 알 수 없으나, 金岱鎭이 쓴 저자의 묘지명으로 볼 때 1869년(고종 6)에 손자 祚運이 8卷 4冊으로 편집, 간행한 듯하다.

• 著者 및 編者

저자인 김도행의 자는 中立, 호는 雨皐, 본관은 義城이다. 처음에는 伯父인 聖鐸에게 글을 배웠고 뒤에 從兄인 樂行의 문하에서 수학했다. 7세에 아버지를 여의었으나 어머니의 주선으로 학문을 게을리하지 않았다. 백부인 성탁이 밖에 나가고 없으면 책을 끼고 길에 서서 지나가는 선비들에게 글을 배워서 하루도 공부를 게을리하지 않았다고 전한다. 1741년(영조 17) 鄕試를 거쳐 式年文科에 응시했으나 실패하자 자신의 공부가 남만 못함을 자책하여 문을 닫고 세속을 등진 채 학문에 열중했다. 1765년 司馬試에 합격하여 진사가 된 뒤 다시는 과거에 응시하지 않고 墳菴에서 『주역』을 연구하였다는 기록이 있다.

• 版本構成

권1에 시 90수가 수록되어 있다. 권2에는 書 34편이 수록되어 있다. 권3에는 書 42편이 수록되어 있다. 권4에는 書 21편이 수록되어 있다. 권5에는 雜著 19편, 箴 1편, 銘 2편, 祝文 4편, 祭文 21편이 수록되어 있다. 권6에는 哀辭 3편, 墓表 3편, 行狀 8편이 수록되어 있다. 권7에는 遺事 10편이 수록되어 있다. 권8은 부록으로 行狀·墓誌銘·輓詞·祭文 등이 수록되어 있다.

• 所藏處

국립중앙도서관, 서울대학교 규장각, 한국국학진흥원 도서관, 안동대학교 도서관 등에 소장되어 있다.

(58) 우복선생문집(愚伏先生文集)

書名	出版事項	版式狀況	一般事項	所藏番號
愚伏先生文集	鄭經世 著	朝鮮木版本, 20卷 10冊, 31.3×21.2cm, 四周雙邊, 半匡 : 20.7×17cm, 有界, 11行 22字, 上下白口 上下內向四瓣花紋黑魚尾, 線裝, 楮紙		01-2593 ~2602

● 槪要

愚伏 鄭經世(1563~1633)의 詩文集이다.

● 編纂과 刊行

原集은 1657년(孝宗 8)에 初刊, 1844년(憲宗 10)에 重刊했는데 別集은 1899년(光武 3)에 후손 鄭夏默이 原集과 함께 追補하여 간행했다.

● 著者 및 編者

저자인 鄭經世의 자는 景任, 호는 愚伏, 본관 晉州, 시호는 文莊公이다. 西厓 柳成龍의 門人으로 1582년(宣祖 15)에 進士, 1586년 24세로 謁聖科에 합격, 槐院에 들어서 副正字가 되었고 곧 史官으로 經筵에서 宣祖의 對問에 응했다. 嶺南觀察使로 있을 적에 民風을 일으켜 聲望이 높았으며 이때 柳成龍을 위해 上章했다가 귀양살이를 하였다. 1607년 大丘府使가 되었고 이어 羅州牧使 全羅觀察使를 지냈다. 이때 黨禍에 얽혀 세 차례나 入獄治理되었다. 仁祖反正 後 弘文館副提學, 大司憲, 吏曹判書, 大提學 등을 지냈다. 그는 禮學에 造詣가 깊어 國家典禮나 疑禮의 變則이 있으면 반드시 그의 의견을 들었다. 沙溪는 그를 禮學에 있어서는 退溪보다 낫다고 칭찬하였다. 朱子學을 尊信하였으며 性理說에 있어서 退溪와 반대되는 의견을 폈고 한편 栗谷에 가까운 논리를 전개했다. 저서로는 『思問錄』, 『朱文酌海』, 『喪禮參考』 등이 있다.

● 版本構成

序는 없고 앞에 原集의 목록이 있다. 原集 권1 : 辭(次歸去來辭) 1편, 詩(題從政名言後 澆花 등) 80수. 권2 : 詩 83수. 권3 : 奏文으로 陳慰奏文, 請復登州舊路奏文, 敎書로 不允領議政柳成龍辭職敎書, 伏節死義及守城身死守令力戰陣亡將卒子孫除職免賤曉喩敎書 등 7편, 咨帖으로 正使姜曰廣回帖, 都督回帖 등 8편, 疏箚로 玉堂請自强箚, 玉堂請守都城箚應求言敎

疏 등 4편. 권4·7 : 疏箚로 玉堂論旱災箚, 議喪禮箚 등 88편. 권8 : 議로 交河置京議 宣惠號牌便否議 號牌量田議 등 3편, 啓辭로 私廟屬號博考前例啓, 請去昏朝所上宣廟祖字啓 등 14편, 呈文으로 上楊經理鎬文 督府呈文 등 8편. 권9~13 : 書로 上西厓先生, 與李完平 등 263편. 권14 : 雜著로 愚岩說, 朝天記事 등 29편. 권15 : 序로 洛社合稧序, 尙州鄕案錄序 등 8편, 記로 城山山城嶺海樓記 등 3편 跋로 書武夷志跋, 書陰符經後書芝峰采薪雜錄後 등 20편. 권16 : 表, 箋, 啓, 檄으로 謝皇恩表謝賜兒馬馬粧箋, 募糧檄 등 22편. 上樑文으로 道南書院廟上樑文 등 3편, 祝文으로 屛山書院亨祀祝文 등 7편, 祭文으로 祭水軍溺死文 등 31편. 권17~19 : 碑銘, 碣銘, 墓表, 墓誌로 議政府左贊成權公神道碑銘, 戶曹參議韓公墓碣銘 등 31편. 권20 : 行狀으로 西厓先生行狀 漢陰李公行狀 등 4편. 끝에 崇禎紀元後四甲辰仲夏愚山書院重刊이란 刊記가 있다.

別集 권1 : 詩로 送許書狀功彦赴日本挽金參議涌 등 36수. 教書로 逆賊梁景鴻等伏誅後播告八方教書 1편, 咨帖으로 毛都督文龍揭帖 등 6편, 疏箚로 辭慶尙監司疏 등 7편, 辭狀으로 辭全羅監司狀 등 2편, 啓辭로 論進圭啓 등 3편, 書로 與張旅軒 答金沙溪 등 17편, 序로 壬午司馬榜會圖序 등 2편, 論으로 藏絲付吏論 1편, 拾遺 翊衛司衛率黃公墓碣文草記 1편. 권2 : 思問錄. 養正篇. 권3 : 經筵日記. 권4 이하는 附錄이다. 권4~7 : 年譜. 권8 : 言行錄. 권9 : 墓誌銘(李埈 撰), 神道碑銘(趙絅 撰), 墓表(權愈 撰). 권10 : 行狀(宋浚吉 撰). 권11 : 諡狀(宋時烈 狀). 권12 : 賜祭文(具鳳瑞, 趙錫胤, 李堂揆 등 製進), 祭文(李珣, 李埈, 宋浚吉 등) 25편, 挽詞(鄭蘊, 金尙憲, 李廷龜 등) 22편, 奉安文(金湜, 柳台佐) 2편, 常享祝文(柳台佐) 1편. 끝에는 간행의 경위를 밝힌 후손 夏黙의 跋이 있다.

- 所藏處

국립중앙도서관, 서울대학교 규장각, 한국국학진흥원 도서관 등에 소장되어 있다.

(59) 우암선생문집(愚菴先生文集)

書名	出版事項	版式狀況	一般事項	所藏番號
愚菴先生文集	洪彦忠 著	朝鮮木版本, 4卷 2冊, 32.5×21.8cm, 四周雙邊, 半匡 : 19×17.8cm, 有界, 10行 19字, 註雙行, 上下白口 上下內向四瓣花紋黑魚尾, 線裝, 楮紙	表題 : 愚菴集.序 : 高科偉詞場一時…永嘉權斗經序.跋 : 先生大節文章…庚子三月己巳從玄孫前主薄相民謹跋	01-1866 ~1867

● 槪要

조선 전기의 문신 洪彦忠(1473~1508)의 시문집이다.

● 編纂과 刊行

시문은 딸 홍씨가 가장해둔 것을 외손서인 金宇宏(1524~1590)이 1582년(선조 15)에 처음 간행하였다. 김우굉은 충청도관찰사로 나갔을 때 장모인 홍씨의 간곡한 청을 받아 淸州牧使 金仲老에게 일을 맡겨 저자의 유고인 부 2편, 제문 1편과 시 200여 수에 자신의 발문을 붙여 3권 3책의 목판본으로 간행하였다. 이 초간본은 임란을 거치면서 간본이 거의 유실되었다. 그 뒤 1720년(숙종 46)에 이르러 從玄孫 洪相民·洪相勖 형제가 문집을 중간하였다. 이 본은 缶溪洪氏 世系를 권두에 싣고 권말에 부록을 실었는데, 부록에는 奉安時祭文(金應祖)·近嵒 書院常享祝文·海東名臣錄·墓碣 등과 제현들의 애모하는 시문을 모았으며, 여기에 權斗經 (1654~1725)의 서와 홍상민의 발을 붙여 4권 2책으로 간행하였다. 이 중간본은 초간본의 오자와 궐자를 수정하였고, 초간 발문 중에서 잘못 기술된 부분을 바로잡아 뒤에 부기하였으며, 또 수록된 작품 수는 거의 같으나 일부 편차를 달리하였는데, 이러한 편차의 이동은 동일 인물과 수창한 시를 한데 모으고 저작 시기가 같은 작품 순으로 배열한 데서 연유한 듯하다. 그 후 1925년에 洪杰이 경북 문경에서 간행한 『寓菴先生文集』은 4권 2책의 중간본 목판을 그대로 인쇄한 것이고, 각 책 끝에 大正 14년(1925)의 간행 연기가 있다.

● 著者 및 編者

저자인 홍언충은 조선 중기의 문신으로 본관은 缶溪이고 字는 直頃, 호는 寓菴이다. 得禹의 증손으로 할아버지는 洪孝孫이고 아버지는 虛白堂 洪貴達이며 어머니는 金淑正의 딸이다. 燕山君 1년(1495) 司馬試에 합격하고, 그 해에 또다시 增廣文科에 乙科로 급제하였다. 종9 품의 관직이었던 承文院副正字에 이어 正字, 著作, 博士 등을 역임하였다. 燕山君 4년(1498) 에는 賜暇讀書를 하였고 質正官, 副修撰, 吏曹佐郞 등을 지냈으나 병으로 사임하였다. 燕山 君 9년(1503)에 다시 修撰으로 복직해 敎理가 되었고 같은 해(1503)에 正朝使의 書狀官이 되어 명나라에 다녀오는 등 외교적인 소임에도 충실하였다. 이듬 해(1504) 尹弼商, 李克均, 金宏弼 등의 훈구사림파들이 궁중 세력에게 화를 입은 甲子士禍가 일어나자 글을 올려 임금 에게 간하다가 노여움을 사게 되어 진안에 유배되었다. 갑자사화에 연루되어 아버지 홍귀달 이 유배될 때 그는 또다시 海島로 옮겨 유배되기도 하였다. 집안사람들은 홍언충이 유배령을 받았을 때 몸을 피할 것을 권했으나 왕명을 어기지 않고 유배의 길을 떠났으며 海島에 이배 중에 중종반정이 일어나 풀려났다. 中宗은 그를 다시 불러 直講을 제수하였으나 벼슬에 나아가지 않고 초야에서 마지막 생을 보냈다. 그는 성품이 신중하고 솔직하였으며 어릴 때부터 영특하여 일찍이 학문에 깊이 통달하였다. 문장에 뛰어나고 특히 隷書를 잘 썼으며 鄭淳夫, 李擇之, 朴仲說과 함께 당대의 四傑이라 불렸다.

● 版本構成

卷1~3은 시 422수·賦 2편·제문 1편, 卷4는 시와 부록으로 이루어져 있는데, 부록에는 제문 2편·축문 1편·해동명신록 1편·묘갈 1편·辭 1편·시 28수·통문 2편·呈牧伯文 1편·상량문 1편 등이 수록되어 있다.

● 所藏處

국립중앙도서관, 옥산서원 등에 소장되어 있다.

(60) 우암선생문집(寓庵先生文集)

書名	出版事項	版式狀況	一般事項	所藏番號
寓庵先生文集	南九明 著	朝鮮木版本, 5卷 3冊, 31.2×20.2cm, 四周雙邊, 半匡 : 20.4×15.3cm, 有界, 10行 20字, 註雙行, 上下白口 上下內向四瓣花紋黑魚尾, 線裝, 楮紙	版心題 : 寓庵集, 表題 : 寓庵集, 序 : 豊山柳台佐謹書, 跋 : 庚申端陽節外玄孫驪江李鍾祥謹識	01-2227 ~2229

● 槪要

조선 후기의 문신 南九明(1661~1719)의 시문집이다.

● 編纂과 刊行

전체 편차는 5권 3책으로 柳台佐의 서문에 책을 간행하게 된 경위를 밝히고 있다. 이에 따르면 4세손 남홍양(南鴻陽) 등이 제문(祭文)과 상장(上狀), 묘갈문(墓碣文) 등을 모아서 편집하였음을 알 수 있다.

● 著者 및 編者

저자인 남구명은 조선 후기의 문신으로 본관은 영양(英陽)이고 자(字)는 기서(箕瑞), 호는 우암(寓菴)이다. 경상북도 영해 출신으로 할아버지는 남길(南佶)이며 아버지는 종사랑 남상주(南

尙周)이다. 숙종(肅宗) 13년(1687)에 사마시(司馬試)에 합격하고 숙종(肅宗) 19년(1693) 식년시(式年試) 문과(文科)에 병과로 급제하였다. 하지만 벼슬에 뜻을 두지 않고 고향에서 10여년간 은거하다가 형 남노명(南老明)의 강력한 권유로 다시 성균관 정6품의 관직인 전적(典籍)을 지냈으며 숙종 37년(1711)에 제주판관으로 부임하여 흉년에 어려운 백성들을 구제하는데 전력을 다하였다. 그 뒤 순천부사(順天府使)를 지냈고, 다시 귀향하여 풍류를 즐기며 말년을 보냈으며 죽은 뒤 순천에 동비(銅碑)가 세워지고 제주의 죽림사(竹林祠)에 배향되었다.

• 版本構成

권1~2에는 부(賦)와 시(詩), 권3에는 서(書), 기(記), 발(跋), 전(傳), 제문(祭文), 묘갈명(墓碣銘), 권4에는 설(說)과 잡저(雜著), 권5에 부록(附錄)을 수록하였고 권말에는 철종(哲宗) 11년(1860)에 남구명의 외현손인 여강(驪江) 이종상(李鍾祥)가 작성한 지기(識記)가 있다.

• 所藏處

국립중앙도서관, 서울대학교 규장각, 계명대학교 동산도서관 등에 소장되어 있다.

(61) 유헌유고(愚軒遺稿)

書名	出版事項	版式狀況	一般事項	所藏番號
愚軒遺稿	權灝 著, [序 : 1876]刊	朝鮮木活字本, 2卷 1冊, 30.5×20.4cm, 四周單邊, 半匡 : 19.3×15.8cm, 有界, 10行 18字, 上下內向四瓣花紋黑魚尾	表題 : 愚軒集, 序 : 上之十三年柔兆困敦(丙子, 1876)… 知製教漢山李敦雨謹序	01-0851

• 槪要

愚軒 權灝(1634~1695)의 詩文集이다.

• 編纂과 刊行

1876년(高宗 13)에 後孫인 永浩・義浩 등이 2卷 1冊으로 刊印하였다.

• 著者 및 編者

著者 權灝의 字는 聖源, 號는 愚軒, 本貫은 安東이다. 敬堂 張興孝의 門人인 樊谷 權昌業과 進士 李再煜 등에게 受學하여 鄕試에는 세 차례나 합격했으나 끝내 會試에는 합격하지 못하

여 평생 불우했으나 글을 보는 것을 게을리하지 않았다고 전한다.

• **版本構成**

卷頭에 1876년에 同副承旨 李敦禹가 쓴 序文이 실려 있다. 卷1 : 詩 23수(題鳳停寺玉燈, 元日吟 등), 挽詞 30수(挽權斂樞景孚大允 등), 祭文 17편(祭樊谷公文, 祭函丈李進士再煜文 등), 祝文 4편(商山祈雨文 등), 雜著 5편(太師廟膽錄跋, 題爪髮囊, 謝人惠扇銘 등)이 실려 있다. 卷2 : 附錄으로 李惟樟, 柳楷 등이 쓴 輓詞 28수와 堂姪인 斗韓, 達韓 등이 지은 祭文 3편, 이어서 門孫인 靖夏가 지은 行狀 1편과 後孫인 敦寧府都正 璉夏가 지은 墓誌銘과 司憲府 持平 金興洛이 지은 墓碣銘 1편이 실려 있다.

• **所藏處**

국립중앙도서관, 서울대학교 규장각, 안동대학교 도서관 등에 소장되어 있다.

(62) 운와문집(雲窩文集)

書名	出版事項	版式狀況	一般事項	所藏番號
雲窩文集	鄭夏源 著	朝鮮木版本, 6卷 3冊, 32.5×22.2cm, 四周雙邊, 半匡 : 22×17cm, 有界, 10行 20字, 上下白口 上下內向四瓣花紋黑魚尾, 線裝, 楮紙	表題 : 雲窩集	01-1822 ~1824

• **概要**

조선 후기의 학자 鄭夏源(1762~1809)이 시문집이다.

• **編纂과 刊行**

1850년에 후손이 편집하고, 6卷 3冊으로 간행하였다.

• **著者 및 編者**

저자인 정하원의 자는 원원(源遠), 호는 운와(雲窩), 본관은 연일(延日)이다. 아버지는 일강(一綱)이며, 어머니는 벽진이씨(碧珍李氏)로 사헌부지평 정춘(挺春)의 딸이다. 남와(南窩) 정동필(鄭東弼), 구암(懼庵) 이수인(李樹仁), 남려(南廬) 이정엄(李鼎儼), 창려(蒼廬) 이정기(李鼎基), 월오(月梧) 김회운(金會運), 창헌(蒼軒) 조우각(趙友慤) 등 여러 석학들과 왕래하여 토론함이 빈번하였다고 전한다.

● 版本構成

권1~2는 詩, 권3은 書, 권4는 序 및 記 등, 권5는 祭文 및 墓誌銘 등, 권6은 부록으로 구성되어 있다.

● 所藏處

국립중앙도서관, 한국국학진흥원 도서관 등에 소장되어 있다.

(63) 월송재집(月松齋集)

書名	出版事項	版式狀況	一般事項	所藏番號
月松齋集	鄭碩臨 著	朝鮮木版本, 3卷 1冊, 28×18.6cm, 四周雙邊, 半匡 : 19.3×14cm, 有界, 10行 20字, 註雙行, 上下白口 上下向四瓣花紋黑魚尾, 線裝, 楮紙	跋 : 此節我七代祖考月松齋…七世孫鎭益 鎭三謹跋	01-1991

● 槪要

鄭碩臨(1669~1739)의 시문집이다.

● 編纂과 刊行

1721년에 7세손 진익(鎭益)·진삼(鎭三)이 여러 곳에 흩어져 있던 글들과 輓詞 등을 모아 3卷 1冊으로 편집, 간행한 것이다.

● 著者 및 編者

저자인 정석림은 시우(時羽)의 아들로 영천(永川)에서 살았다. 그는 일찍이 인근에 유배되어 온 권해의 문하에 왕래하며 학문을 닦았으며, 족형(族兄) 석달(碩達)을 비롯하여 조선장(曺善長), 정만양(鄭萬陽), 정규양(鄭葵陽) 등 여러 선배들과 도의(道義)로서 서로 사귀며 학문을 연마하였다. 만년에는 심경(心經)과 근사록(近思錄) 등을 탐독하며 마음공부에 더욱 주력하였으며, 1721년에 진사(進士)가 된 후에는 두문불출하며 그 거소에 '월송재'라 편액을 걸고 성현의 학문을 좇으며 생을 마쳤다고 전한다.

● 版本構成

　권1에 詩, 書, 祭文, 序, 雜著 등, 권2에 司馬榜目, 권3에 附錄, 輓詞, 祭文, 行狀, 墓碣銘, 跋 등으로 구성되어 있다.

● 所藏處

　국립중앙도서관, 한국국학진흥원 도서관, 전남대학교 도서관 등에 소장되어 있다.

(64) 월연선생문집(月淵先生文集)

書名	出版事項	版式狀況	一般事項	所藏番號
月淵先生文集	李迨 著	朝鮮木活字本, 2卷 1冊, 30.8×20.2cm, 四周雙邊, 半匡 : 21×15.8cm, 有界, 10行 20字, 註雙行, 上下白口 上下內向四瓣花紋黑魚尾, 線裝, 楮紙	序 : 君子之文章其海山之珠玉乎…孝尚瑞院正晉山姜蘭饗謹序.跋 : 驪興李其文守麟守奎齋…重光大淵獻章陵參奉李中植謹識	01-2351
月淵先生文集	李迨 著	朝鮮木版本, 2卷 1冊, 30.3×20.1cm, 四周雙邊, 半匡 : 21.2×15.5m, 有界, 10行 20字, 上下白口 上下內向四瓣花紋黑魚尾, 線裝, 楮紙	表題 : 月淵集, 序 : …九年壬申十一月陽復節嘉善大夫…陽川許傳序, 跋 : 章陵參奉李中植謹識	01-2371

● 槪要

　月淵 李迨(1483~1536)의 詩文集이다.

● 編纂과 刊行

　원래 그의 詩文은 많았다고 하는데 壬辰倭亂 때 거의 없어지고 남은 것을 5世孫 萬材 등이 遺稿를 裒集하여 2卷 1冊을 이루었다. 그 후 1872년(高宗 9) 天燮, 鍾述 등 후손들이 힘을 합쳐 보완하여 騎牛子 李行(天燮의 14代祖)의 文集과 합간하여 『二祖實記』라고 하였던 것을 그 후 再三 重刊하였다.

● 著者 및 編者

　저자인 李迨의 자는 仲豫, 호는 月淵, 본관은 驪州이다. 일찍이 孝友篤實로 이름이 있었다. 慕齋 金安國의 門人으로 思齋 金正國, 聾岩 李賢輔 등의 學者들과 交遊하면서 學問에 힘썼다. 1507년(中宗 2)에 司馬試를 거쳐서 1510년에 式年文科에 丙科로 及第, 藝文館 檢閱 등

을 거쳐 1512년 奉教로 있다가 모친의 병을 稱托하고 辭職하였는데 臺諫의 거짓이란 탄핵으로 杖刑을 받기도 하였다. 그 후 司諫院 正言, 弘文館 典翰 등을 지냈다. 이때 權臣인 金安老가 屛風의 글씨를 請하였는데 "내 손이 어찌 權貴에게 더럽힘을 받겠느냐"고 하면서 거절했다 한다. 1519년에 咸鏡道 都事로 있을 때 南袞·沈貞이 己卯士禍를 일으키자 그 날로 벼슬을 버리고 凝川으로 내려가 山水를 즐기면서 月淵臺를 짓고 自號를 月淵이라 하고 吟風弄月로 歲月을 보냈다. 그 후 1532년 등용되어 三陟府使가 되었으나 탐학했다는 罪로 臺諫의 탄핵을 받자 鄕里로 돌아와 隱退하여 學問에만 힘썼다고 전한다.

• 版本構成

卷首에 1872년에 許傳이 쓴 序文과 都承旨 姜蘭馨이 쓴 後序가 있고 앞에 29世까지의 世系圖가 있다. 卷1 : 詩 11수(入直翰苑, 次李聾岩棐仲賢輔愛日堂韻 등)에 原韻이 附錄되어 있고, 1524년 承文院 校檢 때 지은 碑銘 1편(梁伯隆墓碣銘, 汝昌)이 있다. 附錄으로 崔述이 지은 行狀, 撰者 未詳의 墓碣銘, 5대손 萬材의 上記 墓碣銘의 後識, 柳厚祚가 쓴 墓銘, 1866년에 崔孝述이 쓴 立碑告文, 李萬運이 쓴 栢谷祠奉安文, 言行撫錄이 실려 있다. 이어서 10代孫 章雲이 쓴 遺事, 洪晟과 外玄孫 權斗寅이 각각 쓴 雙鏡堂記 2편, 權思浩가 쓴 雙鏡堂重修記가 있다. 卷2 : 李宜翰이 쓴 雙鏡堂上樑文, 6대손 之復이 쓴 雙鏡堂記事後識, 1869년 柳厚祚가 지은 月淵臺重建記, 1871년에 副承旨 李敦禹가 쓴 上同記, 都承旨 姜蘭馨이 쓴 上同記, 10대손 章雲이 지은 月淵臺上樑文이 있다. 附錄의 諸賢唱酬錄에는 企齋 申光漢, 灌圃 魚得江 등의 次柳涵之韻寄呈李仲豫의 詩 4수와 月淵臺十二景 외에 巴南 金濟潤 등의 詩 11수가 있다. 卷尾에 9대손 天燮과 李敦禹가 쓴 跋文 2편, 1911년에 李中植이 쓴 重刊跋文이 있다. 책 끝에 月淵의 遺墨이 있다.

• 所藏處

국립중앙도서관, 서울대학교 규장각, 성균관대학교 존경각 등에 소장되어 있다.

(65) 월천선생문집(月川先生文集)

書名	出版事項	版式狀況	一般事項	所藏番號
月川先生文集	趙穆 著	朝鮮木版本, 6卷 3冊, 29.5×19cm, 四周雙邊, 半匡 : 18.2×14.8cm, 有界, 10行 20字, 註雙行, 上下白口, 上下內向四瓣花紋黑魚尾, 線裝, 楮紙	序 : 國家文明之化盛…十二月下浣後學陽川許謹序, 跋 : 土生期世…漢陽趙絅跋	01-2046 ~2018

● 槪要

月川 趙穆(1524~1606)의 詩文集이다.

● 編纂과 刊行

序跋 및 刊記가 없어 開印 경위 및 연대는 확인하기 어렵다.

● 著者 및 編者

저자인 趙穆의 자는 士敬, 호는 月川·東皐, 본관은 橫城이다. 1552년(明宗 7) 生員試에 합격, 微官을 거쳐 集賢殿 參奉이 되었으나 곧 사직, 學問과 書冊을 벗했다가 1594년 軍資監 主簿를 거쳐 工曹參判에 이르렀다. 그러나 벼슬보다 학문에 열중했다. 학문·文章·書道에 탁월했던 사람이다. 이 점은 本集의 내용 가운데 退溪와 來往한 文字가 많이 있는 점, 또는 退溪先生言行總錄, 退溪先生文集告成文, 退溪先生埋誌文 등 退溪를 위한 사업과 직접 관련된 文字가 많은 점 등으로 미루어 봐도 우선 짐작할 수가 있다. 그가 남긴 글은 本集 이외에도 前賢들의 訓誡語들을 모아 『困知雜錄』이란 冊子를 만들었다는 記錄도 있다. 그리고 退溪와 함께 배우고 記錄하고 하다가 一生을 마친 학자로 전한다.

● 版本構成

卷1 : 詩 140여 수(謝退溪先生見臨 등). 卷2 : 疏 6편. 甲午陳情疏 등. 卷3 : 書 21편. 答退溪先生, 與柳而見書, 與同門諸契論理學通錄, 與同門諸契論朱書節要刊本曲折, 與同門諸契論退陶先生, 碣文 誌文 등. 卷4 : 雜著 4편. 卷5 : 雜著. 卷6 : 跋, 祭文, 論, 墓碣 등 4종이 수록되어 있다.

● 所藏處

국립중앙도서관, 서울대학교 규장각, 한국국학진흥원 도서관 등에 소장되어 있다.

(66) 음애선생문집(陰崖先生文集)

書名	出版事項	版式狀況	一般事項	所藏番號
陰崖先生 文集	李耔 著, 英祖 30年(1754)	朝鮮木版本, 4卷 2冊, 30×19cm, 四周單邊, 半匡 : 21×13.6cm, 有界, 10行 20字, 註雙行, 上下白口 上下向白魚尾, 線裝, 楮紙	表題 : 陰崖集, 序 : 上之三十年 甲戌(1754)臘月…淸風金在魯謹 序, 跋 : …丙寅冬後學安東權萬謹 識, 所藏 : 卷1~4	01-2056 ~2057

• 槪要

16세기 문인 李籽(1480~1533)의 시문집이다.

• 編纂과 刊行

문집은 六代庶孫 道興이 家藏草本 및 여러 전적에서 편차한 것을 1754년 從後孫 경상도관
찰사 彝章이 목판으로 초간본 4卷 2冊을 간행한 것이다.

• 著者 및 編者

저자인 李籽는 자가 次野, 호가 陰崖, 夢翁, 溪翁으로 李穡의 후손이자 대사간 禮堅의 아들
이다. 1501년 진사가 되었고 1504년 식년문과에 장원급제하여 관직으로 나아갔으나 1519년
기묘사화 때 파직된 이후 음성, 충주 등지에 은거하며 독서와 시문으로 소일하였다. 『己卯名
賢錄』에 올라 있으며 충주의 八峰書院에 배향되었다. 저서로는 『陰崖集』과 『陰崖日記』가
있다.

• 版本構成

권1에 詩, 권2에 策 및 疏 등, 권3에 日錄, 雜著 6편, 부록인 권4에 行狀, 墓碣陰記 등 실려
있다. 권말에 1746년에 쓴 權萬의 발문이 있다.

• 所藏處

국립중앙도서관, 서울대학교 규장각, 부산대학교 도서관 등에 소장되어 있다.

(67) 익재난고(益齋亂藁)

書名	出版事項	版式狀況	一般事項	所藏番號
益齋亂藁	李齊賢 著, 鷄林府, 1600	朝鮮木版本, 零本 4冊, 30.2× 20.3cm, 四周雙邊, 半匡 : 22× 16.1cm, 有界, 10行 20字, 註 雙行, 上下白口 上下內向六 瓣花紋黑魚尾, 線裝, 楮紙	版心題 : 益齋集, 表題 : 益齋集, 序 : 元 有天下四海旣一三老五嶽之氣⋯知軍簿 司韓山李穡序, 跋 : 宣德壬子秋七月日⋯ 經筵檢討官臣金侯賓奉数敬跋, 識 : 萬曆 庚子中秋十一代孫⋯通政大夫守慶州府 尹時發謹識, 刊記 : 萬曆庚子鷄林府刊, 所藏 : 卷1~4, 5~7, 8~10, 櫟翁稗說 2卷	01-1436 ~1439

益齋亂藁	李齊賢 著, 李時發 編, [跋 : 1600]	朝鮮木版本, 10卷 2冊, 34.6× 22cm, 四周雙邊, 半匡 : 22× 16.8cm, 有界, 10行 20字, 註雙行, 上下白口 上下內向四瓣花紋黑魚尾, 線裝, 楮紙	序 : 元有天下四海…至正二十三年 (1363)正月…韓山李穡序, 跋 : 惟我先祖…萬曆庚子(1600)中秋千一代…慶州府時發謹識	01-2476 ~2477

• 槪要

고려후기 학자 益齋 李齊賢(1288~1367)의 詩文集이다.

• 編纂과 刊行

아들 彰路(생몰년 미상)와 장손 寶林(생몰년 미상)이 수집, 편차하고 李穡(1328~1396)의 序文을 받아 1363년(공민왕 12)에 처음으로 간행하였다. 이후 1432년 世宗의 명에 의하여 「櫟翁稗說」과 함께 강원도 원주에서 간행한 판본, 1600년(선조 33)에 후손인 경주부윤 李時發(1569~1626)이 「櫟翁稗說」 4권을 더하여 간행한 판본, 저자의 年譜를 붙여서 만든 1693년(숙종 19)의 판본, 1698년(숙종 24)에 후손 寅燁(생몰년 미상)이 간행한 판본 등 여러 종류가 전해진다.

• 著者 및 編者

저자인 이제현의 본관은 경주로, 檢校政丞을 지낸 李瑱의 둘째 아들이다. 초명은 之公, 자는 仲思, 호는 益齋 또는 櫟翁이다. 忠烈王 27년(1301)에 성균관에 장원하고, 곧이어 丙科에 급제하였다. 그 해에 白頤正의 제자인 權溥의 사위가 되어 程朱學에 대한 관심을 확장한다. 나이 28세인 충숙왕 1년(1314)에 당시 燕京에 있던 忠宣王이 萬卷堂을 세워 불렀는데, 이 때 그는 원나라의 대학자인 姚燧·趙孟頫 등과 교유하는 계기를 갖는다. 33세인 충숙왕 6년 (1319)에는 충선왕을 호종하여 江南 지방을 여행하였고, 그 공로로 端誠翊贊功臣이 되었다. 충숙왕 10년(1323)에는 원나라가 고려에 정동성을 두어 원의 행정구역으로 편입하려 하자 원에 가서 도당에 글을 올려 이를 중지시키기도 했다. 이후 密直司事, 政堂文學, 領藝文館事 등을 역임한다. 충숙왕 복위 8년(1339)에 충혜왕을 따라 원에 가서 曹頔 등을 죽인 사실에 대해 변호를 하고, 충혜왕 복위 1년(1340)에 다시 고려에 돌아온다. 그렇지만 조정이 어지러워 자취를 숨기고 벼슬길에서 물러나 한가로이 있으면서 지은 책이 바로 『역옹패설』이다. 이후 충목왕, 충정왕, 공민왕) 등을 모시다가, 공민왕 16년(1367) 7월 81세의 일기로 졸한다. 文忠이라는 시호를 받았다. 저서에 『益齋集』이 전한다.

- 版本構成

기본적인 구성은 李穡(1328~1396)의 序文, 저자의 遺像, 10권으로 구성되어 있다. 권1~4는 詩, 권5는 序, 권6은 書, 記, 권7은 碑銘, 권8은 表箋, 권9는 忠憲王 世家, 史贊, 권10은 長短句로 되어 있다.

- 所藏處

국립중앙도서관, 서울대학교 규장각, 성균관대학교 존경각 등에 소장되어 있다.

(68) 인재선생문집(訒齋先生文集)

書名	出版事項	版式狀況	一般事項	所藏番號
訒齋先生文集	崔晛 著	朝鮮木版本, 18卷 9冊, 31×20.5cm, 四周雙邊, 半匡 : 21×15.8cm, 有界, 10行 21字, 上下白口 上下內向四瓣花紋黑魚尾, 線裝, 楮紙	序 : 士常…上之五十一年乙未…丁範祖序, 所藏 : 卷1~13, 附錄, 別集 卷1~2	01-2419 ~2427

- 概要

조선 중기의 문신 訒齋 崔晛(1563~1640)의 시문집이다.

- 編纂과 刊行

文集 간행을 위해 누대에 걸쳐 작업이 진행되었는데, 먼저 族孫 象乾·斗南 등이 대를 이어 유고를 수습하고, 5대손 壽頤 등이 이를 바탕으로 초고를 만들어 權斗寅·權斗經 등에게 교정을 받았으나 간행까지는 이루어지지 못하였다. 이후 6대손 光璧 등이 기왕에 만들어진 고본을 바탕으로, 여기에 새롭게 수습한 글들을 보충하고, 李象靖·蔡濟恭·丁範祖 등에게 질정을 받아 1778년(정조 2)에 목판으로 간행하였다. 丁範祖(1775년)·蔡濟恭(1778년)의 서문과, 權斗經(1718년)·崔光璧(1778년)의 발문이 수록되어 있다.

- 著者 및 編者

저자인 최현의 자는 季昇, 호는 訒齋, 본관은 全州, 아버지는 深이며, 어머니는 東萊 鄭氏로 熙佐의 딸이다. 鄭逑의 문인으로, 1592년(선조 25) 임진왜란 때 의병을 일으켜 공을 세웠으며, 1598년(선조 31) 그 공으로 元陵參奉이 되었다. 1606년(선조 39) 증광문과에 병과로 급제하여 1608년(선조 41) 예문관대교에 제수되었다. 같은 해 동지사의 서장관으로 명나라에 가서 황제로부터 『銀字大學衍義昭代典』을 받았고, 1612년(광해군 4) 실록청겸춘추관에 들어가 『宣祖實錄』 편수에 참여하였다. 1623년 인조반정 후 홍문관수찬에 임명되었고, 이듬해 예부종사관을 거쳐 형조참의·부제학·강원도관찰사에 이르렀다. 1627년(인조 5) 횡성사람 李仁居의 모반에 관련되었다는 혐의를 받고 투옥되었으나 왕의 특명으로 곧 석방되었다. 숙종 때 善山의 松山書院에 제향되었다.

• 版本構成

원집 13권·별집 2권 ·습유 1권·연보·1권·부록 1권 등 18권 10책으로 구성되어 있는데, 먼저 原集 권1에는 詩 1,280수, 教書 4편 등이, 권2~5에는 疏 16편, 箚 6편, 啓 10편, 狀 4편 등이, 권6~10에는 講義 3편, 書 28편, 雜著 18편, 序 4편, 記 7편 등이, 권11~13에는 跋 5편, 箴 1편, 銘 1편, 箋文 1편, 祝文 2편, 墓碣銘 4편, 墓誌銘 7편, 行錄 3편, 言行錄 1편 등이 수록되어 있고, 권14·15는 別集으로 關西錄 1편, 啓 4편, 沿江列堡 1편, 書啓 1편, 狀啓 2편 등이 실려 있고, 권16은 拾遺, 권17은 年譜, 권18은 附錄으로 行狀·墓碣銘·神道碑銘·墓誌銘·賜祭文·祭文 등이 수록되어 있다.

• 所藏處

국립중앙도서관, 서울대학교 규장각, 계명대학교 동산도서관 등에 소장되어 있다.

(69) 임강선생문집(臨江先生文集)

書名	出版事項	版式狀況	一般事項	所藏番號
臨江先生文集	徐愈 著	朝鮮木版本, 2卷 1冊, 29.4×19.7cm, 四周雙邊, 半匡 : 19×15.4cm, 有界, 10行 20字, 註雙行, 上下白口 上下內向四瓣花紋黑魚尾, 線裝, 楮紙	表題 : 臨江集, 識 : 嗚呼吾家文獻…歲丁丑六月下澣十八世孫璋洙謹識	01-1972
臨江先生文集	徐愈 著	朝鮮木版本, 2卷 1冊, 29.2×19.8cm, 四周雙邊, 半匡 : 19.2×16.5cm, 有界, 10行 20字, 註雙行, 上下白口 上下內向四瓣花紋黑魚尾, 線裝, 楮紙	識 : 嗚呼吾家…歲丁丑六月下澣十八世孫璋洙謹識	01-3118

• 槪要

臨江 徐愈의 문집이다.

● 編纂과 刊行

徐愈의 저술은 임란 등을 거치며 대부분 散逸되어, 19세기에 편집된 實紀와 世獻 속에 孝養山詩 1절과 策勳敎書·錄券時傳敎·祠院奉享文 등이 전해졌을 뿐, 그의 생몰년대조차 정확히 알 수 없었다. 이를 안타깝게 여긴 후손들이 태조·정종·태종 3대의 實錄에서 徐愈에 관한 기록을 뽑아내어, 實紀와 世獻의 착오를 바로잡고 미진한 부분을 보충하여 문집을 만들었다. 後識에 의하면 『臨江集』은 18대손 墇洙가 丁丑年에 목판본으로 간행하였다고 하는데, 연보에 1848년(헌종 14)의 사실까지 기록되어 있는 것으로 미루어, 1877년(고종 14)에 만들어진 것으로 추정된다.

● 著者 및 編者

저자인 徐愈는 고려말 조선초의 문신으로, 경기도 衿川에서 태어나 1386년(우왕 12) 문과에 급제했다. 1394년(태조 3) 侍講院의 世子右弼善이 되어 태종을 보필하기 시작하여, 1400년(정종 2) 朴苞의 난이 일어나자 承政院 右副承旨로서 난을 평정하는 데 참여하였다. 그 공으로 1401년(태종 1) 翊戴佐命功臣 4등에 책록되고 利城君에 봉해졌다. 그 후 長湍의 임진강변에 別業을 짓고 逍遙하며 權近(1352~1409)·李原(1368~1429) 등과 어울렸는데, 臨江이라는 號는 여기에서 유래한다. 원래 성품이 중후하고 총명하였다고 하며, 司諫院 司諫·集賢殿直提學·廣州牧使·兵曹參議·承政院 都承旨·黃海道觀察使·禮曹判書 등을 역임하다가 1411년(태종 11)에 죽었다. 시호는 良景이다.

● 版本構成

卷之上에 詩 및 疏 등, 卷之下에 策勳敎書, 錄券時傳敎 등이 수록되어 있다.

● 所藏處

국립중앙도서관, 서울대학교 규장각, 동국대학교 경주캠퍼스 도서관 등에 소장되어 있다.

(70) 입암집(立巖集)

書名	出版事項	版式狀況	一般事項	所藏番號
立巖集	閔齊仁 著	朝鮮木版本, 6卷 3冊, 30.1×20cm, 四周雙邊, 半匡 : 22.1×15.4cm, 有界, 9行 16字, 註雙行, 上下內向六瓣花紋黑魚尾, 線裝, 楮紙	序 : 立巖集卽左贊成閔公…經延事柳根序, 跋 : … 大丘都護府使著重謹識	01-0436 ~0438

| 立巖集 | 閔齊仁 著 | 朝鮮木版本, 6卷 3冊, 30.6×20.4cm, 四周雙邊, 半匡 : 22.1×15.1cm, 有界, 9行 17字, 註雙行, 上下內向六瓣花紋黑魚尾, 線裝, 楮紙 | 序 : 立巖集卽左贊成閔公…經筵事柳根序, 跋 :…大丘都護府使著重謹識 | 01-1209 ~1211 |
| 立巖集 | 閔齊仁 著 | 朝鮮木版本, 零本 2冊, 30.6×20.4cm, 四問雙邊, 半匡 : 22.1×15.1cm, 有界, 9行 17字, 註雙行, 上下內向六瓣花紋黑魚尾, 線裝, 楮紙 | 所藏 : 卷3~4, 5~6 | 01-1212 ~1213 |

• 槪要

閔齊仁(1493~1549)의 詩文集이다.

• 編纂과 刊行

1610년(光海 2) 그의 孫 汝慶이 편집하고, 汝仁이 刻字를 해서 開印되었다. 跋文에 따르면 그의 孫 汝仁이 興海郡守로 있을 때 刻手 수십 인을 모집. 3년 만에 完工하였다고 전한다.

• 著者 및 編者

저자인 閔齊仁은 유명한 乙巳士禍 당시의 文臣으로 그 行狀을 살펴보면 大尹·小尹의 중간 파쯤에 속해 있던 인물인 듯하다. 그래서 文定王后가 密旨를 내려 大尹 일파를 숙청코자 할 때 이에 대해 완곡히 반대하는 뜻을 開陳한 일이 있었으나, 그는 이 때문에 小尹들의 미움을 받고 이내 罷職을 당하였다 한다. 즉 이때 左贊成이던 그는 尹元衡 일파의 탄핵을 받고 削勳, 公州에 유배돼 있다가 이듬해 그곳에서 죽었는데, 뒤에 다시 複官되었다. 그리고 本集에 收錄된 作品이 거의 詩·賦 등 文學 一色으로만 돼 있는 것을 보면 그는 이른바 詞章 之學에 특수한 재능이 있던 인물인 듯도 한데, 특히 그의 작품에 관해서는 서문에서 문학적 재능이 자못 비범한 바 있었음을 말한 바 있다. 다만 그가 乙巳 당시의 士類들을 적극적으로 救解 내지 못한 것 때문에 貶을 듣는 일도 있었다.

• 版本構成

권1 : 五言 및 七言 絶句 (暮春遊太和別墅 등 五絶 18수. 踏青有感次黃內翰恬韻 등 七絶 155수). 권2 : 五言, 四韻 101수(同年友鄭子仁亡母挽章 등). 권3 : 七言, 四韻 151수(登石皇亭古墟 등). 권4 : 五言 및 七言排律 7수 (寒食鞦韆 등 五言排律 7수. 廣陵觀燈 등 七言排律 3수), 권5 : 五言 및 七言詩 古風(讀山學 등 五言詩古風 19수, 重到藥生驛記懷·讀離騷經 등 七言詩古風 32수). 권6 : 賦, 辭, 箴, 銘, 文 등 5종. 賦는 酒賦, 詠雪賦, 戲馬臺賦, 大德敦化賦, 和氏璧賦 등 도합 15편이며, 苦寒辭, 山中辭, 七夕辭 등 辭 6편, 防意箴, 止足箴 등

箴 2편, 短경銘, 焦尾琴銘 등 銘 2편, 送暑文 등 文 2편이 수록되어 있다.

• 所藏處

국립중앙도서관, 서울대학교 규장각, 한국국학진흥원 도서관 등에 소장되어 있다.

(71) 재와집(聇窩集)

書名	出版事項	版式狀況	一般事項	所藏番號
聇窩集	崔升羽 著, [跋：1868]刊	朝鮮木版本, 5卷 3冊, 30.7×20cm, 四周雙邊, 半匡：22.4×16.6cm, 有界, 10行 20字, 上下白口 上下內向二瓣花紋黑魚尾, 線裝, 楮紙	序：韓子四物…眞城李彙載謹書, 跋：上之五年戊辰(1868)冬十月下弦…眞城李彙浦跋, 識：王考聇窩府君…孫免植盥手謹識	01-2471 ~2473

• 槪要

조선후기의 학자 崔昇羽(1770~1841)의 시문집이다.

• 編纂과 刊行

발문에 따르면 1868년에 간행된 것으로 보이나, 정확한 편찬 및 간행 경위는 확인하기 어렵다.

• 著者 및 編者

저자인 최승우의 初名은 鴻羽, 자는 士逵, 호는 聇窩, 본관은 全州이다. 1814년 文科에 급제하고, 承文院 副正字에 제수되었으며, 長寧殿 別檢 등을 역임하였으며, 이후 正言·持平 등에 제수되었으나 나아가지 않았다고 전한다.

• 版本構成

권1에는 詩 263수, 권2에는 詩 227수, 권3에는 詩 93수, 歌辭 53편, 哀辭 1편, 書 6편이 수록되어 있다. 권4에는 雜著 3편, 序 4편, 記 5편, 跋 6편, 箴銘 10편, 贊 3편, 上樑文 1편이 수록되어 있다. 권5에는 祝祭文 14편, 墓碣誌銘 6편, 부록으로 行狀·墓碣銘이 수록되어 있다.

• 所藏處

국립중앙도서관, 서울대학교 규장각, 한국국학진흥원 도서관 등에 소장되어 있다.

(72) 잠계이선생유고(潛溪李先生遺稿)

書名	出版事項	版式狀況	一般事項	所藏番號
潛溪李先生遺稿	李全仁 著	朝鮮木版本, 1冊, 29×19.8cm, 四周雙邊, 半匡 : 20×14.9cm, 有界, 10行 18字, 上下內向四瓣花紋黑魚尾, 線裝, 楮紙	表題 : 潛溪遺稿, 刊記 : 崇禎紀元後四丁未(1847)六月章山書院開刊, 序 : …崇禎四己亥(1839)唐城洪直弼序, 跋 : …四崇禎强圉協洽孟冬下澣菁川姜泰重謹跋	01-0682

• 槪要

潛溪 李全仁(1516~1568)의 문집이다.

• 編纂과 刊行

憲宗年間에 그의 후손인 李鳌 등에 의해서 간행되었다.

• 著者 및 編者

저자인 이전인의 字는 敬夫, 號는 潛溪이다. 本貫은 驪州, 父는 彦迪, 母는 楊州 石氏이다. 晦齋 李彦迪(1491~1553)의 庶子로 어려서부터 기질이 溫雅하고 효성이 지극하여 잠시도 부모의 곁을 떠나지 않고 잘 받들었다고 한다. 그리고 律身에 敬謹하고 步趨에 법도가 있었으며 文藝에 夙就하였으나 일찍이 과거 이외에 뜻을 둔 바가 있어 弱冠時에「誓天箴」을 지어 뜻을 세우고 한 평생을 盡誠竭力하였다고 한다. 1547년 이언적이 壁書사건으로 이기, 윤원형 등에 피해를 당하여 江界로 유배되었을 때 모시고 가서 정성을 다하였으며, 특히 학문에 관해 문답한「關西問答錄」을 지었다. 이후 이언적이 강계에서 죽자 모진 고생을 무릅쓰고 운구를 고향으로 옮겨 칭송을 받았다. 더구나 이언적의 못 이룬 뜻을 이어 임금께 愛君憂國 하는 뜻의「獻進修八規疏」를 올려 임금을 감동시켜 이언적의 관직을 복직시켰으며, 퇴계에게 가서 아버지의 행장을 받아오는 등 부친의 뜻을 발현시키는 데 진력하였다고 전한다.

• 版本構成

1冊으로 卷은 나누어지지 않았고 전반부는 이전인의 詩 및 箴 1수, 書 1편, 疏 2편 등이

실렸고, 후반부는 附錄으로 諸賢詩章과 행장, 묘지, 묘표, 묘갈, 봉안문 등이 실려 있다.

• 所藏處

국립중앙도서관, 서울대학교 규장각, 계명대학교 동산도서관 등에 소장되어 있다.

(73) 장계이고(長溪二稿)

書名	出版事項	版式狀況	一般事項	所藏番號
長溪二稿		朝鮮木版本, 2卷 1冊, 32.5×20.8cm, 四周雙邊, 半匡 : 19×16.1cm, 有界, 10行 20字, 註雙行, 上下白口 上下內向四瓣花紋黑魚尾, 線裝, 楮紙	序 : 古人之光… 鄭宗魯序	01-2225

• 概要

조선 중기의 문신인 黃汝獻(1486~?), 黃孝獻(1491~1532) 형제의 시문을 모은 책이다.

• 編纂과 刊行

편자는 미상이며, 간행 연대도 정확히는 알 수 없지만, 卷首에 1813년(순조 13)에 鄭宗魯가 쓴 序文이 있는 것으로 보아 19세기 초에 간행된 것으로 추정된다.

• 著者 및 編者

두 사람은 모두 본관이 長水로, 조선 초기의 문신 黃喜의 玄孫이다. 黃汝獻은 字가 獻之, 號가 柳村으로, 蘇世讓·鄭士龍 등과 함께 당대에 문장과 글씨로 이름이 높았다. 黃孝獻은 字가 叔貢, 號가 蓄翁으로, 1530년(중종 25)에 李荇 등과 함께 『新增東國輿地勝覽』의 편찬에 참여하였다.

• 版本構成

상·하 2권으로 구성되어 있다. 상권은 黃汝獻의 시문을 모은 『柳村先生詩稿』이다. 黃汝獻의 詩 110여 首와 李荇·金安國 등이 黃汝獻의 詩를 차운한 詩 등이 수록되어 있으며, 부록으로 「家傳記略」이 있다. 하권은 黃孝獻의 시문을 모은 『蓄翁先生逸稿』이다. 黃孝獻의 詩 8首와 祭文·墓誌銘 등 文 3편, 金義貞이 지은 祭文과 輓辭, 鄭宗魯가 지은 神道碑銘, 그리고 『戊寅日記』・『海東野言』 등에서 黃孝獻과 관련된 기사들을 뽑아 정리한 「事實」 등이 수록되어 있다. 卷末에는 黃汝獻, 黃孝獻 두 사람의 遺墨이 실려 있다.

● 所藏處

국립중앙도서관, 서울대학교 규장각, 안동대학교 도서관 등에 소장되어 있다.

(74) 점필재문집(佔畢齋文集)

書名	出版事項	版式狀況	一般事項	所藏番號
佔畢齋文集	金宗直 著, 禮林書院, 己丑(1709)	朝鮮木版本, 零本 7冊, 30×20.7cm, 四周雙邊, 半匡 : 21×16.5cm, 有界, 10行 20字, 混大黑口, 上下內向四瓣花紋黑魚尾, 線裝, 楮紙	表題 : 佔畢齋集, 版心題 : 佔畢齋, 刊記 : 禮林書院重刊, 附錄序 : …弘治十年丁巳仲夏端午後一日門人麒韋序, 識 : 弘治丁巳臘月…眞海郡守康伯珍謹識, 印 : 玉山書院, 藏書記 : 玉山上(墨書), 所藏 : 卷1, 3~4, 8~9, 10~14, 15~19, 20~23, 附錄(全 8冊 中)	01-0713 ~0720

● 槪要

佔畢齋 金宗直(1431~1492)의 詩文集이다.

● 編纂과 刊行

1640년(仁祖 18)에 韓興一이 資料를 수집하여 간행하였고 1649년에 重刊했다.

● 著者 및 編者

저자인 金宗直의 자는 季昷・孝盥, 호는 佔畢齋, 본관은 善山, 司藝 叔滋의 아들이다. 1453년(端宗 元年) 進士科에 합격하고, 1459년(世祖 5) 式年文科에 급제, 이듬해 賜暇讀書의 特典을 받았다. 그 후 그는 校理・咸陽郡守・善山府使・都承旨・吏曹參判・漢城府尹・刑曹判書・知中樞府事 등 중요 관직을 두루 역임하였으며 여러 차례 經筵官이 되어 御前에서 經書를 講義한 바 있었다. 학문과 문장이 뛰어나 士林의 祖宗이 되었으며 특히 成宗의 총애를 받아 門人들 중에 官職에 등용된 사람이 많았다. 그는 政治的 朱子學에 머물러 있는 勳舊士大夫들을 제치고 官路를 開拓하기 위하여 人間의 心性陶冶에 기반을 둔 보다 深遠한 學問的 哲學的 朱子學을 宣明하는 데 앞장섰다. 書畵에도 능하였으며 『遊頭流錄』・『靑丘風雅』・『堂後日記』・『東文粹』・『彛尊錄』・『一善誌』 등을 썼다. 시호는 文忠이다.

● 版本構成

본 문집은 詩集 23권·文集 2권·彝尊錄 2권·年譜·附錄 합 9책으로 되어 있다. 詩集 권1~23
에는 各體詩가 창작 시기 순으로 배열되어 있는데 1465년 전후부터 1489년까지 연대별로
권을 나누어 배열한 것으로 보인다. 文集 권1에는 諭敎·冊文·祭文·辭 등과 賦·書·序가
실려 있다. 권2에는 說·跋·記·圖誌·神道碑銘·墓誌銘 등과 「遊頭流錄」이 실려 있다. 다
음에 「彝尊錄」이 실려 있다. 上·下·附錄으로 되어 있는데 上·下에는 부친의 譜圖·紀年
·師友·事業·祭儀가 실려 있고, 附錄에는 외조부 朴弘信의 傳과 모친의 行狀이 실려 있다.
또 초간시인 1497년에 曹偉가 지은 序와 생질 康伯珍 이 지은 跋이 권수에 각각 실려 있다.
이어 年譜가 실려 있다. 이는 손자 金紐가 1580년에 작성한 것인데, 1789년에 李獻慶이 교정
을 보아 文集에 合附한 것이다. 여기에는 戊午史禍事蹟과 門人錄이 포함되어 있으며, 끝에
金紐가 지은 跋이 있다. 附錄으로 神道碑銘이 실려 있다. 이는 洪貴達이 曹偉의 청을 받아
저자가 졸한 직후에 지은 것이다. 神道碑는 임진왜란 시 훼손되어 1634년에 善山 儒林들에
의해 다시 刻石하였는데, 끝에 이 사실을 밝힌 張顯光의 跋이 실려 있다.

● 所藏處

국립중앙도서관, 서울대학교 규장각, 한국학중앙연구원 장서각 등에 소장되어 있다.

(75) 정암선생문집(靜菴先生文集)

書名	出版事項	版式狀況	一般事項	所藏番號
靜菴先生 文集	趙光祖著, [跋 : 1636]刊	朝鮮木版本, 10卷 2冊, 27.9×18.8cm, 四周 雙邊, 半匡 : 18.8×14.7cm, 有界, 10行 18 字, 註雙行, 上下白口 上下內向四瓣花紋 黑魚尾, 線裝, 楮紙	跋 : 正德中姜癸亭…崇禎 丙子(1636)日南至安東金尙 憲識, 紳記 : 玉山書院, 所 藏 : 卷1~10	01-2509 ~2510

● 槪要

靜菴 趙光祖(1482~1519)의 詩文集이다.

● 編纂과 刊行

그의 文集은 즉시 만들어지지 못하다가 약 200년 뒤에 李箕疇 徐文淑 등이 그의 遺文事蹟을
수집하여 그의 5대손 渭叟에게 준 것이 宣祖의 命으로 『儒先錄』(金宏弼, 李彦迪, 鄭汝昌,

趙光祖)에 纂錄되었다. 이것을 다시 徐文淑·朴世采 등이 增補하여 1683년(肅宗 9)에 原集 四篇과 附錄 5篇으로 편찬하고 宋時烈이 序文을 붙여 발간하였다. 이 때에 간행된 『靜菴集』은 嶺本과 湖本이 전해 오고 있었는데 전자는 大邱에, 후자는 綾州 竹樹書院에 보관되어 있었다. 大邱本은 完全히 전해 오지 못했으나 竹樹書院本은 書院이 철폐된 뒤에는 梁廷煥에게 판본이 소장되어 왔다. 이것을 底本으로 梁廷煥의 아들 會淵이 湖南 儒林들과 협의하여 按察使 閔正植의 후원으로 1892년(高宗 29)에 간행하였다. 이것이 三芝齋本으로 먼저 板本에 빠져 있는 年譜까지를 수록하게 되었다. 卷頭에는 肅宗大王御製讀靜菴集有感이라는 짧은 御製刊行後文, 1703년(英祖 6) 閔鎭遠이 쓴 御製詩에 대한 後識, 1683년 宋時烈이 쓴 序文, 1892년 宋秉璿이 쓴 序文이 각각 실려 있다.

● 著者 및 編者

저자인 趙光祖는 名門豊壤趙氏의 家門에서 태어났다. 字는 孝直, 호는 靜菴이며 일찍부터 性理學에 뜻을 두고, 金宏弼에게 배웠다. 18세에 父親을 잃고 21세 되던 1504년(燕山君 10)에는 그의 스승 寒暄堂 金宏弼이 甲子士禍에 희생되었다. 1510년(中宗 5) 進士試에 壯元으로 합격하였고 1515년에는 成均館에 薦擧되어 그 해 가을에 謁聖試 第二等으로 합격하였다. 司憲府監察, 工曹佐郞, 弘文館副修撰, 校理, 應敎 등의 要職을 역임하였다. 正言으로 있을 때 朴元宗·李荇·金安老 등 反正·功臣들의 王妃 愼氏廢黜論을 반대한 바 있다. 1518년에 그는 大司憲으로 있으면서 賢良科를 설치하기를 請하여 실시를 보았다. 이 제도는 新進士類를 登用하기에는 적절한 것이었고 中宗은 이를 통하여 功臣들에 맞서 자기의 세력기반을 확고히 하려했던 것이다. 趙光祖는 靖國功臣들의 특혜를 깎아내려야 한다고 주장하는 한편, 南袞·沈貞·洪景舟 등 勳舊官僚들을 제거해야 한다고 들고 일어났다. 여기에서 新舊의 官僚間의 충돌을 피할 수 없게 되었다. 이것이 결국 己卯士禍의 직접적 원인이었다. 이로 인해 趙光祖는 죽임을 당하고, 新進士類의 銳氣도 꺾였으나 결국 뻗어 나오는 士林派의 세력을 막을 수는 없었다. 그리하여 1522년에는 復爵되고 1568년(宣祖 1)에는 議政府 領議政에 贈職되고, 다음해에는 文正公 諡號를 받았으며 1605년에는 文廟에 從祀되었다.

● 版本構成

卷1 : 賦 1편(春賦), 詩 5수. 卷2 : 對策 1편(謁聖試策), 疏 1편(弘文館請罷昭格署疏), 啓辭 13편(司諫院請罷兩司啓三, 司諫院論李荇等之失啓, 兩司請改正靖國功臣啓四 등), 書 1편(答安順之書), 箴 1편(戒心箴), 墓碣 1편(承政院右副承旨洪公墓碣), 供狀 2편(獄中供辭, 獄

中聯名疏). 卷3 : 經筵陳啓 44편(檢討官時啓, 侍讀官時啓, 侍講官時啓, 參贊官時啓). 卷4 : 經筵陳啓 36편(參贊官時啓, 復拜副提學時啓, 大司憲時啓, 三拜副提學時啓, 復拜大司憲時啓, 元子輔養官時啓), 拾遺로 啓 5편이 수록되어 있다. 卷5 : 筵中記事 4편과 拾遺로 記事와 遺墨이 실려 있다. 附錄 卷1 : 事實. 卷2 : 語類. 卷3 : 啓·疏·箚. 卷4 : 傳旨, 祭文, 祝文, 記文, 跋文. 卷5 : 世系와 年譜. 卷6 : 李滉과 洪仁祐의 行狀, 李珥의 墓誌銘, 盧守愼의 神道碑銘이 수록되어 있다. 卷末에 鄭範朝와 後孫 命敬의 跋이 있다.

● 所藏處

국립중앙도서관, 서울대학교 규장각, 계명대학교 동산도서관 등에 소장되어 있다.

(76) 정헌선생문집(定軒先生文集)

書名	出版事項	版式狀況	一般事項	所藏番號
定軒先生文集	李鍾祥 著	朝鮮木版本, 18卷 9冊, 30×19.8cm, 四周雙邊, 半匡 : 19×15.3cm, 有界, 10行 20字, 註雙行, 上下白口 上下內向四瓣花紋黑魚尾, 線裝, 楮紙	表題 : 定軒集	01-2494 ~2503
定軒先生文集	李鍾祥 著	朝鮮木版本, 18卷 9冊, 30.3×19.9cm, 四周雙邊, 半匡 : 20×15.2cm, 有界, 10行 20字, 註雙行, 上下白口 上下內向四瓣花紋黑魚尾, 線裝, 楮紙	表題 : 定軒集	01-2704 ~2712

● 槪要

조선 후기의 문신이며 학자인 李鍾祥(1799~1870)의 시문집이다.

● 編纂과 刊行

1900년 경주에서 本集 18권과 부록이 9책으로 간행된 목판본이다.

● 著者 및 編者

저자 이종상은 본관은 여주(驪州)이며, 호는 정헌(定軒)이다. 경주 출신으로 아버지는 정열(鼎說)이며, 어머니는 영양 남씨(英陽南氏)로 경희(景羲)의 딸이다. 큰아버지 정약(鼎若)에게 입양되었고, 할아버지 헌석(憲錫)에게 수학하였다. 순조 31년(1831) 진사시에 합격한 뒤, 헌종 2년(1836)에 장릉 참봉에 임명되었으며, 이어 돈녕부주부·한성부판관·용궁현감·강원

도사 등을 역임하였다. 그는 서양학문이 국내에 번지자 이를 근심하고 이 사설(邪說)을 금지시켜야 한다고 주장하기도 하였다. 고종 3년(1866) 미국 선박 셔먼호가 침범하자 이를 토벌하기 위하여 경주진 소모장(召募將)이 되어 열읍(列邑)에 초유(招諭)하니 응모자와 자원 종군자가 수천 명에 이르렀다. 그러나 다시 지휘를 기다리라는 관문(關文)이 있어 거행하지는 않았다. 한가선대부 사헌부대사헌 겸 성균관좨주에 추증되었다. 저작으로 본 문집 외에 『역학려작(易學蠡酌)』이 전한다.

• 版本構成

권1에 시 315수, 권2에 소(疏) 2편, 계(啓) 1편, 책(策) 1편, 서(書) 16편, 권3에서 권7에 서(書) 134편, 권8에서 권14에 잡저(雜著) 14편, 서(序) 19편, 권15에 기(記) 5편, 발(跋) 16편, 상량문(上樑文) 2편, 축문(祝文) 8편, 제문 12편, 비(碑) 3편, 권16에 묘갈명 14편, 묘표(墓表) 2편, 권17에 묘지명 14편, 권18에 행장 13편이 수록되어 있다. 권18 뒤에는 「세계도(世系圖)」가 있고, 이어서 부록으로 「연보(年譜)」가 수록되어 있다.

• 所藏處

국립중앙도서관, 서울대학교 규장각, 한국국학진흥원 도서관 등에 소장되어 있다.

(77) 제산선생문집(霽山先生文集)

書名	出版事項	版式狀況	一般事項	所藏番號
霽山先生文集	金聖鐸 著	朝鮮木版本, 16卷 8冊, 31×20.2cm, 四周雙邊, 半匡 : 19.6×15cm, 有界, 11行 21字, 上下內向四瓣花紋黑魚尾, 線裝, 楮紙	表題 : 霽山集, 印 : 玉山書院 (朱印)	01-0780 ~0787

• 槪要

金聖鐸(1684~1747)의 詩文集이다.

• 編纂과 刊行

저자의 遺文을 처음 수집하여 정리한 사람은 아들 九思堂 金樂行이었으나 미처 淨寫도 하지 못한 채 졸하여 이후의 작업은 조카인 金道行이 저자와 친분이 있었던 南人 학자들과 함께 진행하였다. 연보에 의하면, 1780년 김도행은 오랫동안 중지되어 있던 문집의 편간을 시작하여 南澗 柳道源, 東巖 柳長源 등과 교감하여 8책으로 편차하였는데, 이들은 저자와 평소 친분이 두터워 유배소까지 찾아갔던 柳觀鉉의 아들이다. 십여 년 동안 방치했던 백부의 遺稿를 勘定하는 일이 이제 거의 끝나게 되었다는 金道行의 편지(答柳叔文叔遠, 雨皐集 卷2)와 이미 8책으로 定本을 만들었다며 李象靖에게 교정을 청하는 柳道源의 편지(與大山李先生 1781년, 蘆厓集 卷3)에서 1781년경 저자의 문집에 대한 편차와 교정이 8책으로 거의 마무리되었음을 알 수 있다. 이때 李象靖은 저자의 문집뿐 아니라 아들인 九思堂의 문집도 함께 校讐하여 완성된 定本이 泗濱書院에 보관되어 있었다. 그러나 문집의 간행은, 정조 19년(1795) 孫 金始全의 호소와 蔡濟恭의 협조로 저자의 伸寃과 復官이 행해진 뒤, 1801년에야 재용을 마련하여 겨우 목판으로 간행할 수 있었다. 본집에는 序跋이나 刊記가 없으나 연보에서 1801년 문집이 이루어졌다고 하여 간행 연도를 확인할 수 있다.

• 著者 및 編者

저자 金聖鐸은 자는 振伯, 호는 霽山, 본관은 義城이며 李玄逸의 문인이다. 저자는 이인좌의 난에 의병을 일으켰고 1735년(영조 11) 문과에 급제하였다. 南人의 명문인 川前金氏(金璡의 후손)의 집안에서 태어나 일찍부터 촉망받는 학자였으나 또한 그로 인해 老論의 집중적인 공척을 받았는데, 이현일의 신원을 주장하다 유배되어 배소에서 죽었다. 저술로는 『隨見雜錄』·『霽峯漫錄』·『知非錄』 등이 있으며 또 문집 8책이 있다.

• 版本構成

권1~2는 詩 200여 편이 詩體의 구별 없이 연대순으로 수록되어 있다. 권2는 1738년 제주에서 광양으로 이배된 뒤 졸할 때까지의 시이다. 권말에는 輓詞 22편이 따로 편집되어 있다. 권3~4는 上疏(7), 奏對, 辭狀(9)이다. 권5~11은 書(155)이다. 권12~13은 雜著(9), 序(17), 記(4), 題跋(8), 上樑文(4), 箋(3)이다. 권14는 祭文(23), 哀辭(7)이다. 권15는 碑誌(11), 行錄(4)이다. 권16은 行狀(6)이다. 별책으로 年譜와 附錄이 있다.

• 所藏處

국립중앙도서관, 서울대학교 규장각, 한국국학진흥원 도서관 등에 소장되어 있다.

(78) 존재선생문집(存齋先生文集)

書名	出版事項	版式狀況	一般事項	所藏番號
存齋先生文集	李徽逸 著	朝鮮木版本, 8卷 3冊, 31×20.2cm, 四周雙邊, 半匡 : 20.1×15.5cm, 有界, 10行 20字, 上下內向二瓣花紋黑魚尾, 線裝, 楮紙	表題 : 存齋集, 序 : …上之二十年…禮文館提學安東權瑎敍, 跋 : 崇禎甲申後丁卯…任元老謹書	01-0821 ~0823

• 概要

存齋 李徽逸(1619~1672)의 詩文集이다.

• 編纂과 刊行

아우인 葛菴 李玄逸이 裒集하여 1694년(肅宗 20)에 8卷 3冊으로 간행한 것으로 보인다.

• 著者 및 編者

저자인 李徽逸의 자는 翼文, 호는 存齋, 본관은 載寧이다. 敬堂 張興孝의 문인으로 성리학의 연구에 전념하였다. 특히 孟子의 存心養性에 뜻을 두고 自號를 存齋라 칭하였으며 한평생 存養의 道에만 전심하였을 뿐 과거나 벼슬에는 뜻을 두지 않았다. 형제가 일곱이었는데 모두 학문에 뛰어나 嶺南에서 이름이 높았다. 그러므로 學行으로 천거되어 參奉에 임명되었으나 부임하지는 않았다. 經學 이외에도 天文·地理·曆法·聲律·儀章으로부터 兵家奇正의 法에 이르기 까지 모두 조예가 깊었으며 특히 喪祭儀禮의 제도와 節目을 상세히 연구했다. 寧海의 仁山書院에 祭享되었고 『求仁略』·『洪範衍義集說』 등의 저술이 있다.

• 版本構成

卷頭에 1694년에 大司憲 權瑎가 쓴 序文이 있다. 卷1 : 辭 1편(感瓢巖辭), 五言古詩 7수(晚雨秋生憶山中諸弟二首 등), 七言古詩 4수(都事朴公壙石歌 등), 五言絶句 4수(馬巖途中次韓生景愈韻 등), 七言絶句 36수(伏羲橫圖吟 등), 五言律詩 16수(次翼昇寄來韻 등), 七言律詩 42수(五美洞阻雪呈鶴沙先生 등), 七言排律 1수(奉次鄭承宣觀魚臺四十韻). 卷2 : 書 31편(上鶴沙先生, 與鄭承宣, 答南義興磏 등). 卷3 : 書 20편(答舍弟翼昇, 與諸弟, 答舍弟應中問目 등). 卷4 : 序 1편(梧村洞禊序), 記 2편(野庵記, 自足堂記), 雜著 10편(書性理略後, 參判鄭公遺事, 書白沙李相公熊峙戰功記後, 書田家八曲後, 安成劉氏右旋說辨, 一元消長圖後語, 啓蒙圖說, 丹山書院移建上樑文, 英山書院告諭諸生文 등). 卷5 : 祭文 5편(祭亡室孺人

務安朴氏文 등), 墓誌銘 5편(弟婦漢陽趙氏墓誌銘, 處士李公墓誌銘 등). 卷6 : 行狀 5편(敬堂先生行狀, 湖陽權公行狀, 禦侮將軍朴公家狀 등). 卷7 拾遺 : 七言絶句 6수(丹村拜戚丈權公 등), 五言四韻 3수(讀昇弟感古詩有激于中臨別贈之 등), 七言四韻 7수(淸凉山望諸峯作 등), 七言古詩 1수(錦瑟詞), 書 2편(上張太貞夫人 등), 祭文 2편(祭朴敎官文 등). 卷8 附錄 : 堂弟인 玄逸이 지은 行狀, 洪汝何가 지은 墓誌銘, 1673년에 金學培가 지은 哀辭, 堂兄인 尙逸이 지은 祭文, 堂弟 玄逸, 嵩逸, 靖逸, 隆逸, 그리고 朴滈, 權尙精, 白暾 등이 지은 祭文 8편, 小祥時祭文으로 堂弟 玄逸 등이 지은 것 4편, 挽辭 16편(柳元之, 金光源 등), 遷葬時挽詞 6편(權泰時 등), 金兌一이 쓴 仁山書院上樑文, 李鳳徵이 쓴 奉安文, 權斗寅이 쓴 常享祝文이 실려 있다. 卷尾에는 1687년에 府使 任元耉가 쓴 跋文이 실려 있다.

• 所藏處

국립중앙도서관, 서울대학교 규장각, 안동대학교 도서관 등에 소장되어 있다.

(79) 죽소문집(竹巢文集)

書名	出版事項	版式狀況	一般事項	所藏番號
竹巢文集	閔宗爀 著	朝鮮木版本, 2卷 1冊, 32×21cm, 四周雙邊, 半匡 : 18.5×15.7cm, 有界, 10行 19字, 上下白口 上下內向四瓣花紋黑魚尾, 線裝, 楮紙	表題 : 竹巢集, 序 : 戊申冬至月上澣前行義禁府著事山柳道藏謹序	01-3558

• 槪要

조선 말기 학자인 閔宗爀(1762~1838)의 시문집이다.

• 編纂과 刊行

1908년(隆熙2)에 2卷 1冊으로 간행되었다.

• 著者 및 編者

저자인 민종혁의 자는 조언(祖彦), 호는 죽소(竹巢), 본관은 여흥(驪興)이다. 대구출신으로 아버지는 복현(復賢)이며 어머니는 의성김씨(義城金氏)로 경석(慶錫)의 딸이다. 1792년(정조 22) 사마시에 합격하여 성균관에서 유학하였으며, 고향에 돌아와 송학서원(松鶴書院)에서 후진양성에 힘썼다고 전한다.

• 版本構成

권1은 詩, 권2는 祭文, 序, 記 등과 부록으로 구성되어 있다.

• 所藏處

국립중앙도서관, 한국국학진흥원 도서관, 전남내학교 도서관 등에 소장되어 있다.

(80) 죽정선생일고(竹亭先生逸稿)

書名	出版事項	版式狀況	一般事項	所藏番號
竹亭先生逸稿	張潛 著	朝鮮木版本, 2卷 1冊, 34.5×23.7cm, 四周雙邊, 半匡 : 22.6×18.5cm, 有界, 10行 18字, 註雙行, 上下白口 上下內向四瓣花紋黑魚尾, 線裝, 楮紙	版心題 : 竹亭先生文集, 表題 : 竹亭集, 序 : 士之傳信後世…聖上九年資憲大夫…錦域丁範祖撰	01-2052

• 槪要

竹亭 張潛(1497·1552)의 詩文集이다.

• 編纂과 刊行

8대손 敬穆 등이 1795년(正祖 19)에 2卷 1冊으로 간행했다.

• 著者 및 編者

저자 張潛의 자는 浩源, 호는 竹亭, 본관은 玉山, 趙光祖의 문인이다. 16세 때부터 賦와 詩를 짓기 시작했다. 1514년(中宗 9) 趙光祖 문하에 들어가 受業, 같은 문하생인 白仁傑과 道義之交를 맺었으며 1519년 綾城에 유배된 趙光祖를 찾아갔다가 돌아온 후 곧 賜死된 소식을 듣자 竹亭精舍를 짓고 은거했다. 1524년 李彦迪을 방문, 그 뒤 자주 찾아 갔으며 1531년 進士가 되었다. 1535년 李滉을 처음 방문했고, 1540년 「時弊疏」 12條를 작성했으나 李滉이 經筵에서 그 같은 내용을 進言했다는 소식을 듣고 소각했다. 1545년(仁宗 1) 上京, 成均儒生들과 趙光祖伸寃을 위한 合疏를 올렸다.

● 版本構成

책머리에 丁範祖의 序가 있고, 이어서 竹亭先生世系圖, 竹亭先生年譜가 있으며 詩 8수, 賦 2편 (不可居無竹, 家貧道不貧)이 있다. 附錄上에는 言行錄 58편, 下에는 墓碣銘, 通文, 甌峯告文, 上樑文, 奉安文, 常享文, 二賢嚴記 등이 각각 수록되어 있고 마지막에 行狀이 첨부되어 있다.

● 所藏處

국립중앙도서관, 서울대학교 규장각, 성균관대학교 존경각 등에 소장되어 있다.

(81) 지산선생문집(芝山先生文集)

書名	出版事項	版式狀況	一般事項	所藏番號
芝山先生文集	曺好益 著	朝鮮木版本, 5卷 2冊, 31.8×21.4cm, 四周雙邊, 半匡 : 20.6×17cm, 有界, 11行 20字, 註雙行, 上下白口 上下內向四瓣花紋黑魚尾, 線裝, 楮紙		01-2795 ~2796

● 槪要

조선 중기의 문신 曺好益(1545~1609)의 문집이다.

● 編纂과 刊行

저자인 曺好益의 本貫은 昌寧, 字는 士友, 號는 芝山이며, 李滉(1501~1570)의 제자이자 金堉(1580~1658)의 스승이다. 16세기 후반 退溪學派를 대표하는 經學家로, 문집 이외에도『大學童子問答』·『周易釋解』·『易象說』·『心經質疑考誤』·『家禮考證』등을 저술하였다.

● 著者 및 編者

조호익이 세상을 떠난 직후 편찬되기 시작한『지산집』은 이후 4차례에 걸쳐 간행된 것으로 여겨진다. 김육이 지은 조호익의 行狀에 의하면, 1646년(인조 24) 무렵 이미 2권 분량의 초간본이 존재했던 것으로 보이지만 현재 전해지지 않으므로, 자세한 사실은 확인할 수 없다. 두 번째 판본은 1727년(영조 3년)에 5권 2책으로 간행되었다. 세 번째는 1779년(정조 3) 저자의 5대손인 曺善迪과 그 아들 曺德臣이「年譜」등을 첨부하고 李象靖(1711~1781)의 跋文을 덧붙여 간행하였다. 이후 후손 曺光復이 1883년(고종 20)에 문집에 포함되어 있던『易象說』

등을 독립된 저서로 분리하고 追補된 내용들을 증보한 뒤, 이상정의 아들 李敦禹의 跋文을 덧붙인 새로운 체제의 『지산집』을 간행하였다.

● 版本構成

卷1에 詩 213수(五言絶句 10, 五言律詩 35, 七言絶句 125, 七言律詩 34, 古詩 9). 卷2에 賦 2편(西征錄, 幽居賦), 祭文 10편(曲江書院奉安文, 春秋享祀文, 祭尹眉叟文 등), 墓誌 3편(進士孫公墓誌 등). 卷3에 雜著로 人極論, 論性, 題徐花潭鬼神死生論後, 射說, 秋米辨, 重刊圃隱集跋, 大學童子問答序, 遊妙香山錄, 遊香楓山錄, 靈芝庵記, 策 3편. 卷4에 答鄭寒岡書, 與朴大庵書, 與張旅軒書, 答鄭愚伏書, 與郭監司再祐書, 答高提督應陟書, 答任屹問目 등의 書. 卷5에 行狀, 神道碑銘幷序, 廟宇移建上樑文(鄭好仁), 奉安文(孫起陽), 春秋享祝文(李埈), 移安文(鄭好仁), 賜額祭文(李鳳徵製進) 등이 수록되어 있다.

● 所藏處

국립중앙도서관, 서울대학교 규장각, 계명대학교 동산도서관 등에 소장되어 있다.

(82) 지족당문집(知足堂文集)

書名	出版事項	版式狀況	一般事項	所藏番號
知足堂文集	權萬斗 著	朝鮮木版本, 2卷 1冊, 31.5×20.7cm, 四周雙邊, 半匡:20×16cm, 有界, 10行 20字, 註雙行, 上下白口 上下內向四瓣花紋黑魚尾, 線裝, 楮紙	序:日權君浩…聞韶金道和謹序, 跋:我族先祖知足堂…丁未福夏門孫翰模謹跋	01-2084

● 概要

조선 후기의 문신 知足堂 權萬斗(1674~1753)의 시문집이다.

● 編纂과 刊行

후손 養然과 燦復 등이 저자의 유문을 수습·정리하고, 金道和(1825~1912, 호 拓庵)와 權翰模 등에게 서문과 발문을 받아 1907년에 목판으로 간행하였다. 권말에 수록되어 있는 權翰模의 발문에는 '丁未'라는 간지가 적혀 있어 문집의 간행시기를 파악하는 데 도움이 된다. 저자의 사후 丁未年에 해당하는 시기는 1787년(정조 11)·1847년(헌종 13)·1907년(융희 1)

등이다. 이 중에서 서문을 지은 金道和(1825~1912)의 생몰년을 고려해 볼 때, 1907년(융희 1)이 가장 가능성이 높은 시점이다.

• 著者 및 編者

저자인 권만두의 자는 用卿, 호는 知足堂, 본관은 安東, 아버지는 생원 重載이다. 1711년(숙종 37) 생원이 되고, 1714년(숙종 40) 식년문과에 병과로 급제한 뒤, 공조정랑이 되고 史官으로서 경연관을 겸했다. 1725년(영조 1) 장수현감이 되어 굶주린 백성들을 구제하고 부역을 감하는 등의 선정을 베풀었다. 사임한 뒤 고향에서 후진을 양성하는 한편, 유생들과 함께 『四禮節要書』를 짓고, 『寧海邑誌』를 편찬하였다.

• 版本構成

모두 2권 1책으로 구성되어 있는데, 먼저 권1에는 詩 85수, 書 9편, 雜著 1편 등이, 권2에는 序 2편, 記 1편, 跋 3편, 上樑文 2편, 誄辭 1편, 祭文 11편, 祝文 2편, 墓表 2편, 遺事 2편 등이 수록되어 있고, 附錄으로 家狀·墓碣銘·挽辭·祭文 등이 실려 있다.

• 所藏處

국립중앙도서관, 서울대학교 규장각, 안동대학교 도서관 등에 소장되어 있다.

(83) 천파집(天坡集)

書名	出版事項	版式狀況	一般事項	所藏番號
天坡集	吳翻 著, [序 : 仁祖 24年(1646)]刊	朝鮮木版本, 4卷 4冊, 24.3×17.6cm, 四周雙邊, 半匡 : 18.2×13.1cm, 有界, 8行 17字, 上下內向四~八瓣花紋黑魚尾	跋 : …戊寅夏錦陽君汾西朴瀰仲淵書, 印 : 玉山書院, 藏書記 : 玉山書院上(墨書)	01-0691 ~0694

• 槪要

天坡 吳翻(1592~1634)의 詩文集이다.

• 編纂과 刊行

그의 弟 翻이 1646년(仁祖 24) 晋州牧使로 있을 때 출간한 것이다. 시와 문장이 別編되어 있고, 작품은 대체로 지은 순서에 따라 배열되어 있다. 李景奭·鄭斗卿의 序가 있다.

● 著者 및 編者

저자인 吳翻의 자는 肅羽, 호는 天坡, 海州人. 5세에 史書를 배우고 10여세에 문예가 日進하고 詞藻가 溢發하여 神童으로 유명했다. 1610년(光海 2) 進士를 거쳐 1612년 文科에 급제하여 權知承文院正字가 되었다. 翻은 文翰이 활발·유창하여 한번은 李恒福 등 大臣들이 列座한 앞에서 上奏文을 아무 凝滯함 없이 草한 일로 재능이 인정되어 그 翌日로 侍講院說書를 拜하고 이어 禮曹佐郎으로 옮겼다. 光海朝에는 관직에서 물러나 友朋들과 唱酬自娛하고 三角山中에서 독서를 하다가 仁祖反正 후에 다시 나와 司諫院正言을 拜하고 司憲府持平으로 옮겼다. 당시 抱冤來訴하는 자들이 많았었는데 翻은 據法決事執論이 峻正하여 조정의 紀律이 엄정해졌다. 李适亂 때에 扈駕한 勞苦로 兵曹參知를 特拜하고 1631년(仁祖 9) 慶尙監司를 拜했으며 1633년 黃海監司가 되었다. 당시 椵島에 있던 毛文龍이 需索不已하였으나 翻은 左右로 策應하여 道民을 괴롭히지 않도록 하기에 성공했다. 翌年 明使 黃孫武의 接伴使로 椵島에 갔다가 돌아와 松都에 까지 이르자 急病이 發해 43세를 일기로 卒했다.

● 版本構成

권1 : 詩 205수(奉別王父湖南防禦之行 등), 附次韻詩 2수, 原韻詩 2수. 권2 : 詩 209수(次韻題沈叔書齋 등), 附原韻詩 2수. 권3 : 詩 194수(題海師墨梅 등), 詩序 2편(附與湖伯會雙溪有題序 등). 권4 : 墓碣銘 2편(贈戶曹判書府君墓碣銘 등), 序 3편(壽春練軍圖序 등), 記 4편(醉醒亭記 등), 名崔逸說, 讀莊子, 兩生學筆解, 逐瘧鬼文, 疏 3편(讀書堂辭免疏 등), 司憲府論西事箚子, 祭文 6편(祭西平府院君柳川墓文 등). 敎江原觀察使, 謝黃監軍孫武啓, 書金王屛後, 琴銘, 首陽吳代族譜跋, 羣居要法 및 後書(朴瀰) 등으로 구성되어 있다.

● 所藏處

국립중앙도서관, 서울대학교 규장각, 영남대학교 도서관 등에 소장되어 있다.

(84) 철성연방집(鐵城聯芳集)

書名	出版事項	版式狀況	一般事項	所藏番號
鐵城聯芳集	李胄著	朝鮮木版本, 3卷 3冊, 30.7×20.3cm, 四周雙邊, 半匡 : 18.5×14.7cm, 有界, 10行 19字, 註雙行, 上下白口 上下內向四瓣花紋黑魚尾, 線裝, 楮紙	版心題 : 聯芳集, 表題 : 聯芳集, 序 : 丙申正月壬子孫通政大夫工曹參議知製敎陸謹序, 跋 : 甲子夏六月日重刊于花山之伴鷗亭	01-2713 ~2715

- 概要

李岡(1333~1368)・李原(1368~1430) 등의 시집이다.

- 編纂과 刊行

1804년(순조 4)에 후손인 이육(李陸)이 엮어 간행한 것이다.

- 著者 및 編者

이강의 자는 사비(思卑), 호는 평재(平齋), 시호는 문경(文敬). 본관은 고성(固城)이며, 이원의 자는 차산(次山), 호는 용헌(容軒)이다. 이강은 수문하시중(守門下侍中) 嵒의 아들로, 1347년(충목왕 3) 15세로 문과(文科)에 급제, 충정왕 때 시독(侍讀)에 뽑히고, 공민왕 때 전의주부(典儀注簿)・이부낭중(吏部郞中)・경상도 안렴사(慶尙道按廉使)에 이어 지신사(知申事)가 되고, 1368년 밀직부사(密直副使)를 거쳐 진현관 대제학(進賢館大提學)에 이르렀다. 서예(書藝)에도 뛰어났다. 이원은 수문하시중(守門下侍中) 嵒의 손자이며, 밀직부사 강(岡)의 아들이다. 정몽주(鄭夢周)의 문인이다. 1382년(우왕 8) 진사가 되고, 1385년 문과에 급제하였다. 사복시승(司僕寺丞)을 거쳐 예조좌랑과 병조좌랑 등을 역임하였다. 1392년 조선왕조가 개국되자 지평이 되었고, 1400년(정종 2) 좌승지로 있을 때 방원(芳遠)이 그이 동복형인 방간(芳幹)의 난을 평정하고 왕위에 오르는 데 협력한 공으로 1401년(태종 1)에 좌명공신(佐命功臣) 4등에 책록 되었다. 시호는 양헌(襄憲)이다.

- 版本構成

책머리에 철성 이씨의 족보를 시조부터 8촌대까지 설명한 다음 묘지명과 서가 있고 그 다음에 두 사람의 시가 차례로 실려 있다. 시 가운데 강의 시는 40수이며 원의 시는 231수이다. 전체 구성은 권1에 鐵城聯芳集重刊序, 鐵城聯芳集序, 杏村先生逸稿, 平齋先生文集 등, 권2에 容軒先生文集, 권3에 忘軒先生文集으로 되어 있다.

- 所藏處

국립중앙도서관, 서울대학교 규장각, 한국학중앙연구원 장서각 등에 소장되어 있다.

(85) 청허재선생문집(淸虛齋先生文集)

書名	出版事項	版式狀況	一般事項	所藏番號
淸虛齋先生文集	孫曄 箸	朝鮮木版本, 2卷 1冊, 30×19.8cm, 四周雙邊, 半匡: 18.7×16.3cm, 有界, 10行 20字, 註雙行, 上下白口 上下內向四瓣花紋黑魚尾, 線裝, 楮紙	表題:淸虛齋集, 序:昔宋景文作三淸…下澣德殷宋秉璿敍	01-1886
淸虛齋先生文集	孫曄 著	朝鮮木版本, 不分卷 1冊, 30×20cm, 四周雙邊, 半匡: 18.5×15.2cm, 有界, 10行 20字, 註雙行, 上下白口 上下內向四瓣花紋黑魚尾, 線裝, 楮紙	序:昔宋景文作三淸詞有人刻石而獻之景文…大淵獻刻之不澣德殷宋秉璿序	01-3346

● 槪要

淸虛齋 孫曄(1544~1600)의 시문집이다.

● 編纂과 刊行

그의 遺文은 연대가 오래되어 대부분 산일되고 남아있는 것이 거의 없었는데, 후손들이 중심이 되어 시문 약간 잔편을 겨우 수습하여 1901년 무렵에 문집으로 간행하였다. 문집의 後叙가 1862년, 宋秉璿의 서문이 1899년, 李晩煃의 서문이 1901년에 작성된 점을 고려하면, 본 문집은 일차적으로 후손 鍾瑩·相孝·永馹 등에 의하여 1862년에 편집되었으나 간행되지는 못하다가, 永仁 등이 중심이 되어 1899년에 재차 간행 사업이 추진되면서 宋秉璿의 序文을 받았고, 1901년에 간행 작업이 완성되면서 秀璨의 요청으로 李晩煃가 서문을 쓴 것으로 보인다.

● 著者 및 編者

저자인 손엽의 자는 文伯, 호는 淸虛齋, 본관은 慶州이다. 조선초기 敵愾功臣 孫昭의 玄孫으로, 부친은 진사 光暠, 모친은 長水黃氏 別提 季沃의 딸, 처는 夏城曺氏 變安의 딸과 神光陳氏 奉扈의 딸이다. 1558년 경주인을 대상으로 '新羅玉笛'이란 제목으로 실시한 특별시험에서 발탁되었고, 1568년 진사시에 입격한 후 여러 번 향시에 응했으나 적중하지 못하자 오직 학문에만 전념하였다. 曺好益·李楨·具鳳齡·趙穆·李詠道·崔睍·趙靖·林卞齋·申之悌·琴蘭秀·琴夾·琴應壎 등과 교유하였다. 1592년 임진왜란이 일어나자 集慶殿에 나아가 태조의 영정을 禮安 李詠道의 서당에 옮겨 봉안하고, 五聖十哲十二賢의 위패를 金谷寺에 모셔 놓고 가족을 이끌고 竹長山으로 들어갔다. 그 공으로 같은 해 조정에서 集慶殿參奉·靖陵參奉에 임명하였으나 부임하지 않고 水雲亭을 짓고 그 곳에서 여생을 보냈으며, 安康縣 男

根谷山에 안장되었다.

- 版本構成

不分卷 1책으로 구성되어 있다. 책머리에 宋秉璿(1836~1905)이 1899년(己亥)에 찬한 서문, 李晩煃(1845~1920)가 1901년(辛丑)에 찬한 서문 및 目錄이 실려 있다. 그 뒤에 賦 2편(困乃爲福賦, 次李府伯時發囂畵傷賦), 詩 18題(壬辰夏避亂在竹長時山深月白鵑聲太哀不勝隕淚作一絶呈府伯尹竹齋仁涵, 送別尹竹齋還京二首 등), 書 2편(上天將書, 與李淸源書), 跋 1편(關西問答跋), 祭文 3편(祭龜巖李先生楨文, 祭戰卒文, 祭牧使朴公士任弘長文), 墓誌 1편(潛溪李公墓誌), 雜著 12편(蘇武娶胡婦論, 秬紹論, 天何言哉論, 龍蛇日記 등)이 실려 있고, 附錄에는 6세손 嚮九가 찬한 家狀(1758년), 曺好益이 찬한 墓誌銘, 墓碣銘, 祭文 3편(曺好益, 崔晛, 徐思迪), 水雲亭重修記, 附水雲亭詩 2題(其鳳齡, 趙靖), 附曺芝山書, 附權花山書, 附安櫟叟潤身龍蛇日記 등이 수록되어 있다. 문집의 말미에 南秉哲이 1862년에 찬한 後叙가 있다.

- 所藏處

국립중앙도서관, 서울대학교 규장각, 계명대학교 동산도서관 등에 소장되어 있다.

(86) 추강선생문집(秋江先生文集)

書名	出版事項	版式狀況	一般事項	所藏番號
秋江先生文集	南孝溫 著	朝鮮木版本, 8卷 5冊, 28.7×19.6cm, 四周雙邊, 半匡 : 21.4×16cm, 有界, 10行 20字, 註雙行, 上下白口 上下內向四瓣花紋黑魚尾, 線裝, 楮紙		01-2345 ~2349

- 槪要

추강 南孝溫(1454~1492)의 문집이다.

- 編纂과 刊行

1510년(중종 5)경에 曺伸이 흩어진 원고를 모아 편찬한 간행되었다고 추정되는 1510년본, 1577년(선조 10) 고인의 외증손 兪泓(1483~1551)에 의해 경상도 감영에서 간행된 嶺營本, 1677년(숙종 3) 유홍의 증손자 兪枋에 의해 전라도 金溝縣에서 간행된 湖南本, 1921년 傍孫

南相圭에 의해 경상도 淸道에서 발간된 新安本의 네 종류로 정리해 볼 수 있다. 이 가운데 1510년본은 망실되어 현재 전해지지 않는다.

● 著者 및 編者

저자인 남효온(1454~1492)은 조선 전기의 문신으로, 본관은 의령(宜寧). 자는 백공(伯恭), 호는 추강(秋江)·행우(杏雨)·최락당(最樂堂)·벽사(碧沙)이다. 영의정 남재(南在)의 5대손으로, 할아버지는 감찰 남준(南俊)이고, 아버지는 생원 남전(南恮)이며, 어머니는 도사 이곡(李谷)의 딸이다. 김종직(金宗直)의 문인이며, 김굉필(金宏弼)·정여창(鄭汝昌) 등과 함께 수학하였다. 생육신(生六臣)의 한 사람이다. 1480년 어머니의 명령에 따라 마지못해 생원시에 응시, 합격했으나 그 뒤 다시 과거에 나가지 않았다. 당시의 금기에 속한 박팽년(朴彭年)·성삼문(成三問)·하위지(河緯地)·이개(李塏)·유성원(柳誠源)·유응부(兪應孚) 등 6인이 단종을 위하여 사절(死節)한 사실을 「육신전(六臣傳)」이라는 이름으로 저술하였다. 문인들이 장차 큰 화를 당할까 두려워 말렸지만 죽는 것이 두려워 충신의 명성을 소멸시킬 수 없다 하여 『육신전(六臣傳)』을 세상에 펴냈다. 1504년 갑자사화 때에는 소릉 복위를 상소한 것을 난신(亂臣)의 예로 규정하여 부관참시(剖棺斬屍) 당하였다. 1511년(중종 6) 참찬관(參贊官) 이세인(李世仁)의 건의로 성현(成俔)·유효인(兪孝仁)·김시습 등의 문집과 함께 비로소 간행하도록 허가를 받았다. 1513년 소릉 복위가 실현되자 신원되어 좌승지에 추증되었다. 1782년(정조 6)에 다시 이조판서에 추증되었다. 세상에서는 원호(元昊)·이맹전(李孟專)·김시습·조려(趙旅)·성담수(成聃壽) 등과 함께 생육신으로 불렀다. 고양의 문봉서원(文峰書院), 장흥의 예양서원(汭陽書院), 함안의 서산서원(西山書院), 영월의 창절사(彰節祠), 의령의 향사(鄉祠) 등에 제향되었다. 저서로 『추강집(秋江集)』·『추강냉화(秋江冷話)』·『사우명행록(師友名行錄)』·『귀신론(鬼神論)』 등이 있다. 시호는 문정(文貞)이다.

● 版本構成

본 문집은 目錄·本集 8권·遺墨 합 5책으로 되어 있다. 권1은 賦·詩, 권2~3은 詩, 권4는 上書·書·序·記, 권5는 記·論, 권6은 雜著, 권7은 雜著·祭文, 권8은 續錄·附錄·撫遺이다. 권미에 저자의 「東峯山人答公答書」를 摹刻한 遺墨 4板과 曺伸의 「書秋江集後」(1510년), 兪泓의 「舊跋」(1577년), 兪枋의 「重刊跋」(1677년), 南相圭의 跋(1921년)이 실려 있다.

● 所藏處

국립중앙도서관, 서울대학교 규장각, 영남대학교 도서관 등에 소장되어 있다.

(87) 충재선생문집(冲齋先生文集)

書名	出版事項	版式狀況	一般事項	所藏番號
冲齋先生文集	權橃 著	朝鮮木版本, 9卷 5冊, 30.4×20cm, 四周雙邊, 半匡 : 18.5×14.3cm, 有界, 10行 20字, 註雙行, 上下白口 上下內向四瓣花紋黑魚, 線裝, 楮紙	表題 : 冲齋先生文集, 序 : 惟我成朝治化隆治…上之二十八年壬申月日後學平原李光庭謹書	01-2400 ~2404
冲齋先生逸稿	權橃 著	朝鮮木版本, 4卷 2冊, 31.8×21.8cm, 四周雙邊, 半匡 : 21.9×16.3cm, 有界, 10行 20字, 註雙行, 上下白口 上下內向四瓣花紋黑魚尾, 線裝, 楮紙	序 : 惟我成朝治化隆治…上之十二年辛亥三月日後學…岳林洪如河謹書, 識 : 惟我先祖冲齋先生文稿散逸…上之三十九年乙酉三月日玄孫斗寅謹識	01-2405 ~2406

● 概要

조선 중기의 문신 冲齋 權橃(1478~1548)의 시문집이다.

● 編纂과 刊行

저자의 사후 120여 년만에 후손 霖과 濡 등이 유문을 수습·정리하고 본집과 부록으로 편집하여 1671년(현종 12) 三溪書院에서 목판으로 간행하였다. 현재 초간본의 초쇄본은 전하지 않고, 다만 1681년(숙종 7) 許穆이 지은 「讀權忠定公逸稿」를 추각한 후쇄본이 전하고 있다. 그 후 후손 斗經 등이 초간본에서 누락된 시문을 보충하여 1705년(숙종 31)에 중간본을 간행하였고, 1752년(영조 28)에는 후손 萬과 李光庭이 정리한 것을 바탕으로 삼간본을 간행하였다. 1930년에 이르러서는 실록에서 저자와 관련된 글들을 발췌하고, 그 밖에 새로이 수집한 글들을 모아 三溪書院에서 사간본을 간행하였다.

● 著者 및 編者

저자인 權橃(1478~1548)의 字는 仲虛, 號는 冲齋, 本貫은 安東이다. 1496년(燕山君 2)에 進士가 되었으며, 1504년에 과거에 급제하였으나 당시 直諫하다 죽은 환관 金處善의 이름인 '處'자를 사용하였다는 이유로 탈락하였다. 1507년(중종 2)에 다시 과거에 등제하여 承文院副正字가되었다. 承政院注書·弘文館副修撰·司諫院正言·禮曹佐郎을 거쳐 1511년에 司憲府持平이되어 鄭莫介의 堂上階를 삭탈할 것을 청하는 상소를 올렸다. 이듬해 吏曹·戶曹의 正郎을거쳐 永川郡守에 제수되었다. 들어와 司憲府掌令·議政府舍人을 거쳐 1518년에 成均館司成·右副承旨를 거쳐 都承旨가 되었다. 이듬해 同知中樞府事에 제배되고 三陟府使로 나갔으나己卯士禍에 연루되어 파직되었다. 1533년에 복직되어 密陽府使에 임명되었으며, 1537년에

漢城府左尹이 되었다. 이듬해 慶尙道觀察使로 나갔다가 들어와 同知中樞府事·漢城府判尹이 되었으며, 宗系辨誣를 주청하기 위한 사신으로 명나라에 다녀왔다. 1541년에 議政府左參贊에 임명되었고 1543년에는 『朱子大全』을 교정하였다. 1545년에 右贊成으로 승진되었고, 明宗이 즉위하자 院相이 되어 機務를 관장하였다. 이 해에 乙巳士禍가 일어나자 柳灌·柳仁淑·尹任을 구하기 위하여 노력하였다. 衛社功臣의 勳籍에 올랐으나 鄭順朋의 반대로 削勳되어 鄕里로 돌아갔으며 이듬해 告身을 삭탈당하였다. 1547년(명종 2)에 文定王后와 尹元衡을 비난하는 良才驛 壁書事件이 일어나자 이에 연루되어 朔州에 유배되었으며, 이듬해 유배지에서 병사하였다. 선조가 즉위한 후 爵秩이 복구되었으며 '忠定'이라는 시호를 받았다.

• 版本構成

책머리에 洪汝河, 許穆, 權斗寅, 李光庭의 序와 世系圖가 있다. 卷1 : 詩(淸河縣次朴先生孝修韻 등 44수). 啓辭(請爲魯山君燕山君立後啓, 論救三臣啓, 請奪鄭莫介堂上啓 등 5편). 書(與朴進士·移尹元衡 등 6편). 祭文(祭文忠公圃隱鄭先生故里碑前文 1편). 墓碣·墓表(淑人安東權氏墓碣 등 2편). 對策(殿試善始善終策 1편). 卷2 : 雜著로 性理群書考疑·朱子大全考疑·題永陽日餘卷面 등 4편. 卷3~6 : 日記. 卷7 : 朝天錄, 遺墨. 卷8·9 : 부록 作者의 行狀(李滉 諡狀), 神道碑銘(鄭經世 撰), 又神道碑銘(朴淳 撰), 諡議(尹根壽 行), 賜額祭文(朴安悌行), 奉安祭文(金玏), 常享祝文(黃暹), 祭院詞文(鄭琢), 祭墓文(鄭逑, 權好文), 三溪書院廟宇上樑文(李巢), 請額疏(慶尙道安東儒生 등), 言行摭錄 등이 수록돼 있다.

• 所藏處

국립중앙도서관, 서울대학교 규장각, 한국학중앙연구원 장서각 등에 소장되어 있다.

(88) 치암선생문집(癡庵先生文集)

書名	出版事項	版式狀況	一般事項	所藏番號
癡庵先生文集	南景義 著	朝鮮木版本, 12卷 6冊, 31.2×20.3cm, 四周雙邊, 半匡 : 20×15.2cm, 有界, 10行 20字, 上下內向四瓣花紋黑魚尾, 線裝, 楮紙	表題,版心題 : 癡庵集	01-1130 ~1135
癡庵先生文集	南景義, 19世紀刊	朝鮮木版本, 12卷 6冊, 31.5×20.6cm, 四周雙邊, 半匡 : 20.5×15.5cm, 有界, 10行 20字, 註雙行, 上下白口 上下內向四瓣花紋黑魚尾, 線裝, 楮紙	表題 : 癡庵集, 識 : 嗚呼此吾外王考…驪江李鍾祥謹識	01-2099 ~2104

• 槪要

조선 후기의 학자 癡庵 南景羲(1748~1812)의 시문집이다.

• 編纂과 刊行

아들 驥陽 등이 유고를 수습·정리하여 1862년(철종 13)에 목판으로 간행하였다. 권말에는
외손 李鍾祥의 발문이 수록되어 있다.

• 著者 및 編者

저자인 남경희의 자는 仲殷, 호는 癡菴, 본관은 英陽, 아버지는 龍萬이다. 1777년(정조 1)
진사시에 합격하고 동시에 문과에도 급제하였다. 1788년(정조 12)경부터 승문원박사·성균관
전적·사헌부감찰·병조좌랑을 거쳐 사간원정언에 이르렀다. 1791년(정조 15) 사직하고 고향
인 경상도 경주 보문리로 돌아온 뒤부터는 丁範祖·李益運 등의 권유를 뿌리치고 스스로
은거하였다. 자신을 邵康節에 비유하여 影湖에 止淵溪堂을 지어 생도들을 가르치고, 봄·
가을에는 士友들과 講會를 열면서 유유자적하였다. 어느 날 독서를 하고 있을 때 부인이
곁에 와서 양식이 떨어졌다고 하였으나 묵묵부답하였고, 또 집안일을 말해도 응답하지 않았
다. 그러자 이를 보고 있던 다섯 살 난 어린 딸이 어머니에게 왜 못난 사람과 말하느라 고생
하느냐고 하였으므로 자기도 모르게 失笑를 하고는, 그 뒤 자신도 돌보지 못하면서 민생이니
세도를 걱정하는 어리석은 사람이라 하여 스스로 癡庵이라 號하였다고 전한다. 李象靖에게
서 학문을 배우고, 李萬運·李基慶·李瑀·韓致應 등과 가깝게 지냈다.

• 版本構成

모두 12권 6책으로 구성되어 있는데, 먼저 권1~3에는 賦 1편, 詩 367수, 疏 2편 등이, 권4~7에
는 書 50편, 序 34편, 記 29편, 跋 5편, 論 2편, 說 3편, 贊 1편, 箴 1편, 銘 3편, 雜著 4편
등이, 권8~11에는 祭文 27편, 哀辭 5편, 上樑文 19편, 傳 4편, 行狀 7편, 墓誌銘 9편, 墓碣銘
7편, 墓表 5편 등이 수록되어 있고, 권12는 附錄으로 行狀·墓碣銘 등이 수록되어 있다.

• 所藏處

국립중앙도서관, 서울대학교 규장각, 성균관대학교 존경각 등에 소장되어 있다.

(89) 탁영문집(濯纓文集)

書名	出版事項	版式狀況	一般事項	所藏番號
탁영문집 濯纓文集	金馹孫 著	朝鮮木版本, 6卷 2冊, 30.7×20.6cm, 上下單邊 左右雙邊, 半匡：20.6×16cm, 有界, 9行 18字, 上下白口 上下內向魚尾不定, 線裝, 楮紙		01-3149 ~3150

• 槪要

濯纓 金馹孫(1464~1498)의 詩文集이다.

• 編纂과 刊行

저자가 戊午士禍로 冤死했으나 中宗反正(1506)으로 洗冤된 후에 당시 학자들이 그의 遺文을 모아 文集 1편을 간행하였다고 하나 그 刊年은 미상이다. 宋時烈의 重刊 序文에 따르면 初刊本이 剜缺되었으므로 여러 후배 학자들이 의논하여 1668년에 重刊하게 되었다고 전한다.

• 著者 및 編者

저자인 金馹孫의 자는 季雲이오 호는 濯纓이며 본관은 金海이다. 金宗直의 門人으로 동문인 金宏弼, 鄭汝昌 등과 친교를 맺었다. 1486년(成宗 17) 生員이 되고, 같은 해 式年文科에 甲科로 급제, 藝文館에 등용된 후 淸宦職을 거쳐 1491년 賜暇讀書를 했고, 뒤에 吏曹正郞이 되었다. 그 후 1498년(燕山 4)『成宗實錄』을 편찬할 때 앞서 스승 金宗直이 쓴「吊義帝文」을 史草에 실은 것이 李克敦을 通하여 燕山君에 알려져 死刑되고 다른 많은 士類들도 화를 입었다(戊午士禍). 이를 계기로 새로 등장하였던 新進 士類들은 집권층인 勳舊派에 의하여 거세되었다가 中宗反正 후 伸冤되었다.

• 版本構成

卷1：賦 6편(秋懷賦 등)과 雜著 8편(非口人對, 政堂梅詩文後, 聚散贈李師聖別, 敎化送權子汎, 書仲鈞盡, 題士浩跋朴訥書後, 書六絃背, 書五絃背). 卷2：移文 1편(如海院重創移文), 書 1편(代人上巡察使書), 跋 1편(四十八詠跋), 序 8편(贈上人序, 送柳評事序, 送崔玉果序 등). 卷3：記 10편(凝軒記, 涵虛亭記 등). 卷4：哀辭 2편(朴希仁哀辭, 趙伯玉哀辭), 祭文 9편(祭仲雲文, 祭首露王文, 祭佔畢齋文 등), 墓碣銘 1편(趙興叔墓碣), 墓誌銘(管處士墓誌銘), 銘 6편(書案銘 등). 卷5 拾遺：策, 錄, 誌銘, 後, 詩 등 12편(中興對策, 續頭流錄 등)으로

구성되어 있다.

• 所藏處

국립중앙도서관, 서울대학교 규장각, 성균관대학교 존경각 등에 소장되어 있다.

(90) 탄옹선생집(炭翁先生集)

書名	出版事項	版式狀況	一般事項	所藏番號
炭翁先生集	權諰 著, 公州 : 道山書院, 戊午刊	朝鮮木版本, 12卷 7冊, 31×20.5cm, 四周雙邊, 半匡 : 21.3×16.5cm, 有界, 10行 20字, 上下白口 上下內向四瓣花紋黑魚尾, 線裝, 楮紙	刊記 : 戊午春刊板在公州道山書院, 印記 : 玉山書院(朱印), 所藏 : 卷1~12, 附錄	01-3530 ~3536

• 槪要

炭翁 權諰(1604~1672)의 문집이다.

• 編纂과 刊行

목판본으로 1738년(영조 14) 증손 瀞徵 등에 의해 원집 12권, 부록 1권, 합 7책으로 초간되었다. 이후에는 刓缺된 일부 판목을 보각하고 새로이 年譜를 첨부한 보각후쇄본이 1917년에 간행되었다.

• 著者 및 編者

저자인 權諰(1604~1672)의 字는 思誠, 號는 炭翁, 本貫은 安東이다. 1604년(선조 37) 12월 25일 서울의 小門洞에서 태어났다. 6세에는 모친을, 19세에는 부친을 여의는 등 조실부모한 상태에서 성장하였다. 1621년(광해군 13) 朴知誠의 조카딸(朴知警의 딸)과 혼인하였고, 1625년(인조 3)에는 박지계의 문하에 나아가 수업하였다. 1627년(인조 5) 公州 儒城 炭坊里로 이사하였고, 1641년(인조 19)에는 聞慶 皓巖山 아래로 이주하였다가, 1650년(효종 1) 다시 炭坊으로 돌아왔다. 1636년(인조 14) 崔鳴吉의 천거로 大君師傅에 제수되었으나 나아지 않았다. 이후 계속해서 活人署別提(인조 15), 大君師傅(인조 18), 宣陵參奉(인조 24), 翊衛司副率(인조 25), 侍講院諮議(인조 26), 副司正, 刑曹佐郞(효종 즉위년), 工曹正郞(효종 2), 慶尙道都事(효종 5) 등에 제수되었으나 나아가지 않다가, 1656년(효종 7) 世子侍講院 進善에 임명되었을 때 사직이 받아들여지지 않자 상경하여 입시하였다. 같은 해 7월에 체직을 허락받고 고향으로 돌아왔으나, 이듬해 다시 시강원 진선에 임명되어 書筵에 입시하였다. 1660년(현종 1) 4월 상소를 통해 慈懿大妃의 服制를 3년으로 해야 한다고 주장하고, 아울러 三年服을 주장한 尹善道에게 가혹한 형벌을 내리지 말 것을 건의하였다. 이로 인해 兪棨·金萬基·李惟泰 등에게 탄핵을 받고 파직되어 廣州 素谷 선영 아래에 머물렀다. 1668년(현종 9) 宋浚吉이 권시의 서용을 청하여 그해 12월 한성부 좌윤에 임명되었으나 사양하고 나가지 않았다. 1669년(현종 10) 儒城 炭坊으로 돌아와 있다가 1672년(현종 13) 1월에 운명하였다. 사후 좌찬성겸오위도총부도총관에 증직되었고, 1692년(숙종 18)에는 문인들이 儒城의 炭坊에 道山書院을 건립하였다.

● 版本構成

권1~2에 시 344수, 권3에 소 22편, 권4에 經筵講義 1편, 書筵講義 5편, 권5~8에 書 191편, 권9·10에 잡저 26편, 권11에 閑居筆舌 3편, 권12에 제문 39편, 묘갈명 11편, 부록으로 家狀·誌文·묘표·치제문·제문·봉안제문·축문 등이 수록되어 있다.

● 所藏處

국립중앙도서관, 서울대학교 규장각, 성균관대학교 존경각 등에 소장되어 있다.

(91) 태재선생문집(泰齋先生文集)

書名	出版事項	版式狀況	一般事項	所藏番號
泰齋先生文集	柳方善 著, [跋 : 1815]刊	朝鮮木版本, 5卷 2冊, 30×20cm, 四周雙邊, 半匡 : 19.2×14.1cm, 有界, 10行 20字, 上下白口 上下向四瓣花紋黑魚尾, 線裝, 楮紙	表題 : 泰齋集, 序 : 景泰元年庚午徐居正, 跋 : 崇禎四乙亥(1815)春正月旣望後學達成夏時贊謹書	01-2522 ~2523
泰齋先生文集	柳方善 著	朝鮮木版本, 4卷 2冊, 28.6×20cm, 四周雙邊, 半匡 : 19.6×13.8cm, 有界, 10行 20字, 註單行, 上下白口 上下內向四瓣花紋黑魚尾, 線裝, 楮紙	表題 : 泰齋集, 序 : 敎世子右字門人徐居正敬序, 跋 : 朝鮮開國九乙巳冬十月甲子…黃攄跋	01-3417 ~3418

● 槪要

泰齋 柳方善의 문집이다.

● **編纂과 刊行**

아들 允庚·允謙 형제가 집에 보관되어 있던 吟藁를 바탕으로 유고를 수집 편차하고, 그의 문인 李甫欽·李敬夫 등이 간행 비용을 마련하여 1450년(세종 32) 永川 北習書堂에서 목판으로 간행하였다. 그 후 1815년(순조 15) 14대손 天植이 부록을 첨가하고 재편집하여 原州 松谷書院에서 목판으로 重刊하였다.

● **著者 및 編者**

저자인 유방선(1388~1443)의 字는 子繼, 號는 泰齋, 本貫은 瑞山이다. 牧隱 李穡의 외손으로 1405년(태종 5) 을유년에 司馬試에 합격하고 성균관에서 공부하였다. 1409년(태종 9) 家禍에 연루되어 淸州로 유배되었다가 이듬해 永陽으로 移配되었다. 1415년(태종 15) 풀려나 原州에서 지내던 중 참소로 인하여 다시 永川에 유배되었다. 유배 생활 중 永川 西山 아래 松谷에 집을 지어 '泰齋'라 命名하고 인근의 子弟들을 모아 학문을 전수하였다. 1427년(세종 9) 풀려나 19년 만에 還京하였다가 이듬해 原州 法泉의 옛집으로 내려왔다. 그 후 遺逸로 천거되어 主簿에 임명되었으나 사양하고, 세종이 그의 재주를 인정하여 등용하려 하였지만 끝내 관직에 나가지 않고 原州와 永川을 오가며 후진 양성에 힘쓰다가 세상을 마쳤다. 그는 일찍이 權近, 卞季良의 문하에서 학문을 하여 文名을 떨쳤다. 그의 학문 경향은 무척 박학하여 諸子百家는 물론 醫藥, 卜筮, 陰陽, 地理 등의 분야에 이르기까지 두루 섭렵하였기 때문에, 朝廷의 文學之士들이 의심나는 것이 있으면 모두 가져와 문의하였을 정도이다. 그는 특히 詩文에 뛰어났는데, 그의 시는 성리학에 근본을 두어 간결하고 우아하며 기교를 부리지 않는다고 평가되고 있다. 그가 남긴 詩를 통하여 曹尙治, 迂齋 李就, 鄭擧, 崔元道, 李宗儉, 尹三山, 李安柔 등과의 交遊 관계를 확인할 수 있다. 그의 시 가운데에는 僧侶들에게 주는 것들도 다수 있어 불교에도 많은 관심을 가지고 있었으리라 추정된다. 그는 永川 유배 생활 중에 李甫欽, 李敬夫 등을, 原州에서 생활하던 중에 徐居正, 韓明澮, 權擥, 康孝文 등의 문하생을 배출하였다.

● **版本構成**

권두에 徐居正의 서문과 李周禎의 중간서가 있고, 권말에 이보흠·鄭從韶·하시찬·황헌의 발문이 있다. 권1~3에 시 524수, 권4에 賦 1편, 序 6편, 記 2편, 제문 3편, 잡저 2편, 권5에 부록으로 세계도·연보·행장 각 1편, 松谷書院廟宇上樑文 2편, 봉안축문 2편, 開基祝文 2편 등이 수록되어 있다.

- 所藏處

  국립중앙도서관, 서울대학교 규장각, 한국국학진흥원 도서관, 안동대학교 도서관 등에 소장
  되어 있다.

(92) 퇴계선생문집(退溪先生文集)

書名	出版事項	版式狀況	一般事項	所藏番號
退溪先生文集	李滉 著	朝鮮木版本, 零本 5冊, 30.4×21.1cm, 四周雙邊, 半匡 : 21.1×16.2cm, 有界, 10行 18字, 上下白口 上下內向四瓣花紋黑魚尾, 線裝, 楮紙	表紙 : 萬曆庚子九月玉山書院上(墨書), 印記 : 玉山書院(朱書), 藏書記 : 萬曆庚子九月玉山書院上(墨書), 所藏 : 卷32~33, 44~45, 目錄, 年譜	01-3316 ~3320

- 槪要

  조선 중기의 학자 李滉(1501~1570)의 詩文集이다.

- 編纂과 刊行

  退溪 사후 이듬해인 1571년부터 趙穆(1524~1606) 등이 遺文을 정리하던 중, 1573년(선조 6)
  柳成龍 등의 요청에 따른 선조의 명으로 간행이 추진되기 시작했다. 퇴계의 手錄本을 중심
  으로 퇴계의 손자 李安道와 門徒 禹性傳(1542~1593), 조목 등이 흩어져 있는 글을 수집하였
  고, 유성룡을 중심으로 草本 교정을 보아 1584년 繕寫本[초본]을 완성하였다. 조목은 초본에
  저자의 모든 저작을 수록하고자 하였는데, 심지어 저자가 手錄本에서 제외한 시까지 모아
  별·외집으로 편집하여 원집에 덧붙였다. 1586년 초본을 놓고 刪節을 주장한 유성룡과 이를
  반대하는 조목의 대립이 있었는데, 金誠一(1538~1593)의 주재로 산절하기로 결정, 유성룡은
  1588년(선조 21)까지 산절을 모두 마치고 繕寫하여 重草本을 만들고 禹性傳 등이 재차 교정
  을 보았다. 1589년(선조 22) 己丑獄死, 1592년(선조 25) 壬辰倭亂 등으로 인하여 중단되었다
  가 1600년(선조 33) 조목·琴應來 등에 의하여 禮安 陶山書院에서 木板으로 간행되었다(初
  刊本-庚子本). 이 때 조목은 柳成龍(1542~1607)이 산절한 중초본을 무시하고 산절되지 않
  은 초본으로 간행하였다. 이에 유성룡을 중심으로 改刊이 논의되었으나 실제 개간에 이르지
  는 못하였다. 이어 유성룡이 편집한 年譜가 판각되었다. 이후 門徒 및 후손에 의하여 여러
  차례의 교정을 거쳐 改版이 되었고, 重刊되었다. 기록에서 확인되는 중간본은 1724년(영조
  즉위)의 甲辰重刊本과 1834년(순조 34)의 癸卯重刊本이다. 갑진중간본은 경자본(초간본)의

체계를 그대로 이어받았으며, 처음으로 頭註가 添刻되었다. 판각의 마모에 따라 補刻이 수시로 이루어졌는데, 갑진본을 대대적으로 보각한 것이 1817년(순조 17) 丁丑補刻本으로 10분의 1에 달하는 200판 정도를 보각하였다. 계묘중간본은 1면 10행, 1행 18자의 형식과 版心이 철저히 통일되어 있으며 字體도 정돈되었다. 원집 49권, 별집, 외집, 연보 4권의 30책으로 간행되었는데, 연보에는 1839년(헌종 5)에 내린 致祭文까지 수록되었다.

• **著者 및 編者**

저자인 李滉(1501~1570)은 경상도 禮安縣 溫溪里 출신으로 자는 景浩이고 호는 退溪·退陶·陶叟이다. 1527년(중종 22) 鄕試에서 진사시와 생원시 초시에 합격하고, 성균관에 들어가 다음 해에 진사 회시에 급제하였다. 1534년 문과에 급제하고 承文院副正字가 되면서 관직에 나갔으며, 1537년 어머니 상을 당하자 향리에서 3년간 복상했고, 1539년 홍문관수찬이 되었다가 곧 임금으로부터 賜暇讀書의 혜택을 받았다. 을사사화 후 병약함을 구실로 모든 관직을 사퇴하였다.

명종이 出仕를 종용하여 외직인 단양군수·풍기군수 등을 역임하였고 중앙관직은 여러 차례 고사하였다. 1560년 陶山書堂을 짓고 7년간 서당에 기거하면서 독서·수양·저술에 전념하는 한편, 많은 제자들을 가르쳤다. 선조가 즉위해서도 벼슬을 내렸지만, 이황은 번번이 사퇴하였다. 하지만 선조의 거듭된 요처에 68세의 노령으로 知經筵의 중임을 맡아 선조에게 「戊辰六條疏」를 올렸고, 필생의 역작 『聖學十圖』를 저술하여 어린 국왕 선조에게 바쳤다. 1569년(선조 2) 이조판서에 임명되었으나 사양하고 환향한 후 학문에 전념하다 다음 해 11월 사망하였다. 문집으로 『퇴계집』이 있고, 그 외 『退溪書節要』·『自省錄』·『朱子書節要』·『理學通錄』·『啓蒙傳疑』·『傳習錄論辨』·『經書釋義』·『心經後論』 등이 있다. 遺墨으로 『退溪筆迹』과 『退陶先生遺帖』도 전한다.

• **版本構成**

총목록과 당시 전하지 않는 글의 목록인 逸目錄이 각각 1책씩 있다. 원집은 권1~5에 시, 권6에 敎·疏, 권7에 箚·經筵講義·啓議, 권8에 辭狀·啓辭·書契修答, 권9~57에 書, 권58에 잡저, 권59에 序·記, 권60에 跋, 권61에 箴銘·表箋·상량문, 권62에 축문·제문, 권63·64에 墓碣誌銘, 권65·66에 행장이 수록되었다. 외집·별집은 앞에 목록이 있고, 모두 시가 수록되었다. 속집은 목록이 있고 권1~2에 시, 권3~7에 書, 권8에 序·발·碣銘·잡저가 수록되었다. 유집은 내편과 외편으로 나누어져 있다. 내편은 앞에 범례와 목록이 있고, 권1에 歌辭·시·書, 권2~9에 書, 권10에 잡저·축문·行略이 수록되었고, 외편은 권1에 가사·賦·시, 권2~6에 書,

권7에 策·잡저·갈명·識·事實·기·後, 권8~10에 잡저가 수록되었다.

• 所藏處

국립중앙도서관, 서울대학교 규장각, 한국학중앙연구원 장서각 등에 소장되어 있다.

(93) 파곡유고(坡谷遺稿)

書名	出版事項	版式狀況	一般事項	所藏番號
坡谷遺稿	李誠中 著	朝鮮木版本, 1冊, 28.9×19.4cm, 四周雙邊, 半匡 : 17.3×14.9cm, 有界, 10行 18字, 上下內向四瓣花紋黑魚尾, 線裝, 楮紙	序 : …修撰官東溟金世濂謹書	01-0618

• 槪要

李誠中(1539~1593)의 詩文集이다.

• 編纂과 刊行

총 3차에 걸쳐 간행되었다. 제1차 간행은 저자 사후 약 50년 뒤인 1640년(仁祖 18)에 손자 命雄에 의해 이루어졌다. 이 때 그는 慶尙觀察使兼兵馬水軍節度使로 있으면서 이 일을 시작, 결국 그의 관할 지역인 架山城 架興寺에다 板本을 보관해 두었었다고 跋文에 기록되어 있다. 제2차 간행은 1749년(英祖 25), 6세손 星慶이 그 곳 架山에 가서 刊缺된 板本의 모양을 보고 다시 改鏤하였다. 이 板刻은 1차 때의 것보다 내용상 약간의 補增이 더해진 것이라고 역시 跋文에 적혀 있다. 3차 간행은 1879년(高宗 16) 10세손 鶴來가 永川郡守로 있을 때 역시 架山城을 방문, 板本에 약간의 闕遺가 있음을 보고 이를 補刻하여 全板을 만들어 놓았다고 전한다.

• 著者 및 編者

저자인 李誠中은 宗室 桂陽君 增의 玄孫으로 일찍이 文科를 거쳐 大司諫·大司憲·副提學 등을 역임하였다. 젊어서 賜暇讀書를 한 일도 있었을 만큼 전형적인 학자 출신의 문관이었다. 그리고 임진왜란 때는 義州까지 이르러 戶曹判書를 지낸 일이 있고, 다시 糧餉을 主管, 李如松을 따라 嶺南에까지 내려갔다가 咸昌에서 죽었다 한다. 그리하여 扈聖宣武功臣의 호를 받고 뒤에 贈職으로 다시 領議政 完昌府院君을 받기도 하였다. 金世濂은 서문에서 그의

作品이 다듬으려 하지 않으면서도 결국 詩의 品格이 높고 質朴한 면이 있음을 말하고 있다.

• 版本構成

1책으로 序文(金世濂, 1639), 五言絶句 26수(次韻喜雨 등), 六言絶句 4수(答西厓四首 등), 七言絶句 166수(送趙裕甫通判耽羅 등), 五言律詩 37 수(酒後二首 등), 六言律詩 1수(恩津), 七言律詩 120수(赴望海亭被酒征(?)歸 2수 등), 五言排律 2수(送崔瑩征耽羅二十韻, 遊斜川 二十韻 등), 七言排律 2수(曲江晚秋 등), 五言古詩 7수(永慕庵有感 등), 七言古詩 18수(六 友堂, 挽退溪先生 등), 表 2편(擬范仲淹進百官圖表, 擬唐朝群臣謝賜宮衣表 등), 碑銘 1편 (贈右議政尹公玉神道碑銘幷序), 書 9편(寄幼澄 등). 跋文 3편 등이 수록되어 있다.

• 所藏處

국립중앙도서관, 서울대학교 규장각, 한국학중앙연구원 장서각 등에 소장되어 있다.

(94) 포은선생문집(圃隱先生文集)

書名	出版事項	版式狀況	一般事項	所藏番號
圃隱先生文集	鄭夢周 著	朝鮮木版本, 卷1~3, 年譜, 附錄, 合4冊, 32.5×21.2cm, 四周單邊, 半匡 : 22.5×18cm, 有界, 11行 19字, 上下內向六瓣花紋黑魚尾	表題 : 圃隱集, 序 :…萬曆乙酉七月初三日左議臣盧守愼謹序, 跋 :…嘉靖四十三年甲子六月上澣…生員趾琚謹跋, 印 : 玉山書院(朱印)	01-0810 ~0813

• 槪要

고려 말 충신 鄭夢周(1337~1392)의 시문집이다.

• 編纂과 刊行

아들 鄭宗誠이 蒐集·編次하여 1439년 목판으로 간행하였는데, 이 초간본은 전하지 않는다. 그 후 玄孫 鄭世臣이 新溪縣令으로 부임하여 1533년에 문집을 간행하였다. 그리고 明·宣 연간에 開城府에서 韓濩의 글씨로 板刻되어 문집이 간행되었다. 이후 校書館에서 鑄字로 문집이 간행되었다. 1584년에는 宣祖의 명에 의하여 柳成龍이 新溪本을 바탕으로 개성본 ·관본을 참고하여 문집을 校正하였다. 이 교정본은 위 세 본의 年譜를 비교하여 行狀·本傳 까지 참고하여 年譜攷異를 만들고, 새로 찾은 詩文을 拾遺로 편차하고 目錄을 첨부하였다.

그러나 이 교정본은 미처 간행되기도 전에 永川 臨皐書院의 儒生들이 가져다가 1584년경 간행하고 판목은 서원에 보관하였으나 임진왜란 때 소실되었다. 이후 1607년 두 종의 문집이 木板으로 간행되었다. 첫째는 永川舊刻本의 체제를 그대로 유지하면서 遺像을 추가하고 11행 18자의 목판본으로 간행된 문집이다. 이 본의 目錄에는 拾遺 뒤에 遺墨이 있으나 문집 안에는 실려 있지 않다. 둘째는 임고서원 유생들이 난리 중에 흩어진 문집을 收拾하여 完本을 만들고, 方伯 柳永詢과 郡守 黃汝一의 협조로 慶州와 永川에서 나누어 刻板한 뒤 임고서원에서 10행 20사의 목판본으로 간행한 문집이다. 이 본은 遺墨과 曺好益의 跋이 추가되어 있고 의심난 곳에는 頭註가 붙어 있다. 다음 해인 1608년에 7대손 鄭應聖이 黃海道 兵馬水軍節度使로 있으면서 黃州兵營에서 開城本을 그대로 판각하여 문집을 간행하였다. 1659년에는 후손 鄭維城의 주관 하에, 당시 鳳城(奉化)현감으로 부임한 鄭雲翼이 苞山(玄風)현감 鄭元徵과 함께 嶺伯 洪處厚의 도움을 받아 奉化에서 木板으로 문집을 간행하였다. 이 본은 年譜 뒤에 祭祝文 등 약간을 補續하고 宋時烈의 序가 있다. 1677년에는 永川舊刻本에 奉化本의 補續을 取入하고 諸家의 記述을 新增附錄으로 添附하여 문집이 간행되었다. 이 본은 附錄의 本傳·行狀·跋 등에 卷을 따로 붙여 9권으로 간행되었으며 뒤에 '丁巳重刊'의 刊記가 있다. 1719년에 11대손 鄭纘輝가 서애 柳成龍의 校正本이 奉化에서 간행될 때 錯亂되었던 것을 바로잡아 4編(卷)의 옛 모양을 회복하고, 이어 조정에서 선생을 襃贈한 기록 및 諸賢의 글을 모아 續錄(續集)을 만들었으나 간행하지 못하고 卒하였다. 그 후 정찬휘의 再從孫인 鄭觀濟가 개성유수 元仁孫과 도모하여 이 책을 다시 讎校하고 약간의 글을 보태어 1769년 숭양서원에서 原集 4권, 續集 3권으로 문집을 간행하였다. 1866년에는 17대손 鄭元弼이 永陽(永川)郡守로 부임해 와서 宗人 및 臨皐書院 유생들과 함께 문집을 간행하였다. 1900년에는 후손 鄭煥翼이 鄭世基·鄭然徵와 함께 開城本을 위주로 永川本을 보충하여 續集을 重刊하였다. 이 본은 판본의 刊缺된 부분을 活字로 補用한 곳이 많다. 개성신본이 活字로 補用한 부분이 많았기 때문에 1903년에 영남의 사림들이 후손과 함께 晉州의 玉山齋에서 13권 5책의 목판본으로 문집을 다시 간행하였다. 『玉山齋本』이 본은 凡例와 年譜別本이 실려 있어 『포은집』의 편찬 및 간행 경위를 아는 데 도움이 된다. 1914년에는 숭양서원에서 鉛活字로 문집이 간행되었다.

● 著者 및 編者

저자인 정몽주의 본관은 영일(迎日), 출생지는 영천(永川), 초명은 정몽란(鄭夢蘭) 또는 정몽룡(鄭夢龍), 자는 달가(達可), 호는 포은(圃隱)이다. 1357년(공민왕 6) 監試에 합격하고, 1360년 문과에 장원급제해 1362년 예문관(藝文館)의 검열(檢閱)·수찬(修撰)이 되었다. 1363년

낭장 겸 합문지후(郞將兼閤門祗候)·위위시승(衛尉寺丞)을 역임하였고 동북면도지휘사(東北面都指揮使) 한방신(韓邦信)의 종사관(從事官)으로 종군하여 서북면에서 달려온 병마사 이성계(李成桂)와 함께 여진토벌에 참가하였다. 돌아와서 전보도감판관(典寶都監判官)·전농시승(典農寺丞)을 역임하였다. 이후 여러 관직을 거쳐 1391년 인물추변도감제조관(人物推辨都監提調官)이 되고, 안사공신(安社功臣)의 호를 더했으며, 이듬해『대명률(大明律)』·『지정조격(至正條格)』및 본국의 법령을 참작·수정해 신율(新律)을 만들어 법질서를 확립하려고 힘썼다. 당시 이성계의 위망(威望)이 날로 높아지자 조준(趙浚)·남은(南誾)·정도전(鄭道傳) 등이 이성계를 추대하려는 책모가 있음을 알고 이들을 제거하려 하였다. 그런 와중에 명나라에서 돌아오는 세자 왕석(王奭)을 마중 나갔던 이성계가 황주에서 사냥하다가 말에서 떨어져 벽란도(碧瀾渡)에 드러눕게 되자, 그 기회에 이성계의 우익(羽翼)인 조준 등을 제거하려고 하였다. 그러나 이를 눈치챈 이방원(李芳遠)이 아버지 이성계에게 위급함을 고해 그날 밤으로 개성으로 돌아오게 하는 한편, 역으로 정몽주를 제거할 계획을 꾸몄다. 정몽주도 이를 알고 정세를 엿보려 이성계를 문병하였으나 귀가하던 도중 선죽교(善竹橋)에서 이방원의 문객 조영규(趙英珪) 등에게 살해되었다. 어려서부터 학문을 좋아해 게을리하지 않았고 성리학에 대한 조예가 깊었다. 당시 고려의『주자집주(朱子集註)』에 대한 정몽주의 강설이 사람의 의표를 찌를 정도로 뛰어나 모두들 놀라워했다. 그러다가 송나라 유학자 호병문(胡炳文)의『사서통(四書通)』이 전해지면서 그 내용이 정몽주의 강설 내용과 서로 맞아떨어지는 것을 보고 모두 탄복하였다고 한다. 정몽주의 시문은 호방하고 준결하며 시조「단심가(丹心歌)」는 정몽주의 충절을 대변하는 작품으로 후세에까지 많이 회자되고 있다. 문집으로『포은집(圃隱集)』이 전하고 있다.

• 版本構成

본 문집은 本集 3권·年譜攷異·附錄 합 4책으로 구성되어 있다. 권1에 詩 120題, 권2에 詩 132題, 권3에 雜著와 拾遺가 실려 있다. 雜著에는「松軒李侍中畫像讚」을 비롯하여「請勿迎元使疏」등 8편의 詩文이 실려 있다. 拾遺는 詩 4수와 文 5편이 실려 있다. 附錄에는 李穡·李崇仁 등이 저자에게 지어 준 詩文을 비롯하여 奇遵이 지은「正德丁丑文廟西廡從祀祭文」과 退溪와 포은의 후손 등이 지은 저자를 배향한 서원의 祭文 등이 실려 있다.

• 所藏處

국립중앙도서관, 서울대학교 규장각, 한국학중앙연구원 장서각 등에 소장되어 있다.

(95) 하계문집(何溪文集)

書名	出版事項	版式狀況	一般事項	所藏番號
何溪文集	朴世衜 著	朝鮮木版本, 2卷 1冊, 32×20.8cm, 四周雙邊, 半匡：18.5×15.2cm, 有界, 10行 18字, 註雙行, 上下白口 上下內向四瓣花紋黑魚尾, 線裝, 楮紙	版心題：何溪集, 表題：何溪集, 序：丁未…光山柳必永謹序, 跋：桑非敦祥之陽月金州許燕謹撰	01-2824

• 槪要

朴世衜(1651~1727)의 詩文集이다.

• 編纂과 刊行

후손 煇鎭·時澍 등이 편집하여 2卷 1冊으로 간행하였다. 刊年은 미상이다.

• 著者 및 編者

저자인 朴世衜의 자는 行彦, 호는 何溪·鳳山居士, 본관은 密陽이다. 1681년(肅宗 7) 司馬試에 합격했으나 鶴城新溪의 鳳凰山 아래에 精舍를 짓고 은거, 학문과 후진교육으로 일생을 보냈다. 鄕人들이 鷗江書院을 세우고 鄭夢周, 李彦迪을 配享하면서 洞主로 추대 하자 請額疏를 하여 허락받았다. 金剛·太白 등 명산을 遍遊했다고 전한다.

• 版本構成

卷首에 柳必永의 序가 있다. 卷1：詩 49수, 書 20편(上眉叟許先生, 答李相國尙眞, 與李判書德壽, 答李進士汝模, 答崔進士啓基 등). 卷2：序 2편(有信契序, 刮磨錄後序), 記 2편(鳳山精舍記, 聽水軒記), 雜著 3편(戒七子說, 因名戒諸子, 李恒遠名字說), 祝文 3편(千聖山祈雨文, 里社祈逐癘文, 舍月山祈逐癘文), 祭文 7편(祭李公英文, 祭二休亭李丈文, 祭尹直長益昌文, 祭李公槇漢文 등), 家狀 1편(先考成均生員府君家狀), 附錄 3편(挽 1首, 遺事, 墓碣銘幷序). 卷末에 金道和의 跋과 許熏이 撰한 「鳳山亭重建上樑文」이 있다.

• 所藏處

국립중앙도서관, 서울대학교 규장각, 안동대학교 도서관 등에 소장되어 있다.

(96) 학봉선생문집(鶴峯先生文集)

書名	出版事項	版式狀況	一般事項	所藏番號
鶴峯先生文集	金誠一 著	朝鮮木版本, 8卷 6冊, 32×20cm, 四周雙邊, 半匡 : 20.5×15.8cm, 有界, 10行 19字, 註雙行, 上下白口 上下向四瓣花紋黑魚尾, 線裝, 楮紙	序 : 上之二十季春之使不佞… 戊子八月日下浣溪學漢陽趙絅謹敍, 跋 : 世稱鶴峯金先生有… 壬午初秋上浣德水李植謹跋	01-2457 ~2462
鶴峯先生續集	金誠一 著, 虎溪書院, 壬寅刊	朝鮮木版本, 4卷 3冊, 31×20.8cm, 四周雙邊, 半匡 : 18.9×15cm, 有界, 11行 21字, 上下內向四瓣花紋黑魚尾, 線裝, 楮紙	刊記 : 壬寅仲春虎溪書院開刊, 藏書記 : 玉山書院上, 序 : …辛丑十一月甲子後學韓山李象靖謹序	01-0671 ~0673

● 槪要

조선 중기의 문신 鶴峰 金誠一(1538~1593)의 시문집이다.

● 編纂과 刊行

종손 金是榲과 廬江書院의 山長으로 있던 李弘祚 등이 주축이 되어 1649년(인조 27)에 처음으로 간행하였다. 그 뒤 7대손 金柱國 등과 李象靖이 초간본에서 빠진 유문을 보충하여 1782년(정조 6)에 속집을 간행하였고, 1851년(철종 2)에 이르러서는 10대손 金鎭龜 등이 원집과 속집을 합하고 습유 등을 추가하여 모두 16권 10책으로 중간하였다.

● 著者 및 編者

저자인 김성일은 본관은 의성(義城)이며, 자는 사순(士純), 호는 학봉(鶴峰)이다. 안동 출신으로 아버지는 진(璡), 어머니는 여흥 민씨(驪興閔氏)이다. 이황(李滉)의 문인이다. 1568년 증광문과에 병과로 급제, 승문원권지부정자가 되었다. 1584년 나주목사로 부임해 선정을 베풀었으나, 1586년의 나주 사직단(社稷壇)의 화재에 책임을 지고 사직하고 고향에 돌아가 『주자서절요(朱子書節要)』, 이황의 『자성록(自省錄)』·『퇴계집』 등을 편집, 간행하였다. 학문적으로 그는 이황의 수제자로 성리학에 조예가 깊었다. 그는 주리론(主理論)을 계승해 영남학파의 중추 구실을 했으며, 그의 학통은 장흥효(張興孝), 이현일(李玄逸), 이재(李栽), 이상정(李象靖)으로 전해졌다. 현종 5년(1664)에 신도비가 세워지고, 안동의 호계서원(虎溪書院)·사빈서원(泗濱書院), 영양의 영산서원(英山書院), 의성의 빙계서원(氷溪書院), 하동의 영계서원(永溪書院), 청송의 송학서원(松鶴書院), 나주의 경현서원(景賢書院) 등에 제향되었다. 저서로는 『해사록(海槎錄)』·『상례고증(喪禮考證)』 등이 있다. 이조판서에 추증되었으며, 시호는 문충(文忠)이다.

● 版本構成

원집은 권1·2에 시·부(賦)·사(詞)·사(辭), 권3에 차(箚)·계(啓)·장(狀)·초유문(招諭文), 권4·5에 서(書), 권6·7에 잡저·제문·묘갈명·묘지·행장으로 되어 있다. 속집은 권1에 시, 권2에 교문(教文)·소(疏), 권3에 차·계·장·공이(公移), 권4에 서, 권5에 잡저·기(記)·제문·묘지가 수록되어 있다. 부록은 권1에 세계도(世系圖)·연보·연보후지(年譜後識), 권2에 행장, 권3에 신도비명(神道碑銘)·제묘방석(題墓傍石)·묘갈명·제김사순병명(題金士純屛銘)·언행록(言行錄), 권4에 사제문(賜祭文)·제문(祭文)·봉안문(奉安文)·상향축문(常享祝文)·제경상좌도관찰사교서(除慶尙左道觀察使教書)·경상우도유생원류소(慶尙右道儒生願留疏)·봉사일본시증행시(奉使日本時贈行詩)·제해사록(題海槎錄)·석문정사중수기(石門精舍重修記)·일본도국흥여화산사인조상관서(日本陶國興與花山士人趙相觀書)·부록발(附錄跋)로 되어 있다.

● 所藏處

국립중앙도서관, 서울대학교 규장각, 안동대학교 도서관 등에 소장되어 있다.

(97) 학사선생문집(鶴沙先生文集)

書名	出版事項	版式狀況	一般事項	所藏番號
鶴沙先生文集	金應祖 著	朝鮮木版本, 9卷 6冊, 31.4×20cm, 四周雙邊, 半匡 : 21.9×15.2cm, 有界, 10行 22字, 註雙行, 上下白口 上下內向四瓣花紋黑魚尾, 線裝, 楮紙	表題 : 鶴沙集, 序 : 道興文每二致道得於已而 …後人李象靖序, 跋 : 鶴沙先生…眞城李世澤謹跋, 所藏 : 原集 卷1~9, 附錄, 年譜, 外集 卷1	01-2451 ~2456

● 槪要

鶴沙 金應祖(1587~1667)의 시문집이다.

● 編纂과 刊行

1734년경 증손이 家藏 유고를 모아 정리한 것을 중형 价가 연보·부록을 추가하고 李光庭의 편차를 거친 定稿本을 1776년경 아들 瑞必이 영주 義山書院의 院儒들의 협조를 얻어 다시

校正·編次하고 판각하였다.

• **著者 및 編者**

저자인 金應祖의 자는 孝徵, 호는 鶴沙, 啞軒, 본관은 豊山, 縣監 大賢의 아들이다. 그는 20세 때 다섯째兄 廣麓과 함께 西厓 柳成龍을 찾아가 師事했고 鶴峰 金誠一의 孫女를 娶하여 아내로 삼았다. 다음해 西厓가 죽자 그는 退溪先生이 생전에 계시던 陶山에 찾아가 尙德祠를 拜謁하고 그곳에서 몇 달 동안 독서를 하다가 돌아왔다. 1611년(光海君 3) 慶尙左道 監試에서 生員會試 2등으로 합격하고 1623년(仁祖 元)에 謁聖文科 제4인으로 급제하여 承文院副正字·正字가 되었다. 이어 承政院注書, 興德縣監, 善山都護府使 등을 역임하였다. 1632년 관직을 버리고 고향으로 돌아가 南厓岩上에 南厓精舍를 짓고 淸香池를 파고 冶隱, 佔畢齋, 新堂, 松堂 등 諸賢의 墓를 보살피는 한편 仁同에 있는 旅軒 張顯光을 자주 찾아뵈었다. 1635년 그는 다시 관계에 나아가 司憲府持平掌令 獻納 宗簿正을 지냈다. 1640년부터 다시 司諫院獻納, 仁同都護府使가 되었으며, 仁同府使로 있을 때 『旅軒先生文集』을 교정한 바도 있다. 1641년 그는 仁同에 있는 鶴山과 沙川이 모이는 곳에 鶴沙亭을 짓고, 이로부터 自號를 鶴沙라 하였다. 그 후 中央으로 올라가 弘文館修撰, 世子侍講院輔德, 弘文館副校理, 侍講院輔德, 成均直講, 弘文館應敎, 潭陽都護府使, 同知中樞府事漢城府右尹 등의 관직을 역임하였다. 이와 같이 그는 중앙 정계에 오랫동안 관계하면서 여러 번 政策疏를 올렸는데 1637년에 올린바 있는 淸使의 빈번한 왕래에 대응하기 위한 재원염출 방법으로 三分耗會錄法을 제안한 것은 유명하다. 문장에 능하였으며 安東의 勿溪書院, 永川의 義山書院에 祭享되었다.

• **版本構成**

卷1~2는 시, 卷3은 교서 2편·疏 9편, 卷4에는 箚 3편·啓 3편·書 9건, 卷5에는 잡저·序·記·跋, 卷6에는 銘·箋·上樑文·祭文 등, 卷7에는 閭表·墓碣銘을 실었으며, 卷8에는 誌, 卷9는 신도비·행장을 실었다. 外集에는 墓誌碣銘을 실었고 李世澤의 발문을 실었다. 부록에는 세계도·연보 등이 수록되어 있다.

• **所藏處**

국립중앙도서관, 서울대학교 규장각, 영남대학교 도서관 등에 소장되어 있다.

(98) 한강선생문집(寒岡先生文集)

書名	出版事項	版式狀況	一般事項	所藏番號
寒岡先生文集	鄭逑 著, 18世紀刊	朝鮮木版本, 15卷 12冊, 30.8×21.4cm, 四周雙邊, 半匡 : 20.8×15.9cm, 有界, 10行 20字, 上下內向四瓣花紋黑魚尾, 線裝, 楮紙		01-0674 ~0685

● 概要

寒岡 鄭逑(1543~1620)의 詩文集이다.

● 編纂과 刊行

序·跋 등이 없어 開印 경위 및 연대를 확인하기 어렵다.

● 著者 및 編者

저자인 鄭逑의 자는 道可, 호는 寒岡, 星州出身이다. 縣監·郡守 등을 거쳐 右承旨·江原監司·工曹參判 등을 지낸 조선시대의 전형적인 文臣이지만, 그의 진면목은 그보다도 학문과 덕행에 특히 높은 비중을 둘 만한 인물이었다. 즉 그는 일찍이 鄕解를 거친 뒤 科業을 버리고 오직 학문에만 온 정력을 기울였는데 그의 스승이 退溪·南冥·三谷 등 당대의 巨儒들이며, 또 뒤에 그가 程·朱를 모신 川谷書院에 從祀된 것이라든지, 기타 東岡·鶴翎 등 兩書院에 또한 享祀되었던 사실 등을 통해서도 짐작이 된다. 『海東名臣錄』에 列記돼 있는 저서로 心經發揮·冠儀·婚儀·稧儀·五先生禮說·羨墻錄·聖賢風範·古今忠謀·洙泗言仁錄·五服沿革圖·深衣制度·武夷志·谷山洞庵志·臥龍志·歷代紀年·古今會粹·景賢續錄 등이 家藏되어 있다고 기록하고 있으나, 본집에 全文이 실려 있는 것은 「稧儀」(契會立儀로 돼 있음)와 「深衣制度」(深衣製造法) 2편뿐이고, 나머지는 보이지 않는다. 그리고 五先生禮說·心經發揮·洙泗言仁錄·景賢續錄·武夷志 등은 序文 또는 跋文만이 수록되어 있다.

● 版本構成

卷1 : 詩 41수(夙夜齋望倻山 등), 挽 26수(挽南冥曺先生, 挽柳西厓 등). 卷2 : 疏 8편(請勿改卜山陵疏·辭通政疏 등), 箚 10편(辭大司憲箚 등), 啓辭 9편(大司憲肅拜後避嫌啓辭 등). 卷3 : 與趙士敬등 書 71편. 卷4 : 答沈政丞 등 書 33편. 卷5 : 答禮曹判書등 問答 25편. 卷6 : 答卓爾 등 問答 20편. 卷7 : 雜著로 書洙泗言仁錄後, 書景賢續錄後, 書武夷志九曲圖後 등 後書 14편과 契會立儀. 拙齋說·李君洙字說·天孫河鼓七夕會辯·與城山長貳·客位謝帖·

月朝約會議·野服·遊伽倻錄 등이 있다. 卷8 : 序 10편(五先生禮說分類·心經發揮序·治亂提要小敍 등), 記 5편(咸安社稷壇記·降山樓記 등), 跋 2편(武夷志跋 등). 卷9 : 祝文 41편(川谷書院新奉安文·紫川書院三賢祠奉安文 등), 祭文 60편(祭西厓文·祭南冥曺先生文·告多勿墓文 등). 卷10 : 墓表·墓誌銘 13편(金鶴峯墓表 등). 卷11 : 西川府院君鄭公行狀. 卷12 : 成宗 때의 학자며 文臣인 寒暄堂 金宏弼의 年譜와 「寒暄堂師友錄」이라 하여 그의 師友로 金宗直·南孝溫·趙光祖 등 30여 인의 行狀이 간략히 수록돼 있다.

● 所藏處

국립중앙도서관, 서울대학교 규장각, 한국학중앙연구원 장서각 등에 소장되어 있다.

(99) 한음선생문고(漢陰先生文稿)

書名	出版事項	版式狀況	一般事項	所藏番號
漢陰先生文稿	李德馨 著	朝鮮木版本, 12卷 5冊, 29.3×19.8cm, 四周雙邊, 半匡 : 19×14.9cm, 有界, 9行 19字, 註雙行, 上下白口 上下內向四瓣花紋黑魚尾, 線裝, 楮紙	序 : ···上之九年···趙絅撰	01-3268 ~3272
漢陰先生文稿	李德馨 著	朝鮮木版本, 零本 1冊, 30×20.2cm, 四周雙邊, 半匡 : 19.8×15.5cm, 有界, 5行 10字, 註雙行, 上下白口 上下內向四瓣花紋黑魚尾, 線裝, 楮紙	版心題 : 漢陰文稿序, 表題 : 漢陰遺墨, 所藏 : 卷1	01-2038

● 槪要

漢陰 李德馨(1561~1613)의 詩文集이다.

● 編纂과 刊行

1634년(仁祖 12)에 12卷 5冊으로 初刊되었고 再刊은 1668년(顯宗 9)에 이루어졌다.

● 著者 및 編者

저자인 李德馨의 자는 明甫, 호는 漢陰이다. 廣州人으로, 父 民聖은 知事였으며, 5대조 克均은 領議政이었다. 生有異質하여 文藝에 숙성하였다. 20세에 등제하였으며, 李恒福, 李廷立이 同年이었다. 大提學 李珥의 추천으로 湖堂에 들어가 독서했다. 그 후 弘文正字, 修撰, 校理, 正言, 吏曹佐郎을 지냈다. 1588년(宣祖 21) 吏曹正郎으로 倭使를 應待하고, 이후 直提學, 承旨, 大司諫을 거쳐 禮曹參判을 拜하고 大提學을 겸했다. 壬辰亂에는 수차 倭將과의 단독회담에 임했으며, 특히 明에 救援使로서 갔었고, 돌아와서는 大司憲으로 大兵을 接儐하여 平壤 戰勝, 漢陽還收에 공을 크게 세워 刑曹判書, 兵曹判書를 拜했다. 丁酉再亂에는 明의 楊鎬의 상대역을 지냈고, 그 공으로 38세로 右議政에 올랐다. 1601년(宣祖 34)에는 領議政이 되었다. 그러나 임금의 뜻을 어기어 領中樞에 遞職되었다. 光海君이 즉위하자 그는 明에가 陳奏하였으며 領議政이 되었다. 그 후 奸黨 李爾瞻과 대립한 결과 삭직되었다. 光海君에 의하여 復職되었다. 諡號는 文翼이다.

● 版本構成

卷1 : 詩 148수로 五言絶句 12수(永平牛頭淵次楊士彦韻, 莎阜春帖, 新安題 등), 七言絶句 114수(浿江二絶, 四時詞, 示松雲, 出玉河館 등), 五言律 22수(東湖泛月, 送僧性諩, 沙河堡途中, 齊宿備局次王峯韻 등). 卷2 : 詩 161수로 七言律 143수(漢渡送人, 海雲臺, 題嶺南樓, 送松雲赴日本, 朝天錄十六首, 次花潭述懷韻, 贈通津交河兩太守, 自詠 등), 五言排律 3수(多枝洞挽, 挽安正大進 등), 七言排律 4수(挽部洞柳參判, 三箭定天山, 七言古詩 4수(題四時畵軸 등), 拾遺 7수(龍灣途中有感, 贈僧, 賜水晶瓶 등). 卷3 : 表·敎書 3편(謝皇恩表, 敎王世子權攝國事書, 左相盧守愼不允批答), 疏箚 약 20편(辭起復疏, 乞免新授兼經筵箚, 乞遞都監提調箚, 請令廟堂量處留兵便箚, 乞遞領議政箚, 請遞領相汰勳籍箚 등). 卷4 : 疏箚 4편(因求言陳弊箚, 陳新政箚, 自明箚, 辭職箚). 卷5 : 疏箚로 辭職箚 6편(乞往禮山會葬箚, 辭職箚, 謝賜食物箚 등). 卷6 : 疏箚로 陳倭情仍辭職箚, 請勿別遣陳奏使謝恩之行兼奏辨明箚 등. 卷7 : 疏箚로 陳遁村先祖被誣事實箚, 陳大君不可加罪箚, 乞致仕歸養箚, 斥鄭仁弘構誣兩賢箚. 卷8 : 啓辭 15편(請經略京畿東道江原黃海隣邑啓, 請遞大司憲啓, 與譚遊擊問啓, 進蟒龍段銀爵啓 등). 卷9 : 啓辭 27편(金希元與虜人問答曲折秘密啓, 請姑停陳奏之行竢得賊情竝附啓, 進胡遊擊牌文啓, 中興洞山城形勢啓, 乞遞兵判省墓往還啓 등), 獻議 6편(用錢事議, 欽賜冠服奏請議, 恩賜告廟議 등), 呈文 3편(呈楊經理文, 呈禦倭監軍文 등). 卷10 : 簡牘 48편(與鄭景任經世書, 與金昌遠弘微書, 與李子常恒福書 등). 卷11 : 簡牘 37편(與李子常書, 到通州上會同館提督洪齋書, 上沙川復初滄洲書 揭楊老爺書, 上吳遊府書 등), 拾遺 25편(與李叔平埈書, 與宰相書, 與李子常書, 與金昌遠書, 與子書璜書 등). 卷12 : 雜著 13편(宗稧序, 晦齋先生論太極書跋, 正氣錄跋, 祭金庾信文, 祭松雲文, 鵝城府院君李公墓誌銘幷序 등).

● 所藏處

국립중앙도서관, 서울대학교 규장각, 계명대학교 동산도서관 등에 소장되어 있다.

(100) 항재선생문집(恒齋先生文集)

書名	出版事項	版式狀況	一般事項	所藏番號
恒齋先生文集	李嵩逸 著	朝鮮木版本, 6卷 3冊, 32×21.4cm, 四周雙邊, 半匡 : 19.7×15.1cm, 有界, 10行 20字, 註雙行, 上下白口 上下內向四瓣花紋黑魚尾, 線裝, 楮紙	表題 : 恒齋集, 序 : 崇禎紀元後百八十一年(1808)…李愚書, 所藏 : 卷1~6	01-2627 ~2629

● 概要

李嵩逸(1631~1698)의 시문집이다.

● 編纂과 刊行

저자의 詩文은 조카인 密庵 李栽가 수습하여 2책으로 淨寫하여 家藏해 왔다. 그 뒤 저자의 玄孫 李宇根이 密庵의 手寫本을 바탕으로 삼고 이후에 수집한 것을 덧붙여서 6권 3책으로 1824년(순조 24)에 목판으로 간행하였다. 그 후 7세손 李秀榮이 수집하여 續集 한 부를 편성하였고, 李壽昇과 李鉉埰가 원집을 재판할 때 속집 2권 1책을 함께 간행하였다.

● 著者 및 編者

이숭일의 자는 應中, 호는 恒齋, 본관은 載寧이다. 李玄逸의 아우다. 젊은 시절부터 과거 공부에는 뜻을 두지 않고, 경학 연구와 심성 수련에 심혈을 기울였다. 1689년(숙종 15) 世子翊衛司洗馬에 임명되었으나 나아가지 않다가, 그로부터 2년 뒤 다시 掌樂院主簿를 거쳐 의령현감에 제수되자, 자신의 포부를 펼 수 있는 길이라 여기고 흔쾌히 받아들여 부임하였다. 그는 모든 행정을 백성을 위하는 방편으로 수립하고, 민폐를 혁신시켜 고을 사람들에게 '李佛子'라 불렸다. 한편 교육을 통하여 인재를 양성하고, 呂氏鄕約을 권장하여 그 영향이 이웃 고을에까지 미쳤으나, 시국의 변동으로 인하여 2년 뒤 고향으로 돌아가 후진 양성과 저술로 여생을 마쳤다.

● 版本構成

권1에는 詩 55수, 疏 2편이 수록되어 있다. 권2에는 書 16편이 수록되어 있다. 권3에는 書 22편이 수록되어 있다. 권4에는 箴·銘 각 1편, 雜著 9편이 수록되어 있다. 권5에는 序 2편, 記 1편, 祭文 5편, 行狀·墓誌 각 1편이 수록되어 있다. 권6은 부록으로 저자에 대한 行狀·墓誌銘·墓碣銘·祭文·挽詞·日記 등이 수록되어 있다. 권말에 저자의 遺墨이 있다.

● 所藏處

국립중앙도서관, 서울대학교 규장각, 안동대학교 도서관 등에 소장되어 있다.

(101) 해월선생문집(海月先生文集)

書名	出版事項	版式狀況	一般事項	所藏番號
海月先生文集	黃汝一 著	朝鮮木版本, 14卷 7册, 30.3×20.8cm, 四周雙邊, 半匡：19.3×15.5cm, 有界, 10行 20字, 註雙行, 上下白口 上下內向四瓣花紋黑魚尾, 線裝, 楮紙	表題：海月集, 序：海月先生黃公…甲午梅而節韓山李象靖謹序, 跋：宣廟朝戊簪…紀元後三丙申淸明節…李世澤謹書	01-2444 ~2450

● 槪要

海月 黃汝一(1556~1622)의 시문집이다.

● 編纂과 刊行

후손 尙夏 등이 유고를 수습·정리하고, 李象靖과 楊士彦 등에게 서문과 발문을 받아 1776년(영조 52)에 明溪書院에서 간행하였다.

● 著者 및 編者

저자인 황여일의 자는 會元, 호는 海月軒·梅月軒, 본관은 平海, 아버지는 應澄이다. 1576년(선조 9)에 진사시에 합격하고, 1585년(선조 18) 별시문과에서 을과로 급제하였다. 1588년(조 21) 검열에 임명되었다가, 1594년(선조 27) 형조정랑이 되고 곧 도원수 權慄의 종사관이 되었다. 1598년(선조 31) 사서에 이어 장령이 되고, 이듬해 장악원정을 역임하였다. 1601년(선조 34) 예천군수가 되고 1606년(선조 39) 전적을 역임하고, 1611년(광해군 3) 길주목사, 1617년(광해군 9) 동래진병마첨절제사가 되었다. 평해의 明溪書院에 제향되었다.

● 版本構成

모두 14권 7책으로 구성되어 있는데, 먼저 권1~4에는 詩, 권5에는 賦·對策·論 등이, 권6에는 書, 권7에는 疏 ·狀啓·敎書·箋·表·頌·記·序·跋 등이, 권8에는 雜著·祭文 등이, 권9에는 銀笑詩, 권10~12에는 銀笑日錄, 권13에는 傳·墓誌·行狀 등이 수록되어 있고, 권14는 附錄으로 行狀·墓碣銘·記·詩·祭文 등이 실려 있다.

● 所藏處

국립중앙도서관, 서울대학교 규장각, 성균관대학교 존경각 등에 소장되어 있다.

(102) 현암문집(玄嵒文集)

書名	出版事項	版式狀況	一般事項	所藏番號
玄嵒文集	閔致兢 著	朝鮮木版本, 2卷 1冊, 33.1×22cm, 四周雙邊, 半匡 : 20×16.9cm, 有界, 10行 19字, 註單行, 上下白口 上下內向四瓣花紋黑魚尾, 線裝, 楮紙		01-1814

● 槪要

閔致兢(1810~1885)의 시문집이다.

● 編纂과 刊行

서(序)와 발(跋)이 없어 편찬 경위를 확인하기 어렵다.

● 著者 및 編者

저자인 민치긍의 자는 근지(謹持), 호는 현암(玄嵒), 본관은 여흥(驪興)이다. 아버지는 종혁(宗爀)이고, 어머니는 전주류씨(全州柳氏)로 제휴(濟休)의 딸이다. 관력이나 기타 행적은 자세하지 않다.

● 版本構成

권두에 世系圖, 권1에 詩와 書, 권2에 祭文, 雜著 등과 부록으로 구성되어 있다.

● 所藏處

국립중앙도서관, 서울대학교 규장각, 안동대학교 도서관 등에 소장되어 있다.

(103) 호고와선생문집(好古窩先生文集)

書名	出版事項	版式狀況	一般事項	所藏番號
好古窩先生文集	柳徽文 著, 1898年刊	朝鮮木版本, 19卷 10冊, 31×20.6cm, 四周雙邊, 半匡 : 20.9×15.5㎝, 有界, 10行 20字, 註雙行, 上下白口 上下內向四瓣花紋黑魚尾, 線裝, 楮紙		01-1941 ~1950

● 槪要

柳徽文(1773~1832)의 詩文集이다.

● 編纂과 刊行

原集 19卷은 1896년(高宗 33)에, 別集 8卷과 附錄은 1898년(光武 2)에 간행되었다.

● 著者 및 編者

著者 柳徽文의 자는 公晦, 호는 好古窩, 본관은 全州이다. 柳長源의 門人으로 1826년(純祖 26) 관찰사와 암행어사의 천거로 厚陵參奉에 임명되었으나 사퇴했으며 1832년 다시 莊陵參奉에 임명되었으나 이미 죽은 뒤였다. 저서로 本集 以外에 『周易經典通編』·『律呂新書』·『滄浪問答』 등이 있다.

● 版本構成

卷1·2 : 詩 350여수(讀春秋, 短簫歌, 九日行到渭川, 立巖諸詠, 觀善齋 등). 卷3·9 : 書로 卷3 : 16편(上東巖先生問目, 上損齋先生 등), 卷4 : 9편(答南子皜漢皜 등), 卷5 : 30편(答柳敬甫栻 등), 卷6 : 22편(答李士珍海德 등), 卷7 : 22편(與李儲叔五秀 등), 卷8 : 7편(答族叔子强 등), 卷9 : 26편(答族侄致正 등). 卷10·17 : 雜著. 卷18 : 序 6편(家禮爻訂序, 小學章句序, 濂洛風雅補遺序 등), 記 5편(遊東湖記, 樂壽堂記 등), 識跋 7편(書六絃琴譜後, 雲臺寺講會錄識 등), 說 3편(冬夏陰陽升降說, 潮汐說 등). 卷19 : 銘辭狀 4편(杖銘, 族子大立致思字辭 등), 祝文 1편(高山廟宇開墓祝文), 祭文 16편(祭葛菴李先生文 등), 墓誌 4편(故室孺人申氏壙記 등), 行錄 1편(伯兄素隱公行狀). 別集 卷1·8 : 雜著. 卷1·2 : 冠服考證. 卷3·4 : 家禮爻訂, 卷5·7 : 啓蒙爻疑. 卷8 : 傳疑餘論. 附錄 卷1 : 年譜, 輓詞 9수(李秉運 등). 祭文 8편(李秉夏 등). 卷2 : 家狀(族子致皓). 行狀(族姪 致明), 墓碣銘(金道和) 등으로 구성되어 있다.

● 所藏處

국립중앙도서관, 서울대학교 규장각, 영남대학교 도서관 등에 소장되어 있다.

(104) 화계선생문집(花溪先生文集)

書名	出版事項	版式狀況	一般事項	所藏番號
花溪先生文集	柳宣建 著	朝鮮木活字本, 11卷 5冊, 22.4×17.8cm, 四周雙邊, 半匡 : 22×16.6cm, 有界, 10行 20字, 註雙行, 上下白口 上下內向四瓣花紋黑魚尾, 線裝, 楮紙	序 : 余於庚辰秋尹東都首訪邑中…春秋館弘文館提學洪良浩序, 識 : 是集遺我花溪先生柳公遺集…此附千卷末外驪江李鍾祥謹識	01-2151 ~2155

花溪先生 文集	柳宣建 著	朝鮮木活字本, 11卷 5冊, 29.7×20.2cm, 四周單邊, 半匡：22×16.8cm, 有界, 10行 20字, 註雙行, 上下白口 上下內向 四瓣花紋黑魚尾, 線裝, 楮紙	序：正德大夫禮曹判書兼知經 筵春秋館事弘文館提學洪辰 浩序, 識：癸未午月端陽沙梁 後人崔世鶴謹小識, 識：辛巳 仲秋上澣英陽南龍萬謹敍	01-3279 ~3283

• 槪要

柳宣健(1687~1760)의 詩文集이다.

• 編纂과 刊行

刊年 미상이나 柳雲羽의 墓碣銘의 연기로 보아 1879년(高宗 16) 이후로 보인다.

• 著者 및 編者

저자인 李宜健의 자는 順兼이며 호는 花溪, 본관은 瑞山이다. 1735년(英祖 11)에 進士가 되었으나 그의 공부가 時流에 맞지 않아 大科에는 합격치 못하였다. 평생을 處士로 보내면 서 詩와 학문으로 마쳤다. 말년에 문생들이 花谷水上에 書社를 짓고 文會齋, 또는 蘭室이라 하였다. 詩는 특히 杜甫와 韓愈의 것을 좋아하였다고 전한다.

• 版本構成

卷1：五言絶句 105수, 七言絶句 121수, 卷2：詩 151수, 卷3：詩 185수, 卷4：詩 170수, 卷 5：詩 137수, 卷6：詩 117수, 卷7：五言長篇 9수, 七言長篇 3수, 六言長短句 5수, 歌詞 11수, 箴 2편(改過箴 등), 銘 4편(李君城家藏古篋古硯銘幷敍, 處士月城崔公耳叟墓誌銘 등), 贊 3편(氣圖贊, 一字帖贊 등), 行狀 2편(銘岩處士崔公南圖行狀 등), 上樑文 4편(花溪書堂文會 菴上樑文, 重修安宅上樑文, 蓮桂堂門上樑文, 李觀瀾旌閭閣重建上樑文). 卷8：書 29편(與 吳參判光運書, 與姜承旨樸書, 與李府尹裕身書, 與黃參議景源書, 與李參判成中書, 與金進 士敬天書 등). 卷9 序 5편(蓮桂案序, 銘岩遺稿序, 興倫遺稿序, 滄岩詩序 등), 敍 2편(攬戲 敍, 盆歌敍), 記 15편(戲題東國地圖, 戲題天下地圖, 思睦菴記, 詠歸亭記, 盤龜菴記, 晩愚堂 記, 鳶谷書堂記, 根上人改葬父新山記 등). 卷10：跋 11편(題天地萬物論後, 題李觀瀾遺藁 後, 題堅白論後, 題銘岩遺稿後, 題李老天象辰四七辨後, 月巷遺稿跋 등), 傳 1편, 論 2편(反 六逆論, 五王不誅武氏論, 比干諫而死論). 卷11：讀易疑義, 封變疑, 先天變爲後天說, 讀易 解嘲, 讀易管窺 등 주역에 관한 그의 견해와 祠院辨 및 雜說 19편(寓中說, 右憂說, 右山慕 說, 夢說, 佛池說, 子時說, 報應說, 羅陵眞鴈說, 因果說, 解憂說, 三才說 등). 卷末에 附錄으

로 花溪感懷詩幷序(進士 黃斛), 挽(安有恒, 崔達濟 등 15수), 祭文(李曾賢 등 7편), 行狀(南龍萬 撰), 行蹟(驪江 李憲洛 撰), 墓碣文(柳雲羽 撰), 花川祠廟宇上樑文(柳尋春 撰), 焚黃祝文(府伯 洪梓), 常享祝文(柳江皐尋春), 詩集後小敍(南龍萬 敍), 後識(驪江 李鍾祥 識), 小識(慶州 崔世鶴 識) 등이 수록되었다. 卷末에 南龍萬, 李鍾祥, 崔世鶴의 跋이 있다.

• 所藏處

국립중앙도서관, 서울대학교 규장각, 영남대학교 도서관 등에 소장되어 있다.

(105) 활산선생문집(活山先生文集)

書名	出版事項	版式狀況	一般事項	所藏番號
活山先生文集	南龍萬 著	朝鮮木版本, 零本 4冊, 29.5×20cm, 四周雙邊, 半匡: 20.4×15.6cm, 有界, 10行 20字, 註雙行, 上下白口 上下內向四瓣花紋黑魚尾, 線裝, 楮紙	序: 國朝右文之化在… 癸丑韓陽豊山洪良浩序, 所藏: 卷1, 4~7, 語錄	01-2009 ~2012
活山先生文集	南龍萬 著	朝鮮木版本, 7卷 5冊, 29.5×19.7cm, 四周雙邊, 半匡: 19.4×15.3cm, 有界, 10行 18字, 上下白口 上下內向四瓣花紋黑魚尾, 線裝, 楮紙	序: 國朝右文之化在明宣…通政大夫前吏曹參議錦城丁範祖敍, 所藏: 卷1~7, 語錄	01-3339 ~3343

• 槪要

活山 南龍萬(1709~1784)의 詩文集이다.

• 編纂과 刊行

아들 景采, 景義 등이 편집하여 1793년(正祖 17)에 간행한 것이 초간이다. 1826년 그의 孫子인, 鳳陽 등이 重刊한 本도 보인다.

• 著者 및 編者

저자인 南龍萬의 字는 鵬路, 號는 活山으로 本貫은 英陽이다. 1756년(英祖 32) 生員試에 합격하였으나 科擧를 보지 않고 聖賢의 학문에만 전심하여 『大學章句難疑』를 著述했다. 그리고 活山의 남쪽 德溪위에 집을 짓고 後生을 養成했다. 1778년 禧陵參奉에 임명되었으나 사퇴하고 나아가지 않았고, 뒤에 齊陵參奉에 임명되었으나 역시 나아가지 않았다. 그리고 항상 經世濟民의 학문에 전심하였는데 1781년 겨울에 災異로 求言이 있자 致治의 道와 救

弊之策에 대하여 萬餘言의 上疏를 올렸으나 方伯이 막고 올리지 않았다고 전한다.

● 版本構成

卷1 : 賦 1편(次幽通賦)과 古詩 19수(閒居八詠 등)와 律詩 107수(見蜘蛛結網, 箕子城 등). 卷2 : 律詩 79수(次益齋瀟湘八景詩韻, 次 蔣君琴湖古景韻 등)와 唐詩體를 본떠 54수(少年行 등)와 十老詩(老將, 老奴, 老馬, 老妓, 老儒, 老僧, 老吏, 老妾, 老兵 등) 15수와 北征錄에 49수(興海境上遇黃石其下有子 房村 등). 卷3 : 疏 1편(應旨疏). 書 25편(與李景文, 答洪耳溪, 與黃參判景源, 答鄭監司存謙 등), 卷4 雜著 12편(讀孟子篇末, 三遷敎子難疑, 論語言志章難疑, 坤卦六爻難疑, 書洪範篇難疑, 博士對, 漢孝惠邀四皓書, 原弊, 東海無潮汐辨 등), 說 11편(慵窩說, 息窩說, 八峯窩說, 臨 深齋說, 活山說 등)과 論 5편(辭封人祝論, 泣罪人論, 伍員復讎論, 九世同居論, 順勝 論), 卷5 : 序 7편(送洪明府良浩祖席詩軸序. 送洪學士良浩赴燕京序, 送南丞宣奉使 日 本詩序, 送濟州人序 등), 記 14편(愛菊軒記, 盤龜亭重創記, 佛國寺重創丹艧記, 招鳳庵 記 등). 卷6 : 跋文 6편(許貞簡公遺事跋, 守約堂先生家禮輯解跋, 書李星湖龍山書院記後 등), 銘 3편(木枕銘, 躑躅杖銘, 烏竹杖銘), 上樑文 6편(梅月祠講堂上樑文, 六宜堂重創上樑 文 등), 祝文 2편(社稷壇祈雨文 등), 祭文 7편(祭花溪柳公文, 祭守約堂先生文, 祭從姪 上舍子初景復文 등), 碑銘 2편(浦項防隄碑銘, 烈婦金氏旌閭碑銘), 墓誌銘 7편(觀瀾李 先生墓誌銘, 亦樂堂金處士墓誌銘 등), 卷7 : 活山先生語錄. 卷8 : 附錄으로 아들 景采가 쓴 家狀과 洪良浩가 쓴 墓碣銘과 縣監 李憲洛 등이 지은 挽詞 42수가 실려 있다.

● 所藏處

국립중앙도서관, 서울대학교 규장각, 영남대학교 도서관 등에 소장되어 있다.

(106) 회재집(晦齋集)

書名	出版事項	版式狀況	一般事項	所藏番號
晦齋集	李彦迪 著	朝鮮木版本, 2卷 1冊, 34.6×22.1cm, 四周雙邊, 半匡 : 22.4×16.6cm, 有界, 10行 20字, 註雙行, 上下白口 上下內向四瓣花紋黑魚尾, 線裝, 楮紙	序 : 萬曆甲戌(1234)孟陽既望芝嶺後學盧守慎謹序, 跋 : 萬曆甲戌二月初吉…希春謹跋, 識 : 此一局我六代亙…六代孫鉉宣翼手謹識, 被傳者 : 李彦迪, 印記 : 玉山, 藏書記 : 公宅, 所藏 : 卷1~3, 7~10, 11~13, 表題 : 晦齋集	01-3244

晦齋先生文集	李彦迪 著	朝鮮木版本, 10卷 5冊, 34.6×22.1cm, 四周雙邊, 半匡 : 22.2×16.7cm, 有界, 10行 20字, 註雙行, 上下白口 上下內向四瓣花紋黑魚尾, 線裝, 楮紙	表題 : 晦齋集, 序 : 孟子曰學問之道無他來…萬曆甲戌孟陽既望 芝嶺後學盧守鎭謹序, 跋 : 萬曆癸酉季冬慶州李晦齋先生…敎陽川許曄謹跋	01-2254 ~2258
晦齋先生別集	李彦迪 著, 慶州, 玉山書院, 昭和 9年(1934)	朝鮮木版本, 5卷 2冊, 29.6×20.2cm, 四周雙邊, 半匡 : 21×16.5cm, 有界, 10行 20字, 上下內向四瓣花紋黑魚尾, 線裝, 楮紙		01-0683 ~0684

• 概要

晦齋 李彦迪(1491~1553)의 詩文集이다.

• 編纂과 刊行

1575년(宣祖 8) 그의 孫子 李浚이 주관하고 盧禛 李齊閔의 도움을 받아 출간한 판본과 이것을 1631년(仁祖 9)에 玉山書院에서 重刊한 판본이 전한다.

• 著者 및 編者

저자인 李彦迪의 자는 復古, 호는 晦齋, 紫溪翁, 본관은 驪州이다. 成均生員 蕃의 아들로 初名은 迪이었으나 中宗의 命으로 '彦'字를 더하여 彦迪이라 하였다. 1514년(中宗 9)에 生員試에 합격하고 다음해 24세로 別試文科에 登第하여 權知校書館副正字, 校書館正字, 弘文館博士, 侍講院說書, 仁同縣監, 密陽府使, 司憲府司諫 등의 職을 역임하였다. 그러나 당시 東宮의 장인인 金安老를 복귀시켜 東宮을 호위하자는 논의에 반대하다가 몰려나 慶州 紫玉山에 들어가 성리학 연구에 전심하였다. 1537년 金安老가 敗死하자 다시 기용되어 掌樂僉正, 弘文館校理, 全州府尹, 禮曹參判, 漢城府判尹, 吏曹判書, 左贊成 등의 重職을 역임하였다. 1545년(仁宗 元)에 仁宗이 죽자 左贊成으로 院相이 되어 국사를 관장하고 明宗이 즉위하자 衛社功臣 3등에 올랐다. 이해 모친의 병이 위독하여 사직했으나 尹元衡 일파에게 尹任 처벌에 미온적이었다는 이유로 탄핵을 받아 삭직되고 1547년(明宗 2) 尹元衡 등 小尹 일파가 조작한 良才驛壁書事件에 연루되어 江界에 유배되어 그곳에서 죽었다. 유배 생활을 하는 동안 『大學章句補遺』·『續或問』·『求人錄』등을 저술하였다. 諡號는 文元이고, 領議政에 追贈되었다.

• **版本構成**

卷 1 : 古今詩 102수. 卷 2 : 律詩와 絶句 102수. 卷 3 : 律詩 絶句 106수. 卷 4 : 「西遷錄」이란 이름으로 律詩·絶句 83수, 五言排律로 松堂摠詞 1수, 末尾에는 「考異」라 하여 正誤表가 붙어있다. 卷 5 : 賦 3편(問津賦, 鞭賈賦, 利口覆邦家賦), 雜著로 書忘齋機堂無太極說後, 答忘機 堂第一書·第二書·第三書·第四書와 送元典翰繼蔡序, 伊尹五就湯論 등). 卷 6 : 箴銘 10편(元朝五箴, 立箴, 定靜銘 등), 記 1편(海月樓記), 祭文 5편, 行狀 1편(仁宗大王行狀), 碑銘 3편(先祖妣贈貞夫人李氏墓誌銘 등). 卷 7 : 一綱十目疏. 卷 8 : 修進八規. 卷 9 : 全州府尹辭謝箋, 謝恩箋, 陳情乞養狀, 辭狀, 正月二十 四日辭狀, 閏正月十七日辭狀, 閏月二十三日箚子, 三月初八日辭狀 등. 卷 10 : 丙午春箚子와 同年三月呈辭上箚子, 四月辭職狀, 五月十一日再度辭狀, 六月十九日三度辭狀 및 不宜垂簾箚子 등. 卷 11 : 大學章句補遺序, 中庸九經衍義序, 求仁錄序, 奉先雜儀序 등 序文과 沙伐國傳, 祭金慕齋安國文, 孫夫人諱日祝文, 夫人崔氏墓碑銘, 訓導金君墓碑銘 등. 卷 12 : 弘文館上疏(1541년). 卷 13 : 拾遺로 8편의 呈辭狀과 侍講院箚子, 兩司箚子, 司憲府箚子, 乙巳秋箚子, 政府書啓十條 등. 제5책은 附錄으로 文元公世系와 文元公晦齋先生年譜, 盧守愼의 文元公晦齋先生年譜後敍, 行狀, 神道碑銘, 墓誌, 晦齋先生을 奉安한 玉山書院記(許曄記), 江界府祠廟記(朴承任 記), 恭書御札答館學諸生疏後(柳成龍記) 등이 수록되어 있다.

• **所藏處**

국립중앙도서관, 서울대학교 규장각, 안동대학교 도서관 등에 소장되어 있다.

(107) 효처당유고(孝處堂遺稿)

書名	出版事項	版式狀況	一般事項	所藏番號
孝處堂遺稿	郭杓 著	朝鮮木版本, 2卷 1冊, 27.7×20cm, 四周雙邊, 半匡 : 19.4×15.6cm, 有界, 10行 20字, 註雙行, 上下白口 上下內向四瓣花紋黑魚尾, 線裝, 楮紙	序 : 天下之爲人子者…甲申四月乙未聞詔金道和敍, 跋 : 吾宗衾于東都者世以…小春宗後生鉦錫敬識	01-3117

• **槪要**

郭杓(1818~1875)의 시문집이다.

• 編纂과 刊行

편찬 및 간행 시기는 미상이다.

• 著者 및 編者

저자인 곽표의 자는 定叟, 호는 孝處堂, 본관은 苞山이다. 鎭澤의 아들이며, 李鍾祥의 문하
에서 수학하였다. 어려서부터 명민하여 학업에 충실하였으며, 효성이 지극하였다. 만년에는
효자로 이름났던 5대조 爾崟이 살던 곳에 효처당을 짓고『효경』과『소학』을 즐겨 읽었다고
전한다.

• 版本構成

권1에 詩, 書, 祭文 등, 권2에 부록으로 傳, 行錄, 遺事 등이 수록되어 있다.

• 所藏處

국립중앙도서관, 서울대학교 규장각, 성균관대학교 존경각 등에 소장되어 있다.

(108) 희암문집(希庵文集)

書名	出版事項	版式狀況	一般事項	所藏番號
希庵文集	李瑀祥 著	朝鮮木版本, 6卷 3冊, 29.1×19.9cm, 四周雙邊, 半匡 : 19.6×14.4cm, 有界, 10行 20字, 註雙行, 上下白口 上下向四瓣花紋黑魚尾, 線裝, 楮紙	表題 : 希庵集	01-3488 ~8490

• 槪要

李瑀祥의 시문집이다.

• 編纂과 刊行

서문과 발문은 없으나, 고종 때 편집, 간행된 것으로 보인다.

• 著者 및 編者

저자인 이우상의 자는 禹玉, 호는 希庵, 본관은 驪州다. 李彦迪의 후손으로 철종·고종 연간
의 인물이나 정확한 생몰년이나 기타 이력은 확인하기 어렵다.

- **版本構成**

  권1에는 詩 155수, 권2에는 詩 143수, 권3에는 疏 1편, 策 1편, 箋 5편, 書 14편, 권4에는 書 21편, 序 8편, 記 7편, 跋 3편, 傳 2편, 권5에는 雜著 30여 편, 권6에는 誄文 2편, 上樑文 2편, 祝文 3편, 祭文 14편, 墓誌銘 3편, 行狀 1편 등이 수록되어 있다.

- **所藏處**

  국립중앙도서관, 서울대학교 규장각, 영남대학교 도서관 등에 소장되어 있다.

2. 비문집류

1) 중국 문헌

(1) 경사증류대전본초(經史證類大全本草)

書名	出版事項	版式狀況	一般事項	所藏番號
經史證類 大全本草	唐愼微 撰	中國木版本, 圖(藥草), 零本 7 冊, 26.8×19.2cm, 四周雙邊, 半 匡 : 12.8×15.4cm, 有界, 12行 24 字, 上下大黑口 上下內向黑魚 尾, 線裝	表題 : 本草, 底本刊記(本記) : 大德壬 寅孟春宗文書院刊行, 經史證類大觀 本草序 : 大觀二年十月杭州仁和縣尉 管勾學事艾晟序, 印 : 獨樂堂印, 所 藏 : 卷1~7, 11~13, 22~23(32卷 12冊 中)	01-0995 ~1001

• 概要

北宋 徽宗代인 大觀 연간(1107~1110) 중에 唐愼微(?~?)가 漢代의『神農本草』이래 지속적 으로 增修되어 온 本草書類들을 종합하여 편찬한 책이다. 『經史證類備急本草』또는 『大觀 本草』로도 알려져 있다.

• 編纂과 刊行

『大觀本草』는 북송 政和 연간(1111~1118)에 新修, 『政和新修經史證類備用本草』로 간행되 었는데, 본서는 政和 연간의 新修本이 明代 및 元代의 重刊 과정을 거쳐 淸代인 1657년(淸 順治 14)에 재차 重刊된 책이다.

• 著者 및 編者

저자인 唐愼微는 중국 송나라의 名醫로 알려져 있으나 생몰년을 비롯한 신상에 대한 정보는 거의 전하지 않는다.

• 版本構成

원서의 전체 목차는 권1 序例上, 衍義序例, 권2 序例下, 권3 玉石部上品, 권4 玉石部中品, 권5 玉石部上品, 권6 草部上品之上, 권7 草部上品之上, 권8 草部中品之上, 권9 草部中品之下, 권10 草部下品之上, 권11 草部下品之下, 권12 木部上品, 권13 木部中品, 권14 木部下品, 권15 人部, 권16 獸部上品, 권17 獸部中品, 권18 獸部下品, 권19 禽部三品, 권20 蟲魚部上, 권21 蟲魚部中 品, 권22 蟲魚部下品, 권23 果部三品, 권24 米穀部上品, 권25 米穀部中品, 권26 米穀部下品,

권27 菜部上品, 권28 菜部中品, 권29 菜部下品, 권30 有名未用, 권31 本經外草木類이다.

• 所藏處

국립중앙도서관, 서울대학교 규장각 등에 소장되어 있다.

(2) 고금운회거요(古今韻會擧要)

書名	出版事項	版式狀況	一般事項	所藏番號
古今韻會擧要	黃公紹(宋) 編輯, 熊忠(元) 擧要, 15世紀初刊	朝鮮木版本, 零本 6冊, 25.5×15.6㎝, 上下單邊, 左右雙邊, 半匡 : 19.3×12.2㎝, 有界, 8行字數不定, 註雙行, 上下內向黑魚尾, 線裝, 楮紙	表題 : 古今韻會, 所藏 : 卷2~6, 16~26	01-0868 ~0873
古今韻會擧要	黃公紹(宋) 編輯, 世宗年間刊	朝鮮木版本, 零本 1冊, 25.1×15.6㎝, 上下單邊, 半匡 : 17.3×12.2㎝, 有界, 8行, 11行 23字, 註雙行, 細黑口, 上下內向黑魚尾	表題 : 古今韻會, 第24張 版心刻手名 ‘元惠’, 所藏 : 卷10~12	01-0586

• 槪要

元나라 때 熊忠이 韻에 따라 한자를 나누어 배열한 韻書이다. 기본적으로는 黃公紹의 『古今韻會』를 요약하였다는 뜻에서 擧要라는 이름을 붙였으나, 실제로는 『禮部韻略』을 저본으로 수정과 보완을 하여 모두 12,652자의 글자에 주석을 붙여서 편찬한 것이다.

• 編纂과 刊行

至元 29年(1292)에 나온 黃公紹의 『古今韻會』를 元나라 大德 원년(1297)에 熊忠이 편찬한 중국 간행본을 그대로 사용하다가, 수요가 늘어감에 따라 점차 覆刻本을 만들게 되었던 것으로 생각된다. 현재 전하는 가장 오래 된 판본은 『淸芬室書目』에 수록된 조선 太祖 7년(1398)에 元版本을 복각한 목판본이다. 그 다음 세종 16년(1434) 경상도 밀양에서 12책으로 간행한 목판본이 있다. 그리고 宣祖 6년(1573) 校書館에서 간행한 판본과 선조 7년(1574)에 원본을 복각한 것, 또 인조 연간에 나온 판본 등이 전하고 있다.

• 著者 및 編者

저자 黃公紹는 宋末元初의 音韻訓詁學者로 알려져 있으나 신상에 관한 기록을 확인하기 어렵다. 편자 熊忠은 字가 子中이며, 昭武(福建省 邵武縣) 출신으로 黃公紹와 동시대의 音韻訓詁學者로 전하나 마찬가지로 관련 기록이 거의 없다.

● 版本構成

전체 구성은 30권 15책으로, 1권에서 5권까지는 平聲 上의 15운, 6권에서 10권까지에는 평성 下의 15운, 11권에서 16권까지에는 上聲 30운, 17권에서 24권까지는 去聲 30운, 25권에서 30권까지에는 入聲 17운이 수록되어 있다.

● 所藏處

국립중앙도서관, 서울대학교 규장각 등에 소장되어 있다.

(3) 논어집주대전(論語集註大全)

書名	出版事項	版式狀況	一般事項	所藏番號
論語集註 大全	胡廣(明)等 奉勅纂	朝鮮木版本, 20卷 7冊, 34.1×21.5㎝, 四周雙邊, 半匡 : 23.2×16.8㎝, 有界, 10行 20字, 註雙行, 大黑口 上下內向黑魚尾, 線裝, 楮紙		01-0795 ~0801

● 槪要

『論語集註大全』은 明代 永樂帝 때에 胡廣(1370~1418) 등이 여러 학자들의 주석을 토대로 편찬한 四書大全 가운데 하나이다.

● 編纂과 刊行

이 책은 조선시대 世宗朝에 수입되어 간행된 이래 가장 많이 복각·중간되었다. 10행 22자로 된 간본이 最古本이라 할 수 있는데, 1429년 王命으로 강원감영에서 간행되었으며, 明의 永樂版 『四書五經大全』을 저본으로 覆刻한 것이다. 1429년 간본을 底本으로 하여 중앙과 지방에서 여러 차례 重刊하였다. 중앙에서는 成均館에서 간행된 것이 있는데, 經書의 대부분은 校書館에서 간행하지만 이 책은 이례적으로 성균관에서 간행하였다. 한편 지방에서는 咸營과 嶺營에서 官板本으로 重刊되었고, 전주에서는 방각본과 후쇄본이 간행되었다. 咸營 간본의 刊記에는 '辛未月日 咸營苗刊'이라 되어있지만, 정확한 연대를 추정하기는 어렵다. 嶺本 4종은 刊記가 '乙丑(1745)四月 嶺營重刊', '戊午(1858)五月 嶺營重刊', '壬午(1822) 新刊 嶺營藏板', '丁巳正月嶺營重刊'(연대 미상)으로 되어 있다. 1820년에 內閣에서 간행된 10행 18자의 판본이 있는데, 이것은 정유자 복각본이다. 경상감영에서 1822년에 간행된 판본이 이 내각본의 판식을 따르고 있으며, 1918년에 경성의 회동서관에서 후쇄본이 간행되었다.

● 著者 및 編者

편찬자인 胡廣은 明나라 江西 吉水 출신으로 자는 光大이고, 호는 晃庵이며, 시호는 文穆이다. 建文 2년(1400)에 進士第一로 급제하여 翰林院 修纂, 文淵閣大學士 등을 역임하였다. 왕명으로 『周易大全』과 『書傳大全』·『詩經大全』·『禮記大全』·『春秋大全』·『四書大全』·『性理大全』의 편찬을 주관하였다. 저서에는 『胡文穆集』 등이 있다.

● 版本構成

조선조에 간행된 『論語集註大全』은 20권 7책으로 제1책 「論語集註序說」, 권1 學而篇~권2 爲政篇, 제2책 권3 八佾篇~권5 公冶長篇, 제3책 권6 雍也篇~권7 述而篇, 제4책 권8 泰伯篇~권10 鄕黨篇, 제5책 권11 先進篇~권13 子路篇, 제6책 권14 憲問篇~권16 季氏篇, 제7책 권17 陽貨篇~권20 堯曰篇의 순으로 구성되어 있다.

● 價値와 意義

『四書五經大全』의 현전하는 木版本은 18종이 있으며, 『論語』 판본 중에 가장 많은 종수를 차지한다. 그러므로 『四書五經大全』은 『論語』 판본 중에서 가장 널리 유통되었음을 알 수 있다.

● 所藏處

국립중앙도서관, 서울대학교 규장각, 한국학중앙연구원 장서각 등에 소장되어 있다.

(4) 대광익회옥편(大廣益會玉篇)

書名	出版事項	版式狀況	一般事項	所藏番號
大廣益會玉篇	陳彭年(宋)奉教撰	朝鮮乙刻字本(補木活字), 零本, 1冊, 31.6×20.8cm, 四周雙邊, 半匡 : 24.5×16.4cm, 有界, 10行 19字, 註雙行, 上下內向黑魚尾 混入六瓣花紋黑魚尾, 線裝, 楮紙		01-1363

● 槪要

중국 宋나라 陳彭年 등이 편찬한 玉篇이다.

● 編纂과 刊行

玉篇은 淸나라 『康熙字典』이 편찬되기 전까지 가장 널리 읽히던 것이다. 옥편은 원래 梁

武帝때 학자인 顧野王이 한자의 정확한 뜻과 음을 밝히기 위해 펴낸 것을 시초로 하여, 이후 수차례 증보와 개작이 계속되었다. 唐 高宗때에는 孫强이 글자 수를 보충하였고, 宋 眞宗때에는 陳彭年, 吳銳, 邱雍 등이 칙명을 받아 孫强本에 근거하여 대폭 수정을 가하면서 『大廣益會玉篇』을 펴내었다. 국내 판본은 간행 시기는 정확하지 않으며, 판심의 魚尾가 上下下向으로 되어 있고 흑구도 진하게 그어져 있는 것으로 보아, 明에서 수입된 책을 그대로 母本으로 사용하여 飜刻한 것으로 보인다.

• 著者 및 編者

대표 편자인 陳彭年(966~1017)은 북송 建昌軍 南城 출신으로, 자는 永年이다. 태종 雍熙 2년(985) 진사가 되고, 眞宗 景德 초에 直史館 겸 崇文院檢討가 되어 『冊府元龜』 편찬에 참여했다. 이후 翰林學士 겸 龍圖閣學士, 刑部侍郎과 參知政事 등을 역임하였다. 저서에 『唐紀』와 『江南別錄』 및 문집이 있다.

• 版本構成

전체 내용은 字有六書(象形·會意·形聲·指事·假借·轉註), 字有八體(大篆·小篆·刻符·蟲書·摹印·署書·殳書·隷書), 切字要法, 辨字五音法(脣·舌·齒·牙·喉), 辨十四聲法, 三十六字母五音五行清濁傍通撮要圖, 三十六字母切韻法, 切韻內子釋音, 辨四聲輕清重濁總例, 四聲五音九弄反紐圖序, 五音聲論, 雙聲疊韻法, 四聲五音九弄反紐圖, 羅文反樣, 奇字指迷, 字當避俗, 字當從正, 字之所從, 字之所非, 上平證疑, 下平證疑, 上聲證疑, 去聲證疑, 入聲證疑, 分毫字辨 등으로 구성되어 있다.

• 所藏處

서울대학교 규장각, 한국국학진흥원 도서관 등에 소장되어 있다.

(5) 대학장구대전(大學章句大全)

書名	出版事項	版式狀況	一般事項	所藏番號
大學章句大全	胡廣(明)等奉勅纂 [中宗~宣祖 年間刊]	朝鮮木版本, 1冊, 31.2×21.3㎝, 四周雙邊, 半匡 : 22.5×16.9㎝, 有界, 10行 22字, 上下白口 上下內向四~入瓣花紋黑魚尾, 線裝, 楮紙	序 : 淳熙己酉二月甲子新安朱熹序, 印 : 玉山書院, 藏書記 : 玉山書院上, 表紙 : 宣賜(墨書), 제1장 墨書 : 頒賜	01-0008

大學章句大全		朝鮮木版本(明版飜刻), 1冊, 34×21㎝, 四周雙邊, 半匡 : 25×16㎝, 有界, 10行 22字, 註雙行, 大黑口, 上下內向黑魚尾, 線裝, 楮紙	表題 : 大學章句, 印 : 玉山書院, 內賜記 : 頒賜萬曆七年二月日玉山書院上(墨書) 歲癸丑八月日改裝(卷末面紙)	010-2761

● 槪要

『大學章句大全』은 明의 翰林學士 胡廣(1370~1418) 등이 永樂帝(成祖)의 勅命으로 편찬한 『大學』의 주석서이다. 이 책은 1414년 胡廣·楊榮 등 39명의 학자가 편집에 착수하여 이듬해인 1415년에 완성하였다. 송나라 이후 축적된 여러 유학자들의 성리학설을 종합·정리한 책이다.

● 編纂과 刊行

우리나라에서는 세종 때 명나라로부터 이 서적들을 수입하였으며, 1424년(세종 6) 처음으로 『大學章句大全』을 간행하였다. 조선시대 유통되었던 『大學』은 대부분이 『大學章句大全』이며, 세종 때 처음 『大學章句大全』이 간행된 이후 20세기 초반까지 지속적으로 간행되었다. 『大學章句大全』은 중앙정부에서 戊申字·丁酉字·後期芸閣印書體字·訓鍊都監字 등 모두 4종의 활자로 인쇄하였으며, 『大學章句大全』을 포함한 『大學』은 전국에 걸쳐 28개 지역에서도 목판본으로 인쇄하였다.

● 著者 및 編者

편찬자인 胡廣은 明나라 江西 吉水 출신으로 자는 光大이고, 호는 晃庵이며, 시호는 文穆이다. 建文 2년(1400)에 進士第一로 급제하여 翰林院 修纂, 文淵閣大學士 등을 역임하였다. 왕명으로 『周易大全』과 『書傳大全』·『詩經大全』·『禮記大全』·『春秋大全』·『四書大全』·『性理大全』의 편찬을 주관하였다. 저서에는 『胡文穆集』 등이 있다.

● 版本構成

大學章句序, 讀大學法, 大學章句大全(經文 : 大學之道·知止而后有定·物有本末·古之欲明明德·物格而后知至·自天子以至於庶人·其本亂而末治者·傳文 : 明明德·新民·止於至善·本末·格物致知補傳·誠意·正心修身·修身齊家·齊家治國·治國平天下)으로 구성되어 있다.

● 價値와 意義

『五經大全』·『性理大全』 등과 함께 과거 시험의 교재로 사용되어 널리 유포되었다. 『大學

章句大全』은 조선시대를 통틀어 가장 많은 종수를 가지고 있는 판본이기도 하다.

● 所藏處

국립중앙도서관, 서울대학교 규장각, 한국학중앙연구원 장서각 등에 소장되어 있다.

(6) 십칠사상절(十七史詳節)

書名	出版事項	版式狀況	一般事項	所藏番號
東萊先生史記詳節	呂祖謙(宋) 撰, 劉弘毅 刊行	朝鮮甲辰字本(本文), 初鑄甲寅字本(序文), 零本 2冊, 28×18㎝, 四周雙邊, 半匡 : 20.7×14.2㎝, 有界, 12行 19字, 註雙行, 上下下向細六瓣花紋黑魚尾, 線裝, 楮紙	版心題 : 史記詳節, 十七史序 : 藏正德丙子六月初吉後學莆田鄭京書, 所藏 : 卷1~3, 8~11, 12~15	01-1504 ~1506
東萊先生西漢詳節	呂祖謙(宋) 撰, 劉弘毅 刊行	朝鮮甲辰字本, 零本 10冊, 27.7×17.7㎝, 四周雙邊, 半匡 : 20.5×14.5㎝, 有界, 12行 19字, 註雙行, 上下下向細六瓣花紋黑魚尾, 線裝, 楮紙	表題 : 十七史, 版心題 : 西漢書, 所藏 : 卷2~27 (全 30卷12冊中)	01-1494 ~1503
東萊先生東漢詳節	呂祖謙(宋) 撰	朝鮮甲辰字本, 30卷 9冊, 28×18㎝, 四周雙邊, 半匡 : 20.4×14.5㎝, 有界, 12行 19字, 註雙行, 上下下向細六瓣花紋黑魚尾, 線裝, 楮紙		01-1486 ~1492, 1515 ~1516
東萊先生三國志詳節	呂祖謙(宋) 撰, 劉弘毅 刊行	朝鮮甲辰字本, 零本 4冊, 27.5×17.7㎝, 四周雙邊, 半匡 : 20.4×14.5㎝, 有界, 12行 19字, 註雙行, 上下下向細六瓣花紋黑魚尾, 線裝, 楮紙	表題 : 十七史, 版心題 : 三國志, 所藏 : 卷4~7, 8~11, 12~16, 17~20	01-1463 ~1466
東萊先生晉書詳節	呂祖謙(宋) 撰, 16世紀印	朝鮮甲辰字本, 10卷 6冊, 28.1×18.2㎝, 四周雙邊, 半匡 : 20.4×14.5㎝, 有界, 12行 19字, 註雙行, 上下下向細六瓣花紋黑魚尾, 線裝, 楮紙	表題 : 十七史, 嘉靖四十年(1561)六月(褙接紙)	01-1526 ~1530, 1483
東萊先生隋書詳節	呂祖謙(宋) 撰, 劉弘毅 刊行	朝鮮甲辰字本, 20卷, 5冊, 28×18㎝, 四周雙邊, 半匡 : 20.7×14.2㎝, 有界, 12行 19字, 註雙行, 上下下向細六瓣花紋黑魚尾, 線裝, 楮紙	表題 : 十七史, 版心題 : 隋書詳節	01-1507 ~1510, 1517
東萊先生南史詳節	呂祖謙(宋) 撰, 劉弘毅 刊行	朝鮮甲辰字本, 25卷 5冊, 28×18㎝, 四周雙邊, 半匡 : 20.4×14.5㎝, 有界, 12行 19字, 註雙行, 上下下向細六瓣花紋黑魚尾, 線裝, 楮紙		01-1518 ~1522
東萊先生北史詳節	呂祖謙(宋) 撰, 16世紀印	朝鮮甲辰字本, 零本, 28×18㎝, 四周雙邊, 半匡 : 20.8×14.9㎝, 有界, 12行 19字, 註雙行, 上下下向細六瓣花紋黑魚尾, 線裝, 楮紙	所藏 : 卷1~4, 5~9, 10~13, 14~18, 19~23, 24~25(全 28冊 中 卷27~28缺), 褙接紙 : 萬曆八年(1580)三月二十四日慶尙道寧海府	01-1467 ~1472

東萊先生唐書詳節	呂祖謙(宋) 撰	朝鮮甲辰字本, 零本 13冊, 28×18㎝, 四周雙邊, 半匡 : 21×14.7㎝, 有界, 12行 19字, 註雙行, 上下下向細六瓣花紋黑魚尾, 線裝, 楮紙	表題 : 十七史, 所藏 : 卷 7~9, 14~16, 20~22, 23~25, 26~29, 30~32, 33~36, 37~39, 40~43, 44~46, 47~51, 52~55, 56~60	01-1473 ~1485
東萊先生五代史詳節	呂祖謙(宋) 撰, 劉弘毅 校刊	朝鮮甲辰字本(本文), 初鑄甲寅字本(序文), 10卷, 3冊, 28×18.1㎝, 四周雙邊, 半匡 : 20.8×15.1㎝, 有界, 12行 19字, 註雙行, 上下下向細六瓣花紋黑魚尾, 線裝, 楮紙	表題 : 十七史, 序 : 皇明正德丙子夏五月…劉弘毅書于愼獨書舍五代史記序(陳師錫) : 豈不骨稽也	01-1523 ~1525

• 槪要

송나라 문인이자 학자인 呂祖謙이 『史記』에서 『五代史』에 이르는 역대 정사 17종의 내용 가운데 중요한 대목을 뽑아 간략하게 정리한 책이다.

• 編纂과 刊行

『十七史詳節』의 중국 주요 판본으로는 元代 판본과 愼獨齋 판본이 널리 알려져 있다. 愼獨齋 판본은 1516년(明 正德 11)에 江西 彭澤 사람 劉洪(1447~1515)이 펴낸 것이다. 국내 판본은 甲辰字本인데, 간행 시기나 관련 정보를 확인하기 어렵다. 다만, 愼獨齋 판본을 모본으로 했을 것으로 추정된다.

• 著者 및 編者

저자 呂祖謙(1137~1181)은 金華(현재 浙江省 金華縣) 출신으로, 字는 伯恭, 號는 東萊이다. 학문적 분위기가 강한 집안에서 태어나 여러 분야에 조예가 깊었으며 당대를 대표하는 대학자 朱熹(1130~1200), 張栻(1132~1180) 등과 함께 교류하며 東南三賢이라 불렸다. 1163년(南宋 孝宗 隆興 1)에 진사가 된 이후 학술과 관련된 여러 관직을 거쳐, 1179년(南宋 孝宗 淳熙 6)에는 『皇朝文鑑』을 편찬한 공으로 直秘閣 館職을 수여받았다. 저서에 『古周易書說』・『歷代制度詳說』・『東萊文集』 등이 있으며, 朱熹와 함께 『近思錄』을 편찬하였다.

• 版本構成

본서는 전체 273권으로 이루어져 있으며, 부문별로 보면 『史記』 20권, 『漢書』 30권, 『後漢書』 30권, 『三國志』 20권, 『晉書』 30권, 『隋書』 20권, 『南史』(『宋書』・『齊書』・『梁書』・『陳書』 포함) 25권, 『北史』(『魏書』・『北齊書』・『周書』 포함) 28권, 『唐書』 60권, 『五代史』 10권으로 구성되어 있다. 달리 상세한 고증을 가한 것이 아니라 사서를 읽으면서 그때 그때 중요

하다고 생각되는 대목을 산절하여 간략하게 정리하였고, 각 부분 앞에는 해당 왕조의 강역과 世系, 기년 등을 따로 정리해 놓았다.

• 所藏處

국립중앙도서관, 서울대학교 규장각, 고려대학교 도서관, 성암고서박물관자료실 등에 소장되어 있다.

(7) 동래선생음주당감(東萊先生音註唐鑑)

書名	出版事項	版式狀況	一般事項	所藏番號
東萊先生音註唐鑑	范祖禹(宋)撰, 慶州府 : 明宗 17年(1562)刊	朝鮮木版本, 24卷 4冊, 33.8×21.6cm, 四周雙邊, 半匡 : 23.6×17.2cm, 有界, 10行 17字, 大黑口, 上下內向黑魚尾, 楮紙	版心題 : 唐鑑, 刊記 : 萬曆元年八月日玉山書院慶州府刊板, 藏書記 : 萬曆元年(1573) 八月日玉山書院上(墨書)	01-0721 ~0725

• 槪要

송나라 때 范祖禹가 唐 高祖 武德 원년(618)에서 昭宣帝 天祐 4년(907)에 이르는 290년의 역사를 『資治通鑑』의 형식을 본받아 서술한 책이다.

• 編纂과 刊行

중국 판본은 白昻이 쓴 「重刊序文」을 근거로 明나라 弘治 10년(1497)에 간행된 것이 전한다. 원래 범씨가 12권으로 지은 것을 東萊의 呂祖謙(1137~1181)이 여기에 音註하고 24권으로 정리한 것이다. 국내 판본은 明宗 17年(1562)에 간행된 판본과 영조 47년(1771)에 간행된 판본이 전하는데, 옥산서원 소장본은 明宗 17年의 판본이다.

• 著者 및 編者

저자인 범조우는 華陽 사람으로 字는 淳夫이고, 夢得이라고도 한다. 진사에 급제하여 司馬光이 『자치통감』을 만드는 데 일조하였다. 철종이 즉위하자 벼슬이 給事中에 이르렀다. 선인태후가 죽자 간신들이 정권을 잡을 것을 우려하여 힘써 간하다가 오히려 모함을 받고 유배 중에 죽었다. 시호는 正獻이다.

音註를 한 여조겸은 壽州 사람으로 자가 伯恭이고, 隆興 연간에 진사에 합격하였고, 다시 博學弘詞科에 급제 하여, 벼슬이 直秘閣著作郞國史院編修에 이르렀다. 그의 고향 이름을

따서 東萊先生이라고 부른다. 朱熹, 張栻과 더불어 東南三賢이라 칭해졌다. 문집에 『東萊
集』 등이 있다.

● 版本構成

24권 4책으로 1책은 권1~6으로 高祖에서 太宗, 2책은 권7~12로 高宗, 中宗, 睿宗, 玄宗, 肅
宗, 代宗, 德宗, 3책은 권13~18로 德宗, 順宗, 憲宗, 4책은 권19~24로 穆宗, 敬宗, 文宗, 武宗,
宣宗, 懿宗, 僖宗, 昭宗, 昭宣帝의 사적을 싣고 범조우가 그 사안에 대하여 논평하는 형태로
되어 있다.

● 所藏處

국립중앙도서관, 한국국학진흥원 도서관, 영남대학교 도서관 등에 소장되어 있다.

(8) 맹자대문(孟子大文)

書名	出版事項	版式狀況	一般事項	所藏番號
孟子大文	雞林府 : 宣祖33年 (1600)印	朝鮮木活字本, 2卷 2冊, 34.2×21.4㎝, 四周雙邊, 半匡 : 25.5×15.5㎝, 有界, 10行18字, 註雙行, 上下白口 上下下向細六瓣花紋黑魚尾, 線裝, 楮紙	印記 : 萬曆二十八年庚子取盧江書院活字印出于雞林府, 藏書記 : 玉山書院上	01-1414 ~1415

● 槪要

맹자가 당시 사람들과 問答한 것을 기록한 『孟子』의 正文만을 수록한 책이다.

● 編纂과 刊行

서문과 발문이 없어서 국내에서 간행한 경위와 연대를 확인하기 어렵다. 그리고 사서삼경의
경우 모두 大文이란 명칭으로써 正文만을 수록한 刊本이 있으나 모두 일시에 된 것이 아니
다. 옥산서원 소장본은 印記로 보아 雞林府에서 宣祖33年(1600)에 간행한 것으로 보인다.

● 著者 및 編者

孟子는 산동성 추현 지방 출생으로 이름은 軻이고, 자는 子與 또는 子車이다. 중국 전국시대
의 유교 사상가로 전국시대에 배출된 諸子百家의 한 사람이다. 공자의 유교 사상을 공자의
손자인 子思의 문하생에게서 배웠다. 도덕 정치인 王道를 주장하였으나 이는 현실과 동떨어

진 이상적인 주장이라고 생각되어 제후에게 채택되지 않았다. 그래서 고향에 은거하여 제자 교육에 전념하며 생을 마친 것으로 전한다.

● 版本構成

전체 내용은 梁惠王 · 公孫丑 · 滕文公 · 離婁 · 萬章 · 告子 · 盡心의 7편이고, 각각 上 · 下로 나뉘어 있다. 1책 卷之上은 梁惠王 上에서 離婁 上까지, 2책 卷之下는 離婁 下에서 盡心 下까지 수록하였다.

● 所藏處

서울대학교 규장각, 한국국학진흥원 도서관, 계명대학교 동산도서관 등에 소장되어 있다.

(9) 맹자집주대전(孟子集註大全)

書名	出版事項	版式狀況	一般事項	所藏番號
孟子集註 大全	朱熹, 集註; 胡廣 等 奉勅纂	朝鮮木版本, 零本 3冊, 32×20.5㎝, 四周雙邊 半匡 : 23.6×16.9㎝, 有界, 10行 22字, 上下黑口 上下下向細四瓣花紋黑魚尾, 線裝, 楮紙	表題 : 孟子, 所藏 : 卷 9~10, 11~12, 13~14	01-1404 ~1406

● 槪要

『孟子』의 역대 주석을 모아 편집한 책이다.

● 編纂과 刊行

『孟子集註大全』은 永樂帝의 勅命을 받아 胡廣 · 楊榮 등 39명의 학자가 편집에 착수하여 1417년(永樂 15)에 완성되어 頒布되었다. 곧이어 『孟子集註大全』은 科擧에서 주요 교재로 채택되고 經學 연구에도 기본교재로 쓰이게 되었다. 국내에는 세종 때에 수입되어 1428년에 간행된 이후 중앙과 지방에서 여러 차례 간행되었다. 중앙정부에서 甲寅字 · 戊申字 · 丁酉字 · 後期芸閣印書體字 · 訓鍊都監字 등 모두 5종의 활자로 인쇄하였으며, 목판본은 전국에 걸쳐 간행되었고 현재 12종이 남아있다.

● 著者 및 編者

주석을 붙인 朱熹의 자는 元晦 · 仲晦, 호는 晦庵 · 晦翁 · 雲谷山人 · 滄洲病叟 · 遯翁 등이다.

1130년 福建 출생으로 18세에 지방의 과거 예비시험 解試에 합격하였고, 이듬해 수도 임안에서 본시험에 합격하였다. 1151년 22세 때 吏部 임관시험에 합격하여 종9품 좌적공랑이 되어 천주 동안현 주부 등으로 임명되었다. 송대 성리학의 개창자이다. 저서로는『論語要義』·『論語訓蒙口義』·『困學恐聞編』·『程氏遺書』·『論孟精義』·『資治通鑑綱目』·『八朝名臣言行錄』·『西銘解義』·『太極圖說解』·『通書解』·『程氏外書』·『伊洛淵源錄』·『古今家祭禮』·『近思錄』·『四書章句集注』·『周易本義』·『詩集傳』·『楚辭集注』등이 있다.

편찬자인 胡廣은 明나라 江西 吉水 출신으로 자는 光大이고, 호는 晃庵이며, 시호는 文穆이다. 建文 2년(1400)에 進士第一로 급제하여 翰林院 修纂, 文淵閣大學士 등을 역임하였다. 왕명으로『周易大全』과『書傳大全』·『詩經大全』·『禮記大全』·『春秋大全』·『四書大全』·『性理大全』의 편찬을 주관하였다. 저서에는『胡文穆集』등이 있다.

● **版本構成**

卷1 : 梁惠王章句上, 卷2 : 梁惠王章句下, 卷3 : 公孫丑章句上, 卷4 : 公孫丑章句下, 卷5 : 滕文公章句上, 卷6 : 滕文公章句下, 卷7 : 離婁章句上, 卷8 : 離婁章句下, 卷9 : 萬章章句上, 卷10 : 萬章章句下, 卷11 : 告子章句上, 卷12 : 告子章句下, 卷13 : 盡心章句上, 卷14 : 盡心章句下.

● **所藏處**

국립중앙도서관, 서울대학교 규장각, 한국학중앙연구원 장서각 등에 소장되어 있다.

(10) 문선(文選)

書名	出版事項	版式狀況	一般事項	所藏番號
文選	簫統 編, 16世紀刊	朝鮮木版本, 3冊, 31.5×21.2㎝, 四周單邊, 半匡 : 23.1×17.7㎝, 有界, 10行 17字, 上下內向黑魚尾, 線裝, 楮紙	所藏 : 卷11, 12, 13~14, 15~16	01-1094 ~1096
文選	簫統 編, 16世紀刊	朝鮮木版本(初鑄甲寅字飜刻), 30卷 24冊, 33.2×21.2㎝, 四周單邊, 半匡 : 23.2×17.4㎝, 有界, 10行 17字, 上下內向黑魚尾, 線裝, 楮紙		01-1097 ~1120
文選	昭明太子 (梁) 撰	朝鮮筆寫本, 1冊, 32×20cm, 四周單邊, 半匡 : 20×14.2cm, 有界, 10行 17字, 註雙行, 線裝, 楮紙		01-1346
文選	昭明太子 (梁) 撰	朝鮮筆寫本, 零本 1冊, 32.6×20.4cm, 四周雙邊, 10行 20字, 無魚尾, 線裝, 楮紙	所藏 : 卷2	01-1228

- 概要

梁 昭明太子 蕭統(501~531)이 先秦으로부터 梁 普通 7년(526) 까지의 詩文을 모아서 엮은 詩文總集으로, 흔히 『昭明文選』이라고도 부른다.

- 編纂과 刊行

소명은 『문선』을 편찬하기 위하여 동궁에 文選樓를 짓고 '高齋十學士'라 불리던 劉孝威, 庾肩吾 등을 초빙하여 옛날 전적들에 대해 도론하게 하고, 秦漢 이래의 詩文을 모아서 『문선』 31권을 편찬하였다. 그는 '文'과 '筆'을 엄격히 구별하여, 先秦에서 梁에 이르는 각 체의 문장을 다 뽑되 六經과 諸子는 제외하였고, 史書에서도 오직 論贊만을 뽑았다. 이렇듯 騈文 계열의 글이 주류를 이루고 있는데, 이는 당시의 문학관을 반영하고 있는 것이기도 하다. 『문선』은 본래 30권이었으나, 唐代에 李善(630?~689)이 注를 달면서 한 卷을 둘로 나누어 60권으로 재정리하였고, 그 후로 30卷本 문선은 세상에서 자취를 감추게 되었다. 李善에 뒤이어 718년(唐 開元 6)에는 다시 呂延濟·劉良·張詵·呂向·李周翰 5人이 모여 注를 써서 조정에 바쳤는데, 이를 『문선』 五臣注라 부른다. 그리고 北宋 元祐년간(1086~1093)에 李善注와 五臣注를 합하여 하나로 만들었는데 이것이 『문선』 六臣注이다. 이 뒤로 李善의 注만이 실린 『문선』은 세상에서 자취를 감추게 되었고, 후세에 다시 나온 李善注本 『문선』은 六臣注本에서 五臣注를 빼고 만들어 놓은 것이다. 현존하는 『문선』의 판본 중 가장 이른 판본은 1181년(宋 淳熙 8)의 尤袤 刊本이며, 그 외 宋刻明初印本, 元刻本, 明嘉靖刻本이 있다. 가장 좋은 판본은 1809년(淸 嘉慶 14)에 胡克家가 尤本을 重刻한 刊本인데 여기에는 『考異』 10권이 부록으로 달려있다. 이후의 刻本들은 대부분 胡本을 저본으로 한 것이다.

국내 판본은 60권 61책(目錄 포함)으로 卷末 1428년(宣德 3)에 쓴 卞秀良의 발문이 있는 판본이 선본이다. 이후 60권 20책으로 嘉靖 연간(1522~1566)에 中宗의 명을 받아 養德書院에서 宋 판본을 교정하여 중각한 판본이 전한다.

- 著者 및 編者

소통은 梁 武帝 蕭衍(469~549)의 맏아들로, 字가 德施이며, 武帝의 天監 元年(502)에 太子가 되었다. 어려서부터 총명하여 여러 經典에 통달했으며, 동궁에는 3만의 장서가 있어 當代의 名才들이 다 모여들어 학문을 논했다고 한다. 게다가 소통은 아름다운 풍모에 才德을 겸비하여 사람들의 흠모를 받았으나 불행히도 31세의 나이에 요절하였다. 그의 시호가 바로 昭明이다. 저서로는 고금의 典誥文言을 모아놓은 『正序』 10권과 五言詩 가운데 좋은 것만을 모아놓은 『文章英華』 20권, 그리고 『昭明太子集』 20권이 있다.

● 版本構成

周·秦·兩漢에서 齊·梁에 이르는 시대의 작가 135명의 詩文과 무명씨의 작품 700여 편이 들어있으며, 이를 모두 37가지의 문체로 분류하였다. 전체 구성은 다음과 같다. 제1권~제19권 賦(끝부분에 詩가 좀 들어있다), 제20권~제31권 詩, 제32권~제33권 騷, 제34권 七, 제35권 七·詔·冊, 제36권 令·教·文, 제37권~제38권 表, 제39권 上書·啓, 제40권 彈事·牋·奏記, 제41권~제43권 書, 제44권 檄, 제45권 對問·說論·辭·序上, 제46권 序下, 제47권 頌·贊, 제48권 符命, 제49권 史論上, 제50권 史論下·史述贊, 제51권~제54권 論, 제55권 論·連珠, 제56권 箴·銘·誄上, 제57권 誄下·哀上, 제58권 哀下·碑文上, 제59권 碑文下·墓誌, 제60권 行狀·弔文·祭文의 도합 38종의 문체로 분류되어 있다. 그리고 다시 賦는 京都·郊祀·耕籍·畋獵·紀行·遊覽·宮殿·江海·物色·鳥獸·志·哀傷·論文·音樂·情으로, 詩는 補亡·述德·勸勵·獻詩·公讌·祖餞·詠史·百一·游仙·招隱·反招隱·遊覽·詠懷·哀傷·贈答·行旅·軍戎·郊廟·樂府·挽歌·雜歌·雜詩·雜擬 등으로 나뉘어 있다.

● 所藏處

국립중앙도서관, 서울대학교 규장각, 계명대학교 동산도서관 등에 소장되어 있다.

(11) 비아(埤雅)

書名	出版事項	版式狀況	一般事項	所藏番號
埤雅	陆佃 撰	中國木版本, 20卷 5冊, 36.5×22㎝, 四周雙邊, 半匡：24.5×16.9㎝, 有界, 10行 17字, 大黑口, 上下下向細六瓣花紋黑魚尾, 線裝	印：宣賜之記	01-1347 ~1351

● 概要

北宋 陸佃(1042~1102)이 『爾雅』의 체재를 따라 사물의 명칭에 관해서 풀이한 訓詁書이다.

● 編纂과 刊行

중국 판본은 20卷 6冊으로 명대에 간행된 것인데, 이후 여러 차례 중수하여 간행되었다. 국내 유입된 판본은 그 중 명초에 간행된 內府刊本으로 추정된다.

● 著者 및 編者

陸佃(1042~1102)은 字는 農師이고, 호는 陶山으로 越州 山陰(지금의 浙江省 紹興縣) 사람이

다. 육전은 북송의 훈고학가로서 王安石으로부터 학문을 전수받았다. 熙寧 3년(1070) 진
가 되었으며 관직이 中書舍人給事中까지 이르렀다. 王子韶와 함께 『說文』을 교정하기도 하
였다. 禮學 및 名物의 訓詁에 밝았다. 『禮象』·『春秋後傳』·『詩講義』 등의 저서가 있으나
모두 없어지고 『爾雅新義』 20권이 있다.

● 版本構成

수록한 단어는 모두 297개인데, 동물에 관한 명사 189개, 식물에 관한 명사 95개, 천문과
기상에 관한 단어 13개이다. 권별로는 「釋魚」 2권, 「釋獸」 3권, 「釋鳥」 4권, 「釋蟲」 2권, 「釋
馬」 1권, 「釋木」 2권, 「釋草」 4권, 「釋天」 2권으로 총 20권으로 구성되어 있다.

● 所藏處

서울대학교 규장각, 영남대학교 도서관, 계명대학교 동산도서관 등에 소장되어 있다.

(12) 신간보주석문황제내경소문(新刊補註釋文黃帝內經素問)

書名	出版事項	版式狀況	一般事項	所藏番號
新刊補註釋文黃帝內經素問	王氷(唐) 編 李希憲 監校	朝鮮木版本(甲辰字飜刻), 零本 5冊, 32× 19.2㎝, 四周單邊, 半匡 : 22.2×15㎝, 有界, 12行 21字, 大黑口 上下內向黑魚尾	表題 : 素問, 版心題 : 內經, 書名은 卷3에 의함, 所藏 : 卷3~12(全 12卷6冊 中)	01-1143 ~1147

● 槪要

조선 중기에 활동한 문신이자 한의사였던 李希憲(1569~1651)이 校監하여 간행한 의학서로
중국 고대로부터 전해지는 대표적인 의서 『皇帝內經』에 대한 註釋書이다.

● 編纂과 刊行

이 책은 이희헌이 內醫院直長으로 재직하던 때인 光海君 7년(1615)에 교감하여 간행한
것이다.

● 著者 및 編者

교감자인 이희헌은 본관이 羽溪이며 자는 可正이다. 아버지는 大司憲을 지냈던 李覬이고 어
머니는 尹延壽의 딸이다. 正憲大夫 同知中樞府事, 陽川縣令, 內醫院直長 등을 역임하였다.

● 版本構成

『황제내경』은 본래 전체 18권으로 구성되어 있는데, 전반부 9권 81편은 「素問」, 후반부 9권 81편은 「靈樞」로 구분된다. 「소문」은 天人合一說과 陰陽五行說 등 우주론을 근거로 하여 인간의 병의 이치를 따지는 것을 내용으로 하고, 구체적인 치료법은 「영추」에서 제시하고 있다. 「영추」에서 제시하는 치료법은 鍼灸와 導引 등 일종의 물리요법들이라고 할 수 있으며, 한약재에 관한 내용은 거의 없다.

● 所藏處

국립중앙도서관, 한국학중앙연구원 도서관, 동국대학교 중앙도서관 등에 소장되어 있다.

(13) 신간소문입식운기론오(新刊素問入式運氣論奧)

書名	出版事項	版式狀況	一般事項	所藏番號
新刊素問入式運氣論奧	劉溫舒 撰,	朝鮮木版本, 2卷 1冊, 31.8×19.2㎝, 四周單邊, 半匡 : 22.8×14.8㎝, 有界, 12行 21字, 大黑口 上下內向黑魚尾	序 : …絶人辰命兩元符己卯歲丁丑月望日序, 表題·版心題 : 素問運氣	01-1142
新刊素問入式運氣論奧	劉溫舒 撰, 書堂重刻, 16世紀刊	朝鮮木版本(甲辰字飜刻), 圖, 3卷 1冊, 31.9×19.2㎝, 四周單邊, 半匡 : 22.3×15.3㎝, 有界, 12行 21字, 上下內向黑魚尾, 線裝, 楮紙	表題 : 素問運氣, 序 : …兩元符己卯歲丁丑月望日序書堂重刻	01-3436

● 槪要

중국 송나라의 劉溫舒가 元符 2년(1099)에 저술한 운기학에 관한 상·중·하 3권 1책의 의학서이다.

● 編纂과 刊行

元代 초기 간본을 저본으로 삼아 조선에서 다시 활자로 중간한 것을 번각하여 간행한 책으로 간행 시기는 16세기로 추정된다. 총 3권 1책의 목판본으로, 금속활자본인 갑진자본의 번각본이다. 동일한 서명으로 조선 초기에 간행된 을해자본도 있으나 판식과 크기 등이 다른 책이다.

● 著者 및 編者

저자인 劉溫舒는 송나라 때 의학자인데, 생몰년 및 관련 정보는 미상이다.

● 版本構成

서문에 이어서 상·중·하 3권의 목록이 수록되었으며, 본문에는 삽도가 먼저 제시되고 이어서 삽도에 대한 상세한 해설이 설명되는 형식으로 편집되었다. 『신간소문입식운기론오』에 수록되어 있는 삽도는 「육십년기운도(六十年紀運圖)」·「십간기운결(十干起運訣)」·「십이지사천결(十二支司天訣)」·「오운육기추요지도(五運六氣樞要之圖)」·「오행생사순역지도(五行生死順逆之圖)」·「십간지도(十干之圖)」·「십이지도(十二支圖)」·「납음지도(納音之圖)」·「육화지도(六化之圖)」·「사시기후지도(四時氣候之圖)」·「교육기시일도(交六氣時日圖)」·「일각지도(日刻之圖)」·「표본지도(標本之圖)」·「생성수도(生成數圖)」·「오천기도(五天氣圖)」·「오음건운지도(五音建運之圖)」·「월건도(月建圖)」·「주기지도(主氣之圖)」·「객기지도(客氣之圖)」·「천부지도(天符之圖)」·「세회지도(歲會之圖)」·「동천부동세회지도(同天符同歲會之圖)」·「남북정도(南北政圖)」·「대소기운상임지도(大少氣運相臨之圖)」·「기운지도(紀運之圖)」·「세중오운(歲中五運)」·「수족경도(手足經圖)」·「구궁분야소사지도(九宮分野所司之圖)」·「육십년객기방통도(六十年客氣旁通圖)」 등 29도이다.

● 所藏處

국립중앙도서관, 서울대학교 규장각 등에 소장되어 있다.

(14) 심경부주(心經附註)

書名	出版事項	版式狀況	一般事項	所藏番號
心經附註	眞德秀 著	朝鮮木版本, 4卷 2冊, 34.5×21.5㎝, 四周雙邊, 半匡 : 23.3×16.8㎝, 有界, 註雙行, 12行 21字, 上下內向六瓣花紋黑魚尾, 線裝, 楮紙	表題·版心題 : 心經, 序 : …弘治五年壬子(1492)七月望後學新安程敏政謹序, 印 : 獨樂堂印, 驪江後人, 李守天速	01-1344 ~1345
心經附註	眞德秀 編, 程敏政(明) 註	朝鮮木版本, 4卷 2冊, 35×21.8cm, 四周雙邊, 半匡 : 22.5×16.3cm, 有界, 10行 17字, 註雙行, 上下內向六瓣花紋黑魚尾, 線裝, 楮紙	表題 : 心經, 序 : …弘治五年壬子七月望後學新安程敏政謹序, 跋 : …弘治壬子十二月望日門生歙西沙溪汪祚識	01-0737 ~0737
心經附註	眞德秀 編, 程敏政(明) 註	朝鮮筆寫本, 4卷 2冊, 32.4×20.7cm, 四周雙邊, 有界, 11行 17字, 線裝, 楮紙	表題·版心題 : 心經, 序 : …弘治五年壬子七月望後學新安程敏政謹序, 跋 : …嘉靖四十五年歲丙寅孟秋日眞成李滉謹書	01-1196 ~1197

● 槪要

송나라의 眞德秀가 편찬한 『心經』에 명나라의 程敏政이 주석을 달아 간행한 책이다.

● 編纂과 刊行

李滉의 「後論」이 1566년(명종 21)에 쓰인 것에서 16세기에 이미 두루 읽혔음을 알 수 있는
데, 이후 여러 차례 간행되었다. 대표적인 것으로 1685년(숙종 11)에 간행된 4권 2책의 목판
본과 1794년(정조 18)에 간행된 4권 2책의 목판본 등이 있다. 대체로 鄭敏政의 序와 再序,
汪祚의 跋, 목차, 心經贊, 顔若愚의 小識, 心學圖, 본문, 李滉의 心經後論으로 구성되었다.
이 중 序와 跋은 1492년에, 小識는 1234년에, 後論은 1566년에 작성되었다.

● 著者 및 編者

眞德秀는 송나라 建寧府 浦城 사람으로, 자는 景元 또는 希元인데, 나중에 景希로 고쳐 불렀
다. 호는 西山이고, 시호는 文忠이다. 일설에는 원래 성이 愼이었는데, 孝宗의 趙昚의 이름
을 피해 고쳤다고도 한다. 寧宗 慶元 5년(1199) 進士가 되고, 開禧 원년(1205) 博學宏詞科에
합격했다. 理宗 때 禮部侍郎에 발탁되어 直學士院에 올랐다. 史彌遠이 그를 꺼려 탄핵을
받고 파직되었다. 나중에 泉州와 福州의 知州를 지냈다. 端平 원년(1234) 입조하여 戶部尙
書에 오르고, 翰林學士와 知制誥가 되었다. 다음 해 參知政事에 이르렀는데, 얼마 뒤 죽었
다. 강직하기로 유명해 조정에서 명성이 자자했는데, 時政에 대해 자주 건의했고, 奏疏는
수십만 자에 이르렀다고 전한다. 朱子學派의 학자로, 『大學衍義』는 『大學章句』에 비견한다
는 평을 들었다. 慶元黨禁 이후 程朱의 理學이 다시 성행하는 데 공헌한 바 컸다. 그 밖의
저서에 『唐書考疑』와 『讀書記』・『文章正宗』・『西山甲乙稿』・『西山文集』 등이 있다.

● 版本構成

卷1 : 書大禹謨人心道心章, 詩魯頌上帝臨女章, 大雅視爾友君子章, 易乾九二閑邪存誠章,
坤六二敬以直內章, 損大象懲忿窒慾章, 益大象遷善改過章, 復初九不遠復章, 論語子絶四
章, 顔淵問仁章, 仲弓問仁章, 中庸天命之謂性章. 卷2 : 大學誠意章, 正心章, 樂記禮樂不可
斯須去身章, 君子反情和志章, 君子樂得其道章, 孟子人皆有不忍人之心章, 矢人函人章, 赤
子之心章. 卷3 : 孟子牛山之木章, 仁人心章, 無名之指章, 人之於身也兼所愛章, 鈞是人也
章, 飢者甘食章, 魚我所欲章. 卷4 : 孟子鷄鳴而起章, 養心章, 周子養心說, 通書聖可學章,
程子視聽言動四箴, 苑氏心箴, 朱子敬齋箴, 求放心齋銘, 尊德性齋銘으로 구성되어 있다.

● 所藏處

국립중앙도서관, 서울대학교 규장각, 한국학중앙연구원 장서각 등에 소장되어 있다.

(15) 양산묵담(兩山墨談)

書名	出版事項	版式狀況	一般事項	所藏番號
兩山墨談	陳霆(明) 著	朝鮮木版本, 18卷 4冊, 32.1×20.6cm, 四周單邊, 半匡 : 21.8×15.3cm, 有界, 9行 18字, 大黑口, 下內向黑魚尾, 線裝, 楮紙	刊記 : 皇明萬曆三年歲在乙刻春慶州符開刊, 序 : 刻兩山墨談水南先生…嘉靖乙亥(1539)歲仲春之右賜進士知德淸縣事…李檗拜書, 印 : 玉山書院(墨印), 玉山書院(朱印)	01-0745 ~0748
兩山墨談	陳霆(明) 著	朝鮮木版本, 18卷 4冊, 32.5×20.4cm, 四周雙邊, 半匡 : 22.3×15.3cm, 有界, 9行 18字, 註雙行, 上下內向黑魚尾, 線裝, 楮紙	序 : …嘉靖己亥(1539)歲仲春之吉賜進士…李檗拜書	01-1230 ~1233

● 槪要

明의 陳霆이 경전에서 의심스러운 부분을 선택하여 여러 경전을 인용해서 고증한 책이다.

● 編纂과 刊行

중국 판본은 가정 18년(1539)에 1책으로 나온 초각본 이후 수차례 간행되었고, 국내 판본은 崔起南(1559~1619)이 교정한 것을 경상도 관찰사 尹根壽 등이 宣祖 8년(1575) 경주부에서 18권 4책으로 간행한 것이다.

● 著者 및 編者

저자인 陳霆은 浙江 德淸縣 출신으로, 자는 聲伯, 호는 水南居士이다. 弘治 15년(1502) 진사가 되었고, 刑科給事中, 刑部主事 등을 역임한 후 은거하였다. 문집인 『水南集』 외에 100권이 넘는 저서가 있다고 전한다.

● 版本構成

목차나 소제목이 없이 18권으로 구분하였고, 殷 湯王부터 元代까지의 인물과 사건을 위주로 서술하였다.

● 所藏處

국립중앙도서관, 고려대학교 도서관, 계명대학교 동산도서관 등에 소장되어 있다.

(16) 오조명신언행록(五朝名臣言行錄)

書名	出版事項	版式狀況	一般事項	所藏番號
五朝名臣言行錄	朱熹 編輯, 李衡 校正, 淸道郡, 15世紀刊	朝鮮木版本(庚子字飜刻), 零本 19冊, 29.5×18.3cm, 四周雙邊, 半匡 : 21×14.6cm, 有界, 11行 21字, 大黑口, 下內向黑魚尾, 線裝, 楮紙	刊記 : 淸道郡開刊, 序 : ①本朝名臣一言一行…戊午中和節廬陵李居安叔 ②…子讀近代文集及記事之書…當續書之新安朱熹序, 跋 : …弘治十五年…淸道郡守…李胤謹跋, 印 : 獨樂堂印(朱印), 驪江后人(墨印), 表題 : 名臣言行錄, 版心題 : 言行, 所藏 : 三朝名臣言行錄 2冊(卷 7~10, 11~14), 四朝名臣言行錄 別集 1冊(卷4~7), 五朝名臣言行錄 前集 10卷3冊, 後集 6卷2冊, 皇朝道學名臣言行錄 17卷4冊, 別集 5冊, 續集 8卷2冊, 卷末 : 兵馬水軍節度使 / 金應箕, 行郡守守中直大夫 / 李胤, 校正生員成瀋達 /貢生金度珍今世衡金世紀	01-1177~1195

● 槪要

중국 송나라 학자 朱熹(1130~1200)가 먼저 북송 시대 名臣 행적 가운데 귀감이 될 만한 기록을 발췌해 편찬한 책이다.

● 編纂과 刊行

조선 성종 연간(1470~1494)에 갑진자 활자본으로 간행된 이후 수차례 번각되었다. 옥산서원 소장본은 그 가운데 庚子字 飜刻으로 간행된 것이다.

● 著者 및 編者

朱熹의 자는 元晦·仲晦, 호는 晦庵·晦翁·雲谷山人·滄洲病叟·遯翁 등이다. 1130년 福建 출생으로 18세에 지방의 과거 예비시험 解試에 합격하였고, 이듬해 수도 임안에서 본시험에 합격하였다. 1151년 22세 때 吏部 임관시험에 합격하여 종9품 좌적공랑이 되어 천주 동안현 주부 등으로 임명되었다. 송대 성리학의 개창자이다. 저서로는 『論語要義』·『論語訓蒙口義』·『困學恐聞編』·『程氏遺書』·『論孟精義』·『資治通鑑綱目』·『八朝名臣言行錄』·『西銘解義』·『太極圖說解』·『通書解』·『程氏外書』·『伊洛淵源錄』·『古今家祭禮』·『近思錄』·『四書章句集注』·『周易本義』·『詩集傳』·『楚辭集注』 등이 있다.

• 版本構成

전체 내용은 『五朝名臣言行録』은 宋初부터 英宗朝에 이르기까지 65명, 『三朝名臣言行録』
은 英宗朝부터 徽宗朝에 이르기까지 42명, 『황명명신언행록』에는 15명의 명신들이 수록되
어 있다.

• 所藏處

국립중앙도서관, 영남대학교 도서관 등에 소상되어 있다.

(17) 음주전문춘추괄례시말좌전구두직해(音註全文春秋括例始末左傳句讀直解)

書名	出版事項	版式狀況	一般事項	所藏番號
音註全文春秋括例始末左傳句讀直解	林堯叟 編, 河紀綱 校正, 全州, 16世紀末	朝鮮木版本(癸末字飜刻), 70卷冊 23冊, 31.5×19㎝, 四周單邊, 半匡:22.1×14.6㎝, 有界, 8行 17字, 註雙行, 上下內向黑魚尾, 線裝, 楮紙	題簽:左傳, 印:獨樂堂印(朱印), 跋:左氏傳羽翼春秋事該而辯…李崎奉教敬跋, 卷末:16世紀刊行 名單	01-0954 ~0976
音註全文春秋括例始末左傳句讀直解	林堯叟 編	朝鮮木版本(癸末字飜刻), 70卷 23冊, 32.2×18.7㎝, 四周單邊, 半匡:21.6×14.5㎝, 有界, 8行 17字(小字雙行), 上下內向黑魚尾, 混入大黑口, 線裝, 楮紙	表題:左傳, 印:玉山書院(朱印)	01-2603 ~2625
音註全文春秋括例始末左傳句讀直解	林堯叟 編, 杜預 集解, 16世紀印	朝鮮初鑄甲寅字多混木活字本, 零本 1冊, 34×19.9㎝, 四周雙邊, 半匡:25.7×16.8㎝, 有界, 9行 17字, 註雙行, 上下內向六瓣花紋黑魚尾, 線裝, 楮紙	表題:春秋, 版心題:左傳, 印:獨樂堂印(朱印), 卷首:歲庚申夏五月上命集賢殿…, 所藏:卷1~2	01-3398

• 槪要

송대의 林堯叟가 지은 『춘추좌씨전』에 대한 해설서로서, 『春秋』 全文에서 해석에 주의해야
할 音에 대해서 半切로 주석을 하고 『춘추』에 나오는 여러 기사의 始末에 대해 풀이하고,
左氏傳의 句讀를 떼고 그 구절에 바로 주석을 단 것이다.

• 編纂과 刊行

국내 판본은 元代覆刻本으로 추정되며 1431년(세종 13) 金致明의 발문이 있는 것으로 전라
도 금산군에서 간행한 것이다. 옥산서원 소장본은 癸末字 覆刻本으로 1454년(단종 2)에 간

행한 것이다.

• 著者 및 編者

편찬자인 林堯叟에 대한 기록은 자세하지 않다. 集解를 한 杜預(222~284)는 西晉 京兆 杜陵 사람으로, 자는 元凱이다. 처음에 위나라에서 상서랑(尙書郞)을 지냈고, 이후 河南尹, 度支 尙書 등을 역임하였다. 그가 편찬한 『春秋左氏經傳集解』는 후세에 통행하는 『左傳』의 注本 이 되었고, 十三經注疏에 편입되었다. 그 밖의 저서에 『春秋釋例』와 『春秋長歷』이 있다.

• 版本構成

제1책(隱公元年~11 ; 권1~2), 제2책(桓公元年~莊公 22 ; 권3~6), 제4책(僖公 11~28 ; 권11~ 15), 제5책(僖公 29~文公 15 ; 권16~19), 제6책(文公 16~宣公 12 ; 권20~23), 제7책(宣公13~ 成公 10 ; 권24~28), 제8책(成公 11~襄公 5; 권29~32), 제9책(襄公 6~14 ; 권33~35), 제10책 (襄公 16~25 ; 권36~39), 제11책(襄公 26~28 ; 권40~42), 제12책 (襄公 29~昭公 3 ; 권43~47), 제13책(昭公 4~10 ; 권48~51), 제14책(昭公 11~17 ; 권52~54), 제15책(昭公 18~25 ; 권55~57), 제16책(昭公 26~定公 4 ; 권58~61), 제17책(定公 5~哀公 5 ; 권62~65), 제18책(哀公 6~27 ; 권66~70).

• 所藏處

국립중앙도서관, 서울대학교 규장각, 안동대학교 도서관, 계명대학교 동산도서관 등에 소장 되어 있다.

(18) 이정선생전도수언(二程先生傳道粹言)

書名	出版事項	版式狀況	一般事項	所藏番號
二程先生傳道粹言	張栻 著	朝鮮木版本, 10卷 2冊, 28.5×18.6cm, 四周單邊, 半匡 : 20×14.4cm, 有界, 10行 22字, 大黑口, 上下內向黑魚尾, 線裝, 楮紙	表題 : 二程粹言, 序 : 乾道丙戌 正月十有八日南軒張栻序, 跋 : 壬戌暮春晦眞城李滉謹跋, 印 : 玉山書院(朱印)	01-3492 ~3493

• 槪要

程頤(1033~1107)와 程顥(1032~1085) 형제가 논설한 것을 張栻(1133~1180)이 편집한 語錄

이다.

● 編纂과 刊行

중국 판본은 전 68권의 『二程全書』 중 권40~41에 수록되어 있다. 국내 판본은 권말에 李滉이 교정한 뒤 쓴 발문이 있으며, 임진왜란 이전의 고판본이나 간행 시기는 자세하지 않다.

● 著者 및 編者

원저자인 정이의 자는 正叔, 호는 伊川이다. 伊川伯에 봉하여졌으므로 이천 선생이라고 한다. 『易經』에 대한 연구가 깊었고, 특히 理氣二元論의 철학을 수립하여 큰 업적을 남겼다. 정호의 자는 伯淳, 호는 明道이며, 明道先生으로 부른다. 理氣一元論, 性則理說 등을 주창하였다. 두 형제의 학설은 『二程全書』에 수록되어 있다. 편찬자인 張栻은 漢州 綿竹 사람으로, 자는 敬夫, 欽夫, 樂齋이고, 호는 南軒이다. 『南軒易說』·『洙泗言仁』·『論語說』·『孟子說』 등의 저술이 있다.

● 版本構成

권1은 論道篇, 권2는 論學篇, 권3은 論書篇, 권4는 論政篇, 권5는 論事篇, 권6은 天地篇, 권7은 聖賢篇, 권8은 君臣篇, 권9는 心性篇, 권10은 人物篇이다.

● 所藏處

국립중앙도서관, 서울대학교 규장각, 성균관대학교 존경각, 영남대학교 도서관 등에 소장되어 있다.

(19) 자치통감강목(資治通鑑綱目)

書名	出版事項	版式狀況	一般事項	所藏番號
資治通鑑綱目	朱熹 撰, 思政殿 訓義	朝鮮初鑄甲寅字字本, 零本 137冊, 34.9×22cm, 四周雙邊, 半匡 : 25×17cm, 有界, 10行 18字, 註雙行, 上下內向六瓣花紋黑魚尾, 線裝, 楮紙 (全 59卷 150冊 中)		01-1581 ~1717
資治通鑑綱目	朱熹 撰, 思政殿 訓義	朝鮮再鑄甲寅字本, 零本 64冊, 36.7×22.2cm, 四周雙邊, 半匡 : 26.4×16.7cm, 有界, 10行 20字, 註雙行, 上下內向六瓣花紋黑魚尾, 線裝, 楮紙		01-1718 ~1781

● 槪要

『資治通鑑綱目』은 중국 宋나라 司馬光이 쓴 역사책 『資治通鑑』을 기준으로, 朱熹 (1130~1200)가 『春秋』의 형식에 따라 역사적 사실에 대하여 큰 제목으로 綱을 따로 세우고 기사는 目으로 구별하여 엮은 역사서이다. 약칭하여 『通鑑綱目』 또는 『綱目』이라고도 한다.

● 編纂과 刊行

『資治通鑑綱目』의 서문은 주희가 43세 때 쓴 것인데, 『資治通鑑綱目』은 그가 죽고 20여 년이 지나서 간행되었다. 그래서 綱은 주희가 쓰고 目은 제자인 趙師淵이 마무리하여 간행한 것으로 알려져 있다. 조선 개국 후에는 정종 2년(1400) 경연에서 진강한 것을 시작으로 역대 왕들의 교육과 통치에 활용되었다. 세종 2년(1420) 庚子字로 인출한 것을 시작으로 여러 차례 활자본이 간행되어 경연에 쓰이거나 신하들에게 반사되었다. 세종 18년(1436)에는 思政殿訓義 『資治通鑑綱目』을 인출하기 丙辰字를 주조하여 간행하였다.

그 후 중종 때에는 大字는 '倣丙辰木活字'를 만들어 원래 활자와 섞어 쓰고 中字는 初鑄甲寅字와 補字를 사용하여 인출했다. 선조 때는 大字를 倣丙辰木活字를 사용하고 中字는 再鑄甲寅字인 庚辰字를 사용하여 인출했다. 중종 때는 병진자본 외에 1496년에 간행된 명나라 黃仲昭의 『新刊資治通鑑綱目』을 참고로 하여 초주갑인자와 보자를 사용하여 교서관에서 인출한 판본도 있다. 이외에 성종 때 癸丑字와 숙종 연간에 韓構字로 인출한 활자본이 있다. 이중 丙辰字本과 甲寅字本은 우리나라에서 간행된 『資治通鑑綱目』의 큰 계통을 이루는데 이를 복각한 목판본이 여러 차례 인쇄되었다.

● 著者 및 編者

편찬자인 朱熹의 자는 元晦·仲晦, 호는 晦庵·晦翁·雲谷山人·滄洲病曳·遯翁 등이다. 1130년 福建 출생으로 18세에 지방의 과거 예비시험 解試에 합격하였고, 이듬해 수도 임안에서 본시험에 합격하였다. 1151년 22세 때 吏部 임관시험에 합격하여 종9품 좌적공랑이 되어 천주 동안현 주부 등으로 임명되었다. 송대 성리학의 개창자이다. 저서로는 『論語要義』·『論語訓蒙口義』·『困學恐聞編』·『程氏遺書』·『論孟精義』·『資治通鑑綱目』·『八朝名臣言行錄』·『西銘解義』·『太極圖說解』·『通書解』·『程氏外書』·『伊洛淵源錄』·『古今家祭禮』·『近思錄』·『四書章句集注』·『周易本義』·『詩集傳』·『楚辭集注』 등이 있다.

● 版本構成

卷1~卷2：戰國時代~秦末, 卷3~卷8：前漢·新, 卷9~卷13：後漢獻帝, 卷14~卷16：三國時代,

卷 17~卷18 : 西晉, 卷19~卷23 : 東晉, 卷24~卷36 : 南北朝時代, 卷37 : 隋, 卷38~卷53 : 唐, 卷54~卷 59 : 唐末~後周

• 所藏處

국립중앙도서관, 서울대학교 규장각, 한국학중앙연구원 장서각 등에 소장되어 있다.

(20) 정씨유서분류(程氏遺書分類)

書名	出版事項	版式狀況	一般事項	所藏番號
程氏遺書分類	楊廉 編, 順天府, 明宗 19年(1564)	朝鮮木版本, 31卷 5冊, 31.7×21.4cm, 四周單邊, 半匡 : 22×16.4cm, 有界, 10行 19字, 註雙行, 黑口(混入), 上下內向黑魚尾, 線裝, 楮紙	序 : …以諗觀者豊城楊廉自序, 刊記 : 嘉靖甲子秋順天府開刊(木記)	01-1056~1061

• 槪要

中國 宋나라 때의 大學者인 程明道 程伊川 형제의 문집인 『二程遺書』 등에서 宋時烈 (1607~1689)이 1718년(肅宗 44)에 분류하여 엮어낸 책이다.

• 編纂과 刊行

국내 판본은 1719년(肅宗 45)에 쓴 權尙夏의 跋이 있어 간행 시기를 확인할 수 있다.

• 著者 및 編者

편찬자 송시열은 조선 중기의 학자·정치가로, 자는 英甫, 호는 尤庵·華陽洞主 등이다. 1663 년(인조 11) 생원시에 합격했으며, 35년 봉림대군의 師傅가 되었고, 이후 이조판서 등을 역임 하였고, 이황의 이원론적인 理氣互發說을 배격하고 이이의 氣發理乘一途說을 지지해 일원 론적인 사상을 발전시켰으며 예론에도 밝아 많은 학자를 길러냈다. 저서에 『宋子大全』이 전한다.

• 版本構成

卷1 易. 卷2 書. 卷3 詩. 卷4 春秋. 卷5 禮記, 周禮, 儀禮, 孝經. 卷6,7 論語. 卷8 大學. 卷9 中庸. 卷10 孟子. 卷11 理氣로 總論, 理,氣, 天地, 陰陽五行, 日月星辰, 風雨, 雷電, 雹霜露, 曆, 地理, 鬼神, 性理로 性命,氣質之性, 人物之性, 心, 心性情, 道, 德, 仁, 仁義, 仁義禮智,

仁義禮智信, 誠, 誠敬, 忠信, 忠恕. 卷12 學으로 總論, 存養, 省察, 知行, 致知, 力行, 敎人, 人倫, 讀書法, 書籍, 科學之學, 及第, 詩, 文, 筆法. 卷13 聖賢으로 總論, 周子, 二程子, 張子, 召子, 程門人, 二程訓門人, 諸子. 卷14 歷代로 總論, 唐虞, 三代, 春秋戰國, 漢, 唐, 五代, 宋. 卷15 治道로 總論, 事體, 禮, 樂, 射, 封建, 學校, 用人, 人才, 君子小人, 官職, 居官, 諫諍, 節義, 法令, 風俗, 兵, 井田, 德運, 符瑞, 醫藥, 卜筮. 卷16 異端으로 總論, 夷狄, 物類, 雜說. 明道文集 卷17 銘, 詩. 卷18 奏, 疏, 表. 卷19 書, 記, 祭文, 行狀. 卷20 墓誌銘. 卷21 賦, 論策. 伊川文集 卷22,23 奏,疏. 卷24 學制. 卷25 雜著, 詩. 卷26 書. 卷27 禮. 卷28 行狀, 墓誌, 祭文.卷29 墓誌, 家傳, 祭文. 卷30 拾遺 등으로 구성되어 있다.

● 所藏處

국립중앙도서관, 동국대학교 중앙도서관 등에 소장되어 있다.

(21) 증속회통운부군옥(增續會通韻府群玉)

書名	出版事項	版式狀況	一般事項	所藏番號
增續會通韻府群玉	陰時夫 編輯, 陰中夫 編註, 包揄 續編; 柳季聞 刊行(1437)	朝鮮訓鍊都監字本, 21卷 21冊, 34.8×21.2㎝, 四周雙邊, 半匡 : 24.8×15.9㎝, 有界, 9行 18字, 上下內向細六瓣花紋黑魚尾, 線裝, 楮紙	表題 : 增續韻玉, 墨書 : 院上, 朱印 : 玉山書院	01-0273 ~0293

● 槪要

중국 고전에 나오는 문구들을 용례로 활용하여 韻을 구분하고 배열한 韻字 본위로 편집한 사전이다.

● 編纂과 刊行

원전은 중국 宋代 학자 陰竹野가 범례를 만들고 그의 아들 時夫와 中夫가 편찬한 『韻府群玉』에 包揄가 續編을 지은 것이다. 이것을 국내에 들여와 柳季聞이 世宗 17년(1435)에 강원도 감사로 있을 때 왕명을 받들어 교정하고, 강릉과 원주 두 곳에서 목판에 새겨 세종 19년(1437)에 간행한 목판본이 초간본이다. 이외에 光海君과 孝宗 연간에 訓鍊都監字로 간행한 판본이 있는데, 옥산서원 소장본은 이 판본이며 21권 21책으로 되어 있다. 그리고 초간본을 저본으로 1717년에 재간행한 戊申字 古活字本(38권 25책)이 전한다.

- **著者 및 編者**

원전의 편자인 陰時夫는 원나라 초 江西 奉新人으로 이름은 幼遇(時遇라고도 함)이고, 時夫는 그의 字이다. 宋 理宗 寶祐 4년(1256)에 7살의 나이로 九經童科에 급제하였으나 송조가 망하고 원조가 들어서자 은거하여 저술에만 전념하였다. 編註者 中夫는 時夫의 형으로 이름은 幼達이며 역시 구경동과에 급제하였다.

국내의 편자인 柳季聞(1383~1445)은 조선전기 문신으로 자는 叔行이고 본관은 문화이다. 太宗 8년 式年文科에 급제힌 뒤 文翰官을 거쳐 吏曹正郞·舍人·右司諫·左司諫·忠淸道觀察使·吏曹參議·刑曹參判·大司憲·漢城府尹 등을 지냈고, 1442년 謝恩使로 명나라에 다녀온 뒤 判漢城府使·刑曹判書·開城府留守 등을 역임했다.

- **版本構成**

전체 내용은 총 38권 25책으로 구성되어 있다. 제1책에는 권1~2, 제2책에는 권3, 제3책에는 권4~5, 제4책에는 권6~7, 제5책에는 권8~9, 제6책에는 권10~11, 제7책에는 권12, 제8책에는 권13, 제9책에는 권14~15, 제10책에는 권16~17, 제11책에는 권18, 제12책에는 권19, 제13책에는 권20, 제14책에는 권21~22, 제15책에는 권25, 제16책에는 권23~24, 제17책에는 권26, 제18책에는 권27~28, 제19책에는 권29, 제20책에는 권30, 제21책에는 권31~32, 제22책에는 권33, 제23책에는 권34~35, 제24책에는 권36~37, 제25책에는 권38이 수록되어 있다.

- **所藏處**

국립중앙도서관, 서울대학교 규장각, 한국학중앙연구원 장서각, 고려대학교 중앙도서관 등에 소장되어 있다.

(22) 진서(晉書)

書名	出版事項	版式狀況	一般事項	所藏番號
晉書	唐太宗文皇帝 撰	朝鮮初鑄甲寅字本, 零本 24冊, 32.5×20.7㎝, 四周雙邊, 半匡 : 24.5×16.7㎝, 有界, 10行 17字, 上下內向六瓣花紋黑魚尾, 線裝, 楮紙	表題 : 晉書, 版心題 : 帝紀, 所藏 : 列傳 13冊(卷1~14, 21~29, 38~45, 50~53, 58~67), 帝紀 3冊(卷1~4, 8~10), 載記 3卷 1冊(39冊 中)	01-0908 ~0931
晉書抄		朝鮮筆寫本, 1冊, 22×17cm, 線裝, 楮紙, 無界, 無魚尾		01-1003

● 槪要

西晉부터 東晉과 五胡十六國의 역사를 수록한 紀傳體 史書로 중국 24正史 가운데 하나이다.

● 編纂과 刊行

唐 太宗은 646년(貞觀 20) 詔書를 내려『晉書』의 편찬을 명했고, 648년에 처음 완성했다. 이후 현전하는 판본은 宋本(百衲本), 元代 22字本(大德 9년 刊本), 明代 南北監本·吳本(吳琯 西爽堂本)·周本(周若年 刊本)·毛本, 淸代 金陵書局·武英殿 刊本 등이 있다. 국내 판본은 간행 시기는 자세하지 않으나 初鑄甲寅字本으로 간행된 것이 있다.

● 著者 및 編者

唐 太宗의 명으로 房玄齡·褚遂良·許敬宗 등이 監修하고, 令狐德棻·敬播·李延壽·李淳風·上官 儀 등 20여 명이 編纂에 참여하였다.

● 版本構成

전체 수록 내용은 西晉의 武帝 泰始 1年(265)부터 東晉의 恭帝 元熙 2년(420)까지 156년의 역사이며, 「帝紀」 10권, 「志」 20권, 「列傳」 70권, 「載記」 30권으로 구성되어 있다. 「帝紀」 10권은 西晉 4帝, 東晉 11帝를 수록하고 있으며,『三國志』의 例에 따라 帝位에 오르지 못한 司馬懿·司馬師·司馬昭 등도 「帝紀」에 포함시키고 있다. 「志」 20권은 地理·曆律·禮·樂·職官·輿服·食貨·五行·刑法 등으로 臧榮緒의『晉書』 이외에 沈約의『宋書』 가운데 많은 사료를 참고하였다. 또한 「食貨志」는 그 내용이 後漢·三國時代부터 西晉과 東晉을 포함하고 있으며, 「志」가 없는『後漢書』와『三國志』의 결함을 보완하고 있다. 그리고 「天文志」·「曆律志」는 천문학자인 李淳風의 저작으로 여러 「志」 가운데 비교적 완전한 것이라는 평가를 받고 있다. 「列傳」 70권은 「帝紀」와 관련 있는 인물들의 전기 50권 이외에 后妃·宗室·孝友·忠義·良吏·儒林·文苑·外戚·隱逸·藝術·烈女·四夷·叛逆 등으로 구분하여 772명의 인물들을 수록하고 있다.

● 所藏處

국립중앙도서관, 충남대학교 도서관 등에 소장되어 있다.

(23) 진서산독서기을집상대학연의(眞西山讀書記乙集上大學衍義)

書名	出版事項	版式狀況	一般事項	所藏番號
眞西山讀書記乙集上大學衍義	眞德秀 著, 16世紀初印	朝鮮乙刻字混入補字本, 零本 15冊, 30.2×19.5cm, 四周單邊, 半匡 : 22.1×14.7cm, 有界, 9行 17字, 上下內向細六瓣花紋黑魚尾, 線裝, 楮紙	表題 : 大學衍義, 印 : 獨樂堂印, 所藏 : 卷1~12, 14~16	01-1326 ~1340
眞西山讀書記乙集上大學衍義	眞德秀 撰, 16世紀刊	朝鮮木版本(初鑄甲寅字飜刻), 43卷 12冊, 35.1×22.3cm, 四周雙邊, 半匡 : 25.6×17.3cm, 有界, 10行 18字, 上下內向黑魚尾, 線裝, 楮紙	表題 : 大學衍義, 序 : 始讀大學一書…臣眞德秀謹序	01-0478 ~0488

● 槪要

송나라 학자 眞德秀(1178~1235)가 『大學』의 三綱領과 六條目을 주제로 하여 고전에서 가언 嘉言과 善行을 인용하여 敷衍한 것을 국내에서 금속활자로 인쇄한 책이다.

● 編纂과 刊行

조선 세조 1년(1455)에 姜希顔의 글씨를 자본으로 만든 동활자인 乙亥字를 바탕으로 부족한 자는 補字를 만들어 간행하였다. 그 후 여러 차례 後印이 있었던 것으로 보이나. 정확한 간행 시기는 확인하기 어렵다.

● 著者 및 編者

眞德秀는 송나라 建寧府 浦城 사람으로, 자는 景元 또는 希元인데, 나중에 景希로 고쳐 불렀다. 호는 西山이고, 시호는 文忠이다. 일설에는 원래 성이 愼이었는데, 孝宗의 趙眘의 이름을 피해 고쳤다고도 한다. 寧宗 慶元 5년(1199) 進士가 되고, 開禧 원년(1205) 博學宏詞科에 합격했다. 理宗 때 禮部侍郎에 발탁되어 直學士院에 올랐다. 史彌遠이 그를 꺼려 탄핵을 받고 파직되었다. 나중에 泉州와 福州의 知州를 지냈다. 端平 원년(1234) 입조하여 戶部尙書에 오르고, 翰林學士와 知制誥가 되었다. 다음 해 參知政事에 이르렀는데, 얼마 뒤 죽었다. 강직하기로 유명해 조정에서 명성이 자자했는데, 時政에 대해 자주 건의했고, 奏疏는 수십만 자에 이르렀다고 전한다. 朱子學派의 학자로, 『大學衍義』는 『大學章句』에 비견한다는 평을 들었다. 慶元黨禁 이후 程朱의 理學이 다시 성행하는 데 공헌한 바 컸다. 그 밖의 저서에 『唐書考疑』와 『讀書記』·『文章正宗』·『西山甲乙稿』·『西山文集』 등이 있다.

- **版本構成**

  권1~4는「帝王爲治之序」와「帝王爲學之本」이다. 제왕이 정치하는 차례와 제왕이 학문하는 근본이 綱으로서 모든 것이 제왕의 몸과 마음으로부터 시작됨을 밝히고 있다. 目은 대학의 6조목을 부연하고 있다. 권5~27은「格物致知之要」이다. 여기에는 明道術, 辨人材, 審治體, 察民情이 있다. 도술을 밝히고 인재를 변별하며 정치하는 대체를 세밀히 살피고 민정을 살피는 일이 격물치지의 요령이라고 하였다. 권28~34는「誠意正心之要」이다. 여기에는 崇敬畏와 戒逸欲이 있다. 경외를 숭상하고 욕심을 경계하는 일이 성의정심의 요령이라고 하였다. 권35는「修身之要」이다. 謹言行과 正威儀가 있다. 언행을 삼가고 위의를 바르게 하는 일이 수신의 요령이라고 하였다. 권36~43은「齊家之要」이다. 여기에는 重妃匹, 嚴內治, 定國本, 敎戚屬이 있다. 배필을 소중히 여기고 내치를 엄격히 하고 국본을 정하고 척속을 가르치는 일이 제가의 요령이라고 하였다.

- **所藏處**

  국립중앙도서관, 서울대학교 규장각 등에 소장되어 있다.

(24) 춘추집전대전(春秋集傳大全)

書名	出版事項	版式狀況	一般事項	所藏番號
春秋集傳大全*	胡廣(明)等奉勅纂修, 16世紀刊	朝鮮木版本, 37卷19冊, 33.6×21.5cm, 四周雙邊, 半匡：22.1×16.4cm, 有界, 10行21字, 上下大黑口 上下內向四瓣花紋黑魚尾, 線裝, 楮紙	表題：春秋集傳, 表題：春秋四傳	001-1368~1386

- **槪要**

  『春秋』의 경문에 左丘明의 전과 公羊高의 전, 그리고 穀梁淑(一名 穀梁赤)의 전 등 '春秋三傳'이 전해져 왔는데 송나라의 胡安國이 전을 써서 각기 春秋經文의 뜻을 밝혔다. 그 후 명나라의 成祖 연간에 胡廣 등이 칙명으로 호안국의 전을 중심으로 三傳과 程·朱 등 제가의 주석을 덧붙여 편집 간행한 책이다.

- **編纂과 刊行**

  조선 성종 11년(1480년)에 홍문관의 관원에게 명하여 『春秋』의 四傳을 한데 모아 간행한 초주갑인자본이 있다. 이 책을 저본으로 선조 27년(1594)에 훈련도감에서 목활자로 인출한 책으로 木活字本(甲寅字體 訓鍊都監字本) 총 55권 55책이다.

● 著者 및 編者

편자인 胡廣(1370~1418)은 明나라 江西 吉水 출신으로 자는 光大이고, 호는 晃庵이며, 시호는 文穆이다. 建文 2년(1400)에 進士第一로 급제하여 翰林院 修纂, 文淵閣大學士 등을 역임하였다. 왕명으로 『周易大全』과 『書傳大全』・『詩經大全』・『禮記大全』・『春秋大全』・『四書大全』・『性理大全』의 편찬을 주관하였다. 지시에 『胡文穆集』 등이 있다.

● 版本構成

전체 55권 55책의 내용을 살펴보면, 권수는 杜預의 「左氏傳序」, 何休의 「公羊傳序」, 范甯의 「穀梁傳序」, 호안국의 「胡氏傳序」가 차례로 실려 있고, 이어 「春秋諸國興廢說」에 周, 魯, 齊, 晋, 衛 등 24개국의 흥망 사실을 간략하게 기술하였다. 권2~5는 隱公 1부터 은공 4로 주나라 은공 1년(周平王 49)에서 은공 11년까지, 권6~8은 桓公 1부터 환공 3으로 노나라 환공 1년(周桓王 9)에서 환공 말년까지, 권9~13은 莊公 1부터 장공 5로 노나라 장공 1년(周莊王 4)에서 장공 말년까지, 권14는 노나라 閔公 1년(周惠王 16)에서 僖公 원년까지, 권15~20은 僖公 2부터 희공 7로 희공 2년(周惠王 19)에서 희공 말년까지, 권21~24는 文公 1부터 문공 4로 노나라 문공 1년(周襄王 26)에서 문공 말년까지, 권25~28은 宣公 1부터 선공 4로 선공 1년(周匡王 5)에서 선공 말년까지, 권29~32는 成公 1부터 성공 4로 노나라 성공 1년(周定王 17)에서 성공 말년까지, 권33~40은 襄公 1부터 양공 8로 노나라 양공 1년(周簡王 14)으로부터 양공 말년까지, 권41~48은 昭公 1부터 소공 8로 노나라 소공 1년(周景王 4)에서 소공 말년까지, 권49~51은 定公 1부터 정공 3으로 노나라 정공 1년(周敬王 11)에서 정공 말년까지, 권52~54는 哀公 1부터 애공 3으로 노나라 애공 1년(周敬王 26)에서 애공16년 4월까지 각각 기사를 다루고 있다. 권55는 애공 4로 좌전의 기사만을 끝까지 싣고 있고, 권말에는 1480년(成宗 11) 에 姜希孟이 쓴 발문이 실려 있다.

● 所藏處

국립중앙도서관, 서울대학교 규장각, 계명대학교 동산도서관, 원광대학교 도서관 등에 소장되어 있다.

(25) 태평광기상절(太平廣記詳節)

書名	出版事項	版式狀況	一般事項	所藏番號
太平廣記詳節*	16世紀	朝鮮木版本(初鑄甲寅字飜刻), 零本 3冊, 33.9×20.7cm四周單邊, 半匡 : 24×16.2cm, 有界, 10行17字, 大黑口(混入白口)上下內向黑魚尾 混入二瓣花紋黑魚尾, 線裝, 楮紙	藏書記 : 冊主溪齋宅, 主驪江李…家藏, 版心題 : 廣記詳節, 所藏 : 卷8~11, 20~23, 35~37	001-0545 ~0547

● 槪要

조선 초기의 문신 成任(1421~1484)이 중국 송나라 때 소설집인『太平廣記』500권을 50권으로 정리한 책이다.

● 編纂과 刊行

成任이 集賢殿副校理로 있을 때 宋 李昉 등이 태종의 명을 받아 중국 역대의 야담·전설 등을 모아 편찬한『太平廣記』를 보다가 번잡한 부분을 제거하여 다시 50권으로 간략하게 정리하여 1460년(世祖 6)에 간행한 판본이 전한다. 옥산서원 소장본은 간행 시기를 정확히 확인하기 어렵고, 후쇄본의 하나로 추정된다.

● 著者 및 編者

편찬자 成任은 조선 전기의 문신으로, 본관은 昌寧, 자는 重卿, 호는 逸齋·安齋, 시호는 文安이다. 참판 成石因의 증손으로, 할아버지는 同知中樞府事 成揜이고, 아버지는 지중추부사 成念祖이다.

1438년(세종 20) 사마시에 합격하고, 1447년 식년 문과에 병과로 급제, 승문원정자에 제수되었다. 곧이어 승정원주서로 특진되었으며, 1453년 계유정란 때 세조를 도와 原從功臣 2등에 책록되었다. 그 뒤 예문관직제학을 거쳐, 判軍器監事·判司宰監事를 역임하면서『國朝寶鑑』 편찬에 참여하였다. 1457년(세조 3) 문과 중시에 병과로 급제, 첨지중추원사로서 당상관에 올랐다. 이듬해에 병조참의로 옮겼다가 곧, 승정원으로 옮겨 기밀 사무를 취급하면서 동부승지에서 도승지로 올랐다. 1461년 세조의 특별한 신임으로 이조참판에 제수되어 인사 행정과 함께 樂學都監提調를 겸하여 음률의 정비에 힘썼다. 回奏使 부사로 명나라에 다녀오기도 하였다. 이듬해 공조참판으로 옮겼다가 중추원부사를 역임하였다. 1464년 전라도관찰사로 나가서 민정과 군정을 다스리며 사냥을 즐기다가 의금부의 탄핵을 받기도 하였다. 그리하여 다시 내직으로 옮겨 형조참판·仁順府尹을 역임하며,『經國大典』편찬에 참여하였다. 1466

년 拔英試에 을과로 급제, 형조판서에 올라 지중추부사·지의금부사를 겸하고 사법 행정에 힘썼다. 곧 이조판서로 옮겨 인사관리법을 개정하면서 인사 행정에 기여했으나, 인사 부정이 있다고 하여 사헌부의 탄핵을 받기도 하였다. 1469년 친상으로 사임했다가 1471년(성종 2) 공조판서로 다시 부임하여 이듬해 명나라 황태자 冊封使로서 연경에 다녀왔다. 그 뒤 申叔 舟의 추천으로 성균관에서 후진 양성에 이바지하였다. 이어 지중추부사·개성부유수를 역임하고, 1482년 좌참찬에 올랐으나 병으로 사임, 지중추부사로 재직 중 병사하였다.

松雪體의 대가로 해서·행서를 득히 잘 썼으며, 글씨로는 「圓覺寺碑」·「韓繼美墓碑」·「崔恒 神道碑」 등이 있고, 경복궁 殿門의 편액과 왕실의 寫經 등 국가적 書寫를 많이 하였다. 중국의 『太平廣記』의 체재를 모방하여 고금의 異聞을 수집하고, 『太平通載』를 간행하였다. 문집으로 『安齋集』이 있다.

• 版本構成

『태평광기상절』의 편목을 살펴보면, 『태평광기』의 편목 순서와 완전하게 일치한다. 다만 『태평광기』에는 500권에 92개의 篇目과 그 중 일부에 다시 細目을 두어 합계 약 190여 개의 크고 작은 篇目이 있는데, 『태평광기상절』에는 그러한 구분을 없앤 채 50권에 143개의 편목을 두고 있다. 주요 편목으로 「神仙」, 「女仙」, 「異僧」, 「報應」, 「徵應」, 「定數」, 「鬼」, 「神」, 「畜獸」, 「再生」, 「草木」 등 11개의 편목이 비교적 분량이 많다.

• 所藏處

국립중앙도서관, 고려대학교 도서관, 충남대학교 도서관 등에 소장되어 있다.

(26) 필담(筆談)

書名	出版事項	版式狀況	一般事項	所藏番號
筆談*	15世紀刊	朝鮮木版本, 26卷 2冊, 30×20cm 四周雙邊, 半匡 : 19×14cm, 有界, 11行 20字, 大黑口, 上下內向黑魚尾, 線裝, 楮紙	跋 : …晋山姜希孟景醇謹 跋, 藏書記 : 萬歷元年八 月日玉山書院上(墨書)	001-0638 ~0639

• 槪要

宋나라의 학자·정치가인 沈括이 문학·예술·역사·行政·수학·물리·동식물·藥學·技術·天 文學 등 다양한 분야에 걸쳐 연구한 결과를 만년에 집대성한 책으로 원제는 『夢溪筆談』이다.

• **編纂과 刊行**

현전하는 중국간본 『몽계필담』 판본에는 26권 507조, 『補筆談』 2권 91조, 『續筆談』 1권 11조로 총 609조의 기사가 실려 있다. 이 책의 작성 시기는 정확하지 않으나 대체로 11세기 말이며 일반적으로 1086년에서 1093년 사이에 완성된 것으로 보는 것이 통설이다. 서명은 심괄이 만년에 은퇴한 후 潤州(지금의 鎭江)에 마련하였던 卜居處인 '夢溪園'에서 따온 것이라고 한다. 『몽계필담』 宋本 祖刻本은 일찍부터 산일되었는데, 流傳本의 考訂을 통해 最初 刻本은 30권이며 내용도 현재 판본보다 많았을 것으로 추정된다. 北宋代에 나온 揚州刻本과 南宋 孝宗 乾道 2年(1166)에 다시 重刻한 것이 있었는데 역시 전하지 않는다. 현전하는 最古 版本은 中國國家圖書館에 收藏된 1305년(원나라 大德 9) 陳仁子의 東山書院刻本이다. 이 판본은 南宋 乾道本의 重刊으로서 宋本의 형태를 짐작하게 한다.

국내 판본은 姜希孟이 주도하여 편찬한 것으로, 발문의 끝에 '龍集[歲次] 己亥 仲春에 季院 晉山 姜希孟 景醇은 삼가 발문을 쓴다.'라고 하였는데, 여기서 기해년은 1479년(성종 10)으로 강희맹의 나이 56세 때이다. 당시 간행하는 해에 서발문을 쓰는 관행으로 볼 때 1479년이 조선간본 『몽계필담』이 출간된 해로 일단 판단된다. 모든 문헌이 반드시 이러한 관행이 적용되는 것이 아니라는 점을 감안하더라도 1478~1479년 사이에 간행된 사실은 분명하다.

• **著者 및 編者**

중국 北宋의 학자이자 정치가인 沈括(1031~1095)의 자는 存中, 호는 夢溪翁이고, 지금의 저장성[浙江省]에서 출생하였다. 그는 당대의 유능한 정치가였을 뿐만 아니라, 박학하여 다양한 학문과 기술에 상당한 식견을 가지고 있었던 인물로 전한다. 주요 경력을 살펴보면, 司天監으로 있을 때 천체관측법·역법 등을 창안하였고, 王安石의 新法黨에 속했기 때문에 좌천되기도 하였으며, 지방관이 되어 여러 차례 변경지방을 시찰한 경험도 있었다고 한다. 당시 송나라는 북쪽 요나라의 압박을 받았는데, 1075년 이때 요나라에 파견되어 국경선 설정에 대해 공을 세웠으며 상세한 지도를 작성했다는 기록도 남아 있다. 그의 저서는 현재 대부분 일실되었으나, 대표 저작인 『몽계필담』(26권)에는 풍부한 그의 학식과 경험이 집대성되어 전해지고 있다.

• **版本構成**

전체 내용은 卷第一 故事一, 卷第二 故事二, 卷第三 辯證一, 卷第四 辯證二, 卷第五 樂律一, 卷第六 樂律二, 卷第七 象數一, 卷第八 象數二, 卷第九 人事一, 卷第十 人事二, 卷第十一 官政一, 卷第十二 官政二, 卷第十三 權智, 卷第十四 藝文一, 卷第十五 藝文二, 卷第十

六 藝文三, 卷第十七 書畫, 卷第十八 技藝, 卷第十九 器用, 卷第二十 神奇, 卷第二十一 異事, 卷第二十二 謬誤, 卷第二十三 譏譴, 卷第二十四 雜誌一, 卷第二十五 雜誌二, 卷第二十六 藥議로 구성되어 있다.

● 所藏處

1944년 李仁榮이 편찬한 해제『淸芬室書目』에 같은 판본이 零本 1책으로 기록되어 있는데, 2책 완질은 현재 옥산서원 소장본이 유일한 것으로 보인다.

(27) 한서(漢書)

書名	出版事項	版式狀況	一般事項	所藏番號
漢書*	班固 著, 顔師古 注	朝鮮初鑄甲寅字本(補木活字), 零本 50冊, 34.6×21.2cm, 四周雙邊, 半匡 : 25.4×17cm, 有界, 10行 17字, 上下內向黑魚尾混入六瓣花紋黑魚尾, 線裝, 楮紙	印記 : 晦齋(朱印), 所藏 : 全 54冊 中	001-1531 ~1580

● 槪要

중국 明나라의 학자 凌稚隆(?~?)이 前漢代 班固(32~92)의 紀傳體 史書인『漢書』에 대한 논평들과 주석서들을 모아 편집한 책이다.

● 編纂과 刊行

凌稚隆은 당시까지 간행된『漢書』의 여러 판본들과 주석서들에 오류가 많고 서로 다른 내용들이 많아, 景祐 2년(1035)에 간행된 宋本을 기본으로 하여 明代 正德과 嘉靖 연간(1505~1566) 國子監에서 간행된 판본을 참고로 하여 송본을 교정해서 이를 다시 편집하는 방식으로 간행했다. 국내 판본은 시기는 확인하기 어려우나 이 판본을 모본으로 하여 간행한 初鑄甲寅字本(補木活字)이다.

● 著者 및 編者

저자인 반고의 자는 孟堅이고, 산시성 咸陽 출생이며 西域都護였던 班超의 형이다. 아버지를 이어『漢書』의 저작에 몰두하였으나 國史를 자의적으로 해석한다는 이유로 투옥되기도 했다. 동생 반초의 노력으로 왕에게 용서를 받아 그 이후 다시 작업에 몰두하여 20여 년 만에『한서』를 완성하였다. 和帝 때에는 竇憲의 中護軍으로서 흉노 토벌의 원정길에 나서기도 했으나 결국 두헌의 반란사건에 연루되어 옥사하고 말았다. 그밖에도 『白虎通義』와 『兩都賦』 등을 남겼다. 반고가 죽은 후 반고의 누이동생인 班昭가 和帝의 명을 받아 미완성이었던 「八表와 「天文志」를 보완하였고 다시 馬續이 보완하여 완전한 『한서』로 완결되었다. 편자인 능치륭은 吳興 출신으로서 자는 以棟이며 호는 磊泉이다. 아버지 凌約言 또한 역사방면에 조예가 깊은 것으로 유명했다. 능치륭은 어릴 때부터 역사에 관심이 많아서 『한서』에 대한 주석서 이외에도 『사기』를 편집한 『史記評林』 130권도 저술했다. 그밖에도 『泉州府志』와 『烏井縣志』 등을 남겼다.

• 版本構成

전체 내용은 「本紀」 12권, 「表」 8권, 「志」 10권, 「列傳」 70권 등 모두 100권 36책으로 구성되어 있다.

• 所藏處

국립중앙도서관, 서울대학교 규장각, 부산대학교 도서관 등에 소장되어 있다.

(28) 황조도학명신언행외록(皇朝道學名臣言行外錄)

書名	出版事項	版式狀況	一般事項	所藏番號
皇朝道學名臣言行外錄*	李幼武 纂集, 16世紀刊	朝鮮木版本(庚子字飜刻), 圖, 7卷4冊, 26.2×19cm四周雙邊, 半匡 : 21.4×14.5cm, 有界, 11行 21字, 大黑口, 上下內向黑魚尾, 線裝, 楮紙	表題 : 宋朝名臣錄, 刊記 : 清道郡開刊, 卷末 : 行觀察使資憲大夫兼兵馬水軍節度使金應眞…校正生員成濬遠 貫生金度珍, 印記 : 玉山書院, 藏書記 : 權士毅所納	001-1173 ~1176

• 槪要

宋代 朱熹(1130~1200)와 李幼武가 宋代의 名臣과 儒學者들의 언행 등을 모아 편찬한 책의 한 부분이다.

• 編纂과 刊行

중국에서 이후 송, 원, 명대에 걸쳐 여러 차례 간행되었는데, 국내 판본은 정확한 시기는 확인하기 어려우나 그 중 宋代 李衡의 校正과 明代 張采(1596~1648)의 評閱과 馬嘉植의 參正을 거쳐 명말에 간행된 간본을 모본으로 하여 木版本(庚子字飜刻)으로 간행된 것으로 추정된다.

● 著者 및 編者

편자 주희의 자는 元晦 · 仲晦, 호는 晦庵 · 晦翁 · 雲谷山 · 滄洲病叟 · 遯翁 등이 있다. 福建省 尤溪에서 출생했다. 14세 때 아버지의 유언에 따라 胡籍溪, 劉白水, 劉屛山에게 사사하면서 불교와 노자의 학문에도 흥미를 가졌다. 24세 때 延平 李侗을 만나 사숙하면서 유학에 복귀 하게 된다. 19세에 진사시에 급제하여 71세에 생애를 마칠 때까지 여러 관직을 거쳤으나, 약 9년 정도만 현직에 근무하였을 뿐, 그 밖의 관직은 명목상의 관직이었기 때문에 학문에 전념할 수 있었다. 그가 세운 학문 체계인 성리학은 오랫동안 중국을 비롯한 동아시아 지식 인 사회를 지배하였다. 저서에 『論語要義』 · 『論語訓蒙口義』 · 『困學恐聞編』 · 『程氏遺書』 · 『論孟精義』 · 『資治通鑑綱目』 · 『八朝名臣言行錄』 · 『西銘解義』 · 『太極圖說解』 · 『通書解』 · 『程氏外書』 · 『伊洛淵源錄』 · 『古今家祭禮』 · 『近思錄』 · 『四書章句集注』 · 『周易本義』 · 『詩 集傳』 · 『楚辭集注』 등이 있다. 나중에 그의 글은 『朱文公文集』으로 편집되었고, 제자들과 토론할 때 남긴 말은 『朱子語類』로 편찬되었다.

● 版本構成

전체 내용은 주희가 편찬한 『五朝名臣言行錄』과 『三朝名臣言行錄』에 이를 토대로 李幼武 가 편찬한 『皇朝名臣言行續錄』 · 『四朝名臣言行錄』 · 『皇朝道學名臣言行外錄』을 합집한 것 으로 前集 10권, 後集 14권, 續集 8권, 別集 26권(상하 각 13권), 外集 17권 총 75권으로 구성되어 있다.

● 所藏處

국립중앙도서관, 서울대학교 규장각 등에 소장되어 있다.

(29) 가례(家禮)

書名	出版事項	版式狀況	一般事項	所藏番號
家禮	朱熹(宋)編	朝鮮木版本, 零本 1冊, 33.6×23.3cm, 四周雙邊, 半匡 : 25.2×19.4cm, 有界, 10行 20字, 註雙行, 上下內向四瓣 花紋黑魚尾, 線裝, 楮紙	印 : 獨樂堂印	001-1028

● 槪要

송나라 때 학자 朱熹(1130~1200)가 편찬한 禮書로, 『朱子家禮』 · 『朱文公家禮』 · 『文公家禮』

등으로도 불린다.

- **編纂과 刊行**

楊復의 附注와 劉垓孫의 補註가 들어있는 『纂圖集朱文公家禮』 10권이 있고, 劉璋의 보주가 있는 『文公家禮』 7권, 明 丘濬이 비평적 주석을 붙인 『文公家禮儀節』이 있다. 이 외에도 명明 夏允彝가 輯訂한 8권의 『文公家禮儀節』이 있고, 주석 없이 『家禮』로만 이름이 붙은 4권·5권·7권 본 등 여러 판본이 전하고 있다. 국내 판본은 7卷 3冊이며 1759년에 藝閣에서 간행한 것으로 표제와 판심제 모두 『家禮』라 되어 있다.

- **著者 및 編者**

편자 주희의 자는 元晦·仲晦, 호는 晦庵·晦翁·雲谷山·滄洲病叟·遯翁 등이다. 福建省 尤溪에서 출생했다. 14세 때 아버지의 유언에 따라 胡籍溪, 劉白水, 劉屛山에게 사사하면서 불교와 노자의 학문에도 흥미를 가졌다. 24세 때 延平 李侗을 만나 사숙하면서 유학에 복귀하게 된다. 19세에 진사시에 급제하여 71세에 생애를 마칠 때까지 여러 관직을 거쳤으나, 약 9년 정도만 현직에 근무하였을 뿐, 그 밖의 관직은 명목상의 관직이었기 때문에 학문에 전념할 수 있었다. 그가 세운 학문 체계인 성리학은 오랫동안 중국을 비롯한 동아시아 지식인 사회를 지배하였다.

저서로는 『論語要義』·『論語訓蒙口義』·『困學恐聞編』·『程氏遺書』·『論孟精義』·『資治通鑑綱目』·『八朝名臣言行錄』·『西銘解義』·『太極圖說解』·『通書解』·『程氏外書』·『伊洛淵源錄』·『古今家祭禮』·『近思錄』·『四書章句集注』·『周易本義』·『詩集傳』·『楚辭集注』 등이 있다. 나중에 그의 글은 『朱文公文集』으로 편집되었고, 제자들과 토론할 때 남긴 말은 『朱子語類』로 편찬되었다.

- **版本構成**

전체 내용은 총 7卷 3冊으로, 1권에 家禮圖, 家禮序, 「通禮」, 2권에 「冠禮」, 3권에 「昏禮」, 4권에 「喪禮」 初終부터 變服까지, 5권에 「喪禮」 治葬부터 反哭까지, 6권에 「喪禮」 虞祭부터 謝狀까지, 7권은 「祭禮」에 대한 내용이다. 1, 2권이 1책이고, 3, 4권이 1책이며, 5, 6, 7권이 1책으로 되어 있다.

- **所藏處**

국립중앙도서관, 서울대학교 규장각, 한국학중앙연구원 장서각, 계명대학교 동산도서관 등에 소장되어 있다.

(30) 개정대학(改正大學)

書名	出版事項	版式狀況	一般事項	所藏番號
改正大學	盧守愼 編輯, 慶州：玉山書院	朝鮮木版本, 1冊, 31.3×21.6cm, 四周雙邊, 半匡：21.1×16.4cm, 有界, 10行 18字, 上下内向六瓣花紋黑魚尾, 線裝, 楮紙	木記：萬曆壬寅玉山重刊	01-0740

• 槪要

盧守愼이 『大學』에 대한 독창적인 견해의 글을 수록한 『大學集錄』에서 일부를 빼고 축소하여 재편집한 책이다.

• 編纂과 刊行

盧守愼의 跋文으로 보아 간행 시기는 1665년(현종 6)으로 추정되고, 스승인 이언적과 학적 인연이 깊은 옥산서원에서 간행되었다.

• 著者 및 編者

편자 노수신은 조선전기 문신으로, 본관은 光州이다. 자는 寡悔, 호는 穌齋·伊齋·暗室·茹峰老人 등이다. 1531년(중종 26) 당시 성리학자로 명망이 있었던 李延慶의 딸과 결혼하여 그의 문인이 되었다. 27세 때인 1541년(중종 36) 당대 名儒였던 李彦迪에게 배우고 학문적 영향을 받았다. 1543년 式年文科에 장원급제한 이후 典籍·修撰을 거쳐, 1544년 侍講院司書가 되고, 같은 해 賜暇讀書하였다. 이후 良才驛壁書事件에 연루되어 19년간 귀양살이를 하였다. 1565년 괴산으로 이배되었다가, 1567년 선조가 즉위하자 풀려나와 校理에 기용되고, 이어서 대사간·부제학·대사헌·이조판서·대제학 등을 지냈다. 1573년(선조 6) 우의정, 1578년 좌의정을 거쳐 1585년에는 영의정에 이르렀다. 1588년 영의정을 사임하고 領中樞府事가 되었으나, 이듬해 10월 鄭汝立의 모반사건으로 기축옥사가 일어나자 과거에 정여립을 천거했다는 이유로 臺諫의 탄핵을 받고 파직되었다. 저서로 『소재집(蘇齋集)』이 있다.

• 版本構成

원전인 노수신의 『대학집록(大學集錄)』은 노수신 개인의 사상을 담고 있는 책이자 16세기 후반 조선 사상계의 성과와 과제를 담고 있는 자료이다. 이 책에는 중국과 조선에서 나온, 『대학장구』와는 시각을 달리하여 『대학』을 이해하는 주요한 글들이 실렸다. 『개정대학』은 『대학집록』에 실려 있던 왕수인의 글, 권근의 글, 『대학보유』에 대한 노수신의 발문을 제외한 나머지 자료로 만든 축소본이다.

• 所藏處

서울대학교 규장각, 蘇齋 宗家 등에 소장되어 있다.

(31) 격재차운당인시(格齋次韻唐人詩)

書名	出版事項	版式狀況	一般事項	所藏番號
格齋次韻唐人詩	19세기 중반 이후	朝鮮木版本, 不分卷 1冊, 29.5×19.3cm, 四周雙邊, 半匡 : 20.5×15.5cm, 有界, 10行 20字, 註雙行, 上下白口 上下內向四瓣花紋黑魚尾, 線裝, 楮紙	表題 : 格齋集, 跋 : 物之顯晦或有…歲辛卯季冬下澣延安金載順識	01-2097

• 槪要

조선 초기 문인인 孫肇瑞(?~?)의 문집인 『格齋集』에서 일부를 분리하여 재편집한 책이다.

• 編纂과 刊行

孫肇瑞(?~?)의 문집인 『格齋集』 卷2에 賡詩가 있는데 五言은 次唐詩韻이고, 七言은 次宋詩韻이다. 『格齋次韻唐人詩』는 이 가운데 五言 부분을 따로 떼어 만든 것으로 보인다. 간행 시기는 정확히 확인하기 어려우나 『格齋集』이 1831年刊이므로 19세기 중반 이후로 추정된다.

• 著者 및 編者

孫肇瑞의 자는 引甫, 호는 格齋·勉齋, 본관은 一直이다. 세종~세조 연간에 활동한 인물로 金宗直, 朴彭年 등과 교유한 것으로 전한다. 문집에 『格齋集』이 있다.

• 版本構成

원전인 『格齋集』은 本集 2권, 附錄 2권, 합 1책으로 구성되어 있다. 권수에 序가 실려 있다. 본집 권1은 詩 25수와 「天馬歌」가 실려 있는데, 家藏하고 있던 유시와 산일되어 있던 것을 수습하여 輯錄한 것으로 보인다. 권2는 「賡詩」 260제와 「無冤錄跋」 1편이 실려 있다. 그중 「갱시」는 벼슬을 버리고 난 이후에 忠義의 심정을 唐 · 宋 절구시에 차운하여 託意하여 지은 것이다. 이 중 五言은 唐詩에, 七言은 宋詩에 次韻한 것인데, 중간시에 五 · 七言 가운데 旨意가 大同한 것을 抄出하여 분류 · 편차하였다고 한다. 이 중에 五言이 唐詩를 차운한 것으로 『格齋次韻唐人詩』의 모본이 되는 부분이다. 부록 권1에는 「佔畢齋集」에서 뽑은 唱酬詩, 「朴先生遺稿」에서 抄出한 「孫同年高祖靖平公眞卷序」와 墓表, 아들 孫胤漢이 지은 초간시의 跋文이 실려 있다. 권2에는 墓碣銘, 서사가 享祀된 靑湖書院에 관한 기록, 追贈에 관계되는 기록이 실려 있다. 권미에는 李宜翰과 金載順의 중간발이 실려 있다.

• 所藏處

한국학중앙연구원 장서각, 경기대학교 도서관 등에 소장되어 있다.

(32) 경사집설(經史集說)

書名	出版事項	版式狀況	一般事項	所藏番號
경사집설 經史集說		朝鮮木版本, 15卷 5冊, 29.6×19.9cm, 四周單邊, 半匡 : 21.5×14.7cm, 有界, 16行 23字, 上下內向 四瓣花紋黑魚尾, 線裝, 楮紙		01-0490 ~0494

• 槪要

조선시대에 중국의 유가 경서와 사서 가운데 핵심적인 내용을 뽑아 놓은 類書이다.

• 編纂과 刊行

국내 판본은 소형 목활자로 인쇄한 목활자본이 대부분인데, 간행 시기는 조선 후기로 추측되나 서문 또는 발문이 없어 편찬자 및 간행 경위를 자세히 알 수 없다.

• 著者 및 編者

著者 및 編者 모두 미상이다.

• 版本構成

권1에 天道門 29항목, 地道門 18항목, 祥瑞門 · 徒異門 각 4항목, 君位門 11항목, 권2~5에 君道門 65항목, 亂政門 17항목, 臣道門 46항목, 人倫門 24항목, 권6에 人品門 30항목, 吏部

門 16항목, 권7에 官爵門 15항목, 外職門 11항목, 戶部門 22항목, 寶貨門 6항목, 권8에 禮部門 86항목, 音樂門 8항목, 道學門 10항목, 권9에 經籍門 21항목, 宴飮門・飮食門 각 4항목, 喪禮門 13항목, 권10・11에 兵部門 20항목, 制肩門 23항목, 器械門 4항목, 권12에 刑部門 42항목, 工部門 19항목, 服用門 5항목, 권13에 器用門 16항목, 時事門 17항목, 권14・15에 人事門 49항목, 禽獸門 19항목, 花木門 7항목, 果實門 13항목 등 34문 698항목으로 규정되어 있다.

● 所藏處

국립중앙도서관 등에 소장되어 있다.

(33) 경서류초(經書類抄)

書名	出版事項	版式狀況	一般事項	所藏番號
경서류초 經書類抄		朝鮮木版本, 3卷 2冊, 25×17.7cm, 四周單邊, 半匡 : 18.3×13.7cm, 有界, 9行 7字, 上下內向四瓣瓣花紋黑魚尾, 線裝, 楮紙	印記 : 玉山書院(朱印), 藏書記 : 玉山書院上	01-0454 ~0455

● 槪要

유교 경전의 주요 字句를 類別로 나누어 각 類에 해당되는 여러 경전의 내용을 빠르게 검색하거나 그 출전을 찾아볼 수 있게 한 책이다.

● 編纂과 刊行

編纂과 刊行에 대한 정보는 미상이다. 본문에 인용된 서적은 『易經』・『書經』・『詩經』・『禮記』・『儀禮』・『論語』・『孟子』・『中庸』・『大學』・『小學』・『孝經』・『國語』・『春秋左傳』・『爾雅』・『說苑』・『家語』 등 모두 16종이며, 대부분 서명의 한 글자를 표출하였으나, 「시경」의 경우에는 편명을 표출하였다. 경전의 초출과 표출에 있어 여러 가지 결점이 지적되었으나, 조선시대에 과거를 준비하거나 경학을 공부하는 사람을 위한 편의적 목적으로 구성되어 있다.

● 著者 및 編者

編者는 관련 기록이 확인되지 않아 미상이다.

● 版本構成

완본은 天道部·地理部·人倫部·君道部·后妃部·卜筮部·治化部 등 32부로 나뉘고 그 아래에 각기 해당 항목이 달리는 방식으로 총 210항목이 類別되어 있는데, 상권·중권·하권과 부록의 총 4책이다.

● 所藏處

한국국학진흥원 도시권, 성균관대학교 존경각 등에 소장되어 있다.

(34) 고금역대표제주석십구사략통고(古今歷代標題註釋十九史略通攷)

書名	出版事項	版式狀況	一般事項	所藏番號
古今歷代標題註釋十九史略通攷	曾先之(宋) 編; 余進宗海 通攷, 慶州 : 庚午	朝鮮木版本(戊申字飜刻), 7卷 7冊, 32.2×21.6cm, 四周單邊, 半匡 : 22.1×16.9cm, 有界, 10行 17字, 上下內向四瓣花紋黑魚尾, 線裝, 楮紙	刊記 : 庚午孟夏慶州重刊	01-0611~0617
古今歷代表題註釋十九史略通攷	曾先之(元) 編; 余進宗海 通攷	朝鮮木版本, 零本 1冊, 31.2×23cm, 四周單邊, 半匡 : 20.7×18.5cm, 有界, 10行 17字, 註雙行, 上下內向四瓣花紋黑魚尾, 線裝, 楮紙	表題·版心題 : 史略, 所藏 : 卷2	01-1029

● 槪要

원나라의 曾先之가 편찬한『十八史略』에 명나라 余進이『元史』를 합하여 증편한 역사서이다.

● 編纂과 刊行

증선지가 처음 편찬한 이『十八史略』은, 중국의 태고로부터 송나라 말기까지의 역사를 중국의 역사서인 사마천의『史記』를 비롯하여『五代史』까지의 역대 正史와 송대의 사료인 李燾의『續資治通鑑長編』과 劉時擧의『續宋編年資治通鑑』을 토대로 초략하여 이를 시대순으로 편찬한 것이다. 증선지가 편찬한 원본은 2권이었으나, 명나라의 陳殷이 여기에 音釋을 부쳐 7권으로 재편하였다. 그 후 명나라의 여진이『元史』1권을 추가하여『十九史略通考』8권으로 편찬하였다. 국내 판본은 정창순이 경상도 관찰사로 나가 있던 1785년에 錦城의 문인 丁倪祖가 通考한 것을 받아 편차하여 목판으로 간행한 것이다.

● 著者 및 編者

편찬자 증선지는 송나라 말기에서 원나라 초기 사람으로서 字는 從野이고, 廬陵에서 태어났다는 것 외에는 잘 알려져 있지 않다. 그리고 이 책을 증편한 余進은 명나라 정통 연간에 살았던 사람으로, 字는 宗海이며 鄱陽 출신이라는 사실만 알려져 있다.

국내에서 이 책을 증편한 정창순은 조선 후기의 문신으로 1727년(영조 3)에 태어났으며, 본관은 溫陽이다. 자는 祈天, 호는 四於이다. 그는 1757년(영조 33) 정시문과에 을과로 급제, 출사하여 1772년에는 대사간에 올랐으며, 1777년(정조 1) 대사헌이 되었다. 1790년 선혜청제조로 있을 때 양전의 필요성을 상소한 바 있으며, 예조판서를 거쳐 판중추부사에 이르렀다. 1782년 『松都誌』와 『松都雜記』의 두 책을 증보하여 합편한 바 있고, 특히 왕명으로 1784년 『同文彙考』를 집성하였으며, 다음 해 『십구사략통고』를 편찬하였다.

현재 국내에서 간행된 『십구사략통고』는 대략 20여 종 이상의 많은 판본이 존재하는 것으로 알려져 있다. 활자본으로 1668년(현종 9)에 주조된 戊申字로 초기에 인출한 印本과 1744년(영조 20) 12월에 예조참의 趙明履(1697~1756)가 교서를 받들어 무신자로 간행한 활자본(8권 7책) 등 2종이 있고, 그리고 1785년에 인출된 丁酉字本 등 대략 3종의 활자본이 간행되었던 것으로 보인다. 목판본으로 1558년의 담양부, 1750년의 경주부, 1772년 영변부, 1782년의 완산부 등에서 개판한 지방관판본이 알려져 있는데, 이밖에도 안동, 원주, 평양, 함흥 등에서도 판각된 사실이 보이고 있다.

● 版本構成

권1은 三皇~戰國時代, 권2는 秦~西晋, 권4는 東晋~隋, 권5는 唐, 권6은 梁~宋, 권7은 南宋, 권8은 元을 수록하고 있다. 그리고 조선시대 鄭昌順이 『명사』의 正史 및 通紀 등의 提綱을 촬요하고, 증선지의 편년체를 모방하여 편찬한 『明史』를 續錄하였다.

● 所藏處

국립중앙도서관, 서울대학교 규장각 등에 소장되어 있다.

(35) 구양문충공오대사초(歐陽文忠公五代史抄)

書名	出版事項	版式狀況	一般事項	所藏番號
歐陽文忠公五代史抄	歐陽修 著	朝鮮木版本, 20卷 3冊, 26.2×16.3cm, 四周單邊, 半匡 : 18.9×13.3cm, 有界, 10行 24字, 上下向黑魚尾, 線裝, 楮紙	題簽 : 歐陽文忠公五代史抄, 表題 : 八大家文抄	01-0362~0364

- **概要**

    宋 歐陽修(1007~1072)의 『五代史』에 대한 明 茅坤(1512~1601)의 批評書이다.

- **編纂과 刊行**

    古活字 木版本으로 15세기 후반 국내에서 간행한 것으로 추정되나, 序跋이 없어 정확한 刊行 年代는 확인하기 어렵다.

- **著者 및 編者**

    저자 歐陽脩의 자는 永叔, 호는 醉翁·六逸居士이고, 江西省 吉安 출생이다. 1027년 진사 시험에 합격, 參知政事에까지 승진했으나 왕안석의 혁신 정치에 반대하여 퇴관하였다. 古文을 부흥하는 데 노력하였고, 唐代의 화려한 시풍에 반대하여 신시풍을 열었으며, 시문 양방면에 송대 문학의 기초를 확립했다. 당송 8대가 중 한 사람이다. 저서에 『구양문충공집』·『신당서(新唐書)』·『五代史記』 등이 있다.

    편자 茅坤은 자는 順甫, 호는 鹿門, 浙江省 歸安 출생이다. 1538년 진사에 급제하고, 靑陽·丹徒縣의 지사에서 시작하여 吏部稽勳司, 廣平通判, 廣西近備僉事 등을 역임하였다. 猺族의 반란을 진압하였고, 胡宗憲의 휘하에서 왜구 평정을 도왔다. 擬古派 풍조가 성할 때 『唐宋八大家文鈔』(144권)를 편집한 것으로 유명하다. 저서에 『玉芝山房稿』·『海寇後編』·『徐海本末』 등이 있다.

- **版本構成**

    권1과 권2에는 本紀로서, 각각 「梁太后傳」과 「唐莊宗紀」, 「唐明宗紀」가 수록되어 있다. 권3에는 「唐劉后傳」 등 총 6수의 家人傳이 실려 있으며, 권4에는 「敬翔傳」 등 총 7수의 梁臣傳이, 권5에는 「郭崇韜傳」 등 총 2수의 唐臣傳이, 권6에는 「周德威傳」 등 총 5수의 唐臣傳이, 권7에는 「烏震傳」 등 총 5수의 唐臣傳이, 권8에는 「豆盧革傳」, 「晉臣景延廣傳」, 「周臣王朴傳」 등 총 6수의 唐晉周臣傳이, 권9에는 「死節傳」 3수와 「死事傳」 8수 등 총 11수가, 권10에는 「行傳」 4수와 「六臣傳」 6수, 「義兒傳」 2수 등 총 12수가, 권11에는 「伶官傳」 3수와 「宦者傳」 3수 등 총 6수가 실려 있다. 권12~16은 「雜傳」이다. 권12에는 「王鎔傳」 등 총 4수가, 권13에는 「李茂貞傳」 등 총 3수가, 권14에는 「康延孝傳」 등 총 7수가, 권15에는 「皇甫暉傳」 등 총 5수가, 권16에는 「馮道傳」 등 총 6수가 실려 있다. 권17에는 「司天考論」 등 총 2수의 論이 실려 있으며, 권18과 19에는 「楊行密世家」, 「錢鏐世家」 등 각각 3수, 2수씩의 世家가 실려 있다. 권20은 「四夷附錄」으로, 契丹族의 유래 및 고유한 생활습관, 역사 등에

대해 서술하고 있다.

• 所藏處

서울대학교 규장각, 계명대학교 동산도서관 등에 소장되어 있다.

(36) 궐리지(闕里誌)

書名	出版事項	版式狀況	一般事項	所藏番號
闕里誌	陳鎬 編	朝鮮木版本, 3卷 3冊, 27.2×20.2cm, 四周單邊, 半匡 : 23×17.3cm, 有界, 10行 18字, 註雙行, 上下白口 上下內向四瓣花紋黑魚尾, 線裝, 楮紙	序 : 闕里誌者志吾子夫子…歲闕逢困敦陽月辛巳月城崔鉉弼謹序, 識 : 菊柱赤蛇榮杓以…夫子七十四世孫榮杓謹識	01-1936 ~1938

• 概要

明代 陳鎬가 孔子의 遺址인 闕里(山東 曲阜)의 연혁을 저술한 책이다.

• 編纂과 刊行

陳鎬의 원저는 원래 13권인데 重刊本에서는 10권으로 정리되었다. 내용에는 차이가 없고 다만 初刊本 「歷代碑記」의 내용을 명나라 이전의 것은 「歷代碑記」라고 하고 명나라의 것은 「國朝碑記」라고 하여 나누어서 편집하였다. 본서의 내용을 보면 책머리에 李東陽의 서문이 있고 책의 편찬 凡例가 실려 있다. 국내 판본은 언제 간행되었는지는 정확히 알 수 없으나, 중국 重刊本本과 비교해 볼 때 내용에 차이는 없고 다만 편집만 다르다.

• 著者 및 編者

저자 陳鎬는 會稽 출신으로 1487년(成化 23)에 進士로 급제한 뒤 右副都御史와 湖廣巡撫 등을 역임한 사람으로 본서 외에도 『振鷺集』 등의 저술이 있다.

• 版本構成

권1은 「圖像」으로 孔子圖, 魯國圖, 宋·金·元대의 闕里廟制와 明代의 新廟制, 禮器圖, 樂器圖, 舞佾圖 등이 그려져 있다. 권2의 「世表」에는 周代부터 明代까지 공자의 世系가 기록되어 있으며, 「姓譜」「本姓」 등에서는 공자 선조들의 내력을 기록하였다. 그 밖에 『史記』

「孔子世家」에 실려 있는 내용, 공자 후손들의 封爵·官歷의 내용, 현달한 자손들의 이력 등이 기록되어 있다. 권3의 「事蹟」에는 공자의 年譜가 기록되어 있으며, 「林廟」에는 공자묘와 사당에 있는 각 건물의 명칭과 창건 연대, 관련 고사, 묘당 내외의 여러 古蹟들에 관한 내용 등을 기록하였다. 「戶役」에는 각 왕대별로 공자묘에 지급되었던 각 戶口의 수를 기록하였고, 「門弟子」에는 공자 제자 77인의 열전이 실려 있는데 35명은 행적이 기록되어 있고 42명은 이름과 생몰년만이 기록되어 있다. 그리고 「諡號」에는 공자에게 주어진 여러 시호들을 기록히였고 「祀典」에는 각 왕대에 공자에게 제사한 내용들을, 「歌章」에는 공자를 찬양하는 노래들이 기록되어 있다. 권4와 권5 전반부의 「制勅」에는 공자묘 및 공자에 대한 제사 등에 관하여 역대 황제들이 내린 조서의 내용들이 실려 있다. 권5 후반부에서 권7까지는 「御製孔子廟碑文」, 「御製重修孔子廟碑文」, 「御製重修闕里孔子廟碑文」 등 비문과 여러 致祭文, 공자 및 그 제자들에 대한 讚, 「修闕里廟坦記」, 「錫復安孟祭田之碑」, 「孟廟致嚴堂記」 등 공자 및 그 제자들에 관한 각종 碑記들이 기록되어 있다. 제 8권에는 공자에 대한 여러 祭文들과 공자의 선조 및 제자들 그리고 司馬光·周敦頤 ·邵雍·張載·程頤·程顥 등 유학의 발전에 공이 있는 인물들에 관한 讚이 실려 있으며 그 밖에 공자를 찬양하는 여러 詩와 賦들이 실려 있다. 권9의 「奏疏」에는 「唐魯國公請修廟奏狀」, 「宋王欣若請勅修廟奏狀」, 「重建闕里廟成謝表」 등 闕里祠의 重修·重建에 관련된 奏疏들이 실려 있으며, 권10에는 공자 및 공자 후손들에 대한 墓誌銘이 기록되어 있다. 그리고 책의 끝에 徐源의 後序와 陳鎬의 跋文, 책을 편찬하는 데 참가한 사람들의 명단 등이 기록되어 있다.

• 所藏處

국립중앙도서관, 서울대학교 규장각, 한국국학진흥원 도서관 등에 소장되어 있다.

(37) 근사록(近思錄)

書名	出版事項	版式狀況	一般事項	所藏番號
近思錄	朱熹, 呂祖謙(宋) 共著	朝鮮木版本, 14卷 4冊, 34×22.5cm, 四周單邊, 半匡 : 22.8×16.8cm, 有界, 9行 18字, 上下下向黑魚尾, 線裝, 楮紙	序 : …皇宋受命列聖傳…淳祐 戊申長至日建安葉采謹序	01-1364 ~1367

• 槪要

『近思錄』은 주자학의 입문서이자 교과서로, '近思'는 『論語』의 "널리 배우고 돈독히 하며,

절실하게 묻고 가까이 생각하면 仁은 그 가운데 있다."는 구절에서 따온 것이다. 眞德秀의 『心經』과 함께 신유학의 필수문헌으로 중시되었다.

• 編纂과 刊行

宋代 朱熹가 친구인 呂祖謙과 함께 자신들의 선배인 北宋의 네 선생, 즉 周敦頤, 程顥·程頤 형제 그리고 張載의 글을 주제별로 분류 편찬한 選集이다. 국내에는 고려 말 성리학이 유입될 때 들어와 1370년 李仁敏이 4책으로 복간하였으며, 1519년(中宗 14) 구례현감 安處順에 의해 목판본으로 간행되었다.

• 著者 및 編者

저자인 朱熹(1130~1200)는 福建에서 출생하였고, 자는 元晦·仲晦이며, 호는 晦庵·晦翁·雲谷山人·滄洲病叟·遯翁이다. 18세에 지방의 과거 예비시험 解試에 합격하였고 이듬해 수도 臨安에서 본시험에 합격하였다. 1151년 22세 때 吏部 임관시험에 합격하여 福建 同安의 主簿로 벼슬을 시작하였다. 그런데 조정의 한직을 계속 맡음으로써 학자로서의 생활을 꾸려나갈 수 있었고 사상과 학문은 점점 깊어졌다. 저서로는 『論語要義』·『論語訓蒙口義』·『困學恐聞編』·『程氏遺書』·『論孟精義』·『資治通鑑綱目』·『八朝名臣言行錄』·『西銘解義』·『太極圖說解』·『通書解』·『程氏外書』·『伊洛淵源錄』·『古今家祭禮』·『近思錄』·『四書章句集注』·『周易本義』·『詩集傳』·『楚辭集注』 등이 있다.

편자인 呂祖謙(1137~1181)은 婺州 金華 출신으로 자는 伯恭이며, 호는 東萊先生이다. 林之奇와 汪應辰 등에게 사사하였으며, 孝宗 隆興 원년(1163) 進士에 급제한 뒤 다시 博學宏詞科에 합격하였다. 著作郎 兼 國史院編修官을 거쳐 『徽宗實錄』 중수에 참여하였고, 『皇朝文鑑』을 편찬하고 간행하였다. 저서에 『呂氏家塾讀詩記』 32권과 『東萊先生左氏博議』 25권, 『呂東萊先生文集』 40권, 『歷代制度詳說』 등이 있으며, 朱熹와 共著한 『近思錄』이 있다.

• 版本構成

卷1 : 道體. 卷2 : 爲學. 卷3 : 致知. 卷4 : 存表. 卷5 : 克己. 卷6 : 家道. 卷7 : 出處. 卷8 : 治體. 卷9 : 治法. 卷10 : 政事. 卷11 : 敎學. 卷12 : 警戒. 卷13 : 辨異端. 卷14 : 觀聖賢.

• 所藏處

국립중앙도서관, 서울대학교 규장각, 한국학중앙연구원 장서각 등에 소장되어 있다.

(38) 남화진경(南華眞經)

書名	出版事項	版式狀況	一般事項	所藏番號
南華眞經	郭子玄 撰	朝鮮木版本, 10卷 10冊, 33×21cm, 四周雙邊, 半匡 : 24×16.6cm, 有界, 10行 19字, 上下內向六瓣花紋黑魚尾, 線裝, 楮紙	序 : 夫莊子者可謂知本矣 故未始…諸同志者共之	01-0549 ~0558

● 概要

중국 戰國時代 莊周의 저서로 『莊子』로 알려져 있는데, 唐 玄宗이 莊周를 '南華眞人'으로 追號함에 따라 『南華眞經』이라는 이름을 붙였다. 내용은 內篇 7권, 外篇 15권, 雜篇 11권으로 나누어졌는데, 내편이 가장 오래된 것으로 莊子 사상의 정수가 포함되어 있다.

● 編纂과 刊行

여러 판본이 있으나 晉 郭象의 주석을 단 33권이 선본으로 인정받고 있다. 그 중 조선에서 간행된 『南華眞經』은 1520년 이전 郭子玄이 註, 陸德明의 音義, 林希逸의 口義를 倂記하여 편찬한 책이며 1506~1567년에 간행된 것으로 추정되는 乙亥字本과 1546~1608년 乙亥字混入補字本, 乙亥字覆刻本이 있다. 전체 10권 10책으로 본문의 내용은 林希逸의 『莊子鬳齋口義』와 동일하다.

● 著者 및 編者

저자인 莊周(생졸년 미상)는 戰國時代 宋나라의 蒙 출신으로 자는 子休이고, 호는 南華眞人이다. 楚나라 威王(?~BC 327) 시대에 활동하였으며, 공자에 버금가는 성인으로 존경받는다. 老子와 더불어 '老莊'으로 일컬어진다.

주석자인 陸元朗(생졸년 미상)는 唐나라의 학자로 자는 德明이다. 처음에 隋나라를 섬겼으나, 당고조의 초빙으로 대학박사·국자박사가 되었다. 그가 편찬한 『經典釋文』은 經學 原典을 정리한 책의 효시로 불린다.

주석자인 林希逸(1193~1271)은 宋나라 福州 福淸 출신으로 자는 肅翁·淵翁이고, 호는 竹溪·鬳齋 등이다. 理宗 端平 2년(1235) 進士가 되었고, 淳祐 연간에 秘書省正字와 考工員外郞을 역임하였다. 저서에는 『易講』과 『春秋正附篇』·『鬳齋考工記解』·『老莊列三子口義』·『竹溪稿』·『鬳齋續集』 등이 있다.

- 版本構成

內篇：逍遙遊·齊物論·養生主·人間世·德充符,大宗師·應帝王. 外篇：駢拇·馬蹄·胠篋·在宥·天地·天道·天運·刻意·繕性·秋水·至樂·達生·山木·田子方·知北遊. 雜篇：庚桑楚·徐無鬼·則陽·外物·寓言·讓王·盜跖·說劍·漁夫·列禦寇·天下.

- 所藏處

국립중앙도서관, 서울대학교 규장각, 한국학중앙연구원 장서각 등에 소장되어 있다.

(39) 논어집주대전(論語集註大全)

書名	出版事項	版式狀況	一般事項	所藏番號
論語集註大全	胡廣(明)等奉勅纂	朝鮮木版本, 20卷 7冊, 34.1×21.5cm, 四周雙邊, 半匡：23.2×16.8m, 有界, 10行 20字, 註雙行, 上下內向黑魚尾, 線裝, 楮紙		01-0788~0794
論語集註大全	胡廣(明)等奉勅纂	朝鮮木版本, 零本 4冊, 31×21.2cm, 四周雙邊, 半匡：22.8×16cm, 有界, 10行 22字, 註雙行, 上下白口 上下內向黑魚尾, 線裝, 楮紙	表題：論語, 所藏：卷3~13	01-2670~2673
論語集註大全	胡廣(明)等奉勅纂修, 大邱：嶺營, 乙丑重刊	朝鮮木版本, 20卷 7冊, 33.5×23cm, 四周雙邊, 半匡：23.2×18.2cm, 有界, 10行 22字, 註雙行, 上下白口 上下內向四瓣花紋黑魚尾, 線裝, 楮紙	表題：論語, 本記：乙丑四月嶺營重刊, 序：史記世家曰…文義讀之念久但學意味深長	01-2670~2673

- 槪要

『論語集註大全』은 明代 永樂帝 때에 胡廣(1370~1418) 등이 여러 학자의 주석을 토대로 편찬한 四書大全 가운데 하나이다.

- 編纂과 刊行

이 책은 조선시대 世宗朝에 유입되어 간행된 이래 가장 많이 복각·중간되었다. 10행 22자로 된 간본이 最古本이라 할 수 있는데, 1429년 王命으로 강원감영에서 간행되었으며, 明의 永樂版『四書五經大全』을 저본으로 覆刻한 것이다. 1429년 간본을 底本으로 하여 중앙과 지방에서 여러 차례 重刊하였다. 중앙에서는 成均館에서 간행된 것이 있는데, 經書의 대부분은 校書館에서 간행하지만 이 책은 이례적으로 성균관에서 간행하였다. 한편 지방에서는 咸營과 嶺營에서 官板本으로 重刊되었고, 전주에서는 방각본과 후쇄본이 간행되었다. 咸營 간본의 刊記에는 '辛未 月 日 咸營苗刊'이라 되어있지만, 정확한 연대를 추정하기는 어렵다. 營本은 4종은 刊記가 '乙丑(1745)四月嶺營重刊', '戊午(1858)五月嶺營重刊', '壬午(1822)新刊 嶺營藏板', '丁巳正月嶺營重刊'(연대 미상)으로 되어 있다. 1820년에 內閣에서 간행된 10행 18자의 판본이 있는데, 이것은 정유자복각본이다. 경상감영에서 1822년에 간행된 판본이 이 내각본의 판식을 따르고 있으며, 1918년에 경싱의 회동시관에서 후쇄본이 간행되었다.

• 著者 및 編者

편찬자인 胡廣은 明나라 江西 吉水 출신으로 자는 光大이고, 호는 晃庵이며, 시호는 文穆이다. 建文 2년(1400)에 進士第一로 급제하여 翰林院 修纂, 文淵閣大學士 등을 역임하였다. 왕명으로 『周易大全』과 『書傳大全』・『詩經大全』・『禮記大全』・『春秋大全』・『四書大全』・ 『性理大全』의 편찬을 주관하였다. 저서에는 『胡文穆集』 등이 있다.

• 版本構成

卷1 : 學而, 卷2 : 爲政, 卷3 : 八佾, 卷4 : 里人, 卷5 : 公冶長, 卷6 : 雍也, 卷7 : 述而, 卷8 : 泰伯, 卷9 : 子罕, 卷10 : 鄕黨, 卷11 : 先進, 卷12 : 顔淵, 卷13 : 子路, 卷14 : 憲問, 卷15 : 衛靈公, 卷16 : 季氏, 卷17 : 陽貨, 卷18 : 微子, 卷19 : 子張, 卷20堯曰.

• 所藏處

국립중앙도서관, 서울대학교 규장각, 한국학중앙연구원 장서각 등에 소장되어 있다.

(40) 당시정음집주(唐詩正音輯註)

書名	出版事項	版式狀況	一般事項	所藏番號
唐詩正音	楊士弘(元) 編	朝鮮木版本, 6卷 5冊, 28.5×17.8cm, 四周雙邊, 半匡 : 19.5×13.7cm, 有界, 10行 18字, 上下內向四瓣花紋黑魚尾, 線裝, 楮紙	表題 : 唐詩, 版心題 : 正音	01-0514 ~0518
唐詩正音輯註	楊士弘(元) 編	朝鮮木版本, 1冊, 30.5×18.8cm, 四周雙邊, 半匡 : 20.9×14.9cm, 有界, 9行 17字, 註雙行, 上下內向六瓣花紋黑魚尾, 線裝, 楮紙	表題 : 唐詩, 序 : …襄城楊伯謙 好唐人…虞集序	01-0770

唐詩正音輯註	楊士弘(元) 編	朝鮮木版本, 1冊, 30.5×18.8cm, 四周雙邊, 半匡: 20.9×14.9cm, 有界, 9行 17字, 註雙行, 上下內向六瓣花紋黑魚尾, 線裝, 楮紙	表題 : 唐詩, 序 : …襄城楊伯謙好唐人…虞集序	01-0770
唐音遺響	楊士弘(元) 編	朝鮮木版本, 零本 2冊, 28.3×18cm, 四周單邊, 半匡: 20.5×13.6cm, 有界, 10行 18字, 註雙行, 上下內向六瓣花紋黑魚尾, 線裝, 楮紙	表題 : 遺響	01-0771 ~0772

• 概要

元나라 때 楊士弘(?~?)이 唐詩 1,341수를 모아 만든 唐詩選集에 張震이 諸家의 주를 단 책이다.

• 編纂과 刊行

중국 판본으로는 『四庫全書』本과 『湖北先生遺書』本, 그리고 明初 建安葉氏刊本 등이 전하고 있다. 하지만 국내 판본은 대부분 목판본으로 전하는데 간행 시기는 정확히 확인하기 어렵다. 다만, 『淸芬室書目』에 따르면 조선에서는 『唐詩正音輯註』 동활자본 14권 10책이 명종 11년인 嘉靖 35년(1556) 4월에 간행되었다고 한다.

• 著者 및 編者

편자 楊士弘은 字가 伯謙이며, 襄城(지금의 河南省) 사람이다. 저서로는 이 시집 외에 『覽池春草集』이 있다. 『당음』은 양사홍이 10년간의 정력을 기울여 1344년(至正 4)에 완성했다고 전한다.

• 版本構成

총 15권인 『唐音』은 「始音」, 「正音」, 「遺響」으로 나뉘어져 있고, 모두 1,341수의 唐詩를 수록하고 있다. 「始音」에는 王勃, 楊炯, 盧照鄰, 駱賓王의 '初唐四傑'의 작품을, 「正音」에는 시체별로 분류하여 初·盛唐, 中唐, 晚唐의 작품을, 「遺響」에는 「正音」에 수록되지 않은 여러 시인들의 시와 승려나 여성 등의 방외인의 시를 위주로 실었다.

• 所藏處

국립중앙도서관, 서울대학교 규장각 등에 소장되어 있다.

(41) 대학장구대전(大學章句大全)

書名	出版事項	版式狀況	一般事項	所藏番號
大學章句大全	朱熹(宋)章句; 胡廣等受勅纂修	丁酉字飜刻, 1冊, 38×24.4cm, 四周單邊 半匡 : 22.7×16.4cm, 有界, 10行 18字, 上下向四瓣花紋黑魚尾, 線裝, 楮紙	表題 : 大學, 版心題 : 大學章句, 序 : …淳熙己酉二月甲子新安朱熹序	01-0262
大學章句大全	胡廣(明)等奉勅纂撰, 大邱 : 嶺營, 戊午(1798)刊	朝鮮筆寫本, 1冊, 32.2×21.5cm, 四周雙邊 半匡 : 22.6×18.4cm, 有界, 10行 22字, 上下內向四瓣花紋黑魚尾, 線裝, 楮紙	表題 : 大學, 底本刊記 : 戊午嶺營重刊, 序 : …淳熙己酉二月甲子新安朱熹序	01-1202
大學章句大全	胡廣(明)等奉勅撰	朝鮮筆寫本, 1冊, 30.8×20.6cm, 筆寫, 有界, 10行 22字, 上下向四瓣花紋魚尾, 線裝, 楮紙	表題 : 大學, 序 : …淳熙己酉二月甲子新安朱熹序	01-1203
大學章句大全	胡廣(明)等奉勅纂, 17世紀刊	丁酉字飜刻, 1冊, 30.5×20.5cm, 四周雙邊 半匡 : 22×16.8cm, 有界, 10行 17字, 註雙行, 上下向四瓣花紋黑魚尾, 線裝, 楮紙	表題 : 大學章句, 序 : …淳熙己酉二月甲子新安朱熹序, 版心下端部 破損	01-1342

• 槪要

『大學章句大全』은 明의 翰林學士 胡廣(1370~1418) 등이 永樂帝(成祖)의 勅命으로 편찬한 『大學』의 주석서이다. 이 책은 1414년 胡廣·楊榮 등 39명의 학자가 편집에 착수하여 이듬해인 1415년에 완성하였다. 송나라 이후 축적된 여러 유학자들의 성리학설을 종합·정리한 책이다. 『五經大全』·『性理大全』과 함께 과거시험의 교재로 사용되어 널리 유포되었다. 『大學章句大全』은 이는 조선시대를 통틀어 가장 많은 종수를 가지고 있는 판본이기도 하다.

• 編纂과 刊行

우리나라에서는 세종 때 명나라로부터 이 서적들이 유입되었으며, 1424년(세종 6) 처음으로 『大學章句大全』을 간행하였다. 조선시대 유통되었던 『大學』은 대부분이 『大學章句大全』이며, 세종 때 처음 『大學章句大全』이 간행된 이후 20세기 초반까지 지속적으로 간행되었다. 『大學章句大全』은 중앙정부에서 戊申字·丁酉字·後期芸閣印書體字·訓鍊都監字 등 모두 4종의 활자로 인쇄하였으며, 『大學章句大全』 포함한 『大學』은 전국에 걸쳐 28개 지역에서도 목판본으로 인쇄하였다.

• 著者 및 編者

편찬자인 胡廣은 明나라 江西 吉水 출신으로 자는 光大이고, 호는 晃庵이며, 시호는 文穆이다. 建文 2년(1400)에 進士 第一로 급제하여 翰林院 修纂, 文淵閣大學士 등을 역임하였다. 왕명으로 『周易大全』과 『書傳大全』·『詩經大全』·『禮記大全』·『春秋大全』·『四書大全』·『性理大全』의 편찬을 주관하였다. 저서에는 『胡文穆集』 등이 있다.

● 版本構成

不分卷 : 大學章句序, 讀大學法, 大學章句大全 - 經文 : 大學之道·知止而后有定·物有本末·古之欲明明德·物格而后知至·自天子以至於庶人·其本亂而末治者. 大學章句大全 - 傳文 : 明明德·新民·止於至善·本末·格物致知補傳·誠意·正心修身·修身齊家·齊家治國·治國平天下.

● 所藏處

국립중앙도서관, 서울대학교 규장각, 한국학중앙연구원 장서각 등에 소장되어 있다.

(42) 마사초(馬史抄)

書名	出版事項	版式狀況	一般事項	所藏番號
馬史抄	司馬遷 著	朝鮮木版本, 零本 2冊, 32.6×20cm, 四周雙邊, 半匡 : 21.6×14.5cm, 有界, 9行 16字, 上下白口 上下內向四瓣花紋黑魚尾, 線裝, 楮紙	所藏 : 卷 上~中	01-2398 ~2399

● 槪要

司馬遷의 『史記』에 수록된 本記, 表, 書, 世家, 列傳을 순차적으로 발췌하여 엮은 史書로 『馬史鈔林』이라고도 한다.

● 編纂과 刊行

서문과 발문이 없고 본문에 편저자와 간행 연대를 추정할 만한 단서가 없어 간행 시기를 확인하기 어렵다.

● 著者 및 編者

원저자인 司馬遷(BC 145?~BC 86?)은 前漢 시대 역사가로 자는 子長이며, 龍門 출신이다. 20세경 郎中이 되어 武帝를 수행하고 여러 지방을 여행하였고, BC 111년 무렵 巴蜀에 파견되었으며, BC 110년에는 무제의 태산 封禪 의식을 수행하여 장성 일대와 하북·요서지방을 여행하였다. 여행으로 견문을 넓혔을 뿐만 아니라 『사기』를 저술하는 데 필요한 귀중한 자료도 수집하였다. 부친 사마담이 죽으면서 자신이 시작한 『사기』의 완성을 부탁하자, 그 유지를 받들어 BC 108년에 태사령이 되면서 황실 도서에서 자료를 보충하여 『사기』 저술에 본격적으로 착수하였다. 저술에 몰두하던 중 사마천은 흉노의 포위 속에서 부득이 투항하지 않을 수 없었던 벗 李陵 장군을 변호하다가 황제의 노여움을 사 BC 99년에 宮刑을 받았지만 옥중에서도 저술 활동을 계속하여 마침내 BC 90년에 『사기』를 완성하였다.

● 版本構成

사마천의 『사기』 가운데 本紀와 表의 경우 일부만 취한 반면, 世家는 총 30편 가운데 23편을 취하였고, 列傳에서는 대부분을 취하고 추가하여 총 100편의 傳으로 구성되어 있다.

● 所藏處

국립중앙도서관, 충남대학교 도서관, 계명대학교 동산도서관 등에 소장되어 있다.

(43) 맹자집주대전(孟子集註大全)

書名	出版事項	版式狀況	一般事項	所藏番號
孟子集註大全	胡廣(明)等奉勅編, 成均館, 丙寅重刊	朝鮮木版本, 零本 9冊, 32×22cm, 四周單邊, 半匡 : 22.8×18cm, 有界, 10行 22字, 上下內向四瓣花紋黑魚尾, 線裝, 楮紙	表題 : 孟子大全, 刊記 : 丙寅四月日成均館重刊, 藏書記 : 冊主月城李氏	01-0563 ~0564
孟子集註大全	朱熹 集註; 胡廣(明)等奉勅編, 成均館, 丙寅重刊	朝鮮木版本, 零本 1冊, 32×21.4cm, 四周單邊, 半匡 : 22.4×186cm, 有界, 10行 22字, 上下內向六瓣花紋黑魚尾, 線裝, 楮紙	刊記 : 丙寅四月日成均館重刊, 藏書記 : 溪亭宅書冊, 所藏 : 卷13~14	01-0565
孟子集註大全	朱熹 集註, 胡廣(明)等奉勅編	朝鮮木版本, 零本 1冊, 31×21cm, 四周雙邊, 有界, 10行 22字, 上下內向六瓣花紋黑魚尾, 線裝, 楮紙	所藏本 : 卷11~12	01-0567
孟子集註大全	朱熹 集註; 胡廣 等奉勅編, 大邱, 嶺營, 乙丑重刊	朝鮮木版本, 零本 5冊, 33×22.3cm, 四周雙邊, 半匡 : 24.5×18cm, 有界, 10行 22字, 上下內向四瓣花紋黑魚尾	木記 : 乙丑四月嶺營重刊, 所藏本 : 卷1~6, 11~14, 表題 : 孟子	01-0567 ~0571

| 孟子集註大全 | 朱熹 集註; 胡廣 等奉勅編 | 朝鮮木版本, 零本 5冊, 31.6×21cm, 四周單邊, 半匡 : 19.8×16.5cm, 有界, 10行 22字, 上下白口 上下內向黑魚尾, 線裝, 楮紙 | 表題 : 孟子, 所藏 : 卷 3~4, 5~6, 7~8, 9~10, 13~14 | 01-1407 ~1411 |
| 孟子集註大全 | 朱熹 集註; 胡廣 等奉勅編 | 朝鮮木版本, 零本 1冊, 32.8×21cm, 四周單邊, 半匡 : 20×16.7cm, 有界, 10行 21字, 上下白口 上下內向二瓣花紋黑魚尾, 線裝, 楮紙 | 表題 : 孟子, 所藏 : 卷 1~2 | 01-1412 ~1413 |

● 槪要

『孟子集註大全』은 永樂帝의 勅命을 받아 胡廣·楊榮 등 39명의 학자가 편집에 착수하여 1417년(永樂 15)에 완성되어 頒布되었다. 곧이어 『孟子集註大全』은 科擧에서 주요 교재로 채택되고 經學 연구에도 기본교재로 쓰이게 되었다. 국내에는 세종 때에 처음 유입된 이후 가장 많이 인쇄되고 널리 읽히는 책이다.

● 編纂과 刊行

조선에는 세종 때에 유입되어 1428년에 간행된 이후 중앙과 지방에서 여러 차례 간행되었다. 중앙정부에서 甲寅字·戊申字·丁酉字·後期芸閣印書體字·訓鍊都監字 등 모두 5종의 활자로 인쇄하였고, 목판본은 전국에 걸쳐 간행되었으며 현재 12종이 남아 있다.

● 著者 및 編者

편찬자인 胡廣은 明나라 江西 吉水 출신으로 자는 光大이고, 호는 晃庵이며, 시호는 文穆이다. 建文 2년(1400)에 進士第一로 급제하여 翰林院 修纂, 文淵閣大學士 등을 역임하였다. 왕명으로 『周易大全』과 『書傳大全』·『詩經大全』·『禮記大全』·『春秋大全』·『四書大全』·『性理大全』의 편찬을 주관하였다. 저서에는 『胡文穆集』 등이 있다.

● 版本構成

卷1 : 梁惠王章句上. 卷2 : 梁惠王章句下. 卷3 : 公孫丑章句上. 卷4 : 公孫丑章句下. 卷5 : 滕文公章句上. 卷6 : 滕文公章句下. 卷7 : 離婁章句上. 卷8 : 離婁章句下. 卷9 : 萬章章句上. 卷10 : 萬章章句下. 卷11 : 告子章句上. 卷12 : 告子章句下. 卷13 : 盡心章句上. 卷14 : 盡心章句下.

● 所藏處

국립중앙도서관, 서울대학교 규장각, 한국학중앙연구원 장서각 등에 소장되어 있다.

(44) 배자예부운략(排字禮部韻略)

書名	出版事項	版式狀況	一般事項	所藏番號
排字禮部韻略	丁度(宋) 著, 17世紀刊	朝鮮木版本, 1冊, 31.5×21.5cm, 四周單邊, 半匡：23.3×16.5cm, 有界, 12行 24字, 大黑口, 上下內向黑魚尾, 線裝, 楮紙	表題：禮部韻 全, 印：玉山書院, 墨記：歲癸丑八月日改粧	01-1156
排字禮部韻略	丁度(宋) 著, 17世紀末刊	朝鮮木版本, 禮部韻 2卷 1冊, 31.2×21.2cm, 四周單邊, 半匡：21.5×17.8cm, 有界, 12行 24字, 大黑口, 上下內向黑魚尾, 線裝, 楮紙	印：玉山書院, 墨記：歲癸丑八月日改粧	01-1157

• 槪要

중국 송나라 丁度(990~1053)가 景祐 4년(1037) 칙명으로 편찬한 韻書이다.

• 編纂과 刊行

『배자예부운략』은 조선시대 과거 시험에서 주요 운서로 사용되었던 바, 여러 차례 판각되어 다양한 판본이 존재하며, 전래본도 상당히 많은 편이다. 1615년 판본인 萬曆本, 康熙本이 가장 많이 번각되었다. 1678년(肅宗 4) 경상북도 청도 仙巖書院에서 萬曆本을 번각한 것이 유명하다.

• 著者 및 編者

편저자 정도는 중국 송나라 開封 사람으로, 자는 公雅이다. 太常禮院을 역임하면서, 唐代부터 쓰이던 『廣韻』 등을 정리해, 『禮部韻略』·『集韻』·『배자예부운략』 등을 편찬했다.

• 版本構成

1책으로 '上平聲', '下平聲', '上去聲同音類集', '入聲', '新刊排字禮部玉篇目錄', '新編直音禮部玉篇卷上', '新編類聚禮部玉篇卷下", '跋'로 구성되어 있다.

• 所藏處

국립중앙도서관, 동국대학교 도서관 등에 소장되어 있다.

(45) 사기(史記)

書名	出版事項	版式狀況	一般事項	所藏番號
史記	凌稚隆 輯校	朝鮮顯宗實錄字本, 130卷 30冊, 32×19.8cm, 四周雙邊, 半匡 : 23.7×15.4cm, 有界, 10行 19字, 上下內向六瓣花紋黑魚尾, 線裝, 楮紙	表題 : 史記評林	01-0391 ~0420

● 槪要

前漢 武帝시기의 太史令 司馬遷이 五帝부터 漢武帝까지의 역사를 기술한 紀傳體의 通史『史記』를 모본으로 관련 주석을 정리하여 명나라 때 凌稚隆이 편찬한 책이다.

● 編纂과 刊行

『史記』는 宣帝 때 司馬遷의 外孫 楊惲에 의해 처음으로 세상에 반포되었다고 한다. 草稿가 완전하지 않았기 때문에 前漢 元·成帝 때 褚少孫가 증보하였고, 후세에 많은 사람들이 주석을 달았다. 현존하는 最古의 주석은 劉宋 때 裴駰의 『史記集解』이다. 그 뒤에도 司馬貞(唐)의 『史記索隱』과 張守節(唐)의 『史記正義』 등이 있다. 이 3종의 주석서를 '三家注'라고 하는데 이후 간행되는 판본들의 근거가 되었다. 또한 명나라 때 凌稚隆이 1577년에 『史記評林』 130권 33책을 편찬하여 간행하였는데, 이는 당시 기존의 『사기』에 관한 연구를 집대성한 것으로 평가받고 있다. 본서는 바로 이 『사기평림』으로 간행연대는 알 수 없지만, 우리나라에서 顯宗實錄字로 간행한 것이다.

● 著者 및 編者

司馬遷(BC.145~BC.85?) : 陝西省 夏陽縣에서 출생하였으며, 자는 子長이다. 아버지 司馬談은 武帝 치세 초기에 太史令으로 재직했는데, 司馬遷은 아버지를 따라 長安에 가서 고대 문헌들을 접했다. 기원전 126년 司馬遷은 학업을 일시적으로 중단하고 각지를 유람하며 다양한 문화를 체험하고 역사 자료를 수집하였다. 기원전 118년 장안으로 돌아온 그는 낭중이 되어 벼슬살이를 시작했다. 기원전 110년 『史記』를 집필하려고 아버지 司馬談이 병사하자, 기원전 108년 司馬遷은 아버지의 뒤를 이어 태사령에 부임했고, 『史記』 집필의 사전 작업에 착수했다. 그리고 기원전 103년부터 본격적으로 『史記』를 집필하기 시작하였는데, 기원전 99년 흉노 토벌에 실패한 李陵을 변호하다가 기원전 98년 사형까지 언도받았다. 宮刑을 선택하고 살아남은 司馬遷은 대략 기원전 91년경에 『史記』를 완성하였다.

- 版本構成

  卷1~12 : 本紀, 卷13~22 : 表, 卷23~30 : 書, 卷31~60 : 世家, 卷61~130 : 列傳.

- 所藏處

  국립중앙도서관, 서울대학교 규장각, 한국학중앙연구원 장서각 등에 소장되어 있다.

(46) 상설고문진보대전(詳說古文眞寶大全)

書名	出版事項	版式狀況	一般事項	所藏番號
詳說古文眞寶大全	黃堅(宋) 編; 宋伯貞 音釋; 劉剡 數正	朝鮮木版本, 零本 1冊, 31.1×22cm, 四周單邊, 半匡 : 22.9×17.8cm, 有界, 10行 18字, 上下內向四瓣花紋黑魚尾, 線裝, 楮紙	所藏 : 卷1	01-1036
詳說古文眞寶大全	黃堅 編; 宋伯貞 音釋; 劉剡 教正	朝鮮木版本, 8卷 3冊, 32×21.2cm, 四周單邊, 半匡 : 23.4×16.2cm, 有界, 10行 16字, 上下內向四~六瓣花紋黑魚尾, 線裝, 楮紙	版心題 : 眞寶大全, 表題 : 古文眞寶, 印 : 玉山書院	01-0542 ~0544
詳說古文眞寶大全	黃堅(宋) 編; 伯貞(宋) 音釋	朝鮮木版本, 零本 1冊, 28.2×21.5cm, 四周單邊, 半匡 : 24.2×18cm, 有界, 9行 18字, 上下內向四瓣花紋黑魚尾, 線裝, 楮紙	所藏 : 卷6	01-1035
詳說古文眞寶大全	黃堅(宋) 編, 伯貞 音釋	朝鮮木版本, 10卷 3冊, 28.3×20cm, 四周單邊, 半匡 : 23.3×16.3cm, 有界, 9行 15字, 註雙行, 上下內向黑魚尾, 線裝, 楮紙	表題 : 古文眞寶, 版心題 : 眞寶大全	01-1074 ~1076
詳說古文眞寶大全	黃堅 編; 宋伯貞 音釋	朝鮮筆寫本, 零本 2冊, 25.8×20.2cm, 有界, 10行 17字, 無魚尾, 線裝, 楮紙	所藏 : 卷1~2, 5~6	01-1171 ~1172
詳說古文眞寶大全	黃堅 編; 宋伯貞 音釋	朝鮮筆寫本, 5卷 2冊, 32.4×21cm, 罫寫, 四周單邊, 半匡 : 24×17cm, 有界, 10行 17字, 註雙行, 上下內向四瓣花紋黑魚尾, 線裝, 楮紙	標題 : 古文眞寶, 版心題 : 眞寶大全, 印 : 玉山書院	01-1308 ~1309

- 槪要

  宋代 黃堅이 편찬한 詩文選集 『古文眞寶』를 국내에서 증보한 책이다.

- 編纂과 刊行

  고려말에 田祿生이 元나라로부터 가지고 와서 원본에 刪增하여 合浦에서 간행하였고, 그 후에 管城(충청도 沃川)에서 다시 간행하였다. 朝鮮時代에는 1420년(세종 2)에 『善本大字諸儒箋解古文眞寶』가 옥천에서 간행되었고, 1452년(문종 2)에 『詳說古文眞寶大全』이 庚午字

로 간행되었다. 이후『상설고문진보대전』을 저본으로 하여 1612년(광해군 4), 1803년(순조 3)에도 간행되어 널리 유포되었으며, 諺解本·懸吐本까지 나와 전해지고 있다.

• 著者 및 編者

원편자인 황견은 송나라 말기의 학자인데, 생몰년이나 관련 정보가 미상이다.

• 版本構成

전체 7卷 7冊으로 되어 있다. 詩選集인 前集에 勸學文, 五言古風, 七言古風, 長短句, 歌類, 行類, 音類, 引類, 曲類 등 詩文이 실려 있으며, 文選集인 後集에 屈原의「離騷」에 시작해서, 呂大臨의「克己銘」까지 散文이 실려 있다. 부록으로『文章軌範』이 실려 있다.

• 所藏處

국립중앙도서관, 서울대학교 규장각, 한국학중앙연구원 장서각 등에 소장되어 있다.

(47) 서전대전(書傳大全)

書名	出版事項	版式狀況	一般事項	所藏番號
書傳大全	胡廣(明)等奉勅編	朝鮮木版本, 10卷 10冊, 30.2×21cm, 四周單邊, 半匡 : 19.2×16.5cm, 有界, 10行 22字, 註雙行, 上下內向四瓣花紋黑魚尾, 線裝, 楮紙	表題 : 書傳, 序 : …嘉靖己巳三月旣望武夷蔡沈序	01-0828 ~0837
書傳大全	胡廣(明) 等奉勅纂修, 大邱 : 嶺營, 戊午(1798)	朝鮮木板木, 10卷 10冊, 34.2×22.5cm, 四周雙邊, 半匡 : 24×16.7cm, 有界, 10行 22字, 上下白口 上下內向四瓣花紋黑魚尾, 線裝, 楮紙	木記 : 戊午二月嶺營重刊, 序 : 慶元己未冬…嘉靖己巳(1569)三月旣望武弟蔡沈序, 所藏 : 卷1~10	01-2749 ~2758
書傳大全	胡廣(明) 等奉勅纂修, 大邱 : 嶺營, 戊午(1798)	朝鮮木版本, 10卷 10冊, 34.2×22.5cm, 四周雙邊, 半匡 : 24×16.7cm, 有界, 10行 22字, 上下白口 上下內向四瓣花紋黑魚尾, 線裝, 楮紙	木記 : 戊午二月嶺營重刊, 序 : 慶元己未冬…嘉靖己巳(1569)三月旣望武弟蔡沈序, 所藏 : 卷1~10	01-2785 ~2794
書傳大全	胡廣(明) 等奉勅纂修, 大邱 : 嶺營, 戊午(1798)	朝鮮木版本, 10卷 10冊, 34.2×22.5cm, 四周雙邊, 半匡 : 24×16.7cm, 有界, 10行 22字, 上下白口 上下內向四瓣花紋黑魚尾, 線裝, 楮紙	木記 : 戊午二月嶺營重刊, 序 : 慶元己未冬…嘉靖己巳(1569)三月旣望武弟蔡沈序, 所藏 : 卷1~10	01-2797 ~2806

• 槪要

『書傳大全』은 南宋代 朱熹의 제자 蔡沈의 『書集傳』을 기본으로 하여 明代 胡廣이 주축이 되어 『書經』에 대한 여러 학설을 정리한 주석서이다. 유가 경전으로서 과거시험의 교재로서 중시되었던 『書傳大全』은 조선 전기인 세종의 命으로 중앙관서와 지방관서 등에서 적극적으로 간행·유통되었으며, 조선 후기에 들어와 방각본 등으로 확대되어 더욱 간행·유통이 활발해졌다.

• 編纂과 刊行

유가 경전으로서 과거 시험의 교재로서 중시되었던 『書傳大全』은 조선 전기인 세종의 命으로 중앙관서와 지방 관서 등에서 적극적으로 간행·유통되었으며, 조선 후기에 들어와 방각본 등으로 확대되어 더욱 간행·유통이 활발해졌다. 중앙관서의 刊本은 刊經都監本·校書館本·內閣本·訓鍊都監本·觀象監本·司譯院本·學部刊本과 특수 관서의 간본인 宗簿寺刊本·內醫院刊本·惠民署刊本·掌樂院刊本·軍器寺刊本 등이 있다. 지방 관서에서는 중앙의 간본을 복각하거나 자체 제작을 하였는데, 畿營·錦營·完營·嶺營·原營·箕營·海營·咸營 등에서 간행하였다.

• 著者 및 編者

편찬자인 胡廣은 明나라 江西 吉水 출신으로 자는 光大이고, 호는 晃庵이며, 시호는 文穆이다. 建文 2년(1400)에 進士第一로 급제하여 翰林院 修纂, 文淵閣大學士 등을 역임하였다. 왕명으로 『周易大全』과 『書傳大全』·『詩經大全』·『禮記大全』·『春秋大全』·『四書大全』·『性理大全』의 편찬을 주관하였다. 저서에는 『胡文穆集』 등이 있다.

• 版本構成

권1 虞書의 堯典, 舜典, 大禹謨, 皐陶謨, 益稷, 권2 夏書의 禹貢, 甘誓, 五子之歌, 胤征, 권3 商書의 湯誓, 仲虺, 湯誥, 伊訓, 太甲, 咸有一德, 盤庚의 상중하, 說命의 상중하, 高宗肜日, 西伯戡黎, 微子. 권4 周書의 泰誓, 牧誓, 武成, 洪範, 旅獒, 金縢, 大誥, 微子之名, 梓材, 권5 주서의 召誥, 洛誥 多士, 無逸, 君奭, 蔡仲, 多方, 立政. 권6 주서의 周官, 君陳, 顧命 康王之誥, 畢命, 君牙, 冏命, 呂刑, 文侯, 費誓, 秦誓이다.

• 所藏處

국립중앙도서관, 서울대학교 규장각, 한국학중앙연구원 장서각 등에 소장되어 있다.

(48) 서전전문(書傳全文)

書名	出版事項	版式狀況	一般事項	所藏番號
書傳全文		朝鮮木版本, 2卷 2冊, 28.5×20cm, 四周雙邊, 半匡 : 19.8×16cm, 有界, 9行 19字, 註雙行, 上下內向四瓣花紋黑魚尾, 線裝, 楮紙	印 : 玉山書院(朱印), 藏書記 : 己丑十月日巡營備送玉山書院上(墨書), 玉山畫院上(墨書)	01-1020 ~1021

槪要

蔡沈이 주석을 한 『書集傳』에 懸吐하고 諺解하여 간행한 책이다.

• 編纂과 刊行

국내 판본의 編纂과 刊行 시기는 확인하기 어렵다. 『書集傳』의 체재를 그대로 따르되 經文은 언문 吐와 해석이 수록되었으며, 주석은 토나 언해가 없이 한문으로만 작성하여 간행한 판본이다.

• 著者 및 編者

원찬인 채침은 송대 사람으로 字는 仲黙이며, 朱熹의 제자인데, 관력은 자세하지 않다. 그가 王安石, 蘇軾, 林之奇, 呂祖謙 등의 주석을 참고하여 『서경』에 주석을 달고, 주자가 일부 수정하여 간행한 『書集傳』으로 유명하다.

• 版本構成

전체 구성의 『書集傳』과 동일한데, 권1 虞書의 堯典, 舜典, 大禹謨, 皐陶謨, 益稷, 권2 夏書의 禹貢, 甘誓, 五子之歌, 胤征, 권3 商書의 湯誓, 仲虺, 湯誥, 伊訓, 太甲, 咸有一德, 盤庚의 상중하, 說命의 상중하, 高宗肜日, 西伯戡黎, 微子. 권4 周書의 泰誓, 牧誓, 武成, 洪範, 旅獒, 金縢, 大誥, 微子之名, 梓材, 권5 주서의 召誥, 洛誥 多士, 無逸, 君奭, 蔡仲, 多方, 立政. 권6 주서의 周官, 君陳, 顧命 康王之誥, 畢命, 君牙, 冏命, 呂刑, 文侯, 費誓, 秦誓이다.

• 所藏處

국립중앙도서관, 서울대학교 규장각 등에 소장되어 있다.

(49) 선부초평주해산보(選賦抄評註解刪補)

書名	出版事項	版式狀況	一般事項	所藏番號
選賦抄評註解刪補	蕭統 著	朝鮮木版本, 零本 2冊, 26.5×20.4cm, 四周雙邊, 半匡 : 20.7×16.1cm, 有界, 10行 20字, 註雙行, 上下白口 上下內向四瓣花紋黑魚尾, 線裝, 楮紙	版心題 : 選賦 表題 : 選賦抄評 所藏 : 卷3~6	01-2439 ~2440
選賦抄評註解刪補	蕭統 撰集	朝鮮木版本, 零本 1冊, 27.4×20.1cm, 四周雙邊, 半匡 : 19.5×15.9cm, 有界, 10行 20字, 上下白口 上下內向四瓣化紋黑魚尾, 線裝, 楮紙	表題 : 文選, 所藏 : 卷5~6	01-2778

• 槪要

『昭明文選』 가운데서 賦만을 골라 모은 책이다.

• 編纂과 刊行

編選의 體例가 雜駁하고, 訓釋도 출처를 밝히지 않고 옛 註들을 모아 놓아 간략하지만 雜駁하다. 대체로 明 林兆河가 編纂한 『選詩約註』 등의 體를 따른 듯하다. 책 題下에 抄評, 註解, 刪補란 여섯자가 附記되어 있을 뿐 편자도 版刻 시기도 모두 알 수 없다. 中國에 이와 유사한 책이 발견되지 않는 것으로 보아 국내에서 편찬한 것으로 추정된다.

• 著者 및 編者

編者 및 刊行者 모두 未詳이다.

• 版本構成

전 9권으로 이루어져 있는데 대체로는 『昭明文選』의 序列을 따랐으며 일부가 다른데, 권1 첫머리에 屈原의 離騷經을 실었고 班固의 西都에 뒤이어 張衡 의 南都賦를 권2 張衡의 西京賦 앞에 두었다. 그러나 권3 蜀都, 都, 魏都, 권 4 甘泉, 籍田, 子虛, 上林, 羽獵, 長楊, 射雉, 권5 北征, 東征, 西征, 登樓, 天台山, 蕪城, 秋興, 雪, 月, 鵩, 鸚鵡, 초료, 楮白馬, 舞鶴, 권6 幽通, 思玄, 長門, 歎逝, 寡婦, 恨, 別, 文等賦에 이르기까지는 文選의 순서를 따라 작품을 배열하였다. 권7에서는 文選에 따라 琴, 笙, 嘯, 神女, 好色, 洛神 등의 賦에 뒤이어 孔稚珪의 「北山移文」과 陶淵明의 「歸去來辭」를 두었다. 다시 권8에는 『文選』 권34, 35에 七이란 文體로 분류되어 실려 있는 枚乘의 七發과 曹植의 七啓, 張協의 七命이 담겨 있고, 권9에는 附錄으로 文選에는 들어있지 않은 庾信의 「哀江南賦」와 王勃의 「夫子廟賦」가 첨가되어 있다.

• 所藏處

　국립중앙도서관, 서울대학교 규장각, 한국학중앙연구원 장서각 등에 소장되어 있다.

(50) 소미가숙점교부음통감절요(少微家塾點校附音通鑑節要)

書名	出版事項	版式狀況	一般事項	所藏番號
少微家塾點校附音通鑑節要	王逢 輯義, 18世紀	朝鮮木版本(後刷), 零本 2冊, 31.4×21.8cm, 四周雙邊, 半匡：22.5×17.1cm, 有界, 10行 17字, 註雙行, 上下白口 上下內向四瓣花紋黑魚尾	所藏：卷29~35	01-3321 ~8322
少微家塾點校附音通鑑節要	王逢 輯義	朝鮮木版本, 零本 1冊, 33.1×21.2cm, 四周雙邊, 半匡：21.7×17.2cm, 有界, 10行 17字, 註雙行, 上下白口 上下內向四瓣花紋黑魚尾	所藏：卷36~38 表紙：石亭宅(墨書)	01-3323
少微家塾點校附音通鑑節要	王逢 輯義, 大邱：嶺營, 壬辰	朝鮮木版本(後刷本), 零本 3冊, 31.6×21cm, 四周雙邊, 半匡：22.1×17cm, 有界, 10行 17字, 註雙行, 上下白口 上下內向四瓣花紋黑魚尾	表題：通鑑, 本記：藏在壬辰嶺營新刊(陰刻), 印記：溪士派契印(墨印), 所藏：卷42~50	01-3324 ~3326
少微家塾點校附音通鑑節要	王逢 輯義, 大邱：嶺營, 壬辰	朝鮮木版本, 零本 1冊, 32.2×21cm, 四周雙邊, 半匡：23.5×16.2cm, 有界, 10行 19字, 註雙行, 上下白口 上下內向魚尾不定	表題：通鑑, 印記：驪江李容天章, 木記：藏在壬辰嶺營新刊(陰刻), 所藏：卷41~44	01-3328
少微家塾點校附音通鑑節要	王逢 輯義	朝鮮木版本(戊申字飜刻), 零本 1冊, 33×21.9cm, 四周雙邊, 半匡：23.8×17cm, 有界, 10行 17字, 上下白口 上下內向四瓣花紋黑魚尾	所藏：卷42~44, 藏書記：癸丑秋玉山家契上, 註記：乙巳十二月初八日始讀	01-3577
增修附註資治通鑑節要續編	張光啓 訂正, 劉剡 編輯	朝鮮初鑄甲寅字飜刻補刻板, 零本 4冊, 33.7×21.5cm, 四周雙邊, 半匡：24×17cm, 有界, 10行 18字, 註雙行, 混入大黑口, 上下下向黑魚尾, 線裝, 楮紙	版心題：鑑續, 表題：通鑑節要續編, 所藏：卷4~5, 10~11	01-1224 ~1225
增修附註資治通鑑節要續編	張光啓 訂正, 劉剡 編輯, 16世紀刊	朝鮮木版本(初鑄甲寅字飜刻), 零本 8冊, 33.2×21.5cm, 四周單邊, 半匡：24.8×16.8cm, 有界, 10行 18字, 註雙行, 上下下向黑魚尾, 線裝, 楮紙	表題：通鑑節要續編, 序：…宣德四年己酉春二月…張光啓撰, 所藏：卷2~11, 16~18, 25~27, 30	01-0658 ~0665

• 概要

　송나라 司馬光이 편찬한 『資治通鑑』을 송나라 徽宗 때 江贄가 간추려 50권으로 節要하고 劉剡이 새로 편집한 것을 저본으로 조선 전기에 교서관에서 금속활자로 간행한 중국 史書이다.

● 編纂과 刊行

이 책은 조선시대 세종 연간에 처음으로 간행된 이래 우리나라에서 가장 많이 인쇄되었을 정도로 널리 유포되었다. 국내 간행 판본은 세종 때 주성된 초주갑인자와 중종 연간에 보주한 활자로 교서관에서 금속활자(초주갑인자)로 인출한 활자본과 간행 연대는 분명하지 않지만 이를 복각한 목판본이 주종을 이루고 있다. 옥산서원 소장본은 복각한 목판본에 해당된다.

● 著者 및 編者

사마광은 당시의 개혁가 王安石의 급진적인 개혁에 반대하는 당파인 舊法黨을 이끌었다. 유교경전 해석에 보수적 입장을 취했던 그는 단호한 조치보다는 도덕적인 지도력을 통해, 그리고 엄청난 변화보다는 기존 기구의 활성화를 통해 훌륭한 정부를 만들 것을 주장했다. 죽기 직전에 왕안석 일파의 新法黨을 조정에서 제거하는 데 성공했으며, 자신은 門下侍郞, 즉 재상에 임명되어 왕안석이 시행한 개혁정책을 대부분 폐지했던 인물로 알려져 있다.

● 版本構成

전체 수록 내용은 『자치통감』의 周紀 5권을 2권으로, 秦紀 40권을 5권으로, 宋紀 16권과 齊紀 10권을 1권으로, 梁紀 22권을 1권으로, 陳紀 10권을 1권으로, 隋紀 8권을 1권으로, 唐紀 81권을 14권으로, 後梁紀 8권과 後漢紀 4권을 1권으로, 後周紀 5권을 1권으로 줄여, 총 50권의 분량이다.

● 所藏處

국립중앙도서관, 한국학중앙연구원 장서각, 성균관대학교 존경각 등에 소장되어 있다.

(51) 소학제가집주(小學諸家集註)

書名	出版事項	版式狀況	一般事項	所藏番號
小學諸家集註	李珥 編; 宣政殿訓義, 18世紀末刊	朝鮮木版本, 零本 1冊, 31.5×20.4cm, 四周雙邊, 半匡 : 22.8×16.8cm, 有界, 10行 17字, 上下內向 六瓣花紋黑魚尾, 線裝, 楮紙	所藏 : 卷5	01-1314
小學諸家集註	李珥 編; 宣政殿訓義, 18世紀末刊	朝鮮木版本, 零本 1冊, 32.5×21.2cm, 四周雙邊, 半匡 : 23.8×17.2cm, 有界, 10行 17字, 上下內向 四瓣花紋黑魚尾, 線裝, 楮紙	跋 : …成化間有淳安程氏…世子傳鰲城府院君 李恒福議, 所藏 : 卷6	01-1313

| 小學諸家集註 | 李珥 編;
宣政殿訓義,
19世紀刊 | 朝鮮木版本, 零本 1冊, 33.2×21.5cm, 四周雙邊,
半匡 : 22.4×17.2cm, 有界, 10行 17字, 註雙行,
上下內向四瓣花紋黑魚尾, 線裝, 楮紙 | 所藏 : 卷6 | 01-1313 |

• **概要**

『小學諸家集註』는 李珥가 何士信의 集成, 吳訥의 集解, 陳祚의 正誤, 陳選의 增註, 程愈의 集說을 참고하여 그 가운데 선정의 註만을 채택하고 설명이 부족한 부분은 자신의 註를 덧붙여 6권으로 편찬한 책이다.

• **編纂과 刊行**

李珥는 44세 때인 1579年에 이 책을 완성하였고 오랫동안 필사본으로 전해져 오다 光海君 4年(1612)때 李恒福에 의해 처음으로 訓鍊都監字로 印行되었다. 『小學諸家集註』의 계통은 크게 두 가지로 나눌 수 있는데, 하나는 이이가 편찬한 『小學諸家集註』 계열이고 다른 하나는 英祖 20年(1744)에 편찬된 宣政殿訓義 계열이다.

李珥의 編纂本가운데 가장 빠른 시기의 것은 '皇明萬曆 四十年(1612)壬子仲冬上澣'이라는 刊記가 있는 庚午字體訓鍊都監字本이다. 다음은 肅宗이 지은 序文이 붙은 戊申字本으로 訓鍊都監字本과 비교했을 때「御製小學序」와「小學集註攷訂」이 추가되었다. 다음은 英祖 20年(1744)에 英祖가 弘文館의 여러 신하들에게 명하여 李珥의 『小學諸家集註』에 訓義를 달게 한 宣政殿訓義本계열의 판본이다. 英祖朝의 宣政殿訓義 『小學諸家集註』가 간행되고 이후에 나오는 대부분의 판본이 이 책을 底本으로 할 만큼 정본으로 인정을 받게 된다. 이를 복각한 목판본으로는 1745年 黃海監營·安東府·商山刊行本과 1768年 內學廳內賜本 등이 있다.

• **著者 및 編者**

李珥(1536~1584) : 본관은 德水이고, 자는 叔獻, 호는 栗谷·石潭·愚齋 등이다. 1548년(명종 3) 13세 때 진사 초시에 합격하였다. 1558년 봄 禮安의 陶山으로 李滉을 방문했고, 그 해 겨울의 별시(문과 초시)에서「天道策」을 지어 장원급제하였다. 1564년 호조좌랑을 시작으로 예조좌랑·이조좌랑 등을 역임하였고, 1568년(선조 1) 千秋使의 書狀官으로 명나라에 다녀왔다. 부교리로 춘추기사관을 겸임해『명종실록』편찬에 참여하였다. 1574년 우부승지에 임명되고, 재해로 인해「萬言封事」를 올렸다. 1575년 주자학의 핵심을 간추린『聖學輯要』를 편찬했다. 1577년 아동교육서인『擊蒙要訣』, 1580년 기자의 행적을 정리한『箕子實記』를 편찬했다. 1582년 이조판서에 임명되고, 어명으로「人心道心說」을 지어 올렸다. 1583년「時

務六條」를 올려 외적의 침입을 대비해 十萬 養兵을 주청하였다. 1584년 大寺洞에서 영면하여, 파주 자운산 선영에 안장되었다.

- 版本構成

卷首：御製小學後序(洪鳳祚 撰)·御製小學小識(任珽 撰)·宣政殿小學訓義凡例·小學集註攷訂·小學篇目·小學集註總論·小學集註總目·小學書題·小學題辭, 卷末：小學集註跋(成渾 撰)·小學跋(李恒福 撰).

- 所藏處

국립중앙도서관, 서울대학교 규장각, 한국학중앙연구원 장서각 등에 소장되어 있다.

(52) 소학집설(小學集說)

書名	出版事項	版式狀況	一般事項	所藏番號
小學集說	程愈, 李鑑, 李承祖 共編	朝鮮木版本(乙亥字飜刻), 零本 1冊, 30.5×21cm, 四周單邊, 半匡：19×16cm, 有界, 10行 17字, 上下內向二~六瓣花紋黑魚尾, 線裝, 楮紙	表題：小學, 序：成化二十二年丙午春正月既望後學淳安程愈序, 印：玉山書院(朱印), 藏書記：天山審院上(墨書), 所藏：卷~-2	01-0802
小學集說	朱熹 著, 程愈; 李鑑; 李承祖 共編	朝鮮木版本, 零本 2冊, 30.4×21.3cm, 四周單邊, 半匡：18.3×16cm, 有界, 10行 18字, 上下內向黑魚尾混入一~四瓣花紋黑魚尾, 線裝, 楮紙	表題：小學, 藏書記：玉山書院上(墨書), 所藏：卷3~4, 5~6	01-0803 ~0804
小學集說	朱熹 著, 程愈; 李鑑; 李承祖 共編, 18世紀刊	朝鮮木版本, 零本 2冊, 31.8×21.7cm, 四周單邊, 半匡：15.2×16.2cm, 有界, 10行 18字, 上下內向四瓣花紋黑魚尾	表題：小學, 序：成化二十二年丙午春正月既望後學淳安程愈序, 藏書記：玉山書院上(墨書), 所藏：卷1~2, 3~5	01-0805 ~0806

- 槪要

성화 22년(1486) 명의 程愈가 李晦之, 李繼宗 등과 『小學』을 토론하면서 여러 학자의 학설을 참고하여 주석을 달아놓은 책이다.

- 編纂과 刊行

중종 4년(1509) 慕齋 金安國이 명에 사신으로 갔을 때 禮部員外 程愈가 편찬한 책을 구해

귀국하여 전래되었다. 모재가 경상감사로 있을 때 『小學』의 판목이 마멸되었으므로 왕에게 청해 궁중에 보관하고 있던 책을 구해 중종 12년(1517)에 판각하였다. 어미와 지질로 보아 경상감영에서 明版本을 번각한 판목의 후쇄본으로 보인다. 명판본의 번각본이어서 우리나라에서는 드문 흑구에 내향흑어미가 쌍으로 있다. 이후 여러 차례 간행되었는데, 간년 미상의 乙亥字覆刻本과 인조 7년(1629) 간행의 訓練都監字本 등이 전하고 있다.

● 著者 및 編者

朱熹의 자는 元晦·仲晦, 호는 晦庵·晦翁·雲谷山人·滄洲病叟·遯翁 등이다. 1130년 福建 출생으로 18세에 지방의 과거 예비시험 解試에 합격하였고, 이듬해 수도 임안에서 본시험에 합격하였다. 1151년 22세 때 吏部 임관시험에 합격하여 종9품 좌적공랑이 되어 천주 동안현 주부 등으로 임명되었다. 송대 성리학의 개창자이다. 저서로는 『論語要義』·『論語訓蒙口義』·『困學恐聞編』·『程氏遺書』·『論孟精義』·『資治通鑑綱目』·『八朝名臣言行錄』·『西銘解義』·『太極圖說解』·『通書解』·『程氏外書』·『伊洛淵源錄』·『古今家祭禮』·『近思錄』·『四書章句集注』·『周易本義』·『詩集傳』·『楚辭集注』 등이 있다. 주석자인 程愈는 명대의 문인 학자인데, 생몰년이나 관력 등을 확인하기 어렵다.

● 版本構成

편차는 小學篇目, 程愈의 小學集說序, 小學集說凡例, 小學集說總論, 小學題辭, 小學書題로 구성되었고 이어 본문으로 구성되어 있다. 본문은 內篇 4권과 外篇 2권으로 이루어져 있으며, 내편은 立敎, 明倫, 敬身, 稽古, 외편은 嘉言, 善行 순으로 되어 있다. 내편은 여러 경전에서 인용하여 편집한 것이고, 외편은 주로 宋代 諸儒의 언행을 기록한 것이다.

● 所藏處

국립중앙도서관, 서울대학교 규장각, 한국학중앙연구원 장서각 등에 소장되어 있다.

(53) 속자치통감강목(續資治通鑑綱目)

書名	出版事項	版式狀況	一般事項	所藏番號
續資治通鑑綱目	商輅(明)等 受命編	朝鮮木版本, 36卷 20冊, 32.3×21.5cm, 四周雙邊, 半匡 : 23.7×16.9cm, 有界, 10行 18字, 註雙行, 上下白口 上下內向四瓣花紋黑魚尾, 線裝, 楮紙	印記 : 玉山書院	01-2947 ~2966

• 概要

明나라 商輅(1414~1486)와 萬安 등이 憲宗(재위 1464~1487)의 명에 따라 成化 12년(1476)에 완성한 역사서로, 南宋 朱熹(1130~1200)의 『資治通鑑綱目』에 이어서 속편으로 만든 책이다. 北宋 太祖부터 元 順帝까지의 408년의 역사를 수록하고 있으며, 일명 『續綱目』 혹은 『宋元通鑑綱目』이라고도 한다.

• 編纂과 刊行

1679년(肅宗 5) 이전부터 활자로 만들어져 사용되다가 1782년(正祖 6)에 再鑄('再鑄韓構字')되고, 1857년(哲宗 8)에 奎章閣에서 주조('三鑄韓構字')한 韓構字로 간행된 것이 전한다.

• 著者 및 編者

商輅는 浙江省 淳安 출신으로, 자는 弘載, 호는 素庵이다. 正統 10년(1445)에 진사로 修撰을 제수받았고, 명대를 통틀어 유일하게 鄕試·會試·殿試에 모두 장원급제한 사람이다. 이후 兵部尙書, 文淵閣 大學士 등을 역임하였다. 시호는 文毅이며, 저술로는 『商文毅疏稿略』·『商文毅公集』·『蔗山筆塵』 등이 있다. 萬安은 正統(1436~1449) 연간의 진사로 성화 연간에 입각한 기록은 있으나 나머지 정보는 확인하기 어렵다.

• 版本構成

권수에 1808년(순조 8) 金宇顒의 7대손인 金翰東(1740~1811)이 작성한 事略이 수록되어 있다. 본문은 모두 27권으로, 권1은 宋 太祖 建隆 元年~太宗 太平興國 8년(960~983), 권2는 太宗 雍熙 元年~眞宗 建興 元年(984~1022), 권3은 仁宗 天聖 元年~英宗 治平 4년(1023~1067), 권4는 神宗 熙寧 元年~元豊 8년(1068~1085), 권5는 哲宗 元祐 元年~徽宗 宣和 7년(1086~1125), 권6은 欽宗 靖康 元年~高宗 紹興 3년(1126~1133), 권7은 高宗 紹興 4~32년(1134~1162), 권8은 孝宗 隆興 元年~光宗 紹熙 5年(1163~1194), 권9는 寧宗 慶元 元年~嘉定 17년(1195~1224), 권10은 理宗 寶慶 元年~景定 5년(1125~1264), 권11은 度宗 咸淳 元年~衛王 祥興 2년(1265~1279), 권12는 元 世祖 至元 17년~順帝 至正 28년(1280~1368)의 사건을 기록하고 있다.

• 所藏處

국립중앙도서관, 서울대학교 규장각 등에 소장되어 있다.

(54) 시수(詩藪)

書名	出版事項	版式狀況	一般事項	所藏番號
詩藪	胡應麟 著, 18世紀刊	朝鮮木版本, 6冊, 27×16.9cm, 四周雙邊, 半匡 : 17.7×13.2cm, 有界, 10行 20字, 上下 內向四瓣花紋黑魚尾, 線裝, 楮紙	所藏 : 內集 6卷 2冊, 外集 6 卷 1冊, 新集 4卷 1冊, 雜集 6卷 2冊, 藏書記 : 玉山上	01-0685 ~0690

• 槪要

『詩藪』는 明代의 胡應麟이 엮은 詩論集으로, 周·漢 이래 六朝·唐·宋·元·明에 이르기까지 古體·近體의 시를 논하였다. 서명은 詩談의 林藪라는 뜻에서 그 이름을 詩藪라고 하였다.

• 編纂과 刊行

조선간본은 명대에 간행된 程百二序本을 저본으로 삼았다. 侯榮川은 程百二序本의 간행시기를 萬曆 三十四年(1606)으로 추정하였는데, 조선간본의 초간 시기는 1606년 이후였다. 한국학중앙연구원 장서각본의 해제, 연세대본의 구매 기록 및 장서인등을 종합하여 보면『詩藪』는 조선에서 1614년~1624년 사이에 한 차례 간행된 바 있고, 1692년도 간행되었으며, 1834년 이후에 다시 한 번 간행되었다.

• 著者

胡應麟(1551~1602) : 蘭溪사람으로 자는 元瑞이었다가 후에 明瑞로 바꾸었고 호는 少室山人또는 石羊生이다. 胡應麟은 어려서부터 매우 총명하고, 책, 특히 고서 읽기를 좋아하였다. 과거 시험에 여러 차례 응시하였으나 계속 낙방하여, 16세(1566)에 縣生員이 되고 26세(1576)에 향시에 합격하여 擧人이 되는 데 그쳤을 뿐 벼슬길에 나아가지 못하였다. 胡應麟은 고서에 관심이 많아 책을 폭넓게 읽고, 방대한 양의 책을 구매하여 소장하였으며, 서실에서 손님을 만나지 않고 책을 교감하는 일에만 몰두했다. 저서로는『少室山房筆叢』·『詩藪』·『類稿』·『甲乙剩言』·『丹鉛新錄』·『藝林學山』 등이 있다.

• 版本構成

冊1 : 內篇1(古體上) : 雜言, 內篇2(古體中) : 五言, 內篇3(古體下) : 七言. 冊2 : 內篇4(近體上) : 五言, 內篇5(近體中) : 七言, 內篇6(近體下) : 絶句. 冊3 : 外篇1~3卷. 冊4 : 外篇4~6卷. 冊5 : 雜篇1~4卷. 冊6 : 雜篇 5~6卷. 續篇 1~2卷.

• 所藏處

국립중앙도서관, 서울대학교 규장각, 한국학중앙연구원 장서각 등에 소장되어 있다.

(55) 시전대전(詩傳大全)

書名	出版事項	版式狀況	一般事項	所藏番號
詩傳大全	胡廣(明)等奉勅纂	朝鮮木版木, 零本 2冊, 33.1×21cm, 四周雙邊, 半匡 : 22×17.2cm, 有界, 10行 22字, 上下內向四瓣花紋黑魚尾, 線裝, 楮紙	表題 : 詩傳, 所藏 : 卷5~8, 19~20	01-0650~0651
詩傳大全	胡廣(明)等奉勅纂	朝鮮木版本, 零本 9冊, 34.2×22cm, 四周雙邊, 半匡 : 22.5×18.1cm, 有界, 10行 22字, 註雙行, 上下內向四瓣花紋黑魚尾, 線裝, 楮紙	表題 : 詩傳, 所藏 : 卷2~20	01-0892~0900
詩傳大全	胡廣(明)等奉勅纂, 18世紀刊	朝鮮木版本, 零本 2冊, 32.7×19cm, 四周單邊, 半匡 : 22.6×16.4cm, 有界, 11行 22字, 註雙行, 上下內向六瓣花紋黑魚尾, 線裝, 楮紙	序 : 淳熙四年丁酉冬十月戊子新安朱熹書, 所藏 : 卷1~3	01-1084~1085
詩傳大全	湖廣(明)等奉勅纂	朝鮮木版本, 零本 8冊, 33.3×20cm, 四周單邊, 半匡 : 22.6×16.4cm, 有界, 10行 18字, 上下內向六瓣花紋黑魚尾, 線裝, 楮紙	表題 : 詩經, 藏書記 : 萬曆丙午(1606)慶州 所藏 : 卷4~20	01-1086~1093
詩傳大全	湖廣(明)等奉勅纂	朝鮮木版本, 零本 2冊, 33.4×22cm, 四周雙邊, 半匡 : 24.2×18.5cm, 有界, 11行 22字, 註雙行, 上下內向六瓣花紋黑魚尾, 線裝, 楮紙	序 : 淳熙四年丁酉冬十月戊子新安朱熹書 所藏 : 卷1, 18	01-1128~1129
詩傳大全	湖廣等奉勅纂	朝鮮木版本, 零本 7冊, 34×22.5cm, 四周雙邊, 半匡 : 23.6×18.7cm, 有界, 10行 22字, 上下白口 上下內向四瓣花紋黑魚尾, 線裝, 楮紙	表題 : 詩傳, 所藏 : 卷2~14, 16~17	01-2767~2777

• 槪要

宋의 朱熹가 『詩經』을 해설한 『詩傳』에 明의 胡廣 등이 주석을 달아 편찬한 책이다.

• 編纂과 刊行

조선에서는 世宗 11年(1429) 3월 6일에 明 永樂年間에 간행된 『詩傳大全』을 저본으로 하여 처음으로 전라도에서 간행하여 그 책판을 주자소에 보관하게 되었다. 세종은 이 판본뿐만 아니라 甲寅字로도 『詩傳大全』을 간행하게 하였다. 이후로 『詩傳大全』은 조선시대 말기까지 명본 복각본과 활자본 2원체제로 간행되었다.

전자의 경우를 간행연대 순으로 살펴보면 鑄字所本(1429)·漢陽本(1561)·成均館本(1672)·

北漢城本(1716)·嶺營本(1745)·嶺營本(1760)·간행지미상본(1764)·嶺營本(1798)·全州 河慶龍本(1810)·光州牧本(辛酉)·嶺營本(戊辰) 등과 간행지와 간행년이 미상인 판본 3종이 있다. 후자의 경우는 임진왜란 이전에 갑인자본, 경진자본이 간행되었고, 임진왜란 후에 무오자본, 훈련도감자본, 무신자본 2종, 후기운각인세체자본, 정유자본, 목활자본이 간행되었다.

● 著者 및 編者

편찬자인 胡廣은 明나라 江西 吉水 출신으로 자는 光大이고, 호는 晃庵이며, 시호는 文穆이다. 建文 2년(1400)에 進士 第一로 급제하여 翰林院 修纂, 文淵閣大學士 등을 역임하였다. 왕명으로 『周易大全』과 『書傳大全』·『詩經大全』·『禮記大全』·『春秋大全』·『四書大全』·『性理大全』의 편찬을 주관하였다. 저서에는 『胡文穆集』 등이 있다.

● 版本構成

冊1：詩傳大全凡例·皇朝郡邑志增注·勅纂修·詩傳序(朱熹)·詩傳大全綱領·詩傳大全圖. 冊2：詩序. 冊3：國風－周南·召南·邶. 冊4：國風－鄘·衛·王·鄭. 冊5：國風－齊·魏·唐·秦. 冊6：國風－陳·檜·曹·豳. 冊7：小雅－鹿鳴·白華·彤弓. 冊8：小雅－祈父·小旻. 冊9：小雅－北山·桑扈·都人士. 冊10：大雅－文王·生民. 冊11：大雅－蕩. 冊12：頌－淸廟·臣工·閔子小子·魯·商.

● 所藏處

국립중앙도서관, 서울대학교 규장각, 한국학중앙연구원 장서각 등에 소장되어 있다.

(56) 시정문(詩正文)

書名	出版事項	版式狀況	一般事項	所藏番號
詩正文		朝鮮木版本, 2卷 2冊, 33.1×20.9cm, 四周雙邊, 半匡：22.8×16.8cm, 有界, 10行 21字, 註雙行, 上下內向黑魚尾混入六瓣花紋黑魚尾, 線裝, 楮紙	印：玉山書院(黑印), 表題：詩大文, 欄上漢字略體口訣	01-0849 ~0850

● 槪要

『詩經』의 본문만을 상하 2책으로 간행한 책이다.

● 編纂과 刊行

지질이나 판식으로 보아 조선 중엽 이전에 판각된 것으로 추정되는 후쇄본이나 정확한 간행 시기를 확인하기 어렵다.

● 著者 및 編者

원저의 편자인 朱熹의 자는 元晦·仲晦, 호는 晦庵·晦翁·雲谷山人·滄洲病叟·遯翁 등이 나. 1130년 福建 출생으로 18세에 지방의 과거 예비시험 解試에 합격하였고, 이듬해 수도 임안에서 본시험에 합격하였다. 1151년 22세 때 吏部 임관시험에 합격하여 종9품 좌적공랑이 되어 천주 동안현 주부 등으로 임명되었다. 송대 성리학의 개창자이다. 저서로는『論語要義』·『論語訓蒙口義』·『困學恐聞編』·『程氏遺書』·『論孟精義』·『資治通鑑綱目』·『八朝名臣言行錄』·『西銘解義』·『太極圖說解』·『通書解』·『程氏外書』·『伊洛淵源錄』·『古今家祭禮』·『近思錄』·『四書章句集注』·『周易本義』·『詩集傳』·『楚辭集注』 등이 있다.

● 版本構成

상권은 關雎로부터 鶴鳴까지이고, 하권은 祈父로부터 商頌까지이다.

● 所藏處

국립중앙도서관, 한국국학진흥원 도서관, 영남대학교 도서관 등에 소장되어 있다.

(57) 신편고금사문유취(新編古今事文類聚)

書名	出版事項	版式狀況	一般事項	所藏番號
新編古今事文類聚	祝穆(宋) 編, 唐富春(明) 校, 18世紀末	朝鮮木版本, 69冊, 25×17.1cm, 四問單邊, 半匡 : 20×14.1cm, 有界, 11行 24字, 上下內向黑混入有紋黑魚尾, 線裝, 楮紙	表題 : 事文類聚, 序 : …萬曆甲辰孟春之吉金谿唐富春精校補遺重刻	01-1237 ~1305
新編古今事文類聚	祝穆(宋); 富大用(元) 編	朝鮮木版本, 236卷 72冊, 26.8×18.2cm, 四周雙邊, 半匡 : 19.4×14.2cm, 有界, 12行 24字, 註雙行, 上下白口 上下向黑魚尾, 線裝, 楮紙	所藏 : 前集 34冊, 續集 38冊	01-2850 ~2921

● 槪要

중국 남송(南宋)의 축목(祝穆)이 편찬한『사문류취(事文類聚)』에 원대(元代)의 부대용(富大

用)과 축연(祝淵)이 내용을 보충하고 명대(明代)의 당부춘(唐富春)이 교정과 보유(補遺)를 하여 간행한 방대한 유서(類書)이다.

• 編纂과 刊行

조선에서는 成宗 15年(1493)에 사문유취를 금속활자로 印刊하여 90건을 文臣들에게 반사하였다는 기록이 있다. 조선간행 甲辰字本 사문유취의 底本은 遺集을 포함하지 않은 元刊本이었다. 중국에서는 사문유취가 初刊된 후 明에 이르러 1604년(萬曆 甲辰)에 唐富春이 校正하고 補遺하여 목판본으로 重刻本을 내었는데, 이 판본이 19세기 嶺營에서 목판본으로 간행되었다. 이 판본은 刊記가 '辛卯季春 嶺南新刊'으로 되어있어서 간행 연대를 1831년 혹은 1891년으로 보고 있는데, 1831년이 타당하다.

• 著者 및 編者

祝穆(?~1255) : 宋代 建寧府 崇安 사람으로 어릴 때 이름은 丙이었고, 자는 和甫이다. 증조부 祝確은 朱熹의 외조부이고 아버지 康国은 朱熹의 이종사촌이다. 아버지가 朱熹의 어머니 祝氏를 따라 崇安에 살게 되었고, 동생 祝癸와 함께 朱熹에게 수학하였다. 그러다 程元鳳·蔡抗錄의 저서를 상납하여 迪功郎에 제수되고, 후에 興化軍의 涵江書院山長이 되었다. 저서로는 『事文類聚』이외에 지리지인 『方輿勝覽』이 있다.

• 版本構成

冊1 : 總目. 冊2~3 : 天道部. 冊4~5 : 天時部·地道部. 冊6 : 地道部. 冊7 : 帝系部. 冊8 : 人道部·仕進部. 冊9~10 : 仕進部. 冊11 : 隱逸部·仙佛部. 冊12 : 民業部·牧藝部. 冊13 : 牧藝部. 冊14 : 樂生部·神疾部. 冊15 : 神鬼部·喪事部. 冊16~17 : 喪事部. 冊18~22 : 人倫部·肖貌部. 冊23 : 肖貌部. 冊24 : 林木部·竹荀部·果實部. 冊25 : 果實部·花卉部. 冊26 : 花卉部. 冊27 : 鱗蟲部·介蟲部. 冊28~29 : 毛蟲部·羽蟲部. 冊30~31 : 羽蟲部. 冊32 : 儒學部. 冊33~34 : 文章部. 冊35 : 書法部. 冊36 : 禮樂部·性行部. 冊37 : 性行部. 別集 : 祝穆編 : 冊38 : 仕進部·人事部. 冊39~40 : 人事部.

• 所藏處

국립중앙도서관, 서울대학교 규장각, 한국학중앙연구원 장서각 등에 소장되어 있다.

(58) 신편음점성리군서구해(新編音點性理群書句解)

書名	出版事項	版式狀況	一般事項	所藏番號
新編音點性理群書句解	熊節(宋) 編, 熊剛(宋) 大解	朝鮮木版本, 23卷 12冊, 有圖, 32.3×21.5cm, 四周單邊, 半匡 : 26.1×17.3cm, 有界, 10行 13字, 註雙行, 上下內向黑魚尾, 線裝, 楮紙	表題 : 性理群書	01-1062~1073

● 槪要

중국 송대 유학자 熊節이 性理學에서 중요시하는 여러 문헌들을 모아 편집하고, 후에 熊剛大가 주석한 책이다.

● 編纂과 刊行

중국 판본 『성리군서구해』를 모본으로 하고 주요 글자에 대한 발음인 音點을 우리나라에서 음각으로 표기하여 재편집한 판본이다. 국내 판본은 원나라 판본을 조선에서 그대로 복각한 것으로 권수제는 '신편음점성리군서구해'이다. 1434년(세종 16) 『세종실록』 6월 20일 기사에 의하면 안숭선이 許稠의 말을 인용하면서 "『性理羣書)』(『성리군서구해』)는 글자의 획이 가늘고 크기가 작아서 늙은 눈에 보기 어려우니, 큰 글자로 간행하십시오."라고 했는데, 『新編音點性理羣書句解』는 이후 『新刊音點性理羣書句解』가 간행되기 전에 유통되었던 판본으로 추정된다.

● 著者 및 編者

편집자인 熊節은 建陽縣 崇泰里 사람으로 字가 端操이며, 주희의 제자이다. 송나라 寧宗 慶元 年間(1195~1200)에 진사에 入格해서 通直郞의 관직을 지낸 인물이다. 『性理羣書句解』외에 『中庸解』가 있다. 주해자인 웅강대도 같은 建陽 사람으로 호는 勿軒, 古溪이다. 어려서부터 영민하여 학문에 독실하였고, 建安 교수를 지냈으며 蔡淵·黃靜의 문인으로 전해진다.

● 版本構成

권1에는 「傳道支派」와 「贊」, 권2에는 訓·戒·箴·規, 권3에는 銘·五言短句·五言長句, 권4에는 오언장구·칠언단구·칠언장구, 권5에는 賦와 序, 권6에는 序, 권7에는 記, 권8에는 說·錄·辨·論이 수록되었다. 권9에는 河圖와 洛書의 원리를 그림으로 설명한 「河圖象數」와 「洛書範數」를 시작으로 象數學 관련 내용이 수록되었다. 권10에는 「伏羲八卦次)」와 「伏羲八卦方位」의 그림, 권11에는 周敦頤의 태극도와 그에 대한 주희의 주해, 권12~13에는 張載

의 『正蒙』, 권14~16에는 邵雍의 『皇極經世書』, 권17~18에는 주돈이의 『通書』가 수록되었다. 권19에는 주돈이의 글 「邵州遷學釋菜祝文」, 정이의 글 「祭朱光庭文」, 주희가 지은 스승 李侗의 제문인 「祭延平李先生文」 등이 수록되었다. 권20에는 주희가 지은 주돈이의 행록인 「濂溪先生行錄」, 정이가 지은 정호의 행장인 「明道先生行狀」, 권21에는 주희가 지은 정이의 연보인 「伊川先生年譜」, 여대림이 지은 장재의 행장인 「橫渠先生行狀」, 권22에는 정호가 지은 소옹의 묘지명인 「康節先生墓誌銘」, 소식이 지은 사마광의 행장인 「涑水司馬先生行狀」이 수록되었다. 권23에는 황간이 지은 주희의 행장인 「晦庵朱先生行狀」이 수록되었다.

● 所藏處

국립중앙도서관, 서울대학교 규장각 등에 소장되어 있다.

(59) 심경강록간보(心經講錄刊補)

書名	出版事項	版式狀況	一般事項	所藏番號
心經講錄刊補	1795년 (정조 19)	朝鮮木版本, 1冊, 31.7×21.8cm, 四周雙邊, 半匡 : 22.1×16.8cm, 有界, 10行 18字, 註雙行, 上下內向四瓣花紋黑魚尾, 線裝, 楮紙	識 : …乙卯十一月 後學金宗德謹識	01-0741

● 概要

李象靖과 金宗敬 등이 『心經講錄』과 『心經質疑』의 미진하고 누락된 부분들을 보충하여 간행한 책이다.

● 編纂과 刊行

서문과 발문에 의하면, 이황의 제자인 이덕홍과 이함형 등이 지은 『심경강록』은 미처 이황의 교정을 거치지 못한 채 간행되었기 때문에 그 후 이상정이 이에 대한 수정과 보완 작업을 시작하였고 그의 제자 김종경에 이르러 작업이 완성되어 『심경강록간보』가 만들었음을 알 수 있다. 김종경이 죽은 후엔 그의 형인 김종덕과 동문들이 함께 수정하고 재편집하여 간행하였다고 한다. 범례에 의하면 「敬義章」 이상은 이상정이 만들었으며, 그 이하는 김종경이 만들었음을 알 수 있고, 趙好益이 지은 『心經質疑考誤』의 내용도 일부 반영하고 있음을 알 수 있다. 간행 연대는 金宗德의 발문이 쓰여진 '乙卯年'을 근거로 볼 때 1795년(정조 19)으로 보인다.

● 著者 및 編者

이상정은 본관이 韓山이고, 자는 景文, 호는 大山, 退溪 李滉의 문인이다. 영조 11년(1735) 사마시와 대과에 급제하였고 연일현감 등을 역임하였으며, 이후에는 벼슬을 버리고 학문 연구와 제자 양성에만 전념하였다. 『退陶書節要』・『理氣彙編』・『敬齋箴集說』・『四禮常變通攷』・『朱子語節要』・『延平問答續錄』 등의 저술을 남겼다. 김종경에 대해서는 이상정의 문인이었다는 사실 이외에 알려진 바가 극히 드물다.

● 版本構成

모두 4편으로 구성되어 있는데 1편에는 『書經』에서 1장, 『詩經』에서 2장, 『周易』에서 5장, 『論語』에서 3장, 『中庸』에서 2장이 인용되어 있다. 2편에는 『大學』에서 2장, 『禮記』에서 3장, 『孟子』에서 3장이 인용되어 있다. 3편에는 『맹자』에서 7장이 인용되어 있다. 4편에는 『맹자』에서 2장, 周敦頤의 글에서 2장, 程伊川의 글에서 1장, 范浚의 글에서 1장, 朱熹의 글에서 3장이 인용되어 있다.

● 所藏處

국립중앙도서관, 서울대학교 규장각 등에 소장되어 있다.

(60) 아송(雅誦)

書名	出版事項	版式狀況	一般事項	所藏番號
雅誦	正祖 街定, [內賜記 : 1 799]印	朝鮮壬辰字本, 8卷 2冊, 39.2×24.9cm, 四周單邊, 半匡 : 24.3×16.9cm, 有界, 10行 18字, 上下向四瓣花紋黑魚尾, 線裝, 楮紙	御製雅誦序 : 卷之始印在十五日…己未九月二十有四日也, 義例末 : 籌字事實, 印記 : 奎章之寶, 內賜記 : 上之二十三年十月日 內賜玉山書院 檢校直閣臣 沈(手決)	01-0294 ~0295

● 槪要

1799년(정조 23)에 正祖가 주희의 문집인 『朱子大全』에서 시와 韻文 415수를 선별하여 편찬・간행한 시선집이다.

● 編纂과 刊行

정조가 직접 『주자대전』에서 시를 선별하고 序文을 썼으며, 신하들에게 교정을 시키고 註釋

을 붙여 금속활자[壬辰字]로 간행하도록 했다. 1799년 9월 15일 주희의 誕日에 맞추어 제1권의 간행을 시작하여 같은 달 25일에 총 8권 2책을 완간하였다. 정조는 印刊된 『아송』을 각 官署와 주요 書院 및 편찬에 참여한 관료 등에게 반사하고, 또 飜刻本을 제작하여 전국의 鄕校 등에 널리 배포하였다.

• 著者 및 編者

저자인 朱熹의 자는 元晦·仲晦, 호는 晦庵·晦翁·雲谷山人·滄洲病叟·遯翁 등이다. 1130년 福建 출생으로 18세에 지방의 과거 예비시험 解試에 합격하였고, 이듬해 수도 임안에서 본시험에 합격하였다. 1151년 22세 때 吏部 임관시험에 합격하여 종9품 좌적공랑이 되어 천주 동안현 주부 등으로 임명되었다. 송대 성리학의 개창자이다. 저서로는 『論語要義』·『論語訓蒙口義』·『困學恐聞編』·『程氏遺書』·『論孟精義』·『資治通鑑綱目』·『八朝名臣言行錄』·『西銘解義』·『太極圖說解』·『通書解』·『程氏外書』·『伊洛淵源錄』·『古今家祭禮』·『近思錄』·『四書章句集注』·『周易本義』·『詩集傳』·『楚辭集注』 등이 있다.

편자인 정조는 조선후기 제22대(재위 1776~1800) 왕으로, 이름은 祘, 자는 亨運, 호는 弘齋이다. 영조의 둘째 아들인 莊獻世子(일명 思悼世子)와 惠慶宮 洪氏 사이에서 맏아들로 태어났으며, 妃는 淸原府院君 金時默의 딸 孝懿王后이다. 영조 때부터 시작된 정비작업을 계승, 완결하였다. 저서에 『弘齋全書』(184권 100책)이 있다.

• 版本構成

卷頭에 1799년에 正祖 자신이 쓴 序文과 義例 6조, 目錄이 실려 있다. 권1 詞2수(虞帝廟迎送神樂歌詞, 釣臺詞), 賦 1편(白鹿洞賦), 琴操 1수(招隱操). 권2 五言絶句 44수(雜記草木, 百丈山六詠 등)와 六言絶句 2수(觀劉氏山館壁間所書 등). 권3 七言絶句 84수(梅花, 兼山閣雨中 등). 권4 五言古詩 73수(遠游篇, 卜居 등). 권5 五言古詩 30수(賦水仙花, 秋日登天湖下飮泉石軒 등), 七言古詩 13수(和李伯玉梅花 등). 권6 五言律詩 50수(南安道中, 苧溪道中 등). 권7 七言律詩 54수(夢山中故人, 前邨梅 등), 五言排律 4수(聞善決江河 등). 권8 銘 28편(講座銘, 四齋銘, 學古齋銘, 紫陽琴銘 등), 箴 2편(敬齋箴, 調息箴), 贊 18편(易五贊, 復卦贊, 張敬夫畫象贊 등), 題辭 1편(小學題辭), 文 2편(謁三先生祠文, 勸學文).

• 所藏處

국립중앙도서관, 서울대학교 규장각, 한국학중앙연구원 장서각 등에 소장되어 있다.

(61) 역학계몽(易學啓蒙)

書名	出版事項	版式狀況	一般事項	所藏番號
易學啓蒙	崔恒, 韓繼禧 等 編纂	朝鮮筆寫本, 4卷 2冊, 29.8×19cm, 四周單邊, 半匡 : 21.5×14.8cm, 有界, 10行 22字, 註雙行, 線裝, 楮紙	序 : …丙午藝春旣望雲臺眞逸手記	01-0768 ~0769

• 槪要

1465년(세조 11) 세조의 명으로 崔恒(1409~1474)과 韓繼禧(1423~1482)가 宋의 朱熹가 撰한 『易學啓蒙』을 공부하는 데 도움이 될 수 있도록 쉽게 보충 설명한 책이다.

• 編纂과 刊行

최항의 발문에 "주역을 배우는 데 있어 『역학계몽』은 학자의 지침이 되나 語義가 精深하여 처음 배우는 사람은 뜻을 알 수가 없다고 왕께서 분부하시어 우리들이 校正하고 혹 미진한 것 같으면 또한 補解하였다."고 저작 경위를 밝히고 있다. 현재 원간본은 전하지 않고, 임진왜란 이후의 중간본이 다수 전하나 간행 시기를 확인하기 어렵다. 옥산서원 소장본은 중간본의 하나를 필사한 것으로 추정된다.

• 著者 및 編者

본서의 교정과 보해에 참여한 학자는 崔恒, 韓繼禧를 비롯하여 金國光, 盧思愼, 丘從直, 鄭自英, 鄭蘭宗, 兪希益, 魚世恭, 崔自濱, 兪鎭 등이다.

• 版本構成

전체 구성은 권1 本圖書 第1(河圖와 洛書), 권2 原卦畫(太極, 兩儀, 四象, 八卦, 六十四卦 등의 그림, 伏羲八卦圖, 伏羲六十四卦圖, 文王八卦圖) 권3 明蓍策(楪蓍圖), 권4 考變占 등으로 나누었다.

• 所藏處

국립중앙도서관, 서울대학교 규장각 등에 소장되어 있다.

(62) 예기(禮記)

書名	出版事項	版式狀況	一般事項	所藏番號
禮記	胡廣(明)等奉勅纂	朝鮮木版本, 10卷 10冊, 24.8×15.9cm, 四周單邊, 半匡 : 19.8×13.4cm, 有界, 9行 18字, 註雙行, 上下向黑魚尾, 線裝, 楮紙	序 : …至治壬戌良月既望後學東滙澤陳澔序	01-0858 ~0867

● 槪要

중국 원나라 至治 年間에 東滙澤 陳澔가 『禮記』에 대한 여러 설들을 모아 정리한 책으로 일명 『雲莊禮記集說』이라고도 한다.

● 編纂과 刊行

중국 판본은 明 胡廣(1370~1418) 등이 1414년(永樂 12)에 成祖의 명을 받아 1425년에 완성한 五經大全 중의 하나로서, 元 陳澔의 『禮記集說』을 근본으로 삼고, 42家의 여러 학설을 모아 疏를 달아서 그 뜻을 밝힌 것이다. 국내 판본은 明代 간본을 모본으로 한 것으로 英祖 때에 간행된 것, 正祖 때에 간행된 것 등으로 추측되는 판본이나 정확한 간행 연대를 확인하기 어렵다.

● 著者 및 編者

저자인 진호(1261~1341)는 字가 可大, 호는 雲莊 또는 北山이며, 都昌人이다. 어려서부터 가학을 이어 널리 배우고 옛 것을 좋아하였다고 한다. 송 말기에 관직에 나아가지 않고 은거하며 고향에서 제자들을 가르쳤다. 雲住선생이라 불리었다.

편찬자인 胡廣은 明나라 江西 吉水 출신으로 자는 光大이고, 호는 晃庵이며, 시호는 文穆이다. 建文 2년(1400)에 進士 第一로 급제하여 翰林院 修纂, 文淵閣大學士 등을 역임하였다. 왕명으로 『周易大全』과 『書傳大全』·『詩經大全』·『禮記大全』·『春秋大全』·『四書大全』·『性理大全』의 편찬을 주관하였다. 저서에는 『胡文穆集』 등이 있다.

● 版本構成

권1 곡례(曲禮) 상하, 권2 단궁(檀弓) 상하, 권3 왕제(王制) 월령(月令), 권4 증자문(曾子問)~예운(禮運), 권5 예기(禮器)~내칙(內則), 권6 옥조(玉藻)~학기(學記), 권7 악기(樂記)~잡기(雜記) 하, 권8 상대기(喪大記)~경해(經解), 권9 애공문(哀公問)~분상(奔喪), 권10 문상(問喪)~상복사제(喪服四制)로 구성되어 있다.

● 所藏處

국립중앙도서관, 서울대학교 규장각, 한국학중앙연구원 장서각 등에 소장되어 있다.

(63) 예기집설대전(禮記集說大全)

書名	出版事項	版式狀況	一般事項	所藏番號
禮記集說大全	胡廣(明)等奉勅纂, 15世紀中葉刊	朝鮮木版本(明版飜刻), 零本 15冊, 34×21.3cm, 四周雙邊, 半匡 : 24.5×16.6cm, 有界, 10行 22字, 註雙行, 上下內向黑魚尾, 黑口, 線裝, 楮紙	題簽 : 禮記, 印記 : 獨樂堂印, 備考 : 本文中 朱書口訣, 所藏本 : 卷1, 卷4~8, 卷11~30	01-0421 ~0435
禮記集說大全	胡廣(明)等奉勅纂	朝鮮木版本, 28卷 15冊, 33×21cm, 四周雙邊, 半匡 : 24.7×16.8cm, 有界, 10行 22字, 上下黑口 上下內向四瓣花紋黑魚尾, 線裝, 楮紙	表題 : 禮記, 序 : 前聖繼天立極之…後學東匯澤陳澔序, 所藏 : 卷1~28	01-2630 ~2644

● 槪要

『禮記集說大全』은 明代의 학자 胡廣(1370~1418) 등이 『禮記』의 역대 주석을 찬집한 책이다.

● 編纂과 刊行

明 胡廣(1369~1418) 等이 成祖의 명을 받아 편찬한 禮記의 주석서로, 五經大全의 일부로서 四書大全과 性理大全과 함께 永樂12년(1414)에 편찬에 착수하여 永樂15년(1417)에 간행이 완료되었다.

● 著者 및 編者

胡廣(1370~1418) : 明나라 江西 吉水 출신으로 자는 光大이고, 호는 晃庵이며, 시호는 文穆이다. 建文 2년(1400)에 進士第一로 급제하여 翰林院 修纂, 文淵閣大學士 등을 역임하였다. 왕명으로 『周易大全』과 『書傳大全』・『詩經大全』・『禮記大全』・『春秋大全』・『四書大全』・『性理大全』의 편찬을 주관하였다. 저서에는 『胡文穆集』 등이 있다.

● 版本構成

卷1 : 曲禮上一, 卷2 : 曲禮下第二, 卷3 : 檀弓上第三, 卷4 : 檀弓下第四, 卷5 : 王制第五, 卷6 : 月令第六, 卷7 : 曾子問第七, 卷8 : 文王世子第八, 卷9 : 禮運第九, 卷10 : 禮器第十, 卷1

1 : 郊特牲第十一, 卷12 : 內則第十二, 卷13 : 玉藻第十三, 卷14 : 明堂位第十四, 卷15 : 喪服小記第十五, 卷16 : 大傳第十六, 卷17 : 學記第十八, 卷18 : 樂記第十九, 卷19 : 雜記上第二十, 卷20 : 雜記下第二十一, 卷21 : 喪大記第二十二, 卷22 : 祭法第二十三, 卷23 : 祭統, 卷24 : 哀公問第二十七, 卷25 : 坊記第三十, 卷26 : 表記第三十二, 卷27 : 緇衣第三十三, 卷28 : 服問第三十六, 卷29 : 儒行第四十一, 卷30 : 射義第四十六.

● 所藏處

중국 판본은 국내에서 규장각에만 소장되어 있다. 국내 판본은 정조 연간(1776~1800)에 금속활자인 丁酉字로 인쇄한 30권본이다. 기타 목판본은 간기가 없어서 정확한 간행 연대는 알 수 없다.

(64) 예부양태사총각(禮部楊太史叢刻)

書名	出版事項	版式狀況	一般事項	所藏番號
禮部楊太史叢刻	崔瑆煥	朝鮮筆寫本, 1冊, 33×21.9cm, 罫板, 四周雙邊, 半匡 : 25×17.8cm, 有界, 10行 18字, 上下內向四瓣花紋黑魚尾, 線裝, 楮紙	表題 : 感應篇 合部, 合綴 : 太上感應篇經傳	01-1024

● 槪要

19세기의 중인 학자 崔瑆煥(1813~1891)이 편찬한 道家類의 勸善書이다.

● 編纂과 刊行

최성환은 1848년(헌종 14)에 『太上感應篇』을 간행하였고, 1852년(철종 3)에 『太上感應篇圖說』을 서울에서 간행하였는데, 이를 1880년(고종 17)에 왕명으로 다시 간행한 판본도 전한다.

● 著者 및 編者

편찬자인 崔瑆煥은 1813년(순조 13)에 출생하였다. 자는 星玉이고, 호는 於是齋이며, 본관은 忠州이다. 중인 가문 출신으로, 1838년(헌종 4) 무과에 급제한 뒤 1843년(헌종 9) 이후 수문장을 지냈고, 1844년(헌종 10)에는 훈련도감 哨官을 지냈으며, 1845년(헌종 11)에는 종4품의 宣略將軍으로 무겸선전관과 훈련원주부를 지냈다. 1849년(철종 즉위) 훈련원 판관, 1851년

(철종 2) 景福宮衛將을 지냈고, 같은 해 동지중추부사에 제수되었으며, 1852년(철종 3)에는 중추부도사를 역임하였다. 1864년(고종 1)에는 대왕대비와 왕대비에게 존호를 올리기 위해 설치한 加上尊號都監에 別看役으로 참여하였다. 1874년(고종 11)에 다시 수문장에 제수되었다. 1891년(고종 28)에 사망하였다. 다수의 저술을 편찬하였는데, 『顧問備略』은 헌종 연간 국왕의 招致를 받은 뒤에 국왕을 만나 발언하기 위해 정치와 군사, 제도 및 관리의 인사나 인재 등용 등과 관련된 시무를 정리하여 편찬한 책이다. 그러나 헌종의 승하로 국왕에게 올리지는 못했다. 또한 남병철이 발문을 쓴 『視民要)』, 역내 중국의 시선집인 『性靈集』과 한국의 역대 시를 모은 『東國雅集』, 교류했던 정수동의 시를 모아 간행한 『夏園詩抄』, 교화서인 『太上感應篇圖說』, 지리서인 『興圖備志』 등이 있다.

- **版本構成**

권1에서는 至孝之報, 不陰之報, 好義之報, 宰相善報, 宰相惡報, 大將善報, 大將惡報를 주제로 하여 趙居先 등 38인의 일화를 소개하였다. 권2에서는 刑官善報, 刑官惡報, 史官善報, 史官惡報, 言官善報, 言官惡報, 養民官善報, 養民官惡報를 주제로 하여 范純仁 등 46인의 일화를 소개하였다. 권3에서는 太監惡報, 吏書善報, 吏書惡報, 士人善報, 士人惡報, 農人善報, 農人惡報, 工人善報, 商人善報, 商人惡報를 주제로 하여 魚朝恩 등 37인의 일화를 소개하였다. 권4에서는 臣道善報, 臣道惡報, 子道惡報, 夫婦善報, 夫婦惡報, 兄弟善報, 兄弟惡報, 朋友善報, 朋友惡報를 주제로 하여 王祐 등 38인의 일화를 소개하였다. 권5에서는 婦人善報, 婦人惡報, 放生戒殺善報, 放生戒殺惡報, 方術惡報를 주제로 하여 顧成의 며느리 錢氏 등 48인의 일화를 소개하였다.

- **所藏處**

국립중앙도서관, 서울대학교 규장각 등에 소장되어 있다.

(65) 오흥당씨만죽산방집첩(吳興唐氏萬竹山房集帖)

書名	出版事項	版式狀況	一般事項	所藏番號
吳興唐氏萬竹山房集帖	蘇東坡 等書, 16世紀刊	朝鮮木版本(陰刻拓本), 1冊, 32.5×20.5cm, 線裝, 楮紙	表題 : 萬竹山房帖, 藏書記 : 院上, 玉山書院上(墨書)	01-0844 ~0845

- **槪要**

송나라 문인 蘇東坡 等 명필의 필적을 모은 法帖이다.

- **編纂과 刊行**

16~17세기에 간행한 것으로 추정되는 목판본 1책이다. 원래 중국 문인 외에 圃隱 鄭夢周의 것이 수록된 점으로 보아 조선 간행 시에 내용이 일부 추가된 것으로 보인다.

- **著者 및 編者**

蘇軾의 자는 子瞻, 호는 東坡居士·坡仙 등이며, 四川省 眉山 출생이다. 동생 蘇轍과 비교하여 大蘇라고도 불리었다. 부친 蘇洵은 송나라에서 이름난 문장가였다. 부친, 동생과 더불어 唐宋八大家에 속한다. 1057년 진사 시험에 합격하고 1061년 制科에 합격했다. 그러나 신법파의 모함으로 그는 일생의 대부분을 유배생활과 각지의 지방관 생활로 보내다가 1101년 병으로 사망하였다.

편자 茅坤은 자는 順甫, 호는 鹿門, 浙江省 歸安 출생이다. 1538년 진사에 급제하고, 靑陽·丹徒縣의 지사에서 시작하여 吏部稽勳司, 廣平通判, 廣西近備僉事 등을 역임하였다. 猺族의 반란을 진압하였고, 胡宗憲의 휘하에서 왜구 평정을 도왔다. 擬古派 풍조가 성할 때 『唐宋八大家文鈔』(144권)를 편집한 것으로 유명하다. 저서에 『玉芝山房稿』·『海寇後編』·『徐海本末』 등이 있다.

- **版本構成**

木版에 陰刻으로 拓本한 형식으로 되어 있다. 行書, 草書 등 여러 서체의 필적이 90여 장에 걸쳐 수록되어 있다.

- **所藏處**

국립중앙도서관, 한국학중앙연구원 장서각, 성암고서박물관자료실 등에 소장되어 있다.

(66) 의례(儀禮)

書名	出版事項	版式狀況	一般事項	所藏番號
儀禮		朝鮮木版本(戊申字飜刻), 17卷 3冊, 33.5×22cm, 四周雙邊, 半匡 : 22.8×16.6cm, 有界, 10行 17字, 上下內向四瓣花紋黑魚尾, 線裝, 楮紙		01-0329 ~0331

● 槪要

춘추전국시대에 士禮를 기준으로 五禮의 儀式을 정리하여 편찬한『의례』의 經文만을 정리하여 조선 후기에 간행한 예서이다.

● 編纂과 刊行

정확히 확인하기는 어려우나 17세기에 판각한 목판을 後刷한 책으로 보인다.

● 著者 및 編者

서문이나 발문 등이 없어 편자의 확인은 어렵다.

● 版本構成

권1 사관례, 권2 사혼례, 권3 사상견례, 권4 향음주례, 권5 향사례, 권6 연례, 권7 대사례, 권8 빙례, 권9 공식대부례, 권10 근례, 권11 상복, 권12 사상례, 권13 기석례, 권14 사우례, 권15 특생궤식례, 권16 소뢰궤식례, 권17 유사철 등이다.

● 所藏處

국립중앙도서관, 서울대학교 규장각, 한국학중앙연구원 장서각 등에 소장되어 있다.

(67) 의례경전통해(儀禮經傳通解)

書名	出版事項	版式狀況	一般事項	所藏番號
儀禮經傳通解	朱熹(宋) 解	朝鮮木版本, 零本 14冊, 33.3×22cm, 四周雙邊, 半匡 : 23.7×16.8cm, 有界, 10行 16字, 註雙行, 上下下向有紋~六瓣花紋黑魚尾, 線裝, 楮紙	序 : …丁丑八月甲子日孤在泣血謹記, 印 : 玉山書院.所藏本 : 卷1~9, 11~22(全 14冊)	01-0341~0353

● 槪要

유교 경전 13경 중의 하나인『儀禮』에 朱熹가 주해한 책이다.

● 編纂과 刊行

중국 판본은 1196년(宋 慶元 2) 전후에 완성되었고 국내 판본은 1569년(선조 2)에 간행되었다. 이 판본은 『儀禮經傳通解續』의 판형과 활자의 모습이 비슷하여 18세기 후반의 것으로 추정된다.

● 著者 및 編者

주해자인 朱熹의 자는 元晦·仲晦, 호는 晦庵·晦翁·雲谷山人·滄洲病叟·遯翁 등이다. 1130년 福建 출생으로 18세에 지방의 과거 예비시험 解試에 합격하였고, 이듬해 수도 임안에서 본시험에 합격하였다. 1151년 22세 때 吏部 임관시험에 합격하여 종9품 좌적공랑이 되어 천주 동안현 주부 등으로 임명되었다. 송대 성리학의 개창자이다. 저서로는 『論語要義』·『論語訓蒙口義』·『困學恐聞編』·『程氏遺書』·『論孟精義』·『資治通鑑綱目』·『八朝名臣言行錄』·『西銘解義』·『太極圖說解』·『通書解』·『程氏外書』·『伊洛淵源錄』·『古今家祭禮』·『近思錄』·『四書章句集注』·『周易本義』·『詩集傳』·『楚辭集注』 등이 있다.

● 版本構成

1책 卷首에는 「儀禮經傳目錄」, 권1에는 「士冠禮」, 「冠義」, 2책 권2에는 「士昏禮」, 「昏義」, 3책 권3에는 「內則」, 권4에는 「內治」, 4책 권5에는 「五宗」, 「親屬」이 있는데, 이상이 '家禮'이다. 권6에는 「士相見禮」, 「士相見義」, 「投壺」, 5책 권7에는 「鄕飮酒禮」, 「鄕飮酒義」, 6책 권8에는 「鄕射禮」, 「鄕射義」가 있는데, 이상이 '鄕禮'이다. 7책 권9에는 「學制」, 「學義」, 권10에는 「弟子職」, 「少儀」, 8책 권11에는 「曲禮」, 권12에는 「臣禮」, 9책 권13에는 「鍾律」, 「鍾律義」, 권14에는 「詩樂」, 「禮樂」, 권15에는 「書數」(闕), 권16에는 「學記」, 「大學」, 10책 권17에는 「中庸」, 권18에는 「保傅」, 「踐阼」, 11책 권19에는 「五學」이 있는데, 이상이 '學禮'이다. 권20에는 「燕禮」, 「燕義」, 12책 권21에는 「大射禮」, 「大射義」, 13책 22권에는 「聘禮」, 「聘義」, 14책 권23에는 「公卿大夫禮」, 「公卿大夫義」, 「諸侯相朝禮」, 「諸侯相朝義」가 있는데, 이상이 '邦國禮'이다. 15책 권24에는 「覲禮」, 「朝事義」, 권25에는 「曆數」, 「卜筮」(闕), 16책 권27에는 「夏小正」, 「月令」, 17책 권28에는 「樂制」, 「樂記」, 권29에는 「王制之甲 分土」, 18책 권30에는 「王制之乙 制國」, 권31에는 「王制之丙 王禮」, 권32에는 「王制之丁 王事」, 19책 권33에는 「王制之戊 設官」, 권34에는 「王制之己 建侯」, 권35에는 「王制之庚 名器上」, 권36에는 「王制之辛 名器下」, 20책 권37에는 「王制之壬 師田」, 권에는 「王制之癸 刑辟」이 있는데, 이상이 '王朝禮'이다.

● 所藏處

국립중앙도서관, 서울대학교 규장각, 한국학중앙연구원 장서각 등에 소장되어 있다.

(68) 의례도(儀禮圖)

書名	出版事項	版式狀況	一般事項	所藏番號
儀禮圖	楊復(宋) 著	朝鮮木版本, 有圖, 17卷 9冊, 33.5×21.5cm, 四周雙邊, 半匡 : 21.5×16.2cm, 有界, 10行 16字, 註雙行, 上下內向六瓣花紋黑魚尾, 線裝, 楮紙	表題 : 儀禮旁通圖	01-0332 ~0340

• 槪要

宋代 禮學者 楊復(13세기)이 『儀禮』에 대한 이해를 돕기 위해서 『儀禮』의 經文과 주석에 圖를 덧붙인 책이다.

• 編纂과 刊行

중국 판본으로 元代 建安余氏勤有堂(10冊, 2, 5, 6, 7卷은 缺卷)에서 간행되었다가 1536년(嘉靖 15)에 明 世宗의 지시에 따라 呂柟과 童承敍 등에 의해 다시 수정된 판본(12冊)이 나오며, 淸代에는 1680년(康熙 19) 通志堂에서 간행되었다가 다시 1784년(乾隆 49) 수정되었는데, 이 책이 전한다. 국내 판본은 명대의 판본이 들어와서 간행되었던 것으로 보인다. 字體나 紙質 상 조선에서 간행된 것이 틀림없으나 序나 跋이 남아있지 않아 정확한 간행연대는 알 수 없다. 다만, 呂柟의 序와 童承敍의 後序가 있는 점 등으로 미루어 보면, 조선에서 유포된 『儀禮圖』는 주로 明 呂柟과 童承敍 등이 편찬한 판본임을 알 수 있다.

• 著者 및 編者

양복은 福安(福建省의 縣) 사람으로 字가 志仁이고, 信齋先生으로 불린다. 朱子의 문하에서 공부하였으며, 黃幹과 가깝게 지내면서 주자의 禮學을 계승하였다. 양복은 주자의 『家禮』에 대한 주석서인 『家禮雜說附註』 2권을 저술하였으며, 주자가 미처 완성하지 못했던 『儀禮經傳通解』 중 『祭禮』 14권을 담당하여 『喪禮』 부분을 맡았던 황간과 함께 『儀禮經傳通解續』을 완성하였다. 또한, 현실적 적용의 편리함을 중요시하였던 주자의 예학적 업적의 토대 위에서, 터득하기 어려운 『儀禮』의 經文을 圖를 덧붙여서 이해의 편리를 도모한 『儀禮圖』 17권, 『儀禮旁通圖』 1권을 저술하였다.

• 版本構成

전체 구성은 1) 1책 : 1권 「士冠禮」, 2권 「士昏禮」, 2) 2책 : 3권 「士相見禮」, 4권 「鄕飮酒禮, 3) 3책 : 5권 「鄕射禮」, 4) 4책 : 6권 「燕禮」, 7권 「大射儀」, 5) 5책 : 8권 「聘禮」, 6) 6책 : 9권

「公食大夫禮」, 10권「覲禮」, 7) 7책 : 11권「喪服」, 8) 8책 : 12권「士喪禮」, 9) 9책 : 13권「旣夕禮」, 14권「士虞禮」, 10) 10책 : 15권「特牲饋食禮」, 16권「小牢饋食禮」, 11) 11책 : 17권「有司徹」이다.

• 所藏處

서울대학교 규장각, 충남대학교 도서관 등에 소장되어 있다.

(69) 이락연원록신증(伊洛淵源錄新增)

書名	出版事項	版式狀況	一般事項	所藏番號
伊洛淵源錄新增	朱熹 著, 楊廉 新編, 16世紀刊	朝鮮木版本, 14卷 8冊, 30.7×21.6cm, 四周雙邊, 半匡 : 21.8×17.2cm, 有界, 11行 21字, 註雙行, 上下白口 上下內向魚尾不定, 線裝, 楮紙	表題 : 伊洛淵源, 新增序 : 聖賢之道達而…弘治丙辰 (1496)閏三月庚申後學黃田黃仲昭序, 跋 : 有論語則壬戌春三月己酉眞城李滉謹跋, 褙接紙 : 戊子五月日玉山上(墨書), 順治五年(1648)二月泗川縣(文書)	01-2737~2744

• 槪要

朱熹의『伊雒淵源錄』14권을 明代 楊廉이 增補한『伊雒淵源錄新增』과 謝鐸의『續編』을 合刊하여 高貴亭이 간행하였는데, 이 책을 다시 朝鮮時代 李滉이 교정하여 李楨(1512~1571)이 간행한 책이다.

• 編纂과 刊行

중국 판본으로『伊雒淵源錄』14권은 南宋 孝宗 때인 1173년(乾道 9)에 완성되었다. 이후 1496년(弘治 9) 黃仲昭, 楊廉의「서문」이 있는 판본과 元版本 14권, 明版本 14권 1629년(崇禎 2) 간본 등이 있다. 국내 판본은 明版本을 바탕으로 간행한 것으로 1562(明宗 17) 이황의「跋文」이 있어 간행 시기를 알 수 있다.

• 著者 및 編者

편찬자인 楊廉(1447~1527)은 明代 中期의 인물로 字는 方震, 江西省 豊城(南昌縣의 남쪽) 출신이다. 父 崇은 吳與弼의 門人 胡九韶를 계승한 학자였다. 楊廉은 家學을 계승하여 어렸을 때부터 文才로 알려졌다. 早年文行으로 칭해졌다. 成化(1465~1487) 말년의 進士, 正德(1506~1521) 초 南京禮部侍郞으로 世宗 嘉靖帝가 즉위하자 尙書가 되었다. 陽明學을 비판

한 주자학자 羅欽順과 친교가 있었고, 학문으로 이름이 높아 月湖先生으로 칭해졌다. 死後 太子少保로 追贈되었고, 諡號는 文洛이다. 謝鐸(?~1510)은 明代 中期의 인물로 字는 鳴治, 浙江省 太平(浙江省 臺州府에 속하는 지역) 출신이다. 天順(1457~1464)연간의 進士로 『英宗實錄』의 編修에 참가하였다. 성품이 조용하고 경세의 학문에 힘썼다. 1473년(成化 9) 『通鑑綱目』을 교감하였고, 弘治(1488~1505) 연간 초 『憲宗實錄』을 편수했고 1490년 南京 國子監祭酒로 발탁되었다. 그러나 다음해 병으로 퇴임하고 칩거했다. 死後 禮部尚書에 追贈되었고, 諡號는 文肅이다.

● 版本構成

전체 구성으로 권1은 周敦頤(濂溪先生), 권2부터 권3은 程顥(明道先生), 권4는 程頤(伊川先生), 권5는 邵雍(康節先生), 권6은 張戴 등(橫渠先生 - 御史 張戩) 2명, 권7은 呂希哲 등(侍講 呂希哲 - 給事 朱光庭) 4명, 권8은 劉絢 등(博士 劉絢 - 正字 呂大臨) 5명, 권9는 蘇昞 등(博士 蘇昞 - 察院 劉酌) 3명, 권10은 楊時 등(文靖公 楊時 - 楊迪) 2명, 권11은 劉安節 등(起居 劉安節 - 侍講 尹焞) 2명, 권12는 張繹 등(學士 張繹 - 著作 王) 4명, 권13은 胡安國(文定公 胡安國), 권14는 王巖叟 등(端明 王巖叟 - 尙書 邢恕) 20명을 수록하고 있다. 『속록』의 卷頭에는 1480년(成化 16) 謝鐸, 王良玉의 「서문」이 있다. 권말에는 1529년(嘉靖 8) 高貴亭의 「重刊伊洛淵源二錄跋文」이 있다.

● 所藏處

국립중앙도서관, 서울대학교 규장각 등에 소장되어 있다.

(70) 자치통감강목(資治通鑑綱目)

書名	出版事項	版式狀況	一般事項	所藏番號
資治通鑑綱目	朱熹 編, 思政殿訓義	朝鮮木版本(中字初鑄甲寅字飜刻, 大字 丙辰字魏刻), 零本 101冊, 35.2×22.3cm, 四周雙邊, 半匡 : 25.8×16.9cm, 有界, 10行 18字, 註雙行, 上下白口 上下下向四瓣花紋黑魚尾, 線裝, 楮紙	表題 : 綱目, 序 : 先正溫國…云乾道壬辰夏四月甲子新安朱熹謹書, 印記 : 玉山書院(朱印), 所藏 : 卷1上~59下	01-2967 ~3067

● 槪要

『資治通鑑綱目』은 중국 宋나라 司馬光이 쓴 역사책 『資治通鑑』을 기준으로, 朱熹(1130~

1200)가 『春秋』의 형식에 따라 역사적 사실에 대하여 큰 제목으로 綱을 따로 세우고 기사는 目으로 구별하여 엮은 역사서이다. 약치하여 『通鑑綱目』 또는 『綱目』이라고도 한다.

• 編纂과 刊行

『資治通鑑綱目』의 서문은 朱熹가 43세 때 쓴 것인데, 『資治通鑑綱目』은 그가 죽고 20여년이 지나서 간행되었다. 그래서 綱은 朱熹가 쓰고 目은 제자인 趙師淵이 마무리하여 간행한 것으로 알려져 있다. 조선 개국 후에는 정종 2년(1400) 경연에서 진강한 것을 시작으로 역대 왕들의 교육과 통치에 활용되었다. 세종 2년(1420) 庚子字로 인출한 것을 시작으로 여러 차례 활자본이 간행되어 경연에 쓰이거나 신하들에게 반사되었다. 세종 18년(1436)에는 思政殿訓義 『資治通鑑綱目』을 인출하기 丙辰字를 주조하여 간행하였다. 그 후 중종 때에는 大字는 '倣丙辰木活字'를 만들어 원래 활자와 섞어 쓰고 中字는 初鑄甲寅字와 補字를 사용하여 인출했다. 선조 때는 大字를 倣丙辰木活字를 사용하고 中字는 再鑄甲寅字인 庚辰字를 사용하여 인출했다. 중종 때는 병진자본 외에 1496년에 간행된 명나라 黃仲昭의 『新刊資治通鑑綱目』을 참고로 하여 초주갑인자와 보자를 사용하여 교서관에서 인출한 판본도 있다. 이외에 성종 때 癸丑字와 숙종 연간에 韓構字로 인출한 활자본이 있다. 이중 丙辰字本과 甲寅字本은 우리나라에서 간행된 『資治通鑑綱目』의 큰 계통을 이루는데 이를 복각한 목판본이 여러 차례 인쇄되었다.

• 著者 및 編者

朱熹의 자는 元晦·仲晦, 호는 晦庵·晦翁·雲谷山人·滄洲病叟·遯翁 등이다. 1130년 福建 출생으로 18세에 지방의 과거 예비시험 解試에 합격하였고, 이듬해 수도 임안에서 본시험에 합격하였다. 1151년 22세 때 吏部 임관시험에 합격하여 종9품 좌적공랑이 되어 천주 동안현 주부 등으로 임명되었다. 송대 성리학의 개창자이다. 저서로는 『論語要義』·『論語訓蒙口義』·『困學恐聞編』·『程氏遺書』·『論孟精義』·『資治通鑑綱目』·『八朝名臣言行錄』·『西銘解義』·『太極圖說解』·『通書解』·『程氏外書』·『伊洛淵源錄』·『古今家祭禮』·『近思錄』·『四書章句集注』·『周易本義』·『詩集傳』·『楚辭集注』 등이 있다.

• 版本構成

卷1~2 : 戰國時代~秦末, 卷3~8 : 前漢·新, 卷9~13 : 後漢獻帝, 卷14~16 : 三國時代, 卷17~18 : 西晉, 卷19~23 : 東晉, 卷24~36 : 南北朝時代, 卷37 : 隋, 卷38~53 : 唐, 卷54~59 : 唐末~後周.

• 所藏處

국립중앙도서관, 서울대학교 규장각, 한국학중앙연구원 장서각 등에 소장되어 있다.

(71) 자휘자집(字彙子集)

書名	出版事項	版式狀況	一般事項	所藏番號
字彙子集	梅膺祚 編	朝鮮木版本, 8冊, 35×19cm, 四周雙邊, 半匡 : 20.7×14.7cm, 有界, 8行 16字, 註雙行, 無魚尾, 線裝, 楮紙	表題 : 字彙集, 序 : 萬曆乙卯(1615) 孟取之明穀日立春江東梅鼎祚撰, 跋 : 字學爲以傳者…贊玆擧有媿徐鼎臣之于弟楚金多, 所藏 : 原集 8冊, 雜錄 1冊, 總目 1冊	01-2726 ~2733

• 槪要

1615년(明 萬曆 43) 중국 明나라의 梅膺祚가 편찬한 字典이다.

• 編纂과 刊行

중국 판본은 1615년(萬曆 43)에 梅鼎祚가 쓴 서문이 있는 명대 간본이 대표적인데, 이후 청대에 일부 증보한 간본도 전한다. 국내 판본은 간행 연도는 확실하지 않으나 이 청대 판본을 목판으로 재간행된 것으로 보인다. 각 판본의 기본적인 체례는 모두 같다.

• 著者 및 編者

저자인 梅膺祚의 자는 誕生이고, 安徽省 宣城縣 출생이다. 생몰년을 자세히 알 수는 없으나 萬曆 연간(1573~1620)에 宣城 '林中七子'의 한 사람인 梅鼎祚의 사촌동생인 점으로 보아 이 당시 사람인 것으로 추정된다. 그는 또한 淸代 數學家 梅文鼎의 선조이기도 하며, 『周易』과 六書에 능했다. 이 책 외에 다른 저서로 陳俊修 등과 함께 편찬한 『寧國府志』가 있다.

• 版本構成

책머리에 梅鼎祚의 序文이 있고 다음 14條의 凡例와 目錄이 있는데, 앞부분에는 運筆從古遷時 通用 등에 字集에서 亥集까지의 部首를 수록하였고, 뒷부분에는 辨似 醒誤 韻法直圖 韻法橫圖가 있다. 1條는 細目이며 2條는 子集, 3條는 丑集, 4條는 寅集, 5條는 卯集, 6條는 辰集, 7條는 巳集, 8條는 午集, 9條는 未集, 10條는 申集, 11條는 酉集, 12條는 戌集, 13條는 亥集, 14條는 韻法圖이다.

● 所藏處

한국학중앙연구원 장서각, 계명대학교 동산도서관 등에 소장되어 있다.

(72) 주역전의대전(周易傳義大全)

書名	出版事項	版式狀況	一般事項	所藏番號
周易傳義大全	胡廣等受勅纂修	朝鮮木版本, 零本 1冊, 33.3×21.8cm, 四周單邊, 半匡：22.2×17cm, 有界, 10行 22字, 註雙行, 上下內向黑魚尾, 線裝, 楮紙	藏書記：玉山書院上(墨書), 表題：周易 十二, 所藏：卷23~24(13冊 中)	01-0847
周易傳義大全	胡廣等受勅纂修	朝鮮木版本(後刷), 零本 1冊, 34×22.5cm, 四周雙邊, 半匡：23.7×18.7cm, 有界, 10行 22字, 註雙行, 上下內向四瓣混入有紋黑魚尾	藏書記：玉山書院上(墨書), 表題：周易 總目, 所藏：總目(13冊 中)	01-0848
周易傳義大全	胡廣等受勅纂修	朝鮮木版本, 零本 2冊, 34×22.5cm, 四周雙邊, 半匡：23.7×187cm, 有界, 10行 22字, 註雙行, 上下內向二瓣花紋黑魚尾, 線裝, 楮紙	序：…庚申河南程頤正叔序, 藏書記：玉山畫院上(墨書)	01-0848
周易傳義大全	胡廣(明)等受勅編, 大邱：嶺營, 戊午(1798)重刊	朝鮮木版本, 零本 4冊, 23.1×23cm, 四周雙邊, 半匡：22.9×18.6cm, 有界, 10行 22字, 註雙行, 上下白口 上下內向四瓣花紋黑魚尾, 線裝, 楮紙	表題：周易, 刊記：戊午四月嶺營重刊, 所藏：目錄, 卷20~21, 22, 23~24	01-1430~1433

● 概要

明代 成祖의 칙령에 따라 胡廣(1370~1418) 등 42인이 『周易』에 대한 여러 註釋을 모아 펴낸 책이다.

● 編纂과 刊行

1414년(永樂 12) 明 成祖는 翰林學士 胡廣 및 侍講 楊榮·金幼孜 등 42인에게 『五經大全』·『四書大全』·『性理大全』의 편찬을 명하여 이듬해인 1415년(永樂 13) 9월에 완성토록 하였다. 『周易傳義大全』은 이때 편찬되어 간행되었다. 大全本의 경서는 국에서 간행된 직후인 태종 말년에 조선에 수입되어, 세종 연간 이래 여러 차례에 걸쳐 국가 차원에서 간행되었다. 그리고 1777년(정조 1)에는 關西 지방에서 丁酉字 15만자를 제작하여 『八子百選』 등의 서적을 간행하였으며, 정조는 1793년 여름에 교서관으로 하여 사서삼경을 인쇄하도록 하여 이듬해인 1794년 1월 24일에 이르러 완성을 보게 되었다.

● 著者 및 編者

편찬자인 胡廣은 明나라 江西 吉水 출신으로 자는 光大이고, 호는 晃庵이며, 시호는 文穆이다. 建文 2년(1400)에 進士第一로 급제하여 翰林院 修纂, 文淵閣大學士 등을 역임하였다. 왕명으로『周易大全』과『書傳大全』·『詩經大全』·『禮記大全』·『春秋大全』·『四書大全』·『性理大全』의 편찬을 주관하였다. 저서에는『胡文穆集』등이 있다.

● 版本構成

卷1：乾卦·卷2：坤卦·屯卦. 卷3：蒙卦·需卦·訟卦. 卷4：師卦·比卦·小畜卦. 卷5：履卦·泰卦·否卦. 卷6：同人卦·大有卦·謙卦. 卷7：豫卦·隨卦·蠱卦. 卷8：臨卦·觀卦·噬嗑卦. 卷9：賁卦·剝卦·復卦. 卷10：无妄卦·大畜卦·頤卦. 卷11：大過卦·坎卦·離卦. 卷12：咸卦·恒卦·遯卦. 卷13：大壯卦·晉卦·明夷卦·家人卦. 卷14：睽卦·蹇卦·解卦. 卷15：損卦·益卦·夬卦. 卷16：姤卦·萃卦·升卦. 卷17：困卦·井卦·革卦. 卷18：鼎卦·震卦·艮卦. 卷19：漸卦·歸妹卦·豐卦·旅卦. 卷20：巽卦·兌卦·渙卦·節卦. 卷21：中孚卦·小過卦·既濟卦·未濟卦. 卷22：繫辭上傳. 卷23：繫辭下傳. 卷24：說卦傳·序卦傳·雜卦傳.

● 所藏處

국립중앙도서관, 서울대학교 규장각, 한국학중앙연구원 장서각 등에 소장되어 있다.

(73) 중용장구대전(中庸章句大全)

書名	出版事項	版式狀況	一般事項	所藏番號
中庸章句大全	湖廣(明)等奉勅纂修	朝鮮木版本, 2冊, 33.9×21.4cm, 四周雙邊, 半匡：25.8×16.8cm, 有界, 10行 22字, 大黑口, 上下內向黑魚尾, 線裝, 楮紙	序：…淳熙己酉公時六年春三月戊申新安朱熹序·	01-1198~1199
中庸章句大全	湖廣(明)等奉勅纂修	朝鮮筆寫本, 1冊, 30.5×20.5cm, 罫寫, 四周雙邊, 有界, 10行 18字, 線裝, 楮紙	表題：中庸	01-1200
中庸章句大全	朱熹 編, 大邱：嶺營, 戊午(1798)	朝鮮木版本, 不分卷 1冊, 35.2×22.5cm, 四周雙邊, 半匡：22.4×16.6cm, 有界, 10行 22字, 註雙行, 上下白口 上下內向四瓣花紋黑魚尾, 線裝, 楮紙	版心題：中庸章句, 表題：中庸, 刊記：戊午五月嶺營重刊, 序：淳熙己酉春三月戊申新安朱熹序	01-2763

● 槪要

翰林學士 胡廣(1370~1418) 등이 成祖의 勅命에 따라 朱熹의『中庸章句』에 송·원대 학자들
이 보충하여 편찬한『中庸』의 주석서이다.

충재박물관 소장본은 모두 3종이 있는데, 1종은 戊申字로 인출한 금속활자본이고, 나머지
2종은 모두 필사본이다.

● 編纂과 刊行

『中庸章句大全』은 世宗 때 明나라로부터 수입하여 1428년 국내에서 처음으로 간행된 이후
에 중앙과 지방에서 여러 차례 간행하였다. 이 판본들은 明刊本을 복각한 판본과 활자본
계통으로 나눌 수 있다. 조선초기부터 임진왜란 직후에 간행된 목판본들은 明刊本의 형태적
인 특징을 보이고 있다. 이 판본들의 간행처는 처음에 강원도 원주에서 복각되었을 것으로
보이나 실물이 존재하지 않다. 임진왜란 직후인 1612년에 함흥부에서 간행되었고, 17세기에
成均館과 北漢에서 개판되었다. 그 후에 함경감영, 영변부, 경상감영 등에서 간행되었고, 19
세기에 전주의방각본 간행처인 하경룡본이 간행되었으며, 1916년에는 하경룡본의 후쇄본이
전주의 七書房에서 간행되었다. 금속활자본으로는 丁酉字本이 1793년에 교서관에서 처음
활자로 인쇄된 후 1820년에 內閣에서, 1828년에 경상감영에서 복각되었으며, 1918년에는 경
성에 있는 회동서관에서 1820년에 내각에서『中庸章句大全』을 간행할 때 사용했던 판을 이
용하여 後刷本으로 간행하였고, 대구의 재전당서포에서는 '戊子新刊嶺營藏板'의 간기를 가
진 嶺營本(1828년)의 판을 이용하여 後刷本을 간행하였다. 즉 1793년에 간행된 정유자본을
저본으로 2번의 복각이 이루어졌으며, 그 복각본들의 후쇄본이 방각본으로 간행되었음을 알
수 있다.

● 著者 및 編者

편찬자인 胡廣은 明나라 江西 吉水 출신으로 자는 光大이고, 호는 晃庵이며, 시호는 文穆이
다. 建文 2년(1400)에 進士第一로 급제하여 翰林院 修纂, 文淵閣大學士 등을 역임하였다. 왕
명으로『周易大全』과『書傳大全』·『詩經大全』·『禮記大全』·『春秋大全』·『四書大全』·『性理
大全』의 편찬을 주관하였다. 저서에는『胡文穆集』등이 있다.

● 版本構成

不分卷으로 讀中庸法, 中庸章句序, 中庸章句大全(天命章旨·仲尼章旨·中庸全旨·道之節
旨·道其全旨·舜其全旨·人皆全旨·回之全旨·天下全旨·子路全旨·素隱章旨·費隱章旨·

道不章旨·素位章旨·譬如章旨·鬼神章旨·大孝章旨·無憂章旨·達孝章旨·哀公章旨·自誠全旨·唯天全旨·其次全旨·前知全旨·自成章旨·故至章旨·大哉章旨·愚而章旨·王天章旨·祖述章旨·至聖章旨·至誠章旨·衣錦章旨)으로 구성되어 있다.

• 所藏處

국립중앙도서관, 서울대학교 규장각, 한국학중앙연구원 장서각 등에 소장되어 있다.

(74) 증수부주자치통감절요속편(增修附註自治通鑑節要續編)

書名	出版事項	版式狀況	一般事項	所藏番號
增修附註自治通鑑節要續編	張光啓 訂正, 劉剡 編輯	朝鮮木版本(初鑄甲寅字飜刻), 30卷 7冊, 32.6×22cm, 四周雙邊, 半匡：23.5×16.8cm, 有界, 10行 18字, 註雙行, 上下白口(混入大黑口)上下下黑魚尾, 線裝, 楮紙	版心題：鑑續, 表題：宋鑑, 序：宣德四年(1429) 己酉春二月肝江張光啓撰, 跋：宣德韻集壬子孟秋言日後學劉剡謹書, 印記：玉山書院(朱印)	01-2575 ~2591
增修附註資治通鑑節要續編	張光啓 訂正, 劉剡 編輯, 16世紀後期印	朝鮮初鑄甲寅字本, 30卷 17冊, 35×21.3cm, 四周雙邊, 半匡：25×17.3cm, 有界, 10行 17字, 上下內向六瓣花紋黑魚尾	表題：宋鑑, 版心製：鑑續, 卷末：宣德龍集壬子孟秋吉日後學劉剡拜書	01-0572 ~0585, 0682~0684

• 槪要

송나라 司馬光이 편찬한 『資治通鑑』을 송나라 徽宗 때 江贄가 간추려 50권으로 節要하고 劉剡이 새로 편집한 책이다.

• 編纂과 刊行

중국 판본은 明 宣宗(1426~1435) 때에 劉剡이 편집하고, 張光啓가 訂定한 것을 劉文壽가 간행한 명대 간본이다. 국내 판본은 정확한 시기는 확인하기 어려우나 이 책을 저본으로 한 것으로 추정되며, 조선전기에 校書館에서 간행한 금속활자본(초주갑인자)이다.

• 著者 및 編者

편찬자인 강지는 崇安縣 사람으로, 자가 叔圭이다. 그는 『역경(易經)』에 조예가 깊었고, 산림에 은거하여 여러 차례 부름에도 응하지 않고 학문에 힘을 쏟았다. 휘종 때 태사(太史)가 처사

(處士)의 별인 소미성(小微星)의 출현을 상주하여, 유일(遺逸)을 천거하라는 명이 있었는데, 강지는 세 차례에 걸친 부름에도 불구하고 끝내 출사하지 않았다. 이에 휘종은 그에게 '小微先生'의 호를 하사하였는데, 그래서 그의 편저 『통감절요』를 흔히 '少微通鑑'이라고 한다.

● 版本構成

『자치통감』의 周紀 5권을 2권으로, 秦紀 40권을 5권으로, 宋紀 16권과 齊紀 10권을 1권으로, 양기 22권을 1권으로, 陳紀 10권을 1권으로, 隋紀 8권을 1권으로, 唐紀 81권을 14권으로, 後梁紀 8권과 後漢紀 4권을 1권으로, 後周紀 5권을 1권으로 줄여 전체 50권으로 구성되어 있다.

● 所藏處

한국학중앙연구원 장서각, 성균관대학교 존경각 등에 소장되어 있다.

(75) 진서산독서기을집상대학연의(眞西山讀書記乙集上大學衍義)

書名	出版事項	版式狀況	一般事項	所藏番號
眞西山讀書記乙集上大學衍義	眞德秀 著	朝鮮筆寫本, 零本 1冊, 30×19.4cm, 有界, 9行 17字, 線裝, 楮紙	表題 : 大學衍義 所藏 : 卷12~13	01-1341

● 槪要

송나라 학자인 眞德秀가 대학의 三綱領과 六條目을 주제로 하여 고전에서 嘉言과 善行을 인용하여 『대학』을 衍義한 책의 일부를 필사한 것이다.

● 編纂과 刊行

국내 판본으로 조선시대 영조 연간에 교서관에서 금속활자(무신자)로 인쇄한 활자본 43권 10책이 전하는데, 옥산서원 소장본은 이 책의 일부인 卷12~13만을 필사하였다.

● 著者 및 編者

필사자는 미상이다.

● 版本構成

『大學衍義』 卷12~13으로 '格物致知之要'의 일부분만 수록하였다.

• 所藏處

개인 필사본으로 옥산서원에 소장되어 있다.

(76) 찬도호주주례(纂圖互註周禮)

書名	出版事項	版式狀況	一般事項	所藏番號
纂圖互註周禮	鄭玄(漢) 註	朝鮮木版本(前期校書館字飜刻), 12卷 7冊, 31.7×18.8cm, 四周雙邊, 半匡 : 20.2×14.3cm, 有界, 9行 17字, 上下內向四瓣花紋黑魚尾, 線裝, 楮紙	跋 : 周禮周公之作也… 金宗直謹跋, 印 : 玉山書院(朱印), 藏書記 : 院上 (墨書)	01-0497 ~0503
纂圖互註周禮	鄭玄(漢) 註, 16世紀刊	朝鮮木版本(初鑄甲寅字飜刻), 12卷 7冊, 29.3×18.6cm, 四周雙邊, 半匡 : 21.9×14.5cm, 有界, 9行 15字, 註雙行, 大黑口, 上下內向黑魚尾, 線裝, 楮紙	跋 : …成化十四年三月日 通訓大夫…金宗直謹跋, 印 : 獨樂堂印(朱印)	01-1121 ~1127

• 槪要

중국 고대 주나라의 관제를 육관 체제에 따라 주공이 찬한 것으로 전해지는『주례』에 앞에 도설을 수록하고 互註를 붙인 책을 조선에서 1706년(숙종 32)에 편찬한 예서이다.

• 編纂과 刊行

여러 판본이 전하는데, 발문으로 간행 시기를 추정할 수 있다. 현전하는 발문은 3종이 있는데, 金宗直의 跋은 1478(성종 9) 3월에 善山都護府使로 있으면서 쓴 것이다. 右參贊 趙絅의 跋文은 1648년(인조 26) 5월 하한에 쓴 것이다. 大丘都護府使 金演이 쓴 발문은 1706년(숙종 32) 3월 상한에 쓴 것이다.

• 著者 및 編者

주를 붙인 鄭玄(127~200)은 後漢 말기 北海 高密 사람으로 자는 康成이다. 젊어서 鄕嗇夫가 되고, 나중에 太學에서 공부했으며 각종 경서에 정통했다. 시종 재야의 학자로 지냈고, 훈고학과 경학의 시조로 유명하다. 저서 가운데 현존하는 것은『毛詩箋』과『주례』·『의례』·『예기』에 대한 주해뿐이고, 나머지는 단편적으로 남아 있다.

• 版本構成

이 책은 周禮正義序, 序周禮廢興, 周禮篇目, 周禮經圖, 본문, 발문으로 구성되어 있다. 체제는 경문과 주로 되어 있다. 본문은 1권「天官冢宰上」, 2권「天官冢宰下」, 3권「地官司徒上」, 4권「地官司徒下」, 5권「春官宗伯上」, 6권「春官宗伯下」, 7권「夏官司馬上」, 8권「夏官司馬下」, 9권「秋官司寇上」, 10권「秋官司寇下」, 11권「冬官考工記上」, 12권「冬官考工記下」이다.

● 所藏處

국립중앙도서관, 계명대학교 동산도서관 등에 소장되어 있다.

(77) 초사(楚辭)

書名	出版事項	版式狀況	一般事項	所藏番號
楚辭	朱熹(宋) 集註, 19世紀寫	朝鮮筆寫本, 1冊, 26.2×17.8cm, 無罫, 10行 字數不定, 線裝(改裝), 楮紙	書名은 表題에 의함	01-1016
楚辭	朱熹(宋) 集註, 16世紀刊	朝鮮木版本(庚子字飜刻), 零本 3冊, 27.5× 18.5cm, 四周雙邊, 有界, 11行 21字, 大黑口 上下內向黑魚尾, 線裝, 楮紙	底本刊記 : 建安虞信亨宅 重刊 至治辛酉臘月印行, 題簽 : 楚辭辨證, 所藏 : 楚辭 卷5~8, 楚辭後語 卷5~6	01-1017 ~1019

● 槪要

宋의 朱熹(1130~1200)가 편찬한 『楚辭』 주석서이다.

● 編纂과 刊行

중국 판본의 대표적인 것으로는 宋 端平 2년(1235) 刊本, 元 至正 23년(1363) 高日新 간본, 明 成化 11년(1475) 吳原明 간본, 淸 乾隆 53년(1788) 간본, 同治 10년(1871) 간본 등이 있다. 국내 판본은 여러 차례 간행되었고 각 간행 시기를 확인하기 어려우나 대체로 元 刊本을 저본으로 한 것으로 보인다.

● 著者 및 編者

주석자인 朱熹의 자는 元晦·仲晦, 호는 晦庵·晦翁·雲谷山人·滄洲病叟·遯翁 등이다. 1130년 福建 출생으로 18세에 지방의 과거 예비시험 解試에 합격하였고, 이듬해 수도 임안에서 본시험에 합격하였다. 1151년 22세 때 吏部 임관시험에 합격하여 종9품 좌적공랑이 되어 천주 동안현 주부 등으로 임명되었다. 송대 성리학의 개창자이다. 저서로는 『論語要義』·『論

語訓蒙口義』·『困學恐聞編』·『程氏遺書』·『論孟精義』·『資治通鑑綱目』·『八朝名臣言行錄』·『西銘解義』·『太極圖說解』·『通書解』·『程氏外書』·『伊洛淵源錄』·『古今家祭禮』·『近思錄』·『四書章句集注』·『周易本義』·『詩集傳』·『楚辭集注』 등이 있다.

● 版本構成

권1에 「離騷」, 권2에 「九歌」, 권3에 「天問」, 권4에 「九章」, 권5에 「遠遊」·「卜居」·「漁父」, 권6에 「九辯」, 권7에 「招魂」·「大招」, 권8에 「惜誓」·「弔屈原」·「服賦」·「哀時命」·「招隱士」가 실려 있다.

● 所藏處

국립중앙도서관, 서울대학교 규장각, 한국학중앙연구원 장서각 등에 소장되어 있다.

(78) 춘추경전집해(春秋經傳集解)

書名	出版事項	版式狀況	一般事項	所藏番號
春秋經傳集解	杜預(晋)集解, 17世紀初印	朝鮮訓練都監字本, 零本 13冊, 33.7×20.4cm, 四周雙邊, 半匡 : 25×15.5cm, 有界, 9行 17字, 線裝, 楮紙	序 : 春秋者魯史記之名也…杜預元凱序, 所藏 : 卷3~22, 25~30	01-1158 ~1170

● 槪要

1440년(세종 22)에 世宗의 명으로 집현전 학사들이 『春秋左氏傳』에 대한 제가의 주석을 모아 편찬한 책이다.

● 編纂과 刊行

중종대에 甲寅字로 활자본이 간행되었고, 1611년(광해군 3)에 訓鍊都監字로 활자본이 간행되었다. 이후 여러 차례 번각된 것이 있으나 간행 시기를 확인하기 어렵다.

● 著者 및 編者

集解를 한 杜預(222~284)는 西晉 京兆 杜陵 출신으로, 자는 元凱이다. 처음에 위나라에서 상서랑(尙書郞)을 지냈고, 이후 河南尹·度支尙書 등을 역임하였다. 그가 편찬한 『春秋左氏經傳集解』는 후세에 통행하는 『左傳』의 注本이 되었고, 十三經注疏에 편입되었다. 그 밖의 저서에 『春秋釋例』와 『春秋長歷』이 있다.

● 版本構成

30권 14책이다. 1책은 杜預의 春秋左氏傳序, 발문, 권1 魯隱公, 2책은 권2 魯桓公, 권3 魯莊公, 3책은 권4 魯閔公~권6 魯僖公 中, 4책은 권7 노희공 하, 권8 魯文公 上, 5책은 권9 노문공 하~권11 魯宣公 下, 6책은 권12 魯成公 上, 권13 노성공 하, 7책은 권14 魯襄公 1, 권15 노양공 2, 8책은 권16 노양공 3~권18 노양공 5, 9책은 권19 노양공 6, 권20 魯昭公 1, 10책~12책 권21 노소공 2~권26 노소공 7, 13책은 권27 魯定公 上, 권28 노정공 하, 14책 권29 魯哀公 上, 권30 노애공 하로 구성되었다.

● 所藏處

국립중앙도서관, 서울대학교 규장각, 한국학중앙연구원 장서각 등에 소장되어 있다.

(79) 춘추좌씨전(春秋左氏傳)

書名	出版事項	版式狀況	一般事項	所藏番號
春秋左氏傳	胡安國(宋) 撰, [內賜記 : 正祖 22年(1798)]刊	朝鮮木版本(丁酉字飜刻), 零本 1冊, 35×22.7cm, 半匡 : 25×17cm, 有界, 10行 18字, 上下向黑魚尾, 線裝, 楮紙	表題 : 春秋, 印記 : 奎章之寶, 內賜記 : 上之二十二年(1798)戊午十月日 內賜玉山書院春秋一件檢校直提學臣李(手決), 所藏 : 目錄 1冊(全 10冊)	01-0301

● 槪要

1796년(정조 20) 정조의 명에 따라 蔡濟恭(1720~1799) 등이 주희의 『資治通鑑綱目』의 범례에 의거하여 편찬하고, 1797년에 간행한 조선 후기 『春秋左氏傳』의 定本이다.

● 編纂과 刊行

범례에 따르면, 정조는 집무하는 여가에 『춘추』를 연구하여 1796년(정조 20) 여러 신하에게 명하여 주자의 『資治通鑑綱目』의 범례에 의거하여 經을 綱으로 삼고 傳을 目으로 삼음으로써 尊經의 뜻을 드러냈다. 또 傳에만 있고 經에 없는 것은 큰 동그라미를 써서 구별하였으며, 주석은 두예의 집해를 위주로 하고 번잡한 것은 제외하였고 두예의 집해에 없는 것은 제가의 견해들을 개괄하여 보충하였다. 책의 마지막에 편찬에 참여한 蔡濟恭(1720~1799) 등 18인의 신하 명단과 간행의 경위를 기록한 것이 있다.

• 著者 및 編者

대표 편자인 채제공의 본관은 平康, 자는 伯規, 호는 樊巖, 시호는 文肅이다. 15세 때 향시에 급제한 뒤 23세(1743, 영조 19) 때 문과에 병과(丙科)로 급제했다. 承文院 權知副正字를 시작으로 이조좌랑, 병조좌랑, 사간원 정언, 홍문관 부수찬, 동부승지(정3품) 등 청요직을 두루 거치고 우의정에 이르렀다. 저서로 『樊巖集』이 있다.

• 版本構成

春秋目錄 1책, 본권 27권 9책으로 모두 10책이다. 1책 『춘추목록』에는 杜預(晉, 222~284)의 春秋左氏傳序, 後序, 목록, 諸儒姓氏, 凡例, 春秋紀年圖, 春秋地圖, 春秋類例, 春秋世系圖, 春秋國名譜, 春秋人名譜로 이루어졌다. 2책 춘추 1에는 권1 隱公, 권2 桓公, 권3 莊公, 3책 춘추 2에는 권4 閔公~권6 僖公 下, 4책 춘추 3에는 권7 文公~권9 宣公 下, 5책 춘추 4는 권10 成公 上~襄公 1, 6책 춘추 5에는 양공 2~양공 4, 7책 춘추 6에는 양공 5~권18 昭公 2, 8책 춘추 7에는 권19 소공 3~권21 소공 5, 9책 춘추 8에는 권22 소공 6~권24 定公 上, 10책 춘추 9에는 권25 정공 하~권27 哀公 下로 구성되었다.

• 所藏處

국립중앙도서관, 서울대학교 규장각, 한국학중앙연구원 장서각 등에 소장되어 있다.

(80) 춘추집전대전(春秋集傳大全)

書名	出版事項	版式狀況	一般事項	所藏番號
春秋集傳大全	胡廣(明)等奉勅纂, 諸家註疏音訓附	朝鮮訓鍊都監字本, 55卷 54冊, 35.4×21.3cm, 四周雙邊, 半匡 : 25.8×17.1cm, 有界, 10行 18字, 上下內向六瓣花紋黑魚尾, 線裝, 楮紙	跋 : 成化十六年…姜希孟道謹跋	01-0037~0090

• 槪要

1480년(성종 11)에 조선에서 『春秋』의 4가지 주석서인 『左氏傳』·『公羊傳』·『穀梁傳』·『胡氏傳』을 모두 모아 집대성한 책이다.

- 編纂과 刊行

『胡氏傳』을 중심으로 편집된 판본은 『좌씨전』·『공양전』·『곡량전』을 모두 小註로 처리하고, 杜預, 何休, 范寗의 註疏는 생략하였고, 『호씨전』의 각종 주소는 그대로 두었다. 이러한 편집방식은 명판본과 동일한 편집체제로서 37권으로 구성된 특징을 보여준다. 다른 판본은 『좌씨전』·『공양전』·『곡량전』·『호씨전』의 순서대로 평등하게 배열하여 편집하고, 杜預, 何休, 范寗의 註疏를 모두 기재하였다. 『호씨전』에 대한 주소 중에서 일부는 생략하였고, 林堯叟와 朱申의 音訓이 첨가되었는데, 1480년(성종 11) 姜希孟의 발문이 첨부된 것이 특징이다. 또한 四傳을 소주로 처리하지 않았고, 杜預, 何休, 范寗의 註疏을 모두 기재하였기 때문에 분량이 55권으로 늘어났다. 이 점은 명판본을 복각한 이후에 조선에서 새롭게 편집된 판본이 있음을 보여준다.

- 著者 및 編者

편찬자인 胡廣은 明나라 江西 吉水 출신으로 자는 光大이고, 호는 晃庵이며, 시호는 文穆이다. 建文 2년(1400)에 進士 第一로 급제하여 翰林院 修纂, 文淵閣大學士 등을 역임하였다. 왕명으로 『周易大全』과 『書傳大全』·『詩經大全』·『禮記大全』·『春秋大全』·『四書大全』·『性理大全』의 편찬을 주관하였다. 저서로 『胡文穆集』 등이 있다.

- 版本構成

편집체제는 凡例, 先儒姓氏, 紀年圖, 諸國興廢說, 春秋列國東坡圖說, 春秋地圖, 春秋序論(綱領·總論) 등과 隱公에서 哀公까지의 본문으로 구성되어 있다.

- 所藏處

국립중앙도서관, 서울대학교 규장각, 한국학중앙연구원 장서각 등에 소장되어 있다.

(81) 춘추호씨전(春秋胡氏傳)

書名	出版事項	版式狀況	一般事項	所藏番號
春秋胡氏傳	胡安國(宋) 撰, [英祖年間]刊	朝鮮木版本, 30卷 10冊, 34.2×21.4cm, 四周單邊, 有界, 10行 19字, 上下內向二~六瓣花紋黑魚尾	表題 : 春秋, 版心題 : 胡傳, 序 : 古者列國名有史官…聖王經世之志小有補云	01-0027 ~0036

• 槪要

공자가 편찬한 중국 魯나라의 역사서인 『春秋』에 대해 송나라의 胡安國이 주석한 호씨전에 陳喆이 집해한 책이다.

• 編纂과 刊行

중국 판본은 권수에 1530년에 鄧戟이 쓴 「春秋胡傳集解序」를 비롯해서 1441년에 陳喆이 쓴 「春秋集解序」가 수록되어 있으며, 그리고 1522년에 朱廷彦이 쓴 「春秋集解鄕賢祠記」와 부록이 보이고, 또한 1530년에 陳俸이 쓴 「春秋集解後序」 등이 실려 있어서 간행시기를 추정할 수 있다. 국내 판본에는 세조 때 주조된 금속활자인 을해자로 명종 연간에 인출된 활자본이 있고, 이후 간행된 목활자본은 연대는 알 수 없으나 光海君 때로 추정되며 모두 총 30권 10책이다.

• 著者 및 編者

주해자인 호안국은 중국 송나라 학자로 福建省 출신이다. 字는 康侯이며, 武夷先生으로 알려져 있다. 1097년 진사, 태학박사가 되었고 고종 때 給事에 이르렀으나 관직에서 물러났다. 송나라가 남쪽으로 수도를 천도한 후 宋學 본류의 2程子 중 하나인 程伊川을 사숙하여 독자적 학풍을 세웠다. 程門의 학문을 명확히 규명하는 데 힘써 이 책을 20년 동안 연구하여 『春秋胡氏傳』 30권을 저술하였다.

• 版本構成

권두에는 胡氏의 서문이 있고 周 魯 齊등의 「諸國興廢說」이 있다. 본문 내용은 다음과 같다. 1책 : 隱公 11년까지, 2책 : 桓公 18년까지, 3책 : 莊公 32년까지, 4책 : 閔公 2년, 僖公 20년까지, 5책 : 僖公 33년, 文公 18년까지, 6책 : 宣公 18년까지, 7책 : 成公 18년, 襄公 11년까지, 8책 : 襄公 31년, 昭公 12년까지, 9책 : 昭公 32년, 定公 9년까지, 10책 : 定公 15년, 哀公 14년까지. 모두 12公 242년간의 역사이다.

• 所藏處

국립중앙도서관, 계명대학교 동산도서관 등에 소장되어 있다.

(82) 한사열전초(漢史列傳抄)

書名	出版事項	版式狀況	一般事項	所藏番號
漢史列傳抄	崔岦 編	朝鮮木版本, 2卷 2冊, 30×20.2cm, 四周雙邊, 半匡 : 19.8×15.6cm, 有界, 10行 18字, 上下內向四瓣花紋黑魚尾, 線裝, 楮紙	表題 : 班史, 版心題 : 漢抄甲, 乙	01-0495 ~0496

● 槪要

1607년(선조 40) 무렵에 崔岦(1539~1612)이 초학자들의 고문 학습을 위해『사기』와『한서』의 列傳 부분만을 선정한 후 句讀點과 口訣을 달아 편찬한 책이다.

● 編纂과 刊行

초간본은 1607년 이전에 甲寅字體訓鍊都監字로 간행되었다. 1631년(인조 9)에 玉山書院에서 간행한 목판본도 남아 있는데, 이 간본은 原刊本의 갑집과 병집에 수록된『한서』를 대상으로 2권본으로 재편찬한 서적이다. 이후 이를 저본으로 함경도에서 목판본이 간행되었다. 이 목판에 대해 1796년(정조 20)에 편찬된『누판고』에서 이미 판목이 일실되어 있었다고 한 것으로 보아 간행된 하한 연대는 1796년 이전이다.

● 著者 및 編者

편찬자인 최립의 본관은 通川, 자는 立之, 호는 簡易·東皐이다. 1555년(명종 10) 17세에 진사가 됐고 1559년(명종 14) 식년문과에 장원급제했다. 여러 외직을 지낸 뒤에 質正官으로 명나라에 다녀왔다. 이후 공주목사·전주부윤·승문원제조·동지중추부사·형조참판 등을 역임하고, 사직 후 평양에 은거했다. 문집에『간이집』이 있고, 편서에『十家近體詩』와『漢史列傳抄』등이 있다.

● 版本構成

甲·乙·乙二·丙의 4集으로 구성되어 있다. 갑집에는『한서』에 수록된 項籍, 張耳, 陳餘, 韓信, 張良, 陳平, 王陵, 黥布 등 총 8인의 열전이, 을집에는『사기』에 수록된 漢王信, 盧綰, 酈食其, 陸賈, 朱建, 劉敬, 叔孫通, 季布, 欒布, 袁盎, 晁錯, 張釋之, 馮唐, 萬石君, 衛綰, 直不疑, 田叔, 汲黯, 鄭當時, 李將軍 등 총 20인의 열전이, 을이집에는『사기』에 수록된 鄒陽, 賈生, 平津侯, 主父偃, 司馬相如, 太史公自序 6인의 열전과『한서』의 司馬遷傳에 수록된 報任安書를 부록으로 첨부했다. 병집은 吳王濞, 蒯通, 伍被, 竇嬰, 田蚡, 灌夫, 韓安國,

嚴助, 賈誼(政事疏), 晁錯(上言兵事等書), 趙充國 등 총 11인의 열전으로 구성되어 있다.

• 所藏處

한국학중앙연구원 장서각 등에 소장되어 있다.

(83) 황조명신언행록(皇朝名臣言行錄)

書名	出版事項	版式狀況	一般事項	所藏番號
皇朝名臣言行錄	朱熹 著, [序 : 1558)]刊	朝鮮木版本, 8卷 2冊, 29.8×21cm, 四周雙邊, 半匡 : 21.5×17cm, 有界, 12行 22字, 註雙行, 上下白口 上下內向黑魚尾, 線裝, 楮紙	序 : …弘治戊午(1558)冬十月初吉豊城後學楊兼書于金陵官舍, 印記 : 玉山書院上(墨書), 藏書記 : 權士毅 所藏	01-3310 ~3314

• 槪要

朱熹가 중국 宋代의 명신들의 언행을 기록한 『宋朝名臣言行錄』의 續集 부분이다.

• 編纂과 刊行

송나라 때 李幼武가 朱熹의 『宋朝名臣言行錄』의 체재를 본받아 빠진 인물을 보충하여 別集인 『四朝名臣言行別錄』과 續集인 『皇朝名臣言行錄』 및 『外集』을 간행하였는데, 국내 판본은 이 책을 훈련도감에서 목활자로 간행한 판본이다. 이 외에도 조선 중기 陶山書院에서 목판으로 간행된 적이 있고, 성종 연간에 甲辰字로 간행되기도 하였다.

• 著者 및 編者

朱熹의 자는 元晦·仲晦, 호는 晦庵·晦翁·雲谷山人·滄洲病叟·遯翁 등이다. 1130년 福建 출생으로 18세에 지방의 과거 예비시험 解試에 합격하였고, 이듬해 수도 임안에서 본시험에 합격하였다. 1151년 22세 때 吏部 임관시험에 합격하여 종9품 좌적공랑이 되어 천주 동안현 주부 등으로 임명되었다. 송대 성리학의 개창자이다. 저서로는 『論語要義』·『論語訓蒙口義』·『困學恐聞編』·『程氏遺書』·『論孟精義』·『資治通鑑綱目』·『八朝名臣言行錄』·『西銘解義』·『太極圖說解』·『通書解』·『程氏外書』·『伊洛淵源錄』·『古今家祭禮』·『近思錄』·『四書章句集注』·『周易本義』·『詩集傳』·『楚辭集注』 등이 있다.

• 版本構成

『宋朝名臣言行錄』의 전체 내용 구성을 보면,『전집』에 北宋 초 태종부터 仁宗까지의 인물을 수록하였고,『후집』에는 북송 神宗 때 王安石의 新法을 둘러싼 新法黨과 舊法黨의 인물을 수록하고 있다. 수록된 인물은『전집』에는 권1에 趙普, 張齊賢 등 7명을 수록한 것을 시작으로 권10에 陳搏부터 蘇洵까지 8명을 수록하여, 모두 53명의 인물을 수록하고 있다. 『후집』은 권1의 韓琦부터 권14의 마지막 陳師道 등 5명까지, 모두 43명의 인물을 수록하고 있다. 李幼武는 이 別集인『四朝名臣言行別錄』을 편찬하였다.

• 所藏處

국립중앙도서관, 한국국학진흥원 도서관, 계명대학교 동산도서관 등에 소장되어 있다.

(84) 효경(孝經)

書名	出版事項	版式狀況	一般事項	所藏番號
孝經	朱熹 著, 晦菴先生刊誤, 慶州：章山書院	朝鮮木版本, 1卷 1册, 33×21.5cm, 四周雙邊, 半匡：22.3×16.5cm, 有界, 14行 8字, 線裝, 楮紙	跋：孝爲百行之原…崇禎紀元後三己酉仲夏禮曺參判完山李獻慶謹書, 刊記：慶州栗谷開刊, 印記：章山書院, 墨書記：章山書院上	01-1817

• 槪要

효의 원칙과 규범을 수록한 유가의 경전으로, 송나라 때 朱熹가 刊誤하고 董鼎이 註하였다.

• 編纂과 刊行

『효경』은『古文孝經』과『今文孝經』두 종류가 있다.『고문효경』은 22장으로 구성되었고, 魯恭王에 의해 공자의 舊宅 벽에서 발견된 것이다.『금문효경』은 18장으로 구성되었고, 顔芝에 의해서 보관되다가 아들 顔貞이 조정에 바친 것이다. 주희는『고문효경』22장을 經文 1장과 傳文 14장으로 구성하면서 223자를 삭제하여『효경간오』를 편찬하였다. 옥산서원 소장본은 바로 이 책이다. 간본의 형태로 보면, 두 종류로『효경대의』의 본문 글자를 大字로 인쇄한 경우와 중자로 인쇄한 경우로 나누어진다. 또한 인쇄에 쓰인 활자 명칭으로 구분해보면 海鏡大字本 계통과 訓鍊都監本 계통, 丁酉字本 계통으로 나누어지는데, 구성 내용에는 큰 변화가 없다. 간행 시기로 보면 1475년(성종 6)에 전주부에서 開板한 것, 1530년(중종 25)에 남원부에서 중간한 것, 倣再鑄乙亥字本으로 1874년(고종 11)에 輔養廳에서 중간한 것 등이 있다.

- **著者 및 編者**

朱熹의 자는 元晦·仲晦, 호는 晦庵·晦翁·雲谷山人·滄洲病叟·遯翁 등이다. 1130년 福建 출생으로 18세에 지방의 과거 예비시험 解試에 합격하였고, 이듬해 수도 임안에서 본시험에 합격하였다. 1151년 22세 때 吏部 임관시험에 합격하여 종9품 좌적공랑이 되어 천주 동안현 주부 등으로 임명되었다. 송대 성리학의 개장자이다. 저서로는『論語要義』·『論語訓蒙口 義』·『困學恐聞編』·『程氏遺書』·『論孟精義』·『資治通鑑綱目』·『八朝名臣言行錄』·『西銘 解義』·『太極圖說解』·『通書解』·『程氏外書』·『伊洛淵源錄』·『古今家祭禮』·『近思錄』·『四 書章句集注』·『周易本義』·『詩集傳』·『楚辭集注』등이 있다.

- **版本構成**

주희가 바로잡은 체계에 의하면 經 1장은 今文의 開宗明義章, 傳의 首章은 금문의 廣至德章 제13, 전 2장은 금문의 廣要道章, 전 3장은 금문의 三才章 제7, 전 4장은 금문의 孝治章 제8, 전 5장은 금문의 聖治章 제9, 上一節 전 6장은 聖治章 下一節, 전 7장은 금문의 紀孝行章 제10, 전 8장은 금문의 五刑章 제11, 전 9장은 금문의 事君章 제17, 전 10장은 금문의 感應章 제16, 전 11장은 금문의 廣揚名章 제14, 전 12장은 고문의 閨門章, 전 13장은 금문의 諫爭章 제15, 전 14장은 금문의 喪親章 제18이다.

- **所藏處**

국립중앙도서관, 서울대학교 규장각, 한국학중앙연구원 장서각 등에 소장되어 있다.

(85) 사한일통(史漢一統)

書名	出版事項	版式狀況	一般事項	所藏番號
史漢一統		朝鮮木版本, 16卷 16冊, 28×20.2cm, 四周單邊, 半匡 : 18.9×15.7cm, 有界, 10行 17字, 上下內向四瓣花紋黑魚尾, 線裝, 楮紙	表題 : 史漢一統, 印 : 玉山書院	01-0666 ~0681

- **槪要**

司馬遷의 『史記』와 班固의 『漢書』 중에서 列傳을 중심으로 초록하여 엮은 책이다.

• 編纂과 刊行

다른 기록이 모두 없어 編者나 刊記는 불명인데, 訓練都監木活字本이다. 선조 때 문장가인 崔岦(1539~1612)이 편술한 것으로 추정되기도 하나 근거를 찾기 어렵다. 그가 口訣을 붙여 『漢史列傳抄』 4책을 간행한 것이 있기는 하나 내용이 이 책과는 전연 다르다.

• 著者 및 編者

원저자인 司馬遷(BC 145?~BC 86?)은 前漢 시대 역사가로 자는 子長이며, 龍門 출신이다. 20세경 郎中이 되어 武帝를 수행하고 여러 지방을 여행하였고, BC 111년 무렵 巴蜀에 파견되었으며, BC 110년에는 무제의 태산 封禪 의식을 수행하여 장성 일대와 하북·요서지방을 여행하였다. 여행으로 견문을 넓혔을 뿐만 아니라 『사기』를 저술하는 데 필요한 귀중한 자료도 수집하였다. 부친 사마담이 죽으면서 자신이 시작한 『사기』의 완성을 부탁하자, 그 유지를 받들어 BC 108년에 태사령이 되면서 황실 도서에서 자료를 보충하여 『사기』 저술에 본격적으로 착수하였다. 저술에 몰두하던 중 사마천은 흉노의 포위 속에서 부득이 투항하지 않을 수 없었던 벗 李陵 장군을 변호하다가 황제의 노여움을 사 BC 99년에 宮刑을 받았지만 옥중에서도 저술 활동을 계속하여 마침내 BC 90년에 『사기』를 완성하였다.

원저자인 반고의 자는 孟堅이고, 산시성 咸陽 출생이며 西域都護였던 班超의 형이다. 아버지를 이어 『漢書』의 저작에 몰두하였으나 國史를 자의적으로 해석한다는 이유로 투옥되기도 했다. 동생 반초의 노력으로 왕에게 용서를 받아 그 이후 다시 작업에 몰두하여 20여년 만에 『한서』를 완성하였다. 和帝 때에는 竇憲의 中護軍으로서 흉노 토벌의 원정길에 나서기도 했으나 결국 두헌의 반란사건에 연루되어 옥사하고 말았다. 그밖에도 『白虎通義』와 『兩都賦』 등을 남겼다. 반고가 죽은 후 반고의 누이동생인 班昭가 和帝의 명을 받아 미완성이었던 「八表」와 「天文志」를 보완하였고 다시 馬續이 보완하여 완전한 『한서』로 완결되었다.

• 版本構成

권1 : 始皇本紀와 項羽本紀. 권2 : 列傳 6편(伯夷列傳, 老子·韓非列傳, 伍子胥列傳, 子貢列傳, 商君列傳, 蘇秦列傳. 권3 : 列傳 6편(張儀列傳, 陳軫列傳, 孟嘗君列傳, 平原君虞卿列傳, 信陵君列傳, 春申君列傳). 권4 : 列傳 5편(范雎列傳, 祭澤列傳, 樂毅列傳, 魯仲連列傳, 屈原列傳).권5 : 列傳 3편(刺客列傳, 李斯列傳, 張耳陳餘列傳). 권6 : 世家 2편(留侯世家와 陳丞相世家). 列傳 4편(淮陰侯列傳, 田儋列傳, 陸賈列傳, 吳王濞列傳). 권7 : 列傳 9편(季布列傳, 張釋之列傳, 馮唐列傳, 魏其武安侯列傳, 灌夫列傳, 李將軍列傳, 袁盎列傳, 韓長孺列傳, 衛將軍票騎將軍列傳). 권8 : 列傳 6편(汲黯鄭當時列傳, 侯倖列傳, 日者列傳, 滑稽列傳, 儒

林列傳, 酷吏列傳). 권9 : 列傳 4편 : 游侯列傳, 貨殖列傳, 淮南王傳, 太史公自序列傳). 권10 : 列傳 1편(匈奴列傳), 書 2편(平準書, 答任安書). 권11 : 傳 8편(李陵傳, 蘇武傳, 嚴助傳, 主父偃傳, 嚴安傳, 終軍傳, 賈損之傳, 東方朔傳). 권12 : 傳 6편(楊王孫傳, 朱雲傳, 梅福傳, 霍光傳, 金日磾傳, 趙忠國傳). 권13 : 傳 8편(陳湯傳, 兩龔傳, 鮑宣傳, 趙廣漢傳, 韓延壽傳, 張敞傳, 王尊傳, 蕭望之傳). 권14 : 傳 8편(馮奉世傳・王商傳・史丹傳・薛宣傳・朱博傳・息夫躬傳・翟方進傳・谷永傳). 권15 : 傳 8편(何武傳, 王嘉傳, 楊雄傳, 循吏傳의 黃霸, 游俠傳의 樓護, 陳導, 原涉, 侫倖傳의 董賢 등). 권16 : 外戚傳에 元后, 班健仔, 趙皇后의 3편과 敍傳.

● 所藏處

서울대학교 규장각, 한국학중앙연구원 도서관 등에 소장되어 있다.

(86) 역대첩록(歷代捷錄)

書名	出版事項	版式狀況	一般事項	所藏番號
歷代捷錄	周昌年 等著	朝鮮木版本, 8卷 3冊, 26.2×18.5cm, 四周雙邊, 半匡 : 19.2×15.2cm, 有界, 12行 24字, 註雙行, 上下白口 上下內向四瓣花紋黑魚尾, 線裝, 楮紙	刊記 : 雍正五年丁未孟夏下澣重刊, 印記 : 玉山書院	01-2825 ~2827

● 槪要

盤古・三皇五帝부터 明 神宗까지의 歷代 帝皇의 世系와 治亂・治迹 등을 기록한 책이다.

● 編纂과 刊行

凡例에 의하면 원본인 顧充의 『捷錄』(周 威烈王부터 宋代까지 記錄)에 周昌年이 그 前編, 上古紀부터 威烈王 壬子年까지를 증보하고, 뒤에 屠隆이 元紀를, 周昌年이 明紀를 첨부하여 편찬한 것이다. 국내 간본은 明나라 崇貞 年間에 編纂된 것을 朝鮮에서 간행한 것으로 보이나, 정확한 간행 시기는 미상이다.

● 著者 및 編者

편찬자인 顧充은 上虞(浙江省 紹興縣 동쪽) 출신으로, 字는 回瀾이다. 1567년(隆慶 1) 擧人으로 南京工部都水司郎中을 역임했다. 저술로 『字類辨疑』 2권, 『古雋考略』 10권 등이 있다. 周昌年은 楚(현재 湖北省・湖南省 일대) 출신으로, 字는 景鶴이라는 것 이외에 자세한 행적은 알 수 없다. 屠隆은 鄞縣(浙江省 鎭海縣 서쪽) 출신으로, 字는 長卿·緯眞, 號는 冥廖子이다. 1577년(萬曆 5) 進士로 潁上知縣을 제수받고 지역의 名士들을 초청하여 詩會를 자주 열었다. 다시 禮部主事를 역임하였으나, 파면당한 후 글을 팔아 생활했다고 전한다. 戱曲에 능했고, 『讀易便解』4권, 『義士傳』2권, 『冥寥子』2권, 『鴻苞』48권, 『漢魏叢書』60권, 『由拳集』23권, 『白楡集』20권, 『棲眞館集』30권 등의 저술이 있다.

● 版本構成

卷首는 歷代總論으로서 陳繼儒(1558~1639)가 道(親賢遠姦)·法(信賞必罰)·本(體樂敎化)를 기준으로 褒貶을 가하여 歷代를 總論하였다. 권1(李騰芳 訂): 上古紀(盤古, 三皇)~疏紀(~帝舜) 총10紀 2,274,249년, 夏紀(太禹~后桀) 17世 458년, 商紀(成湯~紂辛) 28世 644년, 西周紀(西周: 武王~幽王), 東周紀(東周: 平王~威烈王 壬子) 倂38世 873년, 三皇五帝三代總論. 권2: 威烈王 癸丑~後秦紀(東周: 威烈王~呂秦: 秦王子嬰) 3世 15년, 西漢紀(西漢: 高帝~孺子嬰, 附新莽), 東漢·蜀漢紀(東漢: 光武·蜀漢: 後帝) 合26世 471년 (新莽篡位 18년 포함). 권3: 西晋紀(武帝~愍帝), 東晋紀(元帝~恭帝) 11世 103년, 前五代·劉宋紀(武帝~順帝) 8世 60년, 蕭齊紀(高帝~和帝) 7世 24년, 蕭梁紀(武帝~敬帝方智) 4世 56년, 陳陳紀(武帝霸先~長城公叔室) 5世 33년, 楊隋紀(文帝~恭帝) 3世 38년, 宋齊梁陳隋總論. 권4: 唐紀, 唐上(高祖~玄宗), 唐下(肅宗~昭宣帝) 合21世 301년, 권5: 後五代朱梁紀(太祖, 均王友貞) 2世 17년, 突厥唐紀(莊宗~潞王) 4世 14년, 石晋紀(高祖, 齊王) 2世 11년, 劉漢紀(高祖, 隱帝 2世 4년 郭周紀(太祖~恭帝) 3世 2姓 合10년, 梁唐晋漢周總論. 권6: 宋紀, 宋上(太祖~欽宗), 宋下(高宗~帝昺) 合18世 320년, 漢唐宋總論. 권7: 元紀(太祖~順帝) 10世 91년, 總論, 元略, 권8: 皇明紀, 皇明上(太祖高皇帝~英祖睿皇帝), 皇明下(景皇帝~神宗).

● 所藏處

서울대학교 규장각, 한국학중앙연구원 도서관 등에 소장되어 있다.

(87) 학용장구지남(學庸章句指南)

書名	出版事項	版式狀況	一般事項	所藏番號
學庸章句指南		朝鮮木版本, 1卷 1冊, 32.5×21.5cm, 四周單邊, 半匡: 21.4×16.9cm, 有界, 10行 20字, 上下內向黑魚尾	跋: …嘉靖壬戌夏龜巖李楨謹跋, 印: 玉山書院(朱印), 藏書記: 玉山書院上(墨書)	01-0807

• 槪要

명나라의 호밀(胡謐)이 장문질(蔣文質)의 『대학통지(大學通旨)』와 『중용장차연속설(中庸章
次連續說)』, 그리고 유청(劉淸)의 『중용장구상설(中庸章句詳說)』을 합집한 책이다.

• 編纂과 刊行

이 책이 언제 국내에 전래되었는지는 분명하지 않지만, 권말에 있는 발문을 보면, 조선 중기
의 문신인 이정(李楨, 1512~1571)이 명종(明宗) 17년(1562)에 주자본을 얻어 목사 김홍(金泓)
에게 의뢰하여 경주에서 목판에 새겨 간행한 번각본임을 알 수 있다.

• 著者 및 編者

편찬자인 이정은 일찍이 어버이를 위해 외직(外職)으로 나간 적이 있는데 명종 15년(1560)에
경주부윤(慶州府尹)으로 있었다. 명종 18년(1563)에 형조참의로 부임한 사실을 보아 이 책은
그가 경주부윤으로 있을 때 목사 김홍을 시켜 간행한 것임을 알 수 있다. 그는 자호(自號)를
귀암(龜巖)으로 학문에 뜻을 두었고 청렴 소박하였다. 또 효행을 갖추어 외직(外職)으로 나
가는 곳마다 명성과 공적이 있었다 한다.

• 版本構成

不分卷 1冊으로, 學庸句指南引, 大學通老引, 大學通旨錄, 大學通旨後序, 中庸章句詳說序,
中庸章句詳說凡例, 中庸章句詳說, 中庸章次連續說 등의 순서로 구성되어 있다.

• 所藏處

국립중앙도서관, 성균관대학교 존경각 등에 소장되어 있다.

2) 국내 문헌

⑴ 가례집람(家禮輯覽)

書名	出版事項	版式狀況	一般事項	所藏番號
家禮輯覽	金長生 輯	朝鮮木版本, 10卷 5冊, 31×21.6cm, 四周雙邊, 半匡 : 20.8×16.5cm, 有界, 6行 20字, 上下內向 四~六瓣花紋魚尾, 線裝, 楮紙	味印 : 玉山書院 書齋]	001-0606 ~0610

● 概要

朱熹의 『家禮』에 관한 여러 先儒들의 禮說을 모아 엮은 책이다.

● 編纂과 刊行

編者인 金長生이 어릴 적부터 朱熹의 『家禮』를 읽어 왔으나 이해하지 못하는 것을 병통으로 여긴 나머지 그의 친구인 申義慶과 십여 년 동안 강론하고, 또 栗谷 李珥와 龜峯 宋翼弼 두 師門에 就正하여 『家禮』를 대강 알게 되자 諸家의 說을 따다가 『家禮』의 조문에 따라 그 밑에 뺄 것은 빼고 주석을 붙일 것은 붙여 하나의 책으로 편집하여 『家禮輯覽』이라 命名한 것이다. 본문 10권 5책에 책머리에 실은 도설까지 합쳐 모두 6책으로 만들었는데, 萬曆己亥 1599년(선조 32)에 편집을 마친 것이다. 그 후 편자는 죽고 그의 아들 愼獨齋 金集이 同門들과 함께 교정을 보았고, 1685년(숙종 11) 夢漁亭 徐文重 蒲庵 李師命이 전후하여 영남과 호남의 감사를 지냈는데, 그들의 손에 의해 목판본으로 간행되어 세상에 전해졌다. 이후 후각본이 다수 전한다.

● 著者 및 編者

編者 金長生(1548~1631)의 字는 希元, 호는 沙溪, 본관은 光山이다. 大司憲 黃岡 金繼輝의 아들로 宋翼弼, 李珥의 門人이다. 1578년(선조 11) 學行으로 천거되어 6품직에 오르고 昌陵 參奉 등을 거쳐 鐵原府使등을 역임, 1613년(광해군 5) 癸丑獄事에 심문을 받았으나 무혐의로 누명을 벗고 관직을 사퇴, 連山에 은퇴하여 학문에 전심, 후에 刑曹參判에 임명되었으나 사퇴, 향리에서 교육에 전심하였다. 宋翼弼의 문하에서 禮學을 전수받고, 후에 李珥의 문하에서 성리학을 배웠으며 禮論을 깊이 연구하여 아들 金集에게 계승시켜 朝鮮 예학의 거두로서, 禮學派의 주류를 형성했다. 門下에 尤庵 宋時烈, 同春 宋浚吉 등의 유학자를 배출, 西人을 중심으로 한 畿湖學派를 이룩하여 嶺南學派와 朝鮮儒學界의 쌍벽을 이루었다. 1688년(숙종 14) 文廟에 配享되고 安城의 道基書院, 連山의 遯巖書院 등 10개 書院에 祭享되었다. 저서로는 본서 외에 『疑禮問解』・『喪禮備要』・『改葬儀』・『祭儀正本』등 禮說에 관한 것과 『近思錄釋疑』・『書疏雜錄』・『禮記記疑』・『松江行錄』・『沙溪筵席問對』・『沙溪疏箚』・『沙溪語錄』등이 있다.

● 版本構成

책머리에는 圖說이 있고, 책1 : 卷1 通禮(첫 머리에 編者의 自序와 尤庵 宋時烈의 「家禮專輯覽後序」가 있고 다음에 凡例가 있음), 卷2 冠禮, 책2 : 卷3 昏禮, 卷4 喪禮, 책3~4 : 卷 5~8

喪禮, 책5 : 卷9 喪禮, 卷10 祭禮 등의 순으로 실려 있다.

● 所藏處

국립중앙도서관, 서울대학교 규장각, 한국학중앙연구원 장서각 등에 소장되어 있다.

(2) 각간김선생실기(角干金先生實記)

書名	出版事項	版式狀況	一般事項	所藏番號
角干金先生實記	작자 및 편자는 미상	朝鮮木活字本, 零本 1冊, 29.3×19.5cm, 四周單邊, 半匡 : 23.1×15.4cm, 有界, 9行 20字, 上下內向四瓣花紋黑魚尾, 線裝, 楮紙	序 : ①歲庚子二月下浣后生月城李集夏記 ②歲己亥黃鐘六月上澣箕城人知慶州郡守趙儀顯, 謹序, 印記 : 玉山書院, 藏書記 : 玉山書院上(墨書), 所藏 : 卷1	001-0753
角干先生實紀	작자 및 편자는 미상	朝鮮木活字本, 3卷 1冊, 29.3×19.3cm, 四周雙邊, 半匡 : 22.5×15.3cm, 有界, 9行 20字, 註雙行, 上下白口 上下內向四瓣花紋黑魚尾, 線裝, 楮紙	表題 : 角干實紀, 序 : ①歲己亥黃鍾之月上澣, 慶州郡守趙儀顯謹序 ②歲庚子二月下, 生月城李集夏, 跋 : 歲己亥臘月下澣後孫淙壎謹識, 所藏 : 卷1~3	001-3253 ~3255

● 槪要

金庾信(595~673)의 一代記를 허구적으로 재구성한 實記이다.

● 編纂과 刊行

1899년에 쓴 조의현(趙儀顯)의 서와 許燻·金淙壎의 발문, 그리고 1900년에 쓴 李集夏의 서와 金昌宇·金致馥의 발문들이 함께 수록되어 있다. 이 책은 작자와 연대 미상의 『角干演義書』를 바탕으로 간행된 것이다. 현재 규장각도서본을 비롯하여 知禮本(1897년 간행)·金元培本(1902년 간행)등 5~6종의 이본이 전해오고 있다.

● 著者 및 編者

작자 및 편자는 미상이다.

● 版本構成

序文 다음에는 金庾信의 實記가 卷으로 나뉘어 서술되어 있으며, 金富軾의 論과 史臣의

評 및 徐居正·魚世謙·洪世慕의 詩, 그리고 大提學 黃景源 撰의 王山射臺碑銘이 수록되어 있다.

● 所藏處

국립중앙도서관, 성균관대학교 존경각, 동국대학교 경주캠퍼스 도서관 등에 소장되어 있다.

(3) 경현록(景賢錄)

書名	出版事項	版式狀況	一般事項	所藏番號
景賢錄	李楨 編	朝鮮木版本, 2卷 1冊, 31.4×20.5cm, 四周雙邊, 半匡 : 20.1×15.5cm, 有界, 10行 20字, 註雙行, 上下白口 上下內向四瓣花紋黑魚尾, 線裝, 楮紙	所藏 : 卷1~4	01-2017
景賢錄	李楨 編	朝鮮木版本(初鑄甲寅字飜刻), 零本 3冊, 34.6×22cm, 四周雙邊, 半匡 : 22.4×16.6cm, 有界, 10行 20字, 註雙行, 上下白口 上下內向四瓣花紋黑魚尾, 線裝, 楮紙	木記 : 己亥三月道東重刊, 所藏 : 卷1~6	01-2040 ~2042
景賢續錄補遺	金夏錫 編, 道東書院, 己亥重刊	朝鮮木版本, 4卷 2冊, 31.4×20.7cm, 四周雙邊, 半匡 : 20.4×15.6cm, 有界, 10行 20字, 註雙行, 上下白口 上下內向四瓣花紋黑魚尾, 線裝, 楮紙	表題 : 景賢錄, 木記 : 己亥三月道東重刊	01-2015 ~2016

● 槪要

『景賢錄』은 寒暄堂 金宏弼(1454~1504)과 梅溪 曺偉(1454~1503)의 사적을 李楨(1512~1571)이 모아 놓은 책이다. 『景賢續錄補遺』는 『景賢錄』·『景賢續錄』에 수록되지 않은 寒暄堂 金宏弼(1454~1504)의 事實·遺事와 後人의 文辭 등을 모아 만든 책으로 1719년(肅宗 45)에 김굉필의 8대손인 金夏錫이 編하였다.

● 編纂과 刊行

李楨이 順天府使로 있을 때인 1565년(明宗 20)에 初刊하였고, 1649년(仁祖 27)의 後刷本도 전한다.

● 著者 및 編者

편찬자인 李楨은 호가 龜巖이며, 宋麟壽 李滉의 門人으로 性理學에 밝았다. 三司의 벼슬을 거쳐 順天府使 慶州府尹 등을 지냈다. 李楨은 順天府使로 있을 적에 이곳이 寒暄堂과 梅溪

가 귀양살이하던 곳이므로 그 사적을 수집하여 간행한 것이다. 寒暄堂은 1498년(燕山君 4) 戊午史禍 때 金宗直 일파로 몰려 熙川에 유배되었다가 順天으로 移配되었다. 梅溪도 戊午 史禍 때 金宗直의 詩稿를 修撰하였다는 罪名으로 義州에 流配되었다가 順天에 移配되어 그곳에서 죽었다. 저서에 『龜岩集』이 전해진다.

● 版本構成

『景賢錄』의 전체 구성은 編定別錄總目, 目錄을 두고, 寒暄金先生 世系, 事實, 行狀, 敍述 (평상시의 言行과 師友관계를 적은 것)의 순이다. 이어 詩文으로 五言絶句 2수, 七言絶句 7수, 七言律詩 2수, 賦 1편(秋龜可竝於泰山賦), 文 4편(祭文, 疏) 등을 두었다. 그리고 梅溪 曺公事實과 臨淸臺記 등 산문이 수록되어 있다. 『景賢續錄補遺』의 전체 구성은 上卷에 遺 事·敍述·追雪褒贈·從祀·頒敎·請降祝·請從祝·祭文 등이 있고, 下卷에 神道碑·墓謁· 畫屛跋·兩賢祠記·象賢書院記·諸賢詩·師友門人錄·書院 등이 있다.

● 所藏處

국립중앙도서관, 서울대학교 규장각, 성균관대학교 존경각 등에 소장되어 있다.

(4) 고문백선(古文百選)

書名	出版事項	版式狀況	一般事項	所藏番號
古文百選	金錫胄 篇	朝鮮木版本, 3卷 1冊, 26.8×18.5cm, 四周雙邊, 半匡 : 21.5×14cm, 有界, 10行 20字, 上下內向四瓣花紋黑魚尾, 線裝, 楮紙		01-0751

● 槪要

숙종대의 문신 金錫胄(1634~1684)가 중국의 古文을 뽑아 편찬한 책이다.

● 編纂과 刊行

관련 기록이 없어 정확한 간행 시기는 확인하기 어렵다. 현전하는 판본에는 한문본과 한글본 이 있다. 한문본은 목판본으로 간행이 되어 한국학중앙연구원 장서각, 국립중앙도서관 등 에 소장되어 있으나 언해본은 장서각에 소장된 필사본이 유일본으로 보인다. 주로 『古文 眞寶』·『文章軌範』·『唐宋八家文』·『文選』 등에서 작품을 뽑았는데 실제로 수록되어 있는 글은 모두 101편이다.

- **著者 및 編者**

편자인 金錫胄는 淸風 金氏의 가문으로 字는 斯百, 號는 息庵이다. 1657년(孝宗 8)에 進士가 되고, 1662년(顯宗 3) 增廣文科에 壯元·典籍·吏曹佐郎 등을 지냈다. 1674년(肅宗 즉위년) 慈懿大妃의 服喪問題로 제2차 禮訟이 일어나자 南人인 許積 등과 결탁하여 宋時烈, 宋浚吉, 金壽恒 등 山黨을 몰아내고 守禦使 都承旨 등을 역임하였다. 그러나 南人政權이 강화되어가자 다시 西人들과 손잡고 宋時烈을 死刑시키려는 南人들의 책동을 꺾어 宋時烈과 밀접한 관계를 맺고 1680년 許積 등 南人이 몰려나게 되자 南人의 殘餘勢力을 박멸하는 한편 許堅의 逆謀를 告變하여 南人을 일망타진하였다. 그 功으로 그는 保社功臣 一等과 淸城府院君에 封해졌다. 1682년 右議政兼扈衛大將이 되었다. 1689년 己巳換局으로 정국이 바뀌게 되자 功臣號를 박탈당하는 것은 물론 一族이 誅戮되는 참화를 초래하였다. 문집으로 『息庵先生遺稿』가 전한다.

- **版本構成**

燕나라 樂毅의 「報燕惠王書」에서 程伊川의 「明道先生墓表」까지 101편의 古文 작품이 수록되어 있다.

- **所藏處**

국립중앙도서관, 한국학중앙연구원 장서각 등에 소장되어 있다.

(5) 공자통기(孔子通紀)

書名	出版事項	版式狀況	一般事項	所藏番號
孔子通紀	慶州府刊	朝鮮木版本, 零本 1冊, 33.6×22.2cm, 四周雙邊, 半匡 : 24.2×18cm, 有界, 11行 21字, 大黑口 上下內向黑魚尾, 線裝, 楮紙	刊記 : 慶州府刊板(陰刻), 識 : …嘉靖壬戌(1562)八月龜巖李楨謹識, 藏書記 : 玉山書院上(墨書), 朱印 : 玉山書院, 所藏 : 卷6~7(全 2冊 中)	01-1155

- **槪要**

명대의 학자이자 관료인 潘府가 공자를 중심으로 道統의 역사를 구성한 책이다.

● 編纂과 刊行

중국 판본은 간행 시기가 자세하지 않으나, 국내 판본에 완질본의 경우 권두에 명 홍치 14년 (1501) 劉瑞가 쓴 소개, 총평인 서문, 홍치 16년(1503) 반부의 總解, 홍치 14년(1501) 謝鐸이 쓴 「讀孔子通紀序」 및 범례가 차례로 실려 있는 것으로 16세기 초의 명간본으로 추정된다. 국내 판본은 1625년 장성부에서 간행한 2책본과 1803년 태인현에서 간행한 방각본 3책본이 전하고 있다. 옥산서원 소장본은 간행 시기가 불분명하나 2책본을 慶州府에서 복각한 것으로 보인다.

● 著者 및 編者

潘府(1453~1525)는 浙江省 上虞 驛亭 출신이며, 자는 孔修, 호는 南山이다. 성화 23년(1487) 진사에 합격하였다. 효종이 즉위한 후 長樂縣·南京兵部主事·太常少卿 등을 역임하였다. 귀향한 후 南山書院을 창건해 강학하였다. 민간에서도 『朱子家禮』를 시행하도록 하였고, 軍民利病七事를 건의하여 內修外攘과 救時十要 등을 진언하였다. 저술에 『南山素言』과 『孝經正誤』가 있고, 『五經四書傳注』와 『周程四子華』 등 20여 종을 편찬하였다.

● 版本構成

전체 구성은 「前紀」上·下, 「正紀」上·中·下, 「後紀」上·中之一·中之二·下 등의 9편이 다. 「前紀 上」에서는 공자가 先王의 도통을 계승하였음을 서술하였고, 「前紀 下」에서는 공 자가 先聖의 후예임을 입증하기 위해 선조의 계보를 서술하였다. 「正紀 上」에서는 공자의 출생에서 50세까지의 행적을 편년하여 서술하였고, 「正紀 中」에서는 51세에서 60세까지의 행적을 편년하여 서술하였으며, 「正紀 下」에서는 61세에서 73세 사망시까지의 행적을 편년 하여 서술하였다. 「後紀 上」에서는 孔子歷代封諡, 孔子歷代褒崇典章, 孔子廟祀見用樂章, 孔子前代加封詔語, 孔子成化初重修廟碑, 孔子春秋二祭見用祝辭에 대하여 서술하였다. 「後紀 中」에서는 공자의 문인제자와 후대의 제현제유에 대하여 소개하였고, 「後紀 中之二」 는 宋元의 유현을 서술하였다. 「後紀 下」에서는 孔子歷世宗子恩典과 孔子賢官子孫恩典에 대하여 서술하였다. 「後紀 下」에 이어서 끝으로 羅僑의 刊記(1504)가 첨부되어 있다.

● 所藏處

국립중앙도서관, 서울대학교 규장각, 한국학중앙연구원 장서각 등에 소장되어 있다.

(6) 국조오례의(國朝五禮儀)

書名	出版事項	版式狀況	一般事項	所藏番號
國朝五禮儀	成宗 命編	朝鮮木版本, 8卷 7冊, 32.5×22cm, 四周雙邊, 半匡 : 21.3×16.8cm, 有界, 10行 17字, 註雙行, 上下白口 上下內向四瓣花紋黑魚尾, 線裝, 楮紙	印記 : 玉山書院	01-2940 ~2946
國朝五禮儀	成宗 命編	朝鮮木版本, 5卷 3冊, 32.8×22cm, 四周雙邊, 半匡 : 21.1×16.4cm, 有界, 10行 22字, 註雙行, 上下白口 上下內向四瓣花紋黑魚尾, 線裝, 楮紙	印記 : 玉山書院	01-2937 ~2939

• 槪要

朝鮮朝初에 五禮(吉禮, 賓禮, 嘉禮, 軍禮, 凶禮)를 중심으로 한 官·民의 모든 의식 절차를 제정한 책이다.

• 編纂과 刊行

世宗이 개국 이래 制禮 작업에 뜻을 두어 당시 예조판서이던 許稠 등에게 고금의 禮書,『洪武禮制』등을 참고하게 하고 杜氏의 通典을 모방하여『五禮』의 편찬에 착수케 한 것이다. 그러나 그 당시에 완성되지 못하고 世祖 때 姜希孟의 손을 거쳐 1474년(成宗 5)에 申叔舟, 鄭陟 등이 완성하여 간행되었다.

• 著者 및 編者

대표 편자인 姜希孟의 본관은 晋州, 자는 景醇, 호는 私淑齋·雲松居士·菊塢·萬松岡 등이다. 세종의 姨姪이고, 화가 希顔의 동생이다. 1447년(세종 29) 별시문과에 장원급제하여, 종부시주부로 벼슬을 시작하였다. 1450년 예조좌랑에 이어 돈령부판관을 역임하였다. 1453년(단종 1) 예조정랑이 되었으며, 1455년(세조 1) 수양대군이 왕위를 찬탈하고 세조로 등극하자 원종공신 2등에 책봉되었다. 이어 돈령부판사·우찬성 등을 거쳐 1482년 좌찬성에 이르렀다. 문집으로는『衿陽雜錄』·『村談解頤』와 할아버지와 아버지 및 형 희안의 시를 모아 편찬한『晋山世稿』가 있다. 이 밖에 서거정이 성종의 명을 받고 편찬한『私淑齋集』(17권)이 전한다. 세조 때『신찬국조보감』·『경국대전』, 성종 때『동문선』·『동국여지승람』·『국조오례의』·『국조오례서례』등의 편찬에도 참여하였다.

• 版本構成

전체 구성은 권1 吉禮 30條, 권2 吉禮 26條, 권3 嘉禮 21條, 권4 嘉禮 29조, 권5 賓禮 6조,

권6 軍禮 7조, 권7 凶禮 59조, 권8 凶禮 32조 등이다.

● 所藏處

국립중앙도서관, 서울대학교 규장각, 성균관대학교 존경각 등에 소장되어 있다.

(7) 국조유선록(國朝儒先錄)

書名	出版事項	版式狀況	一般事項	所藏番號
國朝儒先錄	柳希春 奉命撰, 宣祖年間刊	朝鮮木版本(乙亥字飜), 4卷 4冊, 34.4×21.6cm, 四周雙邊, 半匡：23×16.6cm, 有界, 10行 18字, 上下內向混入細六瓣花紋黑魚尾, 線裝, 楮紙	表題·版心題：儒先錄, 底本刊記：隆慶五年(1571)十二月日, 序文：隆慶庚午(1570)歲卽我···藝文官直提學···李後白謹序, 卷末：弘文館副提學臣柳希春隆慶四年(1570)四月十四日於經席···印記：獨樂堂印	01-0559 ~0562
國朝儒先錄	柳希春 編, [跋：宣祖3年(1570)]印	朝鮮乙亥字混入補字本, 4卷 4冊, 33.2×21.3cm, 四周雙邊, 半匡：23.7×1cm, 有界, 10行 18字, 上下內向細六瓣花紋黑魚尾, 線裝, 楮紙	序：隆慶庚午歲卽我···是歲冬十有二月下澣李後白謹序, 跋：弘文館副提學臣柳希春隆慶四年四月二十四日···, 印記：玉山書院(朱印)	01-2745 ~2748

● 槪要

1570년(宣祖 3) 柳希春이 副提學으로 있을 때 宣祖의 命을 받들어 編撰한 金宏弼·鄭汝昌·趙光祖·李彦迪의 行蹟을 모아놓은 것이다.

● 編纂과 刊行

1570년(宣祖 3)에 乙亥字로 간행되었다.

● 著者 및 編者

편찬자인 柳希春(1513~1577)의 본관은 善山, 자는 仁仲, 호는 眉巖, 시호는 文節이다. 1538년에 별시 문과에 병과로 급제하여 修撰·正言·한성부 우윤·예조 참판·공조 참판을 거쳐 이조 참판을 지내다가 사직하여 낙향하였다. 저서에 『眉巖日記』·『續蒙求』·『歷代要錄』 등이 있다.

● 版本構成

전체 구성은 권1 金宏弼篇, 권2 鄭汝昌篇, 권3 趙光祖篇, 권4 李彦迪篇 등으로 되어 있다.

- **所藏處**

  국립중앙도서관, 서울대학교 규장각, 계명대학교 동산도서관 등에 소장되어 있다.

(8) 규화명선(奎華名選)

書名	出版事項	版式狀況	一般事項	所藏番號
奎華名選	著者 및 編者 미상	朝鮮木版本(再鑄韓構字本), 16卷 3冊, 28×18cm, 四周雙邊, 半匡 : 21×14.3cm, 有界, 10行 20字, 註單行, 上下白口 上下向四瓣花紋黑魚尾, 線裝, 楮紙	刊記：壬子袞輯, 印記：玉山書院上(表紙墨書), 序：奎文明之主也…上之十七年癸丑春秋館事金熹序	01-2035 ~2037

- **槪要**

  正祖 때 문예 진흥책의 일환으로 抄啓文臣의 講製의 글들 중에서 선별하여 수록한 책이다.

- **編纂과 刊行**

  正祖가 1781년 抄啓文臣의 선발을 명하고, 1793년(正祖 17) 奎章閣에 명하여 16권 3책으로 간행한 韓構字本이다.

- **著者 및 編者**

  著者 및 編者는 미상이다.

- **版本構成**

  1781년 제1회 초계문신의 작품을 수록한 「辛丑選」과 1783년 제3회 초계문신의 작품을 수록한 「癸卯選」으로 구분된다. 「辛丑選」 收錄者는 권1 洪履健, 권2 李時秀, 권3 鄭東浚, 권4 李顯黙, 권5 李宗燮, 권6 曺允大, 권7 李益運, 권8 徐鼎修, 권9 李東稷, 권10 洪仁浩, 권11 鄭東浚, 권12 李祖承, 권13 朴宗正, 권14 徐龍輔, 권15 李錫夏 등이다. 「癸卯選」 收錄者는 권1 沈晋賢, 권2 李翼晋, 권3 李顯道, 권4 徐瀅修, 권5 金煕朝, 권6 成種仁, 권7 金啓洛, 권8 李勉兢, 권9 申馥, 권10 趙濟魯, 권11 李晴, 권12 李儒修, 권13 鄭萬始, 권14 姜世綸, 권15 尹行任, 권16 李崑秀, 권17 부록 등이다.

- **所藏處**

  국립중앙도서관, 서울대학교 규장각, 한국학중앙연구원 장서각 등에 소장되어 있다.

(9) 기표식년사마방(己卯式年司馬榜)

書名	出版事項	版式狀況	一般事項	所藏番號
己卯式年司馬榜		朝鮮木版本, 不分卷 1冊, 31.7×20.5cm, 四周雙邊, 半匡 : 22.8×16cm, 有界, 10行 18字, 註雙行, 上下白口 上下內向四瓣花紋黑魚尾, 線裝, 楮紙	版心題 : 己卯司馬榜, 表題 : 司馬榜目, 己卯, 內容 : 生員一等幼學 李承源	01-3566

• 槪要

  1759년(영조 35)에 設行된 생원·진사시의 합격자 명단을 기록한 책이다.

• 編纂과 刊行

  編纂과 刊行에 관한 기록은 정확히 확인하기 어려우나, 권말에 '丁亥秋 芸閣印'이 찍혀 있어 영조 43년(1767) 가을 校書館에서 印刊한 것으로 추정된다.

• 著者 및 編者

  著者 및 編者는 미상이다.

• 版本構成

  수록된 합격자는 生員試 1등에 李寅燮, 沈璘, 李商夢, 李商逸, 愼世益 등 5인, 2등에 蔡以泰, 安廷玹, 李衍祥 등 25인, 3등에 崔道興, 李商鳳, 洪聖漸 등 70인이다. 한편 進士試 1등에는 姜大彦, 金履安, 崔烜, 黃羽漢, 梁挺龍 등 5인, 2등에 趙學晋, 李寅燮, 柳雲翼 등 25인, 3등에 權伋, 洪晶漢, 鄭東顯 등 70인 등이다.

• 所藏處

  국립중앙도서관, 서울대학교 규장각, 안동대학교 도서관 등에 소장되어 있다.

(10) 노사영언(魯史零言)

書名	出版事項	版式狀況	一般事項	所藏番號
魯史零言	李恒福 著, 序 : 1673年	朝鮮木版本, 30卷 15冊, 31.3×20.3cm, 四周雙邊, 半匡 : 21.5×15.2cm, 有界, 9行 19字, 註雙行, 上下白口 上下內向六瓣花紋黑魚尾, 線裝, 楮紙	序 : 春秋一經聖人經世之法備…崇禎癸丑(1673)八月 日表後甥 朴世采謹書	01-2922 ~2936

● 概要

조선시대 문신이자 학자인 이항복이 중국 魯나라의 역사를 사료에 따라 분류하여 수록한 역사서이다.

● 編纂과 刊行

이항복이 『춘추』의 경문과 『좌씨전』을 깊이 연구하여 번잡한 내용을 빼고 『외전』에서 보완한 뒤 『魯史』 가운데의 '零零瑣瑣'한 말이라 하여 '노사영언'이라 이름한 것이다. 그의 손자인 時顯이 성주목사가 된 뒤, 1673년(현종 14)에 아들 世龜에게 간행하게 하였다. 총 30권 15책으로 목판본이다.

● 著者 및 編者

편자인 이항복(1556~1618)은 조선 중기의 문신으로, 본관은 慶州, 자는 子常, 호는 弼雲·白沙·東岡 등이다. 1575년 진사 초시에 오르고 1580년(선조 13) 알성 문과에 병과로 급제해 승문원부정자가 되었다. 그는 병조판서·이조판서, 홍문관과 예문관의 대제학을 겸하는 등 여러 요직을 거치고, 영의정 겸 영경연·홍문관·예문관·춘추관사, 世子師에 임명되었다. 저술로는 1622년에 간행된 『四禮訓蒙』 1권과 『奏疏啓議』 각 2권, 『魯史零言』 15권과 시문 등이 있으며, 시호는 文忠이다.

● 版本構成

권1~3은 『좌씨전』에 없는 것을 『외전』이라 하여 『國語』에 실려 있는 기사로 보충한 隱公·桓公·莊公의 기사, 권4·5는 閔公·僖公의 기사, 권6·7은 희공의 기사, 권8·9는 文公의 기사, 권10·11은 宣公의 기사, 권12·13은 成公의 기사, 권14~19는 襄公의 기사, 권20~28은 昭公·定公의 기사, 권29·30은 哀公의 기사가 수록되어 있다.

● 所藏處

서울대학교 규장각, 성암고서박물관자료실 등에 소장되어 있다.

(11) 논어언해(論語諺解)

書名	出版事項	版式狀況	一般事項	所藏番號
論語諺解	宣祖 命撰	朝鮮木版本, 5卷 5冊, 31.3×20.8cm, 四周雙邊, 半匡：23.4×17.2cm, 有界, 10行 18字, 上下內向四瓣花紋黑魚尾, 線裝, 楮紙	藏書記：玉山上, 朱印 玉山書院	01-1204 ~1208
論語諺解	宣祖 命解, 大邱：嶺營, 壬午	朝鮮木版本, 4卷 3冊, 33.7×21.8cm, 四周雙邊, 半匡：23.5×16.6cm, 有界, 12行 24字, 註雙行, 上下白口 上下向黑魚尾, 線裝, 楮紙	刊記：壬午季春嶺營重刊, 印記：鷄林金氏家寶	01-1424 ~1427

- 槪要

四書의 하나인 『論語』의 원문에 토를 달고 언해한 책이다.

- 編纂과 刊行

4권 4책의 활자본으로 선조의 명에 따라 校正廳에서 행한 四書三經의 언해사업으로 『대학언해』·『중용언해』·『맹자언해』·『소학언해』 등과 함께 간행되었다. 편찬과 간행에 대한 기록이 없으나 1590년(선조 23)에 간행한 것으로 추정된다. 이 책은 여러 異本이 전하는데, 1612년(광해군 4)·1631년(인조 9)에 간행된 것, 1810년(순조 10)·1820년(순조 20)·1822년(순조 22)·1862년(철종 13)에 간행된 것 등이 있다.

- 著者 및 編者

편자는 미상이다.

- 版本構成

원문인 한문을 앞에 싣고 뒤에 언해를 붙이는 형식으로 되어 있다. 원문에는 한글로 된 토와 한자음이 있고, 언해문에도 한자와 한자음이 표기되어 있다.

- 所藏處

국립중앙도서관, 서울대학교 규장각, 한국학중앙연구원 장서각 등에 소장되어 있다.

(12) 당시휘선(唐詩彙選)

書名	出版事項	版式狀況	一般事項	所藏番號
唐詩彙選	李睟光(朝鮮) 編[跋 : 光海君 7年(1615)]	訓鍊都監字本, 10卷 10冊, 32.7×22cm, 四周雙邊, 半匡 : 23.2×22.1cm, 有界, 10行 16字, 上下內向細六瓣花紋黑魚尾, 線裝, 楮紙	跋 : 萬曆乙卯(1615)暮秋海平尹暄次野書于	01-0456 ~0465

● 槪要

당나라 시기의 한시를 집성한 『唐詩品彙』 중에서 선별하여 간행한 책이다.

● 編纂과 刊行

明나라 高棅이 唐詩를 집대성한 『唐詩品彙』 90권을 간략하게 다시 추려서 10卷 10冊으로 구성하였는데, 甲寅字體訓鍊都監字의 木活字本으로 인출 시기는 17세기 초반으로 추정된다.

● 著者 및 編者

편자인 이수광의 본관은 全州, 자는 潤卿, 호는 芝峯이다. 1578년(선조 11) 초시에 합격하고, 1582년 진사가 되었다. 1585년(선조 18) 승문원부정자가 되었으며, 1589년 성균관전적을 거쳐 이듬해 호조좌랑·병조좌랑을 지냈고, 도승지겸홍문관제학, 대사간·이조참판·공조참판 등을 역임하였다. 저서로는 『芝峯集』이 있다.

● 版本構成

『唐詩品彙』 90권을 간추려서 10卷 10冊으로 구성하였는데, 구분 방식도 그대로 따라 正始, 正宗, 大家, 名家, 羽翼, 接武, 正變, 餘響, 傍流 등으로 나누었다.

● 所藏處

성암고서박물관자료실, 경기대학교 도서관, 계명대학교 동산도서관 등에 소장되어 있다.

(13) 대학언해(大學諺解)

書名	出版事項	版式狀況	一般事項	所藏番號
大學諺解	宣祖 命撰, 19世紀刊	朝鮮木版本(戊申字飜刻), 零本 1冊, 32.8×21.5cm, 四周雙邊, 半匡：23.9×17.4cm, 有界, 10行 17字, 上下內向四瓣花紋黑魚尾, 線裝, 楮紙	印：玉山書院, 藏書記：玉山書院上(墨書), 卷末墨書：丙子七月初八日冊匠 孫萬益本冊粆伩	01-0711

• 概要

『대학』의 원문에 한글로 토를 달고 언해한 책이다.

• 編纂과 刊行

宣祖의 명으로 1590년(선조 23)에 목판본으로 간행된 것과 숙종 21년(1695)에 간행된 戊申字本과 純祖의 庚申新刊 등 다수가 있다. 경신간본은 고활자본으로 숙종의 무신자본과 같은 형태이다. 이 밖에 1862년 慶尙監營에서 간행한 壬戌嶺營本 등도 전한다.

• 著者 및 編者

편자는 미상이다.

• 版本構成

朱熹가 『大學』을 재편성하여 '經' 한 章과 '傳' 열 章으로 나눈 체제를 따랐으며, 각 장마다 단락을 구분하여 分章 표기를 하고 각 글자마다 음을 달았다.

• 所藏處

국립중앙도서관, 서울대학교 규장각, 한국학중앙연구원 장서각 등에 소장되어 있다.

(14) 대학연의집략(大學衍義輯略)

書名	出版事項	版式狀況	一般事項	所藏番號
大學衍義輯略	李石亨 等編	朝鮮木版本, 零本 8冊, 31.2×20.7cm, 四周單邊, 半匡：23.3×16.4cm, 有界, 10行 17字, 上下內向黑魚尾, 線裝, 楮紙	所藏：卷3~21	01-1076 ~1083

• 槪要

李石亨 등이 1472년(성종 3)에 宋나라의 眞德秀가 지은『大學衍義』와 附編으로 申叔舟등이 편집한『高麗史』에서 정치의 鑑戒가 될 만한 것만을 뽑아서 엮은 책이다.

• 編纂과 刊行

1472년(성종 3)에 李石亨을 비롯하여 副司正 洪敬孫, 副護軍 趙祉, 成均館司成 閔貞 등이『大學衍義』중에서 절실하지 못한 부분은 빼고 經書 중에서도 聖學에 절실한 요지만을 뽑고 또 史籍에서도 綱要가 될 만한 것만을 간추리고 또 先儒들의 제설이나 眞德秀 자신의 논의 중에서도 긴요한 부분만을 뽑아 모은 다음, 고려의 역사 중에서 감계가 될 만한 것을 간추려 각각 그 조목 아래 유별로 배열하여『大學衍義輯略』이라 이름하여 21권 10책으로 간행하였 다. 그 후 임진왜란의 병화로 인하여 거의 없어졌으므로 1634년(인조 12)에 李石亨의 4대손 인 李廷龜가 校讐하고 補綴하여 6권으로 만들어 인조에게 올렸다는 기록이 있다.

• 著者 및 編者

李石亨은 1415년(태종 15)에 懷林의 아들로 태어났다. 字는 伯玉, 號는 樗軒, 본관은 延安이 다. 1441년(세종 23) 수석으로 진사·생원이 되고, 이어 式年文科에 장원, 正言이 되고 1447 년 應敎때 文臣重試에 급제, 集賢殿 守直提學에 보직되었다. 1451년 鄭麟趾 등과『고려사』 편찬에 참여하였고 이어서 內外의 요직을 역임하였다. 1477년(成宗 8)에 사망하였으며 시호 는 文康이다. 문장과 글씨에 능하였다 하며 저서로는『樗軒集』이 있고 編書로는 이 책 외에 도『治平要覽』이 있다

• 版本構成

전체 구성은 卷1 帝王爲學之本, 卷2~12 格物致知之要, 卷13~15 誠意正心之要와 修身之要, 卷16~21 齊家之要이다.

• 所藏處

국립중앙도서관, 서울대학교 규장각, 한국학중앙연구원 장서각 등에 소장되어 있다.

(15) 도산기(陶山記)

書名	出版事項	版式狀況	一般事項	所藏番號
陶山記	李滉 著, 18世紀刊	朝鮮木版本(後刷), 1冊, 27.3×20.2cm, 無界, 字行字數不定, 無魚尾, 線裝, 楮紙	跋 : …萬曆癸酉孟秋…訂曄謹跋, 朱印 : 玉山書院	01-0712

• 概要

退溪 李滉(1501~1570)이 陶山書堂을 건립하고 쓴 글을 수록한 책이다.

• 編纂과 刊行

1561년(明宗 16) 陶山書堂을 건립할 무렵 도산 주변의 경관을 읊은 것들로, 이황이 손수 行書로 써 두었던 것을 김취려가 그대로 판각하여 간행하였다. 간행연대는 명시되어 있지 않으나 권말에 붙은 奇大升의 後識가 1572년에 작성된 것으로 보아 간행연대도 그 무렵일 것으로 추정된다.

• 著者 및 編者

저자인 李滉(1501~1570)은 경상도 禮安縣 溫溪里 출신으로 자는 景浩이고, 호는 退溪·退陶·陶叟 등이다. 1527년(중종 22) 鄕試에서 진사시와 생원시 초시에 합격하고, 성균관에 들어가 다음 해에 진사 회시에 급제하였다. 1534년 문과에 급제하고 承文院副正字가 되면서 관직에 나갔으며, 1537년 어머니 상을 당하자 향리에서 3년간 복상했고, 1539년 홍문관수찬이 되었다가 곧 임금으로부터 賜暇讀書의 혜택을 받았다. 을사사화 후 병약함을 구실로 모든 관직을 사퇴하였다. 명종이 出仕를 종용하여 외직인 단양군수·풍기군수 등을 역임하였고 중앙관직은 여러 차례 고사하였다. 1560년 陶山書堂을 짓고 7년간 서당에 기거하면서 독서·수양·저술에 전념하는 한편, 많은 제자들을 가르쳤다. 선조가 즉위해서도 벼슬을 내렸지만, 이황은 번번이 사퇴 하였다. 하지만 선조의 거듭된 요처에 68세의 노령으로 知經筵의 중임을 맡아 선조에게 「戊辰六條疏」를 올렸고, 필생의 역작 『聖學十圖』를 저술하여 어린 국왕 선조에게 바쳤다. 1569년(선조 2) 이조판서에 임명되었으나 사양하고 환향한 후 학문에 전념하다 다음 해 11월 사망하였다. 문집으로 『퇴계집』이 있고, 그 외 『退溪書節要』·『自省錄』·『朱子書節要』·『理學通錄』·『啓蒙傳疑』·『傳習錄論辨』·『經書釋義』·『心經後論』 등이 있다. 遺墨으로 『退溪筆迹』과 『退陶先生遺帖』도 전한다.

• 版本構成

　총 1책으로 「陶山記」에 이어 「陶山書堂」·「巖栖軒」 등의 7언절구 18수가 실려 있다. 이어서 '五言雜詠'이라는 제목 아래 「蒙泉」·「冽井」 등의 5언절구 26수, '別錄'이라는 제목 아래 「聾巖」·「屛庵」 등의 5언절구 4수가 실려 있다.

• 所藏處

　국립중앙도서관, 서울대학교 규장각, 한국학중앙연구원 장서각 등에 소장되어 있다.

(16) 동경잡기(東京雜記)

書名	出版事項	版式狀況	一般事項	所藏番號
東京雜記	閔周冕 編	朝鮮木版本, 零本 2冊, 25.5×20.5cm, 四周雙邊, 半匡 : 20.2×16.8cm, 有界, 10行 16字, 註雙行, 上下白口 上下内向四瓣花紋黑魚尾, 線裝, 楮紙	印記 : 玉山書院, 所藏 : 卷 中~下	01-2781 ~2782

• 槪要

　고려시대의 慶州邑誌인 『東京誌』를 증보하여 개칭한 책이다.

• 編纂과 刊行

　작자 미상으로 전부터 전해오던 『東京誌』를 1669년(현종 10) 閔周冕이 李埰 등 향중 인사와 함께 편집, 보완하여 『동경잡기』라고 개칭, 간행하였다. 이것을 1711년(숙종 37) 南至熏이 添補하여 再刊하고, 1845년 성원묵이 다시 증보, 정정하여 중간하였다.

• 著者 및 編者

　초간본의 편찬 참여자는 경주부사 閔周冕와 경주의 진사 李埰, 金建準 등이고, 재간행자는 경주부윤 南至熏이고, 증보 편찬 참여자는 경주부윤 成原默이 전승지 李淵祥, 생원 崔世麟, 전참봉 李鐘祥 등이다.

• 版本構成

　내용 구성은 권두에 목록이 있고, 권1에 辰韓紀 외 26조, 권2에 佛宇 외 10조, 권3에 寓居 외 11조로 되어 있다.

• 所藏處

국립중앙도서관, 서울대학교 규장각, 한국학중앙연구원 장서각 등에 소장되어 있다.

(17) 동국지리지(東國地理志)

書名	出版事項	版式狀況	一般事項	所藏番號
東國地理志	韓百謙 著	朝鮮木版本, 1冊, 32.3×21.2cm, 四周雙邊, 半匡：21.8×16.6cm, 有界, 10行 20字, 上下內向四瓣花紋黑魚尾, 線裝, 楮紙		01-0625

• 槪要

중국의 여러 古書에서 한국 지리에 관한 사항을 뽑아 편집한 地理書이다.

• 編纂과 刊行

정확한 편찬과 간행 시기는 확인하기 어려우나, 李命雄이 '崇禎紀元庚辰'년에 썼다고 기록한 序의 기록으로 보아 1628년 이후로 추정된다.

• 著者 및 編者

저자인 韓百謙(1552~1615)은 조선 중기의 문신으로 號는 久菴이다. 吳澐의 『東史纂要』에서 三韓과 四郡의 위치비정에 대한 의문을 시작으로 『東國地理志』를 저술하였다고 전한다.

版本構成

序, 前漢書朝鮮傳, 後漢書高句麗傳, 後漢書東沃沮傳, 後漢書濊傳, 後漢書扶餘國傳, 後漢書挹婁傳, 後漢書三韓傳, 四郡 등이 순서대로 실려 있고, 그 외에 고구려의 國內城, 丸都城 平壤 등 여러 城과 백제의 都邑, 신라의 所幷地, 고려의 여러 도읍과 府, 縣, 鎭 등이 실려 있다.

• 所藏處

국립중앙도서관, 서울대학교 규장각, 성균관대학교 존경각 등에 소장되어 있다.

(18) 동국통감(東國通鑑)

書名	出版事項	版式狀況	一般事項	所藏番號
東國通鑑	徐居正 等撰	朝鮮木版本, 零本, 6冊, 33.1×22.3cm, 四周雙邊, 半匡 : 23.9×16.8cm, 有界, 10行 17字, 上下大黑口 上下內向黑魚尾	印 : 獨樂堂印, 韓齋, 版心題 : 東鑑, 表題 : 東國通鑑, 所藏 : 卷3~8	01-0652 ~0657
東國通鑑 [外紀]	徐居正 等撰	朝鮮木版本, 零本 2冊, 32.9×22.1cm, 四周雙邊, 半匡 : 23.5×16.3cm, 有界, 10行 18字, 大黑口, 上下內向~三瓣花紋黑魚尾, 線裝, 楮紙	印 : 韓齋, 獨樂堂印(朱印), 所藏 : 卷1~2	01-1226 ~1227

● 概要

관찬 사서로 편년체로 되어 있으며, 단군조선으로부터 삼한까지는 자료가 부족하여 체계적인 서술이 불가능하다는 의미에서 外紀로 다루었고, 삼국 건국부터 통일신라를 거쳐 고려말까지 서술하였다.

● 編纂과 刊行

『東國通鑑』은 世祖가 1458년(세조 9)부터 3년여에 걸쳐 편찬 작업을 추진하였으나, 세조의 죽음으로 인해 끝내 완성을 보지 못하였다. 예종 때에도 세조가 완성하지 못한 『東國通鑑』의 편찬을 완성하려는 논의가 있었으나 즉위한 다음해에 사망하면서 계획은 실행되지 못하였다. 성종 때에 들어와서도 『東國通鑑』의 편찬 논의가 있었는데, 徐居正이 1483년(성종 14)에 정식으로 『東國通鑑』의 편찬을 건의하였고 서거정이 주도하여 이듬해 찬진하였다. 성종이 수정을 명령하여 1485년(성종 16)에 『新編東國通鑑』이 완성되었다. 1484년에 편찬한 『東國通鑑』은 현재 남아 있지 않고 『新編東國通鑑』만 전한다.

● 著者 및 編者

徐居正(1420~1488)의 본관은 大丘이고, 자는 剛中·子元이며, 호는 四佳亭·亭亭亭 등이다. 1438년(세종 20) 생원·진사 양시에 합격하고, 1444년 식년 문과에 을과로 급제, 司宰監直長에 제수되었다. 그 뒤 집현전박사·經筵司經이 되고, 1447년 弘文館副修撰으로 知製敎兼世子右正字로 승진하였다. 1451년(문종 1)에는 副校理에 올랐다. 1453년 首陽大君을 따라 명나라에 從事官으로 다녀오기도 하였다. 1455년(세조 1) 선(世子右弼善이 되고, 1456년 집현전이 혁파되자 成均司藝로 옮겼다. 1457년 문과 중시에 병과로 급제하여 우사간·지제교가되었다. 1458년 정시(庭試)에서 우등해 공조참의·지제교에 올랐다가 곧이어 예조참의로 옮겼다. 1460년 이조참의로 옮기고, 謝恩使로서 명나라에 다녀왔다. 1465년 예문관제학·中樞府同知事를 거쳐, 다음 해 拔英試에 을과로 급제하여 예조참판이 되었다. 1467년 형조판서로서 예문관대제학·성균관지사를 겸해 文衡을 관장했으며, 국가의 典冊과 詞命이 모두 서거정의 손에서 나왔다. 1470년(성종 1) 좌참찬이 되었고, 1471년 純誠明亮佐理功臣 3등에 녹훈되고 達城君에 봉해졌다. 1474년 다시 君에 봉해지고 좌참찬에 복배되었다. 1476년에 우찬성에 오르고, 1477년에 都摠管을 겸하였다. 다음 해 대제학을 겸직했고, 곧이어 한성부판윤에 제수되었다. 1479년 이조판서가 되었으며, 1481년 병조판서가 되었으며, 1483년 좌찬성에 제수되었다. 1485년 世子貳師를 겸했으며, 1487년 왕세자가 입학하자 박사가 되어 『論語』를 강했으며, 다음 해 죽었다. 저술로는 시문집으로 『四佳集』이 전한다. 공동 찬집으로 『東國通鑑』·『東國輿地勝覽』·『東文選』·『經國大典』·『聯珠詩格言解』가 있고, 개인 저술로서 『東人詩話』·『太平閑話滑稽傳』·『筆苑雜記』·『東人詩文』 등이 있다.

- ● 版本構成

卷1：新羅(始祖~儒理), 高句麗(始祖~大武神王), 百濟(始祖~多婁王), 卷2：新羅(儒理~阿達羅王), 高句麗(大武神王~新大王), 百濟(多婁王~肖古王), 卷3：新羅(伐休王~訖解王), 高句麗(故國川王~故國原王), 百濟(肖古王~比流王), 卷4：新羅(訖解王~炤智王), 高句麗(故國原王~長壽王), 百濟(契王~東成王), 卷5：新羅(炤智王~眞平王), 高句麗(文咨王~嬰陽王), 百濟(東城王~武王), 卷6：新羅(眞平王~善德女王), 高句麗(嬰陽王~寶藏王), 百濟(武王~義慈王), 卷7：新羅(善德女王~大宗王), 高句麗(寶藏王), 百濟(義慈王), 卷8：新羅(太宗王~文武王), 高句麗(寶藏王), 卷9：新羅(文武王~神文王), 卷10：新羅(孝昭王~憲德王), 卷11：新羅(興德王~神德王), 卷12：新羅(景明王~敬順王), 卷13：高麗(太祖~景宗), 卷14：高麗(成宗), 卷15：高麗(穆宗~顯宗), 卷16：高麗(顯宗~靖宗), 卷17：高麗(文宗~順宗), 卷18：高麗(宣宗~肅宗), 卷19：高麗(肅宗~睿宗), 卷20：高麗(睿宗), 卷21~23：高麗(仁宗), 卷24~25：高麗(毅宗), 卷26~28：高麗(明宗), 卷29：高麗(神宗~康宗), 卷30~32：高麗(高宗), 卷34~36：高麗(元宗), 卷37~41：高麗(忠烈王), 卷42：高麗(忠宣王~忠肅王), 卷43：高麗(忠肅王), 卷44：高麗(忠惠王~忠惠王復位), 卷45：高麗(忠惠王~忠定王), 卷46~49：高麗(恭愍王), 卷50~53：高麗(辛禑), 卷54~56：高麗(恭讓王)

- ● 所藏處

국립중앙도서관, 서울대학교 규장각, 한국학중앙연구원 장서각 등에 소장되어 있다.

(19) 두고세고(杜皐世稿)

書名	出版事項	版式狀況	一般事項	所藏番號
杜皐世稿	權應生 等著	朝鮮木版本, 4卷 1冊, 31×21cm, 四周雙邊, 半匡 : 20.9×16.3cm, 有界, 10行 19字, 註雙行, 上下白口 上下內向二瓣花紋黑魚尾, 線裝, 楮紙	序 : 今兩稿而…云驪江後人李鍾祥謹書, 所藏 : 卷1~4	01-3166
杜皐世稿	權應生 等著	朝鮮木版本, 4卷 1冊, 31×21cm, 四周雙邊, 半匡 : 20.9×16.3cm, 有界, 10行 19字, 上下白口 上下內向二瓣花紋黑魚尾, 線裝, 楮紙	序 : 合兩稿而世之…馬江後人李鍾祥謹書, 內容卷1 : 宣務郎順陵參奉府君遺書/權士毅, 卷2 : 魯軒遺稿/權應生, 卷3 : 退庵逸稿/權恮, 卷4 : 江東逸稿/權慶命.	01-3549

• 槪要

權應生(1571~1647), 權恮(1600~1654) 父子와 그의 從孫 權應命(1673~1735)의 詩文集이다.

• 編纂과 刊行

후손 致福과 致博 등이 1816년(純祖 16)에 木版本으로 4卷 1冊을 간행하였다.

• 著者 및 編者

魯軒 權應生의 字는 命世, 參奉 士毅의 아들이며, 張顯光의 문인이다. 임진왜란이 일어나자 郭再祐를 따라 火旺山城에 가서 倭賊과 싸웠다. 1605년(宣祖 38) 進士가 되고 1612년(光海君 4) 蔭補로 參奉이 되었다. 北部主簿·監察·鎭川縣監을 역임했다. 光海君의 폭정으로 政局이 혼란해지자 벼슬을 버리고 鄕里에 은거, 학문 연구와 詩文에 힘쓰는 한편 鄕約 실시를 위해 노력했다. 任叔英, 李安訥, 李時發, 李敬輿 등과 交遊했다. 退庵 權恮의 字는 和叔, 任叔英의 문인. 스승인 任叔英이 無嗣로 죽자 主喪으로서 3年喪을 치렀으며 1645년(仁祖 23) 蔭補로 司饔院參奉이 되었다가 辭職하고 고향에서 著述과 학문 연구로 일생을 보냈다. 특히 譜學에 밝았다. 江東 權慶命의 初名은 慶來, 字는 來吉, 奎의 아들이다. 젊어서부터 과거에 뜻을 두지 않고 평생을 학문 연구와 詩文으로 보냈다. 權萬申, 權碩寬, 安致大 등과 交遊했다.

• 版本構成

전체 구성은 卷1에 宣務郎順陵參奉府君遺事, 卷2에는 魯軒遺稿, 卷3에 追庵逸稿, 卷4에는 江東逸稿로 되어 있다.

• 所藏處

국립중앙도서관, 서울대학교 규장각, 한국학중앙연구원 장서각 등에 소장되어 있다.

(20) 맹자언해(孟子諺解)

書名	出版事項	版式狀況	一般事項	所藏番號
孟子諺解	宣祖 命解, 大邱:嶺營, 壬戌重刊	朝鮮木版本, 零本 7冊, 32.6×21cm, 四周雙邊, 半匡:23.4×16.5cm, 有界, 12行 23字, 上下白口 上下向黑魚尾, 線裝, 楮紙	版心題:孟解, 木記:壬戌季春嶺營重刊, 所藏:卷1~6, 9~14	01-1416 ~1422
孟子諺解	宣祖 命編, 18世紀刊	朝鮮木版本, 14卷 7冊, 31.5×20.5cm, 四周雙邊, 半匡:23×16.4cm, 有界, 10行 19字, 註雙行, 上下白口 上下內向四瓣花紋黑魚尾, 線裝, 楮紙	藏書記:玉山書院(墨書), 院上(墨書)	01-2531 ~2537

• 槪要

四書의 하나인 『孟子』의 원문에 한글로 토를 단 諺解書이다.

• 編纂과 刊行

초간본은 1590년(선조 23)에 선조의 명에 따라 校正廳에서 14권 7책 활자본으로 간행한 것이다. 이후 여러 번 간행되어 이본이 많다. 1612년(광해군 4), 1631년(인조 9), 1693년(숙종 19), 1820년(순조 20), 1824년, 1862년(철종 13)에 간행된 것 등이 전한다. 위의 이본들은 10행 19자본·10행 17자본·12행 23자본으로 구별된다. 원간본이 활자본인 데 비해 숙종조본은 元宗木活字本이고 나머지는 목판본이다. 이밖에 정조 연간에 간행된 것으로 보이는 丁酉活字本도 있다.

• 著者 및 編者

편자는 미상이다.

• 版本構成

『孟子』의 체재를 따르고 있으며, 한문을 앞에 싣고 이어서 언해문을 다는 형식으로 되어 있다.

• 所藏處

국립중앙도서관, 서울대학교 규장각, 한국학중앙연구원 장서각 등에 소장되어 있다.

(21) 문헌공실기(文獻公實紀)

書名	出版事項	版式狀況	一般事項	所藏番號
文獻公實紀	鄭逑 編	朝鮮木版本, 2卷 1冊, 31.2×21.5cm, 四周單邊, 半匡 : 22.2×17.2cm, 有界, 10行 20字, 註雙行, 上下白口 上下內向四瓣花紋黑魚尾, 線裝, 楮紙	跋 : 先賢之於道德夫旣自盡…崇禎八年(1635)乙亥九日下浣玉山後人張顯光謹跋	01-1939

• 槪要

鄭逑(1543~1620)가 편찬한 鄭汝昌(1450~1504)의 事實 등이 실려 있는 책이다.

• 編纂과 刊行

1635년(仁祖 13)에 鄭汝昌을 奉享하는 咸陽 灆溪書院에서 鄭逑가 光海君 年間에 編한 것에, 張顯光(1554~1637)의 跋文을 붙여 간행한 판본에다, 1689년(肅宗 15)에 鄭汝昌의 6世孫 世楨 등이 神道碑를 세우는 것을 계기로 그 神道碑銘 등을 부록하여 간행한 것이다.

• 著者 및 編者

편찬자인 鄭逑의 본관은 淸州, 자는 道可, 호는 寒岡이다. 1573년(선조 6) 金宇顒의 추천으로 禮賓寺參奉에 임명되었으나 나가지 않는 등 여러 번 관직에 임명되어도 사양하다가 1580년 비로소 昌寧縣監으로 관직 생활을 시작하였다. 1584년 同福縣監을 거쳐, 이듬해 校正廳郞廳으로 『소학언해』・『사서언해』 등의 교정에 참여하였다. 임진왜란이 일어나자 通川郡守로 재직하면서 의병을 일으켜 활약하였다. 1593년 선조의 형인 河陵君의 시체를 찾아 장사를 지낸 공으로 당상관으로 승진한 뒤 우부승지, 장례원판결사・강원도관찰사・형조참판 등을 지냈다. 문집으로 『寒岡集』이 있고, 그 외에 『심경발휘』・『오선생예설』・『오복연혁도』・『심의제도』・『무이지』・『역대기년』 등이 전한다.

• 版本構成

체제는 目錄・卷上・卷下・附로 되어 있다. 卷上의 첫머리에 凡例는 대략 景賢錄을 따랐고 여러 책의 기록이 다소 다를 때는 굳이 맞추려 하지 않았다는 편집범례가 밝혀져 있다. 卷上「世系」, 「事實」, 「行狀」, 「遺事」 등이 수록되어 있고, 卷下에 「史禍首末」, 「褒贈祀典」 등이 수록되어 있다.

● 所藏處

국립중앙도서관, 서울대학교 규장각, 한국학중앙연구원 장서각 등에 소장되어 있다.

(22) 번역소학(飜譯小學)

書名	出版事項	版式狀況	一般事項	所藏番號
飜譯小學	南袞 等受命譯, 16世紀刊	朝鮮木版本(乙刻字飜刻), 零本 1冊, 33.2×21.2cm, 四周雙邊, 半匡 : 24.2×15.8cm, 有界, 10行 18字, 大黑口, 上下內向混入四瓣花紋黑魚尾, 線裝, 楮紙	印 ; 玉山書院(朱印), 卷末 : 編輯者員名單, 所藏 : 卷10	01-1312
飜譯小學	16世紀末刊	朝鮮木版本(乙刻字飜刻), 零本 2冊, 23.9×17cm, 四周雙邊, 半匡 : 23.9×17cm, 有界, 9行 19字, 大黑口, 上下內向黑魚尾, 線裝, 楮紙	印 ; 玉山書院印(朱印), 藏書記 : 玉山書院, 所藏 : 卷3, 8	01-1996 ~1997

● 槪要

1518년(중종 13)에 金詮·崔淑生 등이 간행한 『소학』을 한글로 번역한 책이다.

● 編纂과 刊行

『小學』은 먼저 1518년(중종 13) 意譯 형식인 『飜譯小學』으로 간행되었고, 60년 후인 1587년(선조 20) 直譯 형식인 『小學諺解』로 다시 번역되었다. 1518년 金詮, 崔淑生 등이 언해하여 간행한 『飜譯小學』은 『小學集成』을 底本으로 했기 때문에 원래는 10권 10책이었다. 『中宗實錄』에 따르면(권34, 13년 7월 乙亥條) 본서 1,300질이 간행되어, 널리 유포되었다고 한다. 그러나 현재 이 때 간행된 원간본은 전하지 않고 重刊本만이 전하는데 모두 영본이다. 권9는 규장각, 권6, 7, 8은 고려대학교 도서관, 권10은 국립중앙도서관에 소장되어 있다. 이들은 모두 乙亥字本을 복각한 목판본으로 원간본이 을해자본이었음을 알 수 있다. 이들 중간본은 1587년 『小學諺解』가 나오기 전에 간행된 것으로 추측되나 확실한 것은 기록이 없어 알 수 없다.

● 著者 및 編者

편찬 참여자는 金銓, 南袞, 崔淑生, 金安老 등 16명이다.

● 版本構成

총 10권 10책이나 영본으로 남아 전체 구성을 파악하기는 어렵다.

• 所藏處

국립중앙도서관, 서울대학교 규장각, 고려대학교 도서관 등에 소장되어 있다.

(23) 봉선잡의(奉先雜儀)

書名	出版事項	版式狀況	一般事項	所藏番號
奉先雜儀	李彦迪 著	朝鮮木版本, 2卷 1冊, 31.6×21.2cm, 四周雙邊, 半匡 : 21.8×16.8cm, 有界, 10行 20字, 註雙行, 上下白口 上下內向四瓣花紋黑魚尾, 線裝, 楮紙	序 : 庚戌人月甲子馬麗江李彦迪謹書, 印記 : 玉山書院上(墨畵)	01-3559
奉先雜儀	李彦迪 著	朝鮮木版本, 2卷 1冊, 35.4×22cm, 半匡 : 23×17cm, 有界, 10行 20字, 註雙行, 上下白口 上下內向六瓣花紋黑魚尾	序 : 庚戌人月甲子馬麗江李彦迪謹畵, 印記 : 玉山書院, 院上(墨書)	01-3560

• 概要

奉先에 관한 여러 가지 禮式節次를 적은 책이다.

• 編纂과 刊行

卷末에 李彦迪 자신의 跋에 의거하여 1550년(명종 5)으로 추정된다.

• 著者 및 編者

저자인 李彦迪은 경상북도 경주 출신으로 본관은 驪江(驪州)이다. 초명은 李迪이었으나 중종의 명으로 彦자를 더하였다. 자는 復古, 호는 晦齋·紫溪翁 등이다. 회재라는 호는 晦菴(朱熹의 호)의 학문을 따른다는 견해를 보여준 것이다. 1514년(중종 9) 문과에 급제하여 이조정랑·사헌부장령·밀양부사를 거쳐 1530년 사간이 되었다. 이때 金安老의 등용을 반대하다가 관직에서 쫓겨나 경주의 자옥산에 들어가서 성리학 연구에 전념하였다. 1537년 김안로 일당이 몰락하자 종부시첨정으로 불려나와 홍문관교리·응교·직제학이 되었고, 전주부윤에 나가 선정을 베풀어 송덕비가 세워졌다. 이때 조정에 「一綱十目疏」를 올려 정치의 도리를 논하였다. 이조·예조·형조의 판서를 거쳐 1545년(명종 즉위년) 좌찬성이 되었다. 이때 尹元衡 등이 을사사화를 일으키자 선비들을 심문하는 推官에 임명되었으나 스스로 관직에서 물러났다. 1547년(명종 2) 윤원형 일당이 조작한 良才驛壁書事件에 무고하게 연루되어 강계로 유배되었고, 그곳에서 많은 저술을 남긴 후 세상을 떠났다. 만년에 유배 생활을 하는 동안

『求仁錄』(1550)·『大學章句補遺』(1549)·『中庸九經衍義』(1553)·『奉先雜儀』(1550) 등의 중요한 저술을 남겼다. 문집으로『晦齋集』이 있다. 1569년(선조 2) 宗廟의 明宗 묘정에 배향되었으며, 1610년(광해군 2) 문묘에 종사되었고, 경주의 玉山書院 등에 제향되었다. 시호는 文元이다.

● 版本構成

上卷에는 祠堂에 先代의 神位를 奉安하고 薦新, 時祭, 忌祭, 墓祭를 지내는 節次를 말하였고, 下卷에는 祭禮에 대한 先儒의 遺訓과 理論을 取錄하였다.

● 所藏處

국립중앙도서관, 서울대학교 규장각, 한국학중앙연구원 장서각 등에 소장되어 있다.

(24) 사략언해(史略諺解)

書名	出版事項	版式狀況	一般事項	所藏番號
史略諺解		筆寫本, 零本 1冊, 29.9×19.5cm, 無界, 無魚尾, 線裝, 楮紙	所藏 : 卷1	01-1030

● 概要

『十九史略通考』의 첫 책을 언해한 책으로『十九史略諺解』이라고도 한다.

● 編纂과 刊行

초간본은 大邱監營에서 1772년(英祖 48)에 木板本으로 간행한 것이 있고, 重刊本으로 보이는 판본도 전한다. 옥산서원 소장본은 이를 필사한 것으로 보이며 1책의 零本이다.

● 著者 및 編者

필사자와 필사 연도는 모두 未詳이다.

● 版本構成

필사본 권1의 내용은 太古編으로, 天皇·地皇·人皇에서 시작하여 堯·舜·禹·湯을 거쳐 春秋戰國時代까지의 간략한 역사이다.

• 所藏處

국립중앙도서관, 서울대학교 규장각, 한국학중앙연구원 장서각 등에 소장되어 있다.

(25) 사례훈몽(四禮訓蒙)

書名	出版事項	版式狀況	一般事項	所藏番號
四禮訓蒙	李恒福 著, 17世紀刊	朝鮮木版本, 1卷 1冊, 33.8×22.6cm, 四周單邊, 半匡 : 22.3×17.2cm, 有界, 10行 16字, 上下內向四瓣花紋黑魚尾	跋 : …萬曆甲寅(1614)日白沙老人謹跋, 天啓壬戌冬(1622) 光山金止男跋, 藏書記 : 玉山書院上(墨書), 印 : 玉山書院	01-0707

• 槪要

조선 중기의 문신 李恒福(1556~1618)이 예의 본질을 강조하고 자제들을 계몽하기 위해 지은 책이다.

• 編纂과 刊行

跋文들의 내용을 통해, 李恒福이 1614년(광해군 6)에 본서를 지었으며, 李恒福의 제자 金止男이 전라감사로 재직하던 1622년에 처음으로 간행한 것을 알 수 있다. 1674년(현종 15) 중간본도 전한다.

• 著者 및 編者

李恒福은 본관이 慶州이며 자는 子常, 호는 白沙이다. 1580년(선조 13)에 알성문과에 급제하였으며 예문관검열·우승지·호조참의 등을 역임하였다. 임진왜란 중에는 선조를 의주까지 호종하였고 명에 구원병으로 요청하는 과정에서 뛰어난 외교 능력을 발휘하여 왜란을 극복하는데 큰 공을 세웠다. 전란 후 영의정에 임명되었으며 扈從一等功臣에 녹훈되었다. 1617년(광해군 9)에 정인홍 등의 폐모 논의에 반대하다 탄핵을 받아 1618년에 삭탈관직되고 북청으로 유배되어 그 곳에서 사망하였다. 저서로는 『白沙集』·『奏疏啓議』·『魯史零言』 등이 있다.

• 版本構成

내용은 크게 冠禮 婚禮 喪禮 祭禮의 4禮로 나누고, 다시 冠禮는 8章으로 되어있고 婚禮는

14章으로 婚禮의 의의를 먼저 논하고 變禮까지 밝히고 있다. 喪禮는 모두 110章인데 總敍 35章, 初終 16章, 襲 10章, 小大斂 7章, 成服 24章, 葬 18章으로 나누어서, 喪禮에 관해 먼저 논하고 초상이 나서부터 장사까지의 禮를 상세히 논하고 있다. 祭禮는 모두 50章인데, 祭本 6章, 祭論 14章, 齋戒 5章, 祭儀 4章, 降神 9章, 祭鎭 5章, 餕 3章, 攝祭 4章으로 나누어 祭禮에 관해 일체를 상세히 밝히고 있다.

● 所藏處

국립중앙도서관, 서울대학교 규장각, 성균관대학교 존경각 등에 소장되어 있다.

(26) 사서석의(四書釋義)

書名	出版事項	版式狀況	一般事項	所藏番號
四書釋義		朝鮮木版本, 不分卷 1冊, 33.3×21.8cm, 四周雙邊, 半匡 : 22.2×18.5cm, 有界, 11行 22字, 註雙行, 上下白口 上下內向四瓣花紋黑魚尾, 線裝, 楮紙	國漢文混用, 歲癸丑 八月 日改裝(表紙)	01-2085

● 槪要

李滉(1501~1570)이 三經四書의 의미를 풀이한『經書釋義』(『三經四書釋義』라고도 함) 중에서 四書에 관한 釋義 부분을 별도로 묶은 책이다.

● 編纂과 刊行

李滉(1501~1570)이 四書의 의미를 풀이한 것을 1609년에 그의 문인인 琴應壎(1540~1616) 등이 수정 보완하여 간행하였다.

● 著者 및 編者

저자인 李滉(1501~1570)은 경상도 禮安縣 溫溪里 출신으로 자는 景浩이고, 호는 退溪·退陶·陶叟 등이다. 1527년(중종 22) 鄕試에서 진사시와 생원시 초시에 합격하고, 성균관에 들어가 다음 해에 진사 회시에 급제하였다. 1534년 문과에 급제하고 承文院副正字가 되면서 관직에 나갔으며, 1537년 어머니 상을 당하자 향리에서 3년간 복상했고, 1539년 홍문관수찬이 되었다가 곧 임금으로부터 賜暇讀書의 혜택을 받았다. 을사사화 후 병약함을 구실로 모든 관직을 사퇴하였다.

명종이 出仕를 종용하여 외직인 단양군수·풍기군수 등을 역임하였고 중앙관직은 여러 차례 고사하였다. 1560년 陶山書堂을 짓고 7년간 서당에 기거하면서 독서·수양·저술에 전념하는 한편, 많은 제자들을 가르쳤다. 선조가 즉위해서도 벼슬을 내렸지만, 이황은 번번이 사퇴하였다. 하지만 선조의 거듭된 요처에 68세의 노령으로 知經筵의 중임을 맡아 선조에게 「戊辰六條疏」를 올렸고, 필생의 역작 『聖學十圖』를 저술하여 어린 국왕 선조에게 바쳤다. 1569년 (선조 2) 이조판서에 임명되었으나 사양하고 환향한 후 학문에 전념하다 다음 해 11월 사망하였다. 문집으로 『퇴계집』이 있고, 그 외 『退溪書節要』·『自省錄』·『朱子書節要』·『理學通錄』·『啓蒙傳疑』·『傳習錄論辨』·『經書釋義』·『心經後論』 등이 있다. 遺墨으로 『退溪筆迹』과 『退陶先生遺帖』도 전한다.

● 版本構成

「論語釋義」(1권), 「孟子釋義」(1권), 「中庸釋義」(1권), 「大學釋義」(1권), 「答奇明彦別紙」 (1570년 11월 己卯), 跋文(琴應壎)의 순으로 되어 있다.

● 所藏處

국립중앙도서관, 서울대학교 규장각, 성균관대학교 존경각, 한국국학진흥원 도서관, 계명대학교 동산도서관 등에 소장되어 있다.

(27) 사암실기(思庵實紀)

書名	出版事項	版式狀況	一般事項	所藏番號
思庵實紀	千錫奎 著	朝鮮木版本, 2卷 1冊, 32×20.2cm, 四周雙邊, 半匡 : 22.5×16.1cm, 有界, 10行 20字, 註雙行, 上下白口 上下內向二瓣花紋黑魚尾, 線裝, 楮紙	序 : 余嘗觀歷代史…萬曆紀元後二百九十五年丙午臘月…李彙寧謹序, 跋 : 皇明崇禎疏令二百…崇禎紀元後四丙午季秋…李翊東跋, 被傳者 : 千萬里	01-2128

● 槪要

壬辰倭亂 때 出兵했다가 歸化한 明나라 장수 千萬里(1543~?)의 實記이다.

● 編纂과 刊行

초간본은 千萬里의 10세손인 千錫奎가 1846년 무렵 처음 간행한 것이다. 이후 1871年(高宗

8)에 千錫祚 등이 일부 잘못을 바로잡고 畵像圖 및 詩文 일부를 보충하여 간행한 4卷 2冊의 木活字本과 1904年(光武 8)에 千光祿, 千玗洛 등이 후손의 詩文을 더 수집하고 관련 기록을 보충하여 重編 · 刊行한 3卷 2冊의 木版本이 전한다.

• 著者 및 編者

被傳者인 千萬里는 字가 遠之이고, 號가 思庵이며, 諡號는 忠莊이다. 中國 潁陽 출신으로 1571년 武科에 급제하였으며, 蒙古兵을 물리쳐서 內衛鎭撫使가 되었다. 壬辰倭亂이 일어나자 調兵領糧使兼總督將으로 出征하여, 箕城(平壤), 郭山 등에서 전공을 세웠다. 전쟁이 끝난 후 명나라 군대와 함께 돌아가지 않고 조선에 머물렀으며, 뒤에 花山君에 봉해졌다. 1688年(肅宗 14)에 大報壇에 配享되었으며, 뒤에 虎巖祠, 皇岡祠에 祭享되었다.

• 版本構成

卷1(上篇 上)에 遺文 및 「遺事」, 「祭文」, 「行狀」 등이, 卷2(上篇 下)에는 祭享과 관련된 上樑文, 奉安文 및 後孫 4인의 遺稿가 실려 있다.

• 所藏處

국립중앙도서관, 서울대학교 규장각, 성균관대학교 존경각 등에 소장되어 있다.

(28) 사요취선(史要聚選)

書名	出版事項	版式狀況	一般事項	所藏番號
史要聚選	權以生 編, 油洞, 丙辰刊	朝鮮木版本, 9卷 2冊, 28.2×18.2cm, 四周雙邊, 半匡 : 18.3×13.1cm, 有界, 12行 24字, 註雙行, 上下內向四瓣花紋黑魚尾, 線裝, 楮紙	刊記 : 丙辰季冬由洞新刊, 序 : …崇禎後己未年月日安東權以生草于詩山客齋	01-1004 ~1005

• 槪要

權以生(生沒年 未詳)이 중국 上古時代로부터 明에 이르기까지의 史實 가운데 要覽이 되는 부분을 뽑아 엮은 것이다.

• 編纂과 刊行

序頭의 序가 「崇禎紀元後戊子年」에 쓴 것으로 되어 있고, 또한 「戊子開板」이라는 落款이 있는 것으로 보아 1648년(仁祖 26)에 開刊되었음을 알 수 있다.

• **著者 및 編者**

편찬자인 權以生은 생몰년 미상이며, 安東人으로 전한다.

• **版本構成**

전체 구성은 권1 : 帝王上, 권2 : 帝王下, 公族, 附吳越, 권3 : 后妃, 妖姬, 妓妾, 列女, 相國, 권4 : 將帥, 直臣, 節義, 권5 : 聖賢. 권6 : 異端, 文章, 隱逸, 권7 : 休退, 替僞, 簒逆, 奸凶, 嬖幸, 閹宦賢宦, 外戚, 良吏, 酷吏, 辯士, 節俠, 名筆, 富客, 권8 : 列傳上, 권9 : 列傳下로 되어 있다.

• **所藏處**

국립중앙도서관, 서울대학교 규장각, 고려대학교 도서관 등에 소장되어 있다.

(29) 삼강행실도; 충신도, 효자도, 열녀도(三綱行實圖; 忠臣圖, 孝子圖, 烈女圖)

書名	出版事項	版式狀況	一般事項	所藏番號
三綱行實圖; 忠臣圖, 孝子, 烈女圖	偰循 等 受命撰	朝鮮木版本, 零本 1冊, 38.2×22cm, 四周雙邊, 半匡 : 23.5×16.8cm, 有界, 11行 20字(序), 13行 22字(本文), 上下內向四瓣花紋黑魚尾, 線裝, 楮紙	表題 : 三綱行實 全, 序 : 宣德十七年(1732)六月日奉列大夫集賢殿應敎…權採奉敎序, 藏書記 : 玉山書院上(墨書)	01-0007

• **槪要**

우리나라와 중국의 서적에서 군신·부자·부부의 삼강에 모범이 될 만한 충신·효자·열녀를 각각 110명을 뽑아 그들의 행실을 수록한 책이다.

• **編纂과 刊行**

1434년(세종 16)에 直提學 偰循(?~1435) 등이 왕명에 의하여 간행하였다.

• **著者 및 編者**

偰循(?~1435)의 字는 輔德, 本貫은 慶州, 高麗 때 歸化한 위구르 출신 遜의 손자이고 慶壽의

아들이다, 1408년(太宗 8) 生員으로서 式年文科에 及第, 1420년 校理, 이듬해 左司經, 1425년 侍講官을 거쳐 仁同縣監이 됐다. 1427년 文科 重試에 及第, 이듬해 王命으로 孝行錄을 增修, 1431년 集賢殿副提學으로서 三綱行實圖를 편수, 1434년 吏曹參議가 되어 尹淮등과 함께 通鑑訓義를 저술하였고 同知中樞院事에 이르렀다. 博學하고 歷史에도 뛰어나고, 文章에도 이름이 높았다.

• 版本構成

卷頭에는 1432년(世宗 14)에 集賢殿應敎인 權採가 王命에 依하여 쓴 原序文이 실려 있고, 目錄에 이어 먼저 孝子圖 35편이 차례로 실려 있다. 圖上에는 한글로 解說이 되어 있고, 뒷장에는 詩文으로 解說과 詩와 贊이 매 圖마다 실려 있다. 위의 孝子 35명 중 30명은 中國의 春秋時代 魯나라 사람으로부터 元나라 때 사람까지이고, 5명은 우리나라 사람이다. 이어서 忠臣圖 35편이 차례로 실려 있다.

• 所藏處

국립중앙도서관, 서울대학교 규장각, 한국학중앙연구원 장서각 등에 소장되어 있다.

(30) 삼경석의(三經釋義)

書名	出版事項	版式狀況	一般事項	所藏番號
三經釋義	李滉 著	朝鮮木版本, 1冊, 33×21.5cm, 四周雙邊, 半匡 : 22×18.4cm, 有界, 10行 20字, 註雙行, 上下內向六瓣花紋黑魚尾, 線裝, 楮紙		01-0857

• 槪要

李滉이 三經四書의 의미를 풀이한 『經書釋義』(『三經四書釋義』라고도 함) 중에서 四書에 관한 釋義 부분을 별도로 묶은 책이다.

• 編纂과 刊行

李滉이 四書의 의미를 풀이한 것을 1609년에 그의 문인인 琴應壎(1540~1616) 등이 수정 보완하여 간행한 책이다.

● 著者 및 編者

저자인 李滉(1501~1570)은 경상도 禮安縣 溫溪里 출신으로 자는 景浩이고, 호는 退溪·退陶·陶叟 등이다. 1527년(중종 22) 鄕試에서 진사시와 생원시 초시에 합격하고, 성균관에 들어가 다음 해에 진사 회시에 급제하였다. 1534년 문과에 급제하고 承文院副正字가 되면서 관직에 나갔으며, 1537년 어머니 상을 당하자 향리에서 3년간 복상했고, 1539년 홍문관수찬이 되었다가 곧 임금으로부터 賜暇讀書의 혜택을 받았다. 을사사화 후 병약함을 구실로 모든 관직을 사퇴하였다. 명종이 出仕를 종용하여 외직인 단양군수·풍기군수 등을 역임하였고 중앙관직은 여러 차례 고사하였다. 1560년 陶山書堂을 짓고 7년간 서당에 기거하면서 독서·수양·저술에 전념하는 한편, 많은 제자들을 가르쳤다. 선조가 즉위해서도 벼슬을 내렸지만, 이황은 번번이 사퇴하였다. 하지만 선조의 거듭된 요처에 68세의 노령으로 知經筵의 중임을 맡아 선조에게 「戊辰六條疏」를 올렸고, 필생의 역작 『聖學十圖』를 저술하여 어린 국왕 선조에게 바쳤다. 1569년(선조 2) 이조판서에 임명되었으나 사양하고 환향한 후 학문에 전념하다 다음 해 11월 사망하였다. 문집으로 『퇴계집』이 있고, 그 외 『退溪書節要』·『自省錄』·『朱子書節要』·『理學通錄』·『啓蒙傳疑』·『傳習錄論辨』·『經書釋義』·『心經後論』 등이 있다. 遺墨으로 『退溪筆迹』과 『退陶先生遺帖』도 전한다.

● 版本構成

「詩釋義」(1권), 「書釋義」(1권), 「周易釋義」(2권)으로 이루어져 있다.

● 所藏處

국립중앙도서관, 서울대학교 규장각, 성균관대학교 존경각, 한국국학진흥원 도서관, 계명대학교 동산도서관 등에 소장되어 있다.

(31) 삼국사기(三國史記)

書名	出版事項	版式狀況	一般事項	所藏番號
三國史記	金富軾(高麗) 等撰, [中宗年間]刊	朝鮮木版本, 50卷 9冊, 29.2×21.5cm, 有界, 10行18字, 上下內向黑魚尾, 下版口(混入黑口, 無版心), 楮紙	跋 : 癸酉七月下牒予府公八月…嘉善大夫金居斗跋, 藏書記 : 萬曆元年(1573)八月日玉山書院上, 表題·版心題 : 三國史	01-보-02

● 概要

1145년(인종 23)경에 김부식 등이 고려 인종의 명을 받아 편찬한 삼국시대의 正史이다.

● 編纂과 刊行

초간본이 12세기 중엽(1149~1174)에 간행되었고, 2차 판각은 13세기 후기로 추정되며, 3차 판각은 1394년(태조 3)에 있었다. 4차 판각은 1512년(중종 7)에 있었는데, 이는 李繼福의 발문으로 확인된다. 이 책은 흔히 中宗壬申本, 正德壬申木 또는 정덕본으로 통칭되고 있다. 이 완질본이 옥산서원 소장본이다.

● 著者 및 編者

편찬자인 김부식의 본관은 慶州, 자는 立之, 호는 雷川이다. 고려전기 직한림·추밀원부사·중서시랑평장사 등을 역임하였다. 문집은 20여 권이 되었으나 현전하지 않는다. 그밖에 『三國史記』·『睿宗實錄』·『仁宗實錄』의 편찬을 담당한 기록이 전한다.

● 版本構成

기전체의 역사서로서 본기 28권(고구려 10권, 백제 6권, 신라·통일신라 12권), 지(志) 9권, 표 3권, 열전 10권으로 이루어져 있다.

● 所藏處

국립중앙도서관, 서울대학교 규장각 등에 소장되어 있다.

(32) 삼운성휘(三韻聲彙)

書名	出版事項	版式狀況	一般事項	所藏番號
三韻聲彙	洪啓禧 選, 大邱：嶺營, 己丑	朝鮮木版本, 2卷 2冊, 33×20.5cm, 四周雙邊, 半匡：20.9×15.6cm, 有界, 9行 14字, 上下白口 上下向四瓣花紋黑魚尾, 線裝, 楮紙	序：上之二十七年辛未(1751)孟秋大匡輔國崇祿大夫議政府領議政兼領經筵弘文館藝文館春秋館觀象監事世子師金在魯序 跋：上之二十七年辛未六月朔日…洪啓禧跋, 木記：己丑初春嶺營開板	01-1434 ~1435

● 概要

1751년(영조 27) 洪啓禧가 『三韻通考』·『四聲通解』·『洪武正韻』 등의 운서를 참고로 하여

지은 韻書이다.

• 編纂과 刊行

이 책의 판본은 영조 27년(1751) 신미년에 간행한 芸閣本과 영조 45년(1769) 기축년에 完營
에서 간행한 목판본, 같은 해에 嶺營에서 간행한 목판과 그 후쇄본들이 남아 있다.

• 著者 및 編者

편찬자인 洪啓禧(1703~1771)의 본관은 南陽, 자는 純甫, 호는 澹窩·李縡의 문인이다. 1737
년(영조 13) 별시 문과에 장원급제해 정언이 되고, 北道監賑御史·형조참판·병조판서·경기
도관찰사 등을 역임하였다. 저서로 『三韻聲彙』가 있고, 편저로 『均役事實』·『濬川事實』
·『均役事目變通事宜』·『國朝喪禮補編』·『海東樂章』·『明史綱目』 등이 있다.

• 版本構成

제1책 上卷에는 平聲 16韻, 上聲 16韻, 去聲 17韻이 실려 있다. 제2책 下卷에는 平聲 14韻,
上聲 13韻, 去聲 13韻, 入聲 17韻이 실려 있다.

• 所藏處

국립중앙도서관, 서울대학교 규장각, 한국학중앙연구원 장서각 등에 소장되어 있다.

(33) 상현록(尙賢錄)

書名	出版事項	版式狀況	一般事項	所藏番號
尙賢錄	禹師德 等編	朝鮮木版本, 2卷 1冊, 31.4×21.2cm, 四周雙邊, 半匡 : 20.8×14.8cm, 有界, 10行 20字, 註雙行, 上下白口 上下內向四瓣花紋黑魚尾, 線裝, 楮紙	序 : 戊戌嘉平韓山李象靖序, 跋 : 易大畜緣傳云…辛未正月下弦聞詔金岱鎮敬跋	01-3140

• 槪要

고려말 유학자인 丹巖 禹倬(1263~1342)의 후손인 禹師德과 禹弘澤이 우탁의 글과 이에 관련
된 글들을 모아 편집한 책이다.

● 編纂과 刊行

우탁이 조선시대 성리학에 큰 영향을 미치고 있음에도 불구하고 저술이 거의 전해지지 않음을 안타깝게 여겨 寒暄堂 金宏弼(1454~1504)의 『景賢錄』을 본떠 『尙賢錄』이라 하고 편찬하였다. 卷首에 1778년 大山 李象靖(1711~1781)이 지은 序文과 전체의 目錄이 있어 간행 시기를 짐작할 수 있다.

● 著者 및 編者

편찬자는 禹倬(1263~1342)의 후손인 禹師德과 禹弘澤인데 자세한 관련 정보를 확인하기 어렵다.

● 版本構成

권1에는 「題映湖樓」의 詩 1수, 『高麗史』·『東國通鑑』·『東史列傳』 등에 나오는 우탁과 관련된 기록들을 모아 놓은 「遺事」, 稼亭 李穀(1298~1351)이 지은 詩 3편인 「贈遺諸篇」, 金宗直이 지은 「過禮安有懷禹諫議」 등 여러 유학자들이 지은 詩 9편인 「追感諸篇」이 있다. 권2에는 『退溪集』 등에서 초출해 易東書院의 기록을 모아 놓은 「易東書院事蹟」, 李滉이 지은 「易東書院記」, 趙穆이 지은 「易東書院記實」, 『退溪集』에서 뽑은 「丹巖書院事蹟」, 「龜溪書院事蹟」, 조목이 지은 「易東書院常享祝文」과 이황이 지은 「易東書院奉安文」 등 祝文 10편, 1684년(숙종 10) 역동서원을 賜額하며 致祭하는 글인 「易東書院賜額致祭文」 등 祭文 3편, 李徽逸이 지은 「丹山書院移建上梁文」 등 上樑文 3편, 우탁의 文科 등과 홍패인 「先生登科紅牌」, 「榜目」이 있다. 『尙賢續錄』에는 먼저 전체의 目錄이 있고, 이황이 직접 그린 丹陽禹氏의 「世系圖」, 1600년 金就義가 지은 세계도의 발문이 있다. 「拾遺」에는 「殘月」, 「江行」의 詩 2편과 「遺墨」 1편이 있다. 「遺事」에는 『高麗史』 選擧志 등 7곳에서 초출한 우탁과 관련한 기록이 있고, 金啓光이 지은 「壇壝告由文」 등 祝祭文 6편, 李堣가 지은 「墓碣銘」, 朴道翔이 지은 「墓誌銘」, 李彙載가 지은 「遺墟碑銘」, 1674년 權尙夏가 지은 「丹巖書院請額疏」 등 上疏文 2편과 이에 대한 禮曹의 回啓 1편, 우탁을 文廟에 배향할 것을 청하는 상소문 3편과 이에 대한 회계 2편이 있다. 卷末에는 李家煥이 지은 「墓下碑銘」과 1871년(고종 8) 金岱鎭이 지은 발문이 있다.

● 所藏處

국립중앙도서관, 서울대학교 규장각, 한국학중앙연구원 장서각, 한국국학진흥원 도서관, 계명대학교 동산도서관, 영남대학교 도서관 등에 소장되어 있다.

(34) 서악지(西岳志)

書名	出版事項	版式狀況	一般事項	所藏番號
西岳志	鄭克後 著, [跋 : 壬午(1642)]刊	朝鮮木版本, 1冊, 29.7×21.3cm, 四周雙邊, 半匡 : 19.4×16cm, 有界, 10行 18字, 上下內向四~六瓣花紋黑魚尾	跋 : …崇禎壬午夏四月壬子烏川鄭克後謹識, 印 : 玉山書院(朱印), 藏書記 : 玉山書院上	01-0681

• 槪要

新羅의 三賢인 薛聰, 金庾信, 崔致遠 3인을 奉安하고 있는 西岳書院의 沿革과 이에 관련된 일체 사항을 밝힌 책이다.

• 編纂과 刊行

이 책은 1642년(인조 20)에 처음 발간된 것으로 鄭克後가 스승인 張顯光의 명을 받아 伊洛淵源과 名臣言行錄을 모방하여 편찬한 것이다. 권말에는 저자의 跋文이 있다.

• 著者 및 編者

저자 鄭克後(1577~1658)의 字는 孝翼, 號는 雙峯, 본관은 延日, 高麗名臣 襲明의 후손이다. 張顯光·鄭逑의 문하에서 수학했으며 1634년(인조 12) 學行으로 천거되어 童蒙敎官에 임명되었으나 취임하지 않았고 1636년 宣陵參奉이 되었다. 1643년 大君 師傅가 되었으나 수개월 후 노환으로 사임했다.

• 版本構成

내용은 먼저 西岳의 名稱, 位置, 書院, 創始, 書院齋號, 書院重修, 賜額, 廟中神位, 享祀時日 등 書院에 관련된 일체의 사항을 기술하고, 이어 奉安된 三賢의 事蹟으로 薛聰의 遺事·追封, 金庾信의 遺事·異跡·塋墓·祠廟·追封, 그리고 崔致遠의 桂苑筆耕自序·歲年考·遺事·遺蹟·追封 등 순으로 서술하고 있다. 다음 儒臣論著, 諸賢雜詠이 있다. 이 「諸賢雜詠」은 退溪·龜巖을 비롯하여 鄭宗榮·金誠一 등 당대 巨儒들의 三賢을 찬양하는 詩가 기재되었고 다음 三賢子孫의 行錄과 請額疏略이 있다.

• 所藏處

국립중앙도서관, 서울대학교 규장각, 성균관대학교 존경각 등에 소장되어 있다.

(35) 서전언해(書傳諺解)

書名	出版事項	版式狀況	一般事項	所藏番號
盡傳諺解	宣祖 命撰	朝鮮木版本, 零本 4冊, 34×21.4cm, 四周雙邊, 半匡 : 24.3×16.2cm, 有界, 10行 19字, 註雙行, 上下內向六瓣花紋黑魚尾, 線裝, 楮紙	印 : 驪江後人(朱印), 李氏天遠(朱印), 藏書記 : 獨樂堂家藏, 冊主溪亭宅, 所藏 : 卷1, 2, 3, 5(5卷 5冊 中)	01-0824 ~0827
書傳諺解	宣祖 命撰	朝鮮木活字本, 零本 2冊, 32.2×20.7cm, 四周雙邊, 半匡 : 23.1×15.2cm, 有界, 10行 19字, 上下內向六瓣花紋黑魚尾, 線裝, 楮紙		01-0855 ~0856

• 槪要

『書傳(書經)』 원문에 한글로 音과 吐를 달고 다시 한글로 번역한 책이다.

• 編纂과 刊行

원래 宣祖 연간(선조 18~21)에 校正廳에서 四書三經 등의 경전에 대한 언해가 이루어졌으나 곧바로 간행되지 못하고 원고본으로 유지되었다. 임진왜란으로 인하여 많은 經籍이 소실되자 경전의 印刊 작업이 활발하게 이루어졌는데, 『書傳諺解』도 이때 간행되었다. 그러나 당시에 간행된 初刊本 및 초간본과 동일한 내용을 지닌 覆刻本은 現傳하지 않는다. 이후 19세기까지 여러 가지 판본이 지속적으로 간행되었다. 이들 판본은 모두 정확한 刊年은 미상이며, 내용과 판각 형식에서 조금씩 차이가 있다.

• 著者 및 編者

선조의 명으로 柳希春(1513~1577) 등이 참여한 것으로 전해지지만, 구체적 정보는 확인하기 어렵다.

• 版本構成

전체 구성은 5책 5권으로 이루어져 있다. 권1은 堯典부터 胤征까지, 권2는 湯誓부터 微子까지, 권3은 泰誓부터 康誥까지, 권4는 酒誥부터 蔡仲之命까지, 권5는 多方부터 秦誓까지 수록되어 있다.

• 所藏處

국립중앙도서관, 서울대학교 규장각, 한국학중앙연구원 장서각 등에 소장되어 있다.

(36) 선문철영(選文掇英)

書名	出版事項	版式狀況	一般事項	所藏番號
選文掇英		丙子字體訓練都監字本, 2卷 2冊, 32.1×19.9cm, 四周雙邊, 半匡：22.9×15.2cm, 有界, 10行 20字, 上下內向六瓣花紋黑魚尾, 線裝, 楮紙	印：玉山書院	01-0709 ~0710

● 概要

蕭統의『文選』에서 序, 論, 碑文 등의 산문을 선발하여 엮은 책이다. '選文掇英'은『문선』에서 빼어난 작품을 선발하여 철했다는 뜻이다.

● 編纂과 刊行

2책본과 3책본이 전하는데 간행 연대를 밝힐 序, 跋이 없어 정확한 정보를 확인하기 어렵다.

● 著者 및 編者

편자는 미상이다.

● 版本構成

권1에 陸機의「豪士賦序」부터 李蕭遠의「運命論」까지, 권2에 陸機의「辯亡論上」부터 沈約의「齊故安陸昭王碑文」까지 수록되어 있다.

● 所藏處

국립중앙도서관, 서울대학교 규장각, 한국학중앙연구원 장서각 등에 소장되어 있다.

(37) 성학십도(聖學十圖)

書名	出版事項	版式狀況	一般事項	所藏番號
聖學十圖	李滉 著	朝鮮木版本, 1冊, 37×23.5cm, 四周單邊, 半匡：35×19.2cm, 無界, 無魚尾, 楮紙	表題：心圖, 印：玉山書院	01-0738

● 概要

李滉이 1568년(선조 1)에 새로 즉위한 선조에게 올린 글로서, 군왕이 배우고 지켜야 할 학문의 요체들을 정리한 圖說이다.

● **編纂과 刊行**

초간본은 1744년에 간행된 것으로, 「進聖學十圖箚」와 본문, 그리고 吳道一이 1681년(숙종 7)에 지은 발문 등으로 구성되어 있다. 1755년에 간행된 판본은 『聖學十圖』와 李滉의 또 다른 저술인 『聖賢道學淵源』이 함께 묶여져 있다. 권두에는 1755년에 李喆輔가 지은 「御製 聖學十圖聖賢道學淵源序」에는 두 책이 함께 묶여서 간행된 경위가 기록되어 있다.

● **著者 및 編者**

저자인 李滉(1501~1570)은 경상도 禮安縣 溫溪里 출신으로 자는 景浩이고, 호는 退溪·退陶 ·陶叟 등이다. 1527년(중종 22) 鄕試에서 진사시와 생원시 초시에 합격하고, 성균관에 들어가 다음 해에 진사 회시에 급제하였다. 1534년 문과에 급제하고 承文院副正字가 되면서 관직에 나갔으며, 1537년 어머니 상을 당하자 향리에서 3년간 복상했고, 1539년 홍문관수찬이 되었다가 곧 임금으로부터 賜暇讀書의 혜택을 받았다. 을사사화 후 병약함을 구실로 모든 관직을 사퇴하였다.

명종이 出仕를 종용하여 외직인 단양군수·풍기군수 등을 역임하였고 중앙관직은 여러 차례 고사하였다. 1560년 陶山書堂을 짓고 7년간 서당에 기거하면서 독서·수양·저술에 전념하는 한편, 많은 제자들을 가르쳤다. 선조가 즉위해서도 벼슬을 내렸지만, 이황은 번번이 사퇴하였다. 하지만 선조의 거듭된 요처에 68세의 노령으로 知經筵의 중임을 맡아 선조에게 「戊辰 六條疏」를 올렸고, 필생의 역작 『聖學十圖』를 저술하여 어린 국왕 선조에게 바쳤다. 1569년 (선조 2) 이조판서에 임명되었으나 사양하고 환향한 후 학문에 전념하다 다음 해 11월 사망하였다. 문집으로 『퇴계집』이 있고, 그 외 『退溪書節要』·『自省錄』·『朱子書節要』·『理學 通錄』·『啓蒙傳疑』·『傳習錄論辨』·『經書釋義』·『心經後論』 등이 있다. 遺墨으로 『退溪筆 迹』과 『退陶先生遺帖』도 전한다.

● **版本構成**

전체 구성은 1책으로, 서론의 내용이 담긴 「進聖學十圖箚」에서 시작해 10개의 도식과 그에 대한 해설로 구성되어 있다. 도식은 太極圖·西銘圖·小學圖·大學圖·白鹿洞規圖·心統性 情圖·仁說圖·心學圖·敬齋箴圖·夙興夜寐箴圖 등의 순서로 실려 있다.

● **所藏處**

국립중앙도서관, 서울대학교 규장각, 성균관대학교 존경각 등에 소장되어 있다.

(38) 소학언해(小學諺解)

書名	出版事項	版式狀況	一般事項	所藏番號
小學諺解	宣祖 命撰	朝鮮木版本, 零本 1冊, 30.8×21.3cm, 四周雙邊, 半匡 : 24.4×16.8cm, 有界, 10行 18字, 註雙行, 上下內向六瓣花紋黑魚尾, 線裝, 楮紙	所藏 : 卷5	01-1311
小學諺解	宣祖 命撰, 18世紀末刊	朝鮮木版本, 零本 1冊, 34.8×21.3cm, 四周雙邊, 半匡 : 20.1×16.2cm, 有界, 10行 19字, 上下內向四瓣花紋黑魚尾, 線裝, 楮紙	所藏 : 卷1	01-1310
小學諺解	宣祖 命撰, 17世紀刊	朝鮮木版本(經書字飜刻), 零本 2冊, 31.8×21.8cm, 四周雙邊, 半匡 : 22.2×16.9cm, 有界, 10行 19字, 上下內向六瓣花紋黑魚尾	所藏 : 卷5, 6	01-1316 ~1317
小學諺解	宣祖 命撰	朝鮮木版本, 零本 1冊, 34.1×22.1cm, 四周單邊, 半匡 : 24.3×17cm, 有界, 10行 19字, 上下內向四瓣花紋黑魚尾, 線裝, 楮紙	所藏 : 卷6	01-1318
小學諺解	宣祖 命撰, 18世紀末刊	朝鮮木版本, 零本 1冊, 33.2×21.1cm, 四周雙邊, 半匡 : 20.4×16.4cm, 有界, 10行 19字, 上下白口 上下內向四瓣花紋黑魚尾, 線裝, 楮紙	所藏 : 卷5	01-1423

• 槪要

중국에서 나온 『小學』을 우리나라 사람들이 읽기 쉽게 하기 위하여 한글로 토를 달고 번역한 책이다.

• 編纂과 刊行

宋나라 朱熹(1130~2200)가 1187년에 編著한 『小學書』 또는 『小學』을 언해하여 간행하였는데, 1518년(中宗 13)의 『飜譯小學』(10권 10책), 1586년(宣祖 19)의 『小學諺解』(6권), 1744년(英祖 20)의 『御製小學諺解』가 전한다.

• 著者 및 編者

편찬자는 미상이다.

• 版本構成

권 1, 內篇「立敎」: 교육을 가장 중요한 일로 삼고 교육의 과정, 제도, 목표, 과목, 정신 등을 말하는 한편 전거로는 烈女傳, 禮記, 孟子, 周禮, 管子, 孔子, 樂記, 子夏 등을 인용했다. 흥미로운 것은 이 小學이 胎敎를 가르치는 데서 시작하고 있는 점이다. 권 2, 內篇「明倫」:

교육의 중심이 人倫을 밝히는 데 있음을 말하고 五倫 등을 가르치는 한편 禮記, 儀禮, 詩經, 荀子 등의 구절을 뽑아 五倫의 순서대로 모아 나열했다. 권 3, 내편「敬身」: 군자의 언행과 心思를 삼가게 하는 가르침들을 마음가짐, 몸가짐, 옷차림, 식사 예절의 네 항목에 나누어 丹書, 禮記, 樂記, 管敬仲, 少義, 儀禮, 孟子 등에서 인용했다. 권 4, 內篇「稽古」: 본받을 만한 옛 사람들의 언행을 立敎, 明倫, 敬身, 通論(앞의 셋을 포괄한 것)을 비롯한 50여 명의 것으로 싣고 있다. 권 5, 外篇「嘉言」: 성현들의 교훈집으로서 역시 立敎, 明倫, 敬身이라는 三大 주제에 따라 張橫渠, 楊文公, 程明道 등 30어 명의 귀중한 가르침들이 나열되어 있다. 권 6, 外篇「善行」: 역시 세 주제에 따라 선인들의 훌륭한 행적이 수집되어 있다.

● 所藏處

국립중앙도서관, 서울대학교 규장각, 한국학중앙연구원 장서각 등에 소장되어 있다.

(39) 속대학흑문(續大學或問)

書名	出版事項	版式狀況	一般事項	所藏番號
續大學或問	李彦迪 著	朝鮮木版本, 不分卷 1冊, 31.5× 21.4cm, 四周雙邊, 半匡 : 19.2× 16.4cm, 有界, 10行 18字, 註雙行, 上下白口 上下內向四瓣花紋黑魚尾, 線裝, 楮紙	版心題 : 大學章句補遺, 表題 : 大學章句補遺, 序 : 嘉靖己酉(1549)冬十月甲子驪江李彦迪謹序, 跋 : 稱蒙大荒落處濱巾日後學漢陽趙絅八十歲敬跋	01-2760
續大學或問	李彦迪 著, 親筆	筆寫本, 1冊, 32.5×23.6cm, 無界, 12行 24字, 無魚尾, 線裝, 楮紙	題先王晦濟續大學或問卷首 : 時予御極之十有八年甲寅(1794)春書, 印 : 奎章之實(卷首末失墨), 表題 : 御製題先生正續大學或問, 기타 : 筆寫本(63張), 親筆(12張), 부분 파손	01-보-1

● 槪要

주희(朱熹)의 『대학흑문』의 예에 따라 『대학장구보유(大學章句補遺)』에서 『대학장구』와 序次나 해석을 다르게 한 이유를 문답의 형식으로 풀이한 책이다.

● 編纂과 刊行

초간본은 명종 4년(1549)에 간행되었다. 이후 정조 18년(1794)에 간행된 판본이 전한다.

• 著者 및 編者

저자인 李彦迪은 경상북도 경주 출신으로 본관은 驪江(驪州)이다. 초명은 李迪이었으나 중종의 명으로 彦자를 더하였다. 자는 復古, 호는 晦齋·紫溪翁 등이다. 회재라는 호는 晦菴(朱熹의 호)의 학문을 따른다는 견해를 보여준 것이다. 1514년(중종 9) 문과에 급제하여 이조정랑·사헌부장령·밀양부사를 거쳐 1530년 사간이 되었다. 이때 金安老의 등용을 반대하다가 관직에서 쫓겨나 경주의 자옥산에 들어가서 성리학 연구에 전념하였다. 1537년 김안로 일당이 몰락하자 종부시첨정으로 불려나와 홍문관교리·응교·직제학이 되었고, 전주부윤에 나가 선정을 베풀어 송덕비가 세워졌다. 이때 조정에「一綱十目疏」를 올려 정치의 도리를 논하였다. 이조·예조·형조의 판서를 거쳐 1545년(명종 즉위년) 좌찬성이 되었다. 이때 尹元衡 등이 을사사화를 일으키자 선비들을 심문하는 推官에 임명되었으나 스스로 관직에서 물러났다. 1547년(명종 2) 윤원형 일당이 조작한 良才驛壁書事件에 무고하게 연루되어 강계로 유배되었고, 그 곳에서 많은 저술을 남긴 후 세상을 떠났다. 만년에 유배 생활을 하는 동안『求仁錄』(1550)·『大學章句補遺』(1549)·『中庸九經衍義』(1553)·『奉先雜儀』(1550) 등의 중요한 저술을 남겼다. 문집으로『晦齋集』이 있다. 1569년(선조 2) 宗廟의 明宗 묘정에 배향되었으며, 1610년(광해군 2) 문묘에 종사되었고, 경주의 玉山書院 등에 제향되었다. 시호는 文元이다.

• 版本構成

『대학장구보유(大學章句補遺)』에서 주자의『대학장구』와 서차나 해석을 다르게 한 이유를 6개조의 문답식으로 간명하게 밝힌 것으로, 6개 조항은 첫째, 주희가 정이(程頤)의 뜻을 잘못 이해하여 편장을 바꾸어 놓은 것을 정이의 뜻을 존중하여 바로잡고, 천하의 이치는 무궁하여 성인도 미진한 점이 있으므로 전성(前聖)이 발하지 못한 것을 후현(後賢)이 발함은 당연한 이치라 하였다. 둘째, 청송(聽訟) 이하의 1절은 정현(鄭玄)의 고본(古本)에서는 지어신(止於信) 아래에 있고, 정이는 경문의 끝에 두었으며, 주희는 전4장에 놓았는데, 자신이 다시 경문 끝에 옮겨 놓은 이유를 설명하였다. 셋째, 주희는 격물치지장이 망실되었다고 하였으나 저자는 경문 중에서 2절을 취해 보충한 이유를 들었다. 넷째, 여(慮)자를 사(思)자로 풀이하는 이유를 설명하였다. 다섯째,『우서(虞書)』의 '극명준덕(克明俊德)'을 명명덕·신민으로, '윤집궐중(允執厥中)'을 지지선(止至善)으로 풀이한 정이의 해석을 정미(精微)의 극에 달한 것이라고 하였다. 마지막 여섯째는 인(仁)을 치국평천하의 근본이라 하는 이유를 밝히고, 또 그것을 강조하였다.

• 所藏處

국립중앙도서관, 서울대학교 규장각, 한국학중앙연구원 장서각 등에 소장되어 있다.

(40) 속몽구분주(續蒙求分註)

書名	出版事項	版式狀況	一般事項	所藏番號
續蒙求分註	柳希春 著	朝鮮木版本, 4卷 4冊, 34.1×21.5cm, 四周單邊, 半匡 : 25.2×17.3cm, 有界, 10行 20字, 註雙行, 大黑口 上下內向黑魚尾, 線裝, 楮紙	表題 : 續蒙求, 題 : 萬曆乙亥三月甲子柳希春書于滿都客舍, 跋 : 隆慶李年李大伸謹跋, 卷末(刊行諸員名單) : 嘉義大夫慶尙道觀察使兼兵馬水軍節度使朴啓賢, 校正門人…李森, 書寫 軍官…朴道生, 徐應畢, 裵錦, 裵吉祥, 刻手僧 熙允, 三峻, 信岑, 守玄…熙緝…, 藏書記 : 玉山書院上	01-2795 ~2798

- 概要

柳希春이 1575년 『蒙求』와 동일한 체제로 조선의 문헌을 보태어 새로 만든 책이다.

- 編纂과 刊行

선조 1년(1568) 合浦에서 初刊되었고, 선조 5년(1572) 星州 改訂版, 선조 6년(1573) 星州 三刊本, 선조 7년(1574) 四刊本, 선조 9년(1576) 五刊本이 간행되었다. 星州 改訂版은 새로 판각한 것이 아니고 合浦版의 수정부분만 埋木으로 대치시킨 것이며, 이후의 수정본도 모두 수정부분만 埋木이나 해당 판목만 새로 版刻하여 代替시킨 것이다.

- 著者 및 編者

원저자인 유희춘의 자는 仁仲이고, 호는 眉巖이며, 본관은 善山이다. 崔山斗와 金安國의 문인이다. 中宗 33년(1538) 문과에 급제하고 중종 39년(1544) 賜暇讀書한 후 修撰, 正言 등을 지냈다. 明宗 2년(1547)에 良才驛壁書事件에 연루되어 濟州에 안치된 후 이듬해 2월 鍾城으로 移配되어 17년을 보낸 뒤 恩津으로 다시 이배되었다가 宣祖 원년(1568) 6월에 풀려나와 直講으로 知製敎를 겸임하였고, 선조초에 大司成, 副提學, 全羅道觀察使, 大司諫 등을 지내고, 선조 8년(1575) 吏曹參判으로 재직 중 사직하고 낙향하였다. 經史에 밝고 성리학에 조예가 깊었으며 저서에 『眉巖日記』와 『眉巖集』이 있다.

- 版本構成

권수에 범례·참고 문헌 및 인명 색인·목록 등이 있고, 이어 권1~4에 도합 592句의 본문과 각주로 구성되어 있다.

- 所藏處

국립중앙도서관, 서울대학교 규장각, 한국학중앙연구원 장서각 등에 소장되어 있다.

(41) 송계원명리학통록(宋季元明理學通錄)

書名	出版事項	版式狀況	一般事項	所藏番號
宋季元明理學通錄	李滉 撰	朝鮮木版本, 零本 5冊, 31.3×21.5cm, 四周雙邊, 半匡 : 23.7×17.8cm, 有界, 13行 22字, 註雙行, 上下內向四瓣花紋黑魚尾, 黑口, 楮紙	版心題 : 通錄, 印 : 玉山書院(朱印), 所藏 : 卷1~2, 3~4, 5~6, 7~8, 9~11	01-1320 ~1324
宋季元明理學通錄	李滉 撰	朝鮮木版本, 零本 6冊, 32.2×21.6cm, 四周雙邊, 半匡 : 23.9×18cm, 有界, 12行 22字, 上下內向黑魚尾, 線裝, 楮紙	序 : 萬曆丙子夏…趙穆, 所藏 : 1~11, 外集 卷1(全 12卷 6冊 中)	01-1038 ~1013

● 槪要

李滉이 朱熹를 비롯한 宋末·元·明諸子들의 略傳을 간추려 정리한 책이다.

● 編纂과 刊行

退溪의 제자인 趙穆이 1576년에 쓴 跋文에 의하면 원래 송·원 부분은 이미 退溪 생존 시에 완성되어 序文까지 갖추어져 있었으나 외집이 탈고되지 못했기 때문에 간행되지 못하였던 것을 退溪 사후 문인들이 강론의 여가에 質疑한 것 중에서 뽑아 한곳에 모으고 다음 해부터 傳錄하기 시작하여 死後 5年에(1575년 乙亥) 안동에서 刊刻을 시작, 이듬해 조목의 跋文을 붙여 간행하였다.

● 著者 및 編者

원편자인 李滉(1501~1570)은 경상도 禮安縣 溫溪里 출신으로 자는 景浩이고, 호는 退溪·退陶·陶叟 등이다. 1527년(중종 22) 鄕試에서 진사시와 생원시 초시에 합격하고, 성균관에 들어가 다음 해에 진사 회시에 급제하였다. 1534년 문과에 급제하고 承文院副正字가 되면서 관직에 나갔으며, 1537년 모친상을 당하자 향리에서 3년간 복상했고, 1539년 홍문관수찬이 되었다가 곧 임금으로부터 賜暇讀書의 혜택을 받았다. 을사사화 후 병약함을 구실로 모든 관직을 사퇴하였다. 명종이 出仕를 종용하여 외직인 단양군수·풍기군수 등을 역임하였고 중앙관직은 여러 차례 고사하였다. 1560년 陶山書堂을 짓고 7년간 서당에 기거하면서 독서·수양·저술에 전념하는 한편, 많은 제자들을 가르쳤다. 선조가 즉위해서도 벼슬을 내렸지만, 이황은 번번이 사퇴하였다. 하지만 선조의 거듭된 요처에 68세의 노령으로 知經筵의 중임을 맡아 선조에게 「戊辰六條疏」를 올렸고, 필생의 역작 『聖學十圖』를 저술하여 어린 국왕 선조에게 바쳤다. 1569년(선조 2) 이조판서에 임명되었으나 사양하고 환향한 후 학문에 전념하다 다음 해 11월 사망하였다. 문집으로 『퇴계집』이 있고, 그 외 『退溪書節要』·『自省錄』

·『朱子書節要』·『理學通錄』·『啓蒙傳疑』·『傳習錄論辨』·『經書釋義』·『心經後論』 등이
있다. 遺墨으로 『退溪筆迹』과 『退陶先生遺帖』도 전한다.

• 版本構成

전12권 중 卷首에 목록과 附, 小敍, 趙穆(1524~1606)의 跋이 있고, 朱熹를 비롯하여 宋末
주희의 門人諸子의 언행록을 前 8권에 수록, 8권에는 張南軒의 문인이 合載되었으며 9권에
는 私淑諸子를 수록하였다. 10권과 11권에는 각각 元의 諸子와 明의 諸子를 기록하였으며
마지막 권은 外集이라 이름하여 송말의 諸子를 수록하였다.

• 所藏處

국립중앙도서관, 서울대학교 규장각, 계명대학교 동산도서관, 영남대학교 도서관 등에 소장
되어 있다.

(42) 송암선생실기(松庵先生實紀)

書名	出版事項	版式狀況	一般事項	所藏番號
松庵先生實紀	崔載億 編	朝鮮木版本, 2卷 1冊, 34.6×22.1cm, 四周雙邊, 半匡 : 22.4×16.6cm, 有界, 10行 20字, 註雙行, 上下白口 上下內向四瓣花紋黑魚尾, 線裝, 楮紙	表題 : 松庵實紀, 序 : ①崇禎三甲午(1774)臘月下浣知顯淸風金守默謹識 ②崇禎三乙巳(1785)臘月下浣知顯金海金重, 跋 : 右松庵先生實紀…月城崔興璧謹識, 被傳者 : 金沔, 所藏 : 卷1~4	01-3358 ~3359

• 槪要

임진왜란 때 경상도 高靈, 居昌 지역에서 의병장으로 활약한 金沔(1541~1593)의 遺稿와 사
적을 모은 책이다.

• 編纂과 刊行

본 책의 처음에 김해현감 金重祚가 1785년 쓴 「序」, 고령 김씨 시조인 金宜부터 김면에 이르
는 「松庵先生之世系圖」가 있고, 책 끝에 방계 후손 金尙普가 1786년 정월에 쓴 「跋」이 있어
간행시기를 짐작할 수 있다.

• 著者 및 編者

被傳者인 김면의 본관은 高靈, 자는 志海, 호는 松庵으로 南冥 曺植을 사사하고 寒岡 鄭逑 등과 교류였다. 孝廉과 學行으로 천거되어 參奉과 공조좌랑에 제수되었으나 나가지 않았고, 다시 공조 좌랑에 배해지자 사직하다가 謝恩만 하고 돌아갔다. 임진왜란이 일어나자 1592년 5월 趙宗道, 郭䞭, 文緯 등과 거창, 고령 지역에서 의병을 일으켜 경상도의 북쪽 지역을 왜적 으로부터 지키는 데 큰 공을 세웠다. 이에 조정에서는 1592년 6월 김면을 합천군수로 삼았고, 9월에는 掌樂院 正, 僉知中樞府事로 올리고 10월에는 義兵大將의 호를 주어 경상도 의병을 통솔하게 하였다. 선조는 그의 공을 높이 평가하여 불러 侍衛하도록 하였으나, 그로 인해 경상도 의병들의 사기가 저하되는 등의 문제가 발생하자 金誠一이 狀啓를 올려 그만두도록 하였다. 1593년 정월 우도병마절도사에 제수되었고 3월 11일 陣中에서 병사하였다. 1607년 宣武原從公臣에 녹훈되고 이조판서에 추증되었다.

• 版本構成

본문은 3권으로 上卷은 김면의 「遺稿」, 中卷은 김면에 대한 타인의 기록을 모은 「事跡」, 下 卷은 「教書」와 「祭文」, 「行狀」 등을 모은 「附錄」으로 이루어졌다. 상권 「遺稿」에 있는 詩 20여 수에는 鄭逑와 관련된 것, 梅·松 등 초목을 노래한 것이 있고, 書에는 감사 金睟와 갈등을 일으키던 의병장 郭再祐를 진정시키기 위해 보낸 「與郭忘憂再祐書」, 당시 경상도 초유사인 金誠一에게 군정을 보고하기 위해 보낸 「上金鶴峰誠一書」 3편, 文에는 전라도 감 사에게 軍粮의 원조를 청하는 「移湖南伯文」과 의병장으로 활동할 당시 先山을 지나면서 왜 란으로 祭需를 준비하지 못하게 된 사실을 고한 「告先墓文」이 있다. 중권 「事跡」에는 의병 장으로서의 활동상을 보여주는 家藏인 「壬癸日記」와 김면 휘하에서 활동한 文緯의 「茅溪手 記」에 『茅溪日記』와 『龍蛇日記』 중 김면과 관계된 부분을 발췌한 부분을 덧붙이고, 補遺로 鄭逑의 「遊山日錄」, 유성룡의 『懲毖錄』, 곽재우의 『龍蛇別錄』 등과 김면과 함께 활동한 郭 䞭등의 글과 「傳記」, 「墓誌文」, 「祭文」 등에서 김면을 언급한 부분을 인용 수록하였다. 하권 「附錄」에는 김면이 의병장으로 활동한 이후 합천 군수를 비롯한 각 관직에 제수되는 「教書」 와 「諭書」가 4편, 金誠一의 장계 중 김면과 관계된 부분을 발췌한 것이 4편, 김면 사후 선조 가 내린 「賜祭文」을 비롯한 「祭文」이 4편, 「弔亡詩」, 「家狀」, 尹宣擧가 찬한 「行狀」, 1714년 시호를 내릴 때의 「諡狀」과 고령 道巖祠에 배향된 것과 관련된 글이 실려 있다.

• 所藏處

국립중앙도서관, 서울대학교 규장각, 성균관대학교 존경각, 한국국학진흥원 도서관 등에 소 장되어 있다.

(43) 송오선생실기(松塢先生實紀)

書名	出版事項	版式狀況	一般事項	所藏番號
松塢先生實紀	李寅龍 編, [跋 : 1814]刊	朝鮮木版本, 3卷 2冊, 31.7×21.3cm, 四周雙邊, 半匡 : 19×14.2cm, 有界, 10行 17字, 註雙行, 上下白口 上下內向四瓣花紋黑魚尾, 線裝, 楮紙	序 : …鄭宗魯序, 序 : …李益運序, 跋 : 經筵侍讀官春秋館記事官驪江李鼎秉謹識, 被傳者 : 李軫	01-2474 ~2475

• 槪要

　朝鮮中期의 文臣 李軫(1536~1610)의 實記이다.

• 編纂과 刊行

　후손 李寅龍 등이 1814年(純祖 14)에 간행한 3卷 2冊의 木版本이다.

• 著者 및 編者

　이진은 字가 君任이고, 號가 松塢이며, 本貫은 延安이다. 동생인 南溪 李輔와 함께 經學과 孝友로 이름이 높았으며, 여러 고을의 수령을 역임했다. 壬辰倭亂 때는 여러 차례 공을 세운 기록이 전한다.

• 版本構成

　卷頭에는 1813년에 編者 李寅龍이 작성한 「年譜」가 수록되어 있으며, 卷1에는 詩 10題 12首, 書 1편, 祭文 6편, 行狀 1편의 遺文이 실려 있다.

• 所藏處

　국립중앙도서관, 서울대학교 규장각, 안동대학교 도서관 등에 소장되어 있다.

(44) 시경언해(詩經諺解)

書名	出版事項	版式狀況	一般事項	所藏番號
詩經諺解	宣祖 命撰, 18世紀刊	朝鮮木版本, 零本 2冊, 32.4× 21.4cm, 四周單邊, 半匡 : 23.3× 15.9cm, 有界, 10行 19字, 上下內向四瓣花紋黑魚尾, 線裝, 楮紙	所藏 : 卷1~6	01-0644 ~0645

詩經諺解	宣祖 命撰, 17世紀刊	朝鮮木版本, 零本 4冊, 31.2×20.5cm, 四周單邊, 半匡 : 23.2×16cm, 有界, 10行 20字, 上下內向黑魚尾, 線裝, 楮紙	表題 : 詩傳, 藏書記 : 玉山院上, 玉山書院書, 所藏 : 卷1~3, 7~9, 13~15, 19~20	01-0646 ~0649
詩經諺解	宣祖 命撰	朝鮮木版本, 零本 7冊, 30.6×21.2cm, 四周單邊, 半匡 : 24.2×16.6cm, 有界, 10行 19字, 上下內向魚尾不定, 楮紙	所藏 : 卷4~6, 8~9, 10~20	01-0901 ~0907
詩經諺解	宣祖 命撰, 17世紀刊	朝鮮木版本, 零本 6冊, 32×21cm, 四周雙邊, 半匡 : 21.7×15.5cm, 有界, 10行 19字, 註雙行, 上下白口 上下內向六瓣花紋黑魚尾, 線裝, 楮紙	藏書記 : 玉山書院(墨書), 玉山書院詩傳卷(墨書), 所藏 : 卷4~6, 7~9, 10~12, 13~15, 16~18, 19~20	01-1998 ~2004

• 槪要

『詩經』 원문에 音과 吐를 달고 한글로 번역한 책이다.

• 編纂과 刊行

『시경』을 비롯한 경서의 언해는 宣祖 연간(선조 18~21)에 校正廳에서 이루어졌지만 곧바로 간행되지 못하고 원고본으로 남아 있다가, 임진왜란 이후 소실된 經籍의 재간행 작업이 추진되면서 언해본 경서들도 함께 간행되었다. 『시경언해』는 광해군 연간에 처음 간행된 이래로 19세기까지 간격을 두고 여러 판본들이 지속적으로 간행되었다. 20권 7책으로 구성되어 있는데, 「詩傳大全圖」·「詩傳序」 등의 권두 부분은 생략되었고, 권1의 「周南」부터 바로 시작되고 있다. 『시경』의 經文을 먼저 쓰고 이어 각 글자마다 아래에 한자음을 달았으며 口訣도 언문으로 기록하였다. 그리고 행을 바꾸어 한 칸을 내려서 해당 경문에 대한 언문 번역문을 기록하였다.

• 著者 및 編者

편자는 미상이다.

• 版本構成

전체 내용 구성은 『詩經』과 같다. 제1책(권1~3) : 「周南」~「衛風」, 제2책(권4~6) : 「王風」~「秦風」, 제3책(권7~9) : 「陳風」~「白華之什」, 제4책(권10~12) : 「彤弓之什」~「小旻之什」, 제5책(권13~16) : 「北山之什」~「文王之什」, 제6책(권17~18) : 「生民之什」~「蕩之什」, 제7책(권19~20) : 「周頌」~「商頌」 등이다.

• 所藏處

　국립중앙도서관, 서울대학교 규장각, 한국학중앙연구원 장서각 등에 소장되어 있다.

(45) 신당선생실기(新堂先生實紀)

書名	出版事項	版式狀況	一般事項	所藏番號
新堂先生實紀	鄭洪 編	朝鮮木版本, 1冊, 31.2×21.8cm, 四周雙邊, 半匡 : 19.3×16cm, 有界, 10行 18字, 註雙行, 上下白口 上下內向四瓣花紋黑魚尾, 線裝, 楮紙	表題 : 新堂實紀, 序 : 歲戊子三月上澣…晉陽鄭宗魯序, 跋 : 庚子三月下澣後學孫洪謹書, 被傳者 : 鄭鵬	01-3177

• 槪要

　朝鮮中期의 文臣 鄭鵬(1469~1512)의 實記이다.

• 編纂과 刊行

　발문에 근거하면 光武 4년(1900)에 1冊 62張의 木版本으로 간행된 것으로 보인다.

• 著者 및 編者

　被傳者인 鄭鵬의 本貫은 海州이고, 字는 雲程이며, 號는 新堂이다. 金宏弼의 제자로서 性理學에 조예가 있었으며, 校理·靑松府使 등을 지냈다. 甲子士禍 때에는 盈德에 유배되기도 하였다. 善山의 金烏書院, 開寧의 德林書院에 배향되었다.

• 版本構成

　「序文」(鄭宗魯 撰), 「目錄」에 이어, 본문은 「拾遺」와 「附錄」으로 나뉘어 있다. 「拾遺」에는 詩로 「送二樂堂主人申溉之歸湖南」, 「在謫所別友人」(2수), 「別宋廣文」, 「自詠」(逸句)이 있고, 書로는 「答成昌山君希顔書」, 圖로는 「案上圖」가 있다. 附錄에는 「道統相承次第 圖」, 「事實」, 「行狀」(權萬 撰) 등이 수록되어 있다,

• 所藏處

　국립중앙도서관, 서울대학교 규장각, 한국학중앙연구원 장서각 등에 소장되어 있다.

(46) 신편휘어(新編彙語)

書名	出版事項	版式狀況	一般事項	所藏番號
新編彙語	金揖 編	朝鮮木版本, 59卷 16冊, 25.3×19.6cm, 四周單邊, 半匡：20.3×16cm, 有界, 9行 18字, 註雙行, 上下內向四瓣花紋黑魚尾, 線裝, 楮紙	表題·版心題：彙語	01-0979 ~0994
新編彙語	金揖 編	朝鮮木版本, 59卷 22冊, 26.1×18.7cm, 四周雙邊, 半匡：19.1×14.8m, 有界, 9行 18字, 註雙行, 上下白口 上下內向四瓣花紋黑魚尾, 線裝, 楮紙	所藏：卷1~59, 目錄	01-2828 ~2849

• 槪要

조선 인조대에 金揖(1585~?)이 편찬한 백과사전류의 어휘집이다.

• 編纂과 刊行

중국의 『玉海』를 모방하여 만든 것으로 59권 11책의 거질이며 전체 2,819 항목으로 되어 있다. 편집 방식은 儒家類, 史家類, 詞家類, 兵家類, 雜家類 등 총 119종의 전적에서 관련 내용을 뽑아 분류해 넣는 방식이다. 간행 시기는 미상이다.

• 著者 및 編者

편자인 金揖의 字는 記仲, 號는 秋潭·訓齋, 본관은 光山으로 광해군대 등과하여 正言·牧使 등의 관직을 지내다 호란 후 鄕里에 퇴거하여 학문에 전심하였다.

• 版本構成

책머리에 凡例, 鈔入群書名, 目錄이 실려 있는데, '鈔入群書名'은 인용된 서명을 소개한 것이다. 본문은 乾道門, 坤道門, 萬物門, 人倫門, 儒道門, 君道門, 臣道部, 天官門, 地官門, 春官門, 四禮門, 夏官門, 秋官門, 冬官門, 日用門, 人事門, 服食門 등으로 구분하였으며, 그 아래 3천여의 小類目을 달고 있다.

• 所藏處

국립중앙도서관, 서울대학교 규장각, 성균관대학교 존경각 등에 소장되어 있다.

(47) 쌍절록(雙節錄)

書名	出版事項	版式狀況	一般事項	所藏番號
雙節錄	金養善 著	朝鮮木版本, 2卷 1冊, 30.2×19cm, 四周雙邊, 半匡 : 18.2×14.5cm, 有界, 10行 18字, 註雙行, 上下白口 上下內向四瓣花紋黑魚尾, 駵裝, 楮紙	跋 : 忠介公白巖先生… 今上三年(1803)癸亥八月下澣將仕郎前行童蒙教官眞城李禎國謹書	01-1990
雙節錄	金養善 著	朝鮮木版本, 2卷 1冊, 30.5×19.3cm, 四周雙邊, 半匡 : 19.2×15.4cm, 有界, 10行 18字, 註雙行, 上下白口 上下內向黑魚尾, 線裝, 楮紙	跋 : 今上三年癸亥八月下澣將仕郎前行童蒙教官宣城李禎國謹跋	01-2208

● 概要

高麗末의 文臣으로서 高麗가 망하자 벼슬을 버리고 中國과 海島에 隱居한 忠臣 金濟와 金澍 형제의 遺文 약간과 遺事들을 모아 놓은 책이다.

● 編纂과 刊行

후손 金養善이 1803년(純祖 3)에 수집, 간행했다. 卷末에 李禎國의 跋文(1803년)이 있다.

● 著者 및 編者

被傳者인 金濟의 號는 白巖으로 澍의 형이다. 平海郡守로 있을 때 高麗가 망하자 배를 타고 海島로 들어가 詩를 벗하면서 여생을 보냈다. 朝鮮 正祖 때 바다에 壇을 세워 招魂祭가 거행되고 아우 澍와 함께 安東의 孤竹書院에 祭享되었다. 諡號는 忠介. 金澍의 字는 澤夫, 號는 籠巖이며 善山人으로 禮儀判書 元老의 아들이다. 禮儀判書로 있을 때 聖節使로 明나라에 갔다가 1392년 돌아오던 도중 鴨綠江에 이르러 高麗가 망했다는 소식을 듣고 부인에게 「忠臣不事二君」이라는 내용의 편지와 함께 朝服 및 신발을 보낸 후 다시 압록강을 건너 中國으로 들어가 荊楚에서 여생을 마쳤다. 明나라 황제는 그의 소식을 듣고 그에게 禮部尙書의 벼슬을 내렸으나 받지 않자 尙書의 祿을 내렸다. 諡號는 忠貞이다.

● 版本構成

卷首에 目錄과 恩誥 5수(傳敎, 筵敎, 筵奏), 御製來格廟賜祭文, 御製海上賜祭文 등이 수록되었고, 권1에 遺稿 4수(詩 3수 寄夫人柳氏書 1수)와 諡狀, 贈諡敎旨, 白巖·籠巖先生奉安文, 白巖, 籠巖先生常享祝文, 海壇歲祀常享祝文, 忠介公遺狀 등, 권2에 雙節記, 雙節祠上樑文, 孤竹書院講堂上樑文, 海上遺詩後敍, 踏海詩跋, 月巖記蹟, 宋判書答忠介公本孫書 등이 수록되어 있다.

• 所藏處

국립중앙도서관, 서울대학교 규장각, 한국학중앙연구원 장서각 등에 소장되어 있다.

(48) 양파선생실기(陽坡先生實紀)

書名	出版事項	版式狀況	一般事項	所藏番號
陽坡先生實紀	洪字正 編, [序：純祖 4年(1804)]	朝鮮木版本, 4卷 2冊, 31.7×20.6cm, 四周雙邊, 半匡：21.4×15.5cm, 有界, 10行 20字, 上下白口 上下內向四瓣花紋黑魚尾, 線裝, 楮紙	表題：陽坡實紀, 序：上之四年甲子春分節…豊山柳熀謹序, 跋：歲舍甲子三月下澣後學鶴州新體仁壽跋, 重刊跋：我家祖先在…孫秉喆又書, 後跋：聖上五年六月下浣延城後人李祉永謹識, 識：歲舍丙申二月下浣五代孫宇正謹識, 被傳者：洪彦博	01-3275~3276

• 槪要

고려말의 학자이자 정치가인 洪彦博(1309~1363)의 행적을 정리하고 그가 남긴 詩文을 수록한 책이다.

• 編纂과 刊行

홍씨 집안의 舊族譜의 기록에 따르면 본래 홍언박의 문집이 있었으나 그의 사후 散逸되어 내용이 전해지지 못하다가 1804년(순조 4) 후손 奭이 여러 史乘과 個人文集 등에 흩어진 그의 유고를 모아 實紀를 편찬하였고, 이것을 바탕으로 1811년 傍孫 秉喆이 「年譜」, 「行狀」 등을 추가하여 다시 간행했다.

• 著者 및 編者

被傳者은 洪彦博은 字가 仲容, 號가 陽坡, 본관은 南陽으로서 僉議中贊을 지낸 戎의 아들이다. 1323년 國子試에 합격하여 進士가 되고 1330년 文科 乙科에 2등으로 합격하여 관직에 나아갔다. 이후 密直提學·政房提調 등을 역임하고 1352년 사신으로 元에 다녀왔다. 1353년 知貢擧로서 과거를 주관하여 李穡 등을 선발하였고 1356년 門下侍中에, 1359년에는 端誠亮節輔理安社功臣에 책봉되었다. 공민왕의 개혁정치에 동참하여 친원파 奇轍 등이 마구 奪占했던 民田을 반환하는 데 노력했고 紅巾賊의 침입에 대비한 사수대책 마련을 강조했다. 1361년 홍건적의 침입 시에는 大駕를 호종하여 南行하였고 왕이 홍건적을 피하여 강화로 천도하려는 계획에 결사반대하였다. 특히 대가 호종 시에 민생을 피폐시키는 무절제한 收取를 중단할 것을 강력히 요청하는 등 安民策 마련에 진력했다. 1363년 金鏞 등이 일으킨 이른

바 '興王寺亂' 때 피살되었다. 사후에 文正이란 시호가 내려졌고 1786년(정조 10년) 영남 유생들의 강력한 요청에 의해 軍威 良川社에 從享되었다.

• 版本構成

본서의 권1에는 각각 「先系」, 「後昆」이란 제목으로 홍언박의 先祖와 後孫들의 계보를 정리하였다. 권2에는 「逸稿」란 제목으로 홍씨의 『家乘』과 『東文選』·『輿地勝覽』 등에 흩어져 있는 그의 詩들을 모아 수록했다. 특히 「逸稿」에서는 '우리 동방의 文章은 李穡으로서 鼻祖를 삼지만 실제 그 淵源을 캐 보면 홍언박에게 연결된다.'라고 하여 그의 문장을 높이 평가하고 있다. 「考實」 항목에서는 『高麗史』·『東國通鑑』·『麗史提綱』·『東文選』·『牧隱集』·『三峰集』 등의 사서와 문집을 이용하여 그의 행적을 복원했는데 그의 과거급제, 관직제수, 홍건적 침입 시의 행적, 홍왕사난의 전말 등이 주요 내용을 이룬다. 권3에서는 「撰述 上」의 제목으로 『高麗史』의 本傳, 『陽村集』에 수록된 「東賢史略」, 『麗史提綱』의 「義烈傳」 등을 이용하여 그의 일생과 행적을 다시 정리하고 그 밖에 李光庭이 찬한 「良川社奉安文」, 그의 제문인 「常享祝文」 등을 수록했다. 권4에는 「撰述 下」의 제목으로 그의 출생 시부터 사망 시까지의 상세한 年譜를 정리하였다.

• 所藏處

국립중앙도서관, 서울대학교 규장각, 성균관대학교 존경각 등에 소장되어 있다.

(49) 어정규장전운(御定奎章全韻)

書名	出版事項	版式狀況	一般事項	所藏番號
御定奎章全韻	正祖命 編, [內賜記 : 正祖20年(1796)] 刊	朝鮮木版本, 上下卷 1冊, 31.2×20.6cm, 四周雙邊, 半匡 : 21.6×15.6cm, 有界, 10行 18字, 上下向白魚尾, 線裝, 楮紙	卷首 : 御定奎章全韻義例 : 有新定玉篇以生生字整理字印送, 內賜記 : 上之二十年丙辰八月日內賜慶尙道慶州府玉山書院御定新印奎章全韻一件直提學臣李(手決)	01-0001

• 槪要

정조의 명에 의해 李德懋 등이 편찬한 한자 韻書이다.

• 編纂과 刊行

이덕무가 1792년(정조 16)까지 주로 편찬하고, 尹行恁, 徐榮輔, 南公轍, 李書九, 李家煥, 成

大中, 柳得恭, 朴齊家 등이 교정한 다음 1796년(정조 20)에 간행하였고, 그 뒤 坊刻本으로 많이 印行되었다.

• 著者 및 編者

대표 편자인 이덕무 외에 尹行恁, 徐榮輔, 南公轍, 李書九, 李家煥, 成大中, 柳得恭, 朴齊家 등이 교정에 참여하였다.

• 版本構成

구성은 「御定奎章全韻義例」, 「御定奎章全韻部目」 및 본문 내용으로 되어 있다. 106韻系의 운서로서 原 10,964字, 增 2,102字, 叶 279字로 총 13,345字가 수록되어 있다.

• 所藏處

국립중앙도서관, 서울대학교 규장각, 한국학중앙연구원 장서각 등에 소장되어 있다.

(50) 여헌선생성리설(旅軒先生性理說)

書名	出版事項	版式狀況	一般事項	所藏番號
旅軒先生性理說	張顯光 著	朝鮮木版本, 2卷 1冊, 34×22.3cm, 四周雙邊, 半匡: 23.5×19cm, 有界, 11行 22字, 上下白口 上下內向六瓣花紋黑魚尾, 線裝, 楮紙	版心題: 性理說	01-1802
旅軒先生性理說	張顯光 著	朝鮮木版本, 零本 5冊, 33×22.5cm, 四周雙邊, 半匡: 22.2×17.5cm, 有界, 11行 22字, 註雙行, 上下白口 上下內向四瓣花紋黑魚尾, 線裝, 楮紙	表題: 性理說 所藏: 卷3~8	01-3263 ~3264

• 槪要

張顯光(1554~1637)의 저술 중에서 성리학에 관한 이론을 모아 엮은 책이다.

• 編纂과 刊行

序·跋 등이 없어 편집 및 간행 주체와 연대를 모두 알 수 없다.

• 著者 및 編者

저자인 장현광은 경상북도 인동 출신으로, 본관은 仁同, 자는 德晦, 호는 旅軒이다. 일생을 학문과 교육에 종사했고 정치에 뜻을 두지 않았다. 그의 사상은 명나라의 羅欽順과 李珥의 이기심성론에 크게 영향을 받은 것으로 남인 계열의 학자들 중에서 독창적인 학설이다. 저서로 문집인 『여헌집』과 『性理說』·『易學圖說』·『龍蛇日記』 등이 전한다. 1655년(효종 6) 의정부좌찬성, 1657년 영의정이 추증되었다. 시호는 文康이다.

• 版本構成

전체 구성은 제1책에 卷之一 「圖書發揮篇題」·「申增」·「圖書總數說」, 卷之二 「易卦總說」, 제2책에 卷之三 「太極說」·「諸說會通」·「太極說附錄」, 제3책에 卷之四 「經緯說」 論經緯可以喩理氣 2, 論理氣爲經緯 3, 論最上經緯 4, 論天地經緯 5, 論在人經緯 6, 申論理氣經緯 7, 歷引經傳, 제4책에 卷之五 總論 卷之六 9, 經緯排說帖序 10, 經緯合一排說之帖 11, 「性情爲經緯排說之帖」, 제5책에 卷之七 「晩學要會」 易簡篇 2, 近思篇 「身維則·心惟誠·性惟善·情惟正·道惟中 등」 3, 分合篇 「理氣分合·天地分合·陰陽分合·陰陽五行分合 등」, 제6책에 卷之八 「宇宙說」 右論理氣體用無窮之妙 2, 「右論品彙互備之理」·「附答童問」 등으로 되어 있다.

• 所藏處

국립중앙도서관, 서울대학교 규장각, 한국학중앙연구원 장서각 등에 소장되어 있다.

(51) 역학도설(易學圖說)

書名	出版事項	版式狀況	一般事項	所藏番號
易學圖說	장현광 著	筆寫本, 圖, 9冊, 41.7×29.6cm, 15行 34字, 線裝, 楮紙	藏書記 : 玉山書院上	01-0263 ~0272

• 槪要

易學에 관한 各種의 圖說을 網羅하여 엮은 책이다.

• 編纂과 刊行

著者인 장현광의 사후 8년 뒤인 1645년(仁祖 23)에 慶尙監司 林墰이 9권 9책의 목판본으로 간행하였다.

• 著者 및 編者

저자인 장현광은 경상북도 인동 출신으로, 본관은 仁同, 자는 德晦, 호는 旅軒이다. 일생을
학문과 교육에 종사했고 정치에 뜻을 두지 않았다. 그의 사상은 명나라의 羅欽順과 李珥의
이기심성론에 크게 영향을 받은 것으로 남인 계열의 학자들 중에서 독창적인 학설이다. 저서
로 문집인『여헌집』과『性理說』·『易學圖說』·『龍蛇日記』등이 전한다. 1655년(효종 6) 의
정부좌찬성, 1657년 영의정이 추증되었다. 시호는 文康이다.

• 版本構成

전체 내용은 제1책 : 易學圖說序, 권1「總括」, 제2책 : 권2「本原」, 제3책 : 권3「巧著」, 제4
책 : 권4「體用上」, 제5책 : 권5「體用下」, 제6책 : 권6「類究」, 제7책 : 권7「祖述」, 제8책 : 권
8「旁行」, 제9책 : 권9「末窺」, 跋文으로 구성되어 있다.

• 所藏處

국립중앙도서관, 서울대학교 규장각, 성균관대학교 존경각 등에 소장되어 있다.

(52) 오경백편(五經百篇)

書名	出版事項	版式狀況	一般事項	所藏番號
五經百篇	正祖 命編, [內賜記 : 正祖 22年(1798)]印	朝鮮木版本, 5卷 5冊, 41.9×25.5cm, 四周雙邊, 半匡 : 26.2×18cm, 有界, 7行 14字, 上下內向四瓣花紋黑魚尾, 線裝, 楮紙	印 : 奎章之寶, 序 : …淳熙己酉春三月新安朱熹序, 內賜記 : 嘉慶三年九月日/內賜玉山書院/御定五經百篇一件	01-0296 ~0300

• 槪要

周易, 書傳, 詩傳, 春秋(左氏傳), 禮記에서 중요하다고 생각하는 부분만을 뽑아 100篇으로
편집한 책이다.

• 編纂과 刊行

편자나 간행년도를 알 수 없으나 正祖가 만든『御定五經百篇』과 동일한 책이므로 正祖의
編으로 추정된다. 같은 본인『五經百選』과 책명이 다른데, 대체로 동일한 내용의 책이다.
이『五經百篇』·『御定五經百編』·『五經百選』3책의 관계는 印行의 先後關係 때문으로 추정
된다.

● 著者 및 編者

편자인 정조는 조선후기 제22대(재위 : 1776~1800) 왕으로, 이름은 祠, 자는 亨運, 호는 弘齋
이다. 영조의 둘째 아들인 莊獻世子(일명 思悼世子)와 惠慶宮 洪氏 사이에서 맏아들로
태어났으며, 妃는 淸原府院君 金時默의 딸 孝懿王后이다. 1759년(영조 35) 세손에 책봉
되고 1762년장헌세자가 비극의 죽음을 당하자 요절한 영조의 맏아들 孝章世子(뒤에 眞宗
이 됨)의 後嗣가 되어 왕통을 이었다. 왕조 초기에 제정, 정비된 문물제도를 변화하는 당시
사회에 맞추어 재정리하기 위해 영조 때부터 시작된 정비작업을 계승, 완결하였다. 『續五禮
儀』・『增補東國文獻備考』・『國朝寶鑑』・『大典通編』・『文苑黼黻』・『同文彙考』・『奎章全
韻』・『五倫行實』 등이 그 결과였다. 자신의 저작물도 정리해 뒷날 『弘齋全書』(184권 100책,
1814)로 간행되도록 하였다.

● 版本構成

전체 구성은 卷1 : [周易]乾, 坤, 泰, 大有, 復, 繫辭傳 上・下, 序卦傳 上・下. 卷2 : [書傳] 虞
書에서 堯典, 舜典, 大禹謨, 皐陶謨, 益稷, 夏書에서 禹貢. 商書에서 湯誥, 盤庚 上・中・下,
說明 上・中・下. 周書에서 洪範, 召誥, 無逸. 卷3 : [詩傳] 國風, 周南에서 關雎, 葛覃. 召南
에서 鵲巢, 采蘩, 邶風에서 谷風, 簡兮. 鄘風에서 定之方中. 衛風에서 淇奧, 氓. 鄭風에서
緇衣, 女曰鷄鳴. 齊風에서 鷄鳴. 魏風에서 伐檀, 陟岵. 唐風에서 蟋. 秦風에서 蒹葭, 小戎.
檜風에서 匪風. 曹風에서 下泉. 豳風에서 七月, 東山. 小雅에서 鹿鳴, 皇皇者華, 伐木, 天保,
出車, 南山有臺, 六月, 車功, 吉日, 鶴鳴, 白駒, 斯干, 無羊, 大東, 楚茨, 信南山, 甫田, 大田,
賓之初筵. 大雅에서 文王, 大明, 綿, 棫樸, 旱麓, 思齊, 皇牟, 靈臺, 生民, 行葦, 旣醉, 公劉,
抑, 崧高, 烝民, 韓奕, 江漢. 頌의 周頌에서 維天之命, 天作, 思文, 豐年, 敬之. 魯頌에서 駉,
泮水, 閟宮, 商頌에서 那, 長發. 卷4 : [春秋左氏傳] 魯取郜大鼎(桓公二年), 齊候伐楚(僖公四
年), 城之戰(僖公二十八年), 楚子問鼎(宣公三年), 邲之戰(宣公十二年), 鞍之役(成公二年),
鄢陵之戰(成公十六年), 穆權如晉(襄公四年), 諸候伐齊(襄公十八年), 季札觀周樂(襄公二十
九年). 卷5 : [禮記]樂記, 大學, 大學序(朱熹序), 中庸, 中庸序(朱熹序)로 되어 있다.

● 所藏處

국립중앙도서관, 서울대학교 규장각, 한국학중앙연구원 장서각 등에 소장되어 있다.

(53) 오복연혁도(五服沿革圖)

書名	出版事項	版式狀況	一般事項	所藏番號
五服沿革圖	鄭逑 著, 17世紀刊	朝鮮木版本, 1冊, 31.8×23.8cm, 四周單邊, 半匡 : 26.3×18.2cm, 有界, 字行字數不定, 無魚尾	跋 : 崇禎二年(1629)己巳暮春…潭陽都護府使廣陵李潤雨謹跋, 印 : 玉山書院(朱印)	01-0815

* 概要

五服에 관한 여러 가지 儀式을 圖表式으로 편한 책이다.

* 編纂과 刊行

門人인 李潤雨가 1629년(인조 7)에 潭陽府使로 있을 때 간행하였다.

* 著者 및 編者

편찬자인 鄭逑의 본관은 淸州, 자는 道可, 호는 寒岡이다. 1573년(선조 6) 金宇顒의 추천으로 禮賓寺參奉에 임명되었으나 나가지 않는 등 여러 번 관직에 임명되어도 사양하다가 1580년 비로소 昌寧縣監으로 관직 생활을 시작하였다. 1584년 同福縣監을 거쳐, 이듬해 校正廳郎廳으로 『소학언해』·『사서언해』 등의 교정에 참여하였다. 임진왜란이 일어나자 通川郡守로 재직하면서 의병을 일으켜 활약하였다. 1593년 선조의 형인 河陵君의 시체를 찾아 장사를 지낸 공으로 당상관으로 승진한 뒤 우부승지, 장례원판결사·강원도관찰사·형조참판 등을 지냈다. 문집으로 『寒岡集』이 있고, 그 외에 『심경발휘』·『오선생예설』·『오복연혁도』·『심의제도』·『무이지』·『역대기년』 등이 전한다.

* 版本構成

먼저 「臣爲郡服圖」로서 天子, 王后 諸侯, 公卿大夫, 士 등에 대한 成服을 밝혔고 다음 「臣從君服圖」가 있고 「公子服之圖」에서는 郡縣史가 守令을 위하여 服을 입는 법 등을 밝혔다. 이어서 또 爲人後者爲其本宗服圖, 本宗爲人後者服圖, 爲人後者之妻爲夫本宗服圖, 女子子適人者爲其本宗服圖, 己爲姑姉妹旅子子女孫適人者服圖, 己爲母黨服圖, 妻爲夫外黨服圖, 己爲妻黨服, 妻黨爲己服, 妾服圖, 爲妾服圖 등을 싣고 이를 해설하였다. 이밖에도 많은 圖가 있는데, 한마디로 喪禮에서 있을 수 있는 모든 경우를 해설한 것이다.

* 所藏處

국립중앙도서관, 서울대학교 규장각 등에 소장되어 있다.

(54) 유원총보(類苑叢寶)

書名	出版事項	版式狀況	一般事項	所藏番號
類苑叢寶	金堉 編	朝鮮木版本, 47卷 37冊, 25.6×18.6cm, 四周單邊, 半匡 : 20×14.2cm, 有界, 10行 24字, 上下白口 上下內向魚尾不定, 線裝, 楮紙	序 : 書以類分古也…杪秋下浣淸風金堉伯厚序	01-2538 ~2574

• 概要

『事文類聚』·『群書要語』·『古今事實』 등 古典에서 유익하고 필요한 구절을 가려 뽑은 백과전서이다.

• 編纂과 刊行

간행 연대는 1646년(仁祖 24), 木板本의 46권 30책이다. 첫머리에 李植의 서문이 있고 책끝에 南漢山城에서 開刊할 때에 참여한 僧徒 수십 명의 이름이 쓰여 있다.

• 著者 및 編者

編者인 金堉(1580~1658)의 字는 伯厚, 號는 潛谷이며, 본관은 淸風이다. 文科에 及第해서 文學直講을 지내고 1636년(仁祖 14)에 冬至使로 청나라에 갔다 왔고 昭顯世子가 瀋陽에 人質로 잡혀갈 때도 隨行했다. 그 후에도 謝恩使, 冬至使 등으로 누차 중국에 다녀왔다. 左議政을 거쳐 領議政이 되어 경제정책에 탁월한 식견을 보여주었고 서양의 新曆法을 사용해서 時憲曆을 만들었다. 車를 만들어서 灌漑에 쓰기도 하며 常平通寶도 鑄造하고 胡亂때 燒失된 활자를 다시 주조해서 많은 책도 印出하였다. 그래서 實學의 선구가 되었을 뿐만 아니라 性理學 天文 地理 兵術 醫筮 등에 博通한 碩學이다. 諡號는 文貞公이다. 본서 외에 『皇明紀署』·『己卯錄』·『私都誌』·『潛谷筆談』·『救荒撮要』·『群瘟方』·『黨籍內外世譜』·『八賢傳』·『種德新編』·『海東名臣錄』 등의 많은 저서를 남겼다.

• 版本構成

內容은 일반의 類書와 비슷한데 제1,2책은 天道門, 3책은 天時門, 4책은 地道門, 5책은 地道門과 帝王門, 6책은 帝王門, 7~11책은 官職門, 12책은 관직문 중에서 吏部, 13~14책은 上同 戶部와 禮部, 15책은 上同 刑部와 人倫門, 16책은 人倫門, 17책은 人道門, 18~20책은 人門, 21책은 文學門, 22책은 珠寶門, 23책은 器用門, 24책은 飯食門, 25책은 冠服門과 草木門, 26책은 草木門, 27~29책은 鳥獸門, 30책은 蟲魚門으로 되어 있다.

● 所藏處

국립중앙도서관, 서울대학교 규장각, 한국학중앙연구원 장서각 등에 소장되어 있다.

(55) 전운옥편(全韻玉篇)

書名	出版事項	版式狀況	一般事項	所藏番號
全韻玉篇		朝鮮木版本, 2卷 2冊, 29.8×18.8cm, 四周單邊, 半匡 : 21.6×15.1cm, 有界, 註雙行, 上下向黑魚尾, 線裝, 楮紙		01-0634 ~0635
校正全韻玉篇	池松旭 編, 高宗 1年(1864)刊	朝鮮木版本, 2卷 2冊, 30.5×20cm, 四周雙邊, 半匡 : 22.8×17.2cm, 有界, 11行 16字, 上下向黑魚尾, 線裝, 楮紙	表題 : 玉篇, 藏書記 : 獨樂堂(墨書)	01-1006 ~1007

● 槪要

한자의 음과 뜻을 쉽게 찾아볼 수 있도록 만든 책이다.

● 編纂과 刊行

서문이 없어서 언제 간행되었는지 알 수 없다. 다만, 표제에 '全韻'이라는 말이 있어서 정조 때 간행된 『奎章全韻』과 짝을 이루어 1796년(정조 20)에 간행된 것으로 짐작되지만 자세치 않다. 이후 20세기 초까지 여러 차례 간행되었다.

● 著者 및 編者

『규장전운』은 徐命膺·李德懋 등에 의하여 편찬된 것으로 전하나, 이 책의 편찬자는 미상이다.

● 版本構成

부수에 따라 글자들을 배열하였고, 각각의 글자들에는 독음과 뜻, 그 글자에 해당하는 韻, 글자의 通字나 同字, 俗字를 순서대로 제시하였다. 『규장전운』보다 자세한 주해를 달아놓았으며 『규장전운』에는 없는 속음이 있다.

● 所藏處

국립중앙도서관, 서울대학교 규장각, 한국학중앙연구원 장서각 등에 소장되어 있다.

(56) 주문작해(朱文酌海)

書名	出版事項	版式狀況	一般事項	所藏番號
朱文酌海	鄭經世 著	朝鮮木版本, 零本 2冊, 28×21.4cm, 四周雙邊, 半匡 : 22.1×16.4cm, 有界, 10行 18字, 上下內向四瓣花紋黑魚尾, 線裝, 楮紙	所藏 : 卷6~10	01-0852 ~0853
朱文酌海	鄭經世 著	朝鮮木版本, 16卷 8冊, 34.1×22.2cm, 四周雙邊, 半匡 : 21.7×16.3cm, 有界, 10行 18字, 註雙行, 上下白口 上下內向四瓣花紋黑魚尾, 線裝, 楮紙		01-2718 ~2725

• 槪要

愚伏 鄭經世(1563~1633)가 『朱子大全』 중에서 학자들이 공부하는 데 切要한 文을 뽑아 편한 책이다.

• 編纂과 刊行

刊年은 미상이나 여러 차례 重刊했던 것으로 보인다.

• 著者 및 編者

편자인 정경세의 본관은 晉州, 자는 景任, 호는 愚伏이다. 1586년 알성 문과에 乙科로 급제하여 승문원 부정자에 임명되었다. 이후 대사헌·승정원도승지·의정부참찬·형조판서·예조판서·이조판서·대제학 등의 관직을 지냈다. 학문은 주자학에 본원을 두고, 이황의 학통을 계승하였다. 朱子를 흠모하고 존경하였으며, 朱書를 편람하고 정독하여 후진 교육이나 朝議·경연에서 진강할 때 항상 朱書에 근거를 두었다고 전한다. 저서로 『愚伏集』·『喪禮參考』가 있다. 시호는 文莊이다.

• 版本構成

전체 내용은 앞에는 總目錄이 있고, 권1, 2 : 封事로 壬午應詔封事 庚子應詔封事 繳進奏疏狀 戊申封事 己酉擬上封事甲寅擬上封事. 권3 : 奏箚로 癸未垂拱奏箚 辛丑延和奏箚 甲寅行宮便殿奏箚 乞差官看詳封事箚子論災異箚子 乞討論喪服箚子 등 16편. 권4 : 議狀으로 祧廟議狀 山陵議狀 등 5편, 奏狀으로 乞蠲減星子縣稅錢第二狀 奏抹荒事宜狀 乞修德政以弭天變狀 등 8편. 권5 : 奏狀으로 按知台州唐仲友第一狀 乞罷黜狀 條奏經界狀 乞褒錄高登狀 등 9편, 申請으로 論都昌創寨箚子 回申轉運司乞候冬季打量狀 등 5편. 권6 : 辭免으로 辭免召命狀 謝改官宮觀奏狀 乞追還待制職名奏狀 與宰執箚子 등 26편. 권7, 8 : 書로 與黃樞密

答汪尙書 與張欽夫答陳同甫 答陳安卿 등 90편. 권9 : 雜著로 舜典象刑說 定性說 養生生說 君臣服議 學校貢擧私議滄洲精舍諭學者 등 21편. 권10 : 序로 送陳宗之序 戊午讞議序 呂氏 家塾談詩記後序 楚辭集註序 등 15편. 권11 : 記로 存齋記 歸樂堂記 社倉事目 建寧府建陽 縣長灘社倉記 黃州州學二程先生祠記 등 23편. 권12 : 跋로 跋陳了翁兒兄書 跋范文正公家 書 周子通書後記跋李壽翁遺翁 등 36편. 권13 : 銘으로 學古齋銘 등 4편, 箴으로 敬齋箴 등 2편, 贊으로 易五贊, 表로 落職罷宮祠謝表 등 2편, 祭文으로 祭籍溪胡先生文 祭延平李先生 文 등 7편. 권14 : 碑文으로 少傅劉公神道碑 龍圖閣直學士吳公神道碑 등 5편, 墓表로 屛山 先生劉公墓表 등 5편, 墓誌銘으로 國錄魏公墓誌銘 등 7편. 권15 : 行狀으로 太師陳公行狀. 권16 : 行狀 事實年譜로 籍溪先生胡公行狀 濂溪先生事實記 伊川先生年譜 등 6편. 끝에 宋 浚吉의 跋이 있다.

● 所藏處

국립중앙도서관, 서울대학교 규장각, 한국학중앙연구원 장서각 등에 소장되어 있다.

(57) 주서강록간보(朱書講錄刊補)

書名	出版事項	版式狀況	一般事項	所藏番號
朱書講錄 刊補	朱熹 著; 李栽 編, 安東 : 虎溪 書院, 乙巳	朝鮮木版本, 6卷 3冊, 32.3× 21.4cm, 四周雙邊, 半匡 : 22×16.3cm, 有界, 10行 22字, 註雙行, 上下白口 上下內向 四瓣花紋黑魚尾, 線裝, 楮紙	刊記 : 乙巳七月日安東虎溪書院開刊, 序 : 自我退陶老先生…昭陽大荒洛八月 丙辰後安陵李栽序, 跋 : 余少也讀朱 書…上之元年辛丑中秋後一日永嘉權斗 經序, 識 : 象靖幼則侍筆研于…乙酉七 月十八日李象靖識	01-2407 ~2409

● 槪要

李栽(生沒年 미상)가 李德弘의 朱子의 書에 대한 종래의 해설을 정리한 『朱子書節要講錄』 을 수정·증보하여 만든 책이다.

● 編纂과 刊行

1785년(正祖 9)에 간행되었다. 『朱子書節要』가 우리나라에서는 1563년(明宗 18)에 처음 刊 行되었는데 이 『朱子書節要』에 訓釋을 붙여 李滉 자신의 『朱子書節要記疑』가 간행되고 여 기에 약간의 刪增을 붙여 『朱子書節要講錄』이 門人 李德弘에 의해 16세기 중반에 나왔다.

그 후 1713년(肅宗 39)에 李栽가 이를 修正 增補하여 간행한 것이다.

• 著者 및 編者

編者인 李栽의 字는 幼材이고, 號는 密庵이며, 本貫은 載寧이다. 어릴 때부터 叔父 李徽逸 (號 存齋)에게 受學하고 또 叔父 恒齋 李嵩逸에게 「太極圖說」·「中庸章句」·「士喪禮」 등을 배웠다. 아버지인 葛菴 李玄逸이 咸北 鍾城으로 流配되었을 적에는 따라가서 晝夜로 곁을 떠나지 않고 받들었다. 1700년(肅宗 26)에 풀려 돌아와서 慶尙道 安東郡 錦水에 살았는데, 四方의 學者들이 葛菴 父子의 門下에 구름같이 모였다고 전한다. 그는 葛菴이 쓰다가 完成 하지 못한 『洪範衍義』를 완성하였으며 「聖喩錄」·「錦水記聞」·「朱書講錄刊補」·「顔曾全 書」·「內外雜篇」·「朱語要略」·「家世舊事」 등의 遺著를 남겼다.

• 版本構成

권두에 저자의 서문과 7조의 범례, 권말에는 권두경의 발문, 「南淵會校錄後識」, 후지에 이어 간기가 있다. 본문은 이덕홍이 편찬한 『朱子書講錄』과 동일한 형태이다.

• 所藏處

국립중앙도서관, 서울대학교 규장각, 한국학중앙연구원 장서각 등에 소장되어 있다.

(58) 주서백선(朱書百選)

書名	出版事項	版式狀況	一般事項	所藏番號
朱書百選	正祖 編, 內閣, 1794年刊	朝鮮丁酉字本, 6卷 3冊, 35.3×23cm, 四周單邊, 半匡 : 24.7×17cm, 有界, 10行 18字, 上下向四瓣花紋黑魚尾, 線裝, 楮紙	印 : 奎章之寶, 刊記 : 甲寅(1794)內閣活印, 藏書記 : 玉山書院, 裏題 : 御定朱書百選	01-0004 ~0006
朱書百選	正祖 編	朝鮮木版本(丁酉字飜刻), 6卷 3冊, 32.8×22.4cm, 四周單邊, 半匡 : 24.3×16.8cm, 有界, 10行 18字, 註雙行, 上下向四瓣花紋黑魚尾, 線裝, 楮紙		01-1234 ~1236

• 槪要

정조가 주자의 간찰 중 100편을 뽑아 편찬한 책이다.

● 編纂과 刊行

표제지에 '甲寅內閣活印'이라 되어 있는 것으로 보아 1794년(정조 18)에 內閣인 규장각에서
간행했음을 알 수 있다.

● 著者 및 編者

편자인 정조는 조선후기 제22대(재위 : 1776~1800) 왕으로, 이름은 祘, 자는 亨運, 호는 弘齋
이다. 영조의 둘째 아들인 莊獻世子(일명 思悼世子)와 惠慶宮 洪氏 사이에서 맏아들로 태어
났으며, 妃는 淸原府院君 金時默의 딸 孝懿王后이다. 1759년(영조 35) 세손에 책봉되고
1762년 장헌세자가 비극의 죽음을 당하자 요절한 영조의 맏아들 孝章世子(뒤에 眞宗이 됨)의
後嗣가 되어 왕통을 이었다. 왕조 초기에 제정, 정비된 문물제도를 변화하는 당시 사회에 맞
추어 재정리하기 위해 영조 때부터 시작된 정비작업을 계승, 완결하였다. 『續五禮儀』・『增補
東國文獻備考』・『國朝寶鑑』・『大典通編』・『文苑黼黻』・『同文彙考』・『奎章全韻』・『五倫行
實』 등이 그 결과였다. 자신의 저작물도 정리해 뒷날 『弘齋全書』(184권 100책, 1814)로 간행
되도록 하였다.

● 版本構成

6권 2책(乾, 坤)으로 되어 있다. 권 건에 목록과 권 1~3까지가 실려 있고, 권 곤에 권4~6이
실려 있다.

● 所藏處

국립중앙도서관, 서울대학교 규장각, 한국학중앙연구원 장서각 등에 소장되어 있다.

(59) 주역언해(周易諺解)

書名	出版事項	版式狀況	一般事項	所藏番號
周易諺解	宣祖 命編, 17世紀刊	朝鮮木版本, 9卷 5冊, 33.9×21.8cm, 四周單邊, 半匡 : 23.4×16.7cm, 有界, 10行 18字, 註雙行, 上下內向六瓣花紋黑魚尾, 線裝, 楮紙		01-1214 ~1218

● 槪要

『周易』의 원문에 토를 달고 다시 한글로 번역한 언해서이다.

● 編纂과 刊行

선조 때 校正廳에서 언해한 책을 바탕으로 하여 이루어진 것으로 보인다. 교정청의 삼경언해
는 간행되지 못하고 임진왜란 이후에 비로소 간행되었다. 초간본은 서울대 규장각도서에 있
는데, '萬曆三十四年六月日'의 내사기가 있어서 1606년(선조 39)에 9권 5책의 목판본으로 간
행된 것으로 추정된다.

● 著者 및 編者

편자는 미상이다.

● 版本構成

9권 5책으로 구성되어 있으며 권1~2의 2책이 上經, 권3~4의 2책이 下經, 권5~9의 1책이 각각
繫辭 上·下, 說卦, 序卦, 雜卦로 그 체제가 일정하다.

● 所藏處

국립중앙도서관, 서울대학교 규장각, 한국학중앙연구원 장서각 등에 소장되어 있다.

(60) 주자서절요(朱子書節要)

書名	出版事項	版式狀況	一般事項	所藏番號
朱子書節要	朱熹 著, 李滉 編, 川谷書院, 宣祖 13年(1575)	朝鮮木版本, 20卷 18冊, 32×20.8cm, 四周雙邊, 半匡 : 22.5×16.5cm, 有界, 10行 18字, 上下內向六瓣花紋黑魚尾, 線裝, 楮紙	刊記 : 萬曆乙亥(1575)季夏重刊于川谷書院暮年而畢, 序 : ①嘉靖癸卯(1543)中宗大王命書館印出頒行臣滉 ②嘉靖戊午(1558)夏四月日後學眞城李滉 ③隆慶六年九月日後學高峯奇大升謹識, 附錄 : 退溪李先生答李仲久書	01-0009~0026
朱子書節要	朱熹 著, 李滉 編	朝鮮木版本, 零本 4冊, 31×21cm, 四周雙邊, 半匡 : 22.2×17cm, 有界, 10行 18字, 註雙行, 上下內向六瓣花紋黑魚尾, 線裝, 楮紙	序 : …隆慶六年(1572)九月日後學高峯奇大升謹識, 所藏 : 卷1~2, 7~8, 13~14, 19~20	01-1031~1034

● 槪要

李滉(1501~1570)이 『朱子大全』에서 朱熹의 서간문을 편집한 책이다.

● 編纂과 刊行

初刊本 星州刊本은 1561년(명종 16) 黃俊良이 星州牧使로 있으면서 간행한 것이다. 永川臨皐書院의 活字를 借用하여 印行한 活字本이다. 이후 海州本·平壤本으로서 활자본이 있는데, 동일한 활자로 간행하였는지는 알 수 없다. 1564년 柳中郢(1515~1573)이 黃海道觀察使로 있으면서 活字로 간행하였으나 유포된 것은 소량이다. 그리고 定州本으로서 목판본이 있는데, 柳中郢(1515~1573)이 1567년 定州牧使로 있을 때 간행한 것이다. 1575년에 간행한 川谷書院本이 있는데, 옥산서원 소장본이다. 그 외에 金誠一이 1586년(선조 19) 나주에서, 鄭經世가 1611년(광해군 3) 금산에서 간행한 판본 등이 전한다.

● 著者 및 編者

편자인 李滉(1501~1570)은 경상도 禮安縣 溫溪里 출신으로 자는 景浩이고, 호는 退溪·退陶·陶叟 등이다. 1527년(중종 22) 鄕試에서 진사시와 생원시 초시에 합격하고, 성균관에 들어가 다음 해에 진사 회시에 급제하였다. 1534년 문과에 급제하고 承文院副正字가 되면서 관직에 나갔으며, 1537년 어머니 상을 당하자 향리에서 3년간 복상했고, 1539년 홍문관수찬이 되었다가 곧 임금으로부터 賜暇讀書의 혜택을 받았다. 을사사화 후 병약함을 구실로 모든 관직을 사퇴하였다.

명종이 出仕를 종용하여 외직인 단양군수·풍기군수 등을 역임하였고 중앙관직은 여러 차례 고사하였다. 1560년 陶山書堂을 짓고 7년간 서당에 기거하면서 독서·수양·저술에 전념하는 한편, 많은 제자들을 가르쳤다. 선조가 즉위해서도 벼슬을 내렸지만, 이황은 번번이 사퇴하였다. 하지만 선조의 거듭된 요처에 68세의 노령으로 知經筵의 중임을 맡아 선조에게 「戊辰六條疏」를 올렸고, 필생의 역작 『聖學十圖』를 저술하여 어린 국왕 선조에게 바쳤다. 1569년(선조 2) 이조판서에 임명되었으나 사양하고 환향한 후 학문에 전념하다 다음 해 11월 사망하였다. 문집으로 『퇴계집』이 있고, 그 외 『退溪書節要』·『自省錄』·『朱子書節要』·『理學通錄』·『啓蒙傳疑』·『傳習錄論辨』·『經書釋義』·『心經後論』 등이 있다. 遺墨으로 『退溪筆迹』과 『退陶先生遺帖』도 전한다.

● 版本構成

권1·2는 시사출처(時事出處), 권3은 왕장문답(汪張問答), 권4는 여유문답(呂劉問答), 권5는 진육변답(陳陸辨答), 권6은 문답론사(問答論事), 권7은 문답경전(問答經傳), 권8~18은 지구인문답(知舊人問答), 권19는 속집, 권20은 별집으로 되어 있다.

● 所藏處

국립중앙도서관, 서울대학교 규장각, 한국학중앙연구원 장서각 등에 소장되어 있다.

(61) 주자행장(朱子行狀)

書名	出版事項	版式狀況	一般事項	所藏番號
朱子行狀	李滉 著	朝鮮木版本, 3卷 3冊, 29.8×20.8cm, 四周雙邊, 半匡 : 19.6×16.3cm, 有界, 10行 18字, 上下內向六瓣花紋黑魚尾, 線裝, 楮紙		01-0519 ~0521

● 槪要

退溪 李滉이 黃幹이 撰한 『朱子行狀』을 보충하여 輯注한 책이다.

● 編纂과 刊行

撰述 年代는 未詳이다.

● 著者 및 編者

편자인 李滉(1501~1570)은 경상도 禮安縣 溫溪里 출신으로 자는 景浩이고, 호는 退溪·退陶·陶叟 등이다. 1527년(중종 22) 鄕試에서 진사시와 생원시 초시에 합격하고, 성균관에 들어가 다음 해에 진사 회시에 급제하였다. 1534년 문과에 급제하고 承文院副正字가 되면서 관직에 나갔으며, 1537년 어머니 상을 당하자 향리에서 3년간 복상했고, 1539년 홍문관수찬이 되었다가 곧 임금으로부터 賜暇讀書의 혜택을 받았다. 을사사화 후 병약함을 구실로 모든 관직을 사퇴하였다.

명종이 出仕를 종용하여 외직인 단양군수·풍기군수 등을 역임하였고 중앙관직은 여러 차례 고사하였다. 1560년 陶山書堂을 짓고 7년간 서당에 기거하면서 독서·수양·저술에 전념하는 한편, 많은 제자들을 가르쳤다. 선조가 즉위해서도 벼슬을 내렸지만, 이황은 번번이 사퇴하였다. 하지만 선조의 거듭된 요처에 68세의 노령으로 知經筵의 중임을 맡아 선조에게 「戊辰六條疏」를 올렸고, 필생의 역작 『聖學十圖』를 저술하여 어린 국왕 선조에게 바쳤다. 1569년(선조 2) 이조판서에 임명되었으나 사양하고 환향한 후 학문에 전념하다 다음 해 11월 사망하였다. 문집으로 『퇴계집』이 있고, 그 외 『退溪書節要』·『自省錄』·『朱子書節要』·『理學通錄』·『啓蒙傳疑』·『傳習錄論辨』·『經書釋義』·『心經後論』 등이 있다. 遺墨으로 『退溪筆

迹』과 『退陶先生遺帖』도 전한다.

● **版本構成**

우선 黃幹의 『朱子行狀』原文을 大文으로 하여 本文에 싣고, 冊板 上段에는 글자의 탈락이
나 어떤 사항에 대한 異本의 다른 記述을 인용하여 밝힘으로써 校正의 효과를 보였으며,
大文 밑의 細註에서는 地名·人名·史實 등의 특정한 사항을 상세히 보충하여 설명하였다.

● **所藏處**

국립중앙도서관, 서울대학교 규장각, 동국대학교 경주캠퍼스 도서관 등에 소장되어 있다.

(62) 중용구경연의(中庸九經衍義)

書名	出版事項	版式狀況	一般事項	所藏番號
中庸九經 衍義	李彦迪 著	朝鮮木版本, 29卷 9冊, 31.6×21.1cm, 四周雙 邊, 半匡 : 22.5×16.2cm, 有界, 10行 18字, 註 雙行, 上下白口 上下內向六瓣花紋黑魚尾, 線裝, 楮紙	序 : 臣謹接中庸…臣彦 迪謹序, 所藏 : 原集 卷 1~17, 別集 卷1~12, 合9冊	01-2061 ~2069

● **概要**

중국 송나라 眞德秀의 『大學衍義』와 丘濬의 『衍義補』를 모방하여, 中庸의 九經의 의의를
諸經傳의 설을 인용하여 부연 설명한 책이다.

● **編纂과 刊行**

저자가 집필 도중에 사망하여 '敬大臣' 이하 6가지 조목은 해의하지 못하였다. 손자인 浚이
1583년(宣祖 16) 修身 이하 親親까지의 原集 17권에다 體天道·畏天命·戒滿盈의 別集 12권
을 첨가하여 29권으로 완성하고 간행하였다.

● **著者 및 編者**

저자인 李彦迪은 경상북도 경주 출신으로 본관은 驪江(驪州)이다. 초명은 李迪이었으나 중
종의 명으로 彦자를 더하였다. 자는 復古이고, 호는 晦齋·紫溪翁 등이다. 회재라는 호는
晦菴(朱熹의 호)의 학문을 따른다는 견해를 보여준 것이다. 1514년(중종 9) 문과에 급제하여

이조정랑·사헌부장령·밀양부사를 거쳐 1530년 사간이 되었다. 이때 金安老의 등용을 반대하다가 관직에서 쫓겨나 경주의 자옥산에 들어가서 성리학 연구에 전념하였다. 1537년 김안로 일당이 몰락하자 종부시첨정으로 불려나와 홍문관교리·응교·직제학이 되었고, 전주부윤에 나가 선정을 베풀어 송덕비가 세워졌다. 이때 조정에「一綱十目疏」를 올려 정치의 도리를 논하였다. 이조·예조·형조의 판서를 거쳐 1545년(명종 즉위년) 좌찬성이 되었다. 이때 尹元衡 등이 을사사화를 일으키자 선비들을 심문하는 推官에 임명되었으나 스스로 관직에서 물러났다. 1547년(명종 2) 윤원형 일당이 조작한 良才驛壁書事件에 무고하게 연루되어 강계로 유배되었고, 그 곳에서 많은 저술을 남긴 후 세상을 떠났다. 만년에 유배 생활을 하는 동안『求仁錄』(1550)·『大學章句補遺』(1549)·『中庸九經衍義』(1553)·『奉先雜儀』(1550) 등의 중요한 저술을 남겼다. 문집으로『晦齋集』이 있다. 1569년(선조 2) 宗廟의 明宗 묘정에 배향되었으며, 1610년(광해군 2) 문묘에 종사되었고, 경주의 玉山書院 등에 제향되었다. 시호는 文元이다.

• 版本構成

卷頭에 목록에 이어서 著者 自身의 서문이 있고, 卷1에 爲治의 道를 총론하고 卷2에서부터 卷7까지는 爲天下國家之本으로 修身 1에서 修身의 道를 總論하고, 修身 2와 修身 3에서 講學明理의 功을 밝히고, 修身 4에서와 修身 5에서 誠意正心의 功을 논하고 修身 6에서 言行威儀의 謹을 밝혔다. 그리고 卷 8에서부터 卷17까지는 爲天下國家之要로서 尊賢 1에서 尊賢의 義를 總論하고, 尊賢 2에서 好賢의 誠을 存할 것을 밝히고, 尊賢 3에서 賢과 邪의 實을 辨할 것을 밝히고, 尊賢 4에서 消와 長의 幾를 살필 것을 논하고, 尊賢 5에서 讒邪의 離間을 물리칠 것을 논하였다. 그리고 親親 1에서 親親의 義를 總論하고, 親親 2에서부터 親親 4까지는 孝弟의 道를 다할 것을 밝히고, 親親 5에는 正家의 法을 嚴하게 할 것을 논하고, 親親 6에는 9族의 叙를 惇하게 할 것을 밝혔다. 그리고 別集은 總 13권 4책으로 되어 있는데 1권에서부터 12권 까지는 모두 爲天下國家之要를 해설한 것이며 體天道 1에서는 天道의 健을 法받을 것, 體天道 2에서는 天德의 大를 體받을 것을, 體天道 3에서는 奉天의 政을 닦을 것을, 體天道 4와 5에 好生의 德을 넓힐 것을 밝혔다. 畏天命 1에서는 서는 天命의 常되지 않음을 總論하고, 畏天命 2에서는 事하는 道理를 다할 것을, 畏天命 3에서 1에는 災異의 徵을 삼갈 것을 밝히고 있다. 戒滿盈는 持守의 道를 총론하고, 戒滿盈 2에는 逸欲의 싹을 막을 것을, 戒滿盈 3에는 절검의 美를 높일 것을, 戒滿盈 4에는 驕泰의 失을 경계함을 밝히고 있다. 그리고 原集 6권말에 朱子의 敬齋箴과 眞德秀의 思誠齋箴이 있으며, 原集 17권 5책 끝에 1583년(宣祖 16)에 柳成龍의 跋文이 수록되어 있다.

• 所藏處

국립중앙도서관, 서울대학교 규장각, 한국학중앙연구원 장서각 등에 소장되어 있다.

(63) 중용언해(中庸諺解)

書名	出版事項	版式狀況	一般事項	所藏番號
中庸諺解	宣祖 命撰, 17世紀刊	朝鮮木版本, 1冊, 33.9×21.4cm, 四周雙邊, 半匡:21.8×16.9cm, 有界, 10行 20字, 上下向六瓣花紋黑魚尾, 線裝, 楮紙		01-1201
中庸諺解	宣祖 命撰,	石印本, 不分卷 1冊, 30.3×20.5cm, 四周雙邊, 半匡:20.2×15.5cm, 有界, 10行 19字, 註雙行, 上下白口 上下內向四瓣花紋黑魚尾, 線裝, 楮紙		0-2762

• 槪要

宣祖의 명에 따라 『中庸』의 한문 원문에 한자음과 한글 구결을 달고 언해를 하여 편찬한 책이다.

• 編纂과 刊行

宣祖 41(1608) 간행본이 있고, 이후 1810년(순조 10)에 全州에서 간행한 것, 1828년에 慶尙監營에서 간행된 것 등이 전한다.

• 著者 및 編者

編者는 미상이다.

• 版本構成

주희가 『중용』을 '傳' 33개 章으로 나눈 체제를 따랐으며, 각 장마다 단락을 구분하여 分章 표기를 하고 각 글자마다 음을 달았다.

• 所藏處

국립중앙도서관, 서울대학교 규장각, 한국학중앙연구원 장서각 등에 소장되어 있다.

(64) 증보삼운통고(增補三韻通考)

書名	出版事項	版式狀況	一般事項	所藏番號
增補三韻通考	金濟謙 編	朝鮮木版本, 1冊, 30.3×20.2cm, 四周單邊, 半匡 : 20.5×14.8cm, 有界, 10行 20字, 上下向黑魚尾, 線裝, 楮紙		01-1362
增補三韻通考	金濟謙 編, [英祖年間] 刊	朝鮮木版本, 不分卷 1冊, 32.5×21cm, 四周雙邊, 半匡 : 20.2×14.8cm, 有界, 9行 14字, 註雙行, 上下白口 上下向二瓣花紋黑魚尾, 線裝, 楮紙	版心題 : 增韻, 表題 : 三韻通考	01-3278

• 概要

金濟謙(1680~1722) 등이 편찬한 韻書이다.

• 編纂과 刊行

불분권 1책으로 序文과 跋文이 없으며 일부 책에는 刊記가 있으나 정확한 간행연도를 추정하기는 어렵다. 朴斗世가 『三韻通考』의 字數를 늘리고 註解를 덧붙여 『三韻補遺』를 편찬하였는데, 金濟謙이 다시 『三韻補遺』를 증보하여 『增補三韻通考』를 편찬하였다.

• 著者 및 編者

편자 金濟謙의 字는 必亨, 號는 竹醉, 本貫은 安東이다. 領議政 金昌集의 아들로 숙부인 金昌翕에게 수학하여 1705년(숙종 31) 진사가 된 뒤 左副承旨 때인 1722년(경종 2) 아버지가 建儲四大臣의 한사람으로 賜死되자 蔚山에 유배되고 뒤에 富寧에 移配된 후 사형되었다. 辛壬士禍로 죽은 三學士의 한 사람으로 뒤에 左贊成에 追贈되었고 諡號는 忠愍이다.

• 版本構成

卷首에 '增補三韻通考 新增凡一千八百二十七字'라는 기록이 있고, 본문의 上段에는 上平聲 15韻(東, 冬, 江, 支, 微, 魚, 虞, 齊, 佳, 灰, 眞, 文, 元, 寒, 刪)과 下平聲 15韻(先, 蕭, 肴, 豪, 歌, 麻, 陽, 庚, 靑, 蒸, 尤, 侵, 覃, 咸)에 속하는 漢字를 싣고 漢字 밑에 간단하게 字意나 用例를 실었으며, 中段에는 上聲 30韻(董, 腫, 講, 紙 등)에 속하는 漢字, 그리고 下段에는 去聲 30韻(送, 宋, 絳 등)에 속하는 漢字, 卷尾에 入聲 17韻(屋, 沃, 覺, 質 등)에 속하는 漢字가 각각 실려 있다.

• 所藏處

국립중앙도서관, 서울대학교 규장각, 한국학중앙연구원 장서각 등에 소장되어 있다.

(65) 지씨홍사[제왕통기](池氏鴻史[帝王統紀])

書名	出版事項	版式狀況	一般事項	所藏番號
池氏鴻史 (帝王統紀)	池光翰 著	朝鮮木版本, 零本 16冊, 29.8×20.5cm, 四周單邊, 半匡 : 21.4×17.7cm, 有界, 12行 23字, 註雙行, 上下白口 上下內向四瓣花紋黑魚尾, 線裝, 楮紙	表題 : 鴻史, 序 : 不肖…崇禎紀元後再庚午(1690)孟春忠州池光翰題	01-1387 ~1403

• 槪要

池光翰(生沒年 未詳)이 1750년(英祖 26) 鑑戒될 만한 中國의 歷史와 姓譜를 모아 해설하여 간행한 책이다.

• 編纂과 刊行

1750년(英祖 26)에 총 17권 17책으로 간행하였다.

• 著者 및 編者

편자 지광한은 자세한 정보는 확인하기 어렵고, 영조 때의 학자로 평생 사학 연구에 힘썼다고 전한다.

• 版本構成

총 17권 17책으로 되어 있다. 권1에서 권4까지는 太古의 盤古부터 明朝까지의 중국의 역사를 다룬 「帝王統紀」이고, 5권에서 17권까지는 성씨별로 분류하여 각 성씨에 해당하는 인물의 略傳을 실은 「姓氏韻彙」로 나뉜다.

• 所藏處

국립중앙도서관, 서울대학교 규장각 등에 소장되어 있다.

(66) 진영수어(震英粹語)

書名	出版事項	版式狀況	一般事項	所藏番號
震英粹語	편자 미상	訓鍊都監字本, 3卷 3冊, 31.7×20.5cm, 四周雙邊, 半匡 : 25.2×16.1cm, 有界, 9行 17字, 註雙行, 上下白口 上下內向六瓣花紋黑魚尾, 線裝, 楮紙	印記 : 玉山書院(朱書), 玉山書院上(墨書), 所藏 : 卷1~3	01-2441 ~2443

• 槪要

본서는 16세기 유생들의 論·策 등을 모은 책이다.

• 編纂과 刊行

序, 목록, 跋 등이 없어 편찬 동기와 간행 연대를 알 수 없다.

• 著者 및 編者

편자와 간행 시기는 미상이다.

• 版本構成

상권은 中興之主의 역할에 대한 金馹孫의 답, 동시대의 군자가 서로 용납치 못하는 까닭에 대한 盧守愼의 답, 오랑캐를 대하는 방책인 정벌과 화친에 대한 朴栗의 답, 士氣를 배양하는 일과 士習을 바르게 하는 방도에 대한 朴栗의 답, 뜻을 이룬 前世의 인물들에 대한 梁應鼎의 답, 恬退에 대한 金慶雲의 답, 天道에 대한 李珥의 답, 制治의 道에 대한 李珥의 답, 文武 調用에 대한 李珥의 답, 文武를 겸비하는 물음에 대한 徐崦의 답 등으로 이루어졌다. 하권은 군주의 수신에 대한 金弘度의 응대, 農政에 대한 金弘度의 응대, 時務에 대한 崔岦의 응대, 時務에 대한 金慶元의 응대, 時務에 대한 洪履祥의 응대, 時務에 대한 李德馨의 응대, 時務 에 대한 李尚弘의 응대, 六經의 내력에 대한 南瑾의 응대, 典禮에 대한 李厚의 응대 등으로 이루어졌다.

• 所藏處

국립중앙도서관, 서울대학교 규장각, 한국학중앙연구원 장서각 등에 소장되어 있다.

(67) 태극문변(太極問辯)

書名	出版事項	版式狀況	一般事項	所藏番號
太極問辯	李彦迪 著	朝鮮木版本, 2卷 1冊, 34.5×22.7cm, 四周雙邊, 半匡 : 22.7×17.3cm, 有界, 10行 18字, 註雙行, 上下白口 上下內向二瓣花紋黑魚尾, 線裝, 楮紙	序 : 太極問辯者何前…天啓二年(1622)仲春下…李廷龜謹序, 跋 : 余受節…花山府天啓三年(1623)季春光山後學金止男	01-2764

太極問辯	李彦迪 著, 慶州 : 玉山書院, 壬寅	朝鮮木版本, 2卷 1冊, 33.7×21.5cm, 四周雙邊, 半匡 : 20.8×15.9cm, 有界, 10行 18字, 註雙行, 上下白口 上下內向二瓣花紋黑魚尾, 線裝, 楮紙	刊記 : 壬寅玉山書院重刊, 序 : 太極間辯者何前…天啓二年(1622)仲春下…李廷龜謹序, 跋 : 花山府天啓三年(1623)季春光山後學金止男謹題于後	01-2765

● 概要

李彦迪(1491~1553)이 忘齋 孫叔暾과 忘機堂 曹漢輔에게 보낸 다섯 편의 글에서 천명한 주자학의 기본개념인 太極說에 관한 견해와 周敦頤와 朱熹의 논설을 모아 정리한 책이다.

● 編纂과 刊行

책의 卷首에 광해군 14년(1622)에 李廷龜가 쓴 서문이 있고, 1623년에 金止男이 쓴 발문이 있어서 간행 시기를 짐작할 수 있다.

● 著者 및 編者

저자인 李彦迪은 경상북도 경주 출신으로 본관은 驪江(驪州)이다. 초명은 李迪이었으나 중종의 명으로 彦자를 더하였다. 자는 復古, 호는 晦齋·紫溪翁 등이다. 회재라는 호는 晦菴(朱熹의 호)의 학문을 따른다는 견해를 보여준 것이다. 1514년(중종 9) 문과에 급제하여 이조정랑·사헌부장령·밀양부사를 거쳐 1530년 사간이 되었다. 이때 金安老의 등용을 반대하다가 관직에서 쫓겨나 경주의 자옥산에 들어가서 성리학 연구에 전념하였다. 1537년 김안로 일당이 몰락하자 종부시첨정으로 불려나와 홍문관교리·응교·직제학이 되었고, 전주부윤에 나가 선정을 베풀어 송덕비가 세워졌다. 이때 조정에「一綱十目疏」를 올려 정치의 도리를 논하였다. 이조·예조·형조의 판서를 거쳐 1545년(명종 즉위년) 좌찬성이 되었다. 이때 尹元衡 등이 을사사화를 일으키자 선비들을 심문하는 推官에 임명되었으나 스스로 관직에서 물러났다. 1547년(명종 2) 윤원형 일당이 조작한 良才驛壁書事件에 무고하게 연루되어 강계로 유배되었고, 그 곳에서 많은 저술을 남긴 후 세상을 떠났다. 만년에 유배 생활을 하는 동안『求仁錄』(1550)·『大學章句補遺』(1549)·『中庸九經衍義』(1553)·『奉先雜儀』(1550) 등의 중요한 저술을 남겼다. 문집으로『晦齋集』이 있다. 1569년(선조 2) 宗廟의 明宗 묘정에 배향되었으며, 1610년(광해군 2) 문묘에 종사되었고, 경주의 玉山書院 등에 제향되었다. 시호는 文元이다.

● 版本構成

권수에 서문, 목록,「周子太極圖」등이 있다. 권상에는 주희의「答陸子美九韶書」, 陸象山(陸

九淵)의 「與朱元晦書」 등 중국 유학자들의 태극론과 관련한 글 5편이 실려 있고, 권하에는 이언적의 글 5편이 실려 있다. 권말에 김지남과 張顯光의 초간 당시 쓴 발문과 後識가 있다.

● 所藏處

국립중앙도서관, 서울대학교 규장각, 한국학중앙연구원 장서각 등에 소장되어 있다.

(68) 퇴계선생상제례답문(退溪先生喪祭禮答問)

書名	出版事項	版式狀況	一般事項	所藏番號
退溪先生喪祭禮答問	19世紀刊	朝鮮木版本, 2冊, 33.8×20.8cm, 四周雙邊, 半匡 : 21.8×15.8cm, 有界, 10行 18字, 上下內向六瓣花紋黑魚尾, 線裝, 楮紙	表題 : 喪禮答問, 版心題 : 喪祭禮答問, 識 : 萬曆庚戌(1610) 三月旣望門人趙振謹識	

● 槪要

退溪의 弟子들이 喪禮와 祭禮에 관하여 退溪와 問答한 것을 정리하여 만든 책이다.

● 編纂과 刊行

編集 및 刊行 年代는 모두 未詳이다.

● 著者 및 編者

編者는 미상이다. 원저자인 李滉(1501~1570)은 경상도 禮安縣 溫溪里 출신으로 자는 景浩이고, 호는 退溪·退陶·陶叟 등이다. 1527년(중종 22) 鄕試에서 진사시와 생원시 초시에 합격하고, 성균관에 들어가 다음 해에 진사 회시에 급제하였다. 1534년 문과에 급제하고 承文院副正字가 되면서 관직에 나갔으며, 1537년 모친상을 당하자 향리에서 3년간 복상했고, 1539년 홍문관수찬이 되었다가 곧 임금으로부터 賜暇讀書의 혜택을 받았다. 을사사화 후 병약함을 구실로 모든 관직을 사퇴하였다. 명종이 出仕를 종용하여 외직인 단양군수·풍기군수 등을 역임하였고 중앙관직은 여러 차례 고사하였다. 1560년 陶山書堂을 짓고 7년간 서당에 기거하면서 독서·수양·저술에 전념하는 한편, 많은 제자들을 가르쳤다. 선조가 즉위해서도 벼슬을 내렸지만, 이황은 번번이 사퇴하였다. 하지만 선조의 거듭된 요청에 68세의 노령으로 知經筵의 중임을 맡아 선조에게 「戊辰六條疏」를 올렸고, 필생의 역작 『聖學十圖』를 저술하여 어린 국왕 선조에게 바쳤다. 1569년(선조 2) 이조판서에 임명되었으나 사양하고 환향한 후 학문에 전념하다 다음 해 11월 사망하였다. 문집으로 『퇴계집』이 있고, 그 외 『退溪書節要』·『自省錄』·『朱子書節要』·『理學通錄』·『啓蒙傳疑』·『傳習錄論辨』·『經書釋義』·『心經後論』 등이 있다. 遺墨으로 『退溪筆迹』과 『退陶先生遺帖』도 전한다.

● 版本構成

내용 구성은 立祠堂·改題遞遷·居家雜儀와 상례로 襲具·小大斂·國喪·居喪雜儀가 있고, 제례로는 時祭·墓祭·雜記 등으로 이루어져 있다.

● 所藏處

국립중앙도서관, 서울대학교 규장각, 한국학중앙연구원 장서각 등에 소장되어 있다.

(69) 학파선생실기(鶴坡先生實紀)

書名	出版事項	版式狀況	一般事項	所藏番號
鶴坡先生 實紀	李璋燦 著	朝鮮木版本, 3卷 1冊, 29.5×21cm, 四周雙邊, 半匡 : 20.8×16.9cm, 有界, 10行 20字, 上下白口 上下內向 四瓣花紋黑魚尾, 線裝, 楮紙	跋 : 大嶺之南江海之間群賢…通政 大夫行東來府護府使鄭顯德謹跋	01-1837
鶴坡先生 實紀		朝鮮木版本, 3卷 1冊, 28.4×19.9cm, 四周雙邊, 半匡 : 20.7×15.7cm, 有界, 10行 18字, 上下白口 上下內向 二瓣花紋黑魚尾, 線裝, 楮紙	表題 : 鶴坡實紀, 序 : ..上之四十 年庚戌…錦城丁範祖序, 序 : …安 東金炳學序, 識 : 藏壬申五月下浣 十三世孫生員璋燦盥手敬識, 被傳 者 : 李藝	01-2173

● 槪要

朝鮮初期 武臣으로 對馬島 征伐과 포로로 잡혀간 朝鮮人들을 刷還시키는 데 큰 공을 세운 李藝(1381~1452)의 實記이다.

● 編纂과 刊行

13대손 璋燦이 1872년에 각종 자료를 참고로 하여 간행하였다. 책머리에 目錄이 들어있고 책 끝에 1798년에 쓴 李家煥의 識, 1871년에 쓴 李瑀祥의 跋文, 東萊都護府使 鄭顯德(1810~1883)의 跋文 및 1872에 쓴 生員 璋燦의 後識가 수록되어 있다.

• **著者 및 編者**

被傳者인 李藝의 字는 仲游이고, 본관은 蔚州이며, 蔚州 출신이다. 1396년(太祖 5) 16세 때 記官으로 포로로 잡혀간 蔚州郡守 李殷을 따라 日本에 가서도 전과 같이 지성껏 李殷을 섬겨 倭人들로부터 경탄을 받았다. 이 같은 至誠에 감명을 받은 倭人들은 李殷을 더 이상 억류할 수 없다고 생각, 李藝와 함께 1398년 放還했는데 그의 忠節을 기상히 여긴 조정은 곧 그를 行左軍司直에 기용했다. 太宗朝 때 日本 및 琉球에 13차나 使臣으로 왕래하면서 포로 6백여 명을 刷還시켰다. 1419년(世宗 1) 中軍兵 馬副師로 李從茂를 따라 對馬島를 정벌하는 데 큰 공을 세워 功牌를 特賜받았다. 1443년 倭敵이 中國 해안지방과 濟州島를 침범하여 약탈하고 주민들을 잡아가자 특명을 받고 對馬島로 가서 島主를 실득시켜 中國人 및 朝鮮人 57명을 刷還시키는 데 성공했다. 이 같은 사실을 명나라에 보고, 明나라는 그를 찬양함과 함께 禮幣表裏 등을 내렸다. 對馬島 정벌과 포로 刷還 공로로 上護軍, 知中樞院使, 世子左賓客 등에 기용되었다.

• **版本構成**

권1 : 事蹟 3편(功牌, 海外日記, 朝野記載合錄), 記實文 6편(行狀, 書行狀後, 諡狀, 諡狀, 傳, 遺事). 권2 : 祠院文 19편(祠院總記, 龍淵祠刱建時鄕儒通文, 龍淵祠開基祝文 등). 권3 : 石溪祠奉安時題詠 1편(崔宗謙霽巖), 鄕祠時題詠 13편.

• **所藏處**

국립중앙도서관, 서울대학교 규장각, 한국학중앙연구원 장서각 등에 소장되어 있다.

(70) 향례합편(鄕禮合編)

書名	出版事項	版式狀況	一般事項	所藏番號
鄕禮合編	李秉模 等 奉敎編輯, 李晚秀 監印	朝鮮壬辰字本, 3卷 2冊, 34.3× 22.1cm, 四周單邊, 半匡 : 24.6× 17.1cm, 有界, 10行 18字, 註雙行, 上下向四瓣花紋黑魚尾, 線裝, 楮紙	御製養老務農頒行火學五倫行實飲酒禮, 卷末 : 奉敎編輯[儲員名單], 印 : '奎章之寶', 內賜記 : 嘉慶二年六月日 /內賜慶尙道慶州玉山書院/鄕禮合編 一件直提學臣李(手決)	01-0002 ~0003

• 槪要

鄕禮에 관한 것을 모아 엮은 책이다.

• 編纂과 刊行

正祖가 李秉模 등 閣臣들에게 명하여 儀禮의 鄕飮酒禮, 鄕射之禮와 士冠, 士昏의 儀에다 呂氏鄕約 등을 모아 풀이를 덧붙여 백성들이 보고 실행하기에 편하도록 3권 2책으로 엮어 1797년(정조 21)에 丁酉字와 整理字를 써서 鑄字所에서 刊印한 것이다.

• 著者 및 編者

대표 편자인 李秉模(1742~1806)의 字는 彝則이고, 號는 靜修齋이며, 本貫은 德水이다. 1773 년(영조 49)에 進士가 되고서, 이 해 增廣文科에 及第하여 중앙관계에 진출한 이후 內外의 요직을 역임하여 벼슬이 영의정까지 이르렀다. 글씨도 잘 쓰고 문장에도 뛰어나 平安道 觀察使로 있을 때에는 妙香山 酬忠祠에 있는 休靜의 碑文을 撰했으며 正祖의 命으로『三綱行實圖』와『二倫行實圖』 등을 편찬했다.

• 版本構成

卷頭에「御製養老務農頒行小學五倫行實鄕飮酒禮鄕約綸音」, 鄕禮合編總敍가 실려 있다. 卷1 鄕飮酒禮 : 儀禮와 禮記의 鄕飮酒義 편, 唐閑元禮, 宋史禮志, 大命集禮, 大明會典, 國朝五禮儀 등의 鄕飮酒禮에 관한 原文과 注·疏. 卷2 鄕射禮 : 儀禮, 禮記, 國朝五禮儀의 鄕射禮에 관한 원문 및 注·疏와, 藍田呂氏鄕約, 朱子增損呂氏鄕約의 原文과 注·疏, 呂氏가 만든 德業相勸, 過失相規, 禮俗相交, 患難相恤이란 4조의 鄕約을 주자가 細目을 들어 쉽게 풀이한 것으로 누구나 보고 행하기 쉽게 쓴 것이다. 卷3 士冠禮·士昏禮 : 司馬氏書儀, 國朝五禮儀와 朱子家禮의 原文과 注釋을 덧붙여 士冠禮와 士昏禮에 관한 설명을 알기 쉽게 풀이했다. 책 끝에 편집에 참여한 여러 臣의 명단이 실려 있다.

• 所藏處

국립중앙도서관, 서울대학교 규장각, 고려대학교 도서관 등에 소장되어 있다.

| 저자 소개 |

민관동 閔寬東, kdmin@khu.ac.kr
• 忠南 天安 出生.
• 慶熙大 중국어학과 졸업.
• 대만 文化大學 文學博士.
• 前 : 경희대학교 외국어대학 학장. 韓國中國小說學會 회장. 경희대 比較文化硏究所 소장.
• 現 : 慶熙大 중국어학과 敎授. 동아시아 書誌文獻 硏究所 所長

著作
• 《中國古典小說在韓國之傳播》, 中國 上海學林出版社, 1998年.
• 《中國古典小說史料叢考》, 亞細亞文化社, 2001年.
• 《中國古典小說批評資料叢考》(共著), 學古房, 2003年.
• 《中國古典小說의 傳播와 受容》, 亞細亞文化社, 2007年.
• 《中國古典小說의 出版과 硏究資料 集成》, 亞細亞文化社, 2008年.
• 《中國古典小說在韓國的硏究》, 中國 上海學林出版社, 2010年.
• 《韓國所見中國古代小說史料》(共著), 中國 武漢大學校出版社, 2011年.
• 《中國古典小說 및 戲曲硏究資料總集》(共著), 학고방, 2011年.
• 《中國古典小說의 國內出版本 整理 및 解題》(共著), 학고방, 2012年.
• 《韓國 所藏 中國古典戲曲(彈詞·鼓詞) 版本과 解題》(共著), 학고방, 2013年.
• 《韓國 所藏 中國文言小說 版本과 解題》(共著), 학고방, 2013年.
• 《韓國 所藏 中國通俗小說 版本과 解題》(共著), 학고방, 2013年.
• 《韓國 所藏 中國古典小說 版本目錄》(共著), 학고방, 2013年.
• 《朝鮮時代 中國古典小說 出版本과 飜譯本 硏究》(共著), 학고방, 2013年.
• 《국내 소장 희귀본 중국문언소설 소개와 연구》(共著), 학고방, 2014年.
• 《중국 통속소설의 유입과 수용》(共著), 학고방, 2014年.
• 《중국 희곡의 유입과 수용》(共著), 학고방, 2014年.
• 《韓國 所藏 中國文言小說 版本目錄》(共著), 中國 武漢大學出版社, 2015年.
• 《韓國 所藏 中國通俗小說 版本目錄》(共著), 中國 武漢大學出版社, 2015年.
• 《中國古代小說在韓國硏究之綜考》, 中國 武漢大學出版社, 2016年.
• 《삼국지 인문학》, 학고방, 2018年. 외 다수.

翻譯
• 《中國通俗小說總目提要》(第4卷-第5卷) (共譯), 蔚山大出版部, 1999年.

論文
• 〈在韓國的中國古典小說翻譯情況硏究〉, 《明淸小說硏究》(中國) 2009年 4期, 總第94期.
• 〈中國古典小說의 出版文化 硏究〉, 《中國語文論譯叢刊》第30輯, 2012.1.
• 〈朝鮮出版本 中國古典小說의 서지학적 考察〉, 《中國小說論叢》第39輯, 2013.

- 〈한・일 양국 중국고전소설 및 문화특징〉,《河北學刊》, 중국 하북성 사회과학원, 2016.
- 〈중국고전소설의 書名과 異名小說 연구〉,《중어중문학》 제73집, 2018.
- 〈中國禁書小說의 目錄分析과 국내 수용〉,《중국소설논총》 제56집, 2018.
- 외 다수

박종우 朴鍾宇, ezbooks@hanmail.net

- 서울 출생
- 高麗大學校 國語國文學科 졸업
- 高麗大學校 國語國文學科 문학박사
- 前 : 全北大學校 쌀삶문명연구원 HK교수
- 前 : 高麗大學校 民族文化硏究院 연구교수
- 現 : 高麗大學校 民族文化硏究院 선임연구원

著作
- 《여헌학의 이해》(공저), 예문서원, 2015.
- 《어촌 심언광의 문학과 사상》(공저), 강릉문화원, 2014.
- 《韓國漢文學의 형상과 전형》, 보고사, 2012.

翻譯
- 《반곡 정경달의 시문집》(1-2), 고려대 민족문화연구원, 2017.
- 《국역 용성창수집》, (주)박이정, 2015.
- 《국역 주곡유고》, (주)박이정, 2009.

論文
- 〈玉山書院 소장 조선간본 『夢溪筆談』의 간행과 서지학적 가치〉,《고전과 해석》 제26집, 2018.12.
- 〈韓中日 統合漢字 교육 방안에 대한 고찰〉,《대동한문학》 제51집, 2017.6.
- 〈반곡 정경달의 漢詩 연구〉,《남도문화연구》 제32집, 2017.6.
- 〈한국 한시의 괴물 형상에 대한 일고찰〉,《우리어문연구》 55호, 2016.5.
- 〈孤山 漢詩의 공간과 미적 특질〉,《민족문화》 제46집, 2015.12.
- 외 다수

정영호 鄭榮豪, jyh1523@hanmail.net

- 韓國 靈光 出生
- 全南大學校 중문학과 졸업
- 全南大學校 文學博士
- 現 : 慶熙大學校 동아시아 서지문헌 연구소 한국연구재단 공동연구팀 공동연구교수

著作

- 《중국영화사의 이해》, 전남대학교출판부, 2001년.
- 《중국근대문학사상 연구》(공저), 전남대학교출판부, 2009년.
- 《중국 문화 연구》(공저), 전남대학교 출판부, 2010년.
- 《중국고전소설의 국내 출판본 정리 및 해제》 학고방, 2012.
- 《중국통속소설의 유입과 수용》(공저), 학고방, 2014.
- 《조선간본 유양잡조의 복원과 연구》(공저), 학고방, 2018.

翻譯

- 《中國通俗小說總目提要》(第2, 3, 5卷)(공역), 蔚山大出版部, 1999年
- 《중국고전소설사의 이해》(공역), 전남대학교출판부, 2011년.

論文

- 〈경화연과 한글 역본 제일기언의 비교 연구〉, 《중국소설논총》 26집, 2007년.
- 〈한국 제재 중국 근대소설에 나타난 한중일 인식 연구〉, 《중국인문과학》 제38집, 2008년.
- 〈구운기에 미친 경화연의 영향 연구〉, 《중국인문과학》 47집, 2011년.
- 〈國內 飜譯出版 된 中國古典小說 考察〉, 《중국인문과학》 제52집, 2012년.
- 〈중국 백화통속소설의 국내 유입과 수용〉, 《중국인문과학》 제54집, 2013년.
- 〈조선간본 《唐段少卿酉陽雜組》의 판본 연구〉, 《중국어문학론집》 제112호, 2018년.
외 다수

경희대학교 글로벌 인문학술원 동아시아 서지문헌 연구소 서지문헌 연구총서 02

경주 옥산서원의 문화유산
玉山書院 所藏 古書 目錄과 解題

초판 인쇄 2019년 11월 10일
초판 발행 2019년 11월 20일

공 저 자 | 민관동·박종우·정영호
펴 낸 이 | 하운근
펴 낸 곳 | 學古房

주   소 | 경기도 고양시 덕양구 통일로 140 삼송테크노밸리 A동 B224
전   화 | (02)353-9907 편집부(02)353-9908
팩   스 | (02)386-8308
전자우편 | hakgobang@naver.com, hakgobang@chol.com
홈페이지 | http://hakgobang.co.kr
등록번호 | 제311-1994-000001호

ISBN 978-89-6071-906-4 94010
      978-89-6071-904-0 (세트)

값 : 37,000원